John O'Donohue

D1849191

Person als Vermittlung

Die Dialektik von Individualität und Allgemeinheit in Hegels „Phänomenologie des Geistes"
Eine philosophisch-theologische Interpretation

Matthias-Grünewald-Verlag · Mainz

DÍ FHÉIN, CARA MO SHAOL,
MAR BHRONNTANAS AMA AGUS ANAMA.

AGUS I GCUIMHNE AR NA SINSIR
GO MÓR MÓR M' ATAIR PADDY AGUS M' UNCAIL PETE

AGUS I GCOMHLUADAR MO MHUINTIR
MO MHÁTHAIR JOSIE, P. J. DYMPNA, TRIONA, PETER, PAT AGUS MARY.

Die Deutsche Bibliothek – CIP-Einheitsaufnahme

O'Donohue, John:
Person als Vermittlung : die Dialektik von Individualität und Allgemeinheit in Hegels "Phänomenologie des Geistes" ; eine philosophisch-theologische Interpretation / John O'Donohue. - Mainz : Matthias-Grünewald-Verl., 1993
(Tübinger Studien zur Theologie und Philosophie ; Bd. 4)
Zugl.: Tübingen, Univ., Diss., 1990
ISBN 3-7867-1625-0
NE: GT

Umschlag: Peter Offenberg Grafik
DTP: Manfred Werkmeister, Mainz
Druck und Bindung: Weihert-Druck, Darmstadt
ISBN 3-7867-1625-0

O'Donohue · Person als Vermittlung

Tübinger Studien zur Theologie und Philosophie
Herausgegeben von
Max Seckler · Gerfried W. Hunold · Peter Hünermann · Georg Wieland

Band 4

Inhalt

Vorwort

Das Denken ist unsichtbar. Dennoch, ohne das Licht des Denkens wäre es nicht möglich, das eigene Leben zu bewohnen oder zu gestalten. Im Kloster des Hegelschen Denkens werden der Rhythmus und die Intensität des eigenen Denkens geschärft und geschult. Hegel ist faszinierend: Er ist einer der größten, die sich je im Medium des Denkens bewegt haben. Er hat einen ganz neuen Denkrhythmus entdeckt, der versucht, die Äußerlichkeit des Denkens zu überwinden. In Widerspruch, Polarität und Trennung sucht er immer die verborgene Brücke zwischen den Extremen zu entdecken, um sie, ohne ihre Fülle zu reduzieren, mit sich zu vereinigen. Nur eine solche Denkart ist in der Lage, dem Rhythmus des Personwerdens gerecht zu werden.

In einem technologischen post-modernen Zeitalter ist die Frage nach dem Personsein äußerst dringlich geworden. In intensivem Gespräch mit Hegels „Phänomenologie des Geistes“ versucht dieses Buch einen neuen Personbegriff zu entwickeln und die Distanz und Spannung zwischen Individualität und Allgemeinheit in den Rhythmus des Personwerdens kreativ einzubeziehen.

Ich möchte meinem ehemaligen Philosophielehrer, Prof. Dr. P.J. McGrath, nun an der Universität Cork, danken. Er hat mich das philosophische Sehen gelehrt. Prof Dr. Thomas Marsh hat mir den Reichtum der spekulativen Theologie eröffnet. Die Begegnung mit Hegel verdanke ich ihm. Unter seiner Leitung habe ich eine Magisterarbeit über Hegel geschrieben. Seine Freundschaft und unsere philosophischen Gespräche haben mich sehr bereichert. Dr. Noel Dermot O'Donoghue von der Universität Edinburgh danke ich ebenfalls. Der Stil seines poetisch-spekulativen Denkens hat mir viele Perspektiven eröffnet. Ich bedanke mich sehr herzlich bei Dr. Eamonn Casey, Bischof von Galway. Er hat darauf bestanden, daß ich eine Doktorarbeit über Hegel schreibe. Er hat mich immer unterstützt und gefördert.

Ich danke auch Herrn Bischof Dr. Walter Kasper und der Diözese Rottenburg-Stuttgart für die finanzielle Unterstützung bei der Drucklegung dieses Buches. Ich danke Dr. Hans Anton Drewes von der Universität Tübingen; seine Freundschaft und sein Interesse an meiner Arbeit haben mich ermutigt. Ich bedanke mich auch bei Waltraud Nicklas und Susanne Hummler für ihre Zeit und Hilfe beim Korrigieren und bei der Fertigstellung dieses Manuskripts. Für ihre Freundschaft danke ich Eva und Michael Rapp. Ich danke den Herausgebern der „Tübinger Studien zur Theologie und Philosophie“, die diese Arbeit einstimmig annahmen. Ich danke Prof. Dr. Georg Wieland, der das zweite Gutachten erstellt hat. Ich danke Prof. Dietmar Mieth und Prof. Norbert Greinacher, bei denen ich das Rigorosum abgelegt habe.

Vor allem danke ich aber Prof. Dr. Peter Hünermann, der diese Arbeit betreut hat. Noch bevor ich nach Tübingen gekommen bin, hat er mich eingeladen, bei ihm diese Forschung zu betreiben. Er kennt Hegel sehr gut. In unseren vielen Gesprächen zeigte er immer eine große Offenheit und einen feinen Sinn für die noch nicht entdeckten Möglichkeiten bei Hegel. Er hat Hegel nie ideologisch dargestellt. Er hat mich immer mit den schärfsten Gegenfragen zu meinem Thema konfrontiert. Sowohl die nötige Kritik als auch die angemessene Bestätigung ließ er mir immer in freundschaftlicher Art zuteil werden. Bei ihm habe ich in neuer Weise denken gelernt.

Caherbeanna, im Juni 1992 John O'Donohue

Einleitung

Der Personbegriff gilt als einer der entscheidendsten Beiträge des Christentums zur Geschichte des menschlichen Denkens. Die Gestaltung des Personbegriffs ergab sich aus der intensiven Begegnung dreier Denkwelten: der jüdischen, der griechischen und der christlichen.[1] Obwohl die Denkwelt des Christentums gerade im Aufbau war, war sie dennoch die Triebfeder; weder die griechische noch die jüdische Denkwelt wäre allein auf einen solchen Personbegriff gekommen. Fieberhaft sucht die christliche Denkwelt nach einer Begrifflichkeit, um das zu artikulieren, woraus sie entstanden ist: Die Person Jesus Christus. Diese Grunderfahrung trieb alle bisherigen metaphysischen Konzepte an ihre äußersten Grenzen. Das Denken erlebt eine ungeheure spekulative Ausdehnung und Vertiefung.[2] Der Versuch, die Inkarnation zu denken, bringt das Denken selbst zurück zur Wurzel seiner tiefsten Eigentlichkeit.
Das Konzil von Chalkedon 451 traf die dogmatische Entscheidung, daß Jesus Christus eine göttliche Person in zwei Naturen sei. Damit wurden aus dogmatischer Sicht die minimalen Interpretationsregeln für die Christologie gesetzt. Es ist wichtig, sich vor Augen zu halten, daß Person nicht definiert wurde. Deswegen wurde nur der Rahmen möglicher Diskussionen gesetzt, ihre Inhalte aber keineswegs im voraus abgeschlossen. Der ganze Antrieb der Denkwelt der Christen könnte als der Versuch, die eigene Ontologie der Inkarnation zu artikulieren, bezeichnet werden. Und gerade weil es sich in der Inkarnation um Personsein handelt, besteht eine Artikulation der Ontologie der Inkarnation vor allem darin, den Personbegriff angemessen auszulegen.
Die Wurzel des Personbegriffs liegt im griechischen Denken. Die Termini ὑπόστασις und πρόσωπον, die später intensiv in der Bildung des Personbegriffs gebraucht wurden, finden ihren Ursprung hier. Im Griechischen bezeichnet πρόσωπον Antlitz seit Homer. Darunter versteht man auch die Maske des Schauspielers bei der Darstellung einer bestimmten Rolle, und es konnte im übertragenen Sinne leicht als die Rolle, die jemand in der Gesellschaft spielt, verstanden werden.[3] ὑπόστασις dagegen stammt aus ὑπίστημι und hat die Bedeutung „darunter stehen". Als Substantiv bedeutet ὑπόστασις Grundlage, Stütze oder Ansammlung, im speziell philosophischen Kontext auch Substanz oder Wesen. Gerade hier kommt aber eine Differenzierung und Ergänzung durch den Begriff ὑπισταμένη ins Spiel: ὑπίστασθαι ist das Übergehen vom latenten Zustand in den manifesten."[4]

[1] Joh 1,14 ὁ λόγος σάρξ ἐγένετο – Man könnte schon in diesem ungeheuren Satz den Keim der noch zukommenden Begriffsbildung erahnen.

[2] Vgl. Pannenberg 1979, S. 1. Nach Pannenberg verleiht das Christentum dem Individuum die große Bedeutung, indem es die Platonische Lehre der Unsterblichkeit der Seele streng als Unsterblichkeit des Individuums auffaßt.

[3] Vgl. Pannenberg 1979, S. 1.

[4] Dörie S. 50.

„Damit gewinnt der ὑπόστασις Begriff allmählich den besonderen Gehalt, die „sich vollziehende Realisierung" zu bedeuten."[5] Im Laufe der Begriffsbildung und mit der Begegnung des griechischen und lateinischen Denkens kommen sich πρόσωπον und ὑπόστασις immer näher, bis zu ihrer Gleichsetzung.

„Tatsächlich beinhalten sowohl ὑπόστασις wie πρόσωπον zwei Gesichtspunkte: *Festigkeit* und *Erscheinung*. Während nämlich mit der Hypostase sowohl Konsistenz wie Eigenart bezeichnet werden, schließt Person, allerdings im Lateinischen mehr als im Griechischen, Wirklichkeit (res) und Aussehen (Maske) zugleich in sich."[6]

Tief in der etymologischen Wurzel dieser zwei Grundwörter und vor allem in ihrem begrifflichen Zusammenkommen ergibt sich ein deutlicher Hinweis auf genau die zwei Strömungen, die sich von vornherein sogar bis heute in der Auslegung des Personbegriffs durchgesetzt haben.[7] Bei der einen Strömung liegt der Akzent immer auf Person als Individualität, auf der *Festigkeit* des Individuums. Bei der anderen wird der Akzent auf Person als Beziehung, Relation, auf die Dimension der *Erscheinung* und des Mitseins gelegt.[8]

Die Strömung, die Individualität im Personbegriff hervorhebt, findet ihre klassische Erklärung in der Definition von Boethius: „Persona est naturae rationalis individua substantia."[9] Individualität gilt hier als unmitteilbar, unwiederholbar und unersetzbar.[10] Boethius hat seinen Ansatz aus dem Empirismus des Aristoteles gewonnen. Obwohl die Beziehung von Boethius zu Aristoteles als sehr nuanciert zu verstehen ist, muß dennoch zugegeben werden, daß der Einfluß des Aristoteles für die Entfaltung seines Denkweges entscheidend bleibt. Diese Perspektive macht vor allem das Bestehen auf Person als Individuum verständlich.[11] Diese Strömung reicht hin bis zu Thomas von Aquin. Er widmete der Person als Individuum eine längere Ausführung.[12]

Auf der anderen Seite wird Person als Relation behandelt. Die Quelle dieser Strömung dürfte Leontius von Byzantium im 6. Jahrhundert sein. Leontius hat

[5] Lutz-Bachmann S. 61.

[6] Studer S. 169. (Hervorgehoben von mir J.O'D.)

[7] Eine weitere Strömung gab es in der Begriffsgeschichte des Personbegriffs, und zwar die des juristischen Personseins. Sie stammt aus der Römischen Jurisprudenz. Interessant ist, daß Hegel diesen Begriff im Geistkapitel der PhG explizit betrachtet und seine Begrenztheit klarstellt. Zu diesem Begriff vgl. Art. „Person", in: HWP, S.322–338.

[8] „Strömung" besagt nicht, daß Person als Individuum oder Relation immer nach der gleichen Art behandelt werden muß, sondern nur, daß ein bestimmter Akzent immer wieder zu erkennen ist, und zwar trotz der Verschiedenheit der Ansatzpunkte und Denkbestimmungen bei seiner Behandlung.

[9] A.M.S. Boethius, Liber de persona et duabus naturis 111 (Ph. 64,1343)

[10] Die früheste lateinische Fassung der Definition von Individualität soll von Marius Victorinus stammen: „Individuum est enim, quod oculis digitoque monstratur." Diese Definition übernahm Boethius. Vgl. Art. „Individuum, Individualität", in: HWP, S. 302.

[11] Dazu vgl. Lutz-Bachmann S. 58. Er hebt sehr klar sowohl die Anlehnung Boethius' an Aristoteles als auch die eigene Denkentwicklung des Begriffs der „subsistentia" hervor.

[12] Vgl. dazu Thomas von Aquin, Summa Theologiae. 1. q. 29, q.1–4.

die These von der Enhypostasie der menschlichen Natur Christi im Logos vertreten. Die Personalität Christi hat eine relationale Struktur.[13] Zu dieser Strömung gehört auch Augustinus, der eine relationale Deutung der trinitarischen Personen angestrebt hat. Dies tat er im Anschluß an die Kappadokier. Richard von St. Viktor hat diese Strömung im 12. Jahrhundert aufgenommen und weiterentwickelt.[14] Personsein wird hier als aktive Beziehung auf andere verstanden. Die Eigenart der trinitarischen Personen ist in ihren Relationen zueinander zu sehen.[15] Die Relationen konstituieren ihre incommunicabilis existentia.[16] Duns Scotus hat dann später Richards Theorie als Ausgangspunkt seiner eigenen Lehre gebraucht.[17] Er hat sie im Hinblick auf die ontologischen und anthropologischen Probleme vertieft. Er faßt das Sein als Bezogensein und Tendenz auf.[18] Das Sein des noch unwirklichen Wesens tendiert zum vollen Dasein.[19] Diese Gleichartigkeit des Seinsbegriffs bei Scotus ist die Voraussetzung für die Gleichheit von Gott und Mensch, die in seinem Personbegriff ausgesagt wird; es erklärt auch, wie Individuation bei Duns Scotus dann nicht isoliert, sondern innerhalb der vorherrschenden Perspektive des Bezogenseins zu finden ist.[20] Person wird als ein Zusammengesetztes erfaßt, das durch ein Bezogenes und eine Beziehung konstituiert wird.[21] Sie ist bei Scotus immer in bezug auf den Ursprung gedacht.[22]

Mit dem Ende der scholastischen Welt und insbesondere mit dem ‚Cogito' Descartes' tat sich eine Distanz zwischen Person und Sein auf. Nun wurde das nackte Subjekt zur Konstitutionsquelle der Wirklichkeit. Im deutschen Idealismus wurde der Versuch unternommen, das Relationale an diesem Subjektsein zu entwickeln. Als Gegenzug läßt sich dann der Existentialismus, der seine Wurzel vor allem in Kierkegaard hat, verstehen. Ganz bewußt wendet sich Kierkegaard gegen Hegels System, oder genauer gesagt, gegen seine eigene Vorstellung von Hegels System.

Faszinierend an der Auslegung dieser zwei Strömungen ist die Tatsache, daß

[13] Vgl. Pannenberg 1979, S. 3.

[14] Vgl. dazu Richard von St. Viktor, De Trinitate, 22, 24, (Ph.196,945–947.)

[15] Eine interessante Erklärung von Richards Versuch, die Substanzeinheit und die Personmehrheit der Gottheit zusammenzudenken, gibt Hofmann, bes. S. 220 ff.

[16] Vgl. Pannenberg 1979, S. 3.

[17] Vgl. dazu J. Duns Scotus, „Ordinatio, lib. 1, dist. 23, q. 1.", in: P.A. Sépinski, (Hrsg.), Opera, Rom, 1959.

[18] Mühlen S. 23.

[19] Ebd. S. 27.

[20] Cf. Clatterbaugh S. 65: „Scotus was the first philosopher to say that a special individuating identity was required, viz. a haecceitas." Es ist nämlich kein Wunder, daß innerhalb einer solchen einheitlichen Perspektive Individualität als Differenz problematisch wurde. Dazu hat Scotus das „haecceitas" entworfen. Es sollte als ein besonderer Individualisierungs-Begriff gelten.

[21] Mühlen S. 83. Um Gegensätze zu verschärfen, betonen wir hier das Bezogensein. Mühlens Auslegung bemüht sich aber, im Rahmen dieses Bezogenseins, Differenzierungen hervorheben, z.B. die zwischen ontologischer, ontischer und logischer Persönlichkeit; vgl. S. 90–92.

[22] Ebd. S. 92.

entweder immer die eine oder die andere vorherrschend gewesen ist, und daß anscheinend gar keine Vermittlung beider stattgefunden hat. Daß sich die zwei Strömungen immer wieder ergeben haben, zeigt, wie tief sie verwurzelt sind, und weist ferner darauf hin, daß eine Artikulation der Ontologie des Personseins dringend notwendig ist. Eine solche Ontologie muß versuchen, diese Strömungen ineinander fließen zu lassen, nämlich Person als Vermittlung der Individualität und der Relationalität darzustellen. Unsere Arbeit setzt sich dies zur Aufgabe. Dazu widmet sie sich einer Interpretation der PhG von Hegel. Unsere These lautet, daß in Hegels PhG ein Personbegriff als Vermittlung der Individualität und der Allgemeinheit in- und durcheinander vorliegt. Von der Tradition wurde jedoch dieses Faktum übersehen. Angesichts der Gesamtperspektive der Begriffsgeschichte entspräche die Freilegung eines Personbegriffs als Vermittlung einer tiefliegenden Tendenz in der spektulativen und in der theologischen Tradition selbst. Kurz gesagt: Unser Einstieg in die Problematik ist alles andere als beliebig oder willkürlich. Es ist klar, daß die Tradition selbst nach einem solchen Personbegriff hungert.

Diese Arbeit ist in vier Teile gegliedert. Der erste Teil befaßt sich mit der heutigen Frage nach der Person und mit den Tendenzen in der Hegel-Forschung. Im Kapitel 1 wollen wir durch die Arbeiten von Michael Theunissen, Dieter Henrich und Johannes Heinrichs die Problematik des heutigen Personbegriffs thematisieren. In diesem Kapitel werden wir sehen, wie in heutigen Subjekt-Modellen die noch ausstehende Vermittlung von Individualität und Relationalität angestrebt wird. Angesichts der Schwierigkeiten einer Einlösung dieser Aufgabe in der Moderne wenden wir uns in Kapitel 2 der Hegel-Forschung zu, um zu sehen, ob sie sich mit dieser Fragestellung beschäftigt hat. Es ergibt sich dann, daß sie nicht in dieser expliziten Form der Frage nachgegangen ist. Deswegen werden wir die Hegel-Forschung auf eine implizite Behandlung dieser Frage hin untersuchen. Zunächst wenden wir uns der theologischen Seite dieser Forschung zu, weil zumindest dort eine Behandlung des Hegelschen Personbegriffs in bezug auf die Trinität und die Inkarnation zu vermuten ist. Weil aber die Theologie den Personbegriff Hegels nur als heuristisches Instrument verwendet und nicht als Vermittlung versteht, wollen wir dann tiefer in den folgenden Teilen des zweiten Kapitels in die Forschung eindringen, um feststellen zu können, ob und wie sich die Hegel-Forschung Wege zu einer Vermittlung von Individualität und Relationalität bei Hegel vorstellt. Diese Wege blieben bisher stets implizit; wir wollen sie aber herausstellen.

Weil die Frage nach dem Personbegriff als Vermittlung zwar ein zentrales Desiderat darstellt, diese Aufgabe aber weder explizit in den modernen Subjektmodellen noch implizit in der Hegelforschung befriedigend gelöst ist, wollen wir in Teil 2 einen spekulativen Umriß des Personbegriffs als Vermittlung darstellen. Dies geschieht nicht frei oder abstrakt, sondern in konkreter Anlehnung an die *Vorrede* und die *Einleitung* der PhG versuchen wir, die implizite Begriffsfamilie des Hegelschen Personbegriffs als Vermittlung herauszukristallisieren. Eine solche Vorgehensweise läßt sich dadurch rechtfertigen, daß die Vorrede und die Einleitung, obwohl sie explizit und innerlich zur PhG gehören, dennoch das Vorhaben des gesamten Hegelschen Systems in seiner phänomenologischen Darstellung explizieren. Von sich aus betrachtet, lassen sie sich sehr gut für einen „vor-interpretativen" Umriß des Personbegriffs in der PhG verwenden. Weil die PhG ferner als einer der dichtesten philosophischen Texte überhaupt gilt und weil der Personbegriff als Vermittlung einen neuen Interpretationsweg einschlägt, ist ein solcher spekulativer Umriß für eine klarere Darstellung des Personbegriffs in einer Interpretation der PhG notwendig. Daß sich ein solcher spekulativer Umriß des Personbegriffs an Hegels eigenen spekulativen Umriß in der Vorrede und in der Einleitung anlehnen kann, ist methodisch sehr befriedigend.

In Kapitel 3 stellen wir die Einzigartigkeit der PhG bezüglich des Hegelschen Systems kurz dar. Wir stellen dann die Grundbehauptung des Personbegriffs als Vermittlung in der PhG auf, und danach den damit verbundenen neuen Denkweg und die phänomenologische Erzähltechnik der PhG.

In Kapitel 4 gehen wir näher auf die phänomenologische Eigenart des Personbegriffs als Vermittlung ein. Zunächst diskutieren wir, wie der Personbegriff sich als Bewußtsein darstellt, dann die Entfaltungs- und Thematisierungsdynamik dieses Bewußtseins, wie es sich in Gestalten vollzieht und wie die Gestalten eine Ursprünglichkeit aufweisen und das ganze Feld der Erfahrung einschließen.

Die Echtheit des Erfahrungswegs des Personbegriffs in der PhG ist vor allem in bezug auf den Hegelschen Begriff von Verschiedenheit klarzustellen. In Kapitel 5 widmen wir uns der Herausstellung dieses für unsere Interpretation entscheidenden Begriffs. Wir wollen die innere Verbundenheit der Verschiedenheit und des Personwerdens in bezug auf das Anderssein, das Negative und die Innerlichkeit ans Licht bringen. Dies leitet uns dann weiter zu dem Grundbegriff, worin die Verschiedenheit ihre Wurzel und ihren Impuls findet, nämlich zum Geistbegriff.

In Kapitel 6 gehen wir tiefer auf die phänomenologischen Konsequenzen des Geistbegriffs ein; wir wollen zeigen, wie der Geistbegriff dem Personwerden die Rekognition einer Grundaffinität zwischen dem Bewußtsein und der Verschiedenheit ermöglicht. Weil das Werden ein Werden in und durch die Endlichkeit ist und die Affinität nicht sprunghaft aufzudecken ist, gehört Ironie zum Werdeweg. Wir stellen im nächsten Schritt die Verbindung zwischen Affinität und Rekognition her. Danach zeigen wir, wie dieser Rekognitionsvollzug zur Realisierung führt, die das Bewußtsein über die Grenze der jeweiligen Gestalt in eine neue Gestalt bringt. Schließlich zeigen wir die Allmählichkeit der Rekognition auf, wie sie gewonnen werden muß und wie sie als Grenzbegriff eine Gegensatzeinheit mit der Anerkennung bildet.

In Kapitel 7 kommen wir dann auf das Erfahrungsergebnis des Werdewegs des Personseins als Vermittlung. Hier wird die personale Identität in bezug auf einen solchen Werdeprozeß zu einer kritischen Frage. In diesem Kapitel wollen wir zunächst die Einzigartigkeit der Frage nach persönlicher Identität herausstellen und die prozeßhafte Verbundenheit der Identitätsfrage und der Memoriadynamik der Vermittlung thematisieren. Damit ist auch die Frage nach dem

Personwerden und der Zeit und die Integration von Erfahrung und Erfahrungskonstellationen verbunden. Diese integrierende, sich ansammelnde Memoria verwandelt die Fixierungen der Wiederholung und der Gewohnheiten.
Nachdem wir den spekulativen Umriß der Begriffsfamilie des Personbegriffs konkret dargestellt haben, kommen wir in Teil 3 zu einer „buchstabierenden“ Textinterpretation des Personbegriffs in der PhG. Die Gliederung dieses Teils ergibt sich methodisch von selbst aus der Struktur der PhG. Um unseren Interpretationsweg klar zu kennzeichnen, wollen wir unsere eigenen Titel den Hegelschen Kapiteltiteln hinzufügen. Dieser Teil vollzieht sich in sieben Kapiteln.
In Teil 4 wollen wir dann in einem Kapitel, nämlich Kapitel 14, die theologischen Konsequenzen des Personbegriffs als Vermittlung in bezug auf die theologische Hermeneutik, die Inkarnation und die Trinität ans Licht bringen.

Teil I

Die Suche nach einem Personbegriff in der heutigen Philosophie der Subjektivität und die Tendenzen in der Hegelforschung, betrachtet durch die Linse des Personbegriffs als Vermittlung

1. Die Suche nach einem Personbegriff in der heutigen Philosophie der Subjektivität

Das Denken dieses Jahrhunderts ist auf eine nie zuvor gekannte Weise durch seine Beschäftigung mit der Philosophie des Subjekts bzw. der Subjektivität ausgezeichnet. Die Energie des modernen und spätmodernen Denkens richtet sich sowohl positiv auf als auch negativ gegen das Subjektsein. Die Frage nach dem Subjekt bleibt trotz aller Veränderungen oder Metamorphosen der Denkformen anscheinend eine unsterbliche Frage. Im Fortgang unserer Arbeit wird es allmählich klar, daß der exklusiven Konzentration auf den Subjektbegriff eine Reduktion und Verkürzung des Personbegriffs vorausgegangen ist. Zunächst aber wollen wir durch die Auslegung einiger Subjektmodelle die Schwierigkeiten, die eine solche Reduktion bereitet, aufzeigen.

1.1 Person als Vereinigung der Individualität und der Relationalität (Michael Theunissen)

Die Frage nach dem Ursprung, der Struktur und dem Ziel des Personseins macht den Kern der bedeutenden Untersuchung Michael Theunissens aus.[1] Dadurch will er versuchen, die ontologische Frage nach der zugrundeliegenden Wesensstruktur der Gesellschaft zu explizieren. Die Arbeit Theunissens ist für unsere Arbeit sehr wichtig, weil sie in mehrfacher Weise unsere Problemsicht bestätigt. Zunächst identifiziert Theunissen in der Philosophie dieses Jahrhunderts die zwei Strömungen des Personseins als Individualität oder als Relationalität. Er geht auf eine ganze Reihe von Philosophen ein. Wir werden ein Hauptbeispiel aus jeder Reihe herausgreifen. Seine Husserl-Auslegung möchten wir als eine Darstellung des Personseins als konstituierende Individualität interpretieren. Seine Auslegung von Bubers Denken stellt den Versuch dar, Person als dialogische Beziehung zu denken.
Obwohl Theunissen die Problematik nicht genau in unseren Termini formuliert, werden sie dennoch seiner Fragestellung gerecht, was im folgenden gezeigt werden soll. Indem wir Theunissens Identifizierung der zwei Strömungen der Individualität und der Relationalität in der Begriffsbildung des Personbegriffs darlegen, wird sich die Dringlichkeit unserer Fragestellung erneut erweisen. Hinzu kommt der Kerngedanke, der der ganzen Bemühung seiner Arbeit zugrundeliegt, nämlich die Tatsache, daß weder Transzendentalphilosophie noch Dialogismus allein dem Personbegriff gerecht geworden sind. Daher zielt die Arbeit Theunissens auf eine kontrastive Interpretation der beiden Strömungen ab. Theunissen will schließlich die zwei Seiten des dadurch erreichten Gegensatzes durch eine Vermittlung vereinigen. Wir nehmen dies als eine implizite Bestätigung der Notwendigkeit eines Personbegriffs als Ver-

[1] Theunissen 1977

mittlung. Wir werden etwas ausführlicher auf Theunissens Darstellung der Theorien Husserls und Bubers eingehen,[2] weil beide Versuche in bezug auf unsere Arbeit als exemplarisch anzusehen sind. Ihre Darstellung dient außerdem dem Aufbau des Resonanzfeldes des ersten Kapitels. Unsere weitere Auslegung soll daran Profil und Schärfe gewinnen. Vor allem aber möchten wir den Theunissenschen Ansatz kritisch aufnehmen, was am Ende dieses Abschnittes klarer ans Licht kommen wird.

1.2 Person als konstituierende Individualität (Edmund Husserl)

Edmund Husserl hat – wie kaum ein anderer – die Richtung der Philosophie in diesem Jahrhundert bestimmt. Seine Intersubjektivitätstheorie wurde für die Mitseinsanalyse Heideggers grundlegend. In bezug auf unser Arbeitsthema erweist sich Husserls Personbegriff als die Erscheinung von einer der zwei Grunddimensionen des Personbegriffs, die sich durch die Tradition hindurchgezogen haben, nämlich der der Individualität.

Husserl stellt die Subjektivität als den umfassenden absoluten Gegenstand seiner Phänomenologie dar. Es ist diese phänomenologische Subjektivität, die zu allererst die Welt entwirft. Husserl nennt dies ‚Konstitution‘ oder Sinngebung, deren Vehikel die ‚Intentionalität‘ ist. Konkret ist die phänomenologische Subjektivität, weil in sie die Welt fällt; transzendental ist sie, weil sie die Welt konstituiert. Von seiner mundanen Subjektivität zur phänomenologischen Subjektivität kommt das Ich durch den Prozeß der phänomenologischen Reduktion. Das Ich befreit sich von der Naivität[3] und Scheinursprünglichkeit des Vorhandenseins, die in der natürlichen Einstellung herrschen. Die Reduktion führt das Ich in die ursprüngliche Subjektivität zurück. Das normale Ich vollzieht diese Reduktion selbst, und gerade dadurch wird das tiefere Ich aufgedeckt, das Ich, welches eigentlich die Welt konstituiert. Damit wird die Welt völlig relativiert. Und die total relativierte Welt ist die Welt als „Phänomen“. Diese Reduktion zielt darauf, den Einblick in das Wesen des Wahrnehmungsobjekts – das Eidos – zu verschaffen. Dieser Teil des Prozesses heißt „eidetische Reduktion“. Das Eidos ist der „allgemeine Typus“, das dinglich Wahrgenommene als solches, das, was zu jedem Erdenklichen gehört, sofern es eben wahrnehmbares Ding sein soll.

Das Vermögen, zum Eidos vorzustoßen, ist die „Phantasie“. Zum Beispiel gewinne ich bei der Wahrnehmung eines Tisches das Eidos, indem ich am faktisch wahrgenommenen Tisch alles umfingieren darf, außer daß er wahrgenommen und daß er ein Ding ist. Das Umfingieren hat zur Folge, daß ich wieder auf den Tisch als bloßes Exempel einer reinen Möglichkeit komme. Nun ist dieses Wahrgenommensein des Tisches als ein besonderer Modus der konstitutiven Bezogenheit, sein spezifisches ‚Wie‘, klargestellt. Beide Reduk-

[2] Wir werden an den entsprechenden Stellen andere Sekundärliteratur einbeziehen.

[3] Dazu auch Werner Marx 1987.

tionen werden in einem vollzogen: Phänomenologische Reduktion schaltet die naiv hingenommene Objektivität des Tisches aus, den Tisch als Ding ‚draußen'. Und die eidetische Reduktion schaltet die Faktizität der Wahrnehmung des Tisches selbst aus und verwandelt sie in eine reine Möglichkeit. In der Aktivität der Phantasie komme ich weder mit dem faktischen Etwas noch mit den Mitmenschen in Kontakt. Ich vergegenwärtige mir etwas als etwas Wahrgenommenes und somit auch das Ego, das dieses Etwas wahrnimmt.
Während die phänomenologische Reduktion der Abbau der natürlichen, vermeintlich objektiven Welt ist, heißt der Aufbau der objektiven Welt in transzendentaler gerechtfertigter Gestalt ‚Konstitution'. Die Wahrnehmung spielt eine entscheidende Rolle in Husserls Intersubjektivitätslehre. Das, wodurch die Konstitution deutlich gemacht werden kann, ist der Unterschied zwischen ‚Ur-Präsenz' und ‚Appräsenz'. In der Wahrnehmung eines Hauses z.B. ist die Ur-Präsenz des Hauses als seine völlige Bestimmtheit nicht wahrnehmbar. Ich nehme die Vorderseite des Hauses wahr, und dabei ist seine Rückseite mir nur ‚appräsent' mitgegeben. Das wahrzunehmende Ding bleibt immer auf das Ur-Jetzt zentriert; folglich herrscht eine unaufhebbare Einseitigkeit bei der Dinggegebenheit. Das Mehr ist das bloß Mitgegebene und tritt als Horizont ins Bewußtsein. So darf man von der Konstitution eines Dinges sprechen, weil das Ding durch eine Mannigfaltigkeit von Erscheinungsweisen wahrnehmbar ist.[4] Der Sinn des Gegenstandes fungiert als seine Einheit; die Intentionalität ist das Sich-Verhalten des Ich zu diesem Sinnmodus. Husserl überträgt den Wahrnehmungsprozeß dann auf die Welt. Die Welt ist infolgedessen als Welthorizont zu verstehen. Gerade bevor die Konstitution der objektiven Welt anfängt, findet eine ‚primordiale Reduktion' statt. Sie betrifft die Welt als Phänomen und blendet für mich die Wirklichkeit des Fremden aus. Die primordiale Welt ist bloße Natur von Dingen, eine Welt der puren Körperlichkeit. Der Andere wird zum Phänomen Anderer und ich zu meiner bloßen Leiblichkeit, eine Monade.
Nun ereignet sich die Konstitution der Welt in fünf Schritten. Der erste Schritt: Die Apperzeption des fremden Körpers als eines Leibes aufgrund der Analogie mit meinem eigenen, partiell ebenfalls als Körper konstituierten Leib. Der Schlüsselbegriff ist hier die analogisierende Apperzeption. Die analogisierende Apperzeption des fremden Leibes ermöglicht seinen Auftritt in einer Paarung mit mir. Der fremde Leib kommt im Modus ‚Dort' vor und ich im Modus ‚Hier'. Weil ich meinen Körper nie ganz vor mich hinstellen kann, erinnert der Andere mich an mein körperliches Aussehen, wenn ich ‚Dort' wäre; und so hilft er mir bei der Verkörperung meines Leibes. Diese Paarung ist ferner wichtig, indem sie die Koexistenz des anderen Dortseins mit meinem Hiersein gewährleistet. Diese stellt sicher, daß der andere Leib fremd ist und nicht ein zweiter eigener Leib. Der Körper, den ich im Modus ‚Dort' als fremden Leib apperzipiere, ist identisch mit dem Körper, der dem Anderen in sei-

[4] Werner Marx 1987, S. 48: „Die Wahrnehmung eines Dinges ist stets einseitig und daher mit einem Horizont der Unbestimmtheit behaftet."

ner Eigenheitswelt im Modus ‚Hier' als fremder Leib erscheint bzw. erscheinen muß.
Der zweite Schritt im Aufbau der objektiven Welt ist die Erfahrung des fremden Seelenlebens. Ich apperzipiere nicht nur einen Körper als fremden Leib, sondern auch in und mit ihm alles Mitgegebene, das ihn zum Leib macht, nämlich die seelischen Gehalte. Durch ‚Einfühlung' versetze ich mich in ihn.
Der dritte Schritt ist die Konstitution der objektiven Welt durch die Identifikation der primordialen Welten. Die Fremdheit des Anderen transzendiert meine primordiale Welt. Alle solche Transzendenz beruht auf Einfühlung. Demnach gilt die Begegnung mit dem Fremden als eine Begegnung mit der objektiven Welt. Die objektive Welt als das Nicht-Eigene ist auch nicht das Eigene des Anderen. Die objektive Welt ist dann die einschließende Identifikation der mir eigenen und der ihm eigenen Welten. Und die Transzendentalität des fremden Ich sowie die meines Ich begründet sich aus der Konstitution der Welt. An dieser Stelle drängt sich nach Theunissen eine Frage auf. Ich und der Andere betrachten ein- und dasselbe Ding von verschiedenen Seiten: Ist es aber wirklich dasselbe Ding? Husserl sagt, daß die höhere Identität der primordinalen Welten in der objektiven Welt im Einfühlungsakt selbst miterfahren wird. Das zuvor subjektive Ding wird nun zum intersubjektiven Ding. Das ist aber kaum ein Beweis. Warum soll nur die Erscheinung des Anderen fremd sein und nicht auch seine intentionalen Gegenstände? Um diesem Einwand zu entgehen, dreht Husserl die Perspektive der Identität um. Die Objektivität des fremden Leibkörpers schließt die Objektivität der ganzen Natur auf. Das vermeinte Identische ist nicht ‚dasselbe', weil es einerlei wäre, sondern weil dasselbe darin erscheint.
Im vierten Schritt wird der Andere durch die Erschließung der objektiven Welt zu einem einheitlichen Gegenstand. Zuvor wird der Andere, gespalten wegen Distanz und Perspektive, nun zum Mensch. Damit verschafft das Ich sich seine Identität. Das, was das Ich in der Einfühlung dem Anderen zufügt, muß das Ich nun mit sich selbst geschehen lassen.
Der fünfte Schritt im Aufbau der objektiven, intersubjektiven Welt befaßt sich mit dem Platznehmen des Ich in der mitmenschlichen Gemeinschaft. Meine Weltlichkeit und Menschlichkeit sind auf die Begegnung mit dem Anderen zurückzuführen. Ich werde dadurch zu einem Ich. Ich werde jemand, der wie jedermann ist. Diese Gleichstellung ermöglicht erst die Gegenüberstellung. Gleichgestellt bin ich einer unter anderen; gegenübergestellt bin ich der Andere der anderen. Erfahrung hat dann den Charakter des Immer-Schon-Vergemeinschaftet-Seins. Bevor die Möglichkeit der Konstitution der objektiven Welt verwirklicht werden kann, muß ein gemeinsamer Horizont vorausgesetzt werden. Damit ist der Kreis geschlossen, indem sich das normale Ich der natürlichen Einstellung als das immer-schon-vergemeinschaftete Ich erweist. Es weiß nicht, wodurch es zu dem, was es ist, geworden ist. Es ist ein selbstvergessenes Ich. Hiermit stellt Husserl die Vereinigung der natürlichen Einstellung und der Transzendentalität her.
Nun wollen wir Husserls Theorie der Subjektivität einer kritischen Betrachtung unterziehen, und zwar in bezug auf den Personbegriff als Vermittlung.

Durch diese Linse gesehen, scheint Husserls Subjektivitätsbegriff auf der Ebene der sinnlichen Wahrnehmung stehen zu bleiben. Das überschattet seine ganze Theorie. Die Folge ist, daß die Mitsubjekte zu keinem eigenen Selbstsein gelangen. Sie versinken in die Dingwelt. Da der Raumbegriff und die optische Metapher des Sehens vorherrschend sind,[5] zieht sich der Hier-Dort-Unterschied wie ein Riß durch die ganze Auslegung. Das verrät aber, daß Gegenständlichkeit und Subjektivität in keiner vermittelnden Beziehung zueinander stehen.[6] Die Äußerlichkeit der Husserlschen Methode verrät sich in ihrem Sprachgebrauch: Körper, Leib, Hier-Dort, Einfühlung, Veränderung usw. Konstitution wird offensichtlich von einer dauernden Unzugänglichkeit der Dinge belastet. Wie Theunissen sagt, erfahre ich den Anderen nicht in seiner ursprünglichen Einheit, sondern auseinandergerissen in Subjektivität und Objektivität. Aber man könnte, meinen wir, das auch als ein Spiegelbild der eigenen Subjektivität verstehen. Das Ich und der Andere sind nur Modifikationen. Identität wird infolgedessen auf Identifizierung reduziert.

Obwohl hier viel von Erfahrung und Bewußtsein gesprochen wird, bleibt die Einheit und Eigenheit der Erfahrung bei Husserl äußerst fragwürdig. Sie wird funktionell betrachtet und auf ein künstliches Gegebensein reduziert. Das Bewußtsein wird transzendental zur Abstraktion gereinigt. Unserer Ansicht nach ergibt sich daraus, daß von einem reinen Individuumsein als konstituierend ausgegangen wird. In der Sprache des Personbegriffs ausgedrückt heißt dies: Die Individualität wird von der Allgemeinheit abgesondert. Unseres Erachtens läßt sich daraus erklären, warum Konstitution eine bevorzugte Position im Husserlschen Denken innehat. Daß das personale Bewußtsein eher auf Artikulation und Integration von Erfahrung angelegt ist, wird von Husserl überhaupt nicht gesehen. Der Ausgangspunkt von einer individualisierten Konstitution liefert nur eine kollagenhafte Theorie. Eine Gleichursprünglichkeit des Selbst und des Anderen ist in Husserls Entwurf ausgeschlossen, ganz zu schweigen von der Möglichkeit der Intersubjektivität.

Nach Theunissen bleibt eine große Lücke in Husserls Phänomenologie zurück. Husserl beachtet nicht den Unterschied zwischen dem sich personal deklinierenden Ich als transzendentalem Phänomen und demselben Ich als natürlichem Ich in der Rolle des Ich der natürlichen Einstellung. Damit hat Theunissen einen entscheidenden Schwachpunkt aufgegriffen. Nach unserer Ansicht ergibt sich hier ein sehr interessanter Kontrast zu der Hegelschen PhG. Beide Philosophen haben in ihrer Phänomenologie der Subjektivität bzw. des Personseins eine kreisförmige Bewegung dargestellt. Bei Hegel, wie wir sehen werden, drückt sich die sich entfaltende, sich thematisierende Einheit der Individualität und der Allgemeinheit im Personwerden aus. Der Weg ist ein Werden in und durch die verschiedenen Erfahrungsphasen und Gestalten. Das Personsein

[5] Waldenfels, S. 31–32: „Die Hier-Dort-Korrelation soll die Konstitutionsbasis abgeben für die Intersubjektivität ... Die Absolutheit meines Hier wäre prinzipiell in Frage zu stellen, wozu Husserl sich nirgends bereit erklärt." Dazu auch Werner Marx 1987, S. 43.

[6] Das gegenteilige Extrem im Dialog betont Theunissen nicht.

kann durch das Werden es selbst sein und auch zu sich selbst finden. Der Weg ist konkret und differenziert. Husserl dagegen zeigt eine kreisförmige Bewegung auf, die kaum etwas ändert. Er baut die natürliche Einstellung ab, um die transzendentalistische Einstellung aufbauen zu können. Am Ende des Kreises findet man sich an fast der gleichen Stelle wieder. Trotz dieser Darstellung werden die natürlichen und die objektiven Welten nicht miteinander vermittelt. Auf die Natur oder Notwendigkeit der natürlichen Einstellung wird nicht eingegangen. Theunissen hat mit Nachdruck gefragt, ob die gewonnene Objektivität als natürlich oder als transzendental zu verstehen sei. Im Gegensatz zu dem Hegelschen Kreis ist anzuzweifeln, ob Husserl, angesichts der unreflektierten Differenz der natürlichen gegenüber der transzendentalen Einstellung, überhaupt die Kreisbewegung vollbringen konnte.
Während sich bei Husserl die Strömung, die den Akzent auf die Individualität legt, auf faszinierende Weise realisiert, verkörpert der Dialogismus auf der anderen Seite das Extrem, wonach Person vor allem als Relationalität verstanden wird.

1.3 Person als dialogische Beziehung (Martin Buber)

Dialogismus genießt eine besondere Position in der Landschaft der Philosophie. Es wird allgemein die These vertreten, daß er das konkrete menschliche Dasein ins Zentrum der Philosophie gerückt habe. Im Bereich der Subjektphilosophie ist das Dialogische fast zum Maßstab geworden. Wenn das dialogische Moment nicht vorkommt, wird sofort geschlossen, daß statt vom konkreten Subjekt die Rede nur von einem bloß gedachten ist. Bei dem Versuch, den Personbegriff in der sogenannten ‚monologischen' PhG freizulegen, verschärft sich der Einwand erheblich. Theunissens Auslegung des Dialogismus dient uns in zweierlei Hinsicht: erstens, um zu zeigen, daß der Dialogismus letztendlich keinen befriedigenden Personbegriff darstellt; zweitens, um den im folgenden angestrebten Personbegriff damit zu kontrastieren.
Nach Theunissen richtet sich der Dialogismus sowohl gegen den Idealismus als Philosophie des allgemeinen Subjekts oder des Bewußtseins als auch gegen die Transzendentalphilosophie. Er identifiziert den Begriff *Zwischen* als den Schlüsselbegriff Bubers und des ganzen Dialogismus. Das Zwischen soll als ontologische Urkategorie freigelegt werden. Das Zwischen ist weder etwas im Ich noch etwas an dessen Akt noch an dessen Gegenstand.[7] Es ist auch kein Drittes. Es ist vor allem durch Unmittelbarkeit ausgezeichnet. Das Mittel als Medium oder Mittel zum Zweck wäre hier fehl am Platz. In der absoluten Tatsächlichkeit des Seins hat das Zwischen Begegnungscharakter. Nach der Dialogik entspringen das Ich und Du erst dem reinen Geschehen der Begegnung. Das Zwischen hat also einen ursprünglicheren Charakter als die Subjektivität. Die Besonderheit der Ich-Du-Beziehung wird durch die Gegenüberstellung der Ich-Es-Beziehung verdeutlicht. Das Reich des Es orientiert sich nach dem Ich

[7] Vgl. Theunissen 1963 , S. 322.

als Weltmittelpunkt. Die Intentionalität hält das Reich des Es zusammen. Das Ich als Zentrum der Akte empfängt seine Bestimmtheit allein von seinen Objekten. Im Gegensatz zum Ich-Du sind Ich und Es bereits vor ihrem Verhältnis vorhanden.[8] In seiner Dialogik bemüht sich Buber, die Intentionalität hinter sich zu lassen. Die Intentionalität würde das Du zur perspektivischen Ausrichtung auf das Ich als Weltmittelpunkt begrenzen; damit ginge der Vorrang des Du völlig verloren.

In seinem Versuch, die Auflösung der Intentionalität zu vollziehen, nimmt Buber die Sprache in Anspruch. Er unterscheidet zwischen ‚Anreden' und ‚Bereden'. Das Sprechen des Grundworts Ich-Du ist das Anreden, das des Grundworts Ich-Es das Bereden, Besprechen. Das Anreden wehrt sich gegen das intentionale Schema, indem es die Unmittelbarkeit des Angeredeten respektiert und hervorhebt, was dem Begegnungscharakter des Zwischen entspricht. Bereden dagegen reduziert den Menschen auf einen passiven Gegenstand. Diese Ich-Du/Ich-Es Differenz läßt sich im Hinblick auf die Zeitbestimmung weiter erklären. Die Gegenständlichkeit des Es-Bereiches gehört der Vergangenheit an. Und nach Buber bezeichnet Vergangenheit die konkrete Weise, in der Ich die Gegenständlichkeit intentional erlebe. Es legt den Anderen auf das fest, als was er sich bisher gezeigt hat, und macht damit seine Vergangenheit endgültig. Dagegen gehören Gegenwart und Du zusammen. Gegenwart gibt es nur, insofern es Gegenwärtigkeit, Begegnung und Beziehung gibt. Genau hier kann die Gegenwart an der Zukunft anknüpfen. Der Andere kommt aus der Zukunft auf mich zu. Er redet mich an. Jede Mitteilung ist auf Vernommenwerden, jede Frage auf Antwort, jede Bitte auf Zusage und Erfüllung aus. In diesem Aus-sein-auf liegt die Zukünftigkeit, die in der Gegenwärtigkeit des Dialogischen impliziert ist.[9]

Nach Theunissen vollzieht Buber seine Auflösung des Intentionalitätsmodells in zwei entscheidenden Schritten. Der erste Schritt ist die Auflösung des intentionalen Gegenstandes.[10] Da wird das Du als Nichts und das Es als Etwas charakterisiert. Wo Es ist, ist ein anderes Etwas; jedes Es grenzt an ein anderes Etwas. Im Gegensatz dazu hat der, der Du spricht, kein Etwas zum Gegenstand. Das Du begrenzt nicht. In der Begegnung fallen Eigenschaften weg. Dies ist wichtig, weil Eigenschaften nach Buber das Seiende dem Allgemeinen preisgeben. Buber will das Du unbedingt von Raum und Zeit fernhalten, weil er beide als fesselnde, kausale Relationskomplexe versteht: den Raum als Nebeneinander und die Zeit als Nacheinander. Das Du schwingt sich nun über das Empirische und kommt darin nicht vor. Damit ist der Bezug zum Objekt gänzlich verleugnet. Der gegenstandslose Akt schwingt sich nun über alles Vorgegebene hinaus und wird ein reiner Akt.[11] Dies ist der zweite Schritt. Die Selbstvollendung dieses Aktes ist zugleich seine Selbstaufhebung. Die Bezie-

[8] Buber spricht dem Ich-Du allein den Titel „Beziehung" zu. Vgl. Theunissen 1963, S. 322.

[9] Vgl. Theunissen 1978, S. 342.

[10] Ebd. S. 325.

[11] Ebd. S. 326.

hung zum Du gehört demnach einer Region jenseits der Differenz von Aktion und Passion an. Als reiner Akt ist er der Akt des ganzen Wesens. Er ist als Vollendung eine Einheit von Aktion und Passion im Sinne der Identität. Dies ist anders als im Bereich der Intentionalität, wo Einheit als die Zusammengehörigkeit von Unterschiedenem zu verstehen ist. Der sich vollendende Akt ist kein Akt im Sinne des selbsteigenen Vollzugs der Subjektivität.
Bubers Dialogismus macht es sich in der einseitigen Gegenüberstellung von Ich-Du und Ich-Es viel zu leicht.[12] Theunissen analysiert die Züge dieser negativen Ontologie sehr genau. Er hebt die Ironie in Bubers Vorgehen hervor, die darin besteht, daß er zur Überwindung der Intentionalität die Sprachform des Anredens verwendet, eine Sprachform, die überwiegend gerade von der Intentionalität geprägt ist. Buber konnte das Du nicht positiv bestimmen. Er hat nur gesagt, was das Du nicht sein darf, aber nie, was das Du für sich positiv bedeuten könnte. Allerdings greift Theunissen nicht tief genug, um Bubers Grundkonflikt ans Licht zu bringen: den Konflikt zwischen Gegenständlichkeit und Subjektivität.[13] Weil der Dialogismus die Gegenständlichkeit überwiegend negativ und grob darstellt, ist das Subjekt zur dauernden Ekstase der Ich-Du Beziehung gezwungen.[14] Das muß aber, trotz Theunissens Bewunderung für die Unmittelbarkeit, als künstlich und erfahrungsfremd gelten. Auch der Überraschungscharakter der Ich-Du-Begegnung weist darauf hin, daß die Gegenständlichkeit als stumm und als resonanzlos zu verstehen ist. Die Philosophie des Dialogs erweckt den Eindruck, daß sie sich lieber in Absentia von aller Weltlichkeit entwickeln würde. Sie bleibt sehr labil und vage. Ihr Subjektbegriff darf mit dem Negativen im Leben nicht in Berührung kommen. Am Ende seiner Arbeit versucht Theunissen, diese zwei Strömungen zu vermitteln. Wir wenden uns nun diesem Versuch kritisch zu.

1.4 Person als Resultat: Theunissens Versuch einer äußerlichen Vermittlung der Individualität und der Relationalität

Die Philosophie des Dialogs konnte sich nur negativ von der Transzendentalphilosophie absetzen, weil sie bei der gezielten Auflösung der Intentionalität ausschließlich transzendentalphilosophische Mittel gebraucht.[15] Für Theunis-

[12] Vgl. Duesburg S. 214. „Da es Buber nur primär um die Ich-Du-Beziehung zu tun ist, erscheint die Ich-Es-Relation zumeist in einer bloß abgeleiteten, phänomenologisch nicht ursprünglichen Gestalt, weil sie von vornherein aus ihrer bloßen Funktion für das Verständnis der Ich-Du-Beziehung betrachtet wird.“

[13] Vgl. Franz Rosenzweigs Bemerkung in einem Brief an Buber von September 1922: „I shall take the Bull by the horns: In the I-It you give the I-Thou a cripple as an opponent.That this cripple rules the modern world changes nothing in the fact that it is a cripple.“ Zitiert in: Friedman S. 214.

[14] Für eine Auslegung dieser Intensität, die aber leider viel zu unkritisch bleibt, vgl. Casper 1967, S. 23, 25, 28, 29.

[15] Vgl. dazu Theunissen 1977, S. 485.

sen weist ihre Abhängigkeit von der Transzendentalphilosophie daraufhin, daß beide Philosophien zusammengehören. Das bedeutet aber, daß keine der beiden Philosophien allein einen Absolutheitsanspruch erheben kann. Indem der Dialogismus die Distanz der Modelle des Anderen von dem Anderen selbst ans Licht bringt, machte er klar, weswegen die Transzendentalphilosophie keinen Absolutheitsanspruch erheben kann.

Die Philosophie des Dialogs setzt bei dem Anderen als urspünglichem Du an. Für Husserl dagegen kommt der Andere erst später zum Vorschein, nämlich in dem Konstitutionsprozeß, in dem die dialogische Kommunikation auf die transzendentale Einfühlung eines fremden Ich gegründet wird.[16] Der Kontext der subjektiven Konstitution der Welt läßt den Anderen nur als fremdes Ich zum Vorschein kommen. Die Rivalität beider Denkwege besteht nach Theunissen im beiderseits erhobenen Anspruch auf Ursprünglichkeit. Für die Transzendentalphilosophie entspringt der Andere dem Konstitutionsprozeß der transzendentalen Subjektivität. Der Dialogismus schreibt die Herkunft des Ich und des Du dem Ereignis der Begegnung zu. Theunissen dagegen behauptet, daß bei verschiedenen Dialogikern und bei Buber selbst diese Grundthese gemildert wird, indem doch ein Ich und Du vor der Begegnung voraussetzt wird.[17] Den Dialogikern zufolge wäre die Begegnung als die Verwandlung beider, Ich und Du, zu verstehen. Das Zwischen verwandelt das vorherige Ich in ein Selbst. Das Individuum empfängt aus dem Zwischen das Sein einer Person. Wenn aber das Ich ohne die Begegnung da wäre, wäre eine Vermittlung von Dialogismus und Transzendentalphilosophie möglich. Es würde uns erlauben, „der Transzendentalphilosophie die Ursprünglichkeit des *Anfangs* und der Philosophie des Dialogs die Ursprünglichkeit des *Ziels*, dann des vollendenden *Endes* zuzubilligen".[18] Der Anfang wäre dann das individuelle Ich, das Ziel das zum Selbst gewordene Ich.

Die Reduktion des Hauptprinzips des Dialogismus würde es dem Dialogismus ermöglichen, sich gegen die Perspektivität der konstituierten Welt zu differenzieren und zu artikulieren. Damit wäre er in der Lage, das Werden des Selbst aus dem transzendentalphilosophisch dargestellten Ich zum Ausdruck zu bringen. Demnach wären das Dialogische und das Transzendentale als verschiedene Stadien im Werden des Ich zu verstehen. Zunächst geschieht die transzendentale Relativierung der Welt, dann die verweltlichende Veränderung des relativierenden Subjekts, und schließlich käme das dialogische Selbstwerden als Vollendung dazu. Das Dialogische funktioniert so als eine Dezentrierung des Ich. Hier gäbe es eine wichtige Ergänzung zur Transzendentalphilosophie, weil für sie die Dezentrierung als objektivierende Veränderung gilt. Für den Dialogismus dagegen wäre Dezentrierung als Selbstwerden zu betrachten. Das Dialogische ist nicht einfach auf der gleichen Ebene mit den zwei anderen Schritten. Beim Selbstwerden ist der Mensch in die Dialogik hineingelangt,

[16] Ebd. S. 486.
[17] Ebd. S. 487.
[18] Ebd. S. 488.

und zwar nicht so, daß der Andere in das Selbst integriert wäre, sondern im Gegenteil so, daß das Selbst sich als auf den Anderen gründend vorfindet. Das läßt sich als Liebe bezeichnen und steht nach Theunissens Ansicht der Dialektik der Transzendentalphilosophie gegenüber. Diese Dialektik ist „der Umschlag der Aneigung des Anderen in die Veränderung des Eigenen."[19] Mit der Vollendung der Liebe ist diese Bewegung aber veräußerlicht und vollendet. Dann bestünde die Vollendung der positiven Prinzipien beider.
Auch eine Vermittlung ihrer negativen Aspekte wäre möglich. Transzendentalphilosophie dementiert die Möglichkeit einer unmittelbaren Begegnung mit dem Anderen. Der Dialogismus verleugnet die Möglichkeit einer subjektiven Konstitution des ursprünglich begegnenden Anderen. Beide Aspekte könnten aber vereinigt werden. Der Andere ist der sich in meinem Weltentwurf Konstituierende und der unmittelbar Begegnende, der sich der subjektiven Konstitution entzieht. Er ist der, der mich entfremdet und ebensowohl der, der mich in mein Selbst zurückführt.[20]
Unserer Ansicht nach gelingt es Theunissen nicht, die Möglichkeit einer solchen Vermittlung zu verwirklichen. Das liegt in der Natur der Sache selbst, nämlich in der Schwierigkeit, innerhalb der Geschichte eine Position zu finden, von der aus zwei völlig verschiedene Denkbewegungen dieser Geschichte selbst miteinander vermittelt werden können.[21] Die Unausgeglichenheit der Theunissenschen Arbeit liegt genau darin, daß sie dem Dialogismus den Vorrang vor der Transzendentalphilosophie gibt.[22] Es stimmt eigentlich nicht, daß die negative Abhängigkeit des Dialogismus von der Transzendentalphilosophie eine Zusammengehörigkeit beider Philosophien aufzeigt. Das ist einseitig aus der Sicht des Dialogismus gedacht. Damit ist auch kein Argumentationsgerüst zu bereiten, welches die Absolutheit ihrer jeweiligen Ansprüche auf eine relativierte Mitte zu bringen vermöchte. Theunissen schreibt damit der Transzendentalphilosophie eine Absicht zu, die sie nie gehabt hat.
Die Wurzel dieses Problems ist aber tiefer in Theunissens Denken zu suchen, nämlich in seinem Verständnis von der Beziehung zwischen Unmittelbarkeit und Vermittlung. Theunissen will der Unmittelbarkeit gerecht werden. Darum steht bei ihm Dialogismus an der ersten Stelle. Buber hat die Einheit von dialogischem Leben und Unmittelbarkeit aufgezeigt.[23] Der Dialogismus aber thematisiert, was unausgesprochen die Dialektik voraussetzt.[24] Dialogische Unmittelbarkeit hat eine affirmative Bestimmtheit. Theunissen ist fasziniert von

[19] Ebd. S. 490. Für eine viel positivere Einschätzung der Dialektik-Dialog-Beziehung in bezug auf Hegel vgl. Theunissen 1978, S. 342: „Die Realität entspricht ihrem Begriff, weil sie ihm zu entsprechen hat; und sie hat ihm zu entsprechen, weil sie unter dem Anspruch des Begriffs steht. Dialektische Entsprechung ist insofern eine dialogische, als es in ihr gilt, einem Anspruch zu entsprechen."
[20] Ebd. S. 491.
[21] Für eine sehr positive Beurteilung der Methode Theunissens vgl. Casper 1965, S. 393.
[22] Theunissen 1977, S. 484.
[23] Ebd. S. IX.
[24] Ebd. S. IX.

dieser Verbindung. Und dies muß erstaunen, gerade weil er solche entscheidenden Schwächen im Dialogismus ans Licht gebracht hat. Es muß Theunissens Geheimnis bleiben, wie eine solche Philosophie, die konsequent negativ ist und die nie zu einer differenzierten Begründung oder Vermittlung ihres Inhalts vorgestoßen ist, dennoch je in der Lage sein soll, die Einheit des dialogischen Lebens und der Unmittelbarkeit zu thematisieren. Die Unmittelbarkeit einer Begegnung, die jenseits aller Verschiedenheit stattfindet, beleuchtet kaum den Reichtum und die Eigentlichkeit der Unmittelbarkeit. Diese Schwäche im Fundament bringt das ganze Gedankengebäude Theunissens ins Wanken.

Ein weiteres Problem ist die Grunddifferenz der beiden Denkwege. Einfach gesagt: Beide handeln nicht vom gleichen Subjekt. Auf der einen Seite besteht eine Unklarheit darüber, wer das Subjekt im Dialogismus sein soll. Theunissen selbst gibt das zu, indem er die Reduktion des Hauptprinzips des Dialogismus im Interesse seiner Vermittlung hervorheben muß. Das scheint aber im Widerspruch zur ganzen Tendenz seiner Auslegung zu stehen, weil es das Ich wieder auf den nicht tragfähigen Boden der Intentionalität setzt. Auf der anderen Seite ist bei Husserl ebensowenig Klarheit über die Natur des Subjekts vorhanden. Wie die transzendentale Subjektivität und die eigene Individualität aufeinander bezogen sind, ist schwierig zu entziffern.[25] Im Hinblick auf Theunissens Vorhaben ist es schwer einzusehen, wie diese beiden auf eine Entwicklungsbahn zusammenzuführen wären. Der jeweilige Ausgangspunkt eines jeden ist anders, erst recht die Konzeption der inneren Strukturiertheit beider Subjekte. Präziser ausgedrückt, läßt es sich schwer denken, daß die durch Intentionalität konstituierende, nackte Individualität und eine jenseitige Ich-Du-Relationalität als das gleiche Subjekt aufzustellen sind. Die Rede von der Ursprünglichkeit des Anfangs und des Ziels taugt hier wenig.

Theunissens Absicht, Ichheit und Selbstheit zusammen von einer Entwicklungsbahn her zu denken, weist auf einen Instinkt für die richtige Richtung hin.[26] Aber durch eine gezwungene Vereinigung zweier auseinanderstrebender Denkwege kann diese Absicht kaum umgesetzt werden. Es läßt sich infolgedessen fragen, ob überhaupt aus dem Dialogismus und der Transzendentalphilosophie ein Gegensatz herstellbar ist. Theunissens Gegensatz bleibt erzwungen, und folglich muß sein Vermittlungsversuch als äußerlich gelten. Der faktische Riß beider läßt sich nicht mehr schließen. Dennoch muß hinzugefügt werden, daß Theunissen diese wichtige Frage nicht in der sich wiederholenden Gleichheit der Reflexionsphilosophie diskutiert, sondern ein Vermittlungsdenken anstrebt, in dem Erfahrung und Begrifflichkeit eine von Spannung getragene Einheit bilden sollten. Theunissens Vermittlungsversuch bleibt vom Begriff des Zwischen im Dialogismus geprägt und kann auch als die Suche nach

[25] Waldenfels S. 10: „Das tranzendentale Ich Husserls ist weniger ein reines Ich zu nennen, als vielmehr ein gereinigtes Ich in einer gereinigten Sphäre.“

[26] Für eine andere Meinung und für den Versuch, Theunissens „Gegensatz“ durch ein gemeinsames Ursprungsmoment beider in der konkreten Selbsterfahrung zu erläutern, vgl. Schöpf S. 26-27.

einem echten Zwischen angesehen werden. Es wäre ein Zwischen, wodurch der Ontologie des Dialogismus zur Formulierung und zur Perspektivität weitergeholfen und wodurch die dinghafte Objektivität der Transzendentalphilosophie durch das Dialogische persönlicher gemacht werden könnte. Dennoch bleibt Theunissens Zwischen leider nur eine postulierte Synthese.

Neben der Phänomenologie und dem Dialogismus bemüht sich eine andere philosophische Bewegung um das Problem des Subjektbegriffs, und zwar aus der Perspektive des Versuchs, eine Lösung des Problems des Reflexionszirkels zu finden. Es wird versucht, das Denken selbst und das Bewußtsein so zu thematisieren, daß sie das Geheimnis der Wurzel der Selbstheit und der Verbundenheit von Selbst und Anderem preisgeben. Darauf wollen wir jetzt eingehen.

1.5 Die opake Wurzel der Selbstheit: Person zwischen Individualität und Relationalität (Dieter Henrich)

Es war Dieter Henrich, der die Problematik des Selbstbewußtseins an eine Hauptstelle der heutigen philosophischen Diskussion gerückt hat.[27] Hier möchten wir seine Theorie in drei Schritten betrachten: seine Fichteauslegung, seine eigene Theorie über den Ursprung der Selbstheit und schließlich die Widerspiegelung dessen in seinem Subjektbegriff.

Nach Henrich war es Fichte, der der Selbstbewußtseinsproblematik ihre umstrittene Gestalt gegeben hat. Das tat er im Gegensatz zu Descartes, Kant und Leibniz, indem er das Selbstbewußtsein nicht nach seiner Begründungsfunktion betrachtete, sondern fragte, wie das Selbstbewußtsein an ihm selber zu denken sei. Bisher herrschte das Reflexionsmodell des Selbstbewußtseins. Fichte sah klar ein, daß dieses Modell zu unlösbaren Aporien führte. Es konnte den Ursprung des Ich nicht erklären. Es spricht von einem Ichsubjekt, welches sich selbst erkennt, indem es zu sich in Beziehung tritt. Aber das, was zu sich in Beziehung steht, ist bereits das Ich selbst. Das Reflexionsmodell bewegt sich nur in einem Zirkel. Das, was zu erklären wäre, ist schon vorausgesetzt, denn es könnte keine Reflexionsbewegung stattfinden, ohne daß das Ich sich selbst schon ergriffen hätte. Auch wenn das Ich als Objekt verstanden und dann als Ich erfaßt wäre, um überhaupt wissen zu können, daß das, was das Ich erfaßt, Ich selbst ist, muß es von sich schon wissen. Dadurch hat sich das Reflexionsmodell einer petitio principii schuldig gemacht.

Die andere Möglichkeit wäre, Selbstbewußtsein „neutral" zu erfassen. Damit wäre aber das eigene Bewußtsein zu einem Objekt eines neuen Bewußtseins von ihm zu machen. Dieses neue Bewußtsein bräuchte aber, um seiner bewußt zu werden, ein weiteres Bewußtsein, das auch nicht reflexiv wäre; es bräuchte

[27] Dies geschah durch seinen berühmten Aufsatz „Fichtes ursprüngliche Einsicht" (Vgl. Henrich 1967). Henrichs Argument ist aber zum Teil schärfer in einer früheren Fassung dieses Aufsatzes formuliert; vgl. Dieter Henrich, Fichtes „Ich", in: Ders., Selbstverhältnisse, Stuttgart, 1982, S. 57-83.

dann wieder ein anderes, um seine Reflexivität zu gewinnen. Der Regreß würde somit kein Ende finden. Dem Reflexionsmodell wäre man dadurch entkommen, aber um den Preis eines unendlichen Regresses, mittels dessen das Bewußtsein nie zum *Selbst*bewußtsein gelangen würde.

Im Gegensatz dazu suchte Fichte nach einem neuen Weg. Er behauptet: Das Ich setzt schlechthin sich selbst. Das Ich ist ein unmittelbares Setzen, ein Handeln, durch welches sein Fürsichsein entsteht. Entscheidend ist hier die Gleichzeitigkeit von Setzen und Wissen des Ich von sich selbst. Keine Vermittlung darf stattfinden, weil damit eine Distanz zwischen dem Setzen und dem Wissen einträte und die Einheit des Selbstbewußtseins als Vollzug gefährdet wäre. Seine Theorie konnte allerdings weder den Grund der Einheit des Ich noch die Wechselimplikationen seiner Momente erklären, weil die Regression nun als sich wiederholende Identität auftritt, solange der setzende Akt schlicht eines der Momente des Ich selbst ist.

Fichte erweitert diese Theorie im zweiten Teil seiner Wissenschaftslehre und in den späteren Jahren seines Lehrens in Jena. Nun lautet sie: Das Ich setzt sich schlechthin *als* Sich-selbst-Setzen. Der Nachdruck liegt hier auf dem *als*. Das Ich setzt sich und zugleich seinen eigenen Begriff von sich. Das *als* garantiert jetzt die Spezifizität des Wissens des Ich von sich. Es kennt sich *als* dieses. In dieser wissenden Selbstbeziehung gewinnt das Ich sein Für-sich-sein. Diese Formulierung vereinigt die begrifflichen und die anschaulichen Dimensionen des Selbstsetzens des Ich. Das Ich bzw. Selbstbewußtsein ist ursprünglich und zugleich Anschauung und Begriff. Ohne den Begriff wäre die Anschauung blind, und ohne die Anschauung fehlte dem Begriff die Gewißheit des eigenen Daseins. Diese Theorie hat nun ein doppeltes Ergebnis hervorgebracht: das Ich-Objekt und den Begriff des Ich, der für dieses Objekt gilt. Das Ich soll, weil es diese Doppelung erzeugt, diese auch erklären können. Das ist aber nicht möglich, weil das Setzen dem doppelten Ergebnis vorausgehen muß. Das Setzen des Begriffs des Ich scheint noch nicht ein innerliches Moment des Aktes des Setzens selbst zu sein. Infolgedessen kann das Ich diese Doppelung nicht erklären, und die Einheit des Ich ist damit überbeansprucht.

Fichte versucht dann eine dritte Formulierung seiner Theorie. Sie ist ganz neu und ersetzt die früheren Theorien. Nun ist Selbstbewußtsein „eine Tätigkeit, der ein Auge eingesetzt ist". Die Art und Weise dieser Tätigkeit ist positiv bestimmt. Die Tätigkeit wird durch ihre Sicht geleitet; diese Sicht ist das innere Licht der Tätigkeit. Das Auge sieht im Erblicken seines Tuns zugleich sich selbst. Das Sehen ist ein sich-sehendes Auge. Die Momente des Ich sind voneinander nicht trennbar. Die Stärke der Augenmetapher ist ihr unlokalisierbares Auffassungsvermögen. Die Momente der Tätigkeit fallen nicht aus ihrer Einheit. Ist diese Theorie aber dazu fähig, das Verhältnis von Anschauung und Begriff als einer Selbstbeziehung zu erklären? Die Reflexivität dieser Selbstbeziehung muß unmittelbar sein.[28] Sie muß einen eigenen Wissens-

[28] Die Ähnlichkeit zwischen dem Selbstbewußtsein auf einer innerlichen Ebene und dem Dialogismus auf einer äußerlichen Ebene ist an dieser Stelle unübersehbar.

charakter haben. Doch ergibt sich damit wieder die Schwierigkeit, daß man über Wissen verfügen muß. Wenn das Ich Wissen wäre, gälte dies nicht mehr. Hätte jedes Wissen ein Subjekt, so könnte das Subjekt selbst kein Wissen sein. Sonst müßte man ein Subjekt dieses Subjekts annehmen, und der unendliche Regreß könnte seine Triumphe wieder feiern. Trotz weiterer Versuche, auch mit Hilfe von Begriffen wie Gott und Freiheit, gelingt es Fichte kaum, das Ichwesen verständlich zu machen.

In einer weiteren Arbeit[29] zu diesem Thema wird klar, daß Henrich Fichtes Versuch für gescheitert hält. Entscheidend ist aber die Tatsache, daß Fichtes Problemstellung für Henrichs eigene Theorie maßgeblich bleibt, was sich wiederum in seinem expliziten Subjektbegriff widerspiegelt. Henrich geht zunächst von der Tatsache aus, daß wir mit einem Grundphänomen von Bewußtsein vertraut sind. Wie ist das Vorhandensein von dieser Vertrautheit zu erklären? Nach Henrich besteht eine kognitive Gegebenheit des Bewußtseins. Demzufolge ist Bewußtsein in den bewußt erfahrenen Inhalten gegeben oder mitgegeben. Die Vertrautheit mit Bewußtsein ist kein Resultat. Sie ist nicht durch ein Unternehmen zu gewinnen. Sie liegt schon vor, wenn Bewußtsein eintritt: „Und niemand wird sagen, er habe versucht, zu Bewußtsein zu kommen, indem er sich um Introspektion, Reflexion und Beobachtung bemühen kann“[30] Nach Henrich sieht es so aus, daß das Bewußtsein eher von sich aus einen Zugang zu uns hat, als daß wir es uns zugänglich machen können. Bewußtseinsmodi sind ineinander transformierbar, und Bewußtseinsformen sind verschiedene Zustände von Bewußtsein. Bewußtsein ist dann weder als Relation noch als ein System von komplizierten Relationen zu denken. Das alles macht es natürlich extrem schwierig, den vertrauten Sachverhalt Bewußtsein durch direkte Deskription zu interpretieren.

Daß so viele Theoretiker immer wieder Bewußtsein durch ein Reflexionsmodell zu erklären versucht haben, muß nach Henrich einen Grund in der Struktur des Bewußtseins selbst haben. Er will das Reflexionsmodell deswegen auch beibehalten, aber kritisch anwenden. Er will versuchen, das, was zum Zirkel führt, an ihm auszurotten. Es sei hier kurz an das Kernproblem erinnert. Der Zirkel entsteht erstens, wenn Bewußtsein als Selbstbeziehung eines Subjekts erklärt wird. Weil dieses Subjekt als bewußt verstanden werden muß, bleibt die Erklärung redundant. Zweitens wird Bewußtsein als *wissende* Selbstbeziehung eines Subjekts erklärt. Die Schwierigkeit ist hier, daß dem Bewußtsein bereits, um überhaupt sich *selbst* finden zu können, Kenntnis von sich selbst *als* Subjekt zugeschrieben werden muß. Die Erklärung ist aber dann wieder zirkulär.

Henrich will nun versuchen, Bewußtsein so zu beschreiben, daß es weder bewußte Selbstbeziehung noch Identifikation mit sich ist.[31] Kraft dieser Strategie beabsichtigt er, unsere unmittelbare Vertrautheit mit Bewußtsein zu erklären. Angesichts der Fundamentalität des Bewußtseins will Henrich ihm eine Priori-

[29] Henrich 1970.
[30] Ebd. S. 271.
[31] Ebd. S. 275.

tät vor dem Selbstsein verleihen. Er entscheidet sich damit dafür, ein ichloses Bewußtseins anzunehmen. Ohne das Ich zu gebrauchen, unterstreicht er die aktive Natur des Bewußtseins. Selbstsein kommt dann erst später innerhalb der Funktion der Bewußtseinsstruktur zur Wirkung.[32] Das Selbst ist zumindest ein aktives Prinzip der Organisation des Bewußtseinsfeldes. Humanes Bewußtsein tritt immer in einer egologischen Orientierung auf. Diese Egozentrik ist nicht ein Grundphänomen des Bewußtseins, sondern nur eine Form seiner Organisation. Weil dieses aktive Prinzip des Bewußtseins über sich reflektieren kann, darf es „Ich", „Selbst" oder „Subjekt" heißen. Der Begriff von Selbst ist in der Gesamtstruktur des Bewußtseins sekundär.[33] „Von entscheidender Bedeutung ist es aber, klarzumachen und daran festzuhalten, daß das *Gewahren* dieses aktiven Prinzips als solches keine aktive Leistung ist, daß es nicht einmal dem Ich selbst zugerechnet werden kann."[34]

Die urspüngliche Verfügung des Selbst über sich ist nicht als ein Produkt seiner selbst zu verstehen.[35] Das Wissen des Selbst von sich ist eine Grundsituation und kann deshalb nicht von einem schon vorausgesetzten Ich abgeleitet werden. Bewußtsein ermöglicht Reflexion, aber es ist dennoch als eine besondere Art von Ereignis außerhalb ihrer zu verstehen. „Es geschieht nicht innerhalb eines Relationssystems von gegebenen Fakten, sondern ist schlechthin singulär und beziehungslos."[36] Bewußtsein ist auch der Grund der Möglichkeit eines Typs von Relationen, ist aber selbst nicht als eine Relation aufzufassen. Henrich will es eher als eine Dimension oder als ein Medium beschreiben. Und in der Reihe der Relationen, die Bewußtsein ermöglichen, ist es selbst das letzte Glied.

Kein Bewußtsein hat aber dieselbe Art von Zugang zu anderem Bewußtsein wie zu sich. Die Kenntnis dieser Dimension selbst ist in ihr eingeschlossen. Henrich geht hier sehr sorgfältig vor. Die Koexistenz von Bewußtsein als Dimension und Kenntnis von Bewußtsein darf keinesfalls als Selbst-Identifizierung genommen werden.[37] Das eine kann ohne das andere auftreten. Henrich will um jeden Preis vermeiden, daß Bewußtsein als sein eigenes Objekt beschrieben wird. Das Wissen von der Verbindung zwischen Bewußtsein und Kenntnis von sich mündet nicht einfach in das Bewußtsein ein, sondern ist begriffliches, rationales, reflektierendes Wissen. Bewußtsein bringt sich nicht durch Selbstobjektivierung ins Dasein, und es verfügt über kein adäquates Verständnis seiner selbst. Henrich faßt die verschiedenen Schritte seiner Auslegung folgendermaßen zusammen: „Sie muß Selbstbewußtsein als einen Funktionszusammenhang von drei Elementen beschreiben: 1. Bewußtsein als eine Dimension. 2. Kognitive Kenntnis des Sachverhalts, *daß* die Dimension

[32] Ebd. S. 276.
[33] Ebd. S. 281
[34] Ebd. S. 276.
[35] Eine ähnliche Position vertritt Pannenberg, Metaphysik und Gottesgedanke, Göttingen, 1988. S. 40.
[36] Henrich 1970, S.277.
[37] Ebd. S. 278.

sich öffnet. 3. Aktivität des in der Dimension je schon bekannten Selbst.“[38] Bewußtsein ist ichloser Grund des Selbstbewußtseins.[39]
Henrichs Theorie ist auf harte Kritik gestoßen. Möglicherweise war sie der Anstoß für Ernst Tugenhats Theorie des Selbstbewußtseins. Seine Kritik zielt im Kern darauf, daß der Gegenstand von Selbstbewußtsein nicht das Selbst ist, sondern eine Proposition. „Daraus folgt, daß eine Struktur der Form ‚ich weiß mich‘ eine in sich Unmögliche ist, sie widerspricht dem Sinn von Wissen.“[40] Dagegen schlägt Tugendhat vor, „daß das epistemische Selbstbewußtsein die Struktur ‚ich weiß, daß ich x‘ hat.“[41] Tugendhat setzt alles auf die „propositional attitude“ des Wissenden. Die Beziehung ist dann nicht die eines Subjekts zu einem Objekt, sondern die eines Subjekts zu einer sprachlichen Realität. Nach dieser neuen Formulierung sollte der Reflexionszirkel gar nicht vorkommen. Nach unserer Ansicht macht sich Tugendhat das Problem viel zu leicht. Die Selbstheit der Person ist nicht in einer sprachlichen Gegenständlichkeit aufzulösen. Die Ironie der Position Tugendhats liegt darin, daß genau die Aktivität der Propositionsbildung, die für seine Theorie grundlegend ist, die Präsenz einer außersprachlichen Subjektivität braucht und voraussetzt; die Sprache selbst scheint aber nicht fähig, auf diese Subjektivität eingehen zu können. Infolgedessen scheint die propositionelle Einschränkung sich selbst aufzuheben.
Die entscheidende Schwierigkeit Henrichs ist es, die Fichtesche Auslegung des Reflexionszirkels als das, was zu überwinden ist, zu unkritisch aufzunehmen. Tatsache ist, daß man sich, sobald man diesen Reflexionszirkel entstehen läßt, seiner nicht mehr entziehen kann. Indem Henrich weiterhin eine Vertrautheit mit Bewußtsein als Grundphänomen undifferenziert annimt, wird die Voraussetzung des Zirkels als eine spontane Erscheinung nur beschleunigt, sobald dieses Grundphänomen sich als erklärungsbedürftig zeigt. Zwischen der Erfahrung des Grundphänomens und seiner Erklärung gestaltet sich spontan der Zirkel. Es steckt aber ein Nest von verborgenen Behauptungen in diesem Vertrautheitsbegriff.[42] Zunächst wird die unbezweifelbare Existenz des Bewußtseins behauptet. Die Rede ist hier zunächst von einem empirischen Bewußtsein. Dann aber wird stillschweigend in höchst problematischer und erklärungs-bedürftiger Weise unter der Rubrik der Vertrautheit der Sprung zu einem spekulativen Bewußtseinsbegriff vollzogen.[43] Das größte Problem in Hen-richs Versuch der Überwindung des Zirkels aber ergibt sich in bezug auf die Relation zwischen dem anonymen Bewußtsein und dem daraus entspringenden Ich.

[38] Ebd. S. 280.
[39] Ebd. S. 282.
[40] Tugendhat S. 56-57. Wir können Tugendhats Position nur im Vorübergehen streifen. Für eine eingehende Kritik vgl. Soldati, bes. S. 96, 99-100.
[41] Tugendhat S. 59.
[42] Es sei hier auf Hegels Enthüllung des Bekannten in der Vorrede zur PhG erinnert: „Das Bekannte überhaupt ist darum, weil es bekannt ist, nicht erkannt.“ (PhG25)
[43] Zur spekulativen Besonderheit der Selbstbewußtseins-Problematik vgl. Tugendhat S. 12.

Wie entsteht das Ich? Verleiht es dem anonymen Bewußtsein ein Gesicht, oder sind Ich und Bewußtsein voneinander verschieden? Diese höchst entscheidenden Fragen gehen an die Substanz der Henrichschen Theorie. Sie werden aber von ihm nicht einmal berührt. Es muß deswegen klar gesagt werden, daß wir es hier keineswegs mit einem echten Übergang von opakem anonymem Bewußtsein in die persönliche Ichheit zu tun haben. Die Kontinuität beider ist im Gegenteil äußerst fragwürdig.[44] Das Ich, wovon hier gesprochen wird, ist eigentlich nur ein Organisationsprinzip und keineswegs eine persönliche Selbstheit. Und von einem Bewußtsein, das sich selbst anonym ist, wäre schließlich kaum etwas anderes zu erwarten.

Weil die Frage nach der Selbstheit des Personseins für unseren Personbegriff äußerst wichtig ist, möchten wir kurz zu dieser Frage Stellung nehmen. Das Problem ist doch einzigartig: Es ist unmöglich, die Selbstreflexivität des Ich bzw. seine Selbstheit wegfallen zu lassen, will man das Ich erklären. Es gibt keinen leeren Ort, wo das Selbst nicht in Bezug zu sich selbst steht und von wo aus die Möglichkeit und Struktur einer solchen Selbstreflexivität neutral, eindeutig und klar für sich herauskristallisiert werden könnte. Die Selbstreflexivität des Ich ist nicht annullierbar. Das bedeutet aber nicht, daß es allein in Termini eines Subjekt-Objekt-Modells erklärt werden muß. Denn ein solches Modell erzeugt nur den Reflexionszirkel. Welche Möglichkeit würde dann ein Personbegriff als Vermittlung in dieser Frage auftun? Zunächst arbeitet dieser Personbegriff nicht mit dem Subjekt-Objekt-Modell. Nach dem Personbegriff als Vermittlung konfrontieren sich Subjekt und Objekt nicht im leeren Raum, wo das Objekt im wesentlichen fremd und opak wäre. Wenn die Begründungs-frage angeschnitten wird, wird das Subjekt nicht auf sich selbst geworfen.

Der Personbegriff als Vermittlung verhindert von vornherein ein solches Hypostasieren und eine solche Verengung, die sich ereignen müssen, damit der Reflexionszirkel auftreten kann. Wie später diskutiert wird, zeigt der spekulative Satz die lebendige, logische Grundlage des Personbegriffs als Vermittlung.[45] Der spekulative Satz bedeutet nicht ein bloßes Eliminieren dieses Subjekt-Objekt-Modells, sondern seine Verwandlung. Subjekt und Prädikat fließen ineinander, ohne dabei ihre Verschiedenheit zu verlieren. Der spekulative Satz transformiert das räsonnierende Denken. Damit entfällt auch die erstickende Verschlossenheit des Reflexionszirkels. Tugendhat selbst hat die Lösungsrichtung wahrgenommen; ihm aber fehlt die Ontologie, um seiner Satzlehre eine logische und umfassende Lebendigkeit zu geben; sie ist nicht tief genug angesiedelt.

Henrich als Hegelkenner hätte wissen sollen, daß Hegel bereits in der *Differenzschrift* weit über Fichte hinausgekommen war. Es ist erstaunlich, wie Hen-

[44] Vgl. dazu auch Jürgen Habermas, Theorie des kommunikativen Handelns, Ffm. 1987, Bd.1, S. 528. „Henrich konstruiert einen Begriff von Bewußtsein, der einerseits die Spuren eines Selbst, das seiner nur als Objekt habhaft werden kann, tilgen, andererseits so etwas wie Subjektivität diesseits der Selbstobjektivierung zurückbehalten soll."
[45] Vgl. Teil 2 dieser Arbeit.

rich hier – ohne jede Rücksicht darauf – Hegel naiv als sujektivistischen Reflexionsphilosophen bezeichnet.[46] Die Differenz zwischen dem reinen, genetischen Ansatz Fichtes und Hegels einheitlichen und umfassenden Ansatzpunkt läßt Henrich unberücksichtigt.[47] Bei der Erklärung der Selbstheit wird eine Art von Reflexivität gesucht, die mehr als eine bloße Wiederholung des suchenden, denkenden Selbst darstellt; eine solche Wiederholung würde nichts beweisen. Die erwünschte Reflexivität sollte zudem die Art von Fremdheit vermeiden, worin das Selbst kein Echo seiner Selbst erfahren würde; sie wäre eine Reflexivität, die sowohl den vitiösen Zirkel als auch das begegnungslose Lineare vermeidet. Vieles spricht dafür, daß der Personbegriff als Weg der Vermittlung dies leisten kann. Anders gesagt: Die PhG bietet eine Reflexivität an, die eine spiralhafte Darstellung ist. Das sich entfaltende und sich thematisierende Selbst ist bei sich, aber mittels Erfahrung. Eine erfahrungslose, narzißtische Widerspiegelung einer hypostasierten Selbstheit findet hier nicht statt. Das Problem wird auch nicht einseitig durch eine Einlösung des Spekulativen in das existentielle Praktische behandelt.[48] Die Stärke von Hegels PhG ist die untrennbare Einheit der Erfahrung und des Spekulativen.[49]

Eine große Leistung der Sprachphilosophie ist es, uns vor der Gefahr des Kategorienfehlers gewarnt zu haben. Eine Verwechslung oder Gleichsetzung von Kategorien, die voneinander unterschieden werden sollen, erzeugt Unsinn. Läßt sich angesichts dessen nicht vermuten, daß der Reflexionszirkel aus der Verwechslung von zwei verschiedenen Kategorientypen entsprungen ist? Es ist die Verwechslung von Ursprungsfragen und Anfangsfragen. Der Anfang ist nicht der Ursprung. Die Frage nach dem Ursprung ist eine ontologische Frage. Die Frage nach dem Anfang ist eine hermeneutische Frage. Der Ursprung ist gegeben. Er wird nicht gesetzt. Der Anfang ist auf diese Weise nicht gegeben. Angefangen werden kann immer wieder, wie es z.B. die Vielzahl von Subjekttheorien aufzeigt. Anfang und Ende entsprechen einander. Dagegen entspricht dem Ursprung die Vollendung. Die Frage nach dem Ursprung ist dann nicht direkt auf den Ursprung selbst zu richten. Er entzieht sich dem direkten Zugriff. Dennoch muß mit dem Denken angefangen werden. Unserer Ansicht nach hat Hegel diesen Unterschied klar gesehen. Er wußte, daß der Anfang kein reiner Ansatz sein kann, sondern eher ein Einstieg in einen sich schon vollziehenden Bewußtseinsablauf ist. Ohne diesen Bewußtseinsablauf wäre sowieso kein Anfang möglich. Durch diese Art, einen Anfang zu setzen, enthüllt sich eine Sequenz von Momenten und Gestalten des Bewußtseins, welche in ihrem Fortlauf einen immer tieferen Einblick in den Ursprung selbst eröffnen.

[46] Henrich 1970, 281.

[47] Vgl. dazu Girndt S. X, 56-57.

[48] Für das Eingeständnis, daß eine Lösung des Reflexionzirkels nur durch einen Rückgriff auf praktische Philosophie möglich sei, vgl. Schulz, in: Ludwig J. Pongratz, (Hrsg.) Philosophie in Selbstdarstellungen 11, Hamburg, 1975, S. 288-289.

[49] Zur Entwicklungsgeschichte des Hegelschen Übergangs von Verstandesreflexion zur Vernunftsreflexion vgl. Werner Marx 1976, S. 105-106.

Gerade deswegen übt das Spiel mit dem Reflexionszirkel keine Anziehungskraft auf Hegel aus. Er fängt in der PhG mit einer einheitlichen Selbstheit an, welche in ihrer Fortentfaltung und Thematisierung die Tiefe und Resonanz ihres Ursprungs immer mehr in Besitz nimmt. Das Selbst ist kein neutrales Ursprungsmoment. Hier liegt wieder ein wichtiger Aspekt der Differenz des Hegelschen Denkens zur Transzendentalphilosophie vor; in ihr glaubt man, durch die Artikulation von Begründungsmöglichkeiten den Ursprung der Selbstheit im Entstehen zu erwischen. Henrichs Theorie bringt das klar zum Ausdruck. Der Fehler liegt hier in dem Versuch, den Ursprung der Selbstheit mit dem Anfang der Reflexion unmittelbar und direkt in Entsprechung zu bringen.
Die Art, in der das Ich als organisierendes Prinzip im anonymen Bewußtsein plötzlich erscheint, spiegelt sich in der weiteren Auslegung des Personbegriffs von Henrich wider. Obwohl Henrich dem Subjekt eine ontologische Würde gegenüber reduzierenden Denkschemata verleihen möchte und eine Reihe von interessanten Differenzierungen in dieser Hinsicht aufstellt, bleibt seine Theorie dennoch mangelhaft. Auf ihr lastet vor allem der Eindruck des Funktionalismus. Sie operiert als ein regulatives Prinzip und erreicht nie den organischen Rang des Ontologischen.
Der Mensch steht in einem Grundverhältnis zur Welt.[50] Alle Momente dieses Grundverhältnisses gehören zusammen und stehen in einer gleichursprünglichen Beziehung zueinander. Kein Moment kann aus den anderen Momenten erklärt werden. Das Grundverhältnis kann nur in einem Nu und als Ganzes ins Dasein kommen.[51] Es muß in der Entwicklungsgeschichte des einzelnen Menschen spontan aufkommen. Sein Gebrauch kann nicht gelernt, nicht übernommen, nicht vorgeführt werden. Es kann weder in selbständige Elemente noch in die Aspekte seiner Genesis aufgelöst werden. Dennoch muß das Grundverhältnis Selbstbewußtsein einschließen, wenn es irgendwie begreifbar sein möchte. Die Frage nach dem Verhältnis beider zueinander ist eine höchst wichtige Frage. Leider wird sie von Henrich, wenn überhaupt, dann nur völlig ambivalent beachtet. Das Selbstbewußtsein beherrscht das Grundverhältnis nicht und bringt es überhaupt nicht aus seiner inneren Verfassung hervor.[52] Gleichzeitig wird aber gesagt, daß das ganze Grundverhältnis unausdenkbar abkünftig ist.[53] Seine Abkunft hat die gleiche kontextlose Plötzlichkeit wie die Erscheinung des Ich im anonymen Bewußtsein. Henrich sagt auch: „Unser Leben ist in sich transzendental verfaßt."[54] Aber der Grund und die Natur dieser Verfaßtheit bleiben opak. Durch seine Theorie zieht sich etwas hindurch, das man einen transzendentalen Agnostizismus nennen könnte. Die opake Natur des Ursprungs der Selbstheit wird zur begleitenden Dunkelheit des Grundverhältnisses. Es führt an der Intimität, Tiefe und Individualität des menschlichen

[50] Henrich 1982, S. 104 ff.
[51] Ebd. S. 106.
[52] Ebd. S. 105.
[53] Ebd. S. 110, 121.
[54] Ebd. S. 110.

Lebens vorbei, daher stellt sich die Frage, ob es sich überhaupt ein Grundverhältnis nennen darf. Kräfte sind im Spiel, die nur eine minimale Mitarbeit der Person fordern, die ihr aber wesentlich fremd bleiben.
Wenn Henrich explizit auf Person und Subjekt zu sprechen kommt, spitzt sich diese Zweifelhaftigkeit zu. Person und Subjekt sind nicht dasselbe. Sie sind in der Tat die doppelte Relation, in der der Mensch sich als Selbstbewußtsein verstehen muß. Die Beziehung des Menschseins zum Selbstbewußtsein wird nicht erörtert. Selbstbewußtsein scheint nur ein Sammelbegriff für die doppelte Relation, Person und Subjekt, zu sein. Die Einheit des Personseins scheint hier gefährdet zu sein. Henrich differenziert zwischen Person und Subjekt: Person ist der selbstbewußte Mensch insofern er einer unter anderen ist.[55] Er weiß sich von anderen zu unterscheiden, weiß aber auch, daß er wie sie in die gemeinsame Welt gehört. Jedes selbstbewußte Wesen weiß sich aber ebenso als Subjekt. Als Subjekt weiß es sich radikal von allem unterschieden. Die Welt ist ihm der Inbegriff dessen, was es überhaupt denken und antreffen kann.[56] Bei der Bestimmung des Personseins wird also offensichtlich der Akzent auf Äußerlichkeit, bei der Bestimmung des Subjektseins auf Innerlichkeit gelegt. Zur Äußerlichkeit des Personseins gehört Indizierung als Einzelner in Raum und Zeit. Zur Innerlichkeit des Subjektseins gehört die Anerkennung des besonderen eigenen Meinungszustandes gegenüber anderen solchen Zuständen.[57] Zum Personsein gehört Selbstbeschreibung und zur Subjektivität Selbstauffassung; beide sind einander gegenläufig.[58]
Henrich sagt, daß „der strukturelle Unterschied zwischen der Bewußtseinseinheit und der Personeinheit … festgehalten werden muß..“[59] Personeinheit gehört dann vor allem dem Bereich der Dingwelt an. Das Leben des Menschen ist faktischer Ablauf und Deutungsgeschichte.[60] Die Identität des Subjekts ist im inneren Bereich der Meinungsgeschichte zu suchen.[61] Die eigene Identität ist dann aber nicht ontologisch oder substantiell begründet, vielmehr ist die eigene Identität nur das Partikuläre an der Meinungsgeschichte und nicht Sache des einmaligen Individuumseins. Sie ist bloß das Vermögen des Subjekts, sich durch die Stadien der Meinungsgeschichte hindurchzutragen. Obwohl Henrich uns versichert, daß wir ursprünglich beides, Person und Subjekt, sind,[62] tut er sehr wenig, um einen solchen gemeinsamen Boden in Erscheinung treten zu lassen. Schließlich scheint Person nur die äußere Hülle zu sein, worin sich das Subjekt entwickelt und aufhält.[63] Daß die Einheit beider überbeansprucht ist, gibt Henrich selbst zu, wenn er sagt: „Daß er (der Mensch) gerade diese Per-

[55] Ebd. S. 20.
[56] Ebd. S. 21.
[57] Ebd. S. 137-138.
[58] Ebd. S. 21.
[59] Henrich Selbstverhältnisse, Stuttgart, 1982, S. 124.
[60] Henrich 1982, S. 121.
[61] Ebd. S. 140.
[62] Ebd. S. 137.
[63] Henrich selbst hat diese Tendenz bei Chisolm schon kritisiert, vgl. Henrich 1979, S. 84.

son ist, muß von ihm aus der Perspektive seiner Subjektivität heraus als zufällig erfahren werden."[64]
Vor diesem begrifflich sehr unsicheren Hintergrund wird verständlich, daß Henrich auf Selbsterhaltung als dem Hauptmerkmal des Selbstbewußtseins beharrt.[65] Es gibt ein reziprokes Abhängigkeitsverhältnis zwischen Selbstbewußtsein und Selbsterhaltung. Selbsterhaltung impliziert die Struktur des Selbst und setzt sie sogar voraus. Selbstvertrautheit ist gebunden an die Erfahrung, daß es notwendig ist, die eigene Existenz zu kontinuieren.[66] Daß das Kontinuieren bedroht ist, ergibt sich hier vor allem aus dem beunruhigenden Mangel an persönlicher Einheit, die Henrichs Personbegriff bezeichnet. Es hat dann eher mit der Selbsterhaltung der Theorie selbst als mit der echten Frage nach Selbsterhaltung zu tun. Schließlich ist es klar, daß der innersubjektive Riß in Henrichs Theorie der Entstehung der Selbstheit sich im Riß zwischen Individualität und Relationalität bzw. zwischen Subjekt und Person widerspiegelt.

1.6 Person, Reflexion und die Gleichursprünglichkeit von Individualität und Relationalität (Johannes Heinrichs)

Angesichts der Schwierigkeiten in Dieter Henrichs Theorie ist nun zu fragen, ob die Entstehung der Selbstheit und die Beziehung zwischen Individualität und Relationalität nicht auf eine andere Weise darzustellen sind. Eine Theorie, die diese beiden Fragen in ihrer engen Verbundenheit zu artikulieren versucht, bietet Johannes Heinrichs. In einer Reihe von sehr interessanten Aufsätzen ist Johannes Heinrichs der Frage nach dem Personbegriff nachgegangen, und zwar in ähnlicher Weise wie unser Versuch. Heinrichs will Individualität und Relationalität zusammendenken. Sein Entwurf bleibt allerdings fest im Rahmen der Transzendentalphilosophie. Er baut seine Theorie durch den Gebrauch eines Begriffs von Sinn und durch die Erweiterung des Reflexionsbegriffs auf. Heinrichs will Sinn als den Grundbegriff einer Transzendentalphilosophie aufstellen. Der Begriff ist nicht auf einen höheren Begriff zurückzuführen, weil jeder höhere Begriff selbst wieder eine Setzung des Sinnes wäre.[67] Der Seinsbegriff selbst ist nur eine Seite des Sinnbegriffs. Sinn ist auch mehr als Wissen. Er schließt das Wollen und das Logoshafte im Inhalt aller Bewußtseinsvollzüge ein. [68] Zwischen der Wirklichkeit der Sinnvollzüge und ihrem Gehalt besteht eine dialektische Einheit. Der deutsche Sprachgebrauch unterscheidet und vereinigt beide Momente. Sinn meint Bedeutung und auch die Wert- und Zielhaftigkeit einer Handlung. Der Sinn ist als Tathandlung sich selbst gelich-

[64] Henrich 1982, S. 21, 142-154.
[65] Henrich Selbstverhältnisse, S. 123.
[66] Ebd. S. 95.
[67] Heinrichs 1970, S. 161
[68] Heinrichs 1979, S. 53, 54

tet. Die Tathandlung weiß um sich selbst. Damit erschließt sich die Dimension der Geltungsansprüche und der Verbundenheit mit der Allgemeinheit. Es gibt keinen vereinzelten, in seiner Besonderheit abgeschlossenen Sinn. [69]

Den Sinnbegriff und seine Funktion bekommen wir klarer in den Blick, wenn wir uns dem Reflexionsbegriff Heinrichs' zuwenden. Nach ihm weist Selbstbewußtsein eine Reflexionsstruktur auf. [70] Zur Erklärung dessen bietet er ein transzendentales Argument, d.h. ein Argument von der Bedingung seiner Möglichkeit. „Gerade weil sich die innere Reflexionsstruktur des Selbstbewußtseins nur von der ausdrücklichen, objektivierenden Reflexion her erschließen läßt – genauer gesagt: für die objektive Ausdrücklichkeit erschließen läßt – denn in sich selbst müßte sie ja erschlossen sein."[71] Anders gesagt: Die innere Reflexion der Selbstheit ist nur durch die ausdrückliche Reflexion ans Licht zu bringen. Aber die Beziehung ist nicht einseitig zu denken, weil gerade die innere Reflexion – die Selbstbezüglicheit – es ist, die die ausdrückliche Reflexion ermöglicht. Und gerade diese Struktur der ursprünglichen Selbstbezüglichkeit ist *„die conditio sine qua non einer Erreichbarkeit des Selbst für die ausdrückliche Reflexion* ..."[72] Im Gegensatz zu Dieter Henrich will Johannes Heinrichs den Reflexionszirkel denken. Der Zirkel entsteht nur deswegen, weil Dieter Henrich ein logisches oder gar zeitliches Nacheinander zwischen den selben Relata des Selbstbezugs ansetzt und solchen Selbstbezug nach einem Subjekt-Objekt-Modell versteht.[73] Dieter Henrich versteht den Reflexionsbegriff allein als nachfolgend und objektivierend. Ein solcher Reflexionsbegriff setzt Selbstbewußtsein als schon konstituiert voraus. Um Selbstbewußtsein zu erklären, muß, nach Johannes Heinrichs, Reflexion auch als konstitutiv und begleitend verstanden werden. Mit dem Begriff „begleitende Reflexion" will er die verborgene Voraussetzung der nachträglichen Reflexion aufdecken. [74] Das ist der Kern seines Arguments gegen Dieter Henrich. Denn wenn Selbstbewußtsein als präreflexives bzw. beziehungsloses Beisichsein verstanden wäre, dann bliebe die nachfolgende objektivierende Reflexion qua *Selbst*reflexion unerklärlich. Um das Selbst erfassen zu können, muß nachträgliche Reflexion als Nachbildung der begleitenden, konstitutiven Reflexion gesehen werden. [75]

Wenn man das Phänomen Selbstbewußtsein nicht negieren oder über das Selbst überhaupt schweigen will, dann muß der Zirkel gedacht werden. „Der gute und keineswegs vitiöse Zirkel der Selbstbezüglichkeit besteht in einem strengen logischen – erst recht zeitlichen – Zugleich von Sichsetzen und Sichvoraussetzen des Selbst, wobei das Ich als vorausgesetztes – reflektiertes – ist

[69] Heinrichs 1970, S. 165
[70] Heinrichs 1981, S. 427
[71] Heinrichs 1976 (System), S. 540
[72] Heinrichs 1981, S. 430
[73] Heinrichs 1976 (System), S. 541
[74] Heinrichs 1981, S. 430
[75] Heinrichs 1976 (System), S. 541

und umgekehrt." [76] Nach Heinrichs hat Hegel in der PhG diese innere, zirkuläre Gegenläufigkeit als ,Unterscheiden des nicht zu Unterscheidenden', als ,qualitative Unendlichkeit' und ,absoluten Unterschied' gedacht. Hegel hat auch das Bild des Kreises gebraucht, auf dem jeder Punkt am weitesten von sich selbst als Anfangs- und Endpunkt der Kreisbewegung entfernt ist. Diese Kreisbewegung verläuft zugleich in beide Richtungen: voraussetzend und setzend.

Um seine Theorie klarer darzustellen, macht Heinrichs einen Unterschied zwischen formaler Logik und dialektischer Logik. Die formale Logik ist der Bereich des widerspruchfreien Denkens, des Entweder-Oder-Denkens. Demzufolge wäre die Selbstbezüglichkeit von Widerspruch fernzuhalten: „Das Ich ist nicht erkennend, sofern es erkannt ist; es ist nicht erkannt, sofern es erkennend ist." [77] Heinrichs lehnt mit Recht die Herrschaft der formalen Logik ab; gebunden an nicht-reflexive Strukturen kann sie der Selbsthaftigkeit in der Unterschiedenheit des Selbst nicht gerecht werden. Er relativiert sie hinsichtlich der Reflexionsstufen. Die formale Logik reiht er in das bewegende Gefüge der Reflexion ein. Dann ist er methodisch in der Lage, ihr eine dialektische Logik vorzuziehen; sie ist die angemessene Logik, die im Erklären des Selbstbezugs operativ und nötig ist. Damit wird auch der Gefahr des Widerspruchs ausgewichen.

Die Selbstbezüglichkeit wird erklärt, indem ein Reflexionsbegriff als begleitender ergänzend hinzugenommen wird. In Verbindung mit der Eigenart der dialektischen Logik kommt nun das Reflexionsgefüge, welches der Sinnbegriff artikuliert, klarer in Sicht. Damit wird die Verbindung zwischen Selbstbezüglichkeit und der Beziehung auf Andere auch verständlich. Der Sinnbegriff schließt diese Vermittlung von Selbst und Andersheit ein. „,Selbst' oder ,Ich' nennen wir das *Woher* des Sinnvollzuges, das im Vollzug hin auf das Andere des Gehaltes sein Bei-Sich-Sein gewinnt. Sinn ist darum ein Vollzug des Selbst, daß es sich auf Anderes richtet. Das Andere, der Gehalt, ist somit als *Woraufhin* des Vollzuges bestimmt."[78] Der Sinn, in dem das Selbstbewußtsein besteht, ist auch zugleich und gleichursprünglich Bewußtsein des Anderen: Selbst und Andersheit sind nur dialektische Momente und je für sich allein genommen Abstraktionen. Beide haben nur Bestand in ihrer vermittelten Einheit, im Sinn. [79] Dennoch haben beide eine völlig verschiedene Stellung im Sinnvollzug. Im Grenzfall der ausdrücklichen, nachträglichen Besinnung mag das Andere das Ich selbst sein.

Nach Heinrichs hat Hegel klar gesehen, daß die Selbstbezüglichkeit des Selbstbewußtseins überhaupt nur zugleich mit der Beziehung auf Anderes sowie auf anderes Selbstbewußtsein wirklich und denkbar ist. [80] Das menschliche Bewußtsein ist faktisch immer mit einem Bewußtsein von Inhalten verbunden,

[76] Heinrichs 1981, S. 431
[77] Ebd. S. 431
[78] Heinrichs 1970, S. 165
[79] Vgl. ebd. S. 166
[80] Heinrichs 1981, S. 433

das verschieden ist von reinem Bewußtsein selbst. Kant war nicht imstande, dies zu denken. Das Problem, wie der Bezug auf Anderes oder wie das Gegenstandsbewußtsein in eine Einheit mit dem reflexiven Selbstbezug des Selbstbewußtseins treten kann, bleibt ungelöst. Selbstbewußtsein und Bewußtsein von Anderem sind aber doch als Einheit zu denken, weil sie faktisch so auftreten und die Unabgeschlossenheit und Unabschließbarkeit der alleinigen Selbstreflexion in inhaltlicher Hinsicht dies verlangt.

Selbstbewußtsein behält infolgedessen seinen inneren Unterschied, aber dies braucht nicht zu einer Spaltung oder zu einem vitiösen Zirkel zu führen. Es läßt sich dadurch weiter erklären, daß die Selbsteinholung des menschlichen Selbstbewußtseins als eine strukturelle, formale Selbsteinholung zu verstehen ist. Die innersubjektive Reflexion ist intersubjektiv und gegenständlich vermittelt. Deswegen beinhaltet die strukturelle Selbsteinholung des sich reflektierenden Subjekts die Einsicht in seine vollzugsmäßige Nichteinholbarkeit mit. [81] Worin aber besteht diese Nichteinholbarkeit? Sie äußert sich und besteht darin, daß die Reflexion kein einmaliger Akt ist, der im verborgenen Inneren des Subjekts geschieht. Vielmehr ist Reflexion ein unabgeschlossenes, wiederholbares und offenes Geschehen zwischen Selbst und Andersheit. Für die Selbstreflexion ist die Andersheit als mitkonstitutiv zu verstehen. Das ist auch der Grund, weswegen die menschliche Reflexion iterativ wird. Heinrichs nennt dies den Ursprung subjektiver und intersubjektiver Zeit. Reine Reflexion beinhaltet als solche noch keine Zeitlichkeit des Subjekts im Sinne einer Sukzession. Wenn aber Subjektivität selbst überhaupt denkbar sein soll, muß ein streng vor- oder überzeitliches Durchlaufen mehrerer Stufen der Selbstreflexion vorausgesetzt sein. Die Stufen der Selbstreflexion sind die grundlegenden logischen Bedingungen der Möglichkeit von Subjektivität überhaupt.[82]

Die Einheit der Form der Selbstbezüglichkeit und von deren Inhalt ist die Einheit von Selbst und Anderem, und zwar einem selbstbezüglichen, also personalen Anderen. Selbstbezug ist zugleich Fremdbezug und umgekehrt.[83] Das Ich gewinnt nicht schon vorher ein Fürsichsein, weder im zeitlichen noch im systematischen Sinn. Die vermittelte Einheit von Ich und Andersheit macht den Gegenstand unserer Besinnung aus, nicht ein reines Ich, das erst nachträglich nach dem Anderen und seiner Realität zu erfragen wäre.[84] Diese Einheit schwebt nicht in einer Leere. Vielmehr wird sie im Medium von Sinn realisiert. In diesem Medium weiß jeder sich als in Einheit mit dem Anderen.[85] Die Sprache gilt als Repräsentant dieses Mediums. Sie ist ein Index dafür, daß der intersubjektive und welthafte Bezug in den tiefsten Bereich der Geltungskonstitution hineingehört, und ferner weist sie die mitkonstitutive Wirklichkeit

[81] Ebd. S. 434
[82] Heinrichs 1976 (Intersubjektivität), S. 582
[83] Heinrichs 1981, S. 434
[84] Heinrichs 1970, S. 166
[85] Heinrichs 1981, S. 435

des Anderen aus. In diesem Sinn-Medium ist Anerkennung möglich. Diese Anerkennung stellt die konkrete, in Freiheit vollzogene Form von Selbst- und Fremdbezug dar. Diese Einheit hat eine dialektisch-dialogische Freiheitsgestalt. Damit sind wir an der Stelle angelangt, wo Heinrichs den Dialogismus mit der Transzendentalphilosophie verbindet und damit gegen die Hegelsche Dialektik angeht.

Seiner Meinung nach stellen Feuerbach, Buber und die Dialogiker zu Recht die Unmittelbarkeit des zwischenmenschlichen Verhältnisses gegen Hegels Reflexionslogik. Heinrichs will auf den deutschen Idealismus zurückgreifen, um den Dialogismus zu vertiefen. Das interpersonale Sinnsystem möchte er reflexionslogisch analysieren. Dazu richtet er seine Analyse zunächst gegen Hegel. Obwohl Hegel die interpersonalen Verhältnisse immer vor Augen behalten hat und sie als dialektisch thematisiert, darf dennoch bei ihm die Andersheit nicht sie selbst sein. Für Hegel ist Andersheit gegenüber dem denkenden Subjekt gleichbedeutend mit Negativität.[86] Das ist die Reduktion der Andersheit auf das Denken. Alle Andersheit läßt sich auf das absolute Anderssein zurückführen, welches das Denken als Selbstbezüglichkeit in sich hat. Das Selbst bezieht sich mittels des Anderen deshalb auf sich selbst, weil es letztlich immanente Negativität ist. Genau so begreift Dialektik das Andere.

Heinrichs will Andersheit als logische, positive Andersheit bestimmen. Ob eine solche Andersheit bloß denkbar sei, ist rein begrifflich nicht zu entscheiden. Eine solche Möglichkeit ergibt sich nur auf der praktischen Ebene, wo die Bewußtseinsvollzüge durch eine transzendentallogische Sinnanalyse behandelt werden. Fichtes großartiger Gedanke ist es gewesen, daß das Ich nur durch die Aufforderung der anderen Freiheit zur freien Konstitution der Andersheit überhaupt bewegt werden kann.[87] Geht man allein vom gegenständlichen Denken aus, ist es unmöglich, ihm zu entrinnen. Die Alternative zum Gegenstandsdenken ist die Auffassung der Bewußtseinsdifferenz primär als dialogischer Freiheitsdifferenz.[88] Deswegen glaubt Heinrichs, daß die personale Andersheit mit der gegenständlichen Andersheit der Objekte gleichursprünglich ist.[89] Auch wenn logisch betrachtet die gegenständliche Andersheit sich dem freien denkenden Subjekt gegenüber als negativ darstellen möge, zeigt sie sich beim Handeln anders.[90] Hier erscheint das andere Du als positive Ermöglichung meines Selbstvollzuges im Handeln, Sprechen und Erleben, denn das gemeinsame Sinnmedium der interpersonalen Beziehung stellt dem Denken dann schließlich keine negative Andersheit gegenüber. Ein derartiges Denken wäre dia-logisch. Denn es versteht Wahrheit und Sein von vornherein als Zwischen oder Durch (dia).[91] „Das Zwischen ist der in Gegenseitigkeit von Freiheiten zugleich gesetzte wie empfangene Sinn, der einem jeden der Part-

[86] Ebd. S. 436-437
[87] Heinrichs 1972, S. 104
[88] Ebd. S. 129
[89] Heinrichs 1981, S. 437
[90] Heinrichs 1979, S. 54
[91] Heinrichs 1972, S. 105, 130

ner, je ganz, aber je verschieden zukommt."[92] Hier glaubt Heinrichs eine grundlegende Übereinkunft von transzendentalem und dialogischem Denken sehen zu können. Sie sind beide eine Variante von Beziehungsdenken.
Nach Heinrichs wäre die Distanz zwischen Transzendentalphilosophie und Dialogismus nicht groß, wenn die Dialogiker einsähen, daß die Transzendentalphilosophie gar nicht von einem abstrakten subjektivistischen Ich ausgeht, sondern vom Sinn als Zwischen oder Vermittlung von Selbst und Andersheit.[93] Dieses transzendentalphilosophische Zwischen ist noch ungefüllt. Das Zwischen der Dialogiker ist dagegen als zwischenmenschliche Beziehung gefüllt.[94]
Um das Zwischen nicht einfach als Berührungspunkt von zweierlei Denkentwürfen unberücksichtigt zu lassen, braucht Heinrichs eine belebende Dynamik. Diese findet er in der Dialektik. Durch Dialektik würde das transzendentale Denken dialogisch.[95] Im Grunde genommen handelt es sich „um eine Verwirklichung geschichtlich-dialogischer Kommunikationseinheit zwischen Individuen als solchen, um die *dialektische unaufteilbare Einheit von Einzelnen und Allgemeinen*, die Hegel mit seinen Begriffen von ‚Sittlichkeit' und ‚Geist' zumindest anzielt".[96] Heinrichs will durch seine eigene Theorie diese dialogische Intersubjektivität erklären. Er konzipiert eine dialogische Dialektik, worin die nicht zurückführbare Gleichursprünglichkeit von denkendem Subjekt, anderer Subjektivität, Gegenständlichkeit und Sinn-Medium gewährleistet wäre.[97] Heinrichs Ziel ist eine Art intersubjektiver Reflexion.[98] Für die dialogische Dialektik zählt Reflexion als Vermittlungsprinzip.
Heinrichs Versuch, Selbstheit und Andersheit, das Innersubjektive und das Intersubjektive zusammenzudenken, ist hochinteressant und im Grunde genommen instinktiv richtig. Ob die Theorie, die er dafür verwendet, dies in der Tat ermöglicht, ist eine andere Frage. Nach unserer Meinung bleibt seine Theorie von entscheidenden Grundschwierigkeiten belastet.
Ein Kernstück seines Verfahrens ist es, Sinn als Grundbegriff der Transzendentalphilosophie aufstellen zu wollen. Der Sinn ist das Zwischen, die Vermittlung von Selbst und Andersheit. Transzendentalphilosophie sollte demnach konkret und vermittelnd sein. Leider scheint aber diese Behauptung von Heinrichs eigener Verwendung einer transzendentalen philosophischen Methode in der Tat widerlegt. In der Ausführung seiner Argumente herrscht eine Art von Transzendentalphilosophie, die alles andere als konkret und vermittelnd ist. Vielmehr fällt sie zurück in die leere Auslegung der Bedingungen von Möglichkeiten. Das zeigt sich vor allem in Heinrichs Lösung des Reflexionszirkels. Es geht darum, den Ursprung der Selbstheit zu erklären. Heinrichs bie-

[92] Heinrichs 1970, S. 176
[93] Ebd. S. 180
[94] Ebd. S. 176
[95] Heinrichs 1972, S. 113
[96] Ebd. S. 112
[97] Heinrichs 1981, S. 438
[98] Heinrichs 1976 (Intersubjektivität), S. 582

transzendentalphilosophisches Argument ist nicht in der Lage, eine Verbindung zwischen innerer und äußerer Reflexion zu liefern.
Im Rückblick auf die Arbeiten von Theunissen, Henrich und Heinrichs erweist sich somit das Setzen des Subjektbegriffs als äußerst schwierig. Allen drei Theorien gelingt es nicht, die dem Subjektbegriff innnewohnenden Aporien zu überwinden. Der Riß zwischen Individualität und Relationalität scheint bestehen bleiben zu müssen. Trotz der großen begrifflichen Anstrengung und der neuen Ansatzpunkte Theunissens, Henrichs und Heinrichs gelangen die innere Reflexivität der Selbstheit und ihre Beziehung auf die Allgemeinheit zu keiner befriedigenden Vermitttlung miteinander. Andererseits wird an allen drei Fällen sehr klar, daß eine solche Vermittlung dringend notwendig ist. Das bestätigt wieder die Notwendigkeit der Aufgabe, Individualität und Allgemeinheit zusammenzudenken. Die Frage ist aber, nach welcher Art dies möglich wäre. Unserer Meinung nach ist diese Frage keine Einzelfrage; vielmehr betrifft sie das Wesen der Wirklichkeit selbst und ist infolgedessen allein im Rahmen einer personalen Ontologie zu lösen. Subjektivistische Ansatzpunkte, ganz gleich wie begrifflich geschickt sie sein mögen, bringen keine tragfähige Lösung des Problems. Unsere These ist es, daß die PhG, gerade wegen ihrer Darstellung einer solchen Ontologie, ganz neue Wege eröffnet. Bevor wir näher darauf eingehen können, ist es aber nötig, diese Frage an alle Hegel-Forschung selbst zu stellen, um zu sehen, ob nicht vielleicht hier eine mögliche Lösung dieser Problematik vorliegt.

tet aber keine Erklärung der Selbstheit. Vielmehr nimmt er bloß die Selbstheit als Tatsache an, um der ‚ausdrücklichen Reflexion' Rechnung zu tragen. Mit dem Terminus ‚ausdrückliche Reflexion' ist schon zu viel gesagt; er setzt das voraus, was zuerst zu erklären wäre, nämlich das Selbst. Reflexion ist als Ausdruck des Selbst bereits akzeptiert. Der ausdrücklichen Reflexion wird alle Macht zugesprochen, um das Selbst, seine eigene Voraussetzung, erklären zu können. Dem Eindruck, daß das Selbst äußerlich und funktionell behandelt wird, ist schwer zu entgehen.

Die sogenannte ‚begleitende Reflexion' soll an dieser Stelle als die verborgene Voraussetzung der nachträglichen Reflexion aufgezeigt werden. Dabei bleibt es leider. Wie begleitende Reflexion konkret wirkt, wird nicht erläutert. Sie funktioniert nur als Voraussetzung. Um dem Reflexionszirkel zu entgehen, ist es allerdings Heinrichs Strategie, sie als ‚begleitend' zu beschreiben.[99] ‚Begleitend' versichert, daß die Voraussetzung, hier das Selbst, nicht als fertig, abgeschlossen, völlig formiert oder gestaltet zu denken ist, so daß damit die Vitiosität des Zirkels nicht entsteht. Das Selbst, welches sich selbst sucht, wird nicht als abgeschlossen vorausgesetzt. Daß die Reflexion als begleitend vorausgesetzt wird, ändert wenig an der Tatsache, daß sie doch vorausgesetzt wird. Es läßt sich aber bei genauerem Hinsehen wirklich fragen, was ‚begleitende Reflexion' heißen soll. Wer wird begleitet? Wo ist der Beginn der Begleitung? Wohin führt sie? Wie verhält sie sich zu der „ausdrücklichen Reflexion"? Ganz verschärft gefragt: Wer ist das Selbst, welches sich selbst begleitet? Die Gefahr des Reflexionszirkels ist es, bei einem monologischen, monolithischen Selbst stehen zu bleiben. Die Gefahr bei Heinrichs' Lösung dagegen ist es, daß das Selbst verdoppelt wird! Der Schatten des Kantischen Ich – welches alle meine Vorstellungen muß begleiten können – ist hier zu spüren. Bei Heinrichs wird der Versuch nicht unternommen, das Selbst zu erklären. Er interessiert sich eher dafür, das Selbst funktionell als erklärungsstiftend beizubehalten.

Heinrichs will um jeden Preis die Annahme eines präreflexiven Ich vermeiden. Sein Motiv dafür ist aber von Reflexion bedingt und bestimmt. Aus Reflexionsgründen schließt er die Möglichkeit eines präreflexiven Ich aus oder aus Reflexionsgründen schließt er das Ich in das Reflexionsgefüge ein. Die Annahme eines präreflexiven Ich würde den gesamten Aufbau der Reflexion bedrohen, weil der wichtigste Teilnehmer oder die wichtigste Quelle des Reflexionsprozesses sich bis zu einem gewissen Grad als reflexionsunabhängig oder zumindest in Reflexion nicht aufgehend erweisen würde. Deswegen ist es für die Reflexion ein dringendes Desiderat, das Ich als immer schon in die Reflexion einbezogen zu erklären. Es bleibt aber zu fragen, was damit aufs Spiel gesetzt wird: Offensichtlich doch der Umstand, daß die Individualität des Ich in dem Reflexionsgefüge völlig verloren geht. Das Ich wird auf seine Funktion als Reflexionsinstrument reduziert. Person rein nach Reflexionsdifferenzierungen zu erklären, heißt die Seite der Individualität zugunsten der

[99] Für die gleiche Meinung vgl. Wandschneider S.481ff.

Allgemeinheit zu unterdrücken. Das Ich steht, könnte man bildhaft sagen, wie eine hilflose Spinne da, gefangen in einem Reflexionsgewebe, das es selbst gesponnen hat.
Die Heinrichsche Theorie beruht auf der Leugnung eines präreflexiven Ich und der Herrschaft der Reflexion, was auch die entscheidende Rolle des Begriffs der Gleichursprünglichkeit in seiner Theorie beleuchtet. Dieser Begriff spielt eine entscheidende Rolle. Das Selbst ist in seinem inneren Bezug mit dem Selbst in seinem äußerlichen Bezug gleichursprünglich. Selbst und Andersheit sind gleichursprünglich. Subjekt und Gegenständlichkeit sind ebenso gleichursprünglich. Was heißt aber ,gleichursprünglich'? Gleichursprünglichkeit ist eigentlich nichts anders als ein regulatives Prinzip der Reflexion, d.h. sie meint keineswegs eine ontologische Gleichursprünglichkeit. Vielmehr artikuliert sie die ,logische Gleichzeitigkeit' der Reflexion. Die Frage nach dem ontologischen Ursprung aber kann von solchem Reflexionsdenken, wie es am Beispiel des Ich klar wird, gar nicht gestellt werden. Seine allumfassende Gleichursprünglichkeit schließt dies von vornherein aus. Die Gleichursprünglichkeit leistet kaum mehr als eine äußerliche Verknüpfung des Gedachten. Die Leistungsfähigkeit eines solchen Denkens in bezug auf die Verbundenheit von Selbst-Selbst, Selbst-Andersheit und Selbst-Gegenständlichkeit muß bezweifelt werden. Sie läßt keine echte Andersheit zu. Sie operiert als Postulat und immunisiert Heinrichs' Theorie gegen alle Begründungsansprüche. Das gilt sogar für die Kernthese von der konstitutiven Reflexion selbst.
Man ahnt bereits, daß Heinrichs sich dessen bewußt ist, weil er sich so sehr um die Auslegung eines Sinnbegriffs sowohl praktisch als auch theoretisch bemüht und so das Dialogische affirmativ miteinzubeziehen versucht. Der Sinnbegriff wird in seiner Theorie nie selbständig. Im Grunde genommen dient er bloß als Artikulation und Befestigung des Reflexionbegriffs. Sinn wird durch die Reflexion vorentschieden. Das wird vor allem dort klar, wo Sinn als Vermittlung vorgestellt wird und Selbst und Andersheit nur als reine Momente in diesem Vollzug zu finden sind. Der Sinnvollzug als Konkretisierung der Reflexion hat Vorrang vor der Eigentlichkeit des Selbst oder der Andersheit. In diesem Kontext erscheint Heinrichs' Vorwurf sehr ironisch, daß Hegel die Andersheit als Negativität denkt. Selbst wenn Sinn hier nicht bloß ein Reflexionsmoment wäre, drängte sich die Frage auf, ob der Sinnbegriff das Personsein überhaupt artikulieren kann, denn es wäre doch viel eher umgekehrt anzunehmen, daß es die Person ist, die Sinn stiftet, und nicht der Sinn die Person. Der Sinnbegriff ist ferner zu vage. Bezeichnend für Heinrichs' Auslegung ist die Fraglosigkeit, mit der er einen Sinn voraussetzt. Das Sinnlose kommt nicht vor. Er hält den Sinnbegriff auch von Negativität fern. Das Aufrollen seines Sinnbegriffs ist eher die Auslegung einer abgeschlossenen Antwort als die der Begleitung einer erleuchtenden Frage. Er verweigert Denken gerade in den Bereichen, wo Personsein es am nötigsten hätte. Dabei besteht das Grundproblem darin, daß Erfahrung auf Sinnerfahrung reduziert wird. Die Wirklichkeit bietet aber ganz und gar nicht einen solchen reinen unmittelbaren, ablesbaren Sinn. Sinn ist verborgen und ergibt sich nur indirekt und allmählich. Wider-

spruch, Negativität und Verzweiflung gehören diesem Prozeß an. Der Sinnbegriff schließt, wenn er selbständig wäre, einen ontologischen Anspruch auf Allgemeinheit ein. In einer Reflexionslogik wäre dieser Anspruch nicht einzulösen. Anders gesagt: Sinn als Vermittlung von Selbst und Andersheit ist hier nur eine reine Reflexionsbewegung, doch die ontologische Relationalität, welche einen Sinnbegriff impliziert, ist durch Reflexionslogik nicht zu leisten.
Interessant ist hier, wie die Annahme des Sinnbegriffs als Oberbegriff zur Inklusivität des Reflexionsgefüges paßt, wobei sowohl Sinn als auch Reflexion alles umfassen. Das ermöglicht wieder die Artikulation der Gleichursprünglichkeit. Trotz aller Differenzierungen bleibt die ganze Artikulation auf der einen Ebene stehen. Deswegen ist die Einführung des praktischen, dialogischen Moments so wichtig. Daß ein solches Moment nötig ist, verrät die Verschlossenheit der Reflexion. Es drängt sich auch die Frage auf, wie echt der bisherige Sinnbegriff eigentlich ist. Es läßt sich nicht klar sehen, wie Dialogismus und Transzendentalphilosophie durch einen Sinnbegriff zu vereinigen wären. Wenn nämlich Transzendentalphilosophie vom Sinn als Zwischen, als Vermittlung von Selbst und Andersheit ausgeht, und wenn das echt sein soll, stellt sich die Frage, wozu die Ergänzung durch das Dialogische überhaupt notwendig ist. Hier von erfülltem und noch nicht erfülltem Sinn zu reden, verunklärt nur den Verknüpfungspunkt beider. Transzendentalphilosophie als Sinnphilosophie eines Zwischen gilt als ein Allgemeinheitsanspruch; wenn sie sich aber als ergänzungsbedürftig erweist, entfällt der Allgemeinheitsanspruch.
Michael Theunissen wollte ein Zwischen aus der Perspektive des Dialogismus herstellen. Heinrichs dagegen versucht, innerlich ein Zwischen aus einem erweiterten Verständnis der Transzendentalphilosophie darzustellen. Dennoch sah er sich auf den Dialogismus angewiesen, wodurch die organische Einheitlichkeit seines Versuches, das Zwischen einheitlich zu denken, aufgehobe war. Damit kommt die Spaltung in seiner Theorie, die eigentlich auf den Au gangspunkt zurückzuführen ist, klar ans Licht. „Wir stimmen also mit He darin überein, daß die Klärung der Selbstbewußtseinsproblematik in Sozial (bei Hegel „Geist" genannt) hineinführt und nicht vom Einzelnen allein lösbar ist."[100] Gerade aber weil Geist bei Hegel mehr als Sozialität ist, Hegel, wie unsere Arbeit zeigen wird, die zwei Seiten dieser Problemat Personbegriff ko-artikulieren. Heinrichs dagegen bleibt im Zwiespalt zwi Selbstbewußtsein und Intersubjektivität. Der Versuch, die Reflexionsdy des Selbstbewußtseins durch Gleichursprünglichkeit zur intersubjektiv flexion zu erklären, gelingt nicht, wie umgekehrt der Versuch, die inner tive Reflexion auf das Intersubjektive zu übertragen, nicht gelingen wie Reflexion der eigenen Individualität nicht Rechnung tragen kann, auch den Individuen der Sozialität als ‚sozialem System' nicht ger den. Die Kontinuität, die eine solche Reflexion sowohl im Inneren a Zwischen bietet, ist eine trügerische, verallgemeinernde Konti

[100] Heinrichs 1976 (System), S. 543

2. Tendenzen in der Hegelforschung, betrachtet durch die Linse des Personbegriffs als Vermittlung

Im ersten Kapitel wurden die Aporien im Bereich der Subjektphilosophie herausgestellt. Angesichts dessen drängt sich die Frage auf, ob sich die Hegelforschung mit diesen Aporien beschäftigt hat, und wenn ja, was für Lösungen sie anzubieten hat. Es ist eine überraschende Tatsache, daß die Hegelforschung sich bisher überhaupt nicht direkt mit der Auslegung eines Personbegriffs als Vermittlung befaßt hat. Dennoch wäre es falsch zu meinen, daß sie von den damit verbundenen Aporien ganz unberührt bleibt. Sie sind Grundaporien und bestimmen auf implizite Weise die meisten Problemhorizonte. Die Hegel-Forschung macht hier keine Ausnahme. Weil wir nun den Personbegriff in der PhG herauskristallisieren wollen, ist es sehr wichtig, daß wir die implizite Suche der Hegel-Forschung nach dem Personbegriff herausstellen. Aus dieser Perspektive lassen sich in der Forschung verschiedene Dimensionen eines Personbegriffs als Vermittlung aufweisen. Wir werden also versuchen, das Forschungsfeld durch die Linse unseres Personbegriffs zu betrachten. Das macht eine innere kritische Aufnahme der verschiedenen Theorien möglich. Wir werden dann in der Lage sein, mögliche Antworten auf die Aporien beurteilen zu können. Und gerade weil die Geschichte der Hegelforschung so stark durch bestimmte ideologische Positionen geprägt wurde, werden wir versuchen, eine sich wiederholende, leblose, oberflächliche Dialektik der vertrauten Gegenpositionen zu vermeiden. Ein solches Verfahren entspräche nicht dem Rhythmus des Hegelschen Denkens und würde sich die begriffliche Anstrengung, die einen Einblick in Hegels Denkwelt ermöglicht, ersparen. Daher werden wir jeden Autor für sich behandeln. Wir werden die Beiträge dem Muster eines Personbegriffs als Vermittlung eingliedern, um sie dadurch einander gegenüberstellen zu können. Eine solche kritische Auslegung wird dazu dienen, ein spannungsreiches Resonanzfeld auszubilden, worin wir unseren eigenen Personbegriff ansiedeln werden.

Obwohl die Freisetzung unseres Personbegriffs sich auf die PhG begrenzt, halten wir es für wichtig, uns in diesem Kapitel nicht nur auf die PhG-Forschung zu beschränken, die wir ausführlich im Laufe unserer Interpretation im Teil II dieser Arbeit miteinbeziehen werden. Weil die Hegelsche Denkwelt eine solche Einheit ausmacht, ist es wichtig, einen kurzen Blick auf die Hauptströmungen, die unsere Fragestellung berühren, zu werfen. Dies sollte uns eine Betrachtung der Tendenzen in der Forschung ermöglichen.

2.1 Hegels Personbegriff als heuristisches Prinzip: Theologische Aporien

Der Personbegriff spielt eine zentrale Rolle in der Theologie. Die Substanz der Theologie liegt in der Inkarnations- und in der Trinitätslehre. Beide beruhen direkt auf dem Personbegriff. Obwohl der Personbegriff auf der dogmatischen Ebene entscheidend bleibt, ist seine Artikulation auf der begrifflichen Ebene schwierig und umstritten. Deswegen überrascht es nicht, daß die Theologie ein Bereich der Hegel-Forschung ist, der sich explizit und intensiv mit Hegels Personbegriff beschäftigt. Diese Beschäftigung ist aber fast ausschließlich auf den Rahmen der expliziten Theologie in Hegels Werk beschränkt, und sie betrachtet diese hauptsächlich durch die grelle Linse der Orthodoxie. Hegel wird hier vor allem für seine heuristische Nutzung in der Auslegung der Inkarnation oder Trinität verwendet.

2.1.1 Person und Hegels Trinitätslehre (Ludger Oeing-Hanhoff und Walter Kern)

Oeing-Hanhoff[1] wirft Hegel vor, die Dreieinigkeit auf Zweieinigkeit reduziert zu haben. Diese Verkürzung der innergöttlichen Vorgänge schränkt die Wahlfreiheit Gottes in der Erschaffung der Welt ein. Von Decartes ausgehend gilt die Wahlfreiheit Gottes als eine neuzeitliche Problematik. Wenn Erkennen und Wollen mit dem Wesen Gottes einfach identisch sind, dann gibt es keine vorhergehende Erkenntnis, die vom Wollen verschieden wäre, und keine Auswahl aus zuvor erkannten Möglichkeiten. Um seinen Vorwurf gegen Hegel aufrecht erhalten zu können, muß Oeing-Hanhoff die cartesianische These leugnen und die Möglichkeit der Wahlfreiheit Gottes offen halten. Das vollzieht sich bei ihm in zwei Schritten. Zunächst unterscheidet er zwischen dem Akt des Erschaffens und seinem Resultat. Während Erkennen und Wollen im Akt selbst nicht verschieden sein müssen, ist im Resultat eine Differenz zwischen dem Erkannten und dem Gewollten feststellbar. Das Erkannte ist auch ein möglicher Gegenstand des Wollens und ist nicht schon das Gewollte.[2] In bezug auf die Schöpfung wird dann klar, daß es eine Differenz in den Resultaten des Erkennens und des Wollens Gottes gibt. In einem zweiten Rückgriff auf die Tradition stellt Oeing-Hanhoff klar, daß im geistigen Erkennen eine immanente Tätigkeit zu sehen ist. Das geistige Erkennen bringt das Erkannte als sein ihm immanentes Resultat hervor. Im Gegensatz zu uns kann Gott kraft seiner unendlichen Erkenntnisfähigkeit sein Sein vollständig aussagen. Das sagend-erkennende und das ausgesagte Erkannte bleibt das numerisch identische, unendliche, einfache, göttliche Sein".[3] Akt und Resultat sind verschieden, aber einfach identisch. Dieser Vorgang in Gott darf Zeugung in einem Verhältnis Vater-Sohn genannt werden.

Man müßte an dieser Stelle Walter Kerns Kritik an Oeing-Hanhoffs Argument zustimmen, daß es natürlich eher eine bloß gedachte als eine reale Beziehung schafft.[4] Die Beziehung ist doch zu fragil und unselbständig in bezug auf die

[1] Oeing-Hanhoff 1977, S. 388. Vgl. weiter dazu Oeing-Hanhoff 1982, S. 107.
[2] Oeing-Hanhoff 1977, S. 389.
[3] Ebd. S. 390. [4] Kern 1980, S. 147.

überwiegende Einheit des göttlichen Seins definiert. Seine Verfahrensweise läßt sich als eine Art Rückdeduktion von der Schöpfung zur Differenz im göttlichen Erkennen und Wollen charakterisieren. Ein solches Verfahren gehört, nach Hegel, dem Verstande an. Solche Spaltungen zwischen Freiheit und Notwendigkeit sind aber von der sich dynamisch fortbewegenden Vielfalt des Hegelschen Begriffs bereits überholt worden. Ein tieferliegendes Problem wäre das Bestehen auf der Wahlfreiheit. Bringt es nicht das Gegenteil dessen, was Oeing-Hanhoff will? Wenn Freiheit mit Wahlfreiheit gleichgesetzt wird, dann verstößt das gegen die Allmächtigkeit Gottes. Die eine Möglichkeit zu verwirklichen, heißt gleichzeitig die andere wissend auszuschließen. Ferner muß dann, wenn Entscheidung oder Auswahl zum Prüfstein der Freiheit gemacht wird, Nicht-Sein oder Nichts auch eine Möglichkeit für Sein sein,[5] weil es eine Möglichkeit für Entscheidung ist. Danach müßte Freiheit als die letzte Negation des Seins gelten.

Oeing-Hanhoff fährt fort und wirft Hegel die Reduktion der Dreieinigkeit auf eine Zweieinigkeit vor. Der Unterschied von Vater und Sohn in ihrer Einheit ist der Geist.[6] Oder der Geist ist die Einheit im Anderssein mit sich. Diese Perichorese ist der Geist, wobei das eine in dem anderen bei sich selbst ist. Hegel versteht den Heiligen Geist nicht als eine eigene relationale und personale Seinsweise Gottes. Auch dann, wenn Hegel den Heiligen Geist die ewige Liebe nennt, versteht er Liebe wieder als jene Zweieinigkeit, die mit dem Bewußtsein der Identität Verschiedener gegeben ist. Oeing-Hanhoff faßt zusammen: „... daß nur die Annahme innergöttlicher Hervorgänge die Behauptung eines virtuellen Unterschieds von Erkennen und Wollen, damit eine Priorität des Erkannten vor dem Gewollten und somit ein in Wahlfreiheit erfolgendes Erschaffen der Welt ermöglicht."[7] Darin stimmt ihm Kern zu.[8] Kern meldet allerdings den Vorbehalt an, daß Oeing-Hanhoff zu sehr auf die traditionellen theologischen Termini wie Wesensidentität und Perichorese besteht und deswegen dem Hegelschen Geistbegriff nicht gerecht wird: „denn die Einheit, die der Geist nach Hegel ist, ist nicht wesenhaft vorgegeben, sie ist werdend-gewordener Vollzug der Selbsterkenntnis des Einen im Andern."[9]

Kern setzt seine Analyse sehr sorgfältig fort. Er stellt heraus, wie die Bewegung vom reinen Denken in die Realität hinaus der Bewegung der immanenten Trinität in die ökonomische Trinität entspricht.[10] Dennoch scheint er zu meinen, daß die Rückwirkung des Ausfalls des Heiligen Geistes als selbstän-

[5] Vgl. dazu und auch zu der Ungeheuerlichkeit, die Barth aus der Idee der Entscheidung bildet, Zizioulas 1975, S. 432.Der gleiche Gedanke findet sich bei Pannenberg 1977 (Subjektivität), S. 32.

[6] Oeing-Hanhoff 1977, S. 391.

[7] Ebd. S. 394–395.

[8] Kern 1980, S. 149, 151.

[9] Ebd. S. 151. Für ein Indiz der Differenz-Skala, die berücksichtigt werden muß, um beim Hegelschen Denken kritisch mitdenken zu können, vgl. Kern 1971, S. 5.

[10] Er scheint die Verbundenheit beider bei Hegel in Zweifel zu ziehen; vgl. dazu Kern 1985, S. 286.

diger Person darauf hinausläuft, die trinitarischen Personen bloß zu Momenten einer absoluten Persönlichkeit Gottes herabzusetzen. Ob dann „von einer immanenten Drei- oder auch nur Zweieinigkeit Gottes die Rede sein" kann, läßt er als eine offene Frage stehen.[11] Für ihn ist Hegels Vergessen des Heiligen Geistes ein Symptom einer grundlegenden strukturellen Defizienz des reduzierenden Hegelschen Systems.[12] Dazu kommt auch die Notwendigkeit der Welterschaffung und die dialektische Verschränkung des Endlichen und des Unendlichen. Deswegen bezweifelt er Oeing-Hanhoffs Versuch, die Freiheit des Menschen und seine Wiedergeburt im Heiligen Geist mit der dreisphärigen Geschichte Gottes in Hegels Religionsphilosophie zu verknüpfen und sie sogar dadurch begründen zu wollen.[13] Nach Oeing-Hanhoff könnte diese von Hegel entwickelte Geschichtlichkeit Gottes als konkrete Ermöglichung der menschlichen Freiheit und einer personalen geschichtlichen Ontologie gesehen werden.[14] Am Ende einer scholastischen Betrachtung der Hegelschen Trinitätslehre muß die plötzliche Wende zu dialektischen Kategorien bei Oeing-Hanhoff überraschen. Wie hätte die Betrachtung ausgesehen, wenn solche Kategorien von vornherein verwendet worden wären?
Beim Betrachten des Hegelschen Geistbegriffs sind sowohl Kern wie auch Oeing-Hanhoff von einer zu engen und zu einfachen Fragestellung ausgegangen. Man kann dem Hegelschen Geistbegriff keineswegs gerecht werden, wenn man an ihn äußerlich mit den axiomatischen Sprachregeln für Trinitätssprache herankommt; dabei kann man nur Verstöße gegen die Orthodoxie feststellen, mehr nicht. Geht man nicht von der Perspektive der Hegelschen Verschiedenheit und ihrer selbstartikulierenden Affinitätsdynamik aus,[15] findet keine echte theologische Auseinandersetzung mit Hegel statt. Allerdings findet sich in Kerns Aufsatz ein bemerkenswerter Satz, der in diese Richtung hätte weisen können. Er steht im Kontext der Frage nach der Beziehung zwischen immanenter und ökonomischer Trinität in bezug auf den Sohn als Verbindungsglied beider. „Das zu erlangende Recht des *Unterschiedes* ist die *Verschiedenheit*; das ideell, gedanklich Andere wird auch reales Anderssein."[16] Dieser Satz erschließt eine Inkarnationsperspektive, wodurch vom Personsein des Sohnes ausgehend die Affinität zwischen Trinität, Verschiedenheit und menschlichem Personsein entschlüsselt werden könnte. In diese Richtung versuchen wir vorzustoßen.
Oeing-Hanhoff und Kern befassen sich mit dem Personbegriff, wie er wörtlich in den Hegelschen Texten vorkommt. Beide wagen keine spekulative Interpretation des Personbegriffs wie z.B. das Grundkonzept der PhG. Deswegen müssen sie stillschweigend entweder von scholastischen oder von orthodoxen Per-

[11] Kern 1980, S. 152.
[12] Ebd. S. 153. Eine weitere Differenzierung findet sich bei ihm in Kern 1985, S. 283.
[13] Oeing-Hanhoff 1977, S. 405.
[14] Dies tut Oeing-Hanhoff in Anlehnung an H. Krings und W .Kasper.
[15] Vgl. diese Arbeit Kapitel 3,1 und 4,1.
[16] Kern 1980, S. 151.

sontheorien ausgehen. Schärfer gesagt: Sie nehmen die Aporien in der heutigen Subjektphilosophie nicht zur Kenntnis. Auch das Grundbedürfnis nach einem Personbegriff als Vermittlung, worauf die Aporien selbst hinweisen, sehen sie nicht. Ihr Vorgehen ist deswegen völlig abstrakt. Doch zeigt sich im Fall des Personbegriffs am klarsten der metaphysische Mangel der heutigen Theologie. Rahner und Barth ersetzen ihn durch den Begriff der ‚Seins-Weisen'. Diese Wendung kritisiert Oeing-Hanhoff zwar, doch wagt er keine Alternative. Er will sich für eine Grundlage entscheiden, auf der Personbegriff und Bewußtsein miteinander in kreative Einheit gebracht werden könnten.[17] Er greift erwartungsgemäß zurück auf den Dialogismus. Er möchte die ontologisch-thomistischen und die dialogistischen Personbegriffe aneinander binden. Dazu muß er allerdings das Thomistische vom Aristotelischen reinigen. „Wenn die göttlichen Personen so im Modus des Bezogenseins aufeinander und als diese Modi existieren, liegt insofern eine genaue Entsprechung zum dialogischen Personbegriff vor: Kein Ich ohne Du."[18] Ironischerweise in seiner eigenen Trinitätstheorie stützt sich also ausgerechnet Oeing-Hanhoff, der Hegel den Vorwurf der Zweieinigkeit macht, auf das Ich-Du des Dialogismus, auf Begriffe, die eine deutliche Tendenz zur Zweieinigkeit haben.[19] Hegel aber bleibt theologisch umstritten, und zwar nicht nur in der innertrinitarischen Frage nach der Person, sondern auch in bezug auf die Frage nach Versöhnung. Die Hegelkritik von F. Wagner richtet sich sowohl gegen Hegels Personbegriff als auch gegen seinen Versöhnungsbegriff.

2.1.2 Hegels doppeltes Versagen: Versöhnung und Persönlichkeit (Falk Wagner)

Versöhnung ist ein Schlüsselbegriff in Falk Wagners Hegel-Auslegung.[20] Nach ihm läßt sich die Entwicklung des Hegelschen Denkwegs selbst als die Ausbildung einer Begrifflichkeit verstehen, welche die Versöhnung von Gegensätzen und Entzweiungen leisten soll. Dazu macht Hegel Gebrauch von der Religion. Durch Wagners Arbeit zieht sich die Spannung zwischen Religion und Philosophie. Seine Interpretation der PhG macht dies vor allem deutlich: Dort hat Hegel Religion reduziert und entleert. Sie erhält Bedeutung nur insofern sie als Moment in der Erfahrung des Bewußtseins auftaucht.[21] Wagner zieht eine Parallele zwischen der Art und Weise des Übergangs des sich selbst gewissen Geistes in die Religion und der Religion in das absolute Wissen. Die

[17] Kern 1980, S. 400. Weiter dazu in Oeing-Hanhoff 1982, S. 100. An dieser Stelle wird klar, wie die unkritische Aufnahme des dialogischen Subjektbegriffs dazu führt, die Selbstheit und die Geschichtlichkeit der Person naiv einander gegenüberzustellen.

[18] Oeing-Hanhoff 1977, S. 401.

[19] Zur Kritik des Dialogismus vgl. oben Kapitel 1,1:1.

[20] Wagner 1971.

[21] Ebd. S. 183.

Religion wird in dem ersten Übergang parallel behandelt wie im zweiten Übergang. Weil aber der absolute Geist bis zur Religion nur vorausgesetzt ist, kann die Wahrheit des sich selbst gewissen Geistes ihm in der Religion entgegenkommen. Das hängt damit zusammen, daß dieser Geist bereits eine Art Versöhnung, wenngleich nur als Gewißheit erlebt hat. Diese „ist die Versöhnung auf der horizontalen Ebene zwischen zwei selbstbewußten Wesen, das allgemeine Pflicht-Bewußtsein und das Gewissen."[22] Das ist Versöhnung als gegenseitiges Anerkennen. Die Kontinuität der Gewißheit und der Wahrheit verrät hier die Tatsache, daß Hegel die spezifisch christliche Versöhnung in Jesus Christus auf einen abstrakten allgemeinen Begriff der Versöhnung reduziert hat. Jenen hat er aber nur durch eine Abstraktion des bestimmten Inhalts der christlichen Versöhnung gewonnen. Schließlich setzt dann Hegel den sich selbst gewissen Geist mit der Versöhnung Jesu Christi gleich.

Die absolute Religion garantiert dem sich selbst gewissen Geist die Allgemeingültigkeit und vollendet ihn auf seinem Weg ins absolute Wissen, was sich daran zeigt, daß er in der Religion nicht aufgehoben wird, sondern nur neben ihr festgehalten wird. Die Religion dient lediglich als eine Bestätigung dessen, was der sich selbst gewisse Geist schon durchgeführt hat. Die Religion ist deswegen schwach, weil die Vereinigung des Bewußtseins und des Selbstbewußtseins in ihr nur in der Form des Bewußtseins und nicht in der Form des Selbstbewußtseins stattfindet. Im Medium des Bewußtseins ist die Trennung von Vorstellen und Vorgestelltem grundlegend; deswegen kann die Religion die Vereinigung nicht vollziehen. Aufgrund dessen muß der sich selbst gewisse Geist die Aufhebung des Bewußtseins und des Selbstbewußtseins in das absolute Wissen durchführen. Religion bleibt davon ausgeschlossen. Daraus folgt letztlich, daß absolutes Wissen nicht durch die Religion zu gewinnen war, sondern durch den sich selbst gewissen Geist.

Die Aufhebung der Religion in das absolute Wissen bleibt einseitig und abstrakt, und zwar aus dem Grunde, weil die Versöhnung unabgeschlossen ist.[23] Der absolute Begriff als erfüllte Gegenwart widerspricht dieser, obwohl er selbst die Vorläufigkeit der Versöhnung, wie sie in der Religion offenbart ist, voraussetzen muß. Daraus abstrahiert Hegel dann die Endgültigkeit der Versöhnung.[24] Damit ist klar, daß Religion funktional betrachtet wird. Ferner wird die religiöse Erfahrung der Unabgeschlossenheit der Versöhnung im absoluten Wissen nicht aufgehoben. Das absolute Wissen bleibt infolgedessen mit dem Gegensatz der Nicht-Versöhnung verhaftet und kann daher nur ein relatives Wissen heißen.[25]

Wagner interpretiert die PhG mit Hilfe einer engen und letztlich abstrakten Logik. Er kommt von außen an sie heran und zeigt wenig Sinn für ihre sich bewegende und entwickelnde Dynamik. Er entscheidet sich dafür, die Bewegung des Bewußtseins zu hypostasieren. So fällt es ihm natürlich leicht, Einzeler-

[22] Ebd. S. 184.
[23] Ebd. S. 194.
[24] Ebd. S. 195.
[25] Ebd. S. 196.

fahrungsphasen oder Gestalten abstrakt gegeneinander auszuspielen. Die Entfaltungsbewegung des Bewußtseins bis zum sich selbst gewissen Geist läßt er unberücksichtigt. Deswegen kann er die neue Wende, die doch mit der Religion stattfindet, nicht anders als falsch beurteilen. Er anerkennt nicht, daß das Bewußtsein nun allererst in der Lage ist, seine gewesenen Erfahrungen neu zu untersuchen und zu integrieren. Deswegen sucht das Bewußtsein nicht funktionell eine äußerliche Bestätigung durch Religion, um damit für sich eine Allgemeingültigkeit zu gewinnen. Religion ist dem Bewußtsein nicht in dieser Art äußerlich; vielmehr gehören Religion und die vorherigen Gestalten innerlich zu der Entfaltungseinheit des Bewußtseins. Dadurch wird klar, daß hier Wagners Idee des Übergangs, wie der von der Religion ins absolute Wissen, der Bewegung des Bewußtseins in der PhG nicht gerecht wird. Er verkennt das innere Werden, wodurch eine Gestalt zu einer neuen Gestalt wird. Der Übergang ist nicht das Übergehen eines fertigen Elements von einem abgeschlossenen Feld in ein anderes.[26] Das Übergehen in der PhG ist Verwandlung der jeweiligen Bewußtseinsgestalt in eine neue Gestalt, die keine fremde ist, sondern in vermittelnder Kontinuität mit der früheren steht. Der Übergang bedeutet dann sowohl eine Verwandlung im Inhalt als auch in der Form der Erfahrung. Wagners exklusive Konzentration auf die Übergangsfrage ist von einer Hegel fremden Trennung von Form und Inhalt der Erfahrung geleitet. Danach sollte der absolute Inhalt der Religion funktionalisiert werden, um dem spekulativen Standpunkt Allgemeinheit zu verleihen. Das ist aber falsch. Individualität und Allgemeinheit sind in der PhG von vornherein nicht trennbar. Ihre Vermittlung ist der Weg der PhG, und es handelt sich bei keinem der zwei hier erwähnten Übergänge um den opportunistischen Sprung eines sonst subjektivistischen Bewußtseins hinauf in die Allgemeinheit.

Wagners hypostasierende Interpretation reduziert auch die verborgene bzw. latente Anwesenheit des absoluten Geistes auf eine abstrakte Voraussetzung. Ferner arbeitet er mit einem sehr unkritischen Religionsbegriff. Er übersieht die besondere Stellung und Bedeutung der Religion im Stufenaufbau der PhG. Deswegen läßt er die Differenz zwischen der Natur der Vorstellung im Religionskapitel und der Natur des Bewußtseins in der Bewußtseinsgestalt unberücksichtigt. Er setzt sie miteinander gleich und behauptet sogar eine Trennung zwischen Vorstellen und Vorgestelltem, die nicht einmal in der anfänglichen Bewußtseinsgestalt selbst vorhanden ist. Damit wird auch verständlich, weswegen Wagner hier so sehr die Auflösung der spezifisch christlichen Versöhnung in eine begriffliche Allgemeinheit befürchten muß. Er sieht nicht, daß gerade die PhG als Vermittlung der Allgemeinheit und der Individualität die konkrete Versöhnung beider darstellt. Wagner besteht auf einer sehr engen Versöhnungsperspektive; deswegen gewinnt er nicht den Blick für die besondere Versöhnungsaktivität der Vermittlung im Personwerden, die zugleich eine weitere Entfaltung der Versöhnung der Allgemeinheit und der Individualität in Jesus Christus ist, und die von seiner Versöhnung lebt.

[26] Dazu mehr in Teil 2 dieser Arbeit.

Die explizite Behandlung der Personfrage bei Wagner wird völlig durch seine unhegelsche Form-Inhalt-Spaltung bestimmt. Die beherrschende Problemsicht ist hier wieder die der Trennung, des Übergangs und demnach der Reduktion. Der Bereich des reinen Denkens wird von der Wirklichkeit getrennt gesehen. Daraus ergibt sich das Problem des Übergangs vom absoluten Wissen zum absoluten Geist.[27] Die Frage des trinitarischen Personseins behandelt Wagner dann in bezug auf die Bewegung der Wesensmomente. Nach ihm sind diese Momente neutraler Natur und somit alles andere als personhaft. Weiter haben die Momente ihre Selbständigkeit nur in der Bewegung. In der PhG ist keine Rede von Gott als Denken, sondern nur als Bewegung des Denkens. Das Denken als personal oder personhaft zu betrachten, wäre eine andere Reduktion, nämlich die Reduktion der Persönlichkeit auf eine allgemeine Struktur. Entscheidend ist hier aber die Trennung zwischen der Vorstellung und dem reinen Denken.[28] Im Fall der Inkarnation wird sie besonders kritisch, weil hier die Momente der trinitarischen Bewegung im reinen Bewußtsein in das vorstellende Bewußtsein übergehen.[29] In der Religionsphilosophie stoßen dann zwei Personbegriffe aufeinander: Person als momenthaft und Person als ausschließendes Individuum nach der Vorstellung. Hier läßt Wagner keinen Zweifel an seiner Trennungsstrategie bestehen, wenn er in bezug auf Person in der Vorstellung eine Übereinstimmung Hegels mit Fichtes Personlehre sieht.[30]
Wagner sieht nicht, daß Hegels Behandlung der Vorstellung äußerst nuanciert ist. Hegel will die Vorstellung nicht eliminieren, sondern bei ihr verweilen und sie transformieren. Der grobe Gegensatz und die Trennung zwischen der Vorstellung und dem Begrifflichen, die Wagner hervorhebt, wird der bewegenden, integrierenden Grundeinheit der Hegelschen Philosophie nicht gerecht. Hegel aber gewinnt im Gegensatz zu Wagner ironischerweise diese Grundeinheit dadurch, daß er die Inkarnation konkret denkt. Wagner übersieht die intime Verbundenheit des Personwerdens mit der Inkarnation in der PhG. Er betrachtet sie nur in Termini eines groben Schwebens zwischen Vorstellung und reinem Denken.[31] Hier sehen wir genau die methodologischen Konsequenzen seiner künstlichen Übergangsproblematik. Davon ist auch seine Betrachtung der Personfrage in Termini einer naiven Entgegensetzung der Individualität und der Allgemeinheit bestimmt;[32] und nicht zuletzt erklärt es das hypostasierende, lineare Vorgehen Wagners zwischen und innerhalb der Hegelschen Texte.
Daß Wagner selbst dies inzwischen geahnt und zu überwinden versucht hat, zeigt sein sehr wichtiger, später erschienener Aufsatz.[33] Dort unternimmt er eine begrifflich-logische Rekonstruktion der immanenten Trinität nach der

[27] Wagner 1971, S. 256

[28] Wagner ist sich zwar der Differenz zwischen Trennung und Unterscheidung bewußt (vgl. a.a.O. S.265); dennoch trennt er.

[29] Ebd. S. 270.

[30] Ebd. S. 267.

[31] Ebd. S. 272–278.

[32] Für eine differenzierte Betrachtung dieser Termini, vgl. Wagner 1977.

[33] Wagner 1981.

Allgemeinheit des logischen Begriffs selbst.[34] Die Zusammengehörigkeit der Begriffsmomente: Allgemeinheit, Besonderheit und Einzelheit wird nach den drei Momenten des Begriffs der Subjektivität: Begriff, Urteil und Schluß herausgearbeitet.[35] Das soll eine Erklärung der Einheit und der Dreiheit der Trinität ermöglichen. Im Gegensatz zu früher sollen die begriffslogischen Momente nun doch komplex genug sein, um trinitarischem Personsein Rechnung zu tragen. Damit setzt sich Wagner von Kern und Oeing-Hanhoff völlig ab, die eine solche Möglichkeit leugnen.

Obwohl Wagners Analyse faszinierend ist, hinterläßt sie dennoch viele schwerwiegende Fragen. Auch wenn begriffslogisch argumentiert wird, läßt sich fragen, ob eine solche zwischentextliche Ergänzung die Differenz beider Texte richtig anerkennt. Anders gesagt: Spiegelt sich hier nicht nochmals Wagners selbsterlaubte Trennung zwischen Form und Inhalt wieder? Ist der logische Subjektivitätsbegriff imstande, das trinitarische Personsein zu artikulieren? Auch an dieser Stelle scheint es Wagner nicht gelungen, seine Trennung der Vorstellung und des Begrifflichen zu überwinden.[36] Die Begriffsmomente können wohl Totalitäten sein, aber nicht Personen. Diese nicht ausgeebnete Spaltung des Begriffs und der Erfahrung verrät, daß Wagner noch nicht tief genug in Hegels Geistbegriff eingedrungen ist. Es läßt sich schließlich überhaupt fragen, ob in bezug auf das Absolute bei Hegel diese begriffslogische Trennung zwischen dem Personsein und der Struktur der Persönlichkeit überhaupt zuzulassen ist. Ein Denker, der eine derartige Trennung ablehnt, ist Wolfhart Pannenberg.

2.1.3 Über Hegel hinaus: Die Überwindung des Subjektbegriffs durch den Personbegriff (Wolfhart Pannenberg)

Das Denken Wolfhart Pannenbergs ist von Hegel sehr tief geprägt. Das zeigt sich vor allem in der Rolle der Geschichte in seinem System. Seine Aufnahme des Hegelschen Personbegriffs ist allerdings eine andere Sache. Nach Pannenbergs Betrachtung der WL entwickelt Hegel seine Trinitätslehre aus dem Begriff des Geistes als Subjektivität oder Selbstbewußtsein.[37] Entscheidend ist hier, daß der Begriff des Subjekts mit dem Begriff des Begriffs identisch ist.[38] So muß die Tätigkeit des absoluten Subjekts als Selbstentfaltung des Begriffs des Absoluten beschrieben werden.[39] Weil das Vermögen der Selbstentfaltung dem Begriff zuzuschreiben ist, und weil ferner die Struktur des Subjekts mit der des Begriffs identisch ist, ergibt sich, daß das Subjekt sich genau so entfal-

[34] Ebd. S. 225.

[35] Ebd. S. 201–202, 218, 225.

[36] Ebd. S. 225.

[37] Pannenberg 1977 (Subjektivität), S. 30.

[38] Ebd. S. 34.

[39] Ebd. S. 35. Allerdings verneint Pannenberg die Selbständigkeit der Hegelschen Reflexion als Tätigkeit des Begriffs selbst. Sie benötigt unsere Reflexion.

tet. Hegel muß demnach die Wirklichkeit Gottes als Selbstentfaltung voraussetzen, und zwar vor seiner Selbstentfaltung, um ihm diese Entfaltung als notwendig zuschreiben zu können. Eine solche Voraussetzung bringt ein Nacheinander in Gott hinein, weil seine Differenzierung als Produkt seiner Tätigkeit gedacht wird. Sie verstößt damit gegen die ewige Gegenwart Gottes. Sie „verletzt unvermeidlich das Gleichgewicht der göttlichen Personen und setzt ihre Pluralität zu bloßen Seinsweisen herab, die dem göttlichen Subjekt zugeordnet werden".[40]

Eine andere Alternative als die Herleitung der Trinität aus dem Subjektbegriff bietet nach Pannenberg die Religionsphilosophie. Dort ist die Pluralität der Personen ursprünglich und nicht abgeleitet. Und nur in der Pluralität der Personen ist die Einheit Gottes wirklich.[41] Die trinitarischen Personen beziehen ihre spezifische Personalität gerade aus ihrer wechselseitigen Hingabe zueinander.[42] Pannenberg meint hier, daß es eine strukturelle Differenz zwischen dem Gedanken der Liebe und dem „der monologischen Struktur des Selbstbewußtseins selbst gibt".[43] Er hebt auch deutlich hervor, daß Hegel schon in der PhG das Absolute als Subjekt und so auch als ‚persönlich' gedacht habe.[44] Obwohl Hegel die innere trinitarische Differenz nicht zum Ausdruck gebracht hat, hat er einen entscheidenden Schritt über Fichte hinaus vollzogen.[45] Hegel sah nämlich, daß das Subjekt durch das andere seiner nicht begrenzt ist, sondern als im Anderen bei sich selbst seiend verstanden werden muß.[46] Dies erinnert an Pannenbergs früheres Aufgreifen des Unterschieds zwischen konkreter und abstrakter Persönlichkeit.[47] Durch das Aufgeben der spröden, abstrakten Persönlichkeit in der Liebe oder in der Freundschaft gewinnt der Mensch eine konkrete Persönlichkeit. Dies bedeutet für die Trinität, daß die abstrakte Einzelheit darin nur als verschwindendes Moment gilt.

Das Ergebnis der Betrachtung der zweiten Alternative mag positiv erscheinen; aber dies täuscht. Der Grund dafür ist die Tatsache, daß Hegel die Substanz in das Subjekt aufgehoben hat.[48] Wenn der Subjektbegriff zur Wahrheit der Substanz aufsteigt, ist das Subjekt nicht mehr an einen ihm vorgegebenen Inhalt gebunden. Deswegen glaubt Pannenberg, den Höhepunkt der Artikulation der modernen Absolutheit des Subjekts in Hegels Subjektbegriff zu sehen. Infolgedessen taugt dieser Subjektbegriff nichts für die Trinitätsfrage. Er setzt He-

[40] Pannenberg 1977 (Geschichte), S. 76–92, 88.

[41] Pannenberg 1977 (Subjektivität), S. 37.

[42] Ebd. S. 37. Er bemerkt an dieser Stelle, daß der Geist „nichts für sich ist", sondern nur „der Geist der Gemeinschaft des Vaters und des Sohnes".

[43] Ebd. S. 37.

[44] Damit nimmt Pannenberg Stellung zu F. Wagners Behauptung, daß es sich in der PhG nicht um das Absolute als Person, sondern um die Struktur der Persönlichkeit handelt. Vgl.Wagner 1971, S. 257.

[45] Dies ist wieder im Gegensatz zu Wagner dargestellt.

[46] Ebd. S. 38.

[47] Pannenberg 1978, S. 101–102.

[48] Pannenberg „Person und Subjekt", in: O. Marquard/K. Stierle. (Hrsg.), Identität, S. 6.

gel die klassische Trinitätslehre entgegen, nach welcher die Aufhebung der Substanz in das Subjekt stets abgelehnt worden ist. Folglich ist das Subjekt selbständig, aber gleichwohl auf den ihm vorgegebenen Inhalt seines Lebensvollzuges und seine Beziehung zum anderen Subjekt angewiesen. Die gleiche Struktur läßt Pannenberg für die trinitarischen Personen gelten. „Keine der trinitarischen Personen hat ihr Wesen aus und durch sich selbst, wie es der moderne Begriff des Subjekts impliziert, da er ja anders die Substanz in sich aufgehoben haben könnte."[49]

Auch wenn Pannenberg zu einem negativen Ergebnis gekommen ist, hat er im Gegensatz zu Kern, Oeing-Hanhoff und Wagner mindestens den Versuch unternommen, in bezug auf die Personfrage das Ontische und das Begriffliche als verbunden zu denken, und vor allem das Individuelle und das Allgemeine bzw. Relationale inner-Hegelsch kreativ aufeinander zu beziehen. Dennoch ist sein Versuch unbefriedigend. Es ergeben sich verschiedene Problempunkte: Pannenbergs erstes Argument sucht nach einer endlichen Voraussetzung der Denkbarkeit des Unendlichen bei Hegel, meint es zu finden und erhebt sodann Anklage gegen das Verendlichen des Unendlichen. Damit aber annulliert das Argument seinen eigenen Boden und seine Entstehungsmöglichkeit.[50] Dazu kommt weiter die Tatsache, daß Pannenberg gerade selbst das Endliche ins Unendliche durch die Anführung der Liebe in sein zweites Argument eingebracht hat.[51] Das Hauptproblem in bezug auf den Personbegriff ist, daß die Schwierigkeiten an allen drei Stellen des Pannenbergschen Argumentationsaufbaus durch den Subjektbegriff verursacht worden sind. An erster Stelle scheitert der Geistbegriff wegen des ‚monologischen Selbstbewußtseins', aus dem er entsprungen sein soll.[52] An der zweiten Stelle scheint der Subjektbegriff tatsächlich relational geworden zu sein, aber an der dritten Stelle wird er als bloße Herrschaft des Einzelnen enthüllt.

Das Grundproblem aber ist Pannenbergs Unvermögen, Geist und Bewußtsein in einem Personbegriff zu artikulieren. Unsere Interpretation wird zeigen, daß der Hegelsche Begriff der Aufhebung sowohl eine sehr kreative als auch eine negative Bedeutung hat. Aufhebung ist differenzierte Verwandlung. Substanz verschwindet dann keineswegs in einer isoliert herrschenden Subjektivität.[53] Wäre das möglich gewesen, hätte die PhG sich ihren Weg sparen können.

Angesichts dieser vermeintlichen Schwierigkeiten mit dem Subjektbegriff möchte Pannenberg diesen zugunsten eines Personbegriffs ersetzen. Aus unserem Blickwinkel ist dies hoch interessant, weil Pannenberg gegen einen vermeinten Hegelschen Subjektbegriff einen Personbegriff entwickeln will. Der begriffliche Nerv seines neuen Personbegriffs ist die Behauptung einer Grunddifferenz zwischen dem Ich und dem Selbst. Zu seiner Auslegung widerlegt

[49] Ebd. S. 6.

[50] Für eine Kritik an Pannenbergs Vorgehensweise in diesem Fall vgl. Wagner 1981, S. 212.

[51] Dazu und zu Schwierigkeiten mit Pannenbergs Ansatz überhaupt, vgl. Graf S. 295–299.

[52] Pannenberg 1975. Hier hat Pannenberg Bewußtsein mit Geist völlig unkritisch gleichgesetzt.

[53] Vgl. diese Arbeit Kapitel 3.

Pannenberg zunächst die vermeintliche Hegelsche These vom Selbstbewußtsein als ‚Grund' und ‚Wahrheit' allen Gegenstandsbewußtseins.[54] Das Gegenstandsbewußtsein löst sich nicht in die Tätigkeit des Selbstbewußtseins auf. Vielmehr bildet es den Boden für die Genesis des Selbstbewußtseins. Das Ich ist kein fixiertes, stehendes oder bleibendes Ich. Es entsteht allererst im Prozeß der Erfahrung.[55] In der Lebensgeschichte eines Individuums wird zunächst das Wahrnehmungsfeld ausgebildet, und dadurch wird das Bewußtsein von der Einheit des Ich vermittelt. Das Ich bringt dann nicht das Selbst hervor, sondern bedarf des Selbst, um Stabilität und Kontinuität zu gewinnen.[56] Das Selbst stellt sich im Prozeß der Veränderung dar. Weil aber dieser Prozeß eine Geschichte ist und nur am Ende festgestellt werden kann, was das Selbst ist, braucht das Ich eine Manifestation seines noch nicht vollendeten Selbst, und das ist die Person.[57]

Pannenberg stützt sich hier vor allem auf William James. Ihm ist es gelungen, durch den Unterschied Ich-Selbst, das idealistische transzendentale Selbst und Humes augenblickhaftes Ichbewußtsein zu vereinigen.[58] Nach Pannenberg liefert die Ich-Selbst-Unterscheidung von James und seine Auffassung des Selbstbewußtseins als einer Sequenz von Akten integrierender Selbstidentifikation ein Interpretationsmodell für Identitätsbildung. Ebensosehr wurde Pannenbergs Behandlung dieser Frage von G.H. Meads Sozialpsychologie beeinflußt.[59] Demgemäß hebt er die soziale Dimension der Erfahrung hervor, um die Identität des Ich zu unterstützen und zu vermitteln.[60] „Nicht das Ich setzt sich selbst ..., sondern das Selbst integriert das Ich und verleiht ihm erst dadurch Identität."[61] Das Bewußtsein der Selbigkeit des Ich ist durch ein Bewußtsein der Identität des Selbst vermittelt.[62] Das Ich ist also innerlich, augenblickhaft und sich ansammelnd. Es ist im Grunde genommen von außen getrennt. Von seiner eigenen Selbigkeit wüßte es nicht, wenn es das Selbst nicht gäbe. Das Selbst ist dann allentscheidend. Daß das Ich zu entdecken ist und ferner auch von sich selbst aufgedeckt werden kann, hängt von der Leistung und der Funktion des Selbst ab. Wenn die Identität des Selbst nicht fest ist, dann bleibt die Identität des Ich trüb, relativiert oder zufällig. Ein weiteres Problem besteht darin, daß die Identität des Selbst rein äußerlich bestimmt ist: „das seinerseits im Zusammenhang der Welterfahrung verankert ist und im Horizont der Welterfahrung seine Ausbildung, seine Krisen und Veränderungen er-

[54] Pannenberg, „Bewußtsein und Subjektivität", in: Metaphysik und Gottesgedanke, Göttingen, 1988.

[55] Ebd. S. 39.

[56] Pannenberg „Person und Subjekt", S. 9.

[57] Ebd. S. 9.

[58] Ders. „Bewußtsein und Subjektivität", S. 37.

[59] In „Person und Subjekt" hat Pannenberg sich überwiegend auf Mead gestützt. In „Bewußtsein und Subjektivität" tritt James gegenüber Mead in den Vordergrund.

[60] Ders. „Bewußtsein und Subjektivität", S. 38.

[61] Ders. „Person und Subjekt", S. 12.

[62] Ders. „Bewußtsein und Subjektivität", S. 40.

führt."[63] Die Identität des Selbst und deswegen auch die des Ich sind äußerst fragil.
Wo ist dann Personsein zu orten? „Die Person kann weder identisch sein mit dem Ich in seinem Unterschied zum Selbst, noch auch mit dem Selbst im Unterschied zum Ich."[64] Wenn Person weder Ich noch Selbst ist, läßt es sich fragen, wozu Person nötig ist. Warum soll Person eingeführt werden, wenn das Ich und das Selbst ihre Aufgaben einlösen? Ist Person ein Drittes? Ist sie Titel des ganzen Prozesses? [65]Grundsätzlich scheint Person nichts zu dem Prozeß selbst beizutragen. Trotz seiner Bemühungen kann Pannenberg nicht zeigen, wie Person innerlich zu der Bewegung gehören soll. Deswegen muß geschlossen werden, daß Person bloß Titel des Prozesses ist. Primär gilt Pannenbergs These nicht der Ausbildung eines Personbegriffs, vielmehr sucht sie ein Modell von Subjektivität vital aufzustellen, wodurch das Ich, konzipiert als eine innerliche, augenblickhafte Instanz eines Bewußtseins, zur Begegnung mit sich und der Außenwelt durch das Selbst gebracht wird. „ Die Subjektivität ... ist die höchste Form der Selbstständigkeit im Bereich des Endlichen."[66] Selbst wenn Person dem Prozeß zugehörig zu denken wäre, gäbe es dennoch große Schwierigkeiten, weil die Einheit von Ich und Selbst so fragil ist. Ich und Selbst scheinen zwei verschiedenen Bereichen anzugehören. Pannenbergs Theorie hat die Tendenz, die Identität dem Bereich des Ich und die Einheit dem des Selbst zuzuschreiben.[67] Pannenberg hat im Gegensatz zu Hegel keine zureichende Metaphysik, um die differenzierte und intime Einheit des Bewußtseins und des Selbstbewußtseins im Personsein zu artikulieren. Ihm gelingt, wenn überhaupt, nur ein Kompositum beider.

2.2 Jenseits von verschlossener Individualität: Unterwegs zum Personbegriff als Vermittlung

Die gerade diskutierte theologische Beschäftigung mit Hegel hat gezeigt, wie der explizite Hegelsche Personbegriff durch die Verwendung von äußerlichen Kategorien betrachtet wurde. Obwohl alle drei Repräsentanten, entweder direkt oder indirekt, ihre Unzufriedenheit mit dem Subjektbegriff gezeigt haben, können sie in Hegel keinen neuen Weg zur Überwindung des aporetischen

[63] Ebd. S. 40. Aufschlußreich in bezug auf Pannenbergs Theorie ist die Tatsache, daß in „Bewußtsein und Subjektivität" von 1988 der Titel nicht mehr „Person und Subjekt" lautet. Alle Referenzen zur Person entfallen, außer einer kurzen funktionellen Erläuterung zum Gebrauch des Wortes Person in der Sprachphilosophie.
[64] Ders. „Person und Subjekt", S. 12.
[65] Pannenberg 1977 (Subjektivität), S. 38 und „Person und Subjekt" S. 12 würden diese Vermutung nahelegen.
[66] Ders. „Bewußtsein und Subjektivität", S. 47.
[67] Pannenberg 1983 (Anthropologie), S. 183. „Also nicht nur das Selbst, sondern auch das Ich ist ... immer schon durch Sozialbeziehung mit sich vermittelt." An dieser Stelle scheint die Äußerlichkeit sogar für die Identität des Ich entscheidend zu sein.

Subjektbegriffs sehen. Sie meinen eher, eine größere Aporie bei Hegel selbst zu finden. Nachdem wir diese Positionen als Denkpositionen und zugleich als Hegelkritische Positionen erläutert haben, wollen wir uns nun einer verheißungsvolleren Strömung zuwenden. Das Positive an dieser Strömung ist, daß sie in Richtung eines Personbegriffs als Vermittlung tendiert. Dies tut sie in dem Sinne, daß sie klar darstellt, daß ein reiner Subjektbegriff der Hegelschen Absicht überhaupt nicht gerecht wird. Hier wird deswegen versucht, die organische Integrität der Wirklichkeit im Hegelschen Denken und die damit implizierte, kreative Teilnahme der Person an der Mitgestaltung dieser Wirklichkeit durchzudenken. Diese Strömung zeigt sich dergestalt, daß sie über den Subjektivismus hinausgegangen und bereits auf dem Wege zu einem Personbegriff als Vermittlung ist.

2.2.1 Person und Denken in der Artikulation des Geistigen (Quentin Lauer)

Obwohl die Interpretation von Quentin Lauer[68] sich nicht direkt mit dem Personbegriff beschäftigt, spielt er trotzdem eine wichtige Rolle in seiner Arbeit. Lauer sieht klar ein, daß ein reiner Subjektbegriff der Hegelschen Absicht nicht gerecht wird. Wenn der menschliche Geist sich *als* Geist verstehen will, muß er unausweichlich weit über ein verschlossenes, subjektives Bewußtsein hinausgehen.[69] Das Hinausgehen selbst ist aber vom Subjekt allein nicht zu leisten. Es ist nur deshalb möglich, weil das Subjekt in einer dynamischen Beziehung mit dem Unendlichen als seiner Quelle und seinem Ziel steht. Die letzte Begründung davon ist die Inkarnation als Erscheinung der intimen Einheit des Endlichen und des Unendlichen. Das Bewußtsein dessen ist aber weder unmittelbar noch auf einmal begreifbar. Es muß im Menschen geweckt werden.
Infolgedessen muß das menschliche Denken, um sich selbst gerecht zu werden, zum Absoluten hinaufsteigen.[70] Dies ist ein Prozeß, durch den die innerliche Vernunft als Inhalt des Bewußtseins zum Vorschein kommen wird. Im Denken ist der göttliche Geist wahr und wirklich anwesend.[71] Diese Anwesenheit leidet nicht an dem Mangel der Vorstellung, die immer eine Distanz zwischen dem Göttlichen und sich selbst als Medium setzt. Hegels Philosophie strebt nach der Artikulation dieser Anwesenheit.
Nach Lauer zeigen die PhG und die WL, daß die Bedingung der Möglichkeit der Kenntnis und der Wahrheit auf Gott als absolute Wahrheit zurückzuführen ist.[72] Ohne Gott, der als größter Kreis die Verschiedenheit der Wirklichkeit umschließt, wären nur Bruchstücke des Wissens möglich. Gott als Wurzel der vernünftigen Ordnung ist ein Argument von methodologischer Notwendigkeit. Damit ist erschlossen, daß das Denken das Unendliche ans Tageslicht zu brin-

[68] Lauer 1982.
[69] Ebd. S. 21.
[70] Ebd. S. 22.
[71] Ebd. S. 38, 24.
[72] Ebd. S. 50.

gen vermag, was nicht möglich wäre, wenn Denken nur die Tätigkeit eines verschlossenen, subjektiven Bewußtseins wäre. Wissen ist dann nicht abstrakt, sondern inklusiv, ein Lebensweg – der Inhalt der göttlich-menschlichen Beziehung.[73] Demnach strebt das Hegelsche Denken nach der Integration der Verschiedenheit, die eine echte Verschiedenheit und keine Reduktion auf einen gemeinsamen Nenner ist. Sie besteht aus einer Fülle von komplementären Bestandteilen. Vor diesem Hintergrund gelingt es Lauer, die Bedeutung des Hegelschen Begriffs sehr überzeugend darzustellen.

Denken als Prozeß benötigt den Begriff, weil Denken als Verallgemeinerndes in einer Kontinuität mit dem Prozeß des Sichpräsentierens des Empirischen steht. Die Form der Allgemeinheit kommt im Empirischen zur Erscheinung. Das Empirische und das Begriffliche widersprechen sich also nicht. Spekulatives Denken kann daher organisches Denken genannt werden, weil es die falschen Barrieren, welche die Wirklichkeit in endliche Abteilungen spaltet, wieder verflüssigt.[74] Der Begriff ist die Form, die ein solches Denken charakterisiert. Die PhG zeigt deutlich, daß Denken sich in allen seinen Gestalten objektivieren kann, ohne daß befürchtet werden mußte, daß es in irgendeiner bestimmten Gestalt stecken bleibt. So wie das Denken Gottes die begriffliche Struktur der Wirklichkeit schafft, so kreiert auch das menschliche Denken diese vor-menschlichen begrifflichen Strukturen wieder.[75]

Mit der Hervorhebung der lebendigen Einheit des Konkreten und des Allgemeinen im Begriff sind wir in die Nähe des Geistes gelangt. Das Subjekt, das seinen eigenen Inhalt zu solcher Konkretheit bestimmen kann, erweist sich als Quelle der Konkretheit. Das heißt, daß das Subjekt Geist ist.[76] Das Subjekt als Geist verwandelt alle Abstraktionen in Konkretheit. Und weil diese Subjektivität dialektisch ist, kommt sie immer wieder über ihre eigenen Grenzen hinaus. Eine große Stärke von Lauers Arbeit ist die Verbindung zwischen Geist und Bewußtsein, welche er herausarbeitet, ohne Reduktion oder Verstandeskategorien verwenden zu müssen. Dies tut er in syllogistischer Form. Bewußtsein wäre nicht Bewußtsein, wenn es nicht Bewußtsein des Selbst wäre. Aber wenn dieses Selbstbewußtsein nicht wieder Bewußtsein seiner als Geist wäre, wäre es nicht Selbstbewußtsein. Und Selbstbewußtsein als Geist muß Bewußtsein des absoluten Geistes sein.[77] Obwohl die Kontinuität zwischen Geist und Bewußtsein zentral ist, soll dennoch Geist keineswegs bloß als die höchste Form des Bewußtseins verstanden werden. Geist ist mehr als das Bewußtsein. Wenn aber Bewußtsein Bewußtsein des Geistes ist, muß es Bewußtsein dessen sein, was Geist in seiner Allgemeinheit ausmacht. Lauer identifiziert hier genau den innewohnenden Impuls im Geiste zur Allgemeinheit. Auf der einen

[73] Ebd. S. 51.

[74] Ebd. S. 66–67. Lauer unterscheidet sehr sorgfältig zwischen einer „kumulativen Totalität", die bloß die Vereinigung von Einzelnen und dem Absoluten wäre. Das Absolute wäre die subjekthafte Verschiedenheit.

[75] Ebd. S. 85.

[76] Ebd. S. 86.

[77] Ebd. S. 198.

Seite überwindet diese Anerkennung die verschlossene Individualität; auf der anderen Seite bringt sie die immer anwesenden, unendlichen Möglichkeiten und Fähigkeiten des Geistes zum Ausdruck. Geist impliziert demnach das Streben nach Selbstartikulation, Selbstpräsenz und Selbstoffenbarung.[78] Geist ist die konkrete Einheit Gottes, die die Vielfältigkeit des Menschlichen in seiner Verschiedenheit umfaßt. Der endliche und der unendliche Geist sind nur in ihrem Bezogensein aufeinander zu verstehen. Der endliche Geist *ist* dann, ohne seine Endlichkeit zu überschreiten, die Selbstoffenbarung des unendlichen Geistes.[79] Die PhG ist eine Reise durch verschiedene Gestalten des Bewußtseins, aber das Resultat ist ein tieferes Zu-sich-Zurückkommen des menschlichen Geistes. Er befindet sich letztendlich im Unendlichen zu Hause.
Im Gegensatz zu Pannenberg und Kern betont Lauer ausdrücklich, daß Geist nach Hegel keineswegs mit einem Begriff von der allgemeinen Energie der Welt gleichzusetzen ist. Gott als Geist bedeutet selbstbewußtes, persönliches Subjekt.[80] Personalität ist von Geist untrennbar. Der absolute Geist ist nicht nur Tätigkeit, sondern auch ein Geist, der handelt.[81] Dies führt natürlich zu einer sehr positiven Bewertung der Hegelschen Christologie. Indem Gott sich in Jesus als wahrhafter Mensch offenbart, zeigt er sich darin als ‚absolut' und auch ‚personal'.[82] Die PhG läßt sich somit ganz nach dem Inkarnationsprinzip verstehen.
Seine primäre Absicht war es, den menschlichen Geist im Lichte des göttlichen Geistes zu begreifen und den göttlichen Geist im Lichte des menschlichen.[83] Obwohl Lauer selbst es nicht so betrachtet, kann dies als ein Versuch gelten, die PhG durch die Linse eines Personbegriffs als Vermittlung zu interpretieren. Die Einheit des Göttlichen und des Menschlichen als eine konkrete und kreative Zugehörigkeit findet eine weitere Vertiefung und Fortsetzung in der Arbeit von A.K. Min.

2.2.2 Person als Nexus des Endlichen und des Unendlichen (Anselm K. Min)

In einigen sehr wichtigen, aber leider wenig beachteten Aufsätzen hat Anselm K. Min die spekulative Einheit des Endlichen und des Unendlichen im Hegelschen Denken treffend und kreativ herausgearbeitet. Min möchte die Einheit, den Unterschied und die „Selbständigkeit" beider zur Sprache bringen. Nach ihm hat Hegel den Widerspruch im traditionellen Theismus und im Humanismus der Aufklärung ans Licht gebracht. Auf der einen Seite wollen sie die

[78] Ebd. S. 175.
[79] Ebd. S. 143.
[80] Ebd. S. 154.
[81] Ebd. S. 155.
[82] Ebd. S. 293.
[83] Lauer 1977, S.145. An dieser Stelle zeigt Lauer, wie der Begriff die Artikulation dieses Verbundensein darstellt.

Kontingenz des Endlichen hervorheben; auf der anderen Seite verabsolutieren sie das Endliche, indem sie es als nicht zu transzendieren kennzeichnen.[84] Doch ist die Begrenztheit des Endlichen bereits in dem Moment überschritten, da das Endliche als endlich, als begrenzt gewußt wird. Nur aufgrund der Transzendenz kann man das Endliche als Endliches überhaupt kennen. Paradoxerweise läuft auch die These, daß das Unendliche vom Endlichen nicht gewußt werden kann, auf das gleiche Ergebnis hinaus, nämlich auf die implizite Verabsolutierung des Endlichen. Wenn das Absolute als Bedingung der Möglichkeit des Endlichen geleugnet wird, wird das Endliche selbst zum Absoluten.[85] Min meint, daß dieser logische Widerspruch zu den tiefsten existentiellen und moralischen Widersprüchen unter einzelnen Individuen führt, weil jeder Einzelne seine eigene Endlichkeit verabsolutiert. Nach Min wird dies an der Dialektik des sich selbst gewissen Geistes deutlich.

Die Transzendenz des Unendlichen ist deswegen nicht verstandesmäßig durch die Betonung ihres Andersseins, ihrer Äußerlichkeit oder ihres bloßen Unterschieds vom Endlichen zu gewährleisten. Damit wäre das Unendliche verendlicht, weil es neben dem Endlichen stünde und seine Grenze in ihm hätte.[86] Das erklärt auch, weswegen Gott ohne die Welt nicht Gott ist. Dies bedeutet, daß Gott unendlich und die Welt endlich ist und ferner, daß Gott kein wahrhaftes Unendliches, kein wahrhaftes Selbständiges, Transzendentes sein könnte, solange ihm die Welt als eine unabhängige, äußerliche Wirklichkeit gegenüberstünde. Das wahrhafte Unendliche enthält demzufolge in sich das Endliche als sein Moment. Die ontologische Integrität der Endlichkeit ist damit bewahrt. Der Unterschied zwischen ihr und dem Unendlichen besteht gewiß, aber er darf nicht zum absoluten Unterschied werden. Die ontologische Verbundenheit, welche zwischen Gott und der Endlichkeit besteht, ist ontologisch uranfänglicher und fundamentaler als ihr jeweiliger Unterschied, weil es die Verbundenheit selbst ist, welche den Unterschied hervorbringt und bewahrt.[87] Um dies alles zu artikulieren, bildet Hegel seine Begriffe: ‚Sein', ‚Notwendigkeit', ‚Freiheit', ‚Geist' und ‚das Absolute'.

Die Endlichkeit des Endlichen allein macht nicht sein Isoliertsein aus. Als ein solches wäre es selbständig und verabsolutiert. Um endlich sein zu können, muß es eine innerliche, ontologische Referenz zu einem Anderen haben, wovon es begrenzt wird und demnach endlich sein kann. Das Andere ist dem Endlichen nicht äußerlich, und gerade deswegen ist das Endliche begrenzt. Die Begrenzung, welche das Endliche als Endliches ausmacht, ist eine innerliche Bestimmung des Endlichen selbst. Das Endliche ist zwar kontingent, aber daß es kontingent ist, ist keine kontingente Tatsache. Es liegt in der Natur des Endlichen, als solches die Bestimmung seiner eigenen Endlichkeit und Kontingenz zu unternehmen und sonach sein eigenes Sein zu enthalten.[88] Das Sein des

[84] Min 1976, S. 69.
[85] Ebd. S. 70.
[86] G.W.F. Hegel, Enz. 95. W.L. 1: 133. 138.
[87] Min 1976, S. 72.
[88] Ebd. S. 73.

Endlichen besteht in seiner ontologischen Abhängigkeit vom Unendlichen und im Selbsttranszendieren oder Hinaufsteigen zu ihm, seinem Anderen.[89] Die Transzendenz der Person zu Gott ist die Basis ihrer ganzen Beziehungen zum Endlichen und macht als solche ihr Wesen aus.[90] Gerade gegen diese Perspektive wird die PhG als die lange und anstrengende Reise der endlichen Vernunft zur Freiheit verständlich. Sie ist das allmähliche Eliminieren des Andersseins, das zwischen dem Endlichen und seinem Anderen besteht.[91] Nach Min ist hier die Defizienz der Vorstellung als Bewußtseinsform zu sehen. Sie setzt eine Trennung zwischen sich und ihrem Anderen, zwischen Subjekt und Objekt. Ihre Schwäche ist es, ihres Objekts, aber nicht ihrer selbst bewußt zu sein. Gerade dadurch verdinglicht sie ihr Objekt.[92] Dagegen enthüllt die Liebe ihre spekulative Bedeutung als Vereinigung des Subjekts und des Objekts, worin das Anderssein aufgehoben wird, d.h. transzendiert und zugleich im Zusammensein (communio) aufbewahrt wird. Dies ist die Erfüllung der integralen, trinitarischen Struktur und Dynamik des Geistes in seiner inneren, freien Forderung des Anderen als sein eigenes.

Angesichts dieser Perspektive ist Min nun in der Lage, eine innerliche Artikulation der Hegelschen Inkarnationslehre zu unternehmen. Die Anwesenheit Gottes in Jesus Christus ist weder mit seiner allgemeinen Präsenz in der Welt noch mit der universalen Präsenz des Heiligen Geistes in den Glaubenden noch mit einer universalen Inkarnation Gottes in jedem Menschen – der Logos als Homo Generalis, der die Individualität der Menschen zur bloßen Erscheinung macht – zu identifizieren. Die Inkarnation ist der Paradigma-Fall der Einheit-in-Differenz.[93] Davon ausgehend unternimmt Min eine hervorragende Kritik der traditionellen Trennung zwischen Natur und Person bzw. Relation.[94] Natur ohne die Relationen, wodurch sie sich offenbart und verwirklicht, wäre nur eine unverständliche Abstraktion. Demnach sind aber Aktivität und Relation auch nur als die Selbstaktivität und Selbstpluralisierung einer Natur verständlich. Beide stehen in einer gegenseitigen konstituierenden Beziehung zueinander. Und um die Beziehung zwischen Trinität, Inkarnation und Schöpfung zu erklären, schlägt Min eine Wende von einer Substanz-Philosophie zu einer Geist-Philosophie vor.[95] In der Substanz-Philosophie bleiben Tätigkeit, Relation und Anderssein der Substanz äußerlich. Dagegen ermöglicht eine Geist-Philosophie die aktive Vermittlung von Anderssein und von Selbstidentität, innewohnend und beide konstituierend.[96]

[89] Min 1986, S. 175.
[90] Ebd. S. 187.
[91] Min 1976, S.7, 8. Nach Min will Hegel mit der WL zeigen, daß nur die Freiheit des Geistes die letzte metaphysische Grundkategorie sein kann.
[92] Min 1983, S. 335–336.
[93] Min 1986, S. 178.
[94] Ebd. S. 179–182.
[95] Ebd. S. 184.
[96] Ebd: „‚A philosophy of spirit‘, which regards active mediation by otherness as internal to the constitution of self-identity in its concrete unity."

Während A.K. Min die innere Logik der Zugehörigkeit des Endlichen und des Unendlichen konkret darstellt, bemängelt W.Kern eine solche Nähe. Er erkennt sie wohl an, dennoch meint er, daß Hegel das auf Kosten des Existentiellen geleistet habe. Deswegen versucht er, diese Nähe dadurch auszubalancieren, daß er das Existentielle in das Hegelsche System hineindenken möchte.

2.2.3 Person: Liebe, Geist und System: Die Möglichkeit einer immanenten Ergänzung (Walter Kern)

In einem ersten Aufsatz,[97] der für seine späteren Hegel-Beiträge maßgeblich bleibt, hat Walter Kern das Verhältnis von Liebe und Erkenntnis in Hegels Denken erläutert: In den ‚Jugendschriften' entwickelte Hegel eine Dialektik der Liebe, in der das Selbst mit dem Anderen vereint ist. Die Liebe zeigt dem konkreten Anderen gegenüber eine seinlassende Haltung.[98] Je mehr die Systemidee wuchs, desto mehr ging die Gegenseitigkeit der Liebes-Dialektik verloren. In der Frankfurter Zeit wurde sie zur Dialektik des erkennenden Geistes. In der PhG hat das Andere nur die Funktion, das Selbst mit sich zu vermitteln. „Sie ist der Vollzug des Anderen im Selbst bis zur vollen Heimholung, Hereinnahme, Aufhebung des Anderen im Selbst, des Objekts im erkennenden Subjekt."[99] Die Dialektik der WL ist schließlich nur eine einseitige Dialektik der bloßen Erkenntnis. Im System fehlt dem Anderen Wille, Liebe und Freiheit. Kern ist davon überzeugt, daß das System auf einer Verkürzung der Subjekt-Objekt-Identität beruht. Daher unternimmt er gewissermaßen den Versuch, das Existentielle des früheren Hegel in das System des späteren Hegel explizit hineinzudenken.
Kern erkennt von vornherein an, daß das System eine innere Immunität gegen äußerliche Kritik hat. Das Schicksal jeder Kritik ist die Selbstaufhebung. Eine Kritik, die über das System etwas sagt, setzt am Ende an. Weil aber das System ein Kreis ist, ist das Ende auch der Anfang. Gerade hier findet Kern auf künstliche Weise die Lücke, um seine Ergänzung einzubauen. Dabei beruft er sich auf einen Satz aus der Enz: „Den Anfang macht das Subjekt, als welches sich entschließen will zu philosophieren."[100] Dieser Entschluß gilt als Möglichkeitsbedingung für den ersten Schritt zur Philosophie. Kern wendet diese nun auf das Hegelsche System an. Das Woraufhin dieses Entschlusses muß das Grundprinzip der Subjekt-Objekt-Identität sein. Nun darf gefragt werden, ob das Grundprizip eine gültige Aussage geistiger Wirklichkeit ist.[101] Weil diese Identität eine geschehende Einigung ist, verlangt Kern bei seinem Eindringen

[97] Kern 1959
[98] Ebd. S. 398: „Die Liebenden kommen im Maße ihrer wechselweisen Anerkennung und der selbstlosen Hingabe an … je Anderen gemeisam zu vollen Selbstsein."
[99] Ebd. S. 404.
[100] G.W.F. Hegel, Enz. 17.
[101] Kern, a.a.O. S. 408.

in das System nach einem gänzlichen Vollzug, einer Gleichursprünglichkeit und einer Balance beider Seiten. Das wäre nur möglich, „wenn sowohl das Objekt im Subjekt, das Andere im Selbst vollzogen wird, wie es die spätere Erkenntnislehre Hegels ausschließlich leistet, *und* zugleich das Subjekt im Objekt, das Selbst im Anderen sich vollziehen würde, wie das die Dialektik der Liebe des jungen Hegel noch sah."[102] Wille und Liebe wären dabei in den Grundakt des Hegelschen Philosophierens explizit hineingedacht und die Ursprungsganzheit, die in der Entwicklung verloren ging, wiederhergestellt.[103]
Kerns Methode besteht darin, eine Entwicklungsschwäche zu identifizieren, eine Eindringungslücke im System zu entdecken und dann eine immanente Ergänzung zu vollziehen. Zu fragen ist hier, auf welchem Interpretationsfundament es sich klarstellen läßt, ob das Hegelsche System eine einseitige Herrschaft des Subjektivistischen ist. Die Entwicklungsgeschichte des Hegelschen Denkens ist hoch kompliziert. Dennoch zeigt sie eine Kontinuität auf.[104] Eine abstrakte naive Gegenüberstellung des jungen und späteren Hegel ist durchaus möglich, bringt aber wenig. Eine Nostalgie für das vor-begriffliche Existentielle darf nicht als Interpretationswerkzeug verwendet werden, um das System zu beurteilen, und zwar deshalb, weil das System eine empfindliche Balance zwischen dem Existentiellen und dem Begrifflichen darstellt, dem von einem bloß existentiellen Standpunkt aus nicht angemessen Rechnung getragen werden kann. Kerns Ausgangspunkt, die Identifizierung einer Systemschwäche, entlarvt sich daher als fragwürdig und mangelhaft. Genauso fragwürdig ist das künstliche Ausspielen des Anfangs und des Endes gegeneinander und dessen Rechtfertigung und Fortentwicklung durch einen Spruch aus der Enz. Es ist mehr als fragwürdig, aus einem verwobenen System einen Spruch kontextlos herauszureißen und ihn zur Teilnahme an einem Ergänzungsvollzug dieses Systems selbst zu zwingen. Und was die PhG anbelangt, ist die Ergänzung eines subjektivistischen Standpunktes auf jeden Fall redundant, angesichts der Tatsache, daß der subjektivistische Standpunkt durch die Anfangsweise und Strukturierung der PhG von vornherein überholt worden ist.
In einem späteren Aufsatz[105] hält Kern mehr von dem Hegelschen System. In einer Auslegung der Geistphilosophie im Hinblick auf Pneumatologie meint Kern, daß Hegel in der WL den Geistcharakter der Dinge auf den philosophisch-theologischen Topos der Schöpfung beziehe. Die WL ist eine ontologische Logik, in der die Denkbestimmung der Dinge klargemacht wird. „Der Logos des Geistes ist der Logos der Dinge."[106] Die ganze Wirklichkeit ist getragen, bestimmt, angetrieben und fortbewegt durch den Begriff, den ihr imma-

[102] Ebd. S. 409.
[103] Ebd. S. 413, 427. Kern fragt sich, wie der echte Erfahrungsgrund der Hegelschen Dialektik im Hinblick auf die Geistmetaphysik zu bestimmmen sei. Dabei beruft er sich auf das Verhältnis von Liebe und Erkenntnis bei Thomas von Aquin. Das bietet einen Anhaltspunkt für das Unternehmen immanenter Hegel-Kritik.
[104] Eine hervorragende Arbeit in diesem Bereich ist Harris 1972.
[105] Kern 1979.
[106] Ebd. S. 58.

nenten Logos. Dadurch ist der Eigensinn und das Eigenwirken, ihr Eigenwert und ihre Eigengesetzlichkeit zu begründen. Kern hätte weiter in diese Richtung gehen können und dadurch eine interessante Auslegung des Hegelschen Begriffs der Erfahrung, eine echte Bewertung der Hegelschen Verschiedenheit, zustandegebracht. Statt dessen bricht er ab und stimmt plötzlich Pannenberg zu, Hegel habe Geist mit Bewußtsein identifiziert.[107] In diesem Aufsatz hat Kern im Vorbeigehen eine sehr interessante Möglichkeit einer neuen Bewertung des Vergänglichen in bezug auf die Einheit von Endlichkeit und Unendlichkeit bei Hegel gestreift. Das Vergängliche ist kein Fix-Festes, kein Ende, wie es das Endliche haben würde.[108] Das Vergängliche vergeht, könnte man sagen, in die Inklusivität des Unendlichen. Die Negation, welche das Endliche bzw. Vergängliche ist, wird selbst negiert, d.h. in das wahrhafte Unendliche aufgehoben.
Wir haben in diesem Abschnitt die Verflechtungen der Hegelschen Einheit von Endlichkeit und Unendlichkeit gesehen, und zwar besonders hinsichtlich eines Individualitätsbegriffs, der sich zur immer größeren Selbsterweiterung fortbewegen muß. Ein getrennter Subjektbegriff wäre hier offenbar fehl am Platz. Wir gehen im nächsten Abschnitt weiter auf diesem Weg und versuchen herauszustellen, wie der Abschied vom reinen Subjektbegriff eine positive und reiche Allgemeinheit zur Folge haben muß; oder anders gesagt: Wie ein kreativer Allgemeinheitsbegriff den Personberiff als Vermittlung verlangt und bestätigt.

2.3 Lebendige Allgemeinheit: Vermittlung und die geistige Mitte

Die kritische Tradition tut sich immer noch schwer mit Hegel. Das Störende an seinem Denken ist, daß es sich weder auf der Seite des Subjektivismus noch auf der Seite des Objektivismus festlegen läßt. Daher ist die unermüdliche Suche nach der Hegelschen Mitte verständlich. Diese Suche zieht sich wie ein roter Faden durch die Tradition der Hegel-Kritik hindurch. Sobald aber der Personbegriff als Vermittlung angewendet wird, entfällt die Subjekt-Objekt-Spaltung. Wenn aber die Subjekt-Objekt-Spaltung entfällt, verliert damit die Suche nach einer Hegelschen Mitte ihre drängende Notwendigkeit. Oder anders gesagt: Die Hegelsche Mitte ereignet sich; sie findet richtig zu sich. Sie gilt dann nicht mehr als eine erzwungene Mitte, die sonst auseinanderstrebende Extreme zusammenhält. Vielmehr gilt sie als eine Mitte, die sie selbst sein kann, die eine solche Fülle hat, daß sie sich bewegt, entfaltet und thematisiert. Sie muß nicht mehr instrumental als letzte Ausrede oder Rettunsgsmöglichkeit eines sonst einseitigen Totalitäts-Systems verstanden werden.
Nachdem wir im letzten Abschnitt sehen konnten, wie einige Strömungen in der Hegel-Forschung bereits über das verschlossene Subjektsein hinausgegan-

[107] Ebd. Damit wird die ganze Anstrengung der PhG gerade in diesem Bereich übersehen. Ein anonymer Geistbegriff wird dem selbsthaften Hegelschen Geistbegriff vorgezogen.
[108] Ebd. S.70–71.

gen sind, sehen wir im nächsten Abschnitt weiter, wie einige Strömungen eine sehr positive Auslegung der Hegelschen Mitte als kreative und intensive Fülle erlangen. Dies gilt dann als wichtiger Stützpunkt für einen Personbegriff als Vermittlung, der sich mitten in der Allgemeinheit befindet. Es zeigt sich weiter, daß die Hegelsche Mitte zur Vermittlung ihrer Fülle den Personbegriff implizit verlangt. Um die Dialektik der Frage lebendig zu halten, werden wir auch ein Beispiel der alten Suche nach der Hegelschen Mitte in Betracht ziehen.

2.3.1 Geist und Differenz: Geschichte als Mitte und Weg (Michael Theunissen)

Michael Theunissens Arbeit[109] ist ein großartiger Versuch, das Göttliche, das Geschichtliche und das Politische in ihrer engsten Hegelschen Verbundenheit auszulegen. Zunächst nimmt er den im Politischen vorkommenden Totalitätsbegriff auf und zeigt, wie sich Totalität nur in bezug auf das Absolute zu behaupten vermag. In der heutigen politischen Theorie bezeichnet Totalität einen reinen ‚Immanenzzusammenhang',[110] während andrerseits das Absolute durch Transzendenz ausgezeichnet ist.[111] Anstatt beide in ein falsches Schema der abstrakten Entgegensetzung zu stellen, möchte Theunissen sie kreativ aufeinander beziehen. Das ist möglich, weil christliche Theologie von sich aus Geschichtlichkeit besitzt, welche die notwendige Vermittlung mit der Weltgeschichte zuläßt".[112] Der absolute Geist ist nichts anderes als der in Christus geoffenbarte Gott."[113] Durch eine allmähliche Überwindung des anfänglichen Subjektivismus gelangt Hegel zu einer vollendeten Lehre vom absoluten Geist. Die Exposition seines Begriffs vom Absoluten leitet seine Hinwendung zum Christentum ein.

Dadurch gewinnt er die Einsicht, daß nur unter der Bedingung des Absoluten Totalität als sich selbst überschreitend gedacht werden kann.[114] Gerade weil das Absolute die Totalität transzendiert, vermag es die Selbsttranszendenz der Totalität zu ermöglichen. Göttliche Transzendenz ermöglicht menschliche Freiheit. Ohne die Forderungen heutiger Gesellschaftskritik aus dem Auge zu lassen, entfaltet Theunissen die Idee, daß die Bemühung zur Kritik bei Hegel entstanden sei, weil er die starre Tendenz des Verstandes, eine beschränkende geschlossene Totalität zu verursachen, überwinden wollte. Vernunft will eine solche Totalität vernichten; das impliziert, daß sie ihrerseits Vorkommnisse des Unbeschränkten erlebt hat; deswegen konnte sie die Unbeschränktheit oder

[109] Theunissen 1970.
[110] Theunissen hat hier vor allem Habermas und Kojéve im Sinn.
[111] Ebd. S. 4.
[112] Ebd. S. 11.
[113] Ebd.
[114] Ebd. S. 16.

das Absolute als ermöglichenden Grund ihrer Bemühung voraussetzen.[115] Das Absolute beschädigt dann keineswegs die Selbsttranszendenz des Menschen. Je mehr der Mensch sich von Beschränkungen befreit, desto mehr stellt er die Unbeschränktheit, das Absolute her.[116] Die innere Verbundenheit der Totalität und des Absoluten ist ferner darin begründet, daß das Absolute eine dialektische Natur hat. Es ist die absolute Negativität, die die Totalität als Immanenzzusammenhang transzendiert, weil er sich auf sich selbst bezieht. Es ist eine Subjektivität. Das Absolute ist dann gleichzeitig Grund und Abgrund.

Hinsichtlich dieser Perspektive erörtert Theunissen als nächstes Hegels Behandlung der Differenz und der Endlichkeit. Er wendet sich gegen die von Kierkegaard ausgehende Kritik, Hegel habe die Kontingenz der Endlichkeit verwischt und sie verunendlicht. Diese Linie von Kritik zieht sich von Kierkegaard über Heidegger hin bis zu Adorno. Nach Adorno schließt Hegels Identität Differenz auf allen Stufen des Systems aus. Dennoch wird es Adorno, nach Theunissen, klar, „daß die absolute Subjektivität von einer Objektivität ist, die im Übersteigen aller den Objekten gegenüberstehenden Subjekte das Nichtidentische aller Objekte rettet."[117] Nach Theunissen bleibt Adorno weit hinter Hegel zurück, indem er das Nichtidentische mit dem Nichtbegrifflichen gleichsetzt. Dabei kommt die Differenz nicht völlig ans Licht, und die Faktizität des Seins, die mit der Kontingenz zusammenfällt, kommt auch dadurch nicht affirmativ zur Sprache.

Theunissen greift nun die Doppeldeutigkeit des Differenzbegriffs auf. Er will auf der einen Seite zeigen, daß die Absolutheit Gottes keine differenzlose Identität ist, sondern daß er sich ohne Verendlichung in der Bestimmtheit ausdrückt. Auf der anderen Seite muß die Bestimmtheit ihr Recht behalten und nicht in einer Totalvermittlung aufgehen. Diese Spannung zwischen Unmittelbarkeit und Vermittlung bei Hegel bringt Theunissen treffend auf den Begriff: „Alles, was es gibt, ist vermittelt, sofern es *etwas* ist, und zugleich unmittelbar, sofern es überhaupt *ist*."[118] Die Untrennbarkeit des Unmittelbaren und des Vermittelnden gilt für alles irgendwo und irgendwie Vorkommende, aber nicht für das Geben (es gibt) selbst, weil es nirgends vorkommt. Theunissen stützt sich hier auf den Anfang der WL. Seine Interpretationsart in diesem Bezug bestimmt und begründet hier seine ganze Arbeit.

Das Sein ist das Nichts. Das meint, daß der Übergang von Sein zu Nichts unmittelbar ist. Wie aber kann dies so sein? „Weil das Sein Grund nur als Abgrund ist."[119] Beide Bestimmungen sind die der Bodenlosigkeit. Die reine unbestimmte Unmittelbarkeit des Seins macht es dem Nichts gleich. Der Grund, auf den das Denken zurückgeht, ist grundlos. Denken kann ihn deswegen nicht begründen. Der Anfang des Denkens ist infolgedessen eine Voraussetzung, die nichts voraussetzt, weil sie keinen Grund hat. Damit ist das Unvordenkliche

[115] Ebd. S. 20.
[116] Ebd. S. 22.
[117] Ebd. S. 33.
[118] Ebd. S. 43.
[119] Ebd. S. 45.

als das Erste für das Denken bewahrt. Damit tritt auch Theunissens Interpretationsstrategie ans Licht, nämlich klarzustellen, daß für Hegel Sein nicht einfach Sein im Denken oder gedachtes Sein ist. Die Differenz wird völlig respektiert. Das Sein bleibt für sich bestehen und hat eine Priorität gegenüber dem Denken. Für das Denken ist der Anfang seines Anfangs, sein erstes Moment, das Nicht-zu-Begründende.
Nachdem Theunissen diese Differenz und Identität von Sein und Nichts herausgestellt hat, wendet er das Ergebnis auf die Relation des Seins und des Denkens an. Das Nichts gilt als unvermittelt zum Sein und daher nicht analysierbar. Wenn Denken und Sein auch eine entsprechende Übergangsrelation aufweisen würden, dann könnte das Denken das Sein keinswegs in eine differenzlose Identität aufnehmen. Wie ist dann das reine Sein als Inhalt des Denkens zu verstehen? Es läßt sich nur nach dem Wege seiner Artikulation verstehen. Anfangsgemäß gedacht, erweist sein Inhalt eine Unabhängigkeit dem Denken gegenüber. Entfaltungsgemäß gedacht, kommen beide einander immer näher und fallen schließlich völlig zusammen. Am Ende seiner Entfaltung ist das Denken weit genug entwickelt, um den absoluten Geist zu empfangen. Aber auch hier wird ihre Differenz nicht verwischt. Als höchste Wahrheit hält der absolute Geist seine Priorität gegenüber dem Denken aufrecht. Diese Differenz hält sich von Anfang bis Ende durch. Sie zeigt auch die Differenz der Absolutheit zwischen dem absoluten Geist und dem absoluten Wissen auf. Der absolute Geist ist subjekthaft in sich und für sich absolut.[120] Dagegen muß das Wissen auf dem Wege der PhG mühselig seine Barrieren überwinden, um zur Absolutheit zu gelangen.[121] Die Stärke Theunissens ist es, den Unterschied zwischen dem Inhalt selbst und der ihm gemäßen Form nie aus den Augen zu verlieren. Am Anfang steht das Sein als Einheit von Sein und Denken, Unmittelbarkeit als Einheit von Unmittelbarkeit und Vermittlung da. Das Ende hingegen ist die absolute Vermittlung als Einheit von Vermittlung und Unmittelbarkeit. Damit, daß Anfang und Ende entsprechend differenziert und verbunden sind, kann Theunissen nun den Weg zwischen ihnen klar profilieren: „Der Weg von Sein zu Geist ist der Weg in der Geschichte."[122] Auf diesem Wege wird die Gegensatz-Einheit von Notwendigkeit und Kontingenz, von Mittelbarkeit und Unmittelbarkeit, von Endlichkeit und Unendlichkeit intensiviert und integriert. In der Geschichte vereinigen sich Vernunft, die sonst nur formale Rationalität wäre, und Faktizität, die ohne Vernunft entfremdende Positivität wäre. Dies ist der Kern von Theunissens Arbeit – die Einheit von weltlicher und absoluter Geschichte.[123]

[120] Ebd. S. 110. und 111: „... denn in der Freiheit ist notwendig die Personalität mitgesetzt, die es erlaubt, das Absolute als den Absoluten anzurufen."

[121] Ebd. S. 115. Theunissens Darstellung des Hegelschen Denkens zeigt bereits, daß reiner Subjektivismus der Hegelschen Absicht überhaupt nicht entsprechen würde. Vgl. dazu auch Theunissen 1964, v.a. S. 135: „Die leitende Intention der Religionsphilosophie Hegels ist die Überwindung des Subjektivismus"

[122] Ebd. S. 49.

[123] Ebd. S. 50.

Die Philosophie selbst ist geschichtlich und deswegen dafür prädestiniert, die Einheit der weltlichen und der absoluten Geschichte zu artikulieren. Theunissens methodische Strategie ist hier hoch interessant. Nach ihm hat Hegel die Geschichtlichkeit der Philosophie in der Angewiesenheit des Begriffs auf die Vorstellung erblickt.[124] Das vorstellende Denken ist für sich genommen ein voraussetzendes Denken. In bezug darauf greift Theunissen auf die Reflexionsarten der WL zurück: setzende, äußere und bestimmende, mit der Absicht, sie dem Subjekt zurückzugeben. Daraus ergibt sich, daß das Voraussetzen Anteil an der Absolutheit des Setzens nimmt. Das paßt genau zu Theunissens Vorhaben, die geheime Begrifflichkeit der Vorstellung herauszuarbeiten und damit die Geschichtlichkeit des Begriffs zu beleuchten. Damit ist auch die Erfahrung des Subjekts neu bewertet. Voraussetzen ist nicht mehr von einer fremden Äußerlichkeit behaftet. Es ist, wie Theunissen so schön ausdrückt, das „empfangende Erzeugen."[125] Damit darf auch die Unmittelbarkeit im Prozeß ihrer Aufhebung gleichzeitig ständig unaufgehoben bleiben.
Durch dieses sorgfältig aufgebaute Interpretationsfundament wird es Theunissen möglich, an die drei Bewegungen des Geistes kritisch und differenziert drei Geschichtsweisen anzuknüpfen.[126] Geist ist Geschichte. Geschichte ist Geist. Anders gesagt: Die Dreieinigkeit des Geistes ist Prinzip der Geschichte. Die ewige Geschichte entspricht dem absoluten Geist als actus purus und ist für die Menschen der maßgebliche Begriff des Geistes. Die zeitliche Geschichte des absoluten Geistes ist die, die der sich über seine Subjektivität erhebende Menschengeist austrägt. Und die Weltgeschichte entspricht dem auf die Welt ausgerichteten Bewußtsein und geschieht im Horizont der absoluten und der ewigen Geschichte. Theunissen zeigt dann weiter, daß Philosophie, weil sie den Inhalt, den ihr die Religion vorgibt, reflektiert, Religionsphilosophie genannt werden darf. Schließlich will Theunissen aufweisen, daß die drei Geschichtsmodi aus inneren Gründen von Religion erfüllt sind.[127]
Die Leistung Theunissens ist es, nicht bloß einen Gegensatz von Totalitäts- bzw. Verstandesdenken *und* dem sich selbst transzendierenden, auf das Absolute bezogenen, kreativen Denken aufzubauen. Vielmehr vermittelt er beide Denkweisen, und zwar konkret, in und durch seinen Begriff von Geschichte. Aus Theunissens Arbeit geht klar hervor, daß eine solche differenzierte und sich differenzierende Geschichte die sich vermittelnde Geschichtlichkeit des Personwerdens im höchsten Maße bestätigen und in der Tat zu ihrer Selbstverwirklichung verlangen würde. Entscheidend bei Theunissen ist, daß die Geschichte ein Weg der Selbstdifferenzierung ist. Er stellt auf hervorragende Weise diese Dynamik der Differenz dar. Eine solche selbsthafte Allgemeinheit läßt sich sehr organisch mit dem Personbegriff als Vermittlung harmonisieren. Das Personsein als Werdeweg entfaltet und thematisiert sich gerade in

[124] Ebd. S. 52.
[125] Ebd. S. 54.
[126] Ebd. S. 69.
[127] Ebd. S. 80, 91.

und durch diese selbsthaftige Verschiedenheit; und der Impuls seines ganzen Werdens wird von einer Grundaffinität zwischen Bewußtsein und dieser Verschiedenheit geleitet. In Teil 2 werden wir dies ausführlich darstellen. Zunächst wollen wir aber eine bedeutende Hegel-Interpretation betrachten, die sich zusätzlich sehr bemüht, eine positive Beziehung zwischen Allgemeinheit und existentieller Erfahrung in Hegel darzustellen, nämlich die Interpretation von Emil Fackenheim.

2.3.2 Kontingenz und das Spekulative: Die Religion als Kraft der Mitte (Emil L. Fackenheim)

Emil Fackenheim bezeichnet das zentrale Thema seiner Arbeit als die Ausarbeitung der Beziehung zwischen dem religiösen Leben, welches begriffen werden muß, und der Aktivität dieses Begreifens selbst, welche die Hegelsche Philosophie ausmacht.[128] Seine Arbeit will dann die These verteidigen, daß das Spekulativ-Systematische des Hegelschen Denkens das Menschlich-Existentielle nicht verletzt, sondern aufbewahrt. Wichtig dabei ist, daß zwischen dem Herzen der Hegelschen Philosophie und dem selbständigen präphilosophischen Leben eine innere Kontinuität aufgewiesen wird. Die Differenz zwischen Philosophie und Leben ist die des Standpunkts.[129] Im Gegensatz zu den bloß endlichen Lebensstandpunkten ist es der Philosophie gelungen, zum absoluten Standpunkt hin zu gelangen. Aus dieser Sicht betrachtet er die PhG. Die PhG hat den absoluten Standpunkt erreicht und umfaßt deswegen alle endlichen Standpunkte. Für Fackenheim ist dann die brennende Frage, ob es eine Form von präphilosophischem Leben gibt, die den Aufstieg zum absoluten Wissen ermöglicht und verlangt, und ferner, ob es sie zur Zeit Hegels gegeben hat.[130] Die Bewegung zwischen beobachtenden und beobachteten Standpunkten macht die Struktur der PhG aus. Um die Struktur dieses Zwischen freizulegen, verwendet Fackenheim den Begriff des ‚Selbst' als heuristisches Werkzeug, den er der Enz entnimmt, „Das Selbst ist, was es tut."[131] Diese Strategie soll sich als passend erweisen, und zwar, weil es sich in der PhG um die Auslegung des Prozesses des Sichkonstituierens des Selbst handelt. Das Selbst hat seine Entstehung und Entwicklung vergessen und damit seine schöpferische Kraft, welche die Entstehung der modernen Freiheit ermöglichte.[132] Die PhG liefert dann einen Einblick in das Sichkonstituieren dieses Selbst, worin die Entwicklung seines Wissens und das Erzeugen seiner Freiheit parallel laufen. Zunächst hebt Fackenheim eine Entwicklungslinie hervor; von Begierde ausgehend stößt sich das Selbst aus der Natur zum gesellschaftlichen Kontext der Anerkennung bis zur Geistgestalt hin, worin Selbst und Substanz als geistig

[128] Fackenheim S. 9.
[129] Ebd. S. 17.
[130] Ebd. S. 35.
[131] G.W.F. Hegel, Enz. 40.
[132] Fackenheim S. 38.

verbunden ans Licht kommen. Die Religionsgestalt bekräftigt dies weiter, indem sie aufzeigt, daß der endliche Geist als individuell und gemeinschaftlich ein Aspekt des unendlichen Geistes ist.[133] Kraft der Religion allein kann aber der absolute Standpunkt nicht erreicht werden. Dazu muß auch von der Moralität der Zeit nach der Aufklärung Gebrauch gemacht werden.

Das moralische Selbstbewußtsein behauptet, daß das Unendliche seinem eigenen Tun und Wissen immanent sei.[134] Im Gegensatz zu der Bewegung von Standpunkt zu Standpunkt gilt dies als eine auffällige Ausnahme in der Bewegung der PhG. Bei der Betrachtung einer zweiten Entwicklungslinie enthüllt sich das Selbst *als* ein endlich-unendliches, real-ideales Anstreben.[135] Selbstsein im Leben ist zum sich selbst gewissen Geist geworden.[136] Das moralische Selbst wird ferner religiös, indem es erkennt und akzeptiert, daß das, was es in seiner Überwindung der Entfremdung erzeugt und immer wieder erzeugen muß, bereits als Substanz, nämlich als Freiheit existiert. Die unendliche Autonomie des modernen, moralischen Selbstseins verweist auf eine religiöse Wahrheit als seine Wahrheit.[137] Und die religiöse Wahrheit ist die, die in der Menschwerdung Gottes vorgekommen ist. Die Hegelsche Philosophie ist dann ein Versöhnungsversuch der autonomen Vernunft mit einer bereits existierenden religiösen Wahrheit. Diese Versöhnung ist die göttliche Selbsttätigkeit des Begriffs. Darin ist der absolute Geist schon aktiv. Die verschiedenen Standpunkte verweisen dann über sich hinaus auf diese Selbsttätigkeit des Begriffs. Damit ist aber verraten, daß die PhG sich von vornherein in einer Kreisstruktur bewegt hat und der echte Aufstieg zum absoluten Standpunkt, den Fackenheim sucht, nicht geleistet ist. Bildhaft ausgedrückt: Der Kreis entzieht die Leiter zum absoluten Standpunkt! Der absolute Standpunkt muß bloß akzeptiert werden, weil die PhG plötzlich den Boden des präphilosophischen Lebens verlassen hat.

Fackenheim bringt seine Frage vor den Richterstuhl der Enz. Seine Interpretation ist hier sehr beeindruckend. Er hält an der Spannung einer kreativen Mitte zwischen Kontingenz und Absolutheit fest. Als eine Balance ist die Hegelsche Mitte eine dreifache Vermittlung des Geistes, der Natur und der logischen Idee, in der die eine Phase mit den zwei anderen mitbewegt und mitgesetzt wird.[138] Daraus ergibt sich, daß philosophisches Denken die Verwandlung der Wirklichkeit in das unendlich-geistige Leben ist. Auf eine gedoppelte Weise greifen Geist und Idee auf die Wirklichkeit über. Philosophisches Denken ist dann ihre bereits verwirklichte Identität.[139] Fackenheims Schluß ist, daß diese Hegelsche Mitte als Übergreifen der Wirklichkeit nur dann einen Sinn hat,

[133] Ebd. S. 51.
[134] Ebd. S. 59.
[135] Ebd. S. 61.
[136] Ebd. S. 63.
[137] Ebd. S. 66.
[138] Ebd. S. 84.
[139] Ebd. S. 109.
[140] Ebd. S. 112.

wenn sie die Kraft des Übergreifens wirklich besitzt.[140] Die PhG und die Enz können nur unter der Bedingung ihre Ziele erreichen, daß Religion als unendliches Leben bereits aufgetreten ist, sonst hätte zwischen endlichem Leben und unendlichem Denken keine Vermittlung stattgefunden.[141] Denn wären die endlichen Standpunkte außerhalb des absoluten Standpunktes zu denken, löst absolutes Denken entweder die kontingente Wirklichkeit auf oder verendlicht sich selbst.

Fackenheim beabsichtigt nun, in den VPR eine vor-spekulative Bestätigung des Übergreifens aufzudecken.[142] Dazu muß er aber das Spekulative in den VPR verdrängen. Der Ort, wo er die Wurzel des Hegelschen Begriffs des Umgreifens feststellt, ist im Tode und in der Auferstehung Jesu Christi zu sehen.[143] Dieser Kernpunkt der christlichen Religion liefert Fackenheim den Anknüpfungspunkt der Hegelschen Philosophie an das vorphilosophische Leben. Hegels Christentum ist allerdings kein neutestamentliches, sondern das Leben der modernen protestantischen Kirche. Sie funktioniert wieder als eine Mitte zwischen der vollkommenen Versöhnung und ihrer Fortsetzung in der modernen Gesellschaft.

Fackenheims Arbeit war in den sechziger Jahren eine bahnbrechende Arbeit. Sie ermöglichte einen neuen Blick auf die Welt des Hegelschen Denkens. Plötzlich war Hegel lebendig und existentiell relevant gemacht. Fackenheim hat eine Mitte aufgedeckt, durch die das Spekulative und das Existentielle bei Hegel aneinander angeknüpft werden konnten. Trotz der großen und positiven Wirkung seiner Arbeit läßt sich fragen, ob diese Mitte eine echte Mitte ist. Diese Frage muß genauer präzisiert werden. Erstens stellt sich die Frage, ob der Konflikt, den Fackenheim herausstellt, ein echter innerer Hegelscher Konflikt ist. Zweitens, ob die Struktur der Suche Fackenheims nach einer Lösung dieses Konfliktes befriedigend ist.

Die erste Frage ist eine Grundfrage an Hegel und kann nicht in wenigen Sätzen beantwortet werden. Gegen Fackenheim möchten wir aber festhalten, daß der Gegensatz zwischen dem Spekulativen und dem Existentiellen, der diesem Konflikt zugrundeliegt, für Hegel kein Gegensatz ist. Gerade dieser Dualismus ist es, den bereits die Anfangsweise des Hegelschen Denkens selbst überholt und verwandelt hat. Und die weitere Entfaltung des Hegelschen Denkens zeigt die ausbalancierte Einheit der Differenz und der Identität auf. Unsere folgende Interpretation der PhG soll diesen Konflikt Fackenheims als Scheinkonflikt enthüllen.

Die Äußerlichkeit, die ein solcher Konflikt voraussetzt, ließe sich in der Struktur der Suche nach seiner Lösung weiter erweisen. Dies wird vor allem in Fackenheims Behandlung der PhG klar. Er will gleichzeitig Hegelsch und völlig

[141] Ebd. S. 117.

[142] Obwohl sich Walter Kern der Spannung zwischen der Kontingenz und dem Spekulativen in Fackenheims Arbeit bewußt ist, übersieht er, wie diese Frage die Arbeit methodisch bestimmt. Kern betrachtet den Inhalt dieser Arbeit, ohne sich mit der Berechtigung einer solchen methodischen Form auseinanderzusetzen. Vgl. Kern 1974, S. 73–76.

[143] Fackenheim S. 142.

lebt. Sein Denken enthält die übliche Mischung von Verstand und Sinnlichkeit. Die ganze PhG dient nach Yerkes dazu, zu zeigen, daß das Bewußtsein notwendigerweise reflexive Unterschiede in sich enthält. Die religiöse Vorstellung ist noch nicht die Vollendung des Wissens, und zwar deswegen, weil sie einen Mangel in sich hat. Der Mangel ist ein Mangel an Konkretheit. Sie faßt den Gegenstand nach einer einseitigen Weise auf.[155] Nur eine seiner Bestimmungen wird hervorgehoben. Damit ist die Konkretheit gebrochen und der Gegenstand nur abstrakt aufgefaßt. Dies ist die Schwäche des hier tätigen Verstandes. Er faßt unsere Wahrnehmungen von Gegenständen nach ihrer Differenziertheit zusammen. Er versucht, isolierte Bestimmungen des Denkens durch ein bloßes ‚Auch' miteinander zu verbinden. Der Verstand leitet hier die Vorstellung. Der Verstand begnügt sich nicht mit abstrakter Differenzierung, sondern zielt darauf, die Vorstellung weiter in ein Gerüst der isolierten Abstraktionen einzustufen.[156]

Die spekulative Unangemessenheit der religiösen Vorstellung besteht darin, daß sie zu sehr auf das Sinnlich-Verstandesmäßige angewiesen ist; dies hat zur Folge, daß Gott als geistiger Gegenstand auf eine äußerliche Gegebenheit reduziert wird. Dies ist falsch und wird der Intuition des Denkens nicht gerecht, wonach dem Denken eine Norm innewohnt. Diese Norm ist, nach Yerkes, der unendliche Horizont des impliziten, kriteriologischen Bewußtseins, und er ist immer im Denken verankert. Denken versucht immer diesen impliziten Horizont zu thematisieren. Von ihrer Seite her versucht die religiöse Vorstellung genau das gleiche. Beide haben somit ein gemeinsames Ziel. Hiermit hat Yerkes in der Analyse der Vorstellung den Anknüpfungspunkt zwischen spekulativer Philosophie und ihren religiösen Voraussetzungen aufgedeckt. Und in der spekulativen Philosophie wird der unangemessene Wissens-Modus der religiösen Vorstellungen korrigiert und erweitert.[157]

Durch den Begriff des impliziten Horizontes hat Yerkes den Schlüssel zu der Verbundenheit des Individuellen und des Allgemeinen gefunden. Der große methodische Vorteil dieses Begriffs für Yerkes liegt darin, daß er ihn gleichzeitig doppelwertig auslegen kann: als Gott und als Grund des Denkens. Daß der endliche Geist und der unendliche Geist zusammengehören, ist in der Inkarnation explizit geoffenbart und bestätigt worden, aber zunächst im Modus der Vorstellung.[158] Diese Zusammengehörigkeit ist konkret vollendet und für das Denken explizit gemacht.

Im Gegensatz zu Fackenheim bleibt Yerkes' Arbeit dem Rhythmus des Hegelschen Denkens treu. Der Dualismus der Äußerlichkeit wird im Fall Yerkes vermieden. Nach unserer Meinung besteht die Leistung Yerkes' darin, daß er das Kernstück des transzendentalen Denkens, nämlich die Idee des Horizonts *in* Hegels Denken zur Thematisierung bringt, aber in der Weise, und dies ist

[155] Ebd. S. 106.
[156] Ebd. S. 110.
[157] Ebd. S. 115.
[158] Ebd. S. 161.

Un-Hegelsch sein. Er will ein unmittelbares, nacktes Fundament aufsuchen in dem Glauben, darin die Wurzel des Hegelschen Übergreifensbegriffs feststellen zu können. Anders gesagt: Er will das Gewebe der Hegelschen Vermittlung entwirren, um ihren geheimen Vermittlungsimpuls zu enthüllen. Er will die Bedingung der Möglichkeit der Vermittlung finden, und zwar bereits bevor die Vermittlung selbst anfängt. Wenn aber die Hegelsche Vermittlung dies zuließe, dann wäre sie nur ein *Überbau* auf ein unabhängig bleibendes existentielles Fundament. Sie wäre eine Theorie unter anderen. Und gerade das verleugnet sie, und zwar von vornherein, bereits in der Art ihres Anfangs. Fakkenheim zieht das lineare Denken deutlich vor.[144] Er will eine Leiter zum absoluten Wissen haben, deshalb kann er es nicht annehmen, wenn auf dem Wege die Leiter zur Spirale wird, denn eben dieses Moment würde, wenn er es zu Ende gedacht hätte, seinen vorausgesetzten Konflikt als scheinhaft enthüllen. Seine Ablehnung der PhG zeigt dies klar. Er betrachtet sie völlig äußerlich in Termini von Standpunkten und nimmt das verwobene Werden der Gestalten nicht zur Kenntnis.
Angesichts der Äußerlichkeit dieser Betrachtungsweise läßt es sich fragen, ob nicht die Möglichkeit bestünde, die Religion als Mitte beizubehalten, aber sie auf innerliche Hegelsche Weise als eine sich vermittelnde Mitte darzustellen. Nach unserer Meinung versucht James Yerkes, genau diesen Weg einzuschlagen.

2.3.3 Das Personsein in der christologischen Allgemeinheit. Das Denken als Mitte zwischen der Vorstellung und dem Absoluten (James Yerkes)

James Yerkes[145] stellt die Allgemeinheit so dar, daß das menschliche Personsein sich nicht nur damit verbunden fühlt, sondern sich aktiv daran beteiligt, und zwar auf eine innerliche und einheitliche Weise. Er bemüht sich damit, die innere Zugehörigkeit von menschlichem Denken und seinem Streben nach dem Absoluten so zu thematisieren, daß sich dieses Streben als das Wesentliche an menschlicher Kreativität und Selbstentwicklung zeigt. Dies gelingt nur, wenn die Allgemeinheit bereits eine solche Zugehörigkeit aufweist und fordert. Und gerade hier ist der Schlüssel zu Yerkes' Christologie zu finden. Er versucht, Jesus Christus nach Hegel als ideales Bild der kreativen Einheit des Göttlichen und des Menschlichen darzustellen. Jesus ist eigentlich die Offenbarung dieser intimen Verbundenheit.
In starker Anlehnung an Harris zeigt Yerkes die Kontinuität zwischen der Epistemologie und der Metaphysik der Liebe beim jungen Hegel und den Begriffen der geschichtlichen und logischen Dialektik, die die spekulative Konzeption des absoluten Geistes beim späteren Hegel bestimmen. Die Epistemologie

[144] Für eine ähnliche Meinung, die allerdings Fackenheim Historismus vorwirft, vgl. Raven S. 25, 28.
[145] Yerkes 1978.

und die Metaphysik der Liebe dienen für Yerkes als „begriffliche Brücke".[146] Nach ihm ist Jesus für Hegel gar nicht göttlich im Sinne einer metaphysischen Einzigartigkeit. Vielmehr scheint Jesus funktionell zu sein, ein Symbol der Einheit des Göttlichen und des Menschlichen.[147] Die Jugendschriften Hegels charakterisiert Yerkes als „christomorph". Diese Christologie verstand Jesus nicht als Gott. Ihm muß nicht als Herr des Glaubens gehorcht werden. Seine religiöse Einstellung wäre aber zu imiticren. Im Gegensatz dazu erweist sich die spätere Christologie als „christomythisch". Hier werden die Hauptereignisse des Lebens Jesu – die Inkarnation, Kreuzigung und Auferstehung – als symbolische Paradigmen oder *Vorstellungen* verstanden, die die Schlüsselmomente in der ontologischen, dialektischen Beziehung des Endlichen und Unendlichen repräsentieren. Diese mythischen, symbolischen Vorstellungen verweisen auf die spekulative Bedeutung dieser Beziehung. Sie geben den Schlüssel zur spekulativen Philosophie in die Hand.
Als nächstes will Yerkes die Beziehung zwischen Hegels allgemeiner Interpretation der Religion als allgemeinem menschlichem Phänomen und Hegels Interpretation der spezifischen, religiösen Bedeutung des Christusereignisses klar herausstellen. Dazu muß der Religionsbegriff Hegels nach seiner anthropologischen Bedeutung interpretiert werden.[148] Religion erweist sich als der Ort, wo sich das essentiell Menschliche erblicken läßt. Der Mensch ist religiös, weil er denkt. Die Fähigkeit des Denkens, das Endliche zu erkennen, setzt die Anerkennung des Unendlichen voraus. Der Unterschied von Endlich zu Unendlich besteht innerhalb der Vernunft und macht sie eigentlich aus. Der Unterschied erzeugt keine Spaltung im Denken, weil das Prüfen des Wissens nur durch einen Akt des Wissens selbst möglich ist, welcher selbst über den Unterschied von Endlich und Unendlich hinausgeht.[149]
Implizit in Yerkes Verfahren ist ein Personbegriff, der vom Subjektivismus weit entfernt ist. Das reflexive bzw. denkende Selbstbewußtsein des Menschen hat einen dialektischen Charakter.[150] „Ich" ist die Einheit eines Bewußtseins, das sich zugleich als endlich und als endlich auf das Unendliche bezogen bewußt ist. Das Denken bemüht sich, dieses Doppeltsein zu begreifen. Der Mensch bewohnt dann die existentielle Grenze zwischen dem Endlichen und Unendlichen.[151] Gerade das ist es, was den Menschen religiös macht.
Der subjektive Charakter des Denkens als solcher braucht ein objektives Verständnis dessen, was letztlich wirklich und wahr ist, bevor er die Bedeutung der Partikularität und der Endlichkeit verstehen kann. Denken erhebt sich dann notwendigerweise zu irgendeinem Begriff des Allgemeinen. Hegel hat diese Bewegung der Erhebung für die höchste Form des Wissens gehalten. Yerkes sieht klar ein, daß das Hegelsche Wissen eine besondere Resonanz für sich be-

[146] Ebd. S. 44.
[147] Ebd. S. 54.
[148] Ebd. S. 72.
[149] Ebd. S. 77.
[150] G.W.F. Hegel, V.P.R. 11: 63–64.
[151] Yerkes 1978, S. 83.

anspruchte, welche weder durch subjektivistische Intentionalität noch durch das Eindringen oder Rezeption toter Allgemeinheit zu erklären ist. Das Wissen ist *Erkennen*.[152] Das Unendliche zieht das Denken immer weiter über das Endliche hinaus. Genau deswegen kann das Denken religiös heißen.

Nachdem er nun gezeigt hat, daß Denken für sich genommen religiös ist, kann Yerkes sich auf Religion selbst konzentrieren. Damit will er die Bewegung ihrer spekulativen Begrifflichkeit nach Hegel ans Tageslicht bringen. Wie er zu diesem Ziel die Vorstellung herausarbeitet, ist hochinteressant und sehr tiefgründig. Er bildet einen sehr bemerkenswerten Vergleich zwischen Vorstellung und Verstand. Nach Yerkes funktioniert für Hegel die Vorstellung als eine Art Mitte.[153] Er ist sich darüber im klaren, daß Hegel alle Nuancen dieses Terminus angespielt hat. Die Vorstellung ist eine Mitte, die zugleich rückwärts auf die Sinnlichkeit und vorwärts auf den Begriff verweist. In seinem Rückblick wird ein Gegenstand, der zunächst „anders" als das Subjekt wahrgenommen wurde, wieder vorgestellt. Seine Andersheit wird bewahrt, aber er wird für irgendeinen gegenwärtigen Zweck wieder aufgenommen. Das Vorstellen ist aber auch als aktiver Akt des denkenden Subjekts selbst zu verstehen. Obwohl die gewesenen Vorstellungen wieder aufgesammelt werden, bleibt das Vorstellen selbst von der wahrgenommenen Vergangenheit unabhängig. Das Ziel ist hier die weitere Bewegung vorwärts in Richtung der vernünftigen Wahrheit. Näher betrachtet ist es die Überwindung des subjektiven Eindrucks, daß der Gegenstand anders sein könnte, als er sich dem Wahrnehmenden zeigt. Damit entsprechen einander die Wahrheit des Wissens und die Natur des Gegenstandes.

Die Stärke von Yerkes' Verfahren ist hier, daß sowohl die Kontinuität in der Bewegung des Wissens durch seine Gestalten gewährleistet wird als auch die Bewahrung der Andersheit selbst.[154] In der rückblickenden Funktion der Vorstellung ist die Andersheit aufgenommen und in der Gegenwart verwendet. In der vorausblickenden Funktion ist die Andersheit nicht transparent gemacht, sondern beheimatet.

Yerkes' nächstes Ziel ist es, religiöser Vorstellung ihren Platz in diesem Ge
rüst zu geben. Sein Aufbau ist sehr organisch. Zunächst hat er die Religion a
eine Mitte zwischen Denken und spekulativer Philosophie dargestellt; dann h
er die Vorstellung als eine Mitte zwischen Sinnlichkeit und Denken heraus
stellt; nun ist der Boden bereit, um die religiöse Vorstellung selbst als e
Mitte zwischen Sinnlichkeit und spekulativer Philosophie zu thematisieren
Religiöse Vorstellung ist anders, weil sie Gott zum Gegenstand hat.
Mensch hat ein implizites Wissen vom Unendlichen als dem Horizont
Seins und jeglicher Bedeutung. Dies ist noch nicht thematisiert. Es ist ab
türlich und notwendig. Es charakterisiert die Art, nach der der normale M

152 Ebd. S. 86.

153 Interessant ist hier, daß die Vorstellung wie bei Theunissen eine zentrale Rolle
bindung des Geschichtlichen und des Spekulativen spielt. Zu Theunissen vgl. oben

154 Vgl. außerdem zu diesem Thema Yerkes 1981, S. 362.

allentscheidend, daß der Horizont nicht als Instanz eines subjektivistischen Mangels, sondern als weitere Entfaltung der Fülle des Absoluten dargestellt wird.

Fazit

Wir haben in der Hegelforschung nach Lösungen für die Aporien des Subjektbegriffs gesucht. Nirgends haben wir eine direkte Anerkennung der Möglichkeit eines Personbegriffs als Vermittlung bei Hegel als Lösung feststellen können. Dennoch läßt sich eine indirekte Anerkennung dessen thematisieren. Dies haben wir versucht herauszuarbeiten, zunächst in dem Bereich, wo der Personbegriff besonders gefragt wird, nämlich in der Theologie. Hier haben wir die simple Gleichsetzung von Subjektbegriff und Personbegriff kritisiert. Im letzten Kapitel dieser Arbeit werden wir die positiven theologischen Konsequenzen des Hegelschen Personbegriffs als Vermittlung darstellen. In Abschnitt 2 dieses Kapitels stellen wir fest, wie anerkannt wird, daß Hegel weit über den verschlossenen Individualitätsbegriff hinausgegangen ist; in Abschnitt 3 konnten wir dann die positive Betrachtung der Allgemeinheit in ihrer Selbsthaftigkeit und Verschiedenheit sehen. Dies ist für unser Ziel wichtig, weil der Personbegriff als Vermittlung gerade die Vermittlung der Individualität und der Allgemeinheit *ist*. Nachdem wir nun die Aporien des Subjektbegriffs und die indirekte und ungestaltete Präsenz eines Personbegriffs in der Hegelforschung festgestellt haben, wollen wir den Personbegriff in der PhG als Vermittlung an und für sich klar und in seiner Strukturiertheit gestalten.

Teil II

Person als Vermittlung: Ein spekulativer Umriß in Anlehnung an die ‚Vorrede‘ und die ‚Einleitung‘ der Phänomenologie des Geistes

3. Person als Vermittlung: Der Schlüssel zu der Einzigartigkeit in Form und Stil der PhG

Angesichts der Aporien in der Philosophie der Subjektivität, die wir an einigen Subjekt-Modellen dargestellt und für die wir in der Forschung keine befriedigende explizite Lösung, sondern nur implizite Lesetendenzen gefunden haben, möchten wir nun eine Lösung dieser Aporien wagen, und zwar ganz explizit durch eine Darstellung des Personbegriffs als Vermittlung in dem klassischen Werk von Hegel, der PhG. In diesem Teil der Arbeit wollen wir die implizite Begriffsfamilie des Hegelschen Personbegriffs als Vermittlung herauskristallisieren. Es ist uns wichtig klarzustellen, daß dies keine beliebige, erfundene Begriffsfamilie eines möglichen Personbegriffs ist. Vielmehr hat sie sich in intensiver Konversation mit der PhG selbst ergeben. Unsere Interpretation ist dann wieder eine Konversation mit der PhG, der aber viele Konversationen vorausgegangen sind.
Wir wollen diese Begriffsfamilie in konkreter Anlehnung an die Vorrede und die Einleitung darstellen. Eine solche Vorgehensweise läßt sich dadurch rechtfertigen, daß die Vorrede und die Einleitung, weil sie innerlich und explizit zur PhG gehören, das Vorhaben des gesamten Hegel-Systems in seiner phänomenologischen Darstellung in der PhG explizieren. Gerade deswegen eignen sich Vorrede und Einleitung sehr gut für einen „vor-interpretativen" Umriß des Personbegriffs in der PhG. Ein solcher spekulativer Umriß ist ferner hilfreich, weil die PhG einer der tiefgreifendsten, dichtesten und kompliziertesten philosophischen Texte überhaupt ist. Weil wir mit dem Personbegriff als Vermittlung einen neuen Interpretationsweg wagen, wird unser Vorhaben durch einen solchen spekulativen Umriß die notwendige Klarheit und Schärfe gewinnen können. Daß ein solcher spekulativer Umriß des Personbegriffs als Vermittlung sich an Hegels eigenen spekulativen Umriß in der Vorrede und in der Einleitung anlehnen kann, ist methodisch sehr befriedigend.
Auf unserer Suche nach dem Personbegriff als Vermittlung wollen wir zunächst die Einzigartigkeit der PhG innerhalb des Hegelschen Systems darstellen. Dabei soll vor allem kritisch nach der Einheit der PhG gefragt werden. Die Einzigartigkeit und die Einheit der PhG ergeben sich dabei aus der Darstellung des Erfahrungswegs des Personwerdens als Vermittlung. Im Anschluß daran stellen wir unsere Grundthese vom Personbegriff als Vermittlung vor. Darauf folgend wollen wir herausstellen, wie dies den neuen Denkweg, die besondere Begrifflichkeit und die Erzähltechnik der PhG bestimmt.

3.1 Die Einheit und die Einzigartigkeit der PhG

Die PhG ist einzigartig. Gegenüber allen anderen philosophischen Werken ist sie unverwechselbar. Es überrascht somit nicht, daß es keine leichte Aufgabe ist, sie angemessen im Hegelschen System selbst zu orten. Interessanterweise ergab sich in diesem Jahrhundert die Frage nach dem Ort der PhG innerhalb des Systems aus der Frage nach der Einheit der PhG selbst. Seitdem sind beide Fragen gerade in dieser Form lebendig geblieben. Um den Umriß unserer Interpretation in diesem Zusammenhang klarzustellen, muß hier kurz auf diese Frage eingegangen werden.

Theodor Haering hat bei einem Vortrag auf dem Hegel-Kongreß in Rom (1933)[1] zur Entstehungsgeschichte der PhG die These vorgetragen, daß die PhG nicht organisch sei; Hegel habe den Titel, den sachlichen Gehalt und den Umfang des heutigen Werkes erst während der Drucklegung zusammengestellt. Ferner wurde die PhG nicht einheitlich geplant. Sie reichte zuerst nur bis zu dem Kapitel über die Vernunft. Haering identifiziert dort eine Bruchstelle. Seine Theorie herrschte jahrzehntelang, bis Otto Pöggeler sie als nicht stichhaltig enthüllte[2]. Nach Pöggeler gibt es keinerlei Beweis dafür, daß die PhG nur bis zum Kapitel über die Vernunft gereicht haben soll. Pöggeler sah das Verdienst Haerings allerdings darin, daß er die PhG als ein Palimpsest gelesen hat.[3]

Für Pöggeler ist die Entstehung der PhG zusammen mit der Entwicklung der Jenaer Logik und Metaphysik zu denken.[4] Während Hegels Arbeit in Jena ist die Idee der PhG nach verschiedenen Seiten hin vorbereitet worden. Anstatt von der Entstehung der PhG als einer äußerlichen Synthese von verschiedenen Komponenten zu sprechen, sieht Pöggeler in der PhG eher eine Grundidee, welche sich zu einer immer größeren Reife fortentwickelt hat.[5] Diese Einheit schließt die Fortentwicklung innerhalb der PhG, nämlich ihre Entwicklung von einer Wissenschaft der Erfahrung des Bewußtseins zu einer Phänomenologie des Geistes mit ein.

Wie hat man sich aber die Entstehung der PhG in bezug auf die Entwicklung des Systems zu denken? Nach Pöggeler spielt die Geschichte für Hegel in den Jenaer Jahren eine immer größere Rolle. Deswegen ist die Erhebung des endlichen Lebens zum unendlichen Leben geschichtlich zu verstehen. „Das Grundproblem der Metaphysik ist zugleich das Problem der Geschichte. Wird diese Geschichte für sich dargestellt, dann löst sich aus der Logik und Metaphysik eine Wissenschaft der Erfahrung des Bewußtseins. Diese Wissenschaft der Erfahrung des Bewußtseins kann als Phänomenologie des Geistes den Geist in der Fülle seiner Formen umso mehr zu ihrem Thema machen.“[6] Deswegen wird verständlich, weswegen Hegel in den späteren Jenaer Jahren „Kunst, Religion und Wissenschaft in die eine einheitliche durchgeführte Geistesphilosophie hineinnimmt.“[7] Hegel macht ernst mit diesem Gedanken, indem er eine spekulative „Philosophie zugleich als Logik und Metaphysik und als eine Ge-

[1] Haering
[2] Pöggeler 1973 (Deutung), S. 170–231. Vgl.a. Pöggeler 1973 (Komposition), S. 329–391.
[3] Pöggeler 1973 (Deutung), S. 193.
[4] Ebd. S. 206; vgl.a. Pöggeler 1973 (Komposition), S. 340.
[5] Pöggeler 1973 (Deutung), S. 207.
[6] Pöggeler 1973 (Komposition), S. 382.
[7] Ebd.

schichte des erscheinenden Wissens, als Weg des Wissens zum absoluten Wissen entwirft".[8] Die Notwendigkeit der Geschichte und ihrer Darstellung ist darin zu begründen, daß das Absolute geschichtlich zu sich selbst kommen muß. Pöggeler gebraucht gerade dieses Zusammensein der spekulativen und der geschichtlichen Dimensionen des Absoluten, um die Einheit der PhG zu erklären.

Unserer Ansicht nach läßt sich fragen, ob Pöggeler der Einheit der PhG gerecht wird. Die einzige Einheit, die seine Theorie herzustellen vermag, scheint äußerlich und funktionell zu sein. Ferner beurteilt er den Erfahrungsbegriff der PhG überwiegend nach Kants transzendentaler Logik. Nach ihm sucht Hegel nach einer letztgültigen Erfahrung, die die Übereinstimmung von Begriff und Gegenstand beweisen würde.[9] Ganz nüchtern gesagt trifft das nicht zu. Die Kantische Transzendentalität, die eine Spaltung des Subjekts und des Gegenstandes voraussetzt, ist keineswegs Hegels Ansatzpunkt. Tatsächlich ist das Gegenteil der Fall. Auch wenn man Pöggeler zustimmen möchte, wäre mit Kants These die erwünschte Übereinstimmung auf keinen Fall zu leisten, weil nach Pöggeler in der zweiten Hälfte der PhG folgendes gilt: „Der Bewußtseinsbegriff wird überholt durch den Geistesbegriff".[10] Absolutes Wissen hängt für Pöggeler eng mit der Geschichte zusammen. Die zweite Hälfte der PhG stellt die Erscheinung des absoluten Wissens dar. Pöggeler teilt die PhG dann in zwei Funktionen. Die erste Hälfte bis zum Geistkapitel stellt eine Übereinstimmung her, nämlich die zwischen Gegenstand und Bewußtsein. Die zweite Hälfte stellt bis zum absoluten Wissen dann die Erscheinung des absoluten Wissens dar.[11] Nach unserer Ansicht reicht der Funktionalismus seiner Interpretation nicht aus, um die innere Einheit der PhG zu erklären. Die entscheidende Schwäche ist hier das Unvermögen, die differenzierte Kontinuität des Bewußtseins und des Geistes zum Ausdruck zu bringen. Es schafft an dieser Stelle keine weitere Klarheit, Hegels Denken als einen Denkweg zu bezeichnen.[12] Sein Ansatz bleibt bei Haerings These stehen, die für seine eigene Theorie entscheidend wird. Philologisch konnte er diese These zurückweisen, er kommt aber spekulativ nicht über sie hinaus.

L.P. Puntel hat einen großartigen Versuch unternommen, die Einheit der systematischen Philosophie Hegels darzustellen.[13] Das Faszinierende an Puntels Arbeit ist, daß er seine Werkzeuge für die Auslegung aus dem tiefsten Inneren des Hegelschen Denkens selbst gewinnt. Er läßt die Termini „Darstellung", „Struktur" und „Methode" im Hegelschen Denken sich aus sich selbst heraus definieren. Das ist ihm deshalb möglich, weil er davon ausgeht, daß alle Texte der systematischen Philosophie „in eine ursprüngliche elementarstrukturale

[8] Ebd. S. 384 und Pöggeler 1973 (Deutung), S. 212.
[9] Pöggeler 1973 (Deutung), S. 228. Vgl. auch Pöggeler 1973 (Systemkonzeption), S. 150–151.
[10] Pöggeler 1973 (Deutung), S. 223.
[11] Ebd. S. 229.
[12] Ebd. S. 229
[13] Puntel 1981

Sinnebene eingebettet sind."[14] Er will dann die Problematik ihrer Darstellungsformen in strenger Korrelation zur Einheitsstruktur der Hegelschen Philosophie erläutern. Zugang zu dieser Einheit eröffnet die Logik. Die Logik ist als die Methode und Struktur des Ganzen zu begreifen. Es besteht eine Koextensität von Logik und dem Ganzen.[15] Puntel greift also den lebendigen und begründenden Charakter der Logik auf. Die Logik ist dann nicht abstrakt, sondern enthält sowohl das Absolute als auch das Realsystematische. „Die Selbigkeit von Logik und Geschichte ist also nichts anderes als das Enthaltensein des realsystematischen Ganzen in der Logik ..."[16] Die Geschichte ist der Gang der Selbstauslegung des Absoluten als des Ganzen der realsystematischen Sphären. Logik und Geschichte gehören ursprünglich zusammen. Puntel spricht von einem „Ineinanderumschlagen von Logik und Geschichte."[17] Die Logik ermöglicht so viel, weil sie geistig und geistvoll ist.[18] Das Ganze ist geistig. Der Boden der ganzen Untersuchung ist der der „Wirklichkeit des Geistes".[19]
Die Hauptlinie von Puntels Auslegung[20] ist die Behauptung eines strengen, gleichursprünglichen Verhältnisses von drei Dimensionen: „Das Ergebnis dieser Untersuchung ist die fundamentale Einsicht, daß die Logik nur dann als die Methode und die Struktur des Ganzen betrachtet werden kann, wenn sie in Gleichursprünglichkeit mit der Phänomenologie und der Noologie (=„Psychologie" in der Sprache Hegels, d.h. der Lehre von dem Geiste als solchem) als die *Elementarstruktur* des Ganzen begriffen wird."[21] Diese Elementarstruktur ist die ursprüngliche Struktur. Puntel schreibt sehr treffend über die sich bildende, sich fortentwickelnde Bewegung dieses geistigen Prozesses als Totalität. Das wird vor allem in seiner Erläuterung der bestimmten Negation im Prozeß klar.[22]
Auf diesem hochdifferenzierten spekulativen Hintergrund ist es Puntel möglich, nach der Einheit der PhG und ihrem Ort in der systematischen Philosophie zu fragen.[23] Die PhG ist weitgehend selbständig. Um die Einheit der PhG zu erklären, beruft sich Puntel auf die Theorie von der Elementarstruktur. Das soll die sogenannte Bruchstelle im Kapitel über die Vernunft erklären. Sie gilt infolgedessen „als die *Anzeige* der Elementarstruktur, das heißt, als jener ‚Punkt' der die Elementarstruktur abgrenzt und ihre Erweiterung bezeichnet."[24] Wie ist dies zu verstehen? Beim Kapitel über die Vernunft verändert sich der Sinn der Entsprechung zwischen den phänomenologischen Gestalten

[14] Ebd. S. 21.
[15] Ebd. S. 26, 50–51.
[16] Ebd. S. 93f.
[17] Ebd. S. 92.
[18] Ebd. S. 87, 141.
[19] Ebd. S. 88.
[20] Ebd. S. 135.
[21] Ebd. S. 26.
[22] Ebd. S. 237.
[23] Ebd. S. 269.
[24] Ebd. S. 270.

und den logischen Momenten.[25] Bis dahin handelte es sich um die bloßen formalen Strukturen des Bewußtseins. Von nun an werden sie als konkrete Gestalten des Geistes inhaltlich erweitert und erfüllt. In der zweiten Hälfte wird die schon erreichte Elementarstruktur dadurch erweitert, daß die Gegenstände eigentümlicherweise auch als Teile der philosophischen Wissenschaft umfaßt und miteinbezogen werden.[26] Weil das Geistige und das Logische einander entsprechend und koextensiv sind, ergibt sich eine Koextensivität der Logik und der PhG. Sie ist keine einfache Zusammenlegung von zwei Reihenfolgen. Vielmehr ergibt sie sich aus der Erweiterung oder Wiederholung der Elementarstrukturen „ (in ihrer logischen Dimension) *in* den weiteren oder konkreten phänomenologischen Gestalten des Geistes."[27] Diese zweite Hälfte ist infolgedessen geschichtsbezogen, „was auf der Ebene der Elementarstruktur schon enthüllt wurde, muß sich auf der Ebene des Gehaltes allererst entwickeln, um zur Selbstenthüllung zu gelangen."[28] Nach Puntel besteht die Originalität der PhG allein in dieser Mischung der formalen Strukturen des Bewußtseins und der anderen Teile der Wissenschaft. Er betont immer wieder, daß seine Theorie die Einheit der PhG erklärt, weil sie die Kontinuität beider Hälften garantiert.[29] Das Wort „Erweiterung" soll dies unterstreichen. Dennoch muß gefragt werden, ob Puntel in der Tat der Einheit der PhG gerecht wird. Sein Versuch ist dadurch überbeansprucht, daß er einen doppelten Auftritt des wissenschaftlichen Standpunktes zugestehen muß, einmal beim absoluten Wissen und dann wieder bei dem Übergang in die zweite Hälfte der PhG.[30] Gerade in bezug auf den wissenschaftlichen Standpunkt beantwortet sich nach Puntel die Frage, warum überhaupt eine PhG entstanden ist.

Nach Puntel konnte Pöggeler diese Frage nicht beantworten. Welchen Sinn hat die Zweiheit von Logik und von PhG?[31] Wenn schon die Logik bzw. die Metaphysik eine Erhebung zum unendlichen Denken war, warum entwickelte sich daraus eine PhG? Nach Puntel kann die Logik nicht in jeder Hinsicht als Erhebung angesehen werden, weil sie nur *eine* Dimension des Geistes darstellt, und zwar jene Dimension, die auf die kritischen Fragen von sich aus nicht eingehen kann.[32] Gerade daraus erschloß sich die phänomenologische Dimension als Antwort auf die Notwendigkeit einer Rechtfertigung der Logik. Die Phänomenologie dient zur Rechtfertigung des wissenschaftlichen Standpunktes.[33] Die PhG stellt dann die phänomenologische Dimension der Elementarstruktur und als Struktur des Ganzen dar; damit wird das Ganze phänomenologisch mit sich zusammengeschlossen.[34] Das erklärt das, was man die Dualnatur der PhG nennen könnte. Ihre Dualnatur und ihre Funktion fallen zusammen.

[25] Ebd. S. 281.
[26] Ebd. S. 283.
[27] Ebd. S. 279.
[28] Ebd. S. 284.
[29] Ebd. S. 272, 279, 281, 282.
[30] Ebd. S. 283.
[31] Ebd. S. 274.
[32] Ebd. S. 275.
[33] Ebd. S. 276, 295. [34] Ebd. S. 307.

Obwohl Puntels Versuch sehr beeindruckend ist, fragt es sich, ob er über die Einzigartigkeit der PhG Rechenschaft ablegen kann. Es stört daran eigentlich nicht, daß er die PhG als phänomenologische Darstellung des Ganzen darstellt. Das ist instinktiv richtig. Vielmehr ist daran Anstoß zu nehmen, daß die PhG als Darstellung in Puntels Auslegung ihre ganze Spannung verliert. Die Entfaltung und Thematisierungsdynamik des Bewußtseins wird durch eine logische Vorentscheidung völlig außer acht gelassen. Die eigentliche phänomenologische Aktivität der PhG wird zugunsten der Logik funktionalisiert. Und selbst wenn diese Logifizierung der PhG zulässig wäre, wäre immer noch nicht die Einheit der PhG geleistet. Eine Logik, welche die PhG bis zum Kapitel über die Vernunft nur zu bloß formalen Strukturen des Bewußtseins macht, kann dann kaum etwas Konkretes, Inhaltliches in der zweiten Hälfte liefern. Eine Erweiterung könnte nur als eine Erweiterung des Abstrakten angesehen werden. Puntels Methode hätte aber eine tiefgreifende Einheit der PhG in sich und innerhalb des Systems liefern können, wenn er selbst auf die Beziehung zwischen Logik und Geist, Geist und Bewußtsein tiefer eingegangen wäre. Anders gesagt: Es bleibt zu fragen, ob Puntels Elementarstruktur elementar genug ist.[35] Gerade weil aber das Hegelsche Denken geistig inklusiv und konkret ist, wird eine immanente komparative Hegelanalyse erheblich dadurch erschwert, daß kein Teil des Systems mit einem anderen Teil abstrakt gleichwertig gleichzusetzen ist. Ferner darf die Eigentümlichkeit eines Teils nicht kritisch-transzendental als die Bedingung der Möglichkeit eines weiteren Teils verstanden werden. Die sorgfältige Differenzierung und Inklusivität im Puntels Ansatz verspricht viel in dieser Richtung; in der Durchführung greift sie aber leider zu kurz.

Unser Einblick in die Fragestellung nach der Einheit der PhG hat gezeigt, wie schwierig es bleibt, der Einzigartigkeit der PhG Rechnung zu tragen, wenn sie aus der Perspektive des reifen Systems betrachtet wird. Angenommen, die PhG ist als zugehöriger Teil des Systems zu betrachten, dann fragt sich, wie ihrer unverwechselbaren Einzigartigkeit zugleich Rechnung getragen werden könnte. Wir meinen, daß Puntel den richtigen Weg eingeschlagen hat. Die Logik muß als geistig gedacht werden, aber sie muß, und hier würden wir weiter als Puntel gehen, bis zum äußersten als geistig verstanden werden. Sie ist kein getrenntes Vernunftinstrumentarium, welches die Konstellationen der Vernunft von außen her regelt. Im Gegenteil. Das Bahnbrechende an der Hegelschen Logik ist, daß sie mitten in der intensivsten Verschiedenheit konkret aktiv ist. Die Heimat der Hegelschen Logik ist die Verschiedenheit. Dort gestaltet sie die Vermittlungskonstellationen der Verschiedenheit mit. Weil die PhG als ein Erfahrungsweg zu verstehen ist, stellt sie im Hegelschen System ein einzigartiges Zusammenwirken von Bewußtsein und geistiger Logik dar; dieser Erfah-

[35] Für den gleichen Einwand, aber vom Gesichtspunkt der Priorität der Logik aus, vgl. Heinrichs 1974, S. 94. Nach Heinrichs greift Puntel zu kurz: „Denn gerade diese anerkanntermaßen bei Hegel vorkommende Zuordnungsart ist es, die bereits die Logik *voraussetzt* und zwar – was bei Puntel nicht zum Problem wird! – bereits die endgültige Gestalt der Logik".

rungsweg ist nicht als eine vor-logische, inferiore Ebene zu sehen, die nur Instanzen der logischen Momente darstellt oder ihre Reinigung in der WL noch abwarten muß.
Auf diese Weise kann man beginnen, den Spannungsverhältnissen, die die PhG ausmachen, gerecht zu werden. Unserer Meinung nach bringt eine Darstellung des Personbegriffs als Vermittlung in der PhG dies klar ans Licht. Damit wäre auch die Einheit der PhG als Erfahrungsweg des Personwerdens erwiesen. Wir möchten deswegen jetzt diese unsere Grundthese darstellen.

3.2 Der Personbegriff als Vermittlung

Diese Arbeit hat es sich zur Aufgabe gemacht, den Personbegriff in der PhG herauszukristallisieren. Obwohl das Wort „Person" sehr selten in der PhG vorkommt, wagen wir die Behauptung, daß Person als Grundkonzept der PhG verstanden werden kann. Gerade weil aber der Personbegriff als Vermittlung zu verstehen ist, ist es völlig logisch, daß er nur als Grundkonzept in der PhG vorliegt.[36] Anders könnte es eigentlich nicht sein. Ein rein isoliertes Individuum oder Subjekt, das abstrakt und beliebig in einem philosophischen Gedankengang verwendbar wäre, hätte kein Recht, Grundkonzept genannt zu werden. Aber wenn es gilt, das Personwerden in der PhG als einen Vermittlungsweg in und durch eine Sequenz von Bewußtseinsgestalten, von ‚Sinnlicher Gewißheit' bis zum ‚Absolutem Wissen' hin, zu interpretieren, dann läßt sich verdeutlichen, weswegen es nur von einem Grundkonzept her aufzufassen ist. Weil also unser Vorhaben die Auslegung des impliziten Grundkonzepts der PhG ist, kann man sagen, daß, anstatt über Hegel hinaus zu wollen, wir dann eher mit Hegel in Hegel tiefer hinein wollen.
Als Grundkonzept ist dieser Personbegriff deswegen alles andere als ein statisches, verborgenes Konzept. Es ist bewegend; es entfaltet, differenziert und integriert sich. Deshalb wäre es am Anfang dieser Arbeit unangebracht, eine zureichende Definition dieses Personbegriffs zu formulieren. Vielmehr läßt sich dieser Begriff allererst auf seinem Erfahrungsweg definieren. Oder, um einen Wittgensteinschen Ausdruck zu verwenden, der Personbegriff selbst ‚zeigt' seine Definition ‚auf'. Dennoch, am Anfang sind kurze Erläuterungen der Beziehung der Individualität und der Allgemeinheit in diesem Personbegriff erforderlich.
Es ist bereits klar geworden, daß ein getrennter Subjektbegriff zu Aporien führt. Deswegen empfiehlt sich ein Personbegriff als Vermittlung der Individualität in und durch die Allgemeinheit und der Allgemeinheit in und durch

[36] Daß der Personbegriff ein Grundkonzept sein muß, findet Unterstützung in der Arbeit von Duesburg S. 3, 53. Beim Personbegriff handelt es sich um den Sinn des Ganzen. Aus der empiristischen Tradition kommt unerwarteterweise das Geständnis, daß der Personbegriff ein „primitive concept" sei; vgl. Strawson 1959.

die Individualität.[37] Die Allgemeinheit und die Individualität sind nicht voneinander zu trennen. Obwohl sie voneinander wohl zu unterscheiden sind, stehen sie dennoch nicht in Opposition zueinander. Sie trennen sich weder, noch gehen sie ineinander auf. Weil das Personsein als Werdeprozeß zu verstehen ist, bleiben die Individualität und die Allgemeinheit nicht stehen. Sie lassen sich entfalten, thematisieren und in einer Reihe von verschiedenen Erfahrungen konfrontieren. Die Struktur der Erfahrung selbst weist dies auf, indem sie immer eine individuelle und eine allgemeine Dimension einschließt. Erfahrung ist infolgedessen hier weder privat noch abstrakt.
Individualität bedeutet dann weder den abgesonderten Einzelnen noch ist sie reine Instanz des Allgemeinen. Der Grund dafür ist, daß das Allgemeine kein „anonymes Draußen" ist. Wäre das Allgemeine opak und anonym, dann wäre Individualität ein verlorener Fleck auf seiner abstoßenden Oberfläche. Wäre dagegen das Allgemeine transparent, würde es die Individualität in sich absorbieren. Dies sind infolgedessen keine genuinen Alternativen. Der Personbegriff als Vermittlung schlägt einen mittleren Weg ein. Er zeigt eine ontologische Einheit der Individualität und der Allgemeinheit,[38] die nicht statisch ist, sondern sich ereignet und sich im Vollzug entfaltet. Das verhindert, daß die Einheit des Personseins als ‚tertium quid' aus einer Begegnung der Individualität und der Allgemeinheit entspringt. Es muß aber auch hinzugefügt werden, daß das Personsein sich nicht zur einzigen Mitte der Wirklichkeit machen darf.[39] Diese Gefahr wird jedoch vom Personbegriff im voraus verhindert, weil er als Vermittlung über sich hinaus verweist. Seine Einheit und Identität vollzieht sich in der Vermittlung; aber Vermittlung gibt es nicht nur, weil das Personsein auf sein eigenes Werden fixiert ist, sondern weil diese Vermittlung immer zu der Entfaltung der Wirklichkeit selbst beiträgt. Die Allgemeinheit geht dann zwar nicht in der Individualität auf, hat aber eine ontologische Verbindung zu ihr. Wenn es keine Individualität gäbe, bliebe die Allgemeinheit stumm und unentfaltet. Wenn es aber keine Allgemeinheit gäbe, wäre Individualität im eigentlichen Sinne nicht denkbar.
Die Allgemeinheit steht also in Kontinuität mit der Individualität. Sie ist zur Individualität hinorientiert. Im Personsein als Vermittlung wird ihre wechselseitige Illumination sichtbar. Daher ist die Frage, ob es Allgemeinheit außerhalb der Individualität gibt, nicht angebracht. ‚Außerhalb' impliziert eine Trennung, die nicht besteht. Es gibt eine Fülle und Breite von Allgemeinheit,

[37] Für einen interessanten Versuch, in Anlehnung an Kants Urteilslehre und Descartes' Wende die Allgemeinheit und die Individualität in einer Subjekttheorie zusammenzudenken, vgl. Wiehl 1987, S.53, und S. 61, wo von der ursprünglichen „Einheit der Synthesis des Selbstbewußtseins des menschlichen Ich mit der Allgemeinheit der Menschenvernunft" gesprochen wird.

[38] Für eine Anerkennung dieser Einheit in Hegels Personbegriff vgl. K.L. Schmitz, bes. S. 280–281.

[39] Zu der Gefahr des Verlustes der personalen Eigenheit durch die Verallgemeinerung und Verabsolutierung des Prinzips der Selbstbestimmung des getrennten Einzelnen vgl. Wagner 1977, S. 136.

die der Individualität je nachdem näher oder entfernter steht, die für sie relevant wird oder von ihr unerkannt bleibt, die von ihr intensiv erfahren wird oder der sie gleichgültig gegenübersteht; das alles hängt von der Offenheit und Wahrheit der Individualität ab. Das Personsein ist diese dauernde, sowohl innere als auch äußere Konversation.

Der Begriff der Allgemeinheit, der hier erörtert wird, versucht auf die innere, ontologische Referenz der Allgemeinheit zur Individualität hinzuweisen.[40] Angesichts des Personwerdens als einem Weg, ist der Allgemeinheitsbegriff ein Oberbegriff, in dem die Verschiedenheit des Seins in bezug auf Individualität indiziert und enthalten ist. Allgemeinheit ist dann nicht als homogenisierende Totalität zu verstehen, sondern läßt vielmehr die Einheit der Verschiedenheit in ihrer Relationalität erscheinen. Sie enthält demnach sowohl Momente der Gegenständlichkeit und Momente der Begegnungen mit Anderen als auch Dimensionen der Natur, der Bildung, der Moral, der Kunst, der Religion usw. Wie vorher gesagt wurde, nimmt die Allgemeinheit im Werden der Person viele verschiedene Ausdrucksformen an. Sie ist keineswegs anonym oder opak. Weil aber die Einheit der Person in ihrer Vermittlung ihr Gleichgewicht bewahrt, werden die verschiedenen Momente der Allgemeinheit in den komplementären Momenten der Individualität erfahren. Genauer gesagt, das Personsein ist die eine Bewegung der Vermittlung, wobei sich Individualität und Allgemeinheit gegenseitig entfalten und thematisieren. Es findet somit keine Hypostasierung statt, die zu einer spröden Einheit führen würde.

Es ist sicherlich ungewöhnlich, in der Darlegung eines Personbegriffs eher von Individualität als von Subjekt reden zu wollen. Aber vielleicht empfiehlt es sich, weil Individualität ontologisch betrachtet weniger arrogant klingt als Subjekt. Der Subjektbegriff neigt dazu, alles auf sich als singuläre Quelle zurückführen zu wollen. Ganz gleich, welche Konstitutions- und Rekonstitutionskräfte er zwischendurch aufzubringen vermag, scheint er doch schließlich von allem getrennt zu bleiben und ist deswegen unfähig, die differenzierte Einheit des Ontologischen zu artikulieren. Es läßt sich vermuten, daß hinter dieser egologischen Neigung des Subjektbegriffs eine subtile Umwandlung steckt, daß die physikalische Leere, die den menschlichen Körper umzingelt, in eine metaphysische Leere umgewandelt ist. Mit dem Personbegriff, der die Individualität in Einheit mit der Allgemeinheit betrachtet, soll diese Schwierigkeit überwunden werden. In einem solchen Zusammenhang kann die individuelle Differenz der Person bestimmt werden, ohne daß sie auf irgendein Getrenntsein hinauslaufen muß. Das Personsein entfaltet sich nicht monologisch.

Wo die Individualität als einzelner Wesensunterschied aufgestellt wird, sei es in einer Totalität, die Identität ist, oder in einem anonymen Draußen, worin atomistische Unterschiede vorherrschen, bekommt die einmalige Differenz der

[40] Für einen Versuch, die Individualität in der Persontheorie beizubehalten, vgl. Frank 1988 (Subjekt), S. 26 und S. 27, wo es heißt, „... daß der Rekurs auf die Kategorie der Individualität in der semantischen Diskussion um Selbst und Person nicht hätte aufgegeben werden dürfen." Individualität wird hier allerdings nicht wie bei uns im ontologischen Sinne von Vermittlung verstanden, sondern aus der Perspektive der analytischen empirischen Tradition.

Individualität nicht ihr eigentliches Profil. Die einmalige Differenz der Individualität ist allein auf dem Boden der differenzierten Einheit oder Verschiedenheit möglich. Person als Vermittlung vermeidet sowohl die Verallgemeinerung der Person in einer Ideologie oder in einem System als auch die Vereinzelung der Person in solipsistischer Subjektivität. Individualität ist im Getrenntsein nicht zu bestimmen.[41] Versuche, die Individualität dem sogenannten Totalitätsdenken gegenüber zu behaupten oder zu bestimmen, haben zur Folge, daß Individualität in einer negativen Ontologie gefangen wird. Sie wird immer nur im Entgegengesetztsein dekliniert.[42] Infolgedessen bleibt sie ohne Bestimmung. Und ohne eigene Bestimmung läuft sie immer wieder Gefahr, von der wachsenden Größe der begrifflichen Totalität, die ihr gegenüber steht, überholt und ausgelöscht zu werden. Folglich ist die Unterschiedenheit und Einmaligkeit der Individualität nicht als eine einsame Differenz zu setzen. Vielmehr muß die Differenz der Individualität positiv bestimmt werden. Dies ist nur in einer ontologischen Perspektive möglich, in der die Differenz der Individualität ihren eigenen Platz innerhalb einer in sich differenzierten und relationalen Allgemeinheit hat. In einem solchen Kontext gehören Differenz, Relation und Zugehörigkeit engstens zusammen. Relation und Differenz intensivieren sich gegenseitig. Das Personwerden in der PhG ereignet sich genau innerhalb einer solchen einheitlichen Verschiedenheit. Dies bedeutet auch, daß die Individualität in bezug auf die Verschiedenheit eine unwiederholbare und einmalige Differenz artikuliert und verkörpert.[43] Deswegen ist sie als eine dazugehörige Differenz völlig sie selbst. Im Grunde genommen steht sie als Differenz mit anderen Differenzen nicht in Konkurrenz. Das schließt aber Konflikt und Negativität nicht aus. Sie kommen vor, aber immer in bezug auf das Begründetsein des anderen; dabei handelt es sich vor allem um Probleme der Anerkennung und der Rekognition.

Eine solche Verschiedenheitsperspektive verletzt keineswegs die Selbstheit der Person. Im Gegenteil. Sie verleiht der personalen Selbstheit eine Tiefe, eine Differenziertheit und eine Resonanz, die bei dem isolierten Selbst eines Subjektbegriffs kaum denkbar wären. Dennoch ist, wie die Probleme des Reflexionszirkels klar hervorgebracht haben,[44] die Erläuterung des Ursprungs dieser Selbstheit äußerst kompliziert. Ganz nüchtern genommen ist die Selbstheit der Person ein ursprüngliches Faktum der Wirklichkeit.[45] Wenn diese Selbstheit

[41] Vgl. zu eben dieser Schwierigkeit Pieper S. 730: „Zwar hebt das Denken beim unmittelbar gegebenen Einzelnen an, aber es trifft nicht das Einzelne als Einzelnes, sondern immer ein bereits vermitteltes, verallgemeinertes Einzelnes."

[42] Vgl. Levinas 1984, S. 28 „La discontinuité de la vie intérieure interrompt le temps de l'histoire."

[43] Vgl. Johann S. 219: „As existing, essence-subject not only is *not* something else, it positively *is* what it is. With an originality all of its own it now exercises existence in accordance with its structure."

[44] Vgl. oben Kapitel 1.

[45] Zu Humes Idee, daß die Idee des Selbst nicht direkt aus der Sinneswahrnehmung abgleitet werden kann, vgl. Mohr S. 44.

völlig in der Anonymität stünde, wäre das widersprüchlich, weil die Selbstheit der Person von vornherein die Erkennbarkeit der Allgemeinheit zu verlangen und zu implizieren scheint. Die Selbstheit der Person ruft nach einer selbsthaftigen Wirklichkeit. Ferner ist kaum denkbar, daß diese Selbstheit ihren Ursprung in der Anonymität eines stummen Grundes hat. Das Selbst der Person enthält in sich dann, und zwar trotz aller Verschiedenheit, das Echo einer Ur-Intimität. Je mehr sie sich in der Verschiedenheit vermittelt, desto mehr kann sie diese Ur-Intimität zu ihrem Eigenen machen. In einem solchen Zusammenhang wäre die Selbstheit der Person sowohl in bezug auf die eigene Differenz ihrer Individualität innerhalb der Verschiedenheit als auch in bezug auf die reflexive Auffassung dieser Selbstheit im eigenen Selbstbewußtsein der Person zu verstehen. Gerade weil Person Vermittlung ist, vollziehen sich beide Dimensionen als eine Bewegung. Damit wären die falschen Alternativen zwischen Selbstheit und Ichheit, die die Subjektphilosophie gequält haben, überwunden.[46] Das Ich, das kein Selbst wäre, wäre kein Ich.[47] Der Versuch, Selbstheit abstrakt aus dem Ich herauszupressen, muß als verkehrt gelten. Selbstheit ist nicht einseitig aus dem introvertierten Reflex des Ich auf sich zu erzeugen. Ebensowenig ist Selbstheit als die nachtragende Leistung der Erfahrung zu verstehen.

Die Selbstheit der Person ist nicht von außen greifbar und ist nie von innen völlig in Besitz zu nehmen. Die Bezogenheit des Ich-Selbst ist nicht in den Termini eines Gegensatzes zwischen Innen und Außen zum Ausdruck zu bringen. Die Person verfügt nicht unmittelbar über ihre eigene Selbstheit. Alle Erfahrungen, die die Person macht, haben dieses Selbst zum Ursprung. Und weil es zur Natur des Ursprungs gehört, sich dem direkten Zugriff zu entziehen, kann weder in einem Erfahrungsmoment noch von einem Ort der Erfahrung aus auf das Selbst zurückgegriffen werden, um es plötzlich zu fangen. Das verwobene Gewebe der Erfahrung ist so nicht zu entwirren, und zwar deswegen, weil Selbst und Erfahrung in intimster Kontinuität und Verbundenheit miteinander sind. Das Selbst ist dann kein verborgener Kern, der tief in einer unantastbaren Innerlichkeit versteckt ist. Seine Erfahrungen liegen nicht wie Schalen oder Fragmente um es herum. Erfahrung ist nie herrenlos. Sie ist immer expressiv und zwar gerade, weil sie das Selbst ausdrückt. Erfahrung ist selbsthaftig. Das Selbst als Ursprung der Erfahrung vermittelt sich in und durch die ihm entsprungenen Erfahrungen. Gerade hier liegt die Signifikanz der Gestalten der Erfahrungen in der PhG. Individualität ist dann von der Allgemeinheit nicht einmal vorübergehend abzusondern. Deswegen zeigt sich nach diesem Personbegriff die reflexive Natur der persönlichen Selbstheit immer im Vollzug gegenseitiger Vermittlung der Individualität und der Allgemeinheit.[48] Dem

[46] Für eine knappe Darstellung der Identitätsfrage, allerdings in diesen falscherweise abstrakten und getrennten Termini, vgl. Rogozinski S. 212

[47] Vgl. de Finance S. 173: „It is impossible to isolate within oneself a zone of pure subjectivity."

[48] Vgl. Ehman S. 4: „The self to which we relate our experiences and actions is not itself an experience or action, but rather a mode of self-consciousness which appropriates all that falls within it."

Ich ist keine nachträgliche Selbstheit zuzuschreiben. Dem Selbst geht kein reines Ich voraus. Die lebendige, sich erweiternde Balance der personalen Einheit bleibt erhalten. Es findet keine Segmentierung statt. Selbstheit ist im Vermittlungsvollzug reflexiv und kumulativ und braucht sich deswegen nicht zu wiederholen.
Ein solcher Personbegriff ermöglicht es auch, die Substanz der Selbstheit des Ich zu verdeutlichen. Das Ich ist keinesfalls auf Ichbezogenheit herabzuqualifizieren.[49] Es stimmt natürlich, daß das Ich nie beziehungslos vorliegt. Aber jede Beziehung und jede Dimension seiner Relationalität ist gleichzeitig eine Entfaltung und Thematisierung der eigenen Identität *und* der Allgemeinheit. Gerade durch diese Fortbewegung aktualisiert sich die Wirklichkeit. Die Bezogenheit des Ich ist dann nicht funktionell transzendental zu verstehen, sondern expressiv, aktualisierend ontologisch. Damit läßt sich auch eine andere Dimension des Personseins klarmachen, nämlich, daß die individuelle Differenz der Person auch eine unübertragbare Vermittlungsaufgabe mitaussagt. Die Entwicklung und Vollendung dieser individuellen Differenz intensiviert und versöhnt die Verschiedenheit mit sich. Erfahrung wäre dann nicht als introvertierter Besitz eines Subjekts zu denken, sondern zugleich als individuell und allgemein. Gerade weil die eigene Differenz positiv zu bewerten und zu bestimmen ist, enthält das Ich-Selbst eine ungeheure Wichtigkeit als Quelle der Fortentfaltung dieses Differenzierens. Das Wort Ich verweist, wie Hegel klar eingesehen hat, einerseits auf die Ichheit aller anderen Personen und zugleich auf die eigene Differenz dieser bestimmten Person.[50] Der Personbegriff als Vermittlung erweist sich dann nicht nur als spekulativ, sondern auch als praktisch. Er könnte somit den Maßstäben der Raum-Zeit-Identifizierbarkeit der Person, die in der empirischen Philosophie in bezug auf diese Frage als Identitätskriterium verstanden wird, gerecht werden,[51] weil es sich um die Differenz dieser Person in bezug auf die Allgemeinheit handelt. Aber dieser Personbegriff erschließt eine tiefe ontologische Perspektive, welche die Substanz der Person, die weit über die Verengung des Empirischen hinausgeht, bestätigt.

3.3 Zur Darstellung des Personbegriffs als Vermittlung: Ein neuer Denkweg

Mit diesem Personbegriff wird die uralte Spaltung zwischen Subjekt und Gegenstand überwunden, aber nicht ohne das, was Hegel die „Anstrengung des Begriffs“ nennt. Um diesen Personbegriff denken zu können, ist eine neue Art

[49] Vgl. die Tendenz dazu bei H. Rombach 1980, S. 56: „‚Die immer vorhandene reine Ichbezogenheit‘ kann nicht mit einem ‚verborgenen Ich‘ zusammengehen, denn Ich ist Ichbezogenheit und sonst nichts.“
[50] Vgl. Habermas/Henrich S.30
[51] Vgl. Müller/Vossenkuhl S. 1069.

von Denken erforderlich. Es wäre, mit der Sprachphilosophie zu sprechen, ein Kategorienfehler, hier das spaltende Denken anzuwenden. Um sich aussprechen zu können, braucht der Personbegriff das, was Hegel das ‚begreifende Denken' nennt. Es drückt den Personbegriff entsprechend als Vermittlung aus. Treffende Auskunft darüber erhalten wir in der Vorrede, in der Entgegensetzung von räsonnierendem und begreifendem Denken.
Zunächst wird das „räsonnierende Verhalten" als Gegensatz zum vorstellenden Denken erläutert. (PhG44) Vorstellendes Denken ist materielles Denken. Hegel nennt es eine *Gewohnheit.* (PhG43) Es ist das zufällige Bewußtsein, welches sich in den Stoff versenken läßt. Dagegen verhält sich das räsonnierende Denken negativ gegen den erfaßten Inhalt. Es weiß, wie der Inhalt zunichte zu machen ist. Es verweilt deswegen bei keinem Inhalt, sondern nimmt sich in einer sich wiederholenden Bewegung immer einen neuen Inhalt. „Es ist die Reflexion in das leere Ich, die Eitelkeit seines Wissens." (PhG44) Das räsonnierende Denken täuscht sich und glaubt, in dieser Leere in der Sache zu sein; in Wirklichkeit hat es sein Ziel verfehlt. Diese leere, negative Wiederholung steht im klaren Gegensatz zum begreifenden Denken, wo das Negative dem Inhalt selbst innewohnt. Das Negative gilt dann als immanente Bewegung und Bestimmung des Inhalts. Dieses Negative ist dann keineswegs leer, sondern ergibt sich in diesem Prozeß als Entwicklung des Inhalts, nämlich als bestimmte Negation.
Das räsonnierende Denken hat auch eine andere Seite, das positive Erkennen. Als negatives Erkennen geht der Inhalt, wie oben gesehen, in das räsonnierende Selbst zurück. Als positives Erkennen erhält aber das Selbst den Rang eines vorgestellten Subjekts. Dieses Subjekt hat wieder ein Verhältnis zum Inhalt, aber dergestalt, daß der Inhalt als „Akzidens und Prädikat" gilt. Dieses Subjekt legt die Basis zugrunde, an die der Inhalt geknüpft wird und auf der die Bewegung hin und her läuft. (PhG45) Im begreifenden Denken ist die Beziehung zwischen Subjekt und Inhalt nicht äußerlich. Das Subjekt ist kein passiver Träger der Akzidentien. Der Begriff ist das eigene Selbst des Gegenstandes. Der Begriff stellt sich als das Werden des Gegenstandes dar. Es ist in der weiteren Betrachtung bemerkenswert, daß begreifendes Denken das räsonnierende Denken nicht einfach eliminiert. Vielmehr überholt und verwandelt das begreifende Denken dieses von Gewohnheit gefesselte Denken. Begreifendes Denken geht ganz konkret vor, und es enthüllt durch seine Aktivität der Verwandlung das Spekulative im Vorhandensein. Nach alldem soll, wenn der Begriff im Inhalt sein sollte, eine Verwandlung von innen her nur an der Art der Artikulation liegen. Und so ist es in der Tat.
Das passive Subjekt geht auf die Unterschiede und auf den Inhalt ein und macht dadurch den Unterschied und die Bewegung des Inhalts aus, d.h. die Bestimmtheit des Inhalts. Mit dem Auftreten des bestimmenden Subjekts wird das Räsonnieren ins Schwanken gebracht. Das Subjekt entgeht damit der leeren Wiederholung und bleibt bei diesem Inhalt. Der Inhalt selbst hört auf, zerstreut zu sein und ist nun in diesem Subjekt gesammelt. Damit enthüllt sich der Inhalt als Substanz. Er ist nicht mehr beliebiges Prädikat eines Subjekts.

Damit hat das vorstellende, räsonnierende Denken eine Umkehrung erlebt. Das geschieht prozeßhaft. Hegel baut den Gedankengang hier sehr sorgfältig auf.
Der Gedankengang ist auf zwei Ebenen angesiedelt, der der Vorstellung und der des Begreifenden. Im Grunde handelt es sich um die Verwandlung der üblichen Struktur von Subjekt und Prädikat. Wie erkannt wurde, ist die Substanz im Prädikat nun als anwesend zu verstehen. Das bliebe nur reine Behauptung, wenn das vorstellende Denken diesen Schritt nicht mitvollzöge. Als wissendes Ich glaubt das vorstellende Denken, daß sein Vermögen und seine Aufgabe darin bestehen, die verschiedenen Bestimmungen an ihr zugrundeliegendes, fixiertes Selbst anzuknüpfen. Gerade hier erlebt das räsonnierende Denken als vorstellendes Denken eine Überraschung. Es entdeckt nämlich, daß das Subjekt und die Prädikate nicht mehr äußerlich in der Distanz aufeinander bezogen sind. Sie sind nunmehr in einem. Weil das Subjekt in ihnen nun anwesend ist, sind die Prädikate nicht mehr beliebig zu verteilen. Die Bewegung der Bestimmung ist sozusagen selbständig, und die Aufgabe des Räsonnierens ist überholt worden. Es ist somit überflüssig geworden. Der Inhalt ist selbsthaft. Das vorstellende Denken muß nunmehr „mit diesem zusammen sein." (PhG46) Vorstellendes Denken erkennt damit den spekulativen Satz an.
Die übliche Natur des Satzes ist in den ‚spekulativen Satz' verwandelt worden. „So soll auch im philosophischen Satze die Identität des Subjekts und Prädikats den Unterschied derselben, den die Form des Satzes ausdrückt, nicht vernichten, sondern ihre Einheit (soll) als eine Harmonie hervorgehen." (PhG46) Zu unterstreichen ist, daß sich die Differenz des Subjekts und des Prädikats in der Harmonie durchträgt. Die Verwandlung ist eine Bewegung, die alle ihre Momente in einer Kontinuität zusammenhält. Das „wissende Ich" bleibt nicht außerhalb der Bewegung, sondern, wie Hegel sagt, es „tritt an die Stelle jenes Subjekts ...", und weil das Subjekt sich in dem Inhalt wiederfindet, gilt dies als eine Rekognition seines früheren Selbst.[52]
Wie ist die Bewegung des spekulativen Satzes auf den Personbegriff als Vermittlung zu beziehen? Zunächst einmal bildet sie die logische Grundlage für die Überwindung oder Verwandlung des Subjektivismus, indem sie Logik und Ontologie auf das Engste zusammen ausdrückt. Die Subjekt-Prädikat-Beziehung im Satze soll nunmehr dazu fähig sein, die innere Beziehung von Subjekt und Substanz zu artikulieren. Anders gesagt: Die Vermittlung von Individualität und Allgemeinheit auf allen ihren Stufen steht auf einer sicheren Basis. Diese Vermittlung entspricht dem immanenten Rhythmus der Wahrheit und findet in keinem fremden Medium statt. Darauf werden wir zurückkommen.
Nun beschäftigen uns vor allem die Implikationen dieses Denkens als begreifendes Denken, um den Personbegriff auszulegen. Das dualistische Denken ist überholt. Zwischen Gegenstand und Denken gibt es keine Trennung

[52] Vgl. Hörisch S. 151.

mehr.[53] Dadurch wird auf entscheidende Weise die ganze PhG als eine Bewegung bestimmt. Anstatt ein Argument zu sein, welches durch Meinung und Gegenmeinung hindurchzuführen wäre, soll die PhG vielmehr als eine immer differenzierende, auf verschiedenen Stufen sich bewegende Auslegung des Personbegriffs gelten. Betont werden muß zugleich, daß das begreifende Denken dem räsonnierenden nicht gleichwertig ist. Wie schon erläutert, ist das begreifende Denken die Einholung und Verwandlung des räsonnierenden Denkens. Dazu gehört auch, daß dieser spekulative Satz als eine solche entgegengesetzte Bewegung ausgesprochen werden muß. „Sie allein ist das *wirkliche* Spekulative, und nur das Aussprechen derselben ist spekulative Darstellung." (PhG48) Das spekulative, begreifende Denken ist ein Tun, eine aktive wirkliche Darstellung. Genau darin zeigt sich, daß es über das sonstige äußerliche Denken bereits hinausgegangen ist. Diese Art von spekulativem Denken bestimmt auf entscheidende Weise den Erzählblickwinkel oder die Erzähltechnik der PhG.

3.4 Die Erzähltechnik der PhG

Die PhG gehört nicht zum üblichen Genre von philosophischen Werken. Sie ist keine diskursive Arbeit *über* ein philosophisches Thema. Ihre Vorgehensweise ist nicht die des linearen Arguments. Die PhG ist vielmehr eine künstlerische *Darstellung* des Erfahrungswegs des Bewußtseins. Dieser Erfahrungsweg kommt dadurch zustande, daß das Bewußtsein sich entfaltet und thematisiert. Die PhG ist also eine Sequenz von Bewußtseinsereignissen. Weil sie die Darstellung eines solchen spannenden Erfahrungswegs ist, empfiehlt es sich, zum näheren Begreifen ihrer Einzigartigkeit literarische Kategorien in Anspruch zu nehmen. Die PhG läßt sich aus einer solchen Perspektive als ein philosophischer Roman betrachten.

Das Bewußtsein ist Träger der Handlungen. Es ist aktives Subjekt seiner eigenen Entfaltung und Thematisierung. Es läßt sich auf Erfahrungen ein und *gestaltet* dadurch sein Werden. Es beruft sich nicht auf Äußerlichkeiten außer-

[53] Hier kommt das Wort *Rhythmus* vor. Es drückt auf treffende Weise die Art der Erfahrungsbewegung in den verschiedenen Gestalten aus. Es besagt auch, daß die Wirklichkeit, in der die Person sich befindet, nicht fixiert und stumm, sondern lebendig und reflexiv ist. Die Bewegung des eigenen Werdens ist dann keine selbst erzeugte, erzwungene Bewegung. Wenn die Wirklichkeit nicht selbst im Werden wäre, wäre von einem Personwerden nicht zu sprechen. *Rhythmus* hält dann die intime und aktive Affinität zwischen dem Bewußtsein und der Verschiedenheit im geistigen Werden aufrecht. Wenn das Personwerden in *Rhythmus* mit der Grundvermittlung der Wirklichkeit ist, dann ist die Individualität und die Allgemeinheit der Person in einer sehr kreativen Balance. Wenn die Person dagegen die eine Dimension zugunsten der anderen verdrängt oder fixiert, dann bringt das die Macht des Negativen auf die Person herab; in einer solchen Phase wäre die Person *außer Rhythmus* mit sich und mit der Wirklichkeit. Schließlich ist das Wort *Rhythmus* in bezug auf die PhG sehr angebracht, weil es darauf verweist, daß es sich hier nicht um Prinzipien oder äußerliche Theorien handelt, sondern um die lebendige *Selbst*entfaltung und *Selbst*thematisierung des Bewußtseins.

halb seines Erfahrungsfeldes, um ein größeres Verständnis über sich oder über seinen Entfaltungsweg zu gewinnen. Es gewinnt seine Einsichten durch kritische Vergleiche zwischen seiner sich immer tiefer thematisierenden Substanz und seiner sich entfaltenden Erfahrungen. Nur das, was es tut, und das, was es ist, fördert seine Entwicklung. Ein anderes Mittel steht ihm nicht zur Verfügung.

Im Gegensatz zum üblichen literarischen Roman stellt sich der Erfahrungsweg dieses Bewußtseins nicht durch ein Gewebe von naturalistischen Bildern und Metaphern dar. Die Sprache der PhG ist eine straffe, begriffliche Sprache.[54] Die Begriffe sind bis zu ihren äußersten Grenzen ausgedehnt. Deswegen ermöglichen sie keinen unmittelbaren Zugang zu der Welt dieses Bewußtseins, wie das die künstlerische Gestaltung der Alltagssprache im üblichen Roman tut, indem sie uns allmählich in eine andere Welt von Ereignissen versetzt.

Obwohl die Sprache der PhG keine Alltagssprache ist, ist sie dennoch eine dichte, wendige Sprache voller Intensität. Bei jedem neuen Lesen der PhG gibt sie etwas Neues von ihrer Fülle preis. Obwohl eine unmittelbare Identifizierung mit diesem Bewußtsein wie im herkömmlichen Roman uns nicht möglich ist, betrifft uns das, was sich hier darstellt. Es zieht uns in sich hinein, und wir werden immer mehr in das Ereignis seines Werdens verwickelt. Als Personen muß uns die Darstellung des Personwerdens betreffen. Deswegen können wir zum *Zuschauer* werden. Während das Bewußtsein allmählich zu seiner Selbstrekognition gelangt, gelangen wir in seiner Darstellung zur eigenen Selbstrekognition.

Muß aber nicht zugegeben werden, daß die Rolle des Zuschauers in der PhG eine gewisse Neutraltiät dem sich entfaltenden, sich thematisierenden Bewußtsein gegenüber enthält? Wir dürfen nicht in die Darstellung eindringen. Was besagt das? Die Alternativen wurden des öfteren aufgestellt. Sind die Zuschauer bereits am sogenannten absoluten Standpunkt? Wissen sie im voraus das Ende oder dénouement dieser Erzählung? Oder sind wir auf der gleichen Ebene wie das Bewußtsein selbst? Begleiten wir es als Gleich-Wissende bzw. Gleich-Unwissende? Zunächst wäre es falsch, in bezug auf das absolute Wissen von einem Standpunkt reden zu wollen. Ein Standpunkt ist es nicht, sondern, wie wir sehen werden, eine Thematisierung der Integration aller Verschiedenheit des Erfahrungswegs. Und bis dieser Erfahrungsweg auf diese Weise bereist ist, erscheint die integrierende und integrierte Vielfalt der Erfahrungsergebnisse, die absolutes Wissen ist, nicht. Wir können für uns dieses ge-

[54] Eine abstrakte Sprache muß nicht unbedingt eine leere Sprache sein, wobei es letztlich darauf ankommt, ob die Abstraktion leere Spekulation ist oder ob gerade die Tiefe und Dichte der Erfahrung, von der die abstrakte Sprache erzählt, eine solche reine letzte Sprache verlangt. Wir würden meinen, daß letzteres in der PhG der Fall ist. Einen sehr interessanten Aufsatz über Abstraktion und Artikulation hat eine der bedeutendsten jungen amerikanischen Dichterinnen geschrieben, vgl. Graham S. 409, wo sie sagt: „Abstract diction ... feels especially powerful to me because of its poignancy, the sense of desperation that informs it... The dryness of the abstract diction ... is rendered powerful by all the white space, silence, around it – into which it is slowed, from which it is sensuously wrought."

wonnene Wissen nicht ohne weiteres beanspruchen. Dennoch teilen wir nicht ganz als gleichgesetzte Mitbegleitende die genaue Perspektive dieses Bewußtseins. Wir können natürlich, wegen der gewissen Distanz, die zwischen uns und ihm besteht, Verbindungen und Konstellationen feststellen, auf die es noch nicht gekommen ist.

Unsere Position als Zuschauer wird dadurch erheblich kompliziert, daß der Weg nicht linear abläuft. Uns wird nicht eine Leiter zum absoluten Wissen überreicht, über die wir unmittelbar hinaufsteigen können. Der Weg ist eher spiralförmig. Dieser Werdeweg mit seinem Anfang und Ende vollzieht sich als Weg zwischen seinem Ursprung und seiner Vollendung. In der Geist- und Religionsgestalt gelingt es dem Bewußtsein durch seine vertiefte Selbstpräsenz, auf seinen Ursprung, das Ur-Selbst, zu kommen. Deswegen führt das Ende des Weges das Bewußtsein zurück zum Anfang, um den Weg wieder neu zu unternehmen. Damit zeigt der Weg des Bewußtseins eine Unabhängigkeit uns gegenüber auf, aber durch das immer intensivere In-Erscheinung-Treten des Ursprungs bringt er uns auch wieder in Berührung mit unserem eigenen Ursprung und der damit verbundenen Herausforderung zum eigenen Werden.

Außerdem darf nicht vergessen werden, daß Hegel Schriftsteller ist. Und wie jeder andere Schriftsteller hat er kein vollendetes Kunstwerk vollbracht. Deswegen dringt er manchmal als allwissender Autor in den Ablauf der Erzählung ein und nötigt das Bewußtsein zu der jeweilig anstehenden Einsicht. Diese Erörterung der Erzähltechnik der PhG macht klar, daß das Bewußtsein in der PhG eine Eigenständigkeit hat. Es ist kein passiver Gegenstand einer Betrachtung, worüber das betrachtende Subjekt eine hermeneutische Vollmacht besitzt. Hier werden die Rollen ausgetauscht, und das betrachtende Subjekt wird zum „Zuschauer". Wir wollen nun der Eigenart dieses Bewußtsein näherkommen und seine Erfahrungsdynamik darstellen.

4. Person, Erfahrung und die Gestalten des Bewußtseins

Die PhG stellt keine abstrakte Spekulation über die Bedingung der Möglichkeit von Personsein dar. Sie kümmert sich auch nicht um die Aufstellung von Theorien über die empirische Identifikation oder Verifikation vom Personsein anderen Seinsarten gegenüber. Nein. Die PhG ist eine geistige Phänomenologie. Es ist der Werdeweg des Personseins in seiner konkreten Bewegung, den sie zur *Darstellung* bringt. Zwischen dem Personwerden und seiner Darstellung besteht keine Distanz. Beide sind vom Personsein selbst gestaltet. Damit vermeidet die PhG die Äußerlichkeit, Abstraktheit und Fragmentiertheit mancher Subjekt- bzw. Persontheorien. Gerade weil die PhG eine solch einzigartige, selbsthaftige, geistige Phänomenologie ist, erschließt sie die intime Verbundenheit zwischen Personsein und Bewußtsein. Wir wollen nun näher auf diese phänomenologische Einzigartigkeit der PhG eingehen und diese Verbundenheit auslegen. Dies bringt ans Licht, daß das Personwerden als Bewußtsein eine Entfaltungs- und Thematisierungsdynamik aufzeigt. Hierin liegt der Schlüssel dazu, daß das Personwerden sich in Gestalten darstellt. Dies leitet uns weiter zu einer Betrachtung der Ursprünglichkeit dieser Gestalten und der Art und Weise, wie sie das ganze Feld der Erfahrung umfassen.

4.1 Der Personbegriff und das Bewußtsein

Das Bewußtsein ist ein Grundphänomen des menschlichen Wesens. Seine Begriffsgeschichte[1] weist zwei Pole auf, Intentionalität oder Weltbezogenheit *und* Reflexivität, Selbstbewußtsein oder Selbstbezogenheit. In der Entwicklung des Begriffs wurde immer klarer gesehen, daß beide Dimensionen zusammengehören. Aber die Art und Bedeutung dieser Zusammengehörigkeit ist eine viel umstrittene und komplizierte Frage. Im tiefsten Sinne handelt es sich in der PhG um eine Antwort auf diese Frage. Unsere Darlegung des Personbegriffs als Vermittlung zielt auf die Artikulation dieser Antwort.

Ein Personbegriff, der seinen Ausgangspunkt im Bewußtsein findet, ist von vornherein konkret und aktiv, und zwar deswegen, weil es ein inhaltloses Bewußtsein gar nicht geben kann. Alles Bewußtsein ist Bewußtsein von etwas.[2] Das Personsein ist die vermittelnde Einheit des Bewußtseins und des Selbstbewußtseins, die Einheit der Intentionalität und der Reflexivität. Beide sind voneinander nicht zu trennen. Die Vermittlung kann als die Natur des Personseins gerade deswegen postuliert werden, weil die Individualität und die Allgemeinheit von vornherein im Bewußtsein miteinander in Verbindung stehen.[3] Das

[1] Vgl. Art. „Bewußtsein“, in: HWP S. 888.

[2] Für eine Diskussion dieser These vgl. Bubner 1981, S. 15ff.

[3] Ohne Bewußtsein hätte die Person keine Verbindung mit der Wirklichkeit. Und ohne eine Verbindung mit der Wirklichkeit wäre es unmöglich, das Bewußtsein selbst zu erkennen. Die

Bewußtsein ist zugleich auf die Allgemeinheit und auf die Individualität bezogen. Die Intentionalität enthält somit eine neue Bedeutung, wenn sie von dem konstituierenden Subjektivismus befreit wird und ihren Platz im Prozeß der Vermittlung selbst annehmen darf.[4] In der Einleitung wird das wörtlich ausgedrückt: „Denn das Bewußtsein ist einerseits Bewußtsein des Gegenstandes, andrerseits Bewußtsein seiner selbst; Bewußtsein dessen, was ihm das Wahre ist, und Bewußtsein seines Wissens davon." (PhG65). Der springende Punkt ist hier, daß beide Dimensionen, obwohl unterschiedlich ausgerichtet, in dem einen Bewußtsein operativ sind. Ferner stehen sie nicht nebeneinander, über- oder hintereinander, sondern sind eins.[5] Das bedeutet, daß beide Dimensionen sich gegenseitig bereichern und vertiefen, was in der PhG immer klarer zur Darstellung kommt. Die Verwandlung des Fremdseins des Bewußtseinsgegenstandes durch die Freilegung seiner Affinität mit dem Bewußtsein wird gleichzeitig mit der Ansammlung des Bewußtseins in seiner inneren Reflexivität vollzogen. Die Entfaltung und Thematisierung dieser Proportionalität vollzieht sich im Spannungsfeld zwischen Differenzierung und Ansammlung.

Diese Erläuterung kommt in dem Kontext vor, in dem Hegel die Beziehung zwischen Wissen und Wahrheit näher zu bestimmen versucht. Das Wissen und die Wahrheit werden nicht erst äußerlich miteinander in Beziehung gebracht. Bereits als abstrakte Bestimmungen kommen sie „*an* dem Bewußtsein" vor. (PhG64) Es darf hier an die Funktion des spekulativen Satzes als logisch-ontologischer Grundlage der Artikulation des Personbegriffs erinnert werden. Gerade hier wird dies im Hinblick auf die Entwicklung, die die PhG ist, konkreter bestimmt. Dabei kommt die Natur des Bewußtseins, das, was uns hier interessiert, klarer zum Vorschein.

In bezug auf das Bewußtsein sagt Hegel: „Dieses *unterscheidet* nämlich etwas von sich, worauf es sich zugleich *bezieht*; oder wie dies ausgedrückt wird: es ist etwas *für dasselbe*." (PhG64) Die Wiederholung des Wörtchens „sich" läßt keinen Zweifel daran bestehen, daß die Rede hier von einem personalen Bewußtsein ist. Gleichzeitiges „Sichunterscheiden-von" und „Sichbeziehen-auf" kennzeichnet die Natur des Bewußtseins. Das schließt einerseits aus, daß der Gegenstand und das Bewußtsein ineinander absorbiert werden, und anderseits, daß sie einander neutral und unbezogen gegenüber stehen. Die Aussage, „es ist etwas *für dasselbe*", verstärkt dies wieder. „Ist" ist als „ist" der Existenz zu verstehen.[6] Es gibt „etwas" für das Bewußtsein.[7] Diese Beziehung ist sehr be-

Person begegnet der Wirklichkeit allein als einer Wirklichkeit, derer sie sich bewußt ist. Dazu vgl. Lauer 1965, S. 5.

[4] Für die Idee, daß Bewußtsein vielfältig und perspektivenhaft und nicht auf Intentionalität allein zu reduzieren ist, vgl. Scott, bes. S. 625, 636.

[5] Für den Kontrast zu Kant in dieser Hinsicht vgl. Smith 1973, S. 450: „Hegel's point is that a mutual or reciprocal relation should be acknowledged in which there is due recognition of the „I" of self-consciousness as a *self reflected unity* which comes to light in the thinking of the object, whereas Kant placed all the emphasis on the unity bestowed on the object in virtue of its being thought by the subject".

[6] Vgl. Graeser S. 103–104. [7] Vgl. dazu Tugendhat S. 310.

deutungsvoll in bezug auf die Frage nach der Echtheit der Andersheit in der PhG; darauf werden wir zurückkommen. „Die bestimmte Seite dieses Beziehens … ist das *Wissen*". (PhG64) Es taucht hier nun eine sehr wichtige Unterscheidung auf, und die Selbständigkeit des Ansich wird klar hervorgehoben: „… das auf das Wissen Bezogene wird ebenso von ihm unterschieden und gesetzt als seiend auch außer dieser Beziehung; die Seite dieses Ansich heißt *Wahrheit*". (PhG64) Das gleichzeitige Sichunterscheiden-von und Sichbeziehen-auf des Bewußtseins findet seine Entsprechung im gleichen *Rhythmus* des Gegenstandes. Das bewahrt die Selbständigkeit des Gegenstandes und des Bewußtseins und zugleich ihre intime Affinität zueinander.[8] Ferner ermöglicht es uns, die Intentionalität des Bewußtseins in der PhG radikal von der Intentionalität der Husserlschen Phänomenologie zu unterscheiden.

Husserl konzentriert sich vor allem auf den Bewußtseinsakt und versucht, die Bedingungen der Gültigkeit dieses Aktes zu etablieren. Wie im ersten Kapitel dieser Arbeit festgestellt wurde, ist bei Husserl dem Eindruck einer subjektivistischen Philosophie sehr schwer zu entgehen. Der vorherrschende Bewußtseinsmodus scheint die Wahrnehmung zu sein, eine Wahrnehmung, die auf Objekte gerichtet ist. Die Frage nach der Referenz dieser transzendentalen Subjektivität läßt sich kaum, wenn überhaupt, beantworten. Sie scheint die Subjektivität als solche zu meinen. Schließlich leidet Husserls Philosophie des Konkreten an dem Mangel des Abstrakten. Dagegen kümmert sich die Hegelsche Phänomenologie nicht um die reine Erfassung des Bewußtseinsaktes und nicht um sein Vermögen, die Essenz einer Sache zu ergreifen. Vielmehr interessiert sich Hegel für den Prozeß des Bewußtseins in seiner Totalität.[9] Interessant ist hier, daß sich bei beiden Arten von Phänomenologie eine kreisförmige Struktur aufzeigt.[10] Die PhG bildet einen Kreis aus konkreten Erfahrungen. Entscheidend ist, daß es das Bewußtsein selbst ist, welches diese Erfahrungen macht und thematisiert. Die Bedingung der Möglichkeit solcher intensiven und breiten Entfaltung ergibt sich aus diesem Doppelrhythmus der Bewußtseins-Gegenstands-Verbundenheit. Die Hegelsche Art von Phänomenologie ist das Artikulieren dieser Affinität und der zustandekommenden Entfaltung der eigenen Reflexivität des Bewußtseins. Diese Intentionalität ist hier radikal anders als die übliche Intentionalität zu verstehen. Es handelt sich nicht um eine transzendentale Konstitution, weil der subjektivistische Standpunkt hier nicht vorherrscht. Bei der Hegelschen Intentionalität handelt es sich, zusammen mit der Reflexivität, um die konkrete Entfaltung und Thematisierung des Personseins. Diese transzendentale Subjektivität steht in einem schwierigen Verhältnis zu der Allgemeinheit. Ist die transzendentale Subjektivität auf die Allgemeinheit zu projizieren oder ist die Allgemeinheit durch eine Verallgemeinerung dieser Subjektivität hervorzubringen? In der PhG besteht dieses Dilemma nicht. Hegel verläßt sich von Anfang an auf die Integrität des Be-

[8] Mehr dazu später in Kapitel 5.

[9] Vgl. Lauer 1977, S. 43–67.

[10] Quentin Lauer übersieht diese interessante Ähnlichkeit.

wußtseins, und es stellt sich heraus, daß, je intensiver und herausfordender sich die Vermittlung der Individualität und der Allgemeinheit entfaltet, sich ihre Einheit desto intimer zeigt. Die Hegelsche Art der Phänomenologie ergibt sich dann organisch aus der Bewegung des Bewußtseins selbst.[11]

Das Bewußtsein selbst unternimmt seine Entfaltung und Thematisierung. Sein Weg wird weiterhin dadurch gekennzeichnet, daß sein Wissen auf jeder Stufe nach seiner Wahrheit geprüft wird. Diese Dynamik findet in der Bewegung des Bewußtseins selbst statt. „Das Bewußtsein gibt seinen Maßstab an ihm selbst, und die Untersuchung wird dadurch eine Vergleichung seiner mit sich selbst sein; denn die Unterscheidung, welche soeben gemacht worden ist, fällt in es.“ (PhG64) Wie kann der Vergleich des Bewußtseins mit sich selbst, der von dem Bewußtsein gemacht wird, und der innerhalb des Bewußtseins selbst stattfindet, das Weiterführen des Weges in Richtung der Wahrheit gewährleisten? Das kann nur möglich sein, weil die Rede hier keineswegs von einem nur privaten, subjektivistischen Bewußtsein ist. Das Bewußtsein als personhafte Vermittlung hält die Allgemeinheit und Individualität engstens, aber auch in kreativer Spannung, zusammen. Die Vermittlung des Andersseins, die in der Entfaltung des Personseins mitvollzogen ist, führt nicht zu seiner Reduktion oder Homogenisierung. „Es ist in ihm (Bewußtsein) *für ein* anderes ... zugleich ist ihm dies andere nicht nur *für* es, sondern auch außer dieser Beziehung oder *an sich*: das Moment der Wahrheit.“ (PhG65) Hier werden das Aufbewahren des Andersseins und das Wahrheitsmoment miteinander verknüpft. Aber die Einheit des Andersseins als zugleich an sich und für das Bewußtsein entspricht, wie schon gesehen, der Einheit der Intentionalität und Reflexivität im Bewußtsein selbst. Diese differenzierte Einheit erinnert wieder an den spekulativen Satz.

„... das Wesentliche aber ist, dies für die ganze Untersuchung festzuhalten, daß diese beiden Momente, *Begriff* und *Gegenstand*, *für ein anderes* und *an sich selbst Sein*, in das Wissen ... selbst fallen.“ (PhG65) An dieser Stelle drängt sich die Frage auf: Wie kann das Bewußtsein sicher sein, daß das Anderssein oder der Gegenstand sich ihm so zeigt, wie er in der Tat ist? Könnte es nicht möglich sein, daß der Gegenstand nur maskenhaft oder nur als Modus vorhanden ist? Hat das Bewußtsein einen besonderen Zugang zum dichtesten Opaksein des Andersseins? Die Frage trifft genau die doppelte Natur des Bewußtseins; einerseits scheint die Intentionalität in ihrem Beziehen-auf durch das *auf* begrenzt zu sein; es kann nur *auf* die Oberfläche des Andersseins strahlen; andrerseits kann das Bewußtsein seine eigene Reflexivität, nämlich das Bewußtsein von der Einheit seines eigenen Andersseins und Selbstseins, nicht einfach annulieren und sich in das Anderssein des Gegenstandes selbst versenken lassen; dann wäre es nicht mehr Bewußtsein und könnte keine Rechenschaft ablegen, wie es im tiefsten Anderssein eigentlich ist. Hegel ist sich der

[11] Für einen klaren und einleuchtenden Vergleich der Husserlschen und der Hegelschen Art von Phänomenologie vgl. St.F. Rosen S. 25ff. „For Hegel Phenomenology is the science of the Absolute as experienced. This means that the phenomena have an internal structure which is not the same as their structure as phenomena“.

Reichweite dieser Frage bewußt. Er gibt zu, daß das Bewußtsein das Opake am Anderssein nicht transparent machen darf: „es scheint gleichsam nicht dahinter kommen zu können, wie er (der Gegenstand) *nicht für dasselbe*, sondern wie er *an sich* ist, und also auch sein Wissen nicht an ihm prüfen zu können.“ (PhG66) Der Weg zum Ansich des Anderssein ist nur durch sein „Für-Bewußtsein-Sein“ erschließbar. Damit aber begnügt sich Hegel nicht.
„Allein gerade darin, daß es überhaupt von einem Gegenstand weiß, ist schon der Unterschied vorhanden, daß ihm etwas – das *an sich*, ein anderes Moment aber das Wissen oder das Sein des Gegenstandes *für* das Bewußtsein ist.“ (PhG66) Der Kernpunkt dieses Zitats ist, daß das Ansich dem Bewußtsein gegenüber weder fremd noch neutral ist. Hegel zieht aus der Tatsache, daß es Wissen gibt,[12] den Schluß, daß das Anderssein, das Ansich sich unausweichlich von seiner Natur her dem Bewußtsein präsentiere. Der Unterschied ist selbst die Einheit beider Dimensionen. Und der Unterschied ist im Wissen „vorhanden“. Er ist kein erfundener oder bloß gedachter Unterschied.
Der Unterschied ist aber nicht nur im Wissen vorhanden, sondern macht zugleich die fortbewegende Struktur des Wissens aus. Weil es sich beim Personbegriff um den Prozeß der Vermittlung handelt, ist das Wissen weder dogmatische Intuition noch eine Collage von fragmentierten Momenten. Das Wissen ist vielmehr die konkrete, sich vertiefende Bewegung der beiden Dimensionen des Ansich- und des Für-Bewußtsein-Seins des Gegenstandes. Eine Veränderung im Wissen wird zu einer entsprechenden Veränderung im Gegenstand führen. Die Suche nach einer stets angemesseneren Entsprechung beider drängt das Wissen vorwärts. Der Weg ist lang und mühsam. Die PhG ist nicht, wie oft gemeint wird, eine grelle Transparenz, worin das Anderssein und das Bewußtsein völlig durchsichtig werden. Vielmehr muß das Licht immer wieder gewonnen werden. Schatten, Dunkelheit und Holzwege sind immer möglich. Das Bewußtsein besitzt gerade nur die nötige Erleuchtung für seinen nächsten Schritt. Dennoch zeigt die vermittelnde Einheit zwischen der Selbsthaftigkeit des Gegenstandes und des Bewußteins klar auf, daß dieses Bewußtsein kein getrenntes subjektivistisches Bewußtsein ist. Dieses Bewußtsein ist intimst mit der Allgemeinheit verbunden. Damit kommt ein weiteres Merkmal dieses personalen Bewußtseins zum Vorschein, nämlich die Tatsache, daß es eine Entfaltungs- und Thematisierungsdynamik aufweist.

4.2 Personbegriff: Entfaltung und Thematisierung

Die Untrennbarkeit der Allgemeinheit und der Individualität verleiht dem Personbegriff einen einheitlichen Ausgangspunkt. Und von einem Ausgangspunkt darf wohl die Rede sein, weil es hier um Vermittlung geht und Vermittlung

[12] Dieses Argument weist eine interessante Art von „Selbstreferenz“ auf. Ein Gegenargument müßte nämlich das Vorhandensein von Wissen verleugnen; damit geriete es aber in Widerspruch mit sich selbst als Argument und zwar deswegen, weil es als Argument nicht mehr kognitiv bleiben könnte, wenn die Grundlage des Wissens entzogen wäre.

eine dynamische, sich entwickelnde Bewegung ist. Das Schöne an diesem Hegelschen Personbegriff ist, daß es eine Be-wegung ist. Auf seinem Wege durch die verschiedenen Gestalten und Phasen verliert er seine Grundzüge nicht. Um die Art und den Zweck dieses Weges zu charakterisieren, darf man von der Sichentfaltung und der Sichthematisierung dieses personalen Bewußtseins sprechen. Das Bewußtsein muß sich entfalten, damit es sich thematisieren kann. Die Entfaltung verweist demnach darauf, daß das Bewußtsein sich auf Erfahrung einläßt. Dadurch streckt sich das Bewußtsein immer weiter aus. In dieser Entfaltung bleibt es gleichzeitig auch auf sich selbst bezogen. Seine Entfaltung ist deswegen kein blindes Vorgehen; vielmehr lernt das Bewußtsein sich dadurch immer tiefer kennen: „Das Bewußtsein ist für sich selbst sein *Begriff*, dadurch unmittelbar das Hinausgehen über das Beschränkte und, da ihm dies Beschränkte angehört, über sich selbst." (PhG63) Die Entfaltung verhindert auch, daß das Thematisieren jemals versuchen wird, das Selbst direkt oder unmittelbar auszulegen. Auf neuen Entfaltungsstufen kommen neue Dimensionen des Bewußtseins zum Vorschein. Dieses tiefere Wissen führt dann natürlich zur weiteren Entfaltung. Beide Dimensionen bereichern und intensivieren sich gegenseitig. Das Werden des Bewußtseins ist dann nicht nur eine Selbstthematisierung seiner tiefen Substanz, sondern auch eine Selbstentfaltung in und durch Erfahrung; und mit jeder neuen Erfahrung ist die Person *mehr* als sie vorher war. Der Personbegriff als Vermittlung ist dann nicht ein bloßes Thematisieren eines bereits latent vollzogenen Inhalts. Das Thematisieren des Bewußtseins ist nicht von seinem Sichentfalten zu trennen, und der Personbegriff schließt beide Dimensionen ein. Dies hat natürlich grundlegende Folgen für die Identität und Einheit des Bewußtseins, seine Kontinuität mit sich in und durch alle Erfahrungen. Darauf kommen wir später zu sprechen.

Die Eigenart dieses Personbegriffs in seiner Selbstentfaltung und Selbstthematisierung kommt durch einen Vergleich mit der Transzendentalphilosophie klarer ans Licht. Wie Hegel in der *Vorrede* von der Gewohnheit einer Denkart gesprochen hat, läßt sich heute eine tiefliegende Gewohnheit zum transzendentalen Denken erkennen. Dabei ist immer eine bestimmte Art von Subjektbegriff und Erfahrungsbegriff vorausgesetzt oder operativ. Die Transzendentalphilosophie hat die Tendenz, sich sehr stark auf die Begründung und Rekonstruktion der Erfahrung zu konzentrieren. Man versucht, auf die Bedingungen der Möglichkeit von Wissen und Erfahrung zu kommen.[13] Der Rückgriff auf die bedingenden Möglichkeiten sollte auch die Struktur der Erfahrung erklären. Eine Reihe von Problemen liegt bei dieser Verfahrensweise offen zutage: Der Fokus bleibt nicht auf der Entfaltungs- und Thematisierungsdynamik der Erfahrung selbst, sondern er wird auf ein abstraktes Vorher abgelenkt. Damit klafft eine Distanz zwischen der Erfahrung und ihrem Grund auf. Die möglichen Möglichkeiten, die dabei ans Licht kommen mögen, bleiben deswegen

[13] Zu dem Riß in der Transzendentalphilosophie zwischen der Erfahrung und ihrer Begründung sowie zu seiner Schließung in der zirkulären Vorgehensweise des Hegelschen Systems vgl. Hartmann 1966, bes. S. 231, 237–238.

abstrakt und von der Erfahrung selbst getrennt[14]. Eine solche transzendentale Umgangsweise mit Erfahrung verrät eine dauernde Unsicherheit der Erfahrung selbst gegenüber. Das muß eigentlich nicht verwundern, weil Erfahrung bei Kant vor allem den Charakter einer Synthese hat. Sie ist eine Synthese der Daten der Sinnlichkeit. Sogar das Bewußtsein selbst ist aus der Synthese von Intuitionen zur Einheit gebracht.[15] Indem das Bewußtsein und das Selbstbewußtsein nicht eigentlich selbsthaft konzipiert sind, entsteht und bleibt eine Unsicherheit.[16] Das Bedürfnis des Wissens nach einem Begleiter verstärkt den Eindruck der Unsicherheit: nämlich das Bedürfnis nach einer Einheit der Apperzeption, die alle meine Vorstellungen begleiten können muß. Schließlich scheinen Erfahrung und Subjekt nur deshalb nötig zu sein, weil sie funktionell bei dem Versuch, das Wissen zu begründen, nützlich sein können.

Läßt sich keine andere Art von Umgang mit Möglichkeiten denken, wo das Bedürfnis nach Begründung auch konkret befriedigt werden könnte? Sicherlich. In der PhG liegt eine solche Darstellung vor. Hier werden Möglichkeiten nicht fest an abstrakte Bedingungen oder Vor-Bedingungen gefesselt. Vielmehr erweist sich Erfahrung hier als vermittlungsfähig. Darin und dadurch entfaltet und thematisiert sich das Bewußtsein. Von vornherein sind Erfahrung und Bewußtsein engstens aufeinander bezogen. Die Erfahrung ist verläßlich. Anstatt unter Begründungszwang zu stehen, bleibt Erfahrung in der Entfaltung und Thematisierung des Bewußtseins frei. Und in diesem Ablauf befestigt und zeigt sich das Begründetsein des Bewußtseins und der Erfahrung.[17] Das Schö-

[14] Vgl. Smith 1973, S. 442: „Hegel insists that the knowing involved in the examination of knowledge, whatever particular form it may take, be an actual knowing and not merely a propadeutic to actual knowing".

[15] Vgl. Bubner 1975, bes. S. 466–67. Bubner hat mit großer Schärfe entscheidende Schwächen in der Verfahrensweise der Transzendentalphilosophie herausgestellt. Er hat vor allem die Selbstreflexivität als ihr Kennzeichen aufgezeigt. Ein transzendentales Argument kann nicht den Weg zurück zur Bedingung der Möglichkeit von Wissen gehen, ohne *gleichzeitig* die Bedingung der Möglichkeit dieses Zurückgehens selbst in Betracht zu ziehen, d.h. die transzendentale Operation selbst kann der Kritik ihrer eigenen Vorgehensweise nicht ausweichen. Sie sollte die Bedingung ihrer eigenen Möglichkeit auch aufweisen können. Diese aber ist völlig abhängig von der Gegebenheit des Wissens. Die transzendentale Reflexion kann sich deswegen von ihrem Gegenstand nicht befreien. Die Bedingungen der Möglichkeit des Wissens sind zugleich die Bedingungen der Möglichkeit ihrer eigenen Reflexion.

[16] Zu Kants funktionalistischem Bewußtseinsbegriff vgl. Art. „Bewußtsein", in: HWP S. 892.

[17] Vgl. Flay 1982. Flay verweist auf eine ähnliche Betrachtungsweise wie wir. Er geht von der Einheit des absoluten Standpunkts und des natürlichen Standpunkts aus: „The unity is to be expressed as a *virtual* presence of the absolute standpoint within natural consciousness, and as an *actual* presence of natural and immediate self-certainty within the absolute standpoint". (S.17) Um diese Einheit zu artikulieren, reichen weder logische Voraussetzungen noch kontextverbundene Voraussetzungen aus. Flay schlägt das Konzept „pragmatische Voraussetzung" vor, welches die dynamische Beziehung zwischen zwei Ebenen der Erfahrung herauszustellen vermag (vgl. S.18). Er sieht genau, daß die Voraussetzungen in der PhG dabei implizit mit enthalten sind (vgl. S.21). „The possible states of affairs are all virtually in the consciousness and in the experience already. The uncovering of their presence as putative furnishes natural consciousness the ladder to absolute knowledge".(S.25)

ne an Vermittlung ist, daß das Personsein mehr vermittelt als es weiß. Der Inhalt, die Richtung und die Möglichkeiten der Vermittlung sind nicht auf die jeweiligen Intentionen oder Akte des Bewußtseins zu reduzieren. Die Fortbewegung des Bewußtseins selbst zeigt das auf.
Man darf hier im Gegensatz zu der „Bedingung der Möglichkeit", dem Axiom der transzendentalen Philosophie, von konkreten ermöglichenden Bedingungen sprechen. Die Hauptbedingung, die von der Bewegung des Bewußtseins selbst abzulesen ist, ist die Einheit der Individualität und der Allgemeinheit im Bewußtsein. Diese aktive Bedingung wirft die Möglichkeiten auf, den Weg durch die Gestalten und Phasen zu begehen und die Aktivierung von spezifischen, latenten Möglichkeiten in jeder Gestalt und in jeder Erfahrungsphase in Gang zu setzen. Dieses Werden setzt die Möglichkeiten ins Werk. Die Bewegung der phänomenologischen Möglichkeiten ist eine Vorwärts- und Aufwärtsbewegung, nämlich Entwicklung. Gleichzeitig werden aber schon verwirklichte Möglichkeiten in die Kontinuität des Erfahrungsweges hereingeholt und integriert. Dies hat zur Folge, daß die Möglichkeiten auf dem Wege immer intensiver und reicher werden. Im Gegensatz zum getrennten Subjekt der Transzendentalphilosophie unternimmt das Personsein in der PhG seine eigene Entfaltung und Thematisierung. Das Personwerden vollzieht sich als ein konkreter Erfahrungsweg. Dieser Werdeweg ist aber durch eine Sequenz von Gestalten ausgezeichnet: Die Gestalten des Personwerdens.

4.3 Gestalten des Personwerdens

Das Werden der Person wird in verschiedenen Gestalten vorgeführt. Nun ist das Wort *Gestalt* selbst ein Hinweis darauf, daß Erfahrung eine Ordnung haben muß. Jede Gestalt ist eine Gestalt *der* Erfahrung. Die Gestalt steht in einer inneren Beziehung zur Erfahrung. Sie ist die Erfahrungsform und darf keineswegs für einen abstrakten, äußerlichen Rahmen gehalten werden, in dem Erfahrung enthalten ist: Die Gestalt ist keine Hülle.
Die Tatsache, daß das Bewußtsein sich in und durch Gestalten entfaltet und thematisiert, könnte dazu beitragen, das übliche Vorurteil gegen einen Personbegriff, der sich zu sehr an das Bewußtsein anlehnt, abzubauen. Hinter diesem Vorurteil steckt immer der Verdacht, daß Bewußtsein zu fließend und oberflächlich sei, um den Boden und Stoff für den Aufbau eines Personbegriffs bereitzustellen. Wie aber schon gesehen wurde, ist das Bewußtsein in der PhG alles andere als oberflächlich. Bewußtsein ist nicht nur die Aktivität, wodurch ein Subjekt Bewußtsein hat, es ist zugleich ein umfassender Seinsmodus. Wenn Bewußtsein nur oberflächlich wäre, brauchte es sich in der PhG auf keinen mühseligen Prozeß der Artikulation einzulassen. Weil das Bewußtsein eben die verschiedenen Gestalten durchläuft, die in einer differenzierten, aber festen Kontinuität miteinander stehen, muß der Eindruck, daß es etwa relativistische Charakterzüge haben könnte, korrigiert werden. Jede Gestalt des Personwerdens weist eine identifizierbare Dauer auf. Jede Gestalt erhält auch ih-

ren spezifischen Ort in der ganzen Sequenz. Jede Gestalt empfängt ihre Signifikanz als ein Entwicklungsstadium auf dem Weg des Personwerdens. Keine Gestalt darf für sich allein behaupten, daß sie die Substanz der Person repräsentiere oder daß sie der einzige Schlüssel zum Personsein sei.[18] Jede Gestalt besitzt außerdem ihre eigene Lebenskonstellation, ihren eigenen *Rhythmus* und ihre eigenen Möglichkeiten. Die Gestalt ist deswegen nicht als eine fixierte Position zu verstehen. Die Gestalt gestaltet sich in der Erfahrung. Je mehr die Erfahrung sich entwickelt, desto mehr läßt sich ihre Gestalt formieren. Die Ironie dabei ist, daß sich die Gestalt gerade damit ihrer Aufhebung und Verwandlung in die nächste Gestalt nähert. Außerdem ist der Weg durch die Gestalten kein schneller Durchlauf. Es wird bei jeder Gestalt, ihrem Rhythmus entsprechend, verweilt, bis die in ihr enthaltenen Möglichkeiten verwirklicht sind. Das führt ein anderes Merkmal des Hegelschen Personwerdens vor Augen, nämlich seine Allmählichkeit und seine große Geduld. Daß das Bewußtsein sich in Gestalten auszudrücken vermag, ist ein Indiz seiner Selbstgewißheit. Jede Gestalt ist die Verkörperung der jeweiligen Gewißheit des sich entfaltenden Bewußtseins.

Wenn das Bewußtsein bei Hegel in enger Verbindung mit Erfahrung gedacht wird, dann ergibt sich ferner daraus, daß die Gestalten notwendig sind. Es gibt keine Erfahrung, die völlig gestaltlos sein kann. Sonst wäre nichts Identifizierbares geschehen. Eine Erfahrung findet immer innerhalb irgendeines Rahmens statt. Das Bewußtsein bei Hegel ist nicht punkthaft. Außerdem ist das Bewußtsein hier weder als rein Innerliches, Verschlossenes noch als Subjektives, sich auf die Allgemeinheit Beziehendes konzipiert. Als vermittlungsfähig kann dieses Bewußtsein seinen eigenen Weg gehen. Es bleibt nicht in narzistischer Haltung, um sich kreisend, stehen. Der Begriff des Weges läßt sich dann leicht mit der Idee der Gestalten verbinden. „Die Gestalt, anders als das bloße Moment, ist … fähig zur Zeitlichkeit als eigentlicher Wirklichkeit, und damit zur reinen Freiheit, d.h. Selbständigkeit gegen anderes".[19] Schließlich bleibt zu bemerken, daß bei einem Subjektbegriff solche Möglichkeiten nicht bestehen. Bei den meisten Subjektbegriffen gilt das Verhältnis zur Welt als problematisch. Der Akzent liegt dann meistens entweder auf der Erstellung eines Verhältnisses zur Welt oder der Rechtfertigung eines solchen Verhältnisses. Gerade weil diese Kontaktlinie so schwierig ist, bestehen wenig Möglichkeiten für eine Auslegung der Erfahrung nach Gestalt und Phase.

[18] Vgl. Innis S. 112. „Consciousness is not a thing, a substance, but rather a *process* in which it embodies itself in determinate forms without being ontologically identical with any one of them".

[19] H. Schmitz 1957, S. 316. Obwohl Schmitz die Bedeutung des Gestaltbegriffs, seine Lebendigkeit, seine Konkretheit und sein Ausdrucksvermögen anerkennt, legt er die PhG nicht als Sequenz der Gestalten des Personwerdens aus. Das hängt damit zusammen, daß er mit einem völlig negativen Begriff von Dialektik arbeitet (vgl. S. 317). Weil die Dialektik „verzehrend" ist, löscht sie die Gestalten nur. Wenn sich Schmitz der Verwandlungsmöglichkeiten der bestimmten Negation bewußt wäre, wäre er sicherlich in die Nähe unserer Interpretation gerückt.

Die Reihe von Gestalten des Personwerdens ist aber letztendlich auf die Natur des Geistes und seine Anwesenheit im Bewußtsein zurückzuführen. Darauf kommen wir später zu sprechen. Jetzt genügt uns der Hinweis auf die *Vorrede*, wo es heißt: „Einesteils ist die *Länge* dieses Weges zu ertragen, denn jedes Moment ist notwendig, andernteils ist bei jedem zu *verweilen*, denn jedes ist selbst eine individuelle ganze Gestalt und wird nur absolut betrachtet, insofern seine Bestimmtheit als Ganzes oder Konkretes, oder das Ganze in der Eigentümlichkeit dieser Bestimmung betrachtet wird." (PhG23) Man könnte sagen, daß jede Gestalt dem Erfahrungsvermögen und den Möglichkeiten des Personseins als Rahmen dient, aber keine Gestalt wird zum Käfig, worin das Personsein hypostasiert und fixiert bleiben muß. Jede Gestalt hat kreative Intensität und fordert zum weiteren Werden heraus. Jede Gestalt zielt auf die äußerste Verwirklichung der in ihr enthaltenen Möglichkeiten und verlangt damit die eigene Verwandlung in die nächste Gestalt. Diese Gestalten sind also keine beliebigen Collagen von subjektivistischen Fragmenten; vielmehr weisen sie eine intime Verbundenheit mit der Geschichte auf und enthüllen sich letztendlich als ursprüngliche Gestalten des Personwerdens.

4.4 Ursprüngliche Gestalten des Denkens

Hegel war der erste, der die Geschichte der Philosophie zum Inhalt und Stoff der Philosophie selbst gemacht hat. Er betrachtet seine eigene Philosophie ständig als die angemessene Artikulation der Reife der Zeit, in der er lebt. In bezug auf die Gestalten des Bewußtseins ist ihre Beziehung zur Geschichte eine wichtige Frage. In der *Vorrede* deutet Hegel einiges über diese Beziehung an. Der Kontext ist das vergangene Dasein des Geistes. „Diese Vergangenheit durchläuft das Individuum, dessen Substanz der höher stehende Geist ist, auf die Art, wie der (welcher) eine höhere Wissenschaft vornimmt, die Vorbereitungskenntnisse, die er längst inne hat, um sich ihren Inhalt gegenwärtig zu machen, durchgeht." (PhG22) Die Verbindung mit der gewesenen Geschichte erweist sich in bezug auf den Ansatzpunkt und die Richtung des Personwerdens als höchst wichtig. Als Vermittlung der Allgemeinheit und der Individualität durch- und ineinander handelt es sich bei diesem Personbegriff keineswegs um die beliebige Reise einer narzistischen Individualität, die in willkürlicher Beliebigkeit irgendwo ansetzt, abstrakt und unbekümmert über Richtung oder Ziel ihres Werdens.

Person als Vermittlung setzt notwendigerweise *konkret* an. Sie erkennt damit den Ort im Stufenbau der Geschichte an, an dem sie sich befindet. Weiterhin bezieht sie die gewesenen Gestalten in ihre eigene Artikulation ein. Sie sind ihr weder äußerlich noch zufällig. Vielmehr sind sie innerlich, wie Hegel im Bild des „Lernens" nachdrücklich unterstreicht. Das Gewesene ist weder als äußerlich noch als verschwunden zu denken. „Dies vergangne Dasein ist schon erworbnes Eigentum des allgemeinen Geistes, der die Substanz des Individuums … ausmacht." (PhG23) Deswegen hat das Individuum in dieser Zeit, wie

Hegel sagt, „geringere Mühe“, seine Substanz zu begreifen. (PhG24) Warum? Weil das Selbstbegreifen der Substanz des Weltgeistes in der Weltgeschichte an sich vollbracht ist. Hegel sagt, daß „der Inhalt schon die zur Möglichkeit getilgte Wirklichkeit, die bezwungene Unmittelbarkeit ...“ ist. (PhG24)[20] Das impliziert eine Parallelität zwischen dem Weg des Geistes zum Selbstbegreifen seiner Substanz und dem Weg des Individuums zum Begreifen seiner eigenen Substanz. Daß im Falle des Geistes diese Arbeit an sich vollbracht ist, macht dem Individuum das Begreifen seiner Substanz leichter, und zwar deswegen, weil der Inhalt der Geschichte ihm als *Möglichkeit* zur Verfügung steht. Das ist deshalb möglich, weil die Überwindung der zufälligen Unmittelbarkeit der Wirklichkeit die verborgene geistige Möglichkeit der Geschichte ans Tageslicht bringt. Diese Möglichkeit ist die Abbreviatur der Gestaltung. Die Essenz der gewesenen Geschichte steht als konkrete, bewohnbare Möglichkeit der Person zur Verfügung, als Möglichkeit, in die sie einsteigen darf und durch die sie ihre Substanz zu begreifen vermag.[21] Hegel stellt hier klar, daß die Allgemeinheit und die Individualität in der Vermittlung zusammen sind und zusammengehören. Die Arbeit der Vermittlung weist eine fortentwikkelnde und progressive Qualität auf. Diese innere Verbundenheit von Individualität und Geschichte ist gerade im Sinne der geistigen Vermittlung zu verstehen. Die scheinbare „Disproportion“ von Individualität und Allgemeinheit in einigen Gestalten läßt sich durch diese Erkenntnis ausgleichen. Es stellt sich dann heraus, daß es kein empirisches Nebeneinander von Individualität und Geschichte gibt. Die Individualität wird nicht von der Größe der Geschichte überflutet, vielmehr gilt die Geschichte als lebendige Möglichkeit von Vermittlung.

Daß das Gewesene solcher Art lebendig als Möglichkeit zur eigenen Selbstentfaltung und Thematisierung vorhanden ist, hängt damit zusammen, daß das Gewesene die Erfahrung ist, die der Geist schon durchgemacht und aufbewahrt hat. Die Aufgabe der Aufhebung dieses gewesenen Daseins ist es, „das *Ansich* in die Form des *Fürsichseins* umzukehren.“ (PhG24)[22] Die Person steigt kreativ in die vorhandene Memoria der Geschichte ein. Das zeigt, daß der Trieb zum Personwerden sich in kongruentem Einklang mit dem inneren Antrieb der Geschichte selbst befindet: „Die Reihe seiner Gestaltungen, welche das Bewußtsein auf diesem Wege durchläuft, ist vielmehr die ausführliche Geschichte der *Bildung* des Bewußtseins selbst zur Wissenschaft.“ (PhG61) Aber wie Hegel weiter ausführt, ist das In-Besitz-Nehmen dieser Verbundenheit mit der Geschichte ein sehr nuancierter Prozeß seitens der Person. (PhG2425) Diese Verbindung der Geschichte mit der Person erhellt ferner den pädagogischen

[20] Die frühere Auffassung dieses Gedankens lautet: „Wirklichkeit, die bezwungene Unmittelbarkeit, die Gestaltung bereits auf ihre Abbreviatur, auf die einfache Gedankenbestimmung, herabgebracht ist“.(PhG24)

[21] Es darf hier an den Unterschied zur *Möglichkeit* in der Transzendentalphilosophie erinnert werden.

[22] Die frühere Fassung dieser Idee lautet: „Das bereits erinnerte *Ansich* in die Form des *Fürsichseyns* umzukehren.“ (PhG24)

Zweck der PhG dem normalen Individuum gegenüber, ihm auf eine innerliche, kreative Weise die Leiter zum absoluten Wissen zu geben: „Umgekehrt hat das *Individuum* das Recht zu fordern, daß die Wissenschaft ihm die Leiter wenigstens zu diesem Standpunkte reiche …“ (PhG20) In der früheren Fassung kam hinzu: „… *ihm in ihm selber aufzeige.*“ (PhG20)
Schließlich bleibt zu bemerken, daß es im Verlauf des Personwerdens Gestalten gibt, die von der Geschichte sofort erkennbar sind, z.B. Skeptizismus, Stoizismus, Idealismus, Aufklärung usw. Dabei läßt sich, obwohl diese Gestalten bestimmten geschichtlichen Epochen entsprechen, die Tiefe ihrer Bedeutung nicht direkt-historisch oder linear aus diesen Epochen ablesen. Ihre Bedeutung liegt tiefer in der Natur des Personwerdens selbst. Deswegen ist es wahrscheinlich, daß, wenn Hegel heute die PhG schriebe, die Gestalten des technologischen Denkens, des Existentialismus, der Phänomenologie, der Sprachphilosophie, des Feminismus usw. ihren Ort in der Galerie der Gestalten gehabt hätten. Das Wort „ursprünglich“ meint also in bezug auf die Bewußtseinsgestalten folgendes: Es handelt sich um eine Gestalt des Denkens, die durch ihren Auftritt in einer bestimmten historischen Epoche in gewisser Weise immer gültig bleibt. Die Gültigkeit und Reichweite einer solchen Gestalt geht dann über die Art, den Ort und die Zeit ihrer Erscheinung hinaus. Ihre jeweilige Gültigkeit schöpft die in ihr verborgenen Möglichkeiten nicht aus. Jede Gestalt enthält dann eine Tiefe und Breite, die sich durch Erfahrung und Geschichte wahrhaft bewiesen hat. Hinsichtlich dessen verwundert es nicht, daß die Gestalten des Personwerdens in der PhG ein solch breites Feld der Erfahrung einschließen.

4.5 Die Gestalten der ganzen Erfahrung

Nach der PhG ist Bewußtsein ohne Erfahrung nicht denkbar. „Das Bewußtsein weiß und begreift nichts, als was in seiner Erfahrung ist.“ (PhG28) Aber wie ist der Erfahrungsbegriff, der vom Personwerden untrennbar ist, zu denken? Der Erfahrungsbegriff ist in bezug auf die Erscheinung und Selbstverwirklichung des Geistes zu verstehen. Doch wollen wir die Sache noch nicht aus der Perspektive des Geistes erläutern. Es sei hier nur kurz angemerkt, daß Erfahrung im Grunde genommen geistig zu verstehen ist. An dieser Stelle werden wir versuchen, den Erfahrungsbegriff aus der Perspektive des Bewußtseins zu denken.
Das Bewußtsein ist weder abstrakt noch von der Welt der Erfahrung getrennt. Es liegt in seiner Natur, Erfahrungen zu machen. Das Bewußtsein entfaltet und thematisiert sich in und durch Erfahrung. Erfahrung ist deswegen nicht neutral oder blind. Sie enthält eine Offenbarungs- und Entwicklungskraft. Weiter weist sie eine Kontinuität der Allgemeinheit mit der Individualität auf. Sie ist weder eine verschlossene, private Sache eines subjektivistischen Bewußtseins noch ist sie von objektiven toten Tatsachen ablesbar.
Vielmehr enthält Erfahrung die beiden Dimensionen der Allgemeinheit und der Individualität in kreativer Spannung in sich. Sie ist ein personales Ereig-

nis. Durch nichts anderes als durch Erfahrung kann die Person zu sich und zu dem Geist finden. Die Erfahrung ist der Stoff des Personwerdens. Sie ist infolgedessen nichts Statisches. Und die Erfahrungen eines Lebens stehen nicht wie Einzelelemente nebeneinander, sondern sie gehören als eine Einheit zusammen, sie sind ineinander verwoben. Im Sinne dieses Verwebens kann man von der PhG als einem Erfahrungsfeld sprechen. Wie nie zuvor erweitert Hegel den Begriff der Erfahrung des Bewußtseins. Erfahrung ist in der PhG sowohl extensiv als auch intensiv.

„Diese *dialektische* Bewegung, welche das Bewußtsein an ihm selbst, sowohl an seinem Wissen, als an seinem Gegenstande ausübt, *insofern ihm der neue wahre Gegenstand* daraus *entspringt*, ist eigentlich dasjenige, was *Erfahrung* genannt wird." (PhG66)[23] Die Erfahrung ist demnach eine Bewegung, die auf Wahrheit aus ist. Diese Wahrheit ist nicht als ein beliebiger Austausch eines unangemessenen Gegenstandes zugunsten eines angemesseneren zu verstehen. Der Grund dafür liegt zunächst in der Selbständigkeit oder dem Ansich des Gegenstandes selbst. Aber letztlich ist es eine Tatsache, daß das Ansich nicht verschlossen ist, sondern als solches *für* das Bewußtsein ist. Die Erfahrung enthält dann die Kontinuität „beider" Bewußtseinsgegenstände. Es „zeigt sich der neue Gegenstand als geworden durch eine *Umkehrung des Bewußtseins* selbst." (PhG67) Der neue Gegenstand ist „ein Resultat, welches das enthält, was das vorhergehende Wissen Wahres an ihm hat." (PhG67) Dieses Wahre darf nicht in ein leeres Nichts zusammenlaufen. Die Erfahrung sammelt sich im Bewußtsein an. Sie ist eine Kontinuität. Infolgedessen sind viele Dimensionen der Erfahrung in die PhG eingeschlossen: Sinnlichkeit, Verstehen, Tun, Bildung, Moral, Begierde, Entfremdung, Religion, Unglücklichsein usw. Auf dem Wege des Personwerdens gelten diese Erfahrungen keineswegs als bloß isolierte Bewußtseinsinstanzen, sondern gehören innerlich zu dem sich vermittelnden Kontinuum des einen erfahrenden Bewußtseins.

Obwohl eine Vielzahl von Erfahrungsdimensionen in die PhG einbezogen werden,[24] läßt sich dennoch fragen, ob man das eigentlich Erfahrung im üblichen Sinne des Wortes nennen darf. Gewiß nicht! Die Beschreibung der Erfahrung ist hier anders. Sie enthält nicht die amorphe Fülle der alltäglichen Erfahrung. Sie gibt sie nicht als solches unmittelbar wieder. Um kein Mißverständnis aufkommen zu lassen, muß betont werden, daß die PhG die Reise eines wachen Bewußtseins durch den Prozeß seines eigenen Werdens darstellt. Obwohl ihre alltägliche Fülle vorausgesetzt und mitgedacht wird, ist die Erfahrung nach ihrer Thematisierung und ihrem Entfaltungsvermögen ausge-

[23] Vgl. Theunissen 1978, S. 327: „Die ganze ‚dialektische Bewegung', von der Hegel sagt, sie sei ‚eigentlich dasjenige, was *Erfahrung* genannt wird', ist ein Geschehen der ständigen Horizonterweiterung, welche dadurch zustandekommt, daß das Bewußtsein seine Horizonte stets aufs neue thematisiert".

[24] Die Vielzahl von Erfahrungsdimensionen und die Art ihrer sich entfaltenden Einheit in der PhG könnte zur Lösung der Konflikte, die zwischen den ‚primären Selbstbeschreibungen' des modernen Subjekts aufkommen, beitragen. Zu diesem Bedürfnis der Moderne vgl. Dieter Henrich, Konzepte, Ffm. 1987, S. 17.

Bei Kant ist das Ansich nicht erkennbar.
Bei Hegel ist das Ansich für das Bewußtsein!

wählt und dargestellt. Dazu gehört auch die Tatsache, daß sich in einer Erfahrungsphase eine ungeheure Verwandlung ereignet, ohne daß sich an der Oberfläche der Phase etwas ändert. Es ist nur an der Grenze der Gestalt oder Phase zu sehen. Die Erfahrungsphase ist äußerst engstrukturiert. Wenn sich Erfahrung auf dieser engeren spekulativen Bahn straffen läßt, treten andere Dimensionen auf, die sonst nicht vorgekommen wären. Auch auf dieser engeren Bahn muß das Bewußtsein seine Erfahrung immer noch sorgfältig durchsieben.

Die Entzifferung des hier vorhandenen Erfahrungsbegriffs muß auch die Beziehung zwischen Erfahrung und Begrifflichkeit in Betracht ziehen. In der üblichen menschlichen Erfahrung besteht eine Kluft zwischen Erfahrung und ihrer Artikulation. Die Artikulation hängt der Erfahrung nach. Dagegen besteht in der PhG eine sehr enge und intime Beziehung beider.[25] Jede Erfahrungsgestalt und Erfahrungsphase enthält ihre angemessene Begrifflichkeit. Der Grund dafür ist, daß sich die Begrifflichkeit selbst genau wie die Erfahrung in Entfaltung befindet. Die PhG ist keine Collage von zerstreuten Einzelkonzepten, vielmehr zieht sich eine differenzierte, einheitliche Begrifflichkeit durch die PhG durch. Ihre verschiedenen Begriffe sind differenziert und selbständig, beruhen aber letztlich auf dem Begriff oder Grundbegriff.[26] Sie drücken ihn aus und setzen ihn fort. Es ergibt sich also, daß die Begrifflichkeit der PhG weder die Erfindung eines einzelnen Bewußtseins noch eine überpersonale objektivistische Begrifflichkeit ist. Vielmehr gehört die Begrifflichkeit der PhG zum Prozeß der personalen Vermittlung selbst. Das bedeutet, daß die Artikulation des Personwerdens in der PhG nicht auf fremde, äußerliche Konzepte angewiesen ist. Kein neutrales Beschreiben, keine hypostasierenden Begriffe haben hier Platz. Die Begrifflichkeit ist kein äußerlicher Filter, durch den Erfahrung gereinigt wird.[27] Es handelt sich vielmehr um ein Denken, worin Erfahrung und Begrifflichkeit einander herausfordern und konfrontieren. Beide konstituieren sich gegenseitig.

Keine vorherige, fixierte Position wird wiederhergestellt. Alles ist in Bewegung. Was im außerhegelschen Denken als eine Position bezeichnet werden könnte, gilt hier als Begegnung und Konflikt zugleich. Es gibt weder eine neu-

[25] Zu der Einheit von Selbst und Begrifflichkeit im Personwerden und zur Ablehnung der Trennung beider im empirischen Denken Popper/Eccles S. 110: „There is no self without theoretical orientation ...".

[26] Vgl. Puntel 1981, S.250: „Der Begriff ist nicht irgendein *apriorisches* Prinzip, aus dem die Wirklichkeit hervorgezaubert wird; vielmehr erwächst er aus der Mitte des Wirklichen als die Auslegung des Wirklichen, als das ausgelegte Wirkliche".

[27] In diesem Sinne gleicht die PhG einem Gedicht. Ein Gedicht beschreibt eine Erfahrung nicht, sondern verkörpert sie nach einer Art, in der sie immer lebendig und zugänglich bleibt. Die Form des Gedichts entspricht der Natur seines Inhalts. Und in bezug auf Person als Vermittlung zeigt die Metapher des Gedichts ihre Reichweite und zwar, weil jedes neue Gedicht zugleich die Verkörperung einer individuellen Erfahrung und eine Erweiterung und Bereicherung der Sprache ist. Ein Gedicht ist auch ein differenziertes, organisches Wesen und trotz aller Interpretationen gehört es vor allem sich selbst. Hier könnte vielleicht der Grund liegen, weswegen Hegel den sich verwebenden Fortgang des Bewußtseins von der Zufälligkeit des „Meinen" so stark absetzt.

trale Erfahrungsgestalt noch etwas, was eine vergeudete Erfahrung genannt werden könnte. Alles gehört am Ende zusammen. Letztlich bleibt zu bemerken, daß die Erfahrung des Bewußtseins in der PhG ihre Echtheit darin beweist, daß sie auf Wahrheit aus ist. „Die Erfahrung, welche das Bewußtsein über sich macht, kann ihrem Begriffe nach nichts weniger in sich begreifen als das ganze Reich der Wahrheit des Geistes ..." (PhG68) Hegel fährt hier fort, den Bewußtseinsgestalten alle möglichen Abstraktionen oder Oberflächlichkeiten abzusprechen, „so daß die Momente derselben in dieser *eigentümlichen Bestimmtheit sich darstellen, nicht abstrakte, reine Momente zu sein, sondern so, wie sie für das Bewußtsein sind, oder wie dieses selbst in seiner Beziehung auf sie auftritt,* wodurch die Momente des Ganzen *Gestalten des Bewußtseins* sind." (PhG68) Im Grunde handelt es sich bei der Erfahrung des Bewußtseins in seinen Gestalten um die kumulative Verwandlung des „Fremdartigen" und die immer intensivere Erscheinung der Affinität der Person mit dem Anderssein. Bevor wir aber die Affinität zwischen Personsein und Anderssein angemessen auslegen können, müssen wir zuerst auf die harten Züge des fremdartigen Andersseins eingehen. Dies soll im nächsten Kapitel geschehen.

5. Person und Verschiedenheit

Das Wunder für Hegel ist nicht, daß es überhaupt etwas und nicht nichts gibt, sondern daß es so viel gibt. Die Vielfältigkeit und die Verschiedenheit der Wirklichkeit hat ihn von Anfang an fasziniert. Als er noch jung war, versuchte er eine Begrifflichkeit zu bilden, die die Verschiedenheit ohne Einschränkung oder ideologische Homogenisierung denkbar machen würde. Er verwendete Begriffe wie „Volksreligion“ und „Liebe“, um ein Grundkonzept zu bilden, welches die Verschiedenheit in ihrer Einheit artikulieren sollte. Sein größter Schritt in diese Richtung war es, aus der Gefangenschaft des Positivitätsbegriffs herauszukommen.[1] Er holte die Positivität in den sich entwickelnden Begriff der Individualität herein. Es hat aber lange gedauert, bis sein Denken gereift ist und er die Begrifflichkeit formulieren konnte, um Anderssein, Gegensätze, Entzweiung und Widerspruch in eine kreative Einheit zu führen. Die Breite und die Tiefe des Hegelschen Systems selbst, und insbesondere das Entwicklungspanorama der PhG lassen kaum Zweifel daran bestehen, daß seine ganze Bemühung darin bestand, der Komplexität der Verschiedenheit denkerisch gerecht zu werden.[2]
Aus der Perspektive der PhG wollen wir hier der Frage nach der Verschiedenheit nachgehen, und zwar in konkretem Bezug auf das Personsein bzw. Personwerden. Zunächst wollen wir herausfinden, wie Personsein und Anderssein überhaupt miteinander verbunden sein können. Diese Frage spitzt sich in der Betrachtung der Rolle des Negativen im Werden der Person zu. Hinsichtlich der Dichtheit und der Intensität der Verschiedenheit wollen wir dann die besondere Innerlichkeit des Personseins hervorheben. Diese ganze Betrachtung führt uns schließlich zum Geistbegriff, der sich als Quelle und Impuls aller Verschiedenheit herausstellen wird.

5.1 Das Personsein und das Anderssein

Die Frage nach der Verschiedenheit ist äußerst wichtig für den Personbegriff überhaupt und damit für unsere Interpretation. Wenn nämlich die Verschiedenheit in der PhG nicht echt wäre, dann geriete der hier vorgeschlagene Personbegriff in große Schwierigkeiten. In der Tat wurzeln die stärksten Vorurteile und Einwände gegen Hegels Denken hier: daß die Verschiedenheit bei Hegel nicht eine echte, sondern nur eine gedachte ist.[3] Die PhG wäre völlig subjekti-

[1] Vgl. Wagner 1971, S. 166.

[2] Vgl. Puntel 1981, S. 250: „Hegel legt keine apriorische Deduktion der Wirklichkeit vor, vielmehr *begreift* er die Wirklichkeit“. Vgl.auch PhG4, wo Hegel für die Verschiedenheit philosophischer Systeme argumentiert.

[3] Für genau eine solche Meinung vgl. Hartmann 1972, S. 109: „This replacement of otherness or novelty by negation in the service of comprehension is what is called dialectic“. Hartmann betrachtet Hegel allerdings ausschließlich als einen Kategorien-Theoretiker.

vistisch, nichts weiter als ein einseitiger Monolog des Bewußtseins mit sich selbst. Sie bewegte sich nur innerhalb des Zirkels der Reflexion. Obwohl die PhG höchst komplex und faszinierend ist, gilt sie so nur als ein komplexes Spiel der Gedanken mit sich selbst.

Unsere Interpretation möchte diesen Einwand mit aller Schärfe widerlegen. Dennoch bleibt die Frage nach der Verschiedenheit aber sehr kompliziert.[4] Eine zureichende Diskussion erforderte eine Auseinandersetzung für sich. An dieser Stelle können wir nur kurz darauf eingehen. In der Darstellung der Interpretation soll unsere Arbeit diesen Einwand indirekt widerlegen. Es läßt sich denken, daß der Verschiedenheitsbegriff eigentlich auf eine ganze Begriffsfamilie verweist; dazu gehört der Unterschiedsbegriff, wonach eine Differenz zwischen zwei oder mehreren Sachen zu postulieren sei; dazu kommt auch der Begriff des Andersseins, wonach eine selbständige und intensivierte Differenz in einer gegensätzlichen Beziehung zu einer Selbstheit behauptet wird; demzufolge wäre der Begriff des Fremdseins als die höchste Steigerung der Verschiedenheit zu verstehen, weil dort eben die Beziehung zu ihren äußersten Grenzen intensiviert wird, jede Verbundenheit mit einer Selbstheit scheint zu verschwinden. Um der Frage nach der Verschiedenheit intensiver nachgehen zu können, werden wir uns hier auf den Begriff des Andersseins konzentrieren.

Zunächst handelt es sich beim Anderssein nicht um eine Substanz, die irgendwo oder überall vorhanden und unverkennbar anders ist. Das Anderssein liegt nicht einfach so unmittelbar vor. Ebensowenig wie das Sein unmittelbar in Erscheinung tritt, liegt das Anderssein jenseits der einfachen Grenze des Bekannten, so daß wir von dort aus unmittelbar auf seine unvorstellbaren Gestalten hinüberschauen könnten. Das Anderssein ist nicht das dramatische metamorphosenhafte Gegenteil des vertrauten alltäglichen Vorhandenseins. Viele Philosophen argumentieren gegen die Identitäts-Tendenz in einem einheitlichen System wie dem Hegelschen zu simpel. Adorno stellt zum Beispiel das Nicht-Identische dem sogenannten Identitätsdenken gegenüber, als ob das Nicht-Identische ebenso klar zur ‚Nicht-Verfügung' stünde wie vermutlich das Identische zur Verfügung steht.[5] Zu beachten ist, daß Anderssein ein höchst komplizierter spekulativer Begriff ist.

[4] Zu der Erscheinung des Verschiedenheitsbegriffs am Anfang der Neuzeit und zu der damit implizierten Relativierung des bis dahin vorherrschenden Primats der Identität vgl. Joseph Simon, „Differenz", in: HPG S. 312.

[5] Vgl. Theodor W. Adorno, Negative Dialektik, Ffm. 1982, S. 18, 23, 62. Es kommt darauf an, „... das Bewußtsein nicht der Identität der Sache mit ihrem Begriff, sondern des Bruches zwischen beidem..." zu thematisieren (S.90). Adorno hat seine negative Dialektik in starker Ablehnung der Hegelschen Dialektik entwickelt. Er richtet sich dabei vor allem gegen die Hegelsche Lehre von der Vermittlung: „In Unmittelbarkeit liegt nicht ebenso deren Vermitteltsein wie in der Vermittlung ein Unmittelbares, welches vermittelt würde." (S.175) Adornos Absicht, die Rechte der Unmittelbarkeit bzw. der empirischen Andersheit zu verteidigen bzw. wiederherzustellen, verdient Hochachtung. Die Frage ist aber, ob diese rein negative Bestimmung dessen das leisten kann. Eine sehr interessante Arbeit über Adorno ist die von

Es läßt sich fragen, wie der Begriff des Andersseins zu formulieren sei, so daß das, was anders ist, sein volles Gewicht bekommt und nicht billig ins Abseits des Dualismus abgestellt wird. Wenn man mit der Behandlung des Andersseins als anonymem Draußen[6] oder als dem Nicht-Identischen[7] oder als dem anonymen, unerreichbaren Ding-an-sich unzufrieden ist,[8] läßt es sich fragen, welche anderen Möglichkeiten zur kreativen Erörterung des Andersseins zur Verfügung stehen. Ein Anderssein, das sich so leicht in das Nichtidentische oder in das Anonyme verdrängen ließe, bliebe uninteressant. Wenn man dagegen daran festhielte, daß Anderssein die ganze Wirklichkeit und vor allem das eigene Selbst durchdringt, dann müßte sich eine andere Behandlungsart ergeben. Die PhG bietet uns eine solche.

Bei der Formulierung des Problems des Andersseins hängt fast alles davon ab, mit welchem Subjekt- bzw. Personbegriff gearbeitet wird. Die Person hat nie eine homogene Welt vor sich. Anstatt einer monolithischen Selbstheit, die entweder herablassend die Verschiedenheit beobachtet, sie auf Atomismus reduziert oder sie einzuebnen versucht, haben wir es mit einem Personbegriff als Vermittlung zu tun, der sich in der Mitte der Verschiedenheit kreativ und aktiv verhält. Demnach wäre es völlig falsch, ein opakes, äußerliches Anderssein zu erwarten. Solch eine Art von Anderssein ist nur dort zu finden, wo die alte Spaltung zwischen Subjekt und Objekt vorherrscht. Das empirische Selbst befindet sich unter solchen fremden Objekten. Das transzendentale Subjekt bleibt für immer von dem ersehnten Ding-an-sich ausgeschlossen. Das Anderssein wird mit dem Unausweisbaren identifiziert.

Zu meinen, daß echtes Anderssein allein durch ein solches Subjekt-Objekt-Modell zu bewahren sei, ist falsch. Ein Personbegriff, der von diesem Modell Abschied nimmt und auf Vermittlung aus ist, löst damit das Anderssein keineswegs auf, sondern ermöglicht erst eine respektvolle und differenzierte Freilegung des Andersseins. Dadurch, daß das Anderssein sich vermitteln läßt, büßt es seine selbständige Differenz ganz und gar nicht ein.[9] Das ist am Aufbau der PhG klar zu machen: Zunächst wird im Abschnitt „Bewußtsein" das

Thyen. Sie versucht, die negative Dialektik als eine Theorie der Erfahrung und als eine Art negativer Metaphysik darzustellen, vgl. bes. S. 282–284. Dabei hebt sie die „Asymmetrie im Modus der Vermittlung" (S.169) hervor.

6 Die Tendenz findet sich bei Levinas 1984, S. 9: „L'Autre métaphysique est autre d'une altérité qui n'est pas formelle, d'une altérité qui n'est pas un simple envers de l'identité, ni d'une altérité faite de résistance au Même, mais d'une altérité antérieure à tout initiative, à tout impérialisme du Même".

7 Vgl. Schnädelbach 1983, S. 70. Er behauptet, „... daß das Nichtidentische bei Adorno kein Begriff ist, sondern nur ein Begriffssymbol: eine Leerstelle für einen Begriff oder ... eine Chiffre."

8 Wenn das getrennte Einzelsubjekt einem opaken Anderssein gegenübersteht, wird es meistens zur immer intensiveren Flucht in die Innerlichkeit gezwungen. Dies ist das Schicksal des Subjekts bei Kierkegaard; vgl. dazu Buck-Moss S. 115–116.

9 Ein stellvertretender Ausdruck dieser Befürchtung findet sich bei Martin Heidegger, Identität und Differenz, Pfullingen, 1986, S. 19. Sein Vermittlungsbegriff bleibt hier allerdings einseitig und äußerlich.

äußerliche Anderssein präsentiert. Daß Hegel ernst und ehrlich mit dem Anderssein umgeht, zeigt sich hier in seiner Behandlung der Unmittelbarkeit. Die Unmittelbarkeit der „sinnlichen Gewißheit“ scheint die reichste Form der Verschiedenheit darzustellen, nämlich das einfache verschiedene Dasein. Hegel setzt die Unmittelbarkeit dieses äußerlichen Andersseins unter den Druck, sich weiter und tiefer zu bestimmen, bis sie wirklich die Vieldimensionalität ihrer Verschiedenheit in Besitz nehmen kann.
Auf dem ganzen Weg der PhG wird an der Distanz zwischen Gewißheit und Wahrheit festgehalten. Das bewahrt auch die Selbständigkeit des Ansich, sein Anderssein gegenüber dem Bewußtsein. Es konkretisiert Hegels Ablehnung eines einfachen Dualismus von Wahrem und Falschem, der nicht in der Lage wäre, das Anderssein angemessen zu artikulieren. „Gerade um der Bedeutung willen, das Moment des *vollkommenen Andersseins* zu bezeichnen, müssen ihre Ausdrücke (wahr/falsch) da, wo ihr Anderssein aufgehoben ist, nicht mehr gebraucht werden.“ (PhG30) Der Kontext dieses Zitats sind die Paragraphen der *Vorrede*, in denen Hegel die Inklusivität und Integrität seines neuen Systems vorstellt. Der Dualismus des Wahren und des Falschen in der Betrachtung der Erfahrung ist irreführend. Er fragmentiert die Erfahrung und übersieht, daß auch in konfliktreichen und negativen Erfahrungen Fortschritt und Entwicklung gemacht wird. Diese Entwicklung wird nicht durch das Eliminieren des Schwierigen erreicht, sondern durch seine Verwandlung und Integration. Dualistisches Denken kann deswegen dem Moment des vollkommenen Andersseins nicht gerecht werden, weil es entweder die differenzierte Einheit der Wirklichkeit übersieht oder als indifferent auffaßt.
Das Anderssein ist weder abzuschaffen noch ins Abseits zu verbannen. Es ist vieldimensional und differenziert, und anstatt dem Selbstsein des Personseins zu widersprechen, bestätigt es dieses. „Das *reine* Selbsterkennen im absoluten Anderssein, dieser Äther *als solcher*, ist der Grund und Boden der Wissenschaft oder das *Wissen im Allgemeinen*. Der Anfang der Philosophie macht die Voraussetzung oder Forderung, daß das Bewußtsein sich in diesem *Elemente* befinde.“ (PhG19) Von vornherein ist Person mit Anderssein verbunden. Doch ist dieses Anderssein kein opakbleibendes Fremdes. „Aber dieses Element hat seine Vollendung und Durchsichtigkeit selbst nur durch die Bewegung seines Werdens.“ (PhG19) Das Anderssein zieht sich durch die ganze PhG bis zur „Vorstellung“ in der Religionsgestalt und seiner Beheimatung im absoluten Wissen hindurch.[10] Dieses Anderssein hat „als solches Existenz“ und ist, wie die Person auch, selbst im Werden.
Eine große Stärke der PhG ist die Artikulation des dem Bewußtsein selbst zugehörigen Andersseins. Die Thematisierung der Tiefe dieses seines Andersseins ist allein durch seine Selbstentfaltung zu vollziehen. Das Bewußtsein ist kein einseitiges, simples Ich. Es erlebt ständig sein eigenes Anderswerden. Ge-

[10] Findlay 1964, S. 6 spricht von einer impliziten Teleologie in der PhG; aber er reduziert ihre verwobene Verschiedenheit auf einen Totalitätsbegriff: „Totality – the principle that *every* aspect of a thing is built into *any* aspect of it“.

rade weil es sich hier um das Werden der Person auf so vielen und so verschiedenen Erfahrungsebenen handelt, bleibt die Identität der Person in der PhG immer differenziert und differenzierend. Deswegen fällt sie nie endgültig in eine simple Selbstidentität zurück, welches zur Folge hätte, daß das Anderssein tendenziell absorbiert würde.[11] In der PhG zeigen Konflikt, Negativität, Widerspruch, Entfremdung usw. die harten Züge des Andersseins, welche sich nicht einfach vom Bewußtsein absorbieren lassen.

Das Personsein als Vermittlung der Allgemeinheit und der Individualität durch- und ineinander kennt selbst Differenz und Anderssein in den intimsten Quellen seiner eigenen Selbstheit.[12] Das Personsein fühlt sich demnach von Verschiedenheit nicht bedroht. In der Tat hängt die Möglichkeit seines Werdens und seines Selbstentfaltens von einem kreativen Umgehen mit der Verschiedenheit in der Erfahrung ab. Weil Person den Weg des Werdens geht, erschließt sich in der PhG ein Panorama von Ebenen des Andersseins. Es wird ein ganzes Feld von Erfahrungen erlebt, in dem sich keine Erfahrungsphase oder -gestalt wiederholt. Das ist viel breiter und tiefer als das, was das Subjekt-Objekt-Modell aufgrund seiner Verhaftung in der Einzelperspektive des Epistemologischen je liefern könnte. Zum Anderssein in der PhG gehört auch die Begegnung mit dem Anderen, das dialogische Moment.[13] Hier aber erhält die Begegnung eine ganz andere Bedeutung als im Dialogismus. Es ist nicht so, daß sich zwei reine Subjekte auf dem fremden Boden der Es-Welt treffen. Der Boden ist der inklusive, geistige Boden der Vermittlung. Die Subjekte sind Personen, die schon in intimer Verbindung mit der Allgemeinheit stehen und in ihren Erfahrungen Vermittler sind. Deswegen darf eigentlich nicht von einer Intersubjektivitätstheorie in der PhG gesprochen werden. Philosophien, in denen der Subjektbegriff vorherrscht, verlangen immer wieder die Intersubjektivität. Dieses Desiderat verrät aber bereits, daß der gemeinsame ontologische Boden fehlt, und deswegen müssen die isolierten Individuen möglichst schnell durch irgendein soziales, geschichtliches oder kommunikatives Prinzip gruppenhaft miteinander verbunden werden. Durch die Entlastung des Subjektbegriffs in einer Persontheorie als Vermittlung entfällt dieses Bedürfnis. Der Andere kann als er selbst auftreten, ohne äußerlich im Dienst eines Überbrükkungsprinzips stehen zu müssen.

Es stellt sich zunehmend heraus, daß die PhG eine vieldimensionale Lehre vom Anderssein enthält. Auch zeigt das Personsein auf seinem Werdewege, wie das Anderssein sich entwickelt und steigert. Das Anderssein ist also weder mit dem Unerkennbaren noch mit einer Gegend abseits des Alltäglichen zu identifizieren. Vielmehr erweist das Anderssein in und durch die Vermittlung

[11] Vgl. dazu die meisterhafte Arbeit von Desmond S. 83–84.

[12] Zur Vermittlung als eine Differenzaktivität und gegen die Idee der Identität als eine einseitige Einheit vgl. Martin Heidegger, Identität und Differenz, S. 11: „In der Selbigkeit liegt die Beziehung des ‚mit', also eine Vermittelung, eine Synthesis: die Einung in eine Einheit".

[13] Die Meinung, daß die PhG ausschließlich ein Bewußtseinsmonolog sei, läßt sich leicht durch die Erscheinung dieses dialogischen Moments, z.B. im Herr-Knecht-Verhältnis, widerlegen.

seine Unerschöpflichkeit. Die Vermittlung des Andersseins aber ist ein langwieriger Prozeß. Dies ist vor allem in den negativen Dimensionen der Erfahrung klar.

5.2 Das Personsein und das Negative

Die intensive Verschiedenheit oder das Anderssein der Wirklichkeit zeigt sich am ausgeprägtesten in den negativen Dimensionen der Erfahrung. Die negativen Dimensionen sind dort zu finden, wo das Anderssein zum Fremdsein wird. Weil der Personbegriff als Vermittlung direkt auf Erfahrung, dem Stoff seines Werdens, beruht, erhalten die Grenzdimensionen der Erfahrung, z.B. das Dunkle, das Schmerzhafte und das Konfliktreiche, eine besondere Bedeutung. Der Personbegriff als Vermittlung ist dazu herausgefordert, diese Dimensionen aufgeschlossen bis zum äußersten zu erleben. Manche Subjektbegriffe sind im Vergleich dazu eigentlich sehr abstrakt und stoßen entweder nie auf solche Grenzen oder gelangen zwar dorthin, bleiben aber auf sie fixiert. Der Hegelsche Personbegriff umfaßt Negativität, Entfremdung, Verwirrung, Verstellung und Widerspruch. Diese Dimensionen gehören innerlich zu seinem Werdeweg. Durch ihre konkrete Verwandlung befreit sich die Person von der Schwerkraft der Endlichkeit. Anders gesagt: Sie gewinnt eine immer größere Freiheit.

Einige Differenzierungen sind allerdings angebracht. Zunächst muß zwischen den negativen Dimensionen und dem „Negativen" differenziert werden. Nicht aus reiner Willkür stößt Erfahrung auf die negativen Grenzen, sondern sie enthält selbst „das Negative" in sich. Erfahrung an und für sich ist kein Selbstgenuß eines statischen Subjekts. „Das Bewußtsein leidet also diese Gewalt, sich die beschränkte Befriedigung zu verderben, von ihm selbst." (PhG63) Erfahrung ist der Weg des Werdens. Deswegen enthält Erfahrung immer eine vorwärtsdrängende Dynamik.

„Die Ungleichheit, die im Bewußtsein zwischen dem Ich und der Substanz, die sein Gegenstand ist, stattfindet, ist ihr Unterschied, das *Negative* überhaupt. Es kann als der *Mangel* beider angesehen werden, ist aber ihre Seele oder das Bewegende derselben." (PhG28) Zwischen Bewußtsein und Substanz besteht eine Ungleichheit. Diese ist aber keineswegs als neutral oder indifferent zu verstehen. „Allein eben diese Ungleichheit ist das Unterscheiden überhaupt, das wesentliches Moment ist." (PhG30) Wegen der intimen Verbundenheit des Bewußtseins und der Substanz teilen beide diese Ungleichheit; sie ist „ihre Seele". Weil Bewußtsein aber in sich immer differenziert ist, kann es die Verwandlung dieser Ungleichheit durch Erfahrung unternehmen. Dies ist keine subjektivistische Aufgabe um der Zufriedenheit des Subjekts willen. Sie wird vielmehr unter Mitarbeit der Substanz eingelöst, und zwar deswegen, weil die Ungleichheit „ebensosehr die Ungleichheit der Substanz zu sich selbst" ist. (PhG28) Eine Vermittlung findet statt, welche die Substanz und die Person zueinander bringt. Die Ungleichheit wird integriert: „Aber sie ist nicht so Wahrheit, als ob die Ungleichheit weggeworfen worden wäre, wie die

Schlacke vom reinen Metall ..., sondern die Ungleichheit ist als das Negative, als das Selbst im Wahren als solchem selbst noch unmittelbar vorhanden". (PhG30)

Auf diesem aktiven Erfahrungshintergrund dürfte es klar sein, daß die negativen Dimensionen keine Ausnahmen sind. Vielmehr gehören sie zu einem Grund*rhythmus* des Personwerdens überhaupt. Das Negative gilt hier als das Bewegende, und die negativen Dimensionen spitzen diese Bewegung zu, um die Tiefe und Breite der Vermittlung zu erreichen. Anstatt an diesen Grenzen abzubrechen, zeigt die Erfahrung vor allem an dieser Stelle ihre kreative Kraft. Obwohl das Negative als Bewegungsprinzip gilt, ist das Personwerden keine rein negative Bewegung, die als Resultat „nur das reine Nichts" hat. (PhG62) Hegel bezeichnet eine solche Interpretation als Zeugnis des Skeptizismus, der im Negativen nur die abstrakte Leerheit des Nichts, nämlich den Abgrund sieht. Wenn Negation auf ihrem Wege nur eine Leere nach der anderen entstehen ließe, müßte sie immer aufs neue in einem Vakuum anfangen. Das wäre dem Hegelschen Personwerden völlig fremd.[14] Das Negative erhält hier stattdessen eine überraschend positive Bedeutung."Indem das Resultat, wie es in Wahrheit ist, aufgefaßt wird als *bestimmte* Negation, so ist damit unmittelbar eine neue Form entsprungen, und in der Negation der Übergang gemacht, wodurch sich der Fortgang durch die vollständige Reihe der Gestalten von selbst ergibt." (PhG62)

Negation im Personwerden ist weder abstrakt, noch macht sie die jeweilige Erfahrungsgestalt leer. Vielmehr ist sie die Differenzierung und Entfaltung des konkreten Erfahrungsinhalts selbst.[15] Diese bestimmte Negation bringt aus dem Inhalt eine neue Form heraus. Sie bedeutet Übergang. Dabei gehört jeder Übergang zur Kontinuität der spontanen Entwicklung der Gestaltenreihe. In der Negation wird die Zueinandergehörigkeit aller Dimensionen innerhalb der Verschiedenheit aufgezeigt. Die bestimmte Negation verweist dann auf die Verwandlung und kumulative Integration, welche Vermittlung bedeutet. Einem getrennten Subjektbegriff könnte das nicht zugeschrieben werden.[16]

Das Negative und die bestimmte Negation legen in ihrem kreativen Sinne die Rolle, welche die negativen Dimensionen spielen, fest. Die Gefahr einer Auflösung des Personwerdens besteht nicht. An dieser Stelle ist es angebracht, auf die kreative Rolle des Widerspruchs im Werden der Person hinzuweisen. Daß der Widerspruch in der Bildung eines Personbegriffs zur Gestaltung kommen darf, ist alles andere als selbstverständlich. Im täglichen Leben bleibt Erfahrung in den meisten Fällen in begegnungslosen Fragmenten zerstreut. In dieser

[14] Vgl. Beierwaltes S. 262: „Negation ist immer als Bestimmung zu denken".

[15] Vgl. Stanley F. Rosen, S. 83–84: „Opposition is determinate difference, and so negation".

[16] Vgl. Levinas 1981, S. 97: „Der verborgene Ursprung der Negation ist die Idee des Unendlichen in mir". Die Levinassche Negation neigt dazu, das Bewußtsein durch die Passivität der Rezeption zu einem abgeschlossenen Monolithen zu machen. Dagegen tritt beim Personbegriff als Vermittlung die Anwesenheit des Geistes, dem Rhythmus der Fortentwicklung des Personwerdens entsprechend, allmählich auf.

blassen Landschaft der ablenkenden Sukzessivität wird die kreative Grenze des Widerspruchs nur selten erreicht.[17] Ähnlich verhält es sich beim abstrakten Subjektbegriff. Dort, wo die Einheit der Individualität nur die Züge des Nacheinander und des Nebeneinander von Erfahrungsfragmenten hat, kann kein richtiger Widerspruch zustande kommen.[18] Bei einem Personbegriff als Vermittlung taucht der Widerspruch dagegen organisch und in voller Kraft auf. Die Dimensionen und Ebenen einer Persongestalt oder Erfahrungsphase können aufs schärfste in den Zustand des Entgegengesetztseins geraten. Weil das Personsein eine werdende Einheit ist, darf sich der volle Erfahrungsinhalt auf beiden Seiten sammeln, intensivieren und dann in zugespitzte Konfrontation miteinander kommen.[19]

Der Widerspruch ereignet sich. In diesem Sinne ist ein Widerspruch alles andere als ein toter Punkt.[20] Er ruft dringend nach Veränderung, Durchbruch und Verwandlung. Als ein solcher ist der Widerspruch höchst konkret.[21] Wenn die Seiten eines Widerspruchs in diesem Vermittlungsprozeß zu solch einer intensiven Berührung kommen, dann können sie kreativ und fruchtbar werden. Anstatt die Person zu spalten, werden sie die Verschiedenheit ihrer Erfahrung integrieren und vermitteln. Trotz der so wichtigen Rolle des Widerspruchs in der PhG liegt nicht alles in Widersprüchen verknotet, ansonsten würde sich das Bewußtsein stets ermüden und könnte seine Bewegung nicht fortsetzen.

Das Personsein befindet sich innerhalb der Intensität der Verschiedenheit. Auf seinem Werdeweg durch diese Verschiedenheit ist es ständig mit dem Negativen konfrontiert und herausgefordert, kreativ mit ihm umzugehen, nämlich seine Fremdartigkeit zur Verwandlung zu bringen. Es drängt sich an dieser Stelle aber die Frage auf: Wo hat das Personsein seine Kraft her, daß es weder in der Verschiedenheit verschlungen noch vom Negativen ausgelöscht wird? Diese Frage eröffnet einen Einblick in die besondere Innerlichkeit des Personseins,

[17] Trotz seiner großen Bemühungen, das Nichtidentische zu thematisieren, fehlt Adorno die intensive Verwebung der Verschiedenheit, welche bei Hegel für die volle Intensität des Widerspruchs als unumgehbares Erlebnis im Personwerden sorgt. Zur Scheinwidersprüchlichkeit in Adornos Denken vgl. Herbert Schnädelbach 1983, S. 88.

[18] Das dialektische Denken tendiert dazu, den Unterschied zum Widerspruch ständig zu intensivieren. Vgl. dazu Sarlemijn S. 84.

[19] Vgl. Stanley F. Rosen, S. 105: „Contradiction does not annihilate its terms but only their particularity. The task of speculation is to see the unity of opposites".

[20] Vgl. Theunissen 1970, S. 90 sowie Theunissen 1978, S. 340; „Widersprüchlich ist das Endliche, weil seine Realität dem Begriff entspricht und zugleich nicht entspricht".

[21] Zu der kreativen Rolle des Widerspruchs als einer Beziehung objektiver Bestimmungen und objektiv bestimmmter Gegenstände vgl. Wolff, S. 168 wo es heißt: „Alle Einzeldinge, aufgrund ihrer Bestimmtheit *gegeneinander*, sich negativ *zu sich selbst* verhalten. Die Negativität als Selbstbeziehung macht den Widerspruch und zugleich die Auflösung des Widerspruchs aus. Die Negativität der Selbstbeziehung ist der Grund, warum die endlichen Dinge nicht einfach sind, was sie sind, sondern *in* dem, was sie sind, gar nicht bestehen können, sondern sich verändern müssen".

eine Innerlichkeit, die auf Substanz beruht und die eine nicht annullierbare Selbstpräsenz im Personsein ermöglicht.

5.3 Das Personsein und die Innerlichkeit

Im Gegensatz zu allen anderen Seinsarten ist das menschliche Personsein besonders durch seine Innerlichkeit ausgezeichnet. Sie enthält eine Tiefe und Vielfältigkeit, die sich nicht leicht auf den Begriff bringen läßt. Entscheidend bei einem solchen Erklärungsversuch ist wieder der Subjekt- oder Personbegriff mit dem gearbeitet wird. Bei einem Subjektbegriff, der unnachgiebig auf Individualität besteht,[22] droht die Gefahr, daß Innerlichkeit in der Individualität solipsistisch eingesperrt bleibt.[23] Wenn aber ein Subjektbegriff völlig auf Bezogensein ausgerichtet ist, sei es durch Intentionalität oder Dialog, besteht die entgegengesetzte Gefahr, nämlich daß die Innerlichkeit erschöpft oder billig an die Äußerlichkeit verkauft wird. Viele der heutigen philosophischen und theologischen Strömungen, die von der Anthropologie oder Gesellschaftstheorie beeinflußt worden sind, neigen zu dieser Richtung. Ein Personbegriff als Vermittlung entgeht diesen falschen Alternativen und erschließt eine Möglichkeit, durch die Innerlichkeit entsprechend individuell und relational gedacht werden kann.

Die Intimität und Kontinuität der Individualität und der Allgemeinheit im Personsein entlastet die Innerlichkeit vom Druck der räumlichen Metapher, nach der sie tief in einer Hülle der einzelnen Individualität verankert zu denken wäre[24]. Vermittlung läßt keine leere Kluft zwischen Innen und Außen aufkommen. Dieser Dualismus herrscht nicht mehr. Innerlichkeit ist nämlich mehr als das räumliche Innere. Gleichzeitig bewahrt die Vermittlung den Unterschied zwischen der individuellen Innerlichkeit und der allgemeinen Äußerlichkeit. Ihre Kontinuität ist eine differenzierte Kontinuität. Die kumulative Bereicherung, die dem Vermittlungsprozeß implizit ist, läßt die leere Tiefe ebensowenig wie die leere Breite zu: „Wie es aber eine leere Breite gibt, so auch eine leere Tiefe, wie eine Extension der Substanz, die sich in endliche Mannigfaltigkeit ergießt, ohne Kraft, sie zusammenzuhalten, – so ist dies eine gehaltlose Intensität, welche als lautere Kraft ohne Ausbreitunng sich haltend, dasselbe ist, was die Oberflächlichkeit". (PhG69) Die Innerlichkeit und die Äußerlichkeit werden nicht unmittelbar aufeinander reduziert.

[22] Zu der Tendenz in der Tradition, den Personbegriff introspektiv als isoliertes Individuumsein zu betrachten, wie z.B. in der Kombinierung des Boethianischen mit dem Augustinischen Denken vgl. Zizioulas 1975, S. 405–407.

[23] Zu dieser Problematik und zum Versuch, in der Philosophie Argumentationsfiguren zu finden, die aus der subjektivistischen Innerlichkeit herausdrängen könnten, vgl. Bubner 1981, S. 37.

[24] Vgl. dazu Theunissen 1981, S.69. „Mit Innerlichkeit meinen wir eine Qualität von Selbstbeziehung ... Die Beziehung zu sich kann ein Beziehung *nur* zu sich oder eine solche sein, die in der Beziehung zu Anderen entsteht und sich in ihr erhält."

Unser Vorgehen in bezug auf diese Frage darf sich auf die Beziehung zwischen Substanz und Subjekt in der PhG stützen. Hegel verspottet ein Wissen, welches Selbst und Substanz nicht vermitteln kann: „Zugleich wenn dies begrifflose substantielle Wissen die Eigenheit des Selbst in dem Wesen versenkt zu haben und wahr und heilig zu philosophieren vorgibt ..." (PhG9) Hegel kommt an dieser berühmten Stelle direkt darauf zu sprechen: „Es kömmt ... alles darauf an, das Wahre nicht als *Substanz*, sondern *eben so sehr* als *Subjekt* aufzufassen und auszudrücken. Zugleich ist zu bemerken, daß die Substantialität so sehr das Allgemeine oder die *Unmittelbarkeit des Wissens* selbst, als auch diejenige, welche *Sein* oder Unmittelbarkeit *für* das Wissen ist, in sich schließt." (PhG14) Die Substantialität schließt die Unmittelbarkeit „des" Wissens und die Unmittelbarkeit „für" das Wissen in sich. Es kann keine Rede davon sein, daß das Subjekt die Substanz absorbiert.[25] Beide sollen in ihrer entwickelnden Differenzierung das Wahre ausmachen. Und die Fortentwicklung der PhG hat das höchste Vermitteltsein der Substanz und des Subjekts zum Ziel. Der mühselige Weg zu dieser Vermittlung unterstreicht ihre Allmählichkeit als Prozeß; ferner hält sich die Differenz zwischen Subjekt und Substanz durch. Hegel fährt nach diesem Zitat folgendermaßen fort: „Die lebendige Substanz ist ferner das Sein, ... welches in Wahrheit wirklich ist, nur insofern sie die Bewegung des Sichselbstsetzens, oder die Vermittlung des sich anders Werdens mit sich selbst ist." (PhG14) Die Lebendigkeit und Selbsthaftigkeit der Substanz ist in bezug auf die Frage nach der Innerlichkeit höchst wichtig. Substanz als Sein ist kein totes, tief verborgenes Substrat. Wenn sie so wäre, bliebe Person auf reine Individualität reduziert, eingesperrt in ihrer Innerlichkeit und von der anonymen Substanz ausgegrenzt.[26] Wenn Substanz aber selbsthaft lebendig ist, dann darf man ihr eine gewisse Innerlichkeit zusprechen. Diese Innerlichkeit der Substanz läßt die Person mit ihrer Innerlichkeit nicht allein stehen. Sie verankert und gründet die Innerlichkeit der Person; davon erhält sie ihre Tiefe, ihre Resonanz und ihre Undurchsichtigkeit. Und im Hinblick auf die unauslöschbare Verschiedenheit der Substanz darf man sagen, daß die Innerlichkeit der einen Person keiner andern gleich ist. Das verleiht der Erfahrung jeder Person eine besondere Bedeutung. Es verhindert ihre Fragmentierung und enthüllt sich als Grund ihrer Integration.

[25] Vgl. dazu H.G. Gadamer, Wahrheit und Methode, Tübingen, 1972, S. 286. Gadamer glaubt, daß bei Hegel die Substanz im Subjekt aufgeht. In bezug darauf versteht er die Aufgabe der Hermeneutik so: „Sie habe den Weg der Hegelschen Phänomenologie des Geistes insoweit zurückzugehen, als man in aller Subjektivität die sie bestimmende Substantialität aufweist". Die Konsequenzen von Gadamers einseitigem Verständnis der PhG führten ihn genau ins andere Extrem, worin nämlich das Subjekt in die Substanz aufgeht. Vgl. zu Gadamer Potepa S. 132–133: „Die geschichtliche Substanz liegt dem Einzelnen schon zugrunde und durchwatet sein Verstehen ... Auf diese Weise wird das einzelne Subjekt bei Gadamer verflüssigt, es wird nicht mehr für sich gesetzt. Die Rolle des Subjekts übernimmt die Tradition".

[26] Zu dieser Spaltung bei Spinoza vgl. Stanley F. Rosen, An Introduction to the Science of Wisdom, S. 55: „The finite is not reflected into substance because there is no interiority into which it could be received".

Die intime und aktive Kontinuität der Innerlichkeit der Substanz in und mit der Innerlichkeit[27] der Person hat weiter zur Folge, daß die Person mehr als ihre Erfahrung ist. Obwohl Erfahrung den Stoff des Personwerdens ausmacht, können Person und Erfahrung nicht miteinander identifiziert werden. Jede Person ist mehr als ihre Biographie. Die Biographie bestimmt und führt das Werden der Person in eine spezifische Richtung. Durch Erfahrung ereignet sich das Werden *der* Person. Aber Erfahrung allein macht nicht zur Person. Die Tatsache, daß Personsein in der PhG auf dem Wege seines Werdens ist und bei keiner der Erfahrungsgestalten oder Phasen stehen bleibt, macht sehr deutlich, daß das Personsein mit keiner von diesen Gestalten identifiziert werden darf. Dem muß auch hinzugefügt werden, daß das Personsein auch nicht mit der Summe der Gestalten zu identifizieren ist.[28] Die Tatsache, daß die Struktur der PhG sowohl kreisförmig als auch linear ist, verhindert ein solches einseitiges Identifizieren.

Die Frage nach der Innerlichkeit betrifft auch die Natur der Selbstpräsenz der Person. Selbstpräsenz ist besonders wichtig, wenn Personwerden als ein Werdeweg zu verstehen ist. Wäre es nicht denkbar, daß dieser Weg in und durch eine solche Verschiedenheit der Erfahrung entweder die Innerlichkeit in alle Richtungen zerstreut oder sie zu einer solchen Intensität der Differenzierung führt, daß Selbstpräsenz nicht mehr möglich wäre? Die Gefahr bestünde sicherlich, wenn die Innerlichkeit als fixiert zu verstehen wäre. Aber in der PhG reicht das Sichentfalten und Sichthematisieren des Personseins in die tiefste Innerlichkeit hinein. Die Ichhaftigkeit der Innerlichkeit leistet hier zweierlei: Sie unterscheidet die Innerlichkeit einer Person von der der anderen und bewahrt die Innerlichkeit in ihrer ganzen Ausdehnung und Vertiefung als die der einen Person. Das Ich ist kein Punkt im Sinne von einem Kern.[29] Vielmehr übergießt es die ganze Innerlichkeit.[30] Deswegen ist die Innerlichkeit in allen Erfahrungen ihrer selbst anwesend. Sie verliert sich nie. Die Allmählichkeit des Werdens garantiert, daß sie nicht von Erfahrungen überschüttet wird. Dies versichert dann weiter, daß das Werden selbst bewußt und integriert wird.

Die Innerlichkeit ermöglicht es der Person, ihre Erfahrung als ihre *eigene* Erfahrung zu betrachten. Das ist durchaus eine notwendige Folge der Selbstheit des Personseins. Wenn Erfahrung als „deine" oder „meine" zu bezeichnen ist, ist das „meine/deine" nicht im Sinne von einem privaten Besitz zu verstehen.

[27] Vgl. Connell S. 72: „Substance ... is the first principle of the interiority of being". Und ferner S. 78: „It is through substance that being can admit within it the flux of change; it is from substance that it derives the interiority of its identity, its selfhood, throughout the phases of its becoming".

[28] Ebd. S. 83. Jemanden zu lieben heißt nicht, eine Biographie zu lieben.

[29] Die empirische Tradition, ausgehend von Hume und Locke, wollte die Erfahrung des Bewußtseins der eigenen Selbstheit nach dem Modell des wahrnehmenden Bewußtseins verstehen; vgl. dazu den klassischen Aufsatz von Shoemaker 1968, S. 563: „I have been denying that self-awareness involves any sort of perception of oneself".

[30] Vgl. dazu Ehman S. 23: „The relation to self is not merely empirical since it relates the whole of the empirical to *oneself*".

Die eigene Erfahrung hat eine Wirkung auf die Allgemeinheit, weil sie hauptsächlich vermittelnd ist. Sie dient dann sowohl der Allgemeinheit als auch dem eigenen Personsein, sich weiterzuentwickeln. Dadurch ist klar, daß die Intimität mit der Allgemeinheit die Innerlichkeit bestätigt und, anstatt sie zu gefährden, sie kreativ zu ihrer weiteren Entfaltung herausfordert. Die Vermittlungskraft des Personseins in seiner Innerlichkeit und Substanz und die Vermittelbarkeit der Verschiedenheit auch in ihrem äußersten Fremdsein verweisen auf die selbsthaftige Quelle und den Impuls aller Verschiedenheit, den Geist.

5.4 Person und Geist

„*Geist*" ist einer der Grundbegriffe der Hegelschen Philosophie.[31] Die ganze Kraft ihrer Beweglichkeit und Differenzierungen strömt ihr vom Geist her zu. Um den Geistbegriff näher zu bestimmen, wollen wir zunächst gewissen Mißverständnissen, die auftauchen könnten, vorbeugen. Der Geist ist kein rein allgemeines Bewußtsein. Mit einer solchen Bestimmung würden die Individualität und die eigene Lebensgeschichte auf bloße Erscheinungshüllen des Geistes reduziert. Auch soll der Geist nicht als eine abstrakte Allgemeinheit verstanden werden. Der Geist ist weiterhin nicht als eine Art Seele zu verstehen, die individuellen Bewußtseinsphasen oder Bewußtseinsereignissen zugrunde liegt; das hieße die individuelle Differenz der Person auf einen gemeinsamen Boden oder eine Weltseele zu begründen. Noch ist der Geist eine Art immanenter Gott-Seele, die in der Person durch besondere Erfahrungen aufzudecken wäre. Schließlich ist der Geist nicht im Kantischen Sinne als ein regulatives Prinzip zu verstehen.[32]

Was ist dann Geist? Warum hat Hegel ausgerechnet den Begriff „Geist" als Grundbegriff ausgewählt? Es liegt daran, daß das Wort „Geist" zugleich die Bedeutung von menschlicher Gesinnung und göttlichem Geist in sich hat. Im Begriff „Geist" fand Hegel die untrennbare Einheit des Menschlichen und des Göttlichen enthalten. Um direkt zur Sache zu kommen, könnte man sagen, daß die Stärke des Geistbegriffes in seiner trinitarischen Verwurzelung liegt. Geist vereinigt in sich demgemäß die selbsthaftige Geschichtlichkeit des menschlichen Personseins und die selbsthaftige und allumfassende Geschichte Gottes. Geist ist kein rein monotheistischer Begriff für Hegel. Gerade weil Hegel auf der impliziten Einheit des Menschen und Gottes besteht, dient ihm der Geistbegriff zu einer differenzierten Auslegung dieser Einheit.[33] Geist spielt deswegen eine große Rolle in der PhG. Er ist die Grundkontur, welche die ganze

[31] Zur Begriffsgeschichte des Geistes im vorhegelschen deutschen Idealismus vgl. Art. „Geist", in: HWP bes. S. 185–191. „Geist ist bis 1795 in der Philosophie noch überwiegend pluralfähig und noch nicht das Absolute … Daß der Geist schon vor Hegel 1795–1797 zum regierenden Fundamentalprinzip wurde: das war also – scheint es – das Produkt einer Verbindung von Ästhetik und Theologie".(S.188).

[32] Zu dieser ganzen Frage vgl. Solomon 1970, S. 642–661.

[33] Vgl. McWilliams S. 338.

Bewegung umfaßt und immer nach vorne weitertreibt. Der Geist und das Bewußtsein gehören engstens zusammen.

„Das unmittelbare Dasein des Geistes, das *Bewußtsein*, hat die zwei Momente, des Wissens und der dem Wissen negativen Gegenständlichkeit. Indem in diesem Elemente sich der Geist entwickelt und seine Momente auslegt, so kommt ihnen dieser Gegensatz zu und sie treten alle als Gestalten des Bewußtseins auf … Der Geist wird aber Gegenstand, denn er ist diese Bewegung, *sich* ein *anderes* d.h. *Gegenstand seines Selbsts* zu werden, und dieses Anderssein aufzuheben." (PhG28)

Dieses Zitat könnte als eine Erklärung für den Grund der PhG gelten. Es besagt zunächst, daß Verschiedenheit nicht von sich selbst hervorgebracht worden ist und auch kein Produkt der menschlichen Subjektivität ist.[34] Sie ist auch keine neutrale tote Gegenständlichkeit. Die Verschiedenheit ist letztendlich auf die Unterschiede im Geiste selbst zurückzuführen.[35] Denn der Geist ist kein monolithisches Prinzip. Die Verschiedenheit darf ironischerweise völlig sie selbst sein, gerade weil sie mit der Ur-Quelle aller Verschiedenheit, dem Geist rhythmisiert.[36] Deswegen stehen das Bewußtsein und seine Sequenz von Phasen und die Gegenständlichkeit in ihrer Vielfältigkeit zusammen im Grund*rhythmus* dieser Bewegung. Das qualifiziert in besonderer Weise die Art von Phänomenologie, die die PhG treibt. Es geht ihr weder um gereinigte Gegebenheiten noch um die Aufdeckung von einem tiefliegenden Eidos; vielmehr will sie der Erfahrung als Selbstpräsenz der Person in der wachsenden Anwesenheit des Geistes gerecht werden.

Der große Trost im Werden der Person ist, daß die Verschiedenheit und das Anderssein nicht zu annullieren sind, während der Geist er selbst bleiben will. Die Spannungen und Widersprüche der Erfahrung sind sozusagen in dieser Bewegung zu Hause. „Die Kraft des Geistes ist nur so groß als ihre Äußerung, seine Tiefe nur so tief, als er in seiner Auslegung sich auszubreiten und sich zu verlieren getraut." (PhG9) Der Geist scheut sich nicht vor dem Negativen und dem Widersprüchlichen: „Aber nicht das Leben, das sich vor dem Tode scheut und von der Verwüstung rein bewahrt, sondern das ihn erträgt, und in ihm sich erhält, ist das Leben des Geistes. Er gewinnt seine Wahrheit nur, indem er in der absoluten Zerrissenheit sich selbst findet." (PhG26)

In bezug auf die PhG handelt es sich dann nicht bloß um Theorien über den Geist oder darum, die Existenz des Geistes zu beweisen. Nein. Es geht vor allem um eine Phänomenologie seiner wachsenden Anwesenheit. Die Differenziertheit des Geistes verhindert es, daß seine Anwesenheit zu einer tautologischen Präsenz wird, die überall unmittelbar vorhanden wäre. Die Anwesenheit des Geistes vollzieht sich auf vielen Ebenen und ist höchst differenziert. Die

[34] Martin Heidegger verweist auf diese Gefahr; vgl. Identität und Differenz, S. 54.

[35] Zur Verbindung von Verschiedenheit und Geist bereits beim jungen Hegel vgl. Art. „Geist", in: HWP S. 193.

[36] Hegel entwickelt seinen Geistbegriff durch seine Korrektur an Schellings Identitätssystem und, interessanterweise, aus dem Begriff der Andersheit. Vgl. dazu Dieter Henrich 1983.

Anwesenheit des Geistes scheint in Proportion zum Sich-Entfalten und Sich-Thematisieren des Personseins zu wachsen. Der Geist tritt nicht als Deus-ex-machina auf. Er unterbricht den Werdeweg der Person nicht. Die Selbstpräsenz der Person ermöglicht eine immer größere Anwesenheit des Geistes und ruft sie hervor. Die Anwesenheit und Selbstpräsenz passen sehr organisch zum Personbegriff.[37] Ein transzendentaler Subjektbegriff kann weder die Anwesenheit des Geistes noch die Selbstpräsenz der Person zur Sprache bringen. Dagegen erkennt die spiralförmige Struktur der PhG die Realität beider völlig an. Unserer Ansicht nach bestimmen sie die Atmosphäre der PhG.

Eine treffende Bestätigung dieser These kommt von Hegel selbst, wenn er in der Einleitung definitiv das Erkennen als Medium oder als Werkzeug ablehnt. Der Grund dieser Ablehnung liegt, nach Hegel, darin, daß die zwei Erkennungsweisen eigentlich Nicht-Erkennen sind, weil sie so tun als ob der Geist, das Absolute, *„nicht an und für sich schon bei uns wäre und sein wollte."* (PhG58) Dieser Satz bestätigt völlig das Erkennen als Artikulation dieser Anwesenheit. Die Tatsache, daß der Geist an und für sich schon bei uns ist, ist nicht unsere Leistung, sondern sein Wunsch und seine Natur. Das Enttäuschende und Entfremdende am Erkennen als Medium oder Werkzeug ist, daß sich eine falsche Distanz, eine „scheidende Grenze" zwischen uns und dem Geist einschleicht. (PhG57) Dabei wird „das Erkennen ... als das Werkzeug, wodurch man des Absoluten sich bemächtige, oder als das Mittel, durch welches hindurch man es erblicke", verstanden. (PhG57) Aber wenn Erkennen ein Werkzeug sein soll, dann nimmt es den Geist nicht an, wie er „für sich (ist), sondern (es nimmt) eine Formierung und Veränderung mit (ihm) vor..". (PhG57) Andrerseits kann aber Erkennen nicht verstanden werden als „ein passives Medium, durch welches hindurch das Licht der Wahrheit an uns gelangt, denn auch so erhalten wir sie nicht, wie sie an sich, sondern wie sie durch und in diesem Medium ist." (PhG57)

Beide Möglichkeiten verletzen die Anwesenheit des Geistes entweder durch ihre Passivität oder durch ihre Aktivität. Als Medium wäre das Erkennen auf „Strahlenbrechung" reduziert: „denn nicht das Brechen des Strahls, sondern der *Strahl selbst,* wodurch die Wahrheit uns *berührt*, ist das Erkennen, und dieses abgezogen, wäre uns nur die *reine Richtung,* oder der *leere Ort* bezeichnet worden ..." (PhG58) Das Gegenteil von Anwesenheit ist dann nicht Abwesenheit, sondern diese geweblose Leere. Erkennen als Artikulation der Anwesenheit bewahrt zugleich die Idee des Erkennens als intime Selbstpräsenz der Person zu sich und ihre Einheit mit dem Geist. Es setzt keinen *„Unterschied unserer selbst von diesem Erkennen* voraus", noch bedeutet es, „daß das Absolute *auf einer Seite stehe* und *das Erkennen auf der andern Seite* für sich und getrennt von dem Absoluten ..." (PhG58)

Die Anwesenheit des Geistes garantiert, daß die Person in anderen nicht aufgeht; die Gefahr einer bloßen Intersubjektivitätslehre wird hier vermieden. Sie

[37] Für die gleiche Meinung dazu, allerdings aus einer anderen Perspektive, vgl. Levinas 1981, S. 96.

garantiert auch, daß das Bewußtsein kein bloßer Monolog mit sich ist. Und gerade weil der Geist Grund und tiefste Quelle des Bewußtseins ist, garantiert es, daß der Grund des Bewußtseins immer klarer wird, je mehr es sich der Erfahrung öffnet. Sowohl seine Innerlichkeit als auch seine Äußerlichkeit ist letztendlich vom Geist zusammengehalten. Nur weil Verschiedenheit die Grundnatur des Geistes ausmacht, will er keineswegs die Person zum Typus machen. Tatsächlich gilt das Gegenteil; der Geist setzt und braucht die selbsthaftige Differenz des Personseins.[38]

Der Weg des Personwerdens läßt sich dann nicht als ein erfundener Weg verstehen. Der Weg ist vielmehr der Erfahrungsweg: „... daß die Substanz wesentlich Subjekt ist, ist in der Vorstellung ausgedrückt, welche das Absolute als *Geist* ausspricht." (PhG18) Weil die Person mehr als bloßes Subjekt ist und eine Tiefe in sich hat, und auch weil der Geist die höchste Selbstheit als Differenziertheit aufzeigt, ist ihr Mit-Einander-Sein keineswegs nur eine punktuelle Epiphanie. Der Weg der Erfahrung ist notwendig. Von diesem Gesichtspunkt her läßt sich auch die komplizierte Beziehung zwischen Unmittelbarkeit und Mittelbarkeit in der PhG erklären. Es wäre in einem Kontext von solch tiefer Selbstheit und Differenzierung ein großer Fehler, Unmittelbarkeit schlechthin mit Anwesenheit gleichzusetzen. Gerade das In-Eins-Sein von Selbstheit und Differenzierung veranlaßt und benötigt die Hin- und Herbewegung zwischen Unmittelbarkeit und Mittelbarkeit. In dieser Vermittlung wird das Sich-Entfalten und das Sich-Thematisieren immer weiter fortentwickeln, ohne daß dabei die Unmittelbarkeit der Selbstheit verloren geht.

„Weil es die Unmittelbarkeit des Geistes, weil die Substanz überhaupt der Geist ist, ist sie die *verklärte Wesenheit*, die Reflexion, die selbst einfach oder die Unmittelbarkeit ist, das *Sein*, das die Reflexion in sich selbst ist." (PhG20) Es handelt sich hier nicht bloß um Reflexion als reine Selbstbeziehung der Begrifflichkeit auf sich. Es handelt sich um „das *reine* Selbsterkennen im absoluten Anderssein" (PhG19), welches dem Geist möglich ist. Das Anderssein vollendet sich und läßt sich erleuchten durch die Bewegung seines Werdens. In dieser Perspektive erhält die „verklärte Wesenheit" des substantiellen Geistes ihre angemessene Bedeutung. Und gerade hier läßt sich auch das Fruchtbare an der Erfahrung der Person erklären. Das Personsein als Vermittlung zeigt, daß Erfahrung sich verwandeln läßt und ebenso zur Verwandlung der Wirklichkeit führt. Nichts ist verloren oder vergessen.

Die Auffassung von Geist als Anwesenheit ermöglicht es, die Kontinuität, die Selbständigkeit und die Dauerhaftigkeit der Erfahrungsstufen klarer aufzuzeigen, und zwar deswegen, weil sie dieser Anwesenheit entsprechen und sie artikulieren. Demgemäß geht es in der PhG nicht darum, Platz für den Geist zu machen, das Erfahrungsfeld auszuräumen, so daß der Geist als er selbst, unbegrenzt von menschlicher Endlichkeit, auftreten dürfte. Platzmachen für den Geist ist mindestens theologische Vergessenheit, wenn nicht Widerspruch in

[38] Für eine Erörterung der Balance zwischen Individualität und Geist bei Hegel, die sich allerdings auf Hegels „Philosophie des Geistes" konzentriert, vgl. Litt, bes. S. 315.

sich, weil jeder Platz und jede Ecke schon vom Geist selbst durchdrungen sind. Der Geist kommt ins Anderssein hinein, aber das ist ihm keineswegs das Fremde.
Die Einheit der Anwesenheit des Geistes und der Selbstpräsenz der Person findet einen interessanten Ausdruck an einer Stelle, wo Hegel die Entfaltung und die Thematisierung des erscheinenden Wissens charakterisiert; sie ist „der Weg der Seele, welche die Reihe ihrer Gestaltungen, als durch ihre Natur ihr vorgesteckte Stationen durchwandert, daß sie sich zum Geiste läutere, indem sie durch die vollständige Erfahrung ihrer selbst zur Kenntnis desjenigen gelangt, was sie an sich selbst ist." (PhG60) Die Anspielung auf den Kreuzweg ist hier unverkennbar.[39]
Die korrelative und differenzierte Einheit der Anwesenheit des Geistes und der Selbstpräsenz der Person kommt dann auf dem Erfahrungsweg des Personwerdens zum Ausdruck. Das Erkennen dessen vollzieht sich für die Person nur allmählich und in harter Auseinandersetzung mit dem Anderssein der Verschiedenheit. Die Möglichkeit der Verwandlung des Andersseins und des Fremdartigen ist aber auf diese Einheit selbst zurückzuführen; dieses Kapitel sollte dies klar gemacht haben. Diese ganze Vermittlung deckt schließlich eine Affinität zwischen dem Bewußtsein und der Verschiedenheit auf. Auf diese Affinität und ihre Strukturiertheit möchten wir nun näher eingehen.

[39] Für die gleiche Meinung vgl. H.S. Harris 1982, S.46.

6. Die Affinität zwischen Bewußtsein und Verschiedenheit: Die Dynamik der Rekognition

Die Betrachtung der Verschiedenheit hat uns zu ihrer Wurzel, in den Geistbegriff geführt. Wir möchten in diesem Kapitel näher auf die phänomenologischen Konsequenzen dieses Geistbegriffs eingehen. Die erste Konsequenz, die sich feststellen läßt, ist, daß sich eine Grundaffinität zwischen Person und Verschiedenheit aufweisen läßt. Der Begriff der Affinität ist eine treffende Charakterisierung der besonderen Zusammengehörigkeit von Bewußtsein und Verschiedenheit in der PhG. Diese Affinität erschließt sich in einem Akt der Rekognition. Nachdem wir diese Affinitäts- und Rekognitionsdynamik ausgelegt haben, möchten wir auf die Begrenztheit dieser Rekognition eingehen, indem wir einen kurzen Blick auf die Rolle werfen, welche Ironie im Personwerden spielt. Trotz der Endlichkeit und der Begrenztheit, die zur Ironie führen, spielt die Rekognition eine sehr kreative Rolle im Gestalten des Übergangs des Bewußtseins von einer Gestalt in die andere. Dies erreicht sie, indem sie das Bewußtsein zur konkreten Realisierung seiner Werdensstufe bringt. Nachdem wir die Rolle der Realisierung erläutert haben, möchten wir die Allmählichkeit der Rekognition darstellen; die Rekognition muß gewonnen werden. Weil Rekognition der besondere Wisssensvollzug ist, in dem sich die Grundaffinität der Person und der Verschiedenheit zeigt, wollen wir schließlich die Eigenart der Rekognition als Grenzbegriff klarstellen, der sehr organisch an psychologische und soziale Anerkennung sich anschließen läßt.

6.1 Affinität und Rekognition

Weil die Verschiedenheit ihren Grund in der selbsthaften Differenziertheit des Geistes hat, und weil die Person ferner als ein differenziertes Selbst sich innerhalb dieser Verschiedenheit befindet, läßt sich eine *Grundaffinität* zwischen Person und Verschiedenheit aufweisen. Sie gilt als Grundaffinität, weil sie nicht von einem Subjekt erfunden oder projiziert ist, sondern zur Natur geistiger Wirklichkeit selbst gehört und im Vollzug dessen sich erkennen läßt. Sie kommt nicht nachträglich zur Wirklichkeit hinzu; vielmehr ist sie ontologisch. Diese Grundaffinität muß der Aufstellung eines Personbegriffs als Vermittlung vorausgesetzt werden. Wenn es nämlich keine Affinität gäbe, wäre überhaupt keine Vermittlung möglich. Deswegen spielt die Affinität eine ganz entscheidende Rolle im Personwerden der PhG. Der methodische Wert eines solchen Affinitätsbegriffs ist, daß er zwischen den beiden alternativen Vorstellungen von der Wirklichkeit als entweder opak und verschlossen oder als naivem, transparentem Gegebensein einen Mittelweg bietet. Wir werden nun versuchen, diese Affinität näher zu bestimmen.

Die Grundaffinität besagt zunächst, daß die Verschiedenheit der Person nicht opak oder indifferent gegenübersteht. Die Person befindet sich zunächst *hier*.

Das Hiersein der Person ist nicht das neutrale oder beliebige Geortetsein eines Einzeldings. Vielmehr ergibt sich das Hiersein der Person als eine Präsenz, die sich als aktives Bewußtsein und Selbstpräsenz in und durch Erfahrung vollzieht und so von vornherein in Verbundenheit mit der Verschiedenheit steht. Aufgrund dieser Verbundenheit ist die Person keine isolierte Insel von Präsenz in einer sonst fremden Verschiedenheit; sie hat zu dieser Verschiedenheit nicht nur die dünne und lineare Kontaktlinie der Intentionalität. Vielmehr verweist diese Verbundenheit auf ein Gesamtverknüpftsein der Person mit der Verschiedenheit.[1] Obwohl es nicht in der Kraft der Erfahrung liegt, diese Verbundenheit herzustellen, entfaltet und thematisiert sie diese Verbundenheit in jedem ihrer Schritte.

Durch die Entfaltungs- und Thematisierungsdynamik dieser Verbundenheit erschließt sich dann eine Grundaffinität zwischen dem Bewußtsein und der Verschiedenheit. Diese Affinität ist kein oberflächliches Ähnlichsein beider. Sie ist auch nicht auf gewisse Parallelen in der Strukturiertheit beider zu reduzieren. Affinität verweist vor allem auf die besondere Resonanz, welche die eigene Individualität gerade *als* Differenz in den Differenzkonstellationen der Verschiedenheit aktiviert und erlebt.[2] Es ist angemessen, von der Aktivierung dieser Affinität zu sprechen, weil sie nicht durch die Intentionalität oder das Konstitutionsvermögen eines getrennten Subjekts herzustellen ist. Sie ist auch kein Übergriff der Allgemeinheit auf die Individualität, die darauf angelegt wäre, auch wenn positiv und kreativ gemeint, in der Individualität den Sinn für ihre Zugehörigkeit zu der Allgemeinheit zu erzwingen. Vielmehr ereignet sich die Affinität in der Partnerschaft der Vermittlung zwischen der Individualität und der Allgemeinheit. Sie erschließt die Zusammengehörigkeit beider gerade *in* ihrer Differenz. Sie respektiert die Selbständigkeit der Differenziertheit beider. Die eine wird nicht in die andere absorbiert. Die Affinität unterstreicht damit, daß die Vermittlung in der PhG kein Totalitätsprozeß ist, der die ganze Wirklichkeit durch das eine begriffliche Tor in das Feld der homogenen Gleichheit hineintreiben möchte. Diese Affinität ist aber kein romantischer Begriff, der sich auf eine vorübergehende Ekstase, worin die Individualität sich in eine quasi göttliche Allgemeinheit aufgehoben fühlt, reduzieren läßt. Die Affinität ist eher ein inhaltsreicher, konkreter Erfahrungsvollzug, der auf dem Werdeweg des Personwerdens selbst vollzogen wird. Sie ist nicht von außen als abstrakter Begriff zu postulieren. Sie erschließt sich allmählich. Und die schönsten Momente der Affinität in der PhG lassen sich nur durch die harte und inhaltsvolle Auseinandersetzung mit dem Fremdsein und dem Anderssein gewinnen.

[1] Vgl. Smith 1971, S. 596. Er versucht auf sehr interessante Weise, die Dichtheit dieser Verbundenheit durch die Begriffe *insistence, persistence, expression* auszulegen.

[2] Der Begriff der Affinität würde z.B. eine Phänomenologie der Freundschaft, des Verliebtseins und der Berufung ermöglichen. Alle diese Erfahrungen erweisen auf besondere Weise die Wirkung der Affinität, die von der Person selbst aktiviert wird, die aber die Person umgreift und von der sie weit über die Grenzen ihrer Individualität hinausgezogen wird.

Diese Grundaffinität hat aber auch den Charakter der Verborgenheit. Sobald jedoch die Person sich auf Erfahrung einläßt, enthüllt sie sich ihr. Je mehr die Person sich entfaltet und thematisiert, desto größer und umfassender wird die Affinität in Erscheinung treten. Deshalb beruht schließlich das Erfahrungsvertrauen des Bewußtseins, da es sich in der PhG auf Anderssein, Negativität, Entfremdung und Widerspruch einlassen kann, auf dem Instinkt seiner Grundaffinität mit der Verschiedenheit.[3] Erfahrung ist infolgedessen als Artikulation dieser Affinität, als Enthüllung ihrer Verborgenheit unerläßlich. Wo bei der Anwesenheit des Geistes der Akzent auf die Selbstheit des Geistes gelegt wird, wird der Akzent bei der Affinität auf die Differenziertheit des Geistes gelegt.
Weil Personsein in seinem intimsten Sinne Vermittlung ist, ist es von vornherein in der Enthüllung dieser Affinität tätig. Dies hat dann eine wichtige Implikation für seine Identität, seine reflexive Beziehung zu sich. Man könnte sagen, daß sich Affinität und Identität[4] im Personwerden gegenseitig beeinflussen. Eine Intensivierung der Affinität in Erfahrungen der Liebe oder der Zugehörigkeit führt zu einer Intensivierung der eigenen Identität. Ebenso führt eine Verfinsterung der Affinität zu einem Angegriffensein der eigenen Identität. Weil Person als Vermittlung mehr als Subjekt ist, gehört es zur Natur der Person, gerade in dieser Gegenseitigkeit zu sein. Die Balance ist, obwohl sie häufig gestört wird, im Grunde nicht zu zerstören.
Eine tiefere Einsicht in diese Grundaffinität läßt sich durch einen kurzen Blick auf die Lehre vom Verstand verdeutlichen: „... denn nur darum, daß das Konkrete sich scheidet, und zum Unwirklichen macht, ist es das sich Bewegende. Die Tätigkeit des Scheidens ist die Kraft und Arbeit des *Verstandes* ..." (PhG25) Obwohl das Konkrete durch das Scheiden des Verstandes beweglich wird, führt dieses Scheiden auf vielen Bewußtseinsebenen zur Spaltung. Verstand hat also eine Tendenz, einen Dualismus aufzubringen. Die geschiedenen Seiten werden einander entgegengesetzt und hypostasiert. Dadurch werden Individualität und Allgemeinheit in der Lebendigkeit ihrer Affinität voneinander getrennt. „... statt in den immanenten Inhalt der Sache einzugehen, übersieht er (der formelle Verstand) immer das Ganze, und steht über dem einzelnen Dasein, von dem er spricht, das heißt, er sieht es gar nicht." (PhG40) Die Bestimmtheit einer Sache wird zu etwas Totem herabgezogen, und ihr immanentes Leben wird nun nicht erkannt. (PhG39–40) Anstatt diese *immanente*

[3] Theologisch ausgedrückt würde die Grundaffinität letztlich auf einer Schöpfungslehre beruhen. Obwohl Kern 1979, S. 64 den Begriff *Affinität* nicht verwendet, bewegen sich seine Vermutungen zu der Verbindung zwischen Denkbestimmungen und Dingbestimmungen in der Hegelschen Logik bereits auf diesem Boden.

[4] Desmond S. 221–222, zieht den Affinitätsbegriff dem Identitätsbegriff vor, und zwar aus dem Grund: „...the latter notion might easily collapse into univocal sameness, whereas the former retains the essential dimension of openness". Nach unserer Meinung sind dies keine Alternativen. Es muß zwischen Identität und Affinität nicht so getrennt werden, weil beide zusammengehören. Sie erledigen aber verschiedene Aufgaben im Personwerden. Mit einem Personbegriff als Vermittlung wird ihre differenzierte Einheit klar. Identität läuft dann keineswegs Gefahr, einseitig zu werden.

Grundaffinität zu enthüllen, verdeckt sie der Verstand. Deswegen wäre ein Personbegriff als Vermittlung im Bereich des Verstandes überhaupt nicht aufzubauen. Verstand neigt eher dazu, Person als Subjekt, welches dem Objekt entgegengesetzt ist, zu präsentieren. Das Ziel der PhG ist es aber auch, „durch das Aufheben der festen bestimmten Gedanken das Allgemeine zu verwirklichen und zu begeisten ...“ (PhG27) Dieses Zitat verweist auf die Artikulation der Grundaffinität zwischen Individualität und Allgemeinheit in einem Personbegriff als Vermittlung. Um diese Aufgabe der Artikulation einzulösen, müssen die hypostasierten Gegensätze in eine lebendige Einheit und integrierende Zueinandergehörigkeit verwandelt werden.[5]

Die einheitliche Wechselwirkung der Affinität und der Identität soll es uns ermöglichen, die Züge des personalen Wissens näher zu bestimmen. Vorab ist festzustellen, daß für den Geist selbst das „*reine* Selbsterkennen im absoluten Anderssein möglich ist.“ (PhG19) Der Geist erkennt sich also im absoluten Anderssein wieder. Außer sich bleibt er dennoch bei sich. Das Anderssein ist, wie wir gesehen haben, eine besondere intensivierte Form der Verschiedenheit. Im Geist gehören die intensivste Selbstheit und Verschiedenheit zusammen. Die Person befindet sich innerhalb dieser Grundkontur; aus ihr kann sie nicht heraustreten. Ferner trägt die Person, natürlich auf endliche Art, einige Grundzüge des Geistes selbst. Das bedeutet, daß es in bezug auf die Person möglich sein sollte, die Wechselwirkung ihrer Identität mit sich und ihrer Affinität mit der Verschiedenheit im Vollzug des Wissens als eine Art Wiedererkennen oder Rekognition darzustellen.

Den Wissensvollzug als eine Art Rekognition zu charakterisieren, besagt, daß personales Wissen kein trockenes Wissen von Tatsachen ist.[6] Wissen ist im Werden der Person völlig lebendig. Das läßt sich daran zeigen, daß Hegel so häufig von Erkennen spricht.[7] Oft wird dem Wissen sogar eine Selbstheit zugesprochen: „das immanente Selbst des Inhalts.“ (PhG41) Diese hohe Position des Wissens ist eine Steigerung dessen, was auch in der Tradition in bezug auf den Subjektbegriff immer zugegeben wurde, daß nämlich Wissen eine Hauptrolle im Wachsen des Subjekts spielt. Um überhaupt eine Erfahrung machen und sie gestalten zu können, ist das Licht des Wissens nötig. Personales Wissen ereignet sich innerhalb eines Erfahrungskontinuums. Es ist nicht fragmentarisch; es vollzieht sich nicht in isolierten Akten. Gerade hier ist der Begriff der Rekognition angebracht. Ein kurzer Blick auf den Gebrauch dieses Begriffs in der alltäglichen Sprache hilft weiter zur Erklärung. Ein Kind z.B.

[5] Diese Aufgabe der Vereinigung von Gegensätzen gehört überhaupt zum Personwerden; vgl. dazu Max Müller, „Person und Funktion“, S. 376.

[6] Es läßt sich aber denken, daß auch das Wissen von Tatsachen nicht unpersönlich bleiben kann. Vgl. dazu Polanyi S.17: „... the act of knowing includes an appraisal; and this personal coefficient, which shapes all factual knowledge, bridges in doing so the disjunction between subjectivity and objectivity“.

[7] Vgl. Lauer 1976, S. 278: „Knowing in the strict sense (Erkennen), then, is a ‚recognition‘ in the sense that it contains ‚re-flection‘ (mediation) as a positive moment ... ‚*Erkennen*‘ carries the connotation of ‚recognize‘.“

macht die Erfahrung der Rekognition dadurch, daß z.B. irgendein Fremder zu Besuch kommt; wenn es ihn irgendwo anders wiedersieht, erkennt es ihn wieder. In einem neuen, fremden Zusammenhang wird derjenige, der vorher kennengelernt wurde, wiedererkannt. Trotz Vergessenheit und Veränderungen bleibt ein Echo der früheren Erfahrung immer noch lebendig. Es läßt sich an dieser Stelle eine etymologische Verbindung zwischen dem Personbegriff und dem Rekognitionsbegriff aufweisen. Es darf nämlich daran erinnert werden, daß in der etymologischen Wurzel des Personbegriffs im Griechischen πρόσωπον seit Homer Antlitz meint.[8] In unserem Kontext – Personbegriff als Vermittlung – ist aber Rekognition mehr als die bloße Wiederholung des schon Erschienenen. Sie zeigt eher den sichentfaltenden *Rhythmus* der Selbstheit in der Affinität und Identität.[9]

Das Selbst der Person ist kein inhaltloses „trockenes Ich". (PhG63) Es entfaltet und thematisiert sich. Dergleichen befindet sich die Verschiedenheit in Bewegung. Deswegen ist die Affinität, welche die Verschiedenheit dem Selbst zurückspiegelt, kein Abbild eines narzißtischen Gesichts. Das Selbst, welches sich im Anderssein erkennt, ist kein eindimensionales Selbst. Weder Affinität noch Identität bleiben stehen, und sie stehen dem Selbst auch nicht unmittelbar zur Verfügung. Deswegen muß der Wissensvollzug eine Rekognition einschließen, die es ermöglicht, daß ihre Wechselwirkung sich erschließt. Die Rekognition läßt deswegen die Verschiedenheit als Verschiedenheit gelten und verhindert, daß sie spurlos in Affinität absorbiert oder homogenisiert wird. Die Affinität ist latent in der Verschiedenheit und ruft nach Artikulation.[10] Bei jedem Schritt weckt die Person sie auf. Rekognition verhindert dann auch, daß die Selbstidentität zu leicht auf ein festes Ich beschränkt wird. Das hat, wie wir sehen werden, zur Folge, daß es Fehlformen der Rekognition gibt. Dies legt Nachdruck darauf, wie Anderssein, Fremdsein, Widerspruch und Entfremdung auf dem Werdeweg der PhG völlig ernst zu nehmen sind.

Im absoluten Wissen wird es die Anstrengung dieser Rekognition nicht mehr geben. Sie wird dann vollendet sein. Rekognition ist Weg und Ziel des Wissens. „In diesem breiten sich nun die Momente des Geistes in der *Form der Einfachheit* aus, die ihren Gegenstand als sich selbst weiß." (PhG29) Doch ist es ein langer Weg hin zum absoluten Wissen, und die Rekognition leidet auch an der Begrenztheit und Endlichkeit, die zum Personwerden gehören. Dies kommt vor allem in der Rolle, welche Ironie in der PhG spielt, zum Vorschein.

[8] Vgl. S. 2.dieser Arbeit; sowie Casey 1987, S. 127: „The face is a paradigm of *recognizability*". In bezug auf den Personbegriff als Vermittlung ist das Gesicht ein erstaunliches Beispiel der differenzierten Einheit von Individualität und Allgemeinheit. Auf der kleinen Gesichtsfläche, welche eine der vertrautesten, allgemeinsten Formen dieser Welt hat, kann eine unendliche Zahl von verschiedenen Individualitätsformen ausgedrückt werden.

[9] Ebd. S. 128: „To recognize something is to cast it in a new light – to illuminate it in a way that was lacking when it remained unrecognised in its bare perception".

[10] Vgl. Smith S. 603: „Ultimately, however, articulation means transformation, transformation of immediacy into meaning. As Hegel saw so clearly, the immediate is not to be taken as the real while articulation is envisaged as merely abstract".

6.2 Fehlrekognition im Personwerden: Ironie

Das Personsein entfaltet und thematisiert sich aktiv in und durch Erfahrung. Das Personsein hat deswegen eine Fülle. Dennoch bleibt es immer endlich und auf die Allmählichkeit der Rekognition angewiesen; es darf keineswegs ins Licht des absoluten Wissens hinaufspringen. Es muß selbst seinen Weg dahin bahnen. Deswegen kann es auch manchmal auf dem Holzwege sein, ohne daß es das sofort merken kann. Die Struktur der PhG ist aber eine solche, daß wir, wie Hegel sagt, hinter den Rücken des Bewußtseins blicken dürfen und Verbindungen feststellen, auf welche das Bewußtsein selbst noch nicht gekommen ist. Deswegen darf man mit vollem Recht sagen, daß das Personwerden manchmal von Ironie begleitet ist. Das kommt sehr stark in den Erfahrungsphasen „Tugend", „Weltlauf", „menschliches und göttliches Gesetz" vor. Die Ironie stammt daher, daß sich zwischen der Entfaltungsabsicht des Personseins und dem, was dadurch tatsächlich verwirklicht wird, eine große Distanz ergibt, so daß manchmal das Gegenteil dessen verwirklicht wird, was eigentlich angestrebt war. Die vorliegende Affinität wird verkannt und die Hinorientierung der persönlichen Identität anderswohin gerichtet.

Die Ironie hat hier keine tragischen Züge, denn das Individuum betritt nicht etwa einen Weg, welcher ihm zum Verhängis wird. Hier handelt es sich um bestimmte Erfahrungsphasen und Gestalten des einen Personwerdens. Durch die Rekognition des Widerspruchs findet eine tiefere Integration der Erfahrung statt, und damit eröffnet sich auch eine neue Entfaltungsrichtung. Die Ironie stammt sehr häufig aus einem Fehler der Rekognition und läßt sich des öfteren durch die gemeinte Gewißheit des Bewußtseins intensivieren. In gewisser Weise gilt Ironie hier als ontologisch, weil das Bewußtsein, ohne es zu wissen, sich immer innerhalb der größeren Anwesenheit des Geistes entfaltet und thematisiert. Innerhalb dieser Kontur bleibt es dem Bewußtsein dennoch immer möglich, eventuell den Einblick in die Begrenztheit seiner jeweiligen Rekognitionsform zu gewinnen. Damit vollzieht sich die klarere Realisierung seiner Stufenposition und so der Schritt in eine neue Gestalt.

6.3 Die Rolle der Rekognition in der Realisierung des Übergangs in die neue Gestalt

Eine der entscheidendsten Entzweiungen, die das Leben heutzutage belastet, ist die zwischen Wissen und Tun. Wie nie zuvor gibt es einen ungeheuren Reichtum von Wissen. Dennoch findet es kaum eine Entsprechung oder Verwirklichung in der Gesellschaft. Das heutige Subjekt nimmt immer seltener Anteil am Entdecken der Wissensformen, die sein Leben bestimmen.[11] Infolgedessen besteht ein sehr tiefgehendes geistiges Bedürfnis, das Subjekt zu der

[11] Vgl. Horkheimer/Adorno S.154 „Jeder ist nur noch, wodurch er jeden anderen ersetzen kann: fungibel, ein Exemplar".

Eigentlichkeit, der Kreativität und dem Wert seines Wissensvermögens wiederzuerwecken. Dadurch könnte sich das Subjekt aus seiner Ohnmacht zur kreativen Verantwortung befreien. In dieser Hinsicht ist die PhG sehr interessant; sie bietet eine erhellende Perspektive, indem es ihr im Grunde um die Verwandlung der verschiedenen Entzweiungsstrukturen geht.

Die Wissensformen in der PhG sind nicht neutrale Figuren. Wegen ihres Entfaltungs- und Thematisierungstriebes hält sich das Personsein von abstrakten oder hypostasierten Wissensformen nicht fern. Es geht völlig auf sie ein und bringt sie wieder zur Lebendigkeit und zum Fließen. „Die Gedanken werden flüssig, indem das reine Denken diese innere *Unmittelbarkeit* als Moment erkennt, oder indem die reine Gewißheit seiner selbst ... das *Fixe* ihres Sichselbstsetzens aufgibt, sowohl das Fixe des reinen Konkreten, welches Ich selbst im Gegensatze gegen unterschiedenen Inhalt ist, – als das Fixe von Unterschiedenen, die im Elemente des reinen Denkens gesetzt, an jener Unbedingtheit des Ich Anteil haben." (PhG27) Entscheidend ist hier die Art von Wissen, welche diese Veränderung mit sich bringt. Für das reine Denken ist es keine neutrale Einsicht, sondern ein Moment des Sicherkennens, ein Moment der Rekognition. Es erkennt sich als unmittelbares Moment, und damit ist das hypostasierte Gedankenkonglomerat, welches dem Denken die Fortentfaltung versperrt hat, zum Fließen gebracht.

Man könnte diese Art von Wissen, die zugleich individuell und allgemein ist, *Realisierung* nennen.[12] Hegel fährt persönlicher fort; die reine Gewißheit des Sichselbstsetzens hat das konkrete Ich, seinen unterschiedenen Inhalt und die Momente des Unterscheidens alle fixiert und so getrennt. Sobald das Selbst seine Gewißheit nicht mehr durch Fixierung abzusichern braucht und das realisiert, wird der „Zusammenhang des Inhalts ... des organischen Ganzen" wiederhergestellt. (PhG27) Die isolierte Unmittelbarkeit des Ich wird sich als mit dem Ganzen intim verbunden erweisen.[13]

Diese Art von Wissen ist keine Einzelideologie, welche sich gegen die herrschende Ideologie behaupten möchte. Es ist eher ein Wissen, durch das die Person eine Rekognition der Zusammengehörigkeit ihrer Individualität und Allgemeinheit gewinnt. Es ist wirkendes Wissen, ein Wissen als Weg der Realisierung: „... dieser Weg wird durch die Bewegung des Begriffs die vollständige Weltlichkeit des Bewußtseins in ihrer Notwendigkeit umfassen." (PhG27) Dies ist klar an der Fortentwicklung der PhG selbst zu verdeutlichen. Das Bewußtsein bewohnt eine gewisse Gestalt, und dann plötzlich, nachdem es einige Erfahrungen darin gemacht hat, sieht das Bewußtsein sich und seine Umgebung in einem neuen, veränderten Licht und tritt damit in eine neue Gestalt ein. Dieses Wissen ist dann keineswegs ein rein innerliches oder abstraktes Wissen; vielmehr ist es das Wissen eines tätigen, sich vorwärts drängenden

[12] Im Englischen enthält das Wort *Realization* sowohl die Bedeutung des Einsehens als auch die der Verwirklichung.

[13] Zu der Bedeutung der Transformation des fixierten Subjekts, die allerdings aus der Sicht der Reflexionslogik gesehen wird, vgl. Heinrichs 1974, S. 64.

Bewußtseins, welches auf Kreativität, Selbstverwirklichung und Versöhnung von Gegensätzen aus ist. Das Wissen als Realisierung impliziert dann die Veränderung des Fixierten und somit den Vorstoß zur Realisierung des Begriffs selbst (PhG67).[14] Obwohl das Wissen als Realisierung einen Höhepunkt der Rekognition der Affinität ausmacht und eine kreative Rolle in der Übergangsdynamik von Gestalt zu Gestalt spielt, bleibt die Rekognition der Affinität allmählich; und sie muß durch konkrete Erfahrung immer wieder gewonnen werden.

6.4 Rekognition muß gewonnen werden

Obwohl es eine gewisse Spontaneität bei der Erfahrung der Rekognition gibt, kommt sie dennoch nicht einfach automatisch zustande. Das Bewußtsein muß innerhalb einer Gestalt verschiedenes versuchen, erleben und vielleicht auch leiden, z.B. beim unglücklichen Bewußtsein. Dann aber kommt, anscheinend unerwartet, das Rekognitionsmoment, welches den Aufstieg in eine neue Gestalt bedeutet. Es muß hier dem Mißverständnis vorgebeugt werden, daß das Moment der Rekognition einem Moment der Epiphanie gleichkäme. Ebensowenig ist Rekognition als Intuition oder reine Anschauung zu verstehen; eine solche unvermittelte Unmittelbarkeit, die sich die Anstrengung des Begriffs sparen würde, wäre Hegel fremd. Solche isolierten Blickmomente gehören eher einem Subjektbegriff denn einem Personbegriff als Vermittlung an. Hinter der Spontaneität des Rekognitionsmoments steht der lange und anstrengende Erfahrungsweg, der das Bewußtsein vertieft und auf dieses Rekognitionsmoment vorbereitet. Dann erst ist es reif, das Rekognitionsmoment zu vollziehen. Dazu gehört auch die Tatsache, daß dieser Erfahrungsweg sich in kreativer Konfrontation mit dem Anderssein und mit dem Negativen auseinandersetzt. Die Schwerkraft des Endlichen begleitet seine Bemühungen ständig. Dadurch wird klar, daß das Bewußtsein selbst seine Rekognitionsmomente gewinnen und verdienen muß.
Gerade weil es sich in der PhG um konkrete Erfahrung handelt, kann es vorkommen, daß eine Distanz zwischen der Erfahrung und ihrer Integration im Werden der Person besteht. Es kann infolgedessen passieren, daß das Rekognitionsmoment nicht genau im Moment der Erfahrung stattfindet, sondern erst später. Das stimmt auch mit der Struktur der PhG überein. Zwischen den Gestalten besteht eine Kontinuität, und was in einer Gestalt erlebt wurde, wird in die nächste aufgenommen und weitergeführt. Es kommt kein Rekognitionsmoment vor, welches den Weg des Personwerdens plötzlich abschlösse oder auflöste. Weil die Rekognition innerhalb und zwischen den Gestalten eine solch zentrale Rolle spielt, läßt sie sich durch ihren Anschluß an den psychologischen und sozialen Begriff der Anerkennung intensivieren und ergänzen.

[14] Vgl. dazu auch K.L. Schmitz S.281. „The seed of determinate infinity is inherent in the impetus of knowledge itself provided we put no obstacles in its way".

6.5 Der metaphysische Begriff der Rekognition als Grenzbegriff zwischen dem psychologischen und dem soziologischen Begriff der Anerkennung

Rekognition ist ein Grenzbegriff. Er ist an der Grenze zwischen spekulativer Philosophie, praktischer Philosophie und Psychologie anzusiedeln. Das ist möglich, weil er den Begriff der Anerkennung miteinschließt. In Rekognition als Anerkennung finden Affinität und Identität durch Liebe und persönliche Bestätigung eine *psychologische* Ergänzung, und sie werden außerdem in der *praktischen Philosophie* durch das Einschließen von gesellschaftlicher Bewegung und von gesellschaftlichem Handeln weiter intensiviert.

Aus psychologischer Sicht gilt Anerkennung als ein notwendiges Moment im Werden der Person. Eine Person benötigt die Liebe und Bestätigung anderer Menschen, um sich selbst schätzen zu lernen. Viele Neurosen stammen aus Erfahrungsphasen, in denen Anerkennung fehlte oder verweigert wurde. Der hier erörterte Personbegriff läßt sich an diese Notwendigkeit sehr organisch anschließen. Von vornherein wird hier ausgeschlossen, daß die reine Individualität allein das Personsein ausmacht. Individualität ist immer als vermittelnd in Einheit mit der Allgemeinheit verstanden; andere Individuen und die resonante Verschiedenheit der Wirklichkeit spielen im Werden der Person deshalb eine solch große Rolle.

Aus der Sicht der praktischen Philosophie gilt Anerkennung als ein sehr wichtiges Prinzip. Dort funktioniert sie entweder als ein Erklärungsprinzip, durch welches die Bedingung der Möglichkeit von Gesellschaft überhaupt ans Licht kommen sollte, oder als teleologisches Prinzip, um das gesellschaftliche Streben nach Harmonie, Integration und Freiheit zu begründen. Mit dem sogenannten „Ende der Metaphysik" ist Gesellschaftstheorie zu einer Art Ersatzmetaphysik geworden.[15] Die gesellschaftliche Dynamik soll nun das Personsein erklären können. Angesichts des Personbegriffs als Vermittlung ist dies abzulehnen. Obwohl Gesellschaftstheorie im Erklären von Entwicklungs- und Entfremdungsstrukturen wichtig sein mag, kann sie im Bereich des Personbegriffs nicht ausreichen. Sie kann weder der unwiederholbaren Differenz der Person als Individuum noch der Partikularität ihres Geortetseins im Beziehungsgewebe der Verschiedenheit Rechnung tragen. Das ist von vornherein durch ihre homogenisierende Strukturbetrachtung prinzipiell ausgeschlossen. Deswegen soll das Anerkennungsprinzip[16] der praktischen Philosophie immer

[15] Ein stellvertretendes Beispiel hierfür dürfte Jürgen Habermas, Theorie des Kommunikativen Handelns, Ffm. 1988, sein. Bei Habermas ist dem Eindruck schwer zu entgehen, daß seine Theorie, im Grunde genommen, darin besteht, das Fehlen eines adäquaten Subjektbegriffs durch eine Erklärung der Subjektivität der Gesellschaft gutzumachen. Die Ironie dabei ist allerdings die der Wiederholung der alten Subjektivitätsdynamik, aber jetzt auf gesellschaftlicher Ebene.

[16] Die Gefahr einer Behandlung der Anerkennung, die sie einseitig an einer Theorie der Intersubjektivität anknüpfen möchte und dabei die ergänzende Rolle der Rekognition übersieht, findet sich bei Düsing. Negativ zur PhG vgl. S. 318.

in Einheit mit einem Rekognitionsbegriff arbeiten, durch welchen die Affinität und Identität im Personwerden selbst ans Licht kommen können.[17] In diesem Bezug ergänzen sich Anerkennung und Rekognition gegenseitig. Nur dadurch ist eine Gesellschaftstheorie möglich, andernfalls wird dem Ort, der Differenz und der Selbstheit der Person als Individuum keine Rechnung getragen. Nur dadurch ist eine echte Philosophie des Pluralismus möglich.[18] Die PhG ist sich dieser Differenz völlig bewußt.[19] Das Bewußtsein wird weder auf ein Prinzip noch auf Strukturen reduziert. Und Geist wird keineswegs auf Intersubjektivität reduziert werden.

Bisher haben wir das Bewußtsein auf seinem Werdeweg kritisch zu begleiten versucht. Dabei haben wir die besondere Strukturiertheit des sich entfaltenden und sich thematisierenden Bewußtseins hervorgehoben. Wir haben die je eigene Differenziertheit des Bewußtseins gesehen und die Art, nach der es sich realistisch und kreativ innerhalb der großen Kontur der geistigen Verschiedenheit fortzuentwickeln vermag. Daran anschließend haben wir in diesem Kapitel die Grundaffinität, die zwischen Bewußtsein und Verschiedenheit waltet, zu thematisieren versucht. Die Wechselwirkung zwischen dieser Affinität und der eigenen Identität des Personseins tritt in dem Wissensvollzug in Erscheinung, den wir Rekognition genannt haben. Diese Rekognition läßt sich dann weiter dadurch thematisieren, daß ihre Einheit mit dem sich realisierenden Wissen und schließlich mit der Anerkennung immer klarer wurde. Unsere Thematisierung des Personwerdens bringt schließlich eine dynamische Vielfalt von Erfahrungsdimensionen und Erfahrungsarten ans Licht. Wir möchten uns im nächsten Kapitel auf die konkreten Früchte dieser Erfahrungen für die Identität, für die Memoria und für die Selbstintegration des Personseins konzentrieren.

[17] Die große Arbeit zum Hegelschen Anerkennungsprinzip ist Siep. Er geht der Entwicklung des Prinzips bei Hegel sehr sorgfältig nach und hebt seine Differenz zum Fichteschen Anerkennungsprinzip sorgfältig hervor. Der Akzent seiner Arbeit liegt überwiegend auf der praktisch-philosophischen Dimension (S.70,71,209). Ein großer Teil seiner Arbeit ist die Herausarbeitung des Anerkennungsprinzips in der PhG. In bezug darauf drängt sich die Frage auf, ob Sieps Methode, die Anerkennung gerade als *Prinzip* auslegen zu wollen, dem hochdifferenzierten Gewebe der Bewußtseinsentfaltung und Thematisierung gerecht werden kann. Hat es nicht den Anschein, daß Bewußtseinsdifferenz auf Entwicklungsstrukturen reduziert wird? Das scheint vor allem auf die Vorrangstellung, die Siep der Anerkennung vor dem Bewußtsein verleiht, zurückzuführen zu sein.(S.186) Dort heißt es, daß Bewußtsein doch als Voraussetzung der Anerkennung gilt, aber daß Bewußtsein als Bewußtsein vom „Prinzip der Anerkennung“ bestimmt wird. In der Sprache des Personbegriffs als Vermittlung geht es hier um die Verdrängung der Rekognition zugunsten der Anerkennung.

[18] Unzufrieden mit der Reduktion der Hegelschen Anerkennung auf Gesellschaftstheorie wäre auch Bonsiepen 1983, S. 372.

[19] Vgl. Harris, „The Conception of Recognition in Hegel's Jena Manuscripts“, in: HS 20, S. 229. Dort stellt Harris fest, daß Rekognition eine Wurzel des Geistbegriffs sei. Seine Erläuterung bleibt danach aber im Rahmen des Gesellschaftlich-Geschichtlichen.(240–243) Rekognition gilt als Gegenbegriff zum Herrschaftsbegriff in der Gott-Mensch Beziehung (248).

7. Vollendungsweisen des Personwerdens: Die Ansammlung und Integration der Erfahrung: Person, Identität und Memoria

Eine Schlüsselbedingung und Hauptcharakteristik des Personbegriffs als Vermittlung ist die Zuverlässigkeit der Erfahrung auf dem ganzen Werdeweg. Wenn Erfahrung nämlich scheinhaft oder rein zufällig wäre, könnte sich das Personsein durch sein Selbstentfalten und Selbstthematisieren nicht fortentwikkeln, weil es weder ein Medium noch einen Inhalt dafür gäbe. Wir haben aber feststellen können, daß die Erfahrung eine ebenso vermittlungsbedürftige wie vermittlungsfähige Vielfalt aufweist. Jede Gestalt des Bewußtseins gilt in diesem Personwerden als eine weitere Entwicklungsstufe.
Es stellt sich nun logischerweise in diesem letzten Kapitel unseres spekulativen Umrisses des Personbegriffs die Frage nach den weiteren Erfahrungsergebnissen dieses Vermittlungsprozesses. Weil dieses Werden so sehr auf Erfahrung beruht, wollen wir zunächst die Konsequenzen dessen für eine kreative Behandlung der Frage nach der persönlichen Identität thematisieren. Anstatt in diesem Erfahrungsfluß zu versinken, wird sich herausstellen, daß die persönliche Identität ihr eigentliches Profil gerade auf diese Weise gewinnt. Daraus wird klar, daß der Begriff der persönlichen Identität, der beim Personbegriff als Vermittlung die Schlüsselrolle spielt, sich als eine personale, differenzierte Kontinuität erweisen wird. Diese Kontinuität werden wir als Memoria charakterisieren. Diese Memoria ist nicht psychologisch, sondern als Wesenszug des Personseins zu verstehen.[1] Dann werden wir die Integrationsdynamik dieser Memoria thematisieren; und schließlich möchten wir zeigen, wie die Zuverlässigkeit der Memoria-Kontinuität und -Integration die Fixierungen der Gewohnheit und der Wiederholung, die die Entfaltung und Thematisierung aufhalten, zum Fließen bringen.

7.1 Person als Vermittlung und die Frage nach der persönlichen Identität

Daß es persönliche Identität gibt, ist für die Möglichkeit des Personwerdens grundlegend. Wenn es die persönliche Identität nicht gäbe, hätte es wenig Sinn, vom Werden der Person zu sprechen. Wenn das Personsein auf beliebige Bewußtseinsassoziationen[2] reduzierbar wäre, würden die Entwicklung, Entfaltung und Thematisierung, welche dem Werden der Person seinen Impuls und seine Spannung verleihen, ihre Bedeutung verlieren. Die Frage nach der per-

[1] Vgl. dazu Gadamer 1965, S.13. Dort empfiehlt er, „... das Gedächtnis aus seiner vermögenspsychologischen Nivellierung zu befreien und es als einen Wesenszug des endlichen und geschichtlichen Seins des Menschen zu erkennen".
[2] Dies war bekanntlich die Entdeckung Humes, vgl. David Hume, „Of Personal Identity", reprinted in: Perry S. 163.

sönlichen Identität gehört aber zu den schwierigsten philosophischen Fragen überhaupt. Worin besteht persönliche Identität? Wie läßt sie sich artikulieren? Die Frage nach der persönlichen Identität wird in der analytischen, empirischen Philosophie intensiv diskutiert. Dort wird sie nach den empirischen Grundregeln behandelt, was zu Fragen folgender Art führt: Ist körperliche Identität eine notwendige Bedingung für persönliche Identität?[3] Wenn mein Gehirn in den gehirnlosen Körper eines anderen verpflanzt wäre, und der andere meinen Charakter und meine Erinnerungen hätte, wäre er dann Ich?[4] Unter welchen Bedingungen gehören gleichzeitige Erfahrungen der gleichen Person an?[5] Ist der Sinn der Identität nur innerhalb einer Theorie von Prädikation möglich, die auf die Selbigkeit der Inhalte von Prädikationen über einzelnes zurückzuführen ist?[6]

Obwohl die Frage nach persönlicher Identität für den Personbegriff als Vermittlung ebenso grundlegend ist, geht sie diese Frage aus einer ganz anderen Perspektive an. Welche neuen Möglichkeiten zur Betrachtung dieser Frage werden dabei eröffnet? Unsere Perspektive des Personwerdens als Vermittlung der Individualität und der Allgemeinheit durch- und ineinander bringt zunächst eine Hauptbedingung mit sich: Wenn nämlich Person als Vermittlung zu denken ist, dann darf die Frage nach persönlicher Identität nicht auf die Frage nach der Identität des empirischen, einzelnen Individuums reduziert werden. Die nicht annullierbare Verbundenheit der Individualität und der Allgemeinheit entlastet das Individuum von dem Zwang, seine Identität als eine *private Identität* gegen eine äußerliche Allgemeinheit behaupten zu müssen. Die Perspektive der Vermittlung ermöglicht außerdem eine Erweiterung des Identitätsbegriffs. Anstatt die Individualität nur als getrennte Innerlichkeit aufzufassen, kann sie als eine positive, selbständige Differenz innerhalb einer kreativen, werdenden Allgemeinheit verstanden werden.[7] Dies erweist sich vor allem an der positiven Wechselwirkung zwischen der Affinität und der Identität. Und genau diese kreative Wechselwirkung bringt die Rekognition zum Vorschein.

Der Vergleich mit der empirischen Philosophie eröffnet noch eine weitere Möglichkeit einer positiven Bestimmung der Identität. Trotz der Präzision und der detaillierten Analyse der empirischen Philosophie stößt sie in der Frage nach der persönlichen Identität sehr schnell an ihre Grenzen. Dies hängt damit zusammen, daß die empirische Philosophie die Person so betrachtet, als ob sie ein Gegenstand oder ein Objekt wäre, also auf eine sehr äußerliche Weise. Deswegen gehören nach ihrer Methode Identifikation und Identität engstens

[3] Für eine solche Meinung zu dieser Frage vgl. B. Williams S. 8. Für eine Gegenmeinung innerhalb der gleichen Tradition vgl. Shafer S. 65.

[4] Parfit S. 200.

[5] Vgl. dazu Perry S. 10.

[6] Ein Vertreter dieser Position ist Tugendhat S. 85ff.

[7] Vgl. dazu Brown S. 246: „With many ordinary concepts we can learn them by description ... With the concept of person this is not the case, for it is not a name of a kind of thing ... To judge meaningfully of personal identity isn't a matter of evidence but it is a matter of being a participant and honouring the criteria for this activity and that".

zusammen. „Eben weil Kriterien bei der Identifikation von Objekten *gebraucht* werden müssen, kann von Kriterien der Identität überhaupt nur dort die Rede sein, wo es auch denkbar ist, daß dieser Gebrauch fehlgeht".[8] Diese empirischen Kriterien erreichen aber im Fall der Person ihre Grenze: „Dieser Zusammenhang, der allgemein für alle Identifikationen von Objekten zwingend gilt, ist einzig für die Art und Weise außer Kraft gesetzt, in der eine Person viele ihrer Zustände sich selbst zuspricht".[9]
Warum erreichen diese Kriterien im Fall der persönlichen Identität ihre Grenze? Nach unserer Meinung geschieht es deswegen, weil hier die Identität der Person weder auf *äußerliche* Identifikation angewiesen, noch auf sie zu reduzieren ist. Persönliche Identität bedeutet, daß die Person eine Selbstidentifikation zwar sehr wohl vollziehen kann, aber ohne Gebrauch von Kriterien der Identität.[10] Dies zeigt, daß der Empirismus dem Fall der persönlichen Identität den Status einer Ausnahme zugestehen muß, was natürlich die Begrenztheit des Empirismus überhaupt in bezug auf den Personbegriff aufdeckt. Bei ihm fehlt eine zureichende Vermittlungsperspektive. Wir meinen, daß der Personbegriff als Vermittlung der Aporie des Empirismus entgeht, indem er keinen direkten begrifflichen Zugriff auf die Selbstheit der Person unternimmt oder unternehmen möchte. Damit kommen wir wieder auf den entscheidenden Unterschied zwischen Ursprungsfragen und Anfangsfragen zurück.
Die Frage nach der persönlichen Identität ist die Frage nach der besonderen Selbstheit dieser oder jener Person. Die Frage nach der Selbstheit aber, d.h. die Frage nach der persönlichen Identität, ist eine Ursprungsfrage. Hinsichtlich dessen drängt sich aber eine weitere Frage auf. Haben wir nicht früher in bezug auf den Reflexionszirkel die Frage nach der *Entstehung* des Selbst auch eine Ursprungsfrage genannt? Ist es nun nicht verwirrend, auch die Frage nach der *Identität* dieser Selbstheit auch für eine Ursprungsfrage zu halten? Verschmilzt diese Charakterisierung nicht zwei Fragen, die streng auseinandergehalten werden müssen? Dieser Einwand betrifft den Kern der Sache. Sollen diese beiden Fragen auseinandergehalten werden? Dafür spricht, daß sie zu zwei verschiedenen Problembereichen der philosophischen Diskussion gehören. Wir sind dagegen der Ansicht, daß diese beiden Fragen engstens zusammengehören, und zwar in dem Sinne, daß sie dem einen Prozeß des Personwerdens angehören.
Sind diese zwei Fragen dann im gleichen Sinne Ursprungsfragen? Nein. Die eine Frage ist die des Ursprungs des Selbst überhaupt, die weder mit dem Anfang der Reflexion gleichzusetzen noch durch ihren direkten Zugriff zu erklären ist. Die Frage der Identität betrifft die Entfaltung und Thematisierung *dieses* Selbst durch Erfahrung und, wie es dennoch das eine und gleiche

[8] Henrich, „ ‚Identität' – Begriffe, Grenzen, Probleme", in: O. Marquard/K.H. Stierle, (Hrsg.), Identität, S. 177.
[9] Ebd.
[10] Vgl. Shoemaker 1968, S. 564, „...there can be self-ascriptions that are absolutely immune to error through misidentification and are not based on self-observation...".

Selbst bleibt. Die eine Frage betrifft den Urprung des Selbst und die andere den Ursprung des immer festeren *Selbst*werdens dieses Selbst. Durch seine eigene Entfaltung und Thematisierung stellt das Selbst seine Identität dar. Die Darstellung der Identität dieses Selbst eröffnet durch die Erfahrung einen immer tieferen Einblick in seinen Ursprung, der sich durch das Personwerden als Geist herausstellen läßt. Dies bedeutet keine Vereinfachung der Identität, weil der Geist keineswegs als selbstidentischer Monolith zu verstehen ist. Vielmehr enthält der Geist als ein Selbst die höchste Intensität von Differenz. Die Entwicklung der persönlichen Identität zeigt dann immer mehr, *wer* die Person ist, und damit, *wo* diese Person als Selbst *her* ist. In der Verschiedenheit wohnend und in sich differenziert ist die Person dann Künstler ihrer eigenen Identität.[11] Hiermit ist wieder klar, wie die Dimensionen der Selbstentfaltung und der Selbstthematisierung die eine Bewegung des Personwerdens ausmachen. Durch die Erfahrung entfaltet sich das Selbst, es entwikkelt seine Identität.[12] Aber dadurch thematisiert es auch, *wer* es ist und *woher* es ist.

Bei der Identität der Person handelt es sich dann nicht um das Gleichbleiben eines verborgenen Kerns innerhalb der Person. Ein solch unantastbares Depositum von Selbstheit gibt es nicht. Das Selbst ist nicht hermetisch verschlossen, viel eher ist es in gewissem Sinne porös, was das Ineinanderfließen von Leben und Selbstheit ermöglicht. Persönliche Identität muß dementsprechend als ein dynamischer Werdeprozeß verstanden werden; sie ist eine Identität, die sich entfaltet und dadurch ihre Zugehörigkeit zu ihrem geistigen Ursprung immer weiter zur Thematisierung bringt. Die Identität der Person entzieht sich dann dem direkten Erklärungszugriff; ferner läßt sie sich nicht nach empirischer Weise einer Identifikation unterziehen. Das empirische Denken ist außerdem nicht in der Lage, dieser Selbstheit einen genauen Anfang zu setzen. Die Natur, Struktur und eigene Besonderheit bzw. Einzigartigkeit jeder Selbstheit läßt sich nur indirekt und allmählich über die Gestalten des Personwerdens konstruieren. Die Gestalten eröffnen nur einen indirekten Einblick in ihren Ursprung, in die einzigartige Selbstheit, die sich in und durch diese Gestalten entfaltet und thematisiert. Wichtig ist auch zu beachten, daß sich für die Person selbst als Individualität die Frage nach ihrer Identität ebensowenig empirisch beantworten läßt.[13] Die Frage nach ihrer Identität bleibt also für jede

[11] Die Identität der Person ist dann nicht einfach mit den sozialen Rollen, die die Person von Zeit zu Zeit spielen muß, zu identifizieren. Zu dieser Gefahr neigt Levita; vgl. S. 124, „Ich-Identität", in: HWP, bes. S. 149–150.

[12] Auch die analytische Tradition muß, trotz ihrer Begrenztheit, die Tatsächlichkeit eines solchen Selbst zugeben, auch dann, wenn ihr die Thematisierung der besonderen Kreativität dieses Selbst vielleicht verschlossen bleibt. Ein Beispiel wäre Th. Nagel 1983, S. 65: „... jeder von uns hat als Kern ein objektives Selbst, das die Bezugnahme des philosophischen ‚Ich' ermöglicht und einen wesentlichen Aspekt von dem bildet, was diese *Person* ist". – Zur Kritik der neuesten Arbeit von Nagel (Th. Nagel 1986) vgl. Henrich 1989, bes. S. 15–19.

[13] Zur Einschränkung der Person im empirischen Denken vgl. Murdoch S. 53: „The agent, thin as a needle, appears in the quick flash of the choosing will".

Person eine nicht abgeschlossene Frage, die sich ihre Antwort über den Erfahrungsweg zwischen ihrem Ursprung und ihrer Vollendung immer weiter gewinnt und entwickelt.[14]
Schließlich ist auf eine letzte Eigentümlichkeit der Frage nach der persönlichen Identität hinzuweisen: daß sie nämlich eine *Wer-Frage* ist. Im Vergleich mit anderen Fragearten hat die Wer-Frage eine Sonderstellung. Während die Was-Frage auf einen demonstrativen Gegenstand gerichtet ist und nach einer Erklärung fragt, ist der Gegenstand der Wer-Frage nicht empirisch oder wahrnehmungsgemäß feststellbar. Während die Wann-Frage auf einen bestimmten Zeitpunkt oder eine zeitliche Phase gerichtet ist, läßt sich die Wer-Frage, obwohl sie eng mit Zeitlichkeit verbunden ist, durch den Anfang-Ende-Charakter des zeitlichen Nacheinander nicht befriedigend beantworten. Während die Wie-Frage einen Prozeß oder eine Prozeßart zum Gegenstand hat, ist die Wer-Frage durch die assoziative Kontinuität eines Prozesses nicht zufriedenzustellen. Obwohl Was-, Wann- und Wie-Fragen verschiedene Dimensionen der Wer-Frage beleuchten können, können sie dennoch das Eigentliche am Inhalt der Wer-Frage nicht ans Licht bringen. Die Wer-Frage kann nur *an* oder *über* eine Person gestellt werden. Sie verweist auf eine Gesamtperspektive, die alle Dimensionen der Person in sich enthält. Diese Einheit der Verschiedenheit der Person ist nicht das Zusammenfassen von verschiedenen selbständigen Elementen. Alle Dimensionen dieser Verschiedenheit *gehören* zu dem einen Selbst einer bestimmten Person. Ihre Entfaltung, Darstellung usw. stehen nicht in einem neutralen Zusammenhang mit diesem Personsein. Vielmehr gelten sie als Ausdruck und Darstellung dieses Personseins selbst. Sie haben im Selbst dieses Personseins ihren Ursprung. Die Wer-Frage verweist dann sowohl auf den Ursprung dieses spezifischen Selbst, auf sein *Wohersein* im Geist, als auch auf dieses Selbst als Ursprung der Gestalten seines eigenen Lebens und seiner eigenen Identität, auf sein Werden zu dem *Wer*, das es allein ist. Keine dieser Dimensionen läßt sich dann so isolieren, daß sie sich als Wesen der Person aufstellen dürfte. Deswegen gehören die verschiedenen Bewußtseinskonstellationen, Zeitphasen und Erfahrungsfelder der einen Person an, und ganz gleich, wie sehr einige Dimensionen voneinander entfernt sein mögen, gehören sie dennoch zusammen zur biographischen Einheit dieser spezifischen persönlichen Identität. Das Werden dieser Identität, das von der Person selbst gestaltet wird, verweist dann auf die besondere Rolle, welche Memoria in der Identität des Personseins bzw. Personwerdens als Vermittlung spielen muß.

[14] Dies bedeutet, daß die Identität im Falle des Personwerdens keine einseitige Verstandesidentität meint, sondern eine dialektische Identität. Dazu vgl. Beierwaltes S. 242. „Für sie sind Differenz, Negation und Widerspruch konstitutiv: aus der Differenz, der Negation und dem Widerspruch heraus schließt sie sich mit sich selbst zusammen; sie *ist* Selbstvermittlung (der überwundenen) Entzweiung".

7.2 Memoria und persönliche Identität

Bei der Aufstellung eines Personbegriffs oder Subjektbegriffs spielt die Frage nach persönlicher Identität eine große Rolle. Selbst im Empirismus, wo das Subjekt seinen Ort dem Objekte gegenüber ziemlich stabil und fest behauptet, entstehen, wie wir gesehen haben, große Schwierigkeiten, wenn es sich um die Identitätsfrage handelt. Mit der Aufstellung eines Personbegriffs als Vermittlung läßt sich der Begriff der Identität erweitern; er verliert damit seine Äußerlichkeit und findet zu seiner Eigentlichkeit als Ausdruck und Bewahrer der Kontinuität der spezifischen, sich immer differenzierenden Einheit des Selbstseins. Weil aber das Personsein sich auf seinem Erfahrungswege so entfaltet und thematisiert, ist seine Identität in besonderer Weise mit der Verschiedenheit von Erfahrung verbunden. Wir haben schon angedeutet, daß das Selbst der Person kein „trockenes Ich" ist. Es ist lebendig und vielfältig. Trotz der vielen verschiedenen Erfahrungsphasen und Gestalten, die die Person erlebt, besteht eine Kontinuität zwischen ihnen. Diese sich immer weiter ansammelnde Kontinuität bewahrt die Einheit und Identität der Person. Es ist nicht unangebracht, den Charakter dieser persönlichen Kontinuität als *Memoria* zu bezeichnen.[15] Zunächst ist es wichtig, daß wir Memoria nicht als Grund der persönlichen Identität aufstellen. Die sich ansammelnde Kontinuität der Memoria allein könnte die Identität der Person nicht leisten, wenn die Person kein Selbst hätte.[16] Wir haben die grundlegende Rolle der persönlichen Selbstheit in der persönlichen Identität soeben erörtert. Es fragt sich dann aber, wie Memoria und Identität aneinander anzuknüpfen sind.[17] Wir wollen nun festhalten, daß

[15] Wir haben den Begriff „*Memoria*" dem Begriff „Gedächtnis" vorgezogen, weil der Bedeutungsrahmen der Augustinischen Lehre von der *memoria* genauer zur Auslegung eines Personbegriffs als Vermittlung paßt. Bei Augustinus macht sich die Seele durch die Memoria im Lichte göttlicher Erleuchtung in ihrem eigenen Lebensweg selbst durchsichtig. Wie J.B. Metz sagt: „Erinnerung gewinnt den Rang einer hermeneutischen Kategorie zur Deutung der Lebensgeschichte im Angesicht Gottes", in: Metz S. 388. Vgl. dazu auch den Art. „Anamnesis", in: HWP S. 265, „So wird der Geist, wegen seiner ständigen Selbstpräsenz „memoria"genannt (De Trinitate X1V,X1,14), von Augustinus in seiner personalen Bezogenheit auf Gott und damit als Subjektivität gefaßt". Wir wollen Memoria aber nicht mit Erinnerung gleichsetzen. Memoria hat einen angemesseneren Bedeutungsrahmen, um das Personwerden und seine Vermittlung von Identität und Affinität sowie seine Artikulation der Anwesenheit des Geistes und der Selbstpräsenz der Person zu erhellen. Memoria hält dann Gottesbezogenheit und Selbstpräsenz kreativ zusammen. Während Gedächtnis und Erinnerung den Eindruck des isolierten subjektivistischen Vollzugs enthalten, verweist Memoria auf eine sich ansammelnde Gesamtpräsenz der Person. Zu möglichen Vergleichspunkten zwischen Augustinus und Hegel in bezug auf Memoria vgl.Booth, bes. S. 234–237. Weiter zu Augustinus' Memoria vgl. Markus. Zu Augustinus und Platon vgl. Teske, bes. S. 234–235.

[16] Dennoch wäre die Thematisierung der eigenen Identität ohne die Arbeit der Memoria kaum vorstellbar. Vgl. dazu Shoemaker 1984, S. 48: „A person's past history is the most important source of his knowledge of the world, but is also an important source of his knowledge, and his conception, of himself..."

[17] Gerade weil die Memoria so intim in alle Bereiche des Wissens und des Selbstseins verwickelt ist, läßt sie sich nicht als eine getrennte Fähigkeit behandeln, vgl. dazu Strawson 1966, S. 111.

das Spezificum der persönlichen Identität in der Selbstheit des bestimmten Personseins zu suchen ist; diese Selbstheit aber ist nicht als verborgener Kern zu deuten, der irgendwo festgemacht werden könnte, vielmehr läßt sie sich allein in dem sich entfaltenden und sich thematisierenden Werdeweg des bestimmten Personseins finden. Und es handelt sich bei der Memoria genau um die Kontinuität dieses Werdewegs *als eines erfahrenen.*[18] Obwohl die Memoria in der Entfaltung und sogar in der Rekognition der persönlichen Identität eine entscheidende Rolle spielt, setzt die Memoria dennoch die Identität voraus.[19]

An dieser Stelle verrät sich eine entscheidende Schwäche des transzendentalen Subjektbegriffs, der wesentlich auf Intentionalität beruht. Erfahrung ist einfach viel zu intensiv und zu dicht, als daß man annehmen könnte, daß allein das Subjekt jeden Aspekt aufs Neue konstituieren muß.[20] Dies ändert jedoch nichts daran, daß die Wirklichkeit tatsächlich kein fertiges, abgeschlossenes Vorhandensein ist. Selbstverständlich ist die Person tätig – nach unserer Begrifflichkeit: vermittelnd tätig. Die Wirklichkeit ist von der Person nicht erzeugt oder gesetzt, wohl aber von ihr artikuliert und vermittelt. Die spiralförmige Natur der PhG zeigt dies bereits auf. Demnach wäre aus der Perspektive einer Erkenntnislehre selbst die Kontinuität der Wirklichkeit als eine Art Memoria-umfeld zu beschreiben. Die Person befindet sich von vornherein nicht in einer Leere, sondern mitten in einem vielfältigen Umfeld der Memoria. Obwohl Hegel in seiner Philosophie die Artikulation seiner Zeit als einer Zeit der neuen geistigen Geburt sah, erkannte er an, daß die neue Zeit in intimer Kontinuität mit der Vergangenheit stand: „Indem einerseits die erste Erscheinung der neuen Welt nur erst das in seine *Einfachheit* verhüllte Ganze oder sein allgemeiner Grund ist, so ist dem Bewußtsein dagegen der Reichtum des vorhergehenden Daseins noch in der *Erinnerung* gegenwärtig.“ (PhG11)

Infolgedessen fängt auch die PhG nicht in einem Vakuum an, sondern in der Fülle der Sinnlichkeit. Auch das Bewußtsein selbst ist nicht leer.[21] Wie die PhG zeigt, ist das Bewußtsein immer erfahrend und erfahrungsverbunden. Deswegen ist die Frage nach der Kontinuität in und durch die Erfahrung in der PhG verbunden. Ohne die Memoria der gewesenen Erfahrungsphasen wäre die Kontinuität nicht zu bewahren. Memoria ist die implizite Kraft, durch die das Selbst weiß, daß es *dieses* Selbst *ist*, welches den Weg bis hierher gereist ist. Dadurch kann in eine neue Erfahrungsphase eingestiegen werden, mit der Gewißheit, daß sie eine weitere Entfaltung des Bisherigen ist. Memoria ermöglicht als diese implizite persönliche Kraft, daß die PhG zwar eine Sequenz von verschiedenen Erfahrungsgestalten des Personwerdens ist, die aber nichtsde-

[18] Die entscheidende Rolle der Memoria in der Frage der persönlichen Identität hat John Locke von vornherein anerkannt. Vgl. dazu Locke S. 335. The person „can consider it self as it self, the same thinking thing, in different times and places …“

[19] Obwohl die Lehre von der Memoria in der PhG nicht explizit vorkommt, gibt es gute Gründe dafür, sie als implizite Voraussetzung der ganzen Struktur des Personwerdens zu verstehen.

[20] Vgl. dazu Casey 1983, S. 78.

[21] Vgl. dazu Crites S. 297.

stoweniger in einer differenzierten Kontinuität zueinander stehen. Hier muß die Verbindung zwischen Memoria und dem Selbstthematisieren und Selbstentfalten der Person erläutert werden[22]: Weil wir es mit einem Personbegriff zu tun haben, in welchem das Selbstthematisieren und das Selbstentfalten des Bewußtseins nicht als beliebiges Selbstexperimentieren der Subjektivität in einer willkürlichen Welt, sondern als die Artikulation der geistigen Wirklichkeit zu verstehen sind, kann die Memoria nicht einseitig als das subjektivistische Aufbewahren der verschiedenen Dimensionen des Selbst verstanden werden. Selbst und Erfahrung sind voneinander nicht zu trennen. Die Memoria ist dann ausschließlich in der Gegenseitigkeit der persönlichen Vermittlung zu orten.[23] Sie garantiert die Kontinuität des Selbst und die der Erfahrung.[24] Sie ist als die artikulierte, erfahrene Selbstthematisierung des Bewußtseins auf dessen Wege zu verstehen.

Im modernen Denken wird auf Erfahrung großen Wert gelegt. Und das ist völlig richtig. Aber die Erfahrung ernst nehmen, muß ebenso heißen, daß das, was die Erfahrung am meisten bedroht, nämlich das Vergehen, ernst genommen wird.[25] Das Vergehen der Erfahrung scheint jedoch die ganze Motivation zur Entfaltung und Thematisierung der Person ad absurdum zu führen. Das verschärft sich noch, wenn Erfahrung mit persönlicher Identität zusammenzudenken ist. Wenn die Erfahrung der Person im Vergehen bloß eliminiert würde, dann spräche dies kaum für die Wichtigkeit und Bedeutung der Person als Individualität. Diese große Problematik ist indirekt, aber sehr treffend von der PhG angesprochen. In der Beschreibung der Philosophie, die auf das „Wirkliche" ausgerichtet ist, holt Hegel das Vergehen kreativ ins Herz des Wirklichen hinein: „Das Verschwindende ist vielmehr selbst als wesentlich zu betrachten, nicht in der Bestimmung eines Festen, das vom Wahren ab/geschnitten, außer ihm, man weiß nicht wo, liegen zu lassen sei, sowie auch das Wahre nicht als das auf der andern Seite ruhende, tote Positive. Die Erscheinung ist das Entstehen und Vergehen, das selbst nicht entsteht und vergeht, sondern an sich ist, und die Wirklichkeit und Bewegung des Lebens der Wahrheit ausmacht ... In dem *Ganzen* der Bewegung, es als Ruhe aufgefaßt, ist dasjenige, was sich in ihr unterscheidet und besonderes Dasein gibt, als ein solches, das sich *erinnert*, aufbewahrt, dessen Dasein das Wissen von sich selbst ist, wie dieses ebenso unmittelbare Dasein ist." (PhG35) Das Verschwindende vergeht nicht. Vielmehr gehört es zur Lebendigkeit der Wahrheit mit dazu. Erscheinung ist nicht schemenhaft wie ein Bild auf einem Schirm, das verschwindet und durch ein neues ersetzt wird. Sie ist nicht momenthafte Enthüllung; sie ist vielmehr

[22] Zu dieser Frage aus der Perspektive der Augustinischen Memorialehre Söhngen S. 92. Die Reflexivität der eigenen Selbstpräsenz ist in Verbindung mit dem Geist zu verstehen.

[23] Vgl. dazu Casey S. 80: „*memor:* the root of memoria means *mindful*. Being mindful is being full of mind".

[24] Zu dieser Verbundenheit und ihrer Thematisierung durch den Begriff der „Memory Trace" vgl. Martin/Deutscher S.189–190.

[25] Ein Denkweg, der sich sehr kreativ mit der Tiefe dieses Themas auseinandersetzt, findet sich bei Jüngel 1986, bes. S. 248–253.

Anwesenheit oder Ausdruck. Sie ist ein bewegendes Ansich.[26] Deswegen geht kein Moment der Bewegung verloren. Alles wird aufbewahrt und erinnert. Zwischen Dasein und Erscheinung gibt es keine Distanz. Ohne die Memoria könnte sich diese Einheit nicht zusammenhalten. Die Memoria ist eine implizite Voraussetzung des Hegelschen Begriffs selbst.

Eine solche Memoria ist möglich, weil der Geist die Ur-Quelle und das Umfassen aller Verschiedenheit ist. Der Geist ist selbsthaft und hat eine ewige Memoria der Wirklichkeit, die nie vergangen ist.[27] Das Bewußtsein zeigt aber auch die Kraft der *Aufhebung* auf. Aufhebung ist ein Schlüsselbegriff der PhG. Sie bedeutet nicht das Annullieren oder Eliminieren von Erfahrung. Vielmehr enthält sie zugleich dreierlei Bedeutungen: Negation, Aufbewahrung und Verwandlung der Erfahrung. Aufhebung ist nicht Auflösung der Erfahrung, sondern Intensivierung der Erfahrung. In einer Erfahrungsphase oder -gestalt aktiviert und erlebt das Bewußtsein die darin enthaltenen Möglichkeiten bis zum äußersten. Dann stößt das Bewußtsein an eine Grenze, es muß also in die nächste Phase eintreten. Das Bewußtsein läßt aber beim Eintritt in das Neue seine gewesene Erfahrung keineswegs hinter sich. Es ist gerade die Treue zu dieser Erfahrung, die zum Erreichen der neuen Gestalt geführt hat. Hätte die Memoria die gewesenen Erfahrungen nicht beibehalten, wäre die neue Gestalt weder erreichbar noch erkennbar.[28]

Das Gewesene vergeht dann nicht.[29] Aber wie sich die Memorialehre in der Auslegung eines Personbegriffs als Vermittlung zeigen läßt, verliert das Gewesene auch nicht sein Recht *als* Gewesenes. Es wird nicht schlechthin und unmittelbar im Gegenwärtigen absorbiert. Kein reines Jetzt verzehrt das Gewesene. Die dialektische Kontinuitätsstruktur der PhG läßt das nicht zu. Im Werden der Person geht es nämlich nicht darum, beliebige gewesene Momente einfach ins Jetzige hineinzuholen, und zwar auch deswegen nicht, weil das Jetzige selbst keineswegs bloß momenthaft ist, sondern ein verwobenes Umfeld der Memoria. Das Jetzige gehört einer Stufe im Werdensaufbau der Person an. Jede gewesene Erfahrung erhält dann auch ihren spezifischen Platz im Werdensaufbau selbst und trägt nach ihrer eigenen Gestalt dazu bei. Die Memoria garantiert die weitere Präsenz des Gewesenen als Gewesenes. Zugleich garantiert sie die Vielfalt der Gegenwart. Dadurch, daß die Memoria die diffe-

[26] Vgl. dazu Bloch 1964, S. 172: „Das Wesen kommt hier, statt die Erscheinung mit ihrem leeren Raum nur als Schatten zu haben, eben einzig in der Erscheinung zur Erscheinung, auch für sich selbst. Das also gibt der Hegelschen Art Anamnesis des Ansich ante rem einen Weltgang (reificatio) in ungeheurer Bereicherung hinzu".

[27] Vgl.dazu H. Schmitz 1964, S. 39: „Die Erinnerung ist ... als Aneignen des Äußeren zugleich eine Weckung der verborgenen Innerlichkeit des Geistes;"

[28] Vgl. die Behauptung von Crites S. 297, daß sowohl das Bewußtsein als auch die Erfahrung in einem gewissen Sinne *narrativ* sind.

[29] Die Prozeß-Philosophie besteht stark auf dieser Behauptung. Dies ist vor allem bei Whitehead sehr klar zu finden. Vgl. dazu Curran S. 371: „Each new occasion of the human person necessarily prehends its whole past actual world, although with shifting grades of relevance and emphasis determined by its present freedom and its subjective aim".

renzierte Kontinuität der Person auf ihrem Erfahrungsweg absichert, verhindert sie, daß die Person in der Mittelbarkeit des Vergangenen oder in der Unmittelbarkeit der Gegenwart verloren geht.[30] Die Memoria versichert dann die ausbalancierte Ansammlung und Bewahrung von Erfahrungen; entscheidend für diese Fähigkeit ist die besonders kreative Beziehung, welche zwischen Bewußtsein und Zeit besteht.

7.3 Memoria, Zeit und das Personwerden

Ein Personbegriff, der auf dem Personsein als Werdeweg besteht, muß sich mit der Frage nach der Zeit befassen. Für einen empirischen oder transzendentalen Subjektbegriff wäre die Zeitbeziehung dagegen gar nicht so dringend, und zwar deswegen, weil in jener Perspektive die Zeit entweder als äußerlicher Rahmen möglicher Erfahrungen oder als ein subjektives Wahrnehmungsschema, welches auf die Welt der Erfahrung anzuwenden wäre, gilt. In einer solchen Perspektive bliebe die Beziehung zwischen Zeit und Subjekt äußerlich und formell,[31] wenn nicht zufällig. Wenn aber das Personsein als ein Werden in und durch existentiell-begriffliche Erfahrung verstanden wird, gehört die Zeit selbst engstens zu diesem Personwerden. Ohne einen positiven und kreativen Zeitbegriff wäre das Personwerden als die Aufstellung, Aufhebung und Verwandlung seiner eigenen Gestalten gar nicht denkbar;[32] darauf beruht die Irreversibilität und zunehmend kumulative Integration seiner Erfahrungen. Wie läßt sich nun der Zeitbegriff in der PhG denken?
Wir können nur sehr kurz auf diese Frage eingehen. Zunächst ist genau zu beachten, aus welcher Perspektive die Frage nach der Zeit in der PhG behandelt wird. Es geschieht nicht aus einer subjektivistischen Perspektive, weder als Bedingung der Möglichkeit von Erfahrung noch als möglicher Rahmen von Erfahrung.[33] Vielmehr wird die Zeit in bezug auf die Entfaltungsdynamik des

[30] Vgl. Crites S.298: „Without memory experience would have no coherence at all. Consciousness would be locked in a bare momentary present, i.e. in a disconnected succession of perceptions which it would have no power to relate to one another".

[31] Zu dieser Gefahr bei Kant vgl. Frank 1990, S.7ff.

[32] In bezug auf die Zusammengehörigkeit vom Personwerden und Zeit, die Hegel in der PhG zwar nicht ausführlich thematisiert, aber dafür an den entscheidendsten und besonders inhaltreichen Stellen der Verbindung zwischen Geist und Personsein einbezieht, läßt sich die Oberflächlichkeit, mit der Heidegger sich mit dem Hegelschen Zeitbegriff auseinandergesetzt hat, aufweisen. Er hat sich damit begnügt, diese Frage nach dem Muster des formellen Einwandes der Abstraktion des Hegelschen Denkens zu erörtern; auf den Inhalt dieser Frage ist er nicht eingegangen. Vgl. Martin Heidegger, Sein und Zeit, Tübingen, 1986, S. 428–436, bes. S. 435, wo es heißt: „Die leerste, formal-ontologische und formal-apophantische Abstraktion, in die Geist und Zeit entäußert werden, ermöglicht die Herstellung einer Verwandtschaft beider."

[33] Wenn Zeit so äußerlich verstanden wird, bleibt sie vom Raum kaum unterscheidbar. Ein sehr interessantes Beispiel dieser Reduktion findet sich bei D.C. Williams, bes. S. 463: „And each of us proceeds through time only as a fence proceeds across a farm: that is, parts of our being, and the fence's occupy successive instants and points, respectively. There

Geistes und des Bewußtseins betrachtet. Hegel sagt in der *Vorrede*: „Was die *Zeit* betrifft … ist sie der daseiende Begriff selbst." (PhG34) Die Zeit ist nicht auf das chronologische Nacheinander zu reduzieren. Sie hat Tiefe und Präsenz, und zwar deswegen, weil sie die Anwesenheit des Begriffs *ist*.[34] Wir haben die differenzierende, dynamische und allumfassende Natur des *Begriffs* bereits hervorgehoben. Der Begriff ist weder Einzelbegriff, noch kann er in den Termini der Subjekt-Objekt-Spaltung angemessen betrachtet werden. Er enthält eine ontologische Tiefe, die auf den kreativen Grund aller Verschiedenheit verweist; zugleich weist er auf den Impuls jeder Differenz innerhalb dieser Verschiedenheit, ihre Eigenheit dadurch zu gewinnen, daß sie sich aktiv auf den Werdeprozeß einläßt und zu dem wird, was sie im Grunde ist, d.h. zur Entsprechung mit ihrem Begriff gelangt.
Infolgedessen gewinnt die Zeit als Dasein des Begriffs eine große Bedeutung als „Ort" der Entfaltung, Thematisierung und Verwandlung von Erfahrung. Das Werden des Personseins hat deswegen eine solche Intensität.[35] Die Zeit unterstützt, umfaßt und verlangt dieses Werden. Weil die Zeit so umfassend ist, ist sie treu. Sie enthält in sich die ganze Verwandlung des Fremdartigen und des Andersseins, welches das Personsein auf seinem Werdeweg vollbringt. Gerade deswegen beschreibt Hegel die Zeit als Freiheit: „… der *ganze* Geist nur ist in der Zeit … denn nur das *Ganze* hat *eigentliche Wirklichkeit*, und daher die Form der *reinen Freiheit gegen anderes*, die sich *als Zeit* ausdrückt." (PhG446) Ohne einen solchen positiven Zeitbegriff verliere die kumulative und kreative Produktivität der bestimmten Negativität jeglichen Sinn. Wie ist aber diese Verknüpfung zwischen Geist und Zeit genauer darzustellen? Dies ist sehr kompliziert. Es läßt sich nicht verstandesmäßig dadurch erklären, daß Zeit als empirisches Nacheinander und Geist als die Ewigkeit miteinander in Verbindung zu bringen wären.[36] Vielmehr sind Zeit und Ewigkeit dialektisch verbunden und nicht voneinandner zu trennen. Zeit ist nicht hier und die Ewigkeit anderswo.[37] Eher ist die Ewigkeit in der Zeit enthalten. Gerade daher gewinnt die Lehre von der Erscheinung in der PhG eine besondere

is passage, but it is nothing extra." Vgl. auch S. 408, wo er diesen Gedanken mit einer faszinierenden Absurdität zu Ende denkt: „It is conceivable, indeed that a single whole human life should lie thwartwise of the manifold, with its belly plump in time, its birth at the east and its death in the west, and its conscious stream perhaps running alongside somebody's garden path."

[34] Vgl. dazu Murray S. 688. „Then we might say that Hegel's conception of the Concept is both ontological and temporal, so that the Concept is not a mere name but a mode of existence (viz. that of Spirit's life) and not an eternal eidos but a temporal process of self-shapings."

[35] Vgl. Whitehead S. 238. „And yet there is always change; for time is cumulative as well as reproductive, and the cumulation of the many is not their reproduction as many."

[36] Vgl. dazu M. Rosen S. 132–133. „The Absolute must be both eternal and temporal … Eternity is not the interior but the process as a whole."

[37] Für die gleiche Thematik bei Platon vgl. Vollrath S. 259. „Die Ewigkeit verschafft der Zeit jenen Anblick, in welchem die Zeit erst erblickbar wird. In der Zeit aber wird ansichtig – abbildhaft! –, wodurch sie als Zeit erst zu Gesicht kommt: die Ewigkeit."

Bedeutung. Der Geist „*erscheint* ... in der Zeit." (PhG 524) Wir erinnern uns, daß die Erscheinung nicht verselbständigter, getrennter Schein ist, sondern die fließende, sich differenzierende und sich aufbewahrende Anwesenheit des Geistes. Sie ist ein Prozeß des ständigen Wechsels, ein Verschwinden, welches selbst nicht verschwindet. Die Erscheinung des Geistes in der Zeit *ist* die Wirklichkeit.[38]

Unsere bisherige Betrachtung ist sehr positiv angelegt. Ist es aber nicht auch so, daß Hegel die Zeit ebenso negativ belegt? In ihr erscheint der Geist nur „so lange ... als er nicht seinen reinen Begriff erfaßt." (PhG524) Und fallen die Gestalten des Bewußtseins bzw. des Geistes nicht in der Zeit „auseinander"? (PhG446) Diese Fragen verweisen auf die Doppelperspektive, wodurch die Zeit in der PhG präsentiert wird. Aus der Perspektive des Geistes allein gesehen, kommt der Geist in und durch die Zeit zu sich; aber der Weg geht durch die Ortschaften der Zufälligkeit und der Unvollkommenheit. Dieser Prozeß ist zugleich das Zu-sich-Kommen der Person,[39] und aus ihrer Perspektive betrachtet ist es ein Weg zur Vollkommenheit, zur *Fülle* der Zeit hin.[40] Gerade weil die Zeit eine solche Vollkommenheitsdynamik enthält, kann die Person nie auf das, was sie bisher war, festgelegt werden. Persönliche Identität ist immer eine werdende Identität in der Zeit. Dieser Zeitbegriff gehört dann innerlich zur Memoria und zur Integrationskraft im Werden der Person.

Die Zeit ist dann nicht auf den Menschen gegründet. Die Quelle der Zeit liegt in der Ewigkeit des Geistes, eines Geistes, der Quelle und Impuls aller Verschiedenheit ist.[41] Hiermit läßt sich die Frage nach der Zeit an unsere Unterscheidung zwischen Ursprungs- und Anfangsfragen anschließen. Die Idee des reinen Anfangs und des klaren, abgeschlossenen Endes ist Ergebnis der Positi-

[38] Vgl. Brinkley S. 9. „In saying that spirit *appears* in time, Hegel is not saying that it is not *really* in time. Appearance is not mere appearance ... Hegel regards the temporality of the notion, or the necessary appearance of the spirit in time, as reality itself."

[39] Vgl. K. Hartmann 1963, S.88, 89. „Das Subjekt ist in einem eminenten Sinn zeitlich.In ihm erscheint die Zeit ... Hegel hat den Gedanken, daß die Zeit die *Zeitlichkeit* des Reellen ist."

[40] Vgl. Murray S. 691. „Time is the name for this process which is not so much a form but a formative process of engendering forms, a temporal kingdom of forms interiorized by conceptual memory." Hinsichtlich der Verbundenheit von Bewußtsein und Geist bei Hegel läßt sich die Frage stellen, ob alles Bewußtsein *in* der Zeit sein muß, oder ob es Bereiche des Bewußtseins gibt, die „überzeitlich" sind.

[41] Die Verbindung von Zeit und Ewigkeit spielt auch eine große Rolle im Denken von Emmanuel Levinas; bei ihm ist die dialogische Begegnung mit dem Anderen der Ort, wo die Erweiterung der subjektiven Zeit und die Erschließung des Ewigen sich ereignet. Vgl. Levinas 1979, S.69: „La situation de face-à-face serait l'accomplissement même du temps; l'empiétement du présent sur l'avenir n'est pas le fait d'un sujet seul, mais la relation intersubjective. La condition du temps est dans le rapport entre humains ou dans l'histoire." Zu dieser Thematik bei Levinas vgl. Casper 1984, S.280: „Man könnte also auch davon sprechen, daß sich in dem die Übernahme der Verantwortung kennzeichnenden diachronischen Bruch die Durchdringung von Zeit und ‚Ewigkeit' zutrage; oder vielleicht besser: die Durchdringung meiner Zeit und unserer Zeit miteinander einerseits *und* einer anderen unendlichen Zeit andererseits, nämlich der Zeit der Herrlichkeit des Unendlichen."

vität, die im empirischen Zeibegriff enthalten ist.[42] Wenn aber Zeit mit Ewigkeit zusammenzudenken ist, dann verliert die Anfang-Ende-Problematik den Zwang des rein Linearen. Anfang und Ende werden damit nicht aufgelöst, sondern gelangen in den Kreis der ewigen Geistbewegung. Und genau diese Spannung zwischen dem Kreisförmigen und dem Linearen ist es, die die Spirale des geistigen Werdens ausmacht. Ein Anfang kann sich zum Ende fortentwikkeln, und ein Ende kann zum Anfang einer neuen Phase werden, gerade weil jeder Anfang und jedes Ende sich in der Spirale zwischen Ursprung und Vollendung des geistigen Werdens vollzieht. Die Frucht dieser kreativen Zeitbeziehung läßt sich vor allem an der Integrationsfähigkeit der Memoria und des Bewußtseins in bezug auf seine Erfahrung erkennen.

7.4 Memoria und Integration

Es gehört zur Bedeutung der Erfahrung, daß sie in einem gewissen Sinne integriert werden muß. Und weil die Verschiedenheit nicht beliebig, sondern in sich relational verwoben ist, ist Integration als natürlicher Vollzug möglich und notwendig. Erfahrungen liegen dann nicht isoliert und bruchstückhaft im innerlichen Raum vor. Durch ihre Integration werden sie zum Stoff des Personwerdens. Das Erfahrungsvermögen selbst impliziert die Integration von Erfahrung, damit es wirksam sein kann. Wenn keine Integration stattfände, würde die Person von Erfahrungen überschüttet. Im Fall der besonderen Kontinuität des Personbegriffs als Weg der Vermittlung wäre das noch kritischer. Aber die Memoria garantiert die Integration von Erfahrungen und läßt eine solche Erfahrungsüberschüttung nicht zu[43]. Erfahrung läßt sich aber nur langsam und manchmal sehr schwierig integrieren. Man merkt in der PhG, wie teilweise frühere Erfahrungsphasen in späteren Gestalten noch verarbeitet werden müssen. Die tiefsitzende Tendenz, das Subjekt dem Objekt entgegenzusetzen, wird noch ein paar Mal bemerkbar, wie in der Vorstellung im Religionskapitel, obwohl sie im Kapitel über das Bewußtsein völlig verarbeitet gewesen zu sein scheint. Trotzdem muß zugegeben werden, daß in der PhG die Erfahrung im Werden der Person meistenteils integriert wird.

[42] Dies führt natürlich auch dazu, daß der *Augenblick* allentscheidend wird; der wird für die einzige Gegenwart gehalten, die eine momentane Dauerhaftigkeit gegen das Verschwinden leistet. In ihrem sehr interessanten Buch über Zeit und Zeitgefühl kommt Helga Nowotny am Ende auch zum Lob des Augenblicks als einziger Gegenwart; vgl. Nowotny S. 160. „An den Kindern des Kronos liegt es, den Augenblick, der sich ihnen von so vielen Seiten her anbietet, zu nützen ... ihn gilt es zu entdecken und zu gestalten – als wiederholbaren Augenblick, der zwischen sozialem Chaos und sozialer Ordnung, zwischen dem Ich der Eigenzeit und der Zeit der Gesellschaft hin und her fluktuiert."

[43] Wenn auch eher in bezug auf Wahrnehmung gedacht, findet sich der gleiche Gedanke zur Integration bei Rombach 1980, S. 64: „Die Wahrnehmungsreihe hat nicht die Form des Nacheinander, sondern des Ineinander".

Nun läßt sich aber fragen, wie Memoria in der Integration der Erfahrung überhaupt wirkt. Zunächst ist zu bemerken, daß im Gegensatz zu einem nackten Subjektbegriff der Integrationsprozeß im Personbegriff als Vermittlung weder eine nachträgliche Arbeit noch die Erzeugung oder Hervorbringung von persönlicher Identität ist.[44] Person als Vermittlung ist von vornherein sowohl auf Integration als auch auf Artikulation aus. Das Integrationsvermögen ist zugleich Ausdruck und Garantie der Einheit der Person. Das sich integrierende Personsein ist dann das Gegenteil von einem Bewußtsein, welches wie Penelope jede Nacht oder zu einem bestimmten Zeitpunkt das Gewebe seiner Erfahrungen wieder auflösen würde. Diese dauernde, aber kaum bemerkbare Integration bedeutet, daß die Person eine progressive Reife bei neuen Erfahrungen aufbringt. Integration ist auch eine Bedingung dafür, daß die Person für Erfahrungen offen ist. Die Offenheit für eine je neue Erfahrung ist reicher und reifer wegen der reiferen Präsenz und Selbstpräsenz der Person. Die Offenheit ist positiv bestimmt und dementiert die Auffassung, daß die nächste Erfahrung nur möglich ist, weil die letzte vergessen ist. Integration und Nicht-Vergessenheit sind die Hauptbedingungen der persönlichen Offenheit. Weil die Offenheit der Erfahrung genuin zugehört, wird die Erfahrung bis in die tiefste Wurzel erlebt. Dadurch erhält die Erfahrung eine besondere Bedeutung als *eigene* Erfahrung. Sie bestätigt damit die eigene Differenz weiter. Sie bleibt also nicht außerhalb des Personseins. Genau diese Erfahrungsart ermöglicht es, die Erfahrung mit dem jeweiligen Entwicklungsbedürfnis und den jeweiligen Entwicklungsmöglichkeiten in Entsprechung zu bringen. Auch die negativen und entfremdenden Erfahrungen führen die Person weiter auf ihrem Werdeweg.
Wenn eine Erfahrung vollständig erlebt wird, findet sie instinktiv in der Kontinuität der Person ihren Ort.[45] Weil aber die Person auf dem Werdeweg ist, muß der Integrationsprozeß sich nicht nur mit der jeweiligen Erfahrung befassen, sondern auch mit der Integration der gewesenen Erfahrungen. Beide Dimensionen des Integrierens treffen in der Tätigkeit der Memoria zusammen. Dadurch läßt sich einer der Grundzüge der Bewußtseinserfahrung erklären, nämlich ihre Kontexthaftigkeit. Sie ist kein toter Rahmen, sondern eine lebendige offene Orientierung. Sie bestimmt sowohl die Selektivität der Erfahrungsart als auch die enthaltenen Differenzen und die Ursprünglichkeit der eigenen Erfahrung. Memoria zeigt hier eine weitere Dimension der personalen Vermittlung auf. Memoria bewahrt das Gewesene in der Arbeit der Aufhebung. Das ist keine naive Speicherung einer bestimmten Verstrickung von Erfahrungen. Das unveränderte Gewesene wird von der Memoria auf einer späteren Ebene nicht

[44] Dem Eindruck, daß diese Integration nur nachträglich ist und selbst dann eine höchst anstrengende Arbeit des In-Identität-Haltens des Subjekts darstellt, ist bei Pannenberg, Metaphysik und Gottesgedanke, S.51, schwer zu entgehen. „Insofern hat das Selbstbewußtsein in der Tat ... in jedem seiner Augenblicke aufs neue die Integration aller der Momente zu vollziehen, die mit unserem Selbst und den vergangenen, in unserer Erinnerung gegenwärtigen *Ichsynthesen* verbunden sind".(Hervorh. von mir J.O'D.)
[45] Vgl. dazu den irischen Schriftsteller Oscar Wilde, De Profundis, in: Wilde S. 916, „The supreme vice is shallowness. Whatever is realised is right".

wiederhergestellt. Nein. Das Aufbewahren der Memoria verwandelt, es ist also selektiv. Im Fall des Personbegriffs als Vermittlung kann also von echtem Personwerden die Rede sein. Das bedeutet dann ferner, daß die Integrierbarkeit der jetzigen Erfahrung engstens mit dem bisher Integrierten zusammenhängt. Memoria ist somit eine höchst diskriminierende Tätigkeit. Es wird nicht alles und jedes in beliebiger Gestalt aufbewahrt. Die Person ist im Werden auf Wahrheit aus, völlig wach und intensiv. Memoria ist dann nicht eine Art Selbstschutz, das Aufnehmen des Schönen und das Vermeiden des Schwierigen. Nein. In der PhG wird auch die quälende Erfahrung des Schmerzes, der Verwirrung und der Entfremdung genuin aufgenommen, aufbewahrt und integriert.
Jede Erfahrungsphase erweitert die Identität der Person und ihre Affinität mit der Verschiedenheit. Deswegen gewinnt die Memoria eine immer größere Dichtheit. Durch diese Integration wird die Memoria das Vermögen der Selbstpräsenz in der Person immer weiter vertiefen. Selbstpräsenz ist nicht auf mein jetziges Wissensmoment zu reduzieren, sondern dieses Moment ist selbst von einer tiefen Matrix unterstützt.Von hier aus läßt sich rückblickend das Problem des Reflexionszirkels erhellen. Nun darf klar gesagt werden, daß das abstrakte Problem der Reflexivität des Selbstbewußtseins nie ein isoliertes Problem für das lebendige Selbstbewußtsein ist, weil Selbstbewußtsein eine Präsenz impliziert und artikuliert, die von der Memoria immer weiter differenziert wird. Das geht aus der PhG deutlich hervor. Der Weg, der in der Sinnlichkeit beginnt, kommt durch Natur über Geist zu Religion und absolutem Wissen hin. Dieses Integrieren zeigt einen sehr wichtigen Grundzug des Personwerdens in der PhG auf. Das Werden der Person ist ihr Weg zu einer immer tieferen Vollkommenheit bis zur Religion und zum absoluten Wissen. Person sammelt sich immer bewußter. Die Integration verfeinert so das persönliche Erfahrungsvermögen. Die Person entwickelt sich immer weiter, und die ehemaligen Sackgassen der Erfahrung kommen nicht wieder vor. Der Aufstieg der Gestalten macht das plausibel. Die Kluft zwischen Gewißheit und Wahrheit wird immer kleiner, und der Weg immer sicherer. Betont werden muß auch, daß diese Verfeinerung des Erfahrungsvermögens keineswegs die Erfahrungsmöglichkeiten verringert. Zieht man in Betracht, daß erst in den späteren Entwicklungsstufen die Inkarnation und das absolute Wissen vorkommen, dann gilt eher das Gegenteil. Die Ironie der Integration ist, daß das Integrierte selbst in die *Verborgenheit* der Memoria hineingenommen wird. Diese verwebende Arbeit der Memoria in der Integration der Erfahrungen und ihre selektive Aufbewahrung intensiviert und vertieft die Kreativität des Personwerdens, die allerdings durch Wiederholung und Gewohnheit begrenzbar ist.

7.5 Memoria: Wiederholung und Gewohnheit

Bei der Erläuterung eines Personbegriffs, in dem Werden als Weg verstanden wird, sollte auch auf zwei Haltungen hingewiesen werden, die diese Weiterentwicklung der Person zurückhalten können: Wiederholung und Gewohnheit.

Die Wiederholung entsteht da, wo die Person an einer neuen Stelle nur das machen kann, was sie vorher gemacht hat und nur in jener Weise, wie sie es vorher gemacht hat. Diese Art von Tun, Sehen oder Verstehen hält die Weiterentwicklung der Person zurück. Eine neue Möglichkeit oder neue Herausforderung wird nicht aufgenommen. Es muß zugestanden werden, daß ein völlig wiederholungsfreies Vorgehen für die Person nicht möglich ist. Keine Kontinuität und keine Änderung ist ohne einen gewissen Anteil von Wiederholung möglich. Den Sprung ins völlig Neue gibt es nicht. Und wenn das Neue in überhaupt keiner Kontinuität zum Jetzigen stünde, wäre es unerkennbar, unsichtbar. Dennoch bestehen wir darauf, daß Wiederholung in dem hier gemeinten Sinne ein Hindernis für das Wachsen der Person sein kann.
Hegel greift in der Auslegung seines neuen Begriffs von philosophischer Wissenschaft die Philosophen an, die eine Schein-Verschiedenheit durch Wiederholung eines Prinzips erzeugen. Obwohl unsere Erörterung sich auf das Werden der Person innerhalb der PhG konzentriert, bestätigt dieses Zitat in der Verbindung von Wiederholung und Schein-Verschiedenheit unserer These indirekt: „Näher aber diese Ausbreitung betrachtet, so zeigt sie sich nicht dadurch zu Stande gekommen, daß Ein und Dasselbe sich selbst verschieden gestaltet hätte, sondern sie ist die gestaltlose *Wiederholung* des Einen und Desselben, das nur an das verschiedene Material äußerlich angewendet ist und einen langweilen Schein der Verschiedenheit erhält." (PhG12)[46]
Wiederholung gilt dann als besonders schwierig, wenn der Personbegriff als Werdeweg verstanden wird. Im weiteren Kontext der geistigen Wirklichkeit, wo die Affinität und die eigene Identität zu einer immer intensiveren Gegenseitigkeit und weiterern Fortentfaltung gerufen werden, soll Wiederholung nicht bestimmend werden. Trotzdem kommt sie in der PhG vor, und zwar dann, wenn das Bewußtsein sich in einer neuen Gestalt befindet und sein Woher bzw. seinen Weg bis dahin vergessen hat: dann fängt es an, das bereits Erlebte zu wiederholen.[47] Das Auftreten von Wiederholung zeigt aber, daß das Bewußtsein noch auf dem Werdeweg ist, und die Schwerkraft des Unwahren bleibt in ihm, obwohl es intensiv auf Wahrheit aus ist, noch wirksam.
Dies zeigt, wie dieses Bewußtsein einen echten Erfahrungsweg gehen muß. Daß aber Vergessenheit zu Wiederholung führt,[48] hat eine besondere Bedeutung für die Lehre von der Memoria. Es zeigt, daß die Aufbewahrung und Integration des Gewesenen die Person in die Richtung des neu zu Erlebenden ausrichtet. Schließlich kommen in dieser Frage die Vermittlungsnatur der Per-

[46] Vgl. weiter dazu in PhG38.
[47] Vgl. dazu Casey 1987, S. 306, „The burden of repetition remains in our lives in the form of forgetting".
[48] Unsere Idee von Wiederholung ist fast das Gegenteil von Kierkegaards „Wiederholung". Vgl. dazu Remier. Kierkegaard arbeitet mit einem getrennten Subjektbegriff. Geschichte und das Ewige bleiben bei ihm ebenfalls unvermittelt. Erinnerung gibt es, aber sie ist der Vergangenheit verhaftet. Wiederholung gilt dann als Erinnerung, die vorwärts gestoßen wird. „Wiederholung und Erinnerung sind die gleiche Bewegung, nur in entgegengesetzter Richtung". (Remier S.306)

son und das differenzierende Selbst des Geistes überein.[49] Beide sind von Natur aus auf integratives Werden eingestellt, ein Werden, das keine Flucht aus dem Jetzt ist, sondern ein volles Erleben der Gegenwart und eine Fortführung des verwandelten Gewesenen in Richtung neuer Möglichkeiten und Kreativität.

Gewohnheit wäre demzufolge eine ausgeprägte Tendenz bestimmter, sich wiederholender Arten von Tun, Sehen und Verstehen. Wo Wiederholung selbst ein Vollzug ist, gilt Gewohnheit als eine Tendenz zur Wiederholung. Sie kommt selbst durch Wiederholung zustande. In der PhG kommen verschiedene Tendenzen bei der Sichentfaltung und Sichthematisierung des Bewußtseins vor. Keine aber wird zur Gewohnheit, die die Richtung des Werdens zu ihren Gunsten bestimmen könnte. Wir erhalten treffende Auskunft über Gewohnheit an einem unerwarteten Ort, nämlich bei Hegels Betrachtung des „Bekannten".[50] Hochinteressant ist hier Hegels Charakterisierung der entscheidenden Wende in seinem eigenen Denken als einer Wende von der Gewohnheit bzw. dem Bekanntsein der Vorstellung hin zum Begriff: „... so ist dagegen das Wissen gegen die hiedurch zu Stande gekommene Vorstellung, gegen dieses Bekanntsein gerichtet ... Das Bekannte überhaupt ist darum, weil es *bekannt* ist, nicht erkannt." (PhG25) Um die festen Gedanken wieder flüssig zu machen, muß zuerst die scheidende negative Kraft des Verstandes auf das Bekannte angewendet werden: „Das *Analysieren* einer Vorstellung ... war das Aufheben der Form ihres Bekanntseins." (PhG25) Die Aufhebung der Form des Bekanntseins bedeutet, die Sache aus der subtilen Entfremdung des Vertrauten zu retten und ihre Affinität mit der Verschiedenheit wiederherzustellen.

Echte Selbstheit ist von sich aus schon Widerstand. Kreativität ohne Widerstand ist nicht möglich, weil, wie Hegel bereits in der Hervorhebung des Positivitätsbegriffs in seinen Jugendschriften gesehen hat, die Tendenz zur Positivität und Verdinglichung sehr stark ist. Beim begrifflichen Denken im Darstellen des Personwerdens werden sich infolgedessen Gewohnheiten in der Fortentwicklung des Bewußtseins nicht befestigen können. Die „Unruhe" des Bewußtseins bleibt. Der Begriff beruht, im Gegensatz zur Vorstellung, auf echter dynamischer Verschiedenheit[51] und vermeidet die subtile Entfremdung der Gewohnheit. Das Bewußtsein in allen seinen Gestalten ist letzendlich im-

[49] Es läßt sich denken, daß eine „schlechte Unendlichkeit" eine endlose Wiederholung endlicher Instanzen zur Folge hätte, die nur isolierte Fragmente wären. Ein selbsthaftes Unendliches als Ur-Quelle und Grund aller Verschiedenheit rettet dagegen das Endliche von Wiederholung.

[50] Daß Gewohnheit mit dem Bekannten verbunden werden kann, zeigt bereits ihre etymologische Wurzel auf. Vgl. dazu Art. „Gewohnheit", in: HWP S.599. „Die etymologische Bedeutung von Gewohnheit geht auf die Reihe: wohnen, vertraut sein, behagen ... gewöhnlich tun ... zurück"

[51] Ebd. S. 610, „Die Gefahr der Gewohnheit und der Gewöhnung ist die, daß sie das Bewußtsein über die eigene aktive Beteiligung beim Werden der Wirklichkeit verunklärt und damit diese Wirklichkeit metaphysisch ‚verkehrt'."

mer zur Nicht-Anpassung gerufen. „Der Gewohnheit an Vorstellung fortzulaufen, ist die Unterbrechung derselben durch den Begriff ebenso lästig, als dem formalen Denken, das in unwirklichen Gedanken hin und her räsonniert. Jene Gewohnheit ist ein materielles Denken zu nennen." (PhG43) Es dürfte schließlich klar sein, daß weder Gewohnheit noch Wiederholung allein psychologisch aufzufassen sind. Vielmehr verweisen sie auf Verkrampfungen im Ontologischen.

An dieser Stelle muß eine scharfe Gegenfrage erlaubt sein. Hat die PhG nicht den Anschein einer völligen Verhaftung in der Gewohnheit? Wird nicht der Eindruck vermittelt, daß unabhängig davon, wie unerwartet eine Gestalt auch sein mag, das Bewußtsein sich trotzdem wie gewohnt verhalten würde? Hinter dieser Frage steht der Grundeinwand, daß Dialektik eine verengende, sich wiederholende Struktur habe.[52] Dem Einwand ist zu entgegnen, daß natürlich ein gewisser Rhythmus zu erkennen ist; das kommt aber daher, daß wir es mit Person als Selbst zu tun haben. Person als Vermittlung der Individualität in und durch die Allgemeinheit und umgekehrt hält sich im Gleichgewicht. Wenn eine Dimension völlig eliminiert wäre, würde die andere dominieren, aber dann hätten wir es nicht mehr mit Person als Vermittlung zu tun.[53] Der springende Punkt ist hier, daß der Rhythmus der personalen Vermittlung, die eine ungeheure Verschiedenheit impliziert und aufweisend artikuliert, nicht mit der Vorstellung eines abstrakten, äußerlichen Dialektikapparates zu verwechseln ist.[54] Die dauernde Aktivität und Konkretheit der bestimmten Negation in der PhG zeigt, wie oberflächlich eine solche Verwechslung wäre. Die Einzigartigkeit der PhG als Personwerden ist auch darin zu sehen, daß hier im Vergleich zu allen andern Werken Hegels eine besonders feine und spannungsreiche Ausbalancierung von Erfahrung und Begrifflichkeit dargestellt wird. Der Rhythmus dieses Werdewegs ist dann sowohl vom Extrem der „primitiven Erfahrung" als auch vom Extrem der „äußerlichen Begrifflichkeit" weit entfernt. Die weitere Auslegung des Hegelschen Personbegriffs in dieser Arbeit soll dies klar hervorbringen.

[52] Vgl. Rüdiger Bubner, „Dialog und Dialektik" 1980. Bubner versucht die Inklusivität der Vermittlung, die die Dialektik artikuliert, in ihrer Innerlichkeit und in ihrer Äußerlichkeit ins Gleichgewicht zu bringen; dies tut er vor allem, indem er die Dialektik an das Methodenproblem des Hegelschen Systems anknüpft. Vgl. S. 154: „In Gestalt des Methodenproblems tritt eine Reflexion auf, die die Kluft zwischen Immanenz und Externalität in beiden Richtungen überbrückt".

[53] Zur Problematik der Dialektik als umfassende nahtlose Methode, die dennoch die Verschiedenheit zu artikulieren versucht, vgl. M. Rosen bes. S. 39–43. Die Leistung von Rosens Arbeit ist es, die besondere Perspektivität, die die Dialektik impliziert, klarzustellen. Daß er stark gegen diese Perspektivität argumentiert, ändert nichts an der Spannung ihrer Darstellung.

[54] Für eine treffende Widerlegung der Legende, daß Hegel mit der abstrakten Triade von These-Antithese-Synthese arbeitet, vgl. G.E. Müller bes. S. 411, 414.

7.6 Der Zuwachs von Kreativität und Freiheit im Personwerden als Vermittlung

Zur Endlichkeit gehört eine unausrottbare Schwerkraft. Das Personwerden kann deswegen nie eine glatte Reise zur Vollendung sein. Personwerden vollzieht sich in den ambivalenten und mühseligen Spannungen der Verschiedenheit. Die Tendenz des Personseins zur Wiederholung und zur Gewohnheit sowie zur Selbsthypostasierung ist daher verständlich. Der Wunsch, auf der bisherigen Entwicklungsstufe zu verweilen, anstatt auf neue Horizonte zuzusteuern, gehört zur Endlichkeit des menschlichen Personseins. Dennoch kann sich das Personsein mit solchen Selbsthypostasierungen nie zufrieden geben. Damit würde es seinem eigenen Wesen nicht gerecht. Personsein heißt immer Personwerden; der Anruf zur weiteren Kreativität und Freiheit liegt tiefer als jeder andere Wunsch.

In diesem spekulativen Umriß haben wir immer unterstrichen, daß das Personwerden ein Weg in und durch verschiedene Gestalten ist. Das Werden vollzieht sich nicht in der Weise, daß eine Gestalt die andere ersetzt, sondern dadurch, daß sich die Entwicklungskontinuität zwischen den Gestalten des Personwerdens zunehmend steigert. Die Person wird damit immer reifer, kreativer und freier. Dies wird der Person nicht von außen verliehen, sondern sie gewinnt und verwirklicht diese Freiheit selbst im konkreten Prozeß der Vermittlung. Die Intensität dieses Prozesses ist vor allem im Bereich der Negativität, der Entfremdung und des Widerspruchs zu spüren. Anders als in der Transzendentalphilosophie geht es in der PhG nicht darum, abstrakte oder mögliche Bedingungen der transzendentalen Freiheit des Bewußtseins zu erklären. In der PhG handelt es sich um die konkrete Freiheit der Person, und zwar im aktuellen Vollzug der Vermittlung in der jeweiligen Bewußtseinsgestalt. Daß die Person einen solchen Mut zur Verwirklichung dieser Freiheit hat, ist auf die Grundaffinität zwischen Personsein und Verschiedenheit zurückzuführen. Indem das Verwobensein der Verschiedenheit echte Widersprüchlichkeit und Negativität hervorbringt, ermöglicht es die Aktivierung von Affinität und Zugehörigkeit.

Wir haben bereits herausgearbeitet, wie die Wechselwirkung zwischen der eigenen Identität der Person und ihrer Affinität mit der Verschiedenheit im Wissensvollzug der Rekognition zur Darstellung kommt. Dies ist sehr wichtig, weil damit klargestellt wird, daß persönliche Identität keine private, sich entziehende Identität ist, sondern eine Identität, die sich mitten in der Verschiedenheit verwirklicht. Persönliche Identität ist nicht auf subjektivistische Identität zu reduzieren. Dies hat auch entscheidende Konsequenzen für die Art von Freiheitsbegriff, die im Personwerden als Vermittlung verwirklicht werden kann.

Freiheit ist ein Grundzug des menschlichen Daseins. Sie verweist auf die Fähigkeit und auf das Recht der Person zur Selbstbestimmung. Dennoch kann der Freiheitsvollzug in einer rein subjektivistischen Perspektive nur abstrakt bleiben. Freiheit kann ihre eigene Tiefe und Wirklichkeit nicht ergreifen, wenn sie ausschließlich auf das Einzelsubjekt begrenzt wird, und zwar einfach deswegen, weil Freiheit immer eine innere und eine äußere Referenz zu anderen Personen haben muß. Zur konstitutiven Differenz der Freiheit gehört die andere Freiheit. Der Vollzug der eigenen persönlichen Freiheit muß die Freiheit der anderen anerkennen. Wie steht es in dieser Hinsicht mit dem Personbegriff als Vermittlung?

Der Personbegriff als Vermittlung ist sehr geeignet, dem theoretischen Anspruch der Freiheit gerecht zu werden: Erstens handelt es sich im Personwerden um die konkrete Verwirklichung der Freiheit. Die Verwandlung der Entfremdung deckt immer neue Affinitäts- und Zugehörigkeitsdimensionen auf. Zweitens gehört die Verwirklichung der eigenen Identität als Freiheitsvollzug immer zum Prozeß der sozialen und geschichtlichen Verwirklichung der Freiheit und Identität von anderen Personen, weil persönliche Identität keine private, subjektivistische Identität ist, sondern sich immer in der Wechselwirkung mit der Erschließung von Affinitätsdimensionen in der Verschiedenheit vollzieht. Einen narzißtischen Alleingang von privater Freiheitsentwicklung kann es vom Ansatz des Personwerdens als Vermittlung her nicht geben. Der Personbegriff als Vermittlung artikuliert die innere Verbundenheit der eigenen Identität mit der Identität der anderen als Verwirklichung von Freiheit.

Drittens kommt diese Verbundenheit des eigenen Freiheitsvollzugs mit dem der anderen auch in der Zusammengehörigkeit von Rekognition und Anerkennung zum Ausdruck. Rekognition ist eine ontologische Grundbestimmung, in der die wechselwirkende Affinität zwischen der eigenen Identität und der des Anderen innerhalb der gemeinsamen Verschiedenheit explizit wird. Die Anerkennung ist also die andere Seite dieser einen Bewegung. In der Anerkennung wird die Rekognition existentiell entfaltet und thematisiert. Ohne die Rekognition wäre eine Anerkennung der anderen Freiheiten nicht möglich. Anerkennung deckt somit die soziale und geschichtliche Seite der ontologischen geistigen Rekognition. Der Personbegriff als Vermittlung gründet die Anerkennungsdynamik auf eine tiefe ontologische und geistige Ebene; er gibt dem Freiheitsvollzug einen konkreten und individuellen Sinn.

Aus diesen drei Gründen wird klar, daß der Personbegriff als Vermittlung sowohl den Vollzug der Freiheit in der Geschichtlichkeit des eigenen Personwerdens als auch die Verwirklichung der Freiheit von anderen zur Darstellung bringt.

Eine große Stärke des Personbegriffs als Vermittlung ist es dann, den Vollzug der Freiheit in der werdenden Geschichtlichkeit der eigenen Identität mit der Verrwirklichung der Freiheit in der Geschichte zusammenzubringen. Der Subjektbegriff vermag es kaum, eine Brücke zur Geschichte zu schlagen, geschweige denn die eigene Geschichtlichkeit mit Geschichte kreativ zu verbinden. Obwohl der Personbegriff als Vermittlung diese neuen Möglichkeiten eröffnet, möchten wir dennoch vorsichtig bleiben und seinen Bezug zur Geschichte und Sozialität differenziert darstellen. Bisher haben wir den Personbegriff nur mittelbar mit beiden in Verbindung gebracht, und zwar deswegen, weil eine unmittelbare Rückbindung des Personbegriffs an Geschichte und Sozialität sehr leicht in die Anonymität einer Intersubjektivitätstheorie oder Gesellschaftstheorie rutschen kann. Wir haben daher mit Begriffen wie Verschiedenheit, Geist, Affinität usw. gearbeitet. Der Vorteil dabei ist, daß die Eigenheit der Individualität positiv und kreativ bestimmt werden kann. Der Bezug zur Allgemeinheit wird weder äußerlich noch nachträglich bestimmt, sondern innerlich und vermittelnd; dies kommt z.B. in der Dynamik der Rekognition und der Anerkennung zum Ausdruck. Unter der Voraussetzung dieses Vorbehaltes läßt sich dennoch ein sehr interessanter Bogen zwischen dem Freiheitsvollzug im Personbegriff als Vermittlung und den Bemühungen der Kritischen Theorie schlagen. Die Bemühung der Kritischen Theorie, die immanente, aber verdrängte Vernunft der Gesellschaftsordnung ins Bewußtsein zu rücken, entspricht dem Bestreben des Personbegriffs als Vermittlung nach Freiheit und Kreativität.[55]

Fazit

Wir haben in Teil 2 die Begriffsfamilie des Personbegriffs als Vermittlung in Anlehnung an die Vorrede und die Einleitung herauskristallisiert. Wir haben die innere Verbundenheit der verschiedenen Glieder dieser Begriffsfamilie klargestellt. Person als Vermittlung entfaltet und thematisiert sich in einer Sequenz von verschiedenen Gestalten, die eine Ursprünglichkeit aufweisen und das ganze Feld der Erfahrung umfassen. Dieser Erfahrungsweg erschließt die Grundaffinität zwischen dem Bewußtsein und der Verschiedenheit, welche die konkrete Verwandlung des Negativen und des Fremdartigen ermöglicht und welche schließlich ihren Grund im Geist als Quelle, Impuls und Grundkontur aller Verschiedenheit hat. Diese Grundaffinität erschließt sich in einem Rekognitionsvollzug, was in Wechselwirkung mit der werdenden persönlichen Identität steht. Diese Rekognition läßt sich dann durch Anerkennung ergänzen und vollenden. Die sich durchsetzende Kreativität dieses Werdewegs zeigt sich an den Dimensionen der persönlichen Identität, der Memoria, der Zeit und der Integration; Hypostasierungen durch Gewohnheiten oder Wiederholungen werden damit vermieden. Nun, da wir die Begriffsfamilie des Personbegriffs als Vermittlung herausgearbeitet haben, wollen wir duch eine „buchstabierende" Interpretation der PhG die implizite Präsenz dieses Personbegriffs herauskristallisieren.

[55] Vgl. zu dieser Thematik Horkheimer, Gmünder, Geyer.

Teil III

Person als Vermittlung
Die Dialektik von Individualität und Allgemeinheit in der PhG

8. Bewußtsein

8.1 Die sinnliche Gewißheit: Das gemeinte Individuelle

Der Anfang der PhG ist einzigartig. Die PhG setzt nicht an einem fixen Punkt an. Sie gründet auf keinem Axiom, welches ihren weiteren Fortgang bestimmen würde. Es wird hier auch keine These zugrundegelegt. Es handelt sich also nicht um den üblichen linearen Denkaufbau einer philosophischen Untersuchung. Der Anfang der PhG ist auch kein reiner Ansatz.[1] Er ist vielmehr der Einstieg in einen sich bereits vollziehenden Bewußtseinsablauf.[2] Wir nähern uns diesem Bewußtseinsablauf an, während er sich bereits abspielt[3]: „Wir haben uns ebenso unmittelbar ... zu verhalten, also nichts an ihm ... zu verändern." (PhG69)
Die sinnliche Gewißheit ist die Einstiegsstelle in diesen Bewußtseinsablauf. Im Reiche der Sinnlichkeit ist angeblich unmittelbares Wissen möglich. An dieser Anfangsstelle ist Vermittlung noch nicht sichtbar. Das Reich der Sinnlichkeit scheint völlig nahtlos zu sein. Es zeigt sich nirgendwo ein Riß. Eine Subjekt-Objekt-Spaltung hat sich hier noch nicht ereignet. Die Fülle und Breite dieser sinnlichen Erkenntnis scheint auch unbegrenzt.[4] Sie scheint demnach die wahrhafteste Erkenntnis zu sein, „denn sie hat von dem Gegenstande noch nichts weggelassen, sondern ihn in seiner Vollständigkeit vor sich." (PhG69) Das sinnliche Umfassen dieser Erkenntnis wird sich aber als völlig unkritisch herausstellen. Es darf jedoch nicht übersehen werden, daß diese sinnliche Gewißheit ein gewisses Pathos in sich enthält, und zwar gerade, weil sie eine Grenzgestalt des Bewußtseins ist. Erst jetzt, als erste Gestalt des personalen Bewußtseins, läßt sich die Sinnlichkeit versammeln und differenzieren. Das bedeutet aber den Abschied vom naiven Dasein der Sinnlichkeit und das Betreten eines Weges, der zu seiner Entfaltung und Thematisierung führen wird. Anfang ist Abschied.

[1] Die Frage nach dem Anfang ist für die Philosophie der Neuzeit eine höchst schwierige Frage. Hegel macht genau diese aporetische Frage der Beziehung zwischen Begründung und Kritik zur fruchtbaren eigenen, philosophischen Methode. Für eine tiefgehende Analyse der besonderen Rolle des Anfangs als innerem Element der Hegelschen Methode vgl. Werner, der zeigt, daß die Darstellung des Anfangs seine immanente Kritik ist (vgl. S. 139). Der Anfang bei Hegel darf keineswegs auf ein Prinzip reduziert werden (vgl. S. 21). Ferner hebt er hervor, wie Hegel die Absolutheit des Zweifels thematisiert, und zwar nicht nur hinsichtlich seiner Gegenständlichkeit, sondern als Ausdruck seiner Reflexivität; Absolutheit und Kritik gehören zusammen (Vgl. S. 67).
[2] Die Signifikanz dieser Vorgehensweise für eine angemessene Betrachtung der Frage nach der Selbstheit des Personseins als einer Ursprungsfrage haben wir bereits in Kapitel 1 herausgestellt.
[3] Vgl. dazu Wieland S. 70, 80. Wieland versteht das „Wir" als eine Art sokratische Instanz und nicht als die Position des absoluten Wissens.
[4] Für eine kritische Anmerkung zu dieser anfänglichen Fülle vgl. Ch. Taylor 1975, S. 142.

Dennoch bricht das Bewußtsein von der Sinnlichkeit nicht einfach ab, um sich in ein Abstraktionsvakuum zu setzen. Nein. Gemäß der Erfahrungstreue des Bewußtseins wird eine differenzierte Kontinuität mit der Sinnlichkeit bewahrt. Es wäre demnach völlig unangemessen, die Sinnlichkeit und das Bewußtsein einander gegenüberstellen zu wollen.[5] Allerdings ist zu betonen, daß diese erste Bewußtseinsgestalt im Prozeß des Sichthematisierens und des Sichentfaltens gar nicht geübt ist. Sie hält ihre Beziehung zu ihrer Welt für die unmittelbare Einheit mit ihrer Welt. Als natürliches Bewußtsein ist es für sich schlechthin unmittelbar. Wir haben es hier weder mit einem rein abstrakten Bewußtsein noch mit einem funktionellen Bewußtsein im Dienst eines höheren Denkprinzips zu tun.[6] Vielmehr finden wir eine konkrete, erfahrende Gestalt des Bewußtseins vor, die es nur allmählich lernt, Rechenschaft über sich abzulegen.[7] Damit wird sich eine Kluft zwischen ihrer Gewißheit und der Wahrheit auftun.[8] Diese Bewußtseinsgestalt wird sich dadurch entfalten und thematisieren können, daß sie ihre eigenen latenten Möglichkeiten aktiviert. Die Fortentwicklung dieser Erkenntnis wird sich auch entsprechend darstellen. Anders gesagt: Die Darstellungsweise dieser Erkenntnis wird die aktuellen Grenzen dieser Erkenntnis selbst nicht überschreiten. Die Bewegung dieser Fortentwicklung liegt dann vor allem innerhalb dieses Bewußtseins selbst.

Überraschend ist, daß die sinnliche Gewißheit, sobald sie sich zu thematisieren versucht, sich in der Tat als die abstrakteste und ärmste Wahrheit ergibt: „Sie sagt von dem, was sie weiß, nur dies aus: es *ist*." (PhG69) Gerade in diesem Wörtchen *„ist"* spiegelt sich die Spannung zwischen dem inklusiven Sinnlichen und dem differenzierenden Bewußtsein. *„Ist"* verweist einerseits auf das gesamte Zusammensein des Sinnlichen, sagt aber andrerseits, aus der Perspektive eines sich differenzierenden, vermittelnden Bewußtseins betrachtet, gar nichts aus. Als reine unmittelbare Beziehung ist die sinnliche Gewißheit der verborgenen Vermittlung, welche in ihrer Erkenntnis pulsiert, noch nicht bewußt geworden. „Das Bewußtsein seinerseits ist in dieser Gewißheit nur als reines *Ich* ... und der Gegenstand nur als reines *Dieses*." (PhG69) Weil nun die Thematisierungsaufgabe angestrebt wird, ist es unausweichlich, daß die Vermittlungsdynamik aufgedeckt wird.[9] *Wir* projizieren einen solchen Unter-

[5] Obwohl Hegel hier auf die Sinnlichkeit im Sinne einer Phänomenologie der verschiedenen Sinne und ihrer Funktionen nicht eingeht, gelingt es ihm trotzdem, dies anzudeuten. Die Behauptung eines unmittelbaren Wissens des Sinnlichen impliziert auf jeden Fall die Präsenz des Bewußtseins im Reich der Sinnlichkeit. Die Sinnlichkeit und das Denken stehen in einer Kontinuität miteinander. Vgl. dazu Fink S. 69: „Die Sinnlichkeit des Menschen ist nie ohne Gedanken."

[6] Vgl. dazu Wieland S. 71.

[7] Ebd. S. 78.

[8] Man könnte sagen, daß ihre Gewißheit hier dann eher instinktiv als thematisiert ist.

[9] Vgl. dazu Reiner Wiehl, „Über den Sinn der sinnlichen Gewißheit", in: HS 3. Wiehl unternimmt eine faszinierende Ausarbeitung der tieferen Schicht „der elementaren Entwicklungsstufe des Bewußtseins". (S. 121) Seine leitende Idee ist: „Das Bewußtsein macht so die Erfahrung der Differenz zwischen einem unzureichenden und einem zureichenden Grunde". (S. 116) Das Streben nach Wahrheit gilt dann als Motivation der Bewußtseinsbewegung und sei-

schied nicht auf die sinnliche Gewißheit. Wir sind nur als Zuschauer beteiligt, aber „wir finden ihn an der sinnlichen Gewißheit selbst." (PhG70) Da nun diese Differenzierung hervorgekommen und akzeptiert ist, überrascht es nicht, daß die sinnliche Gewißheit dem Gegenstand als dem Wesentlichen den Vorrang vor dem Ich geben wird. Der Gegenstand ist dem Sinnlichen näher und impliziert außerdem für die sinnliche Gewißheit keinen Abbruch. Nunmehr dürfen wir aber die sinnliche Gewißheit fragen, was der Gegenstand, das „Dieses", sei.

Das „Dieses" zeichnet sich durch die doppelte Gestalt *Jetzt* und *Hier* aus. Keines von beiden wird aber imstande sein, das gesuchte unmittelbare Individuelle zu liefern. Das Jetzt ist kein greifbarer einzelner Punkt. Es erweist sich als ein Allgemeines, welches sich durch das Negieren seiner Inhalte erhält.[10] „Ein solches Einfaches, das durch Negation ist, weder dieses noch jenes, ein *nicht dieses*, und ebenso gleichgültig, auch dieses wie jenes zu sein, nennen wir ein *Allgemeines*." (PhG71) Im Glauben, das Einzelne gefunden zu haben, erweist dieses sich ironischerweise in der Tat als Allgemeines. Wir halten fest, daß wir es in dieser ersten Bestimmung der Allgemeinheit mit einem gleichgültigen Allgemeinen zu tun haben. Das „Hier" erweist sich ebenso als ein Allgemeines.[11] Es läßt sich an dieser Stelle herausstellen, daß die sinnliche Gewißheit, um überhaupt zu der Einsicht in diese Allgemeinheit gelangen zu können, als eine Gestalt des Bewußtseins impliziten Gebrauch von ihrer Memoria machen müßte. Sonst wäre es für sie nicht möglich, die verschiedenen Momente zu vergleichen und damit die Einsicht in ihren Grund zu gewinnen.[12] Das verhindert auch, daß das Bewußtsein in der Wiederholung des „Dieses" stehen bleibt.

Der Versuch, das sinnliche Einzelne zu finden oder aufzufassen, endet, wie wir gesehen haben, in der unerwarteten Entdeckung des Allgemeinen. Durch die Eigentümlichkeit der Sprache wird die Erfahrung dieser Aufdeckung des Allgemeinen noch intensiviert. Die sinnliche Gewißheit soll imstande sein, ihr gemeintes Einzelnes auszusprechen. Die Sprache ist aber allein für das Ausspre-

nes ständigen Selbstkorrigierens. Vgl. dazu Wieland S. 80: „Doch die Präsenz des Absoluten, von der die Einleitung spricht, kann auch in der Gestalt vorliegen, daß nur ein Absolutheitsanspruch in der Form des Wahrheits*anspruchs* erhoben wird".

[10] Zu dieser Problematik vgl. W. Dupré S. 1811: „Im *Begriff* des Jetzt werden wir darum zurückverwiesen auf das *Begreifen* im Jetzt, wobei es offenkundig wird, daß das Jetzt des Begreifens keineswegs durch den Begriff des Jetzt erschöpft wird". Vgl. dazu auch Fink S. 72: „Die sinnliche Gewißheit nahm das Wirkliche als das Zeitliche, aber das In-der-Zeitsein selbst hatte sie nicht als die temporale Allgemeinheit des Jetzt begriffen".

[11] Vgl. dazu Fink S. 66: „Mit der Frage nach dem Dieses wiederholt Hegel die alte philosophische Frage nach dem Zufälligen, dem Kontingenten, dem ‚on symbebekos'". Für eine rückwirkende Bestätigung dessen von Hegel selbst vgl. PhG452.

[12] Vgl. dazu Wiehl, „Über den Sinn der SG", S. 113–114:" Denn dieses unmittelbare Bewußtsein sucht von vornherein nach Gründen des Gewußten, sei es im Gewußten, sei es in sich, dem Wissenden; sucht ebenso nach Gründen der Veränderung des Gewußten ... nach Gründen der Veränderung des Veränderten; sucht auch nach Gründen, um das anscheinend Unveränderliche zu verändern".

chen des Allgemeinen geeignet.[13] Wenn dann das natürliche Bewußtsein das sinnliche Einzelne *meint*, kann es dieses nie aussprechen. Hegel nennt die Sprache hier „das Wahrhaftere, in ihr wiederlegen wir selbst unmittelbar unsere *Meinung*." (PhG72) Weil das sinnliche Einzelne nicht aussprechbar ist, dient die Sprache hier als Triebfeder zur weiteren Thematisierung.[14] Wenn Meinen und Sagen das Gleiche wären, müßte das natürliche Bewußtsein seine Gewißheit, daß es das Einzelne auffassen könnte, aufgeben. Weil aber Meinen und Sagen unterschiedlich sind, darf das natürliche Bewußtsein das Einzelne weiter suchen. Jetzt gilt das Einzelne als das Ich. Bereits auf dieser anfänglichen Ebene ist die Integration der Erfahrungsphasen des Bewußtseins klar. Deswegen ist die Fortsetzung der Thematisierung möglich und notwendig. Insofern als es sich in und durch Erfahrung entfaltet und thematisiert, zeigt sich das Bewußtsein als irreversibel.[15]

Der Übergang zum Ich läßt sich dadurch verständlich machen, daß das Ich, obwohl es das Unwesentliche ist, mit dem Gegenstand dennoch eng verbunden bleibt. Beide sind als Momente zugleich aus der Gewißheit herausgefallen. Daß das Bewußtsein von einem Extrem zum anderen so frei schwingen kann, zeigt vor allem, wie gering und unentwickelt die Differenzierung auf dieser Erfahrungsebene bleibt. Nun wird behauptet, daß der Gegenstand „ist", weil ich von ihm weiß. Leider zeichnet aber das Wort „Ich" keinen bestimmten Einzelnen aus, sondern „indem ich sage, *Ich, dieser einzelne Ich*, sage ich überhaupt, *alle Ich*; jeder ist das, was ich sage: *Ich, dieser einzelne, Ich*". (PhG73) Das Ergebnis läuft auf das gleiche hinaus: Das Ich ist auch nur ein Allgemeines. Dieses Ich ist nicht die Quelle der Einzelheit. Demnach entsprechen sich hier die Abstraktheit des Ich und die Abstraktheit des Gegenstandes. Das Ich hat nur die geringste Selbsthaftigkeit. Obwohl es die unmittelbare, sinnliche Erfahrung des Sehens, Hörens usw. macht und der Akzent wieder auf das Individuelle gelegt wird, hat das Ich dennoch keine Tiefe. Die Erfahrungen bleiben momenthaft und bruchstückhaft. Und jedes Ich macht eine andere Erfahrung, die genauso wesentlich wie die des nächsten Ich ist. Weil dann beide Wahrheiten auf der sinnlichen Unmittelbarkeit beruhen, haben sie dieselbe Glaubwürdigkeit. Wenn die Gewißheiten in Widerspruch miteinander geraten, ist eine Entscheidung ihrer Wahrheit nur durch die Sprache, im Aussprechen

[13] Die Ähnlichkeit zu Wittgensteins Argument gegen „ostensive definition" kann hier nicht übersehen werden.

[14] Vgl. dazu Simon 1966, S. 28, 32. Vgl. dazu auch Reiner Wiehl, a.a.O. S. 125: „Meinen ist seinem Begriffe nach: zu wissen meinen, was man meint zu wissen".

[15] Vgl. Wiehl, „Über den Sinn der SG", S. 117."Auch an der sinnnlichen Gewißheit bewährt Hegel das Grundprinzip seiner Philosophie, daß es nichts zwischen Himmel und Erde gebe, was nicht ebensosehr Unmittelbarkeit wie auch die Vermittlung an sich trage: schon die unmittelbare Erfahrung eines Bewußtseins ist *unmittelbar* Bewahrung und Erinnerung von Erfahrungen". Für eine Gegenmeinung vgl. Theunissen 1977, S. V111; für Theunissen gilt allerdings nur dialogische Unmittelbarkeit als Standard. Eine andere Meinung, die mit Theunissen übereinstimmt, findet sich bei Löwith S. 131: „For in the Hegelian sense, even the immediate can only exist for mediating thought".

möglich. Das einzelne Wissen verschwindet aber im Aussprechen[16]: „Ich meine wohl einen *einzelnen Ich*, aber so wenig ich das, was ich bei Itzt, Hier meine, sagen kann,so wenig bei *Ich*." (PhG73) Was ich nur sagen kann, ist wieder dieses Ich als Allgemeines. Obwohl es eigentlich leicht sein sollte, die Einzigartigkeit des Ich in bezug auf die Individualität der sinnlichen Erfahrung zu begründen, gelingt dies hier nicht.[17] Das gemeinte Individuelle schlägt plötzlich in das Allgemeine um. Da es sich in der PhG nicht um ein getrenntes empirisches Einzelsubjekt, sondern um Person als Vermittlung der Individualität und der Allgemeinheit handelt. Das anfängliche Bewußtsein enthält zwar diese Vermitteltheit bereits, muß sie aber erst in Erfahrung bringen.
Der sinnlichen Gewißheit bleibt jetzt die Alternative, sich selbst als Ganzes, als die Einheit ihrer beiden Momente zu setzen. Wie ist es nun möglich, daß diese zwei Momente, die sich eben zur Entgegensetzung entwickelt hatten, nun doch als eine Einheit aufstellbar sein sollen? Ein solcher Vorgang wird sich häufig in der PhG ergeben. Er ist auf die aktive und sich durchhaltende Unmittelbarkeit des Bewußtseins zurückführen. Das Bewußtsein verliert seine Einheit nie. Es kann seine verschiedenen Dimensionen und die darin enthaltenen Möglichkeiten sich gestalten lassen, ohne daß es dabei Gefahr läuft, sich zu verlieren. Wie Hegel in bezug auf die Unmittelbarkeit an dieser Stelle sagt: „Ihre Wahrheit erhält sich als sich selbst gleichbleibende Beziehung." (PhG74) Obwohl das gemeinte Individuelle sich als ein Allgemeines erwiesen hat, kann die sinnliche Gewißheit sich wieder sammeln und sich damit auf einen neuen Erfahrungsprozeß einlassen. Sie ist kein hypostasierter Denkrahmen, sondern eine lebendige Gestalt des Bewußtseins.[18] Gerade weil sie selbsthaft ist, kann sie ihre Erfahrungsmomente integrieren und hat damit die Möglichkeit, sich anders zu verhalten und sich auf die neuen Wege einzurichten.
Die sinnliche Gewißheit versucht nun, dem paralysierenden Moment des Aussprechens der Meinung zu entgehen. Deswegen ändert sie ihre Beziehung zu uns als ihren Wegbegleitern. Wir müssen ihr näher kommen, weil unsere Entfernung ihrer Unmittelbarkeit nicht gerecht werden würde. Nunmehr soll die Aktualität des sinnlichen Geschehens selbst das einzelne Unmittelbare liefern. Wir sollen nun das unmittelbare Wissen vom Unmittelbaren her erleben. Deshalb muß gar nichts gemeint oder ausgesagt werden, nun darf einfach gezeigt werden: „*Zeigen* müssen wir es uns lassen; denn die Wahrheit dieser unmittelbaren Beziehung ist die Wahrheit *dieses* Ich, der sich auf ein *Itzt* oder ein *Hier* einschränkt." (PhG74) Die sinnliche Gewißheit als Ganzes ist ein Ich. Das frü-

[16] Vgl. dazu Ch. Taylor 1972, S. 163: „Hegel's principal point here is the impossibility of bare knowledge of the particular".
[17] Vgl. dazu Loewenberg S. 33: „The personal pronoun here so essential, being a synonym for every subject, cannot serve to indicate a specific subject".
[18] Vgl. dazu Simon 1966, S. 27: „Erst mit Hegel erhob die Philosophie den *Anspruch*, das Bewußtsein *selbst* in seinem Sein (vollständig) zu bestimmen, indem es ihr nicht nur um die erscheinenden Korrelate des Subjekts in eindeutiger Bestimmtheit, sondern um das Subjekt selbst, um dessen eigene Bedingtheit ging".

here Vergleichsverfahren ist nicht mehr nötig. Das bevorstehende Jetzt ist nun als Wesen zu stellen. Das Jetzt, wie später das Hier, wird sozusagen für sich aufgefaßt, ohne durch einen Filter von Subjektivität oder Objektivität laufen zu müssen. Dieses Verfahren erweist sich aber sofort als schwierig. Indem das Jetzt gezeigt wird, hat es bereits aufgehört, Jetzt zu sein.[19] „Aber was *gewesen* ist, ist in der Tat *kein Wesen*; es ist nicht, und um das Sein war es zu tun." (PhG75)

Auf diese Dialektik des Jetzt muß näher eingegangen werden, weil sie für die Memoria-Kontinuität, die im Personbegriff impliziert ist, von entscheidender Bedeutung ist. Sie vollzieht sich in drei Schritten. „1) Ich zeige das Itzt auf, es ist als das Wahre behauptet; ich zeige es aber als gewesenes oder als ein aufgehobenes, hebe diese erste Wahrheit auf, und 2) Itzt behaupte ich als die zweite Wahrheit, daß es *gewesen*, aufgehoben ist. 3) Aber das Gewesene ist nicht; ich hebe das Gewesene oder Aufgehobensein, die zweite Wahrheit auf, negiere damit die Negation des Itzt, und kehre so zur ersten Behauptung zurück, daß *Itzt* ist." (PhG75) Es ist besonders wichtig hier einzusehen, daß das Wort „zurück" am Ende des Zitats keine reine Rückkehr zu der früheren Stelle meint, als ob nichts geändert oder nichts vollbracht worden sei. Der Ankunftspunkt am Ende des dritten Schrittes ist nicht mit dem Ausgangspunkt am Anfang des ersten Schrittes gleichzusetzen. Das wäre reine Wiederholung und entspräche nicht der Entwicklung und der Verwandlung, die im Hegelschen Aufhebensbegriff am Werk sind. Hegel selbst stellt dann klar, daß „weder das Itzt noch das Aufzeigen des Itzt ein unmittelbares Einfaches ist, sondern *eine Bewegung, welche verschiedene Momente an ihr hat* ." (PhG75) Die Einheit und die Kontinuität des Bewußtseins wird bewahrt.[20] Die Bewegung hat allerdings die verborgene Präsenz der Vermittlung ans Licht gebracht. Das Jetzt „ist eben *ein in sich Reflektiertes*, oder *Einfaches*, welches im Anderssein bleibt, was es ist: ein Itzt, welches absolut viele Itzte ist." (PhG75) Das Gewesene enthüllt sich als Kernstück der Gegenwart.[21] In der Vermittlung gehören also das Bewußtsein und das Anderssein engstens zusammen. „Es erhellt, daß die Dialektik der sinnlichen Gewißheit nichts anders, als die einfache Geschichte ihrer Bewegung oder ihrer Erfahrung, und die sinnliche Gewißheit selbst nichts anders als nur diese Geschichte ist." (PhG76) Hiermit wird Erfahrung mit der Entfaltung und Thematisierung des Bewußtseins in und durch seine verschiedenen Phasen gleichgesetzt.

Weil aber dieses natürliche Bewußtsein eine Grenzgestalt des Bewußtseins ist, und weil sein Abstand von sich gering und noch undifferenziert ist, kann es

[19] Dies ist eine alte Problematik, die sich von Augustinus über Kierkegaards Betrachtung des Augenblickes bis zu Blochs „Das Prinzip Hoffnung" erstreckt.

[20] Vgl. Fink S. 86–87: „Gewesenes Jetzt ist anders als jetziges Jetzt; aber jedes Jetzt enthält in sich schon gewesene Jetzte und ist also, was es ist, ist Selbiges im Anderssein … ein Selbiges, das sich anders wird, kehrt aus dem Anderswerden in sich zurück".

[21] Vgl. dazu Hyppolite S. 98: „Désormais nous n'avons plus affaire à un maintenant, ou à un ici, uniques et ineffables, mais à un maintenant ou à un ici qui ont la médiation en eux-mêmes,".

nicht das wahre Resultat seiner Erfahrung sofort integrieren[22]: „Aber vergißt es nur ebenso immer wieder, und fängt die Bewegung von vorne an.“ (PhG76) Die Gewohnheit, das Erfahrene zu vergessen, führt direkt zu seiner Wiederholung.[23] In diesem Fall aber verhindert unser Dabeisein als Wegbegleitern des Bewußtseins die Wiederholung.[24]

Die PhG ist keine Kette von abstrakt gesetzten Positionen. Sie ist ein Weg der Erfahrung.[25] Für die sinnliche Gewißheit ergibt sich aber an dieser Stelle, daß ihr gemeintes Erfahrungsziel nicht erreichbar ist,[26] „weil das sinnliche Diese, das gemeint wird, der Sprache, die dem Bewußtsein, dem an sich Allgemeinen gehört, *unerreichbar* ist.“ (PhG77) Deswegen gibt die sinnliche Gewißheit die Art ihrer Suche nach dem gemeinten Einzelnen auf.[27] Dagegen wird nun das Allgemeine völlig ernst genommen[28]: „... ich nehme es so auf, wie es in Wahrheit ist, und statt ein Unmittelbares zu wissen, *nehme ich wahr.*“ (PhG78) Damit wird die Schwelle der neuen Bewußtseinsgestalt erreicht, in welcher die Durchdringung des Allgemeinen und des Einzelnen sichtbar wird. Die Erfahrung der sinnlichen Gewißheit hat den trügerischen Boden des Empirismus bloßgestellt und gezeigt, daß auf diesem Boden kein ausreichender Personbegriff gebildet werden könnte. Das gemeinte Individuelle wäre beziehungslos; es stünde außerhalb aller Vermittlung. Es ergibt sich als Folge der bisherigen Entfaltung und Thematisierung des Bewußtseins, daß die Individualität in einer differenzierten Vermittlung mit der Allgemeinheit gerade als Person gesetzt werden muß.

[22] Auf dieser Ebene der sinnlichen Gewißheit ist die Differenzierung ziemlich gering, wie Flay 1984, S. 29, sagt: „There is absolutely no conscious discrimination between different modes of experience.“

[23] Echtes Integrieren läßt das Vergessen nicht zu. Aber echtes Integrieren beruht wieder auf echter Vermittlung, und die ist hier noch nicht weit genug entwickelt. Vgl. dazu auch Görtz S. 181, wo es in bezug auf das natürliche Bewußtsein heißt: „Es bringt die Gedanken des Fürsichseins und Für ein anderes Seins, der Einzelheit und der Allgemeinheit nicht zusammen und hat daher nicht die Kraft, ihren Gegensatz aufzuheben.“

[24] Dies bestätigt weiter unsere anfängliche Betrachtung der Anfangsart der PhG als dem Einstieg in einen sich schon vollziehenden Bewußtseinsablauf, dem *wir* uns annähern müssen. Vgl. dazu Scheier S. 46.

[25] Vgl. Wieland S.77, 79.

[26] Vgl. dazu Fink S. 64.

[27] Dennoch hat die sinnliche Gewißheit es an sich, daß der Prozeß des Wissens zu diesem Punkt gelangen und damit auf eine komplexere Ebene aufsteigen konnte. Das Wissen enthält dann in sich auch von vornherein die Aktivität der Selbstkritik. Vgl. dazu Collins S. 5: „The self-critical structure of knowledge can be understood as a specific form of knowledge ... Thus, sense certainty is the self-critical structure of knowledge taken in all its ‚bare-bones‘ simplicity.“

[28] Vgl. dazu die treffende Formulierung von Lauer 1976, S. 49-50: „The Hegelian „Universal“ ... does not merely unite a multiplicity under one heading; it is the union of an interrelated multiplicity“.

8.2 Wahrnehmung: Die Selbstidentität des Allgemeinen und der Konflikt zwischen Vielfalt und Einssein

Die sinnliche Gewißheit war ständig, wenn auch enttäuscht, auf der Suche nach dem gemeinten Einzelnen. Während ihrer Erfahrungsphasen konnte sie immer wieder nur das Allgemeine liefern. Nach verschiedenen Lösungsversuchen wurde eine Grenze erreicht. Es wurde langsam klar, daß innerhalb der Gestalt der sinnlichen Gewißheit keine Lösung dieses Konfliktes gefunden werden kann. Gerade aus dieser Aporie ist organisch die Wahrnehmung entstanden.[29] Im Gegensatz zu dem Versuch der sinnlichen Gewißheit, dem unerwünschten Allgemeinen zu entgehen, wird das Allgemeine zum Prinzip und Ziel der Wahrnehmung. „Jenes Prinzip ist uns *entstanden.*" (PhG79) Es wird nicht einfach vorgefunden. Und es darf wohl von Prinzip die Rede sein, weil die zwei unmittelbaren Momente dieses Allgemeinen, das Ich und der Gegenstand, gleichwohl als das Allgemeine aufgenommen werden. Die beiden Momente sind *„geworden"*. (PhG79)[30] Die Kontinuität mit der sinnlichen Gewißheit ist auf diese Weise bewahrt.[31] Der Fortschritt, der auf dem Weg der Erfahrung gemacht wurde, ist weder verloren noch vergessen, sondern wird weiter fortgesetzt und vertieft. Die Kontinuität ist offenbar keine direkte, unmittelbare Kontinuität, sondern eine vermittelte, dialektische. Gerade in dieser Kontinuität wird die Aporie der sinnlichen Gewißheit zur fruchtbaren Entfaltungs- und Thematisierungsmöglichkeit für die Wahrnehmung. Die Erfahrung wird nun auf eine komplexere Ebene gebracht. Das Ziel ist es, der Verschiedenheit und der Einheit des Sinnlichen bewußtseinsgemäß gerecht zu werden.

Das Aufzeigen ist das letzte Moment der sinnlichen Gewißheit bzw. das erste Moment der Wahrnehmung. Hier werden seine beiden Momente als Allgemeine aufgenommen: die Bewegung des Aufzeigens als das Wahrnehmen und dieselbe Bewegung wieder als Gegenstand. Das Wahrnehmen ist die Entfaltung und Unterscheidung der Momente, zusammengefaßt ist es der Gegenstand. Diese logische Verknüpfung können *wir* sehen, aber das hier wirksame Bewußtsein kann das noch nicht erkennen. In der Entfaltung und Thematisierung dieses Bewußtseins begleiten und entsprechen sich Erfahrung und Wissen. Deswegen nimmt das Bewußtsein hier den Gegenstand als das Wesentliche auf, weil er, aus seiner jetzigen Sicht, unabhängiger und allgemeiner als der Akt des Wahrnehmens selbst scheint. Dieses Bewußtsein ist immer noch auf dem Weg zu sich und zur Differenziertheit und tritt deswegen in seiner Welt

[29] Bloch S. 70: „Die nächste Stufe ist die *Wahrnehmung*, welche das Gegenständliche nicht mehr als flüchtiges Dies, sondern als Ding mit Eigenschaften auffaßt."

[30] Dazu vgl. Scheier S. 51. Nach ihm ist dieses Gewordensein die unmittelbare Einheit des Werdens und des Seins.

[31] Dies wird von Westphal 1973, S. 91 völlig übersehen. Vgl. dazu auch Labarrière 1968, S. 77: „Ce contenu sensible, plus véritablement present dans cette dialectique (où l'objet, précisément ‚pris' selon sa ‚vérité' universelle), est donc transvalué, en cette assomption, par la négation à laquelle il est soumis en son immédiateté."

nur allmählich in Erscheinung. Für es sind, infolgedessen, die beiden Allgemeinen hier, Wahrnehmung und Gegenstand, entgegengesetzt. Deswegen muß es wählen. Es wählt den Gegenstand.

Bei der sinnlichen Gewißheit wurde der Gegenstand von der Seite des Ich oder von unserer Seite her angenähert, sein Sein-für-anderes stand im Vorfeld der Betrachtung. Hier wird dies erweitert, indem das Für-sich-sein des Gegenstandes selbst herauskristallisiert wird.[32] Der Gegenstand als das Allgemeine zeigt sich hier „als *das Ding von vielen Eigenschaften.* Der Reichtum des sinnlichen Wissens gehört der Wahrnehmung, nicht der unmittelbaren Gewißheit an ..." (PhG80) Das Ding hat die *Negation*, den Unterschied an seinem Wesen.[33] Es trägt also Differenz in sich und wird nicht nur äußerlich von Differenz bestimmt, wie es bei der sinnlichen Gewißheit der Fall war. Hier ist das Diese durch die Kraft des Aufhebens zum Allgemeinen geworden und behält dennoch seine Sinnlichkeit.[34] Es handelt sich hier nicht mehr um die Unmittelbarkeit des Einzelnen, sondern um eine „allgemeine Unmittelbarkeit." (PhG80)

In seiner Unmittelbarkeit drückt das Allgemeine die Vermittlung oder das Negative aus. Deshalb schließt Hegel daraus, daß es „eine *unterschiedene, bestimmte* Eigenschaft" ist. (PhG80) Damit sind aber viele Eigenschaften gesetzt. Sie beziehen sich auf sich selbst und sind gleichgültig gegeneinander. Aber die Allgemeinheit, in der sie ausgedrückt sind, bleibt ihnen gegenüber genauso gleichgültig. Weil sie diese Allgemeinheit durchdringen, ohne einander berühren zu müssen, dürfen sie für sich gleichgültig bleiben. Dieses abstrakte, allgemeine Medium ist dann die Dingheit. Es ist ein „Einfaches *Zusammen* von vielen." (PhG80) Hegel veranschaulicht dies am Beispiel des Salzes als Ding. Das Salz ist ein einfaches Hier und zugleich vielfach: „... es ist weiß und auch scharf, auch kubisch gestaltet, auch von bestimmter Schwere und so weiter ..." (PhG81) Das „Auch" drückt die indifferente Verbindung zwischen den Eigenschaften aus. „Dieses Auch ist also das reine Allgemeine selbst ... die sie so zusammenfassende Dingheit." (PhG81)

Aber diese Ruhe der Indifferenz bleibt nicht. Um sich als bestimmte weiter behaupten zu dürfen, müssen die Eigenschaften „sich *unterscheiden* und sich *auf andere* als entgegengesetzte *beziehen.*" (PhG81) Sofort ist damit eine

[32] Vgl. dazu Ch. Taylor 1972, S. 183: „... things and properties cannot be separated in consciousness, for the identification of properties requires that they be seen as belonging to things, and the distinction between things requires that they have properties."

[33] Nach Heinrichs 1974, S. 126, ist es „eine Exposition des neu entstandenen Gegenstandes, und zwar diesmal nicht in seiner Unmittelbarkeit, sondern nach seinen widersprüchlichen Seiten."

[34] Es besteht eine innere Verbundenheit zwischen der Allgemeinheit und Unmittelbarkeit in der Erfahrung der Wahrnehmung. Vgl. dazu Wiehl, Über den Sinn der SG, S.132. In bezug auf die Eigenschaften sagt er: „Sie sind allgemein, aber nur betrachtet im Hinblick auf eine unmittelbare Erfahrung und zunächst nur für diese selbst, und darum werden sie zunächst auch nur von dieser unmittelbaren Erfahrung als solche, d.h. als allgemeine Eigenschaften erfahren."

Spannung aktiviert, weil das Unterscheiden anderes negiert und ausschließt.[35] Demnach kommt das „Eins“ dem indifferenten „Auch“ entgegen. Es findet dann ein wichtiges Moment der Differenzierung statt. Bisher war die Rede von Dingheit. Beim Herausstellen des Moments der „ausschließenden Einheit“ geht es um das Ding als das bestimmte Ding. Das Eins ist das Moment der Negation, das die Dingheit des Dings bestimmt; dadurch werden entgegengesetzte Eigenschaften ausgeschlossen.[36] Diese Negation ist nicht außerhalb des Allgemeinen oder gegen das Allgemeine gerichtet, sondern sie *ist* gerade durch ihre Einheit mit der Unmittelbarkeit hier die Allgemeinheit. Das „Eins“ und das „Auch“ bestimmen sich gegenseitig. Aber ihre Einheit als wirkendes, drittes Moment wirkt nun auf das schon beschriebene, gleichgültige Medium und breitet sich als „eine Menge von Unterschieden aus.“ (PhG82)[37] Diese Unterschiede enthalten zugleich die Züge des gleichgültigen Mediums als das auf sich beziehende Allgemeine und die Züge der negativen Einheit, d.h. die Unterschiede sind ausschließend. Sie liegen natürlich nicht nebeneinander, sondern stehen in einer entgegengesetzten Beziehung. Es ergibt sich dann, daß gerade dieser ganze Prozeß es ist, der die Dingheit mit dem Ding hier zusammenschließt. (Vgl. PhG82)

Trotz seiner Auslegung in viele Momente ist das Ding eins, eine Einheit. Dieses Ding wird nun explizit zum Gegenstand des wahrnehmenden Bewußtseins, der Akzent wird auf die Aktivität des Wahrnehmens selbst gelegt. Sein Gegenstand ist der „sich selbst Gleiche“ (PhG82), das Wesentliche. Weil aber das Bewußtsein das Veränderliche ist, ist es möglich, daß es den Gegenstand nicht richtig auffaßt und sich täuscht. Infolgedessen ist das Kriterium der Wahrheit für das Wahrnehmende die „Sichselbstgleichheit[38] und sein Verhalten, sich als sich selbst gleiches aufzufassen.“ (PhG82) Das Kriterium ist dann nicht einseitig auf den Gegenstand allein, sondern zugleich auf die Aktivität der Wahrnehmung selbst bezogen. Weil das Verschiedene zugleich *für* das Wahrnehmende ist, ist sein Auffassen kein rein momenthafter Akt, sondern muß in sich verschieden sein. Diese zugegebene Reflexivität des Wahrnehmens impliziert, daß es seine Momente aufeinander beziehen muß. Wenn hier eine Ungleich-

[35] Vgl. dazu Westphal 1973, S. 91: „... denn jede Bestimmung ist eine Negation und jede Negation eine Vermittlung.“ Auf S. 92 heißt es: „Das Bestimmte ist als solches dem Bewußtsein nur durch den vermittelnden Akt gegeben, der es von dem unterscheidet, was es nicht ist.“ Vermittlung ist dann sowohl die Quelle als auch das Ziel aller Bestimmungen.

[36] Vgl. Simon 1966, S. 39: „Der Gegenstand ist – als Resultat eines ausschließenden – d.h. unterscheidenden Tuns.“ Nach Simon führt dies erst zu dem eigentlichen Subjekt-Objekt-Gegensatz.

[37] Vgl. dazu Claesges S. 156: „Die vielen Eigenschaften sind die Art und Weise, wie sich Negation in einem gleichgültigen Moment des Bestehens darstellt, ausdrückt. Die Negation zerstört das Medium des Bestehens nicht, sondern zerteilt es nur in eine Vielheit.“

[38] Vgl. dazu Heinrichs 1974, S. 129. Nach Heinrichs ist es völlig logisch, daß das Bewußtsein die Sichselbstgleichheit als Wahrheitskriterium adoptiert, weil es bereits in der Vorstellung des Dinges von seinem enthaltenen Anderssein Bescheid weiß, und ist sich deshalb der Möglichkeit der Täuschung völlig bewußt.

heit vorkommen sollte, müßte das wahrnehmende Bewußtsein sich selbst dessen beschuldigen, weil eine solche Unwahrheit in einem Gegenstand als Sichselbstgleichheit überhaupt nicht vorkommen könnte. Die Sichselbstgleichheit als Kriterium bedeutet somit, daß das Anderssein aus dem Gegenstand entfernt werden muß.[39]

Wenn aber das wahrnehmende Bewußtsein seine Erfahrung weiter entfaltet, entwickelt es nur die Widersprüche, die wir in der Entwicklung des Gegenstandes gerade gesehen haben.[40] Gerade weil das Bewußtsein doch konkret ist, muß es die Erfahrung machen, um feststellen zu können, was genau für eine Wahrheit die Wahrnehmung des Gegenstandes mit sich bringt. Sein Wahrheitskriterium bleibt dennoch zu starr. Und ironischerweise zerreißt es nur das Ding, anstatt es in seinem Differenziertsein wahrnehmen zu können. Es zerstört die Balance seiner enthaltenen Widersprüche und aktiviert sie gegenseitig und phasenweise. Was von dem Gegenstand übrig bleibt, ist nur das „*sinnliche Sein.*“ (PhG83) Jede Differenzierung wird weggespült. Entsprechend dem Rückfall in das sinnliche Sein des Gegenstandes ist das Bewußtsein selbst auf Meinen reduziert. Das Bewußtsein „ist aus dem Wahrnehmen ganz heraus und in sich zurückgegangen.“ (PhG84) Im Hinblick auf den Personbegriff ist dies eine interessante Stelle, denn hier wird vor allem die Echtheit des Erfahrungswegs des personalen Bewußtseins bestätigt. Hier werden keine abstrakten Möglichkeiten von Erfahrung angeführt, sondern konkrete Möglichkeiten werden in und durch aktuelle Erfahrung aktiviert. Diese Möglichkeiten können auch negativ sein. Erfahrung zeigt als ein offener Begriff in der PhG, welche Irrwege es gibt, auf denen das personale Bewußtsein Gefahr läuft, schwer errungene Leistungen zu verlieren. Was die Stelle ebenso deutlich ans Licht bringt, ist die Selbsthaftigkeit des Bewußtseins. Daran wird deutlich, daß das Bewußtsein gegenüber seinen jeweiligen Gestalten eine Distanz aufrechterhalten hat. Obwohl das Bewußtsein in und durch seine jeweilige Gestalt neue Erfahrungen macht, stellt es immer mehr als seine Gestalt dar und ist nicht einfach mit ihr identifizierbar. Gerade wegen dieser Distanz ist das Bewußtsein in diesem Fall dazu fähig, sich aus dem sich zersplitternden Wahrnehmen in sich zurückzuziehen. Dies führt allerdings nicht zu einem Rückfall in die sinnliche Gewißheit. Die Ansammlung der bisherigen Erfahrung ist nicht rückgängig zu machen. Sie läßt sich nicht auflösen. Trotz innerlicher Schwierigkeiten bleibt die Kontur einer Bewußtseinsgestalt in sich kompakt. Schließlich ist zu beachten, daß eine gewisse Parallelität zwischen dem zum Zurückziehen gezwungenen Bewußtsein und dem von ihm abgestreiften Gegenstand besteht. Das Wahrnehmen kam ganz eingeengt auf einen sich kaum im Gleichgewicht haltenden, vielfältigen Gegenstand zu. Indem es den Gegenstand auseinanderreißt, reißt es auch sich selbst auseinander. Dadurch ist die Affinität zwischen

[39] Vgl. dazu Hypollite S.108: „Le critérium de la vérité pour la conscience qui pereoit sera donc la recherche de l'égalité avec soi-même de l'objet et l'exclusion de lui de toute altérité.“

[40] Für eine knappe und treffende Zusammenfassung der Momente dieser Erfahrungsphase vgl. Scheier S. 55.

der Verschiedenheit des Gegenstandes und der eigenen Differenziertheit des Bewußtseins gestört,[41]doch führt allerdings diese Störung nicht zur Trennung beider.[42]

Der Weg findet sich wieder. „Allein das sinnliche Sein und Meinen geht selbst in das Wahrnehmen über." (PhG84) Das Bisherige ist nicht völlig annulliert. Das Wahrnehmen wird weiter versuchen, seinem eigenen Inhalt gerecht zu werden. Das wahrnehmende Ich ist in den „sich in jedem Moment und als ganzes aufhebenden Kreislauf hineingerissen." (PhG84) Notwendigerweise durchläuft das Bewußtsein diesen Kreislauf wieder, aber nicht auf dieselbe Weise wie das erste Mal. Seine Memoria verhindert eine solche Wiederholung. „Das Verhalten des Bewußtseins ... ist also so beschaffen, daß es nicht mehr bloß wahrnimmt, sondern seiner Reflexion in sich bewußt ist und diese von der einfachen Auffassung selbst abtrennt." (PhG84) Das Bewußtsein als Wahrnehmung ist nunmehr dazu fähig, seine eigene Differenziertheit und sein eigenes Differenzierungsvermögen besser zu erfassen. Es wird langsam fähig, gegen sich selbst zu denken. Es gibt sein bisheriges Selbstverständnis als naiver Empfänger eines fixierten, vollendeten Gegenstandes auf.[43] Im Hinblick auf die Verschiedenheit im Herz des Gegenstandes sieht das Bewußtsein nun ein, daß es selbst in seinem Verhalten zum Gegenstand gar nicht neutral ist. Aber der Weg zur völligen Selbsterkenntnis und Selbstthematisierung ist noch lang.

Das Bewußtsein will immer noch „die Sichselbstgleichheit und Wahrheit des Dinges, Eins zu sein," festhalten. (PhG85) In diesem Selbstthematisierungsversuch des wahrnehmenden Bewußtseins darf das Ding seine Verschiedenheit behalten, aber der Ursprung der Verschiedenheit soll schließlich vom Bewußtsein stammen.[44] „Dies Ding ist also nur weiß an *unser* Auge gebracht, scharf *auch* an *unsre* Zunge ... (usw.) ... Wir sind somit das *Allgemeine Medium,* worin solche Momente sich absondern, und für sich sind." (PhG85) Aber

[41] Die Schwierigkeit, auf dieser sich entwickelnden Bewußtseinsebene diese Verschiedenheit entsprechend zu artikulieren, gilt auch als Kernproblem der sinnlichen Gewißheit. Das Bewußtsein hat hier, wie früher in der sinnlichen Gewißheit, dem Anderssein des Gegenstandes in der ersten Thematisierungsphase den Vorrang vor sich selbst gegeben. Das Ergebnis ist in beiden Fällen das enttäuschte Zurückkommen des Bewußtseins zu sich. Die Parallelität macht aber hier halt. Im Reiche der sinnlichen Gewißheit ist das Pendel vom Gegenstand zum wesentlichen Ich völlig umgeschlagen. Wegen der erweiterten Differenzierung findet ein derartiger totaler Umschlag hier nicht statt.

[42] Vgl. dazu Claesges S. 159: „Das Bewußtsein hat die Erfahrung gemacht, daß sein Wahrnehmen gar nicht reines Auffassen ist, sondern daß es im Vollzug des Wahrnehmens Anteil daran hat, wie sich der Gegenstand zeigt." Vgl. auch dazu Lauer 1976, S. 57: „This is crucial for the whole PhG: the cognitive grasp by the subject and the self-revelation of the object are one and the same moment."

[43] Vgl. dazu Aschenberg S. 228. Nach ihm setzt sich die PhG zur Aufgabe, den Subjekt-Objekt-Standpunkt zu überwinden, statt ihn zu fixieren, wie üblicherweise die Erkenntistheorie vorgeht.

[44] Das Einssein des Dinges ist hier in sich eine Differenziertheit und ist nicht mit dem *gemeinten* sinnlichen Einzelnen der sinnlichen Gewißheit zu verwechseln.

dieser Bestimmungsversuch greift dennoch viel zu kurz. Es gehört zur Realität des Gegenstandes, daß diese Eigenschaften in dem Gegenstand sich selbst entgegengesetzt sind und sich gegenseitig bestimmen. „Die Dinge selbst also sind *an und für sich bestimmte.*" (PhG85) Damit wird aber der Gegenstand selbst zu seinem eigenen allgemeinen Medium.

Das Bewußtsein hat durch diese Erfahrung gelernt, daß „es sich *auch* in sich selbst reflektiert." (PhG86) Das bedeutet, daß der Prozeß des Wahrnehmens selbst innerlich auf sich reflektiert ist. Er ist keine eindimensionale Haltung, die allein nach außen gerichtet ist, sondern eine Reflexivität oder eine differenzierte Selbstbeziehung.[45] Diese größere Tiefe des wahrnehmenden Bewußtseins macht es möglich, daß das Moment des Verhältnisses der Eigenschaften zueinander im Gegenstand und ihr Gesamtverhältnis zum Gegenstand selbst im Wahrnehmen überhaupt vorkommen können. „Das *in eins Setzen* dieser Eigenschaften kommt nur dem Bewußtsein zu, welches sie daher an dem Ding nicht in Eins fallen zu lassen hat." (PhG86) Dazu verwendet das Bewußtsein den Terminus „Insofern": Insofern das Ding weiß ist, ist es nicht kubisch usw. Dies löst aber das Kernproblem der Wahrnehmung nicht, nämlich die Verschiedenheit und die Einheit des Dinges zu leisten und zur Artikulation zu bringen. Es führt zu einem Auflockern der Eigenschaften untereinander und somit zu ihrem Auflockern von dem Gegenstand selbst, so daß „das Ding ... statt Eins zu sein, zu einer bloß umschließenden Oberfläche wird." (PhG86) Dieses Entfaltungsmoment steht als Kontrapunkt zu dem vorherigen Moment, in dem das wahrnehmende Bewußtsein so sehr auf das Einssein des Dinges bestanden hat, daß das Ding seine Verschiedenheit verloren hat. Hier erhält das Ding seine Verschiedenheit, aber anstatt eine sich integrierende, sich artikulierende Verschiedenheit zu sein, ist sie auf eine „Sammlung von Materien" reduziert. (PhG86)

Weil das Bewußtsein in der Tätigkeit des Wahrnehmens zugleich sich selbst thematisiert, ist es nunmehr imstande, diese zwei Momente, die es bisher als getrennte erlebt und durchlaufen hat, als Eins zu sehen. Das heißt nicht, daß sie von ihm in Eins gebracht werden müssen. Es wird klar, daß sie als eine Einheit bereits operativ sind. Diese Einheit ist aber keineswegs eine einseitige Identität; vielmehr stehen sie in einer entgegengesetzten Spannung zueinander. Das Wahrnehmen sieht plötzlich den Gegenstand neu, nicht mehr als einen unmittelbaren, sondern als einen in sich selbst differenzierenden. „Es ist hiemit die Erfahrung vorhanden, daß das Ding sich *für das* auffassende Bewußtsein auf eine bestimmte Weise darstellt, aber *zugleich* aus der Weise, in der er sich darbietet, *heraus* und *in sich reflektiert ist*, oder an ihm selbst eine entgegen-

[45] Die Spannung zwischen der Unmittelbarkeit und der Vermittlung in der Aktivität der Wahrnehmung bleibt bis heute eine umstrittene Sache. Ein Denker, der beide voneinander distanziert, ist Merleau-Ponty. Bei ihm heißt es: „Je décolle de mon expérience et je passe à *l'idée*." (S. 85) Im expliziten Gegensatz dazu läuft die Meinung von Rombach 1980, S. 190: „Die Wirklichkeit des Dinges schimmert nicht *jenseits* der Einzelerfahrung und der Einzelperspektive auf, sondern ist der genaue, wichtigste und gewichtigste *Inhalt* derselben."

gesetzte Wahrheit hat." (PhG87) Daraus läßt sich ableiten, daß einerseits das Ding *für* das Bewußtsein ist, andrerseits aber eine Unabhängigkeit dem Bewußtsein gegenüber behält. Seine Unabhängigkeit besteht in seiner eigenen Dynamik als Gegenstand.[46] Das Ding ist kein totes, fixiertes Etwas. Es ist vielmehr die Bewegung seiner eigenen entgegengesetzten Momente. Die Anerkennung der spezifischen Dynamik des Gegenstands verschiebt den Akzent der Entfaltung und Thematisierung wieder vom Wahrnehmen auf das Ding.

Die Bewegung der Erfahrung bis zu dieser Stelle und die dabei hervorgetretene Reflexion werden nun ausschließlich als Aktivität und Leistung des Gegenstandes aufgenommen. Damit ist hier das Bewußtsein aber keineswegs ausgeschaltet. Was sich seitens des Bewußtseins ereignet hat, ist eine Fehlform der Rekognition. Obwohl es fast zur direkten Begegnung mit der Vermittlung gekommen ist, ist das Bewußtsein zu diesem entscheidenden Durchblick der Rekognition noch nicht gelangt. Dies läßt sich durch die Art, nach der es die Reflexion hier aufgreift, zeigen: „Das Ding ist *Eins*, in sich reflektiert; es ist *für sich;* aber es ist auch *für ein anderes*; und zwar ist es ebenso ein *anderes* für sich, *als es* für anderes ist ..." (PhG87) Hiermit ist das Bewußtsein an der Schwelle der Reflexion, aber statt die Momente als ineinander reflektierte-reflektierende Momente zu erkennen, legt es sie wieder einseitig auseinander. Verschiedenheit und Einssein stoßen wieder zusammen. Das Bewußtsein bemüht sich mit bestem Willen darum, das Ding vom „Widerspruch" zu retten und behauptet, daß „das Ding *insofern* es für sich ist, nicht für anderes ist." (PhG87) Das tut es aber wieder auf Kosten des Andersseins. Das Anderssein wird aus dem Ding entfernt und dann in den äußeren Zusammenhang anderer Dinge hineinprojiziert. Das Ding bleibt dadurch Eins, und Andersheit gehört zu anderen Dingen.[47]

Aber das Ding muß nicht auf andere Dinge warten, um seine eigene Bestimmung ihnen gegenüber verliehen zu bekommen. „Die *verschiedenen* Dinge sind also *für sich* gesetzt." (PhG87) Hier wird nach Hegel klar, wie Verschiedenheit nicht bloß von einem Bewußtsein zu konstituieren sei. Vielmehr gehört die Verschiedenheit zur tiefsten Tiefe der Wirklichkeit. Jedes Ding ist „ein Unterschiedenes" und hat den wesentlichen Unterschied von dem anderen *an ihm*. Dieser Unterschied ist keine Entgegensetzung in dem Dinge selbst, „sondern es (ist) für sich *einfache Bestimmtheit.*" (PhG87) Aus der jeweiligen Perspektive des wahrnehmenden Bewußtseins allerdings scheint dieser Unterschied als eine ortlose Zwischenbestimmung zu funktionieren. Auf

[46] Vgl. dazu Lauer 1976, S. 61: „Hegel makes it abundantly clear that a consciousness which does not have the *real* as its object is simply empty; consciousness does not manufacture its objects, it makes them its own."

[47] Scheier S. 58 sieht die Wurzel des Konflikts in dem Widerspruch zwischen Fürsichsein und Sein-für-anderes. Dies stimmt natürlich, ist aber nicht ausreichend. Es muß hinzugefügt werden, daß die Wahrnehmung als eine sich thematisierende Bewußtseinsgestalt gerade diese Verlagerung der Problematik auf das „Verhältnis verschiedener Dinge" unternimmt, weil sie nach ihren Möglichkeiten der inneren Spannung dem Fürsichseins der Dinge keine angemessene Rechnung tragen konnte.

der einen Seite soll der Unterschied nicht so völlig im Ding enthalten sein, daß es das Ding gegen sich entgegensetzen könnte. Auf der anderen Seite muß der Unterschied mehr als nur die äußerliche Verschiedenheit des Zusammenhangs gewährleisten. Diese Zwischenbestimmung soll das Fürsichsein des Dinges bewahren, ohne daß damit das Ding in volles innerliches Anderssein aufblühen darf.[48] Das Bewußtsein hat sich offensichtlich hier selbst in die Enge getrieben, und die Reihe von halbsicheren Termini wie „unwesentlich", „gedoppelte", „insofern", „ungleichem Werte" bestärken diesen Eindruck nur. Das Bewußtsein ist noch nicht in der Lage, die Reflexion angemessen zu erkennen.

Infolgedessen reicht diese Bestimmungsart nicht aus, um das Ding in seinem Verhalten zu anderen zu bewahren. Der Zusammenhang gilt sonach als das Entscheidende: „Zusammenhang mit anderem ist das Aufhören des Fürsichseins." (PhG88) Das Ding ist nun auf sein Verhalten reduziert; seine Innerlichkeit ist damit preisgegeben. „Durch ... seine Entgegensetzung *verhält* es sich zu *andern* und ist wesentlich nur dies Verhalten." (PhG88) Dadurch ist die Selbständigkeit des Dinges eingebüßt; es geht zugrunde. Dieses Zugrundegehen erst verleiht dem Bewußtsein die klare Einsicht in die Reflektiertheit des Gegenstandes. Es versteht, daß es eine Balance zwischen dem Fürsichsein und dem Sein für anderes des Gegenstandes gibt.[49] Damit tritt die nötige Bestimmtheit des Gegenstandes, sein inneres Anderssein, ans Licht.

Hiermit ist ein wirklicher Durchbruch geleistet. Es ist im Prinzip ein Aufbruch aus der quantitativen Einstellung des Nebeneinander. Für das wahrnehmende Bewußtsein war das Nebeneinander das Vorherrschende gewesen. Hier wird der Schritt vom Nebeneinander zum Ineinander getan. Nun dürfen mit dem bewußten Einstieg in das Reich der Vermittlung verschiedene entgegengesetzte Momente in dem selben Ding zusammen sein; und als sich aufhebende Momente drohen sie nicht mehr, das Ding in Widerspruch mit sich zu bringen oder es zur Selbstauflösung zu zwingen. „Der Gegenstand ist vielmehr *in einer und derselben Rücksicht das Gegenteil seiner selbst; für sich, insofern er für anderes, und für anderes, insofern er für sich ist.*" (PhG89)[50] Da das Für-

[48] Scheier S. 59 ist in seiner logischen Analyse dieser Stelle voreilig, wenn er die Entgegensetzung dem Ding selbst zuschreibt: „Der hiermit am Ding selbst gewordenen Entgegensetzung ..." Dies stimmt aber nicht. Hegels eigene Wörter in bezug auf diese Stelle widersprechen dem: „... wodurch dieses Entgegensetztsein nicht zur wirklichen Entgegensetzung des Dinges selbst wird ..."(PhG88) Diese Bestimmung ist dann eher als eine Art Zwischenbestimmung zu beschreiben, die genau dem Dilemma des wahrnehmenden Bewußtseins entspricht.

[49] Vgl. zu dieser Spannung im Wissen des Bewußtseins Dove 1974, S. 619: „Denn das wissende Bewußtsein, *als* wissendes Bewußtsein, hat immer *zwei Gegenstände*: einen *für* das Bewußtsein und einen, der *dem* Bewußtsein ist. Der Gegenstand, der *dem* Bewußtsein ist, d.h. das Ansich, kann aber thematisiert, d.h. ins *für-es-sein* übersetzt werden; somit aber wird „das Für-es-sein dieses Ansich", *als für es, dem* Bewußtsein der *neue* Gegenstand, der nun den Maßstab der Wahrheit abgibt."

[50] Vgl. dazu Fink S. 106. „Die Sichselbstgleichheit (die Identität) ist zugleich der Unterschied, d.h. das Verhalten zum Anderen, – das Eins ist zugleich das Viele, das Bestimmte ist zugleich das Allgemeine."

sichsein und das Sein für anderes „wesentlich *in einer Einheit* sind, so ist jetzt die unbedingte absolute Allgemeinheit vorhanden, und das Bewußtsein tritt erst wahrhaft in das Reich des Verstandes ein.“ (PhG89)[51]

8.3 Kraft und Verstand. An der Schwelle der Affinität: Das Bewußtsein zwischen Andersheit und Selbstrekognition

Die Wahrnehmung ist deshalb „zugrunde“ gegangen, weil sie das Einssein bzw. Fürsichsein des Dinges und seine Vielheit bzw. sein Sein für anderes nicht einheitlich artikulieren konnte.[52] Instinktiv hielt sie diese beiden Momente auseinander; sonst hätte sie sich dazu gezwungen gesehen, ihren Begriff des unmittelbaren, allgemeinen Ansich aufzugeben. Im Prozeß der Wahrnehmung versuchte das Bewußtsein, und zwar trotz aller Schwierigkeiten, daran festzuhalten; aber es ist ihm, wie wir sahen, nicht gelungen. Damit wurde die Schwelle zum Verstand überschritten.
Die erste wichtige Folge daraus ist, daß die bisher so nachdrücklich behauptete Unmittelbarkeit, die zunächst als Einzelheit in der sinnlichen Gewißheit und danach als Allgemeinheit in der Wahrnehmung gesucht wurde, nun endlich aufgegeben wird. (PhG93) Eine neue Ebene ist erreicht, und zwar nicht durch einen Sprung, sondern durch eine dialektischen Kontinuität. In dieser dritten Gestalt des Bewußtseins werden die frühere unmittelbare Einzelheit und die unmittelbare Allgemeinheit zwar behalten, aber nunmehr aufgehoben in einem neuen Bewußtseinsgegenstand, nämlich als unbedingtes Allgemeines. Die Erfahrungsperspektive wird erweitert: Weder das Dieses noch das Ding, sondern das Ganze der Dinge wird nun zum Gegenstand dieses Bewußtseins bzw. Verstandes.[53] Kontinuität bedeutet in der PhG sowohl Verwandlung als auch Fortentwicklung. Da eine spätere Gestalt aus einer früheren entsteht, wird die frühere in sie hineingeholt und integriert. Dadurch gewinnt die spätere Gestalt eine Unabhängigkeit und Freiheit ihrem eigenen Ursprung gegenüber und darf somit auf ihre Weise ihren eigenen Inhalt entfalten und thematisieren.
Dieses Bewußtsein ist weiter entfaltet, was sich daran zeigt, daß es nunmehr das unbedingte Allgemeine zum Gegenstand haben kann. Dennoch haftet ihm ein Mangel an: Das Bewußtsein wird das unbedingte Allgemeine auf eine gegenständliche Weise aufgreifen. Die Entfaltung des Bewußtseins ist seiner eigenen Thematisierung hier einen Schritt voraus: „... dem Bewußtsein ist der

[51] Zu der Dialektik der Sinnlichkeit und des Denkens in der Wahrnehmung vgl. Art. „Wahrnehmung“, in: HPG: S. 1676. „Wie das, *was* gemeint und gegeben ist, hinter die Wahrnehmung zurückweist auf ein unmittelbares Empfinden, so weist das, *als was* es gemeint ist, über sie hinaus auf eine Vermittlung im Denken.“

[52] Lauer 1976, S. 73, charakterisiert diese zwei Momente des Gegenstands so: „the moment of passivity in being conceived (being for another) and the moment of activity in presenting itself (being for itself).“

[53] Vgl. dazu Fink S. 109.

Gegenstand aus dem Verhältnisse zu einem andern in sich zurückgegangen, und hiemit *an sich* Begriff geworden; aber das Bewußtsein ist *noch nicht* für sich selbst der Begriff, und deswegen *erkennt es* in jenem reflektierten Gegenstand *nicht sich*." (PhG93) Wenn die PhG ein diskursiver, abstrakter philosophischer Traktat wäre, dann wäre an dieser Stelle entweder keine Rede von einem „noch nicht" der Selbstentfaltung oder, wenn dies zuträfe, wäre das „noch nicht" mit einem erhellenden Satz oder Argument in Erfüllung zu bringen. Wenn aber die PhG dem echten Erfahrungsweg des Bewußtseins nachgehen will, muß es das Bewußtsein allein sein, das nach seiner Art und Weise das „noch nicht" in Erfüllung bringt.

Wir wissen, daß alles Nötige schon vorhanden ist, um den Schritt vom Bewußtsein zum Selbstbewußtsein zu vollziehen. Das wissen *wir* abstrakt, und zwar als Zuschauer. Das Bewußtsein aber wird nur durch die Anstrengung der konkreten Erfahrung zu dieser tieferen Thematisierung seiner eigenen Identität und zur Entfaltung seiner Grundaffinität mit der Verschiedenheit kommen. An dieser Stelle erkennt sich das Bewußtsein in dem unbedingten Allgemeinen nicht wieder. Die Rekognition fehlt. Das zeigt aber, daß die Rekognition kein isoliertes Moment in einem Vakuum darstellt. Rekognition ereignet sich nur dann, wenn die verschiedenen Erfahrungsmöglichkeiten einer bestimmten Phase oder Gestalt verwirklicht worden sind. Daß die Erfahrungsphasen keine zerstreuten Fragmente, sondern in der Memoria des Bewußtseins kontinuierlich miteinander vermittelt sind, hilft dem Bewußtsein zur weiteren Selbstthematisierung und Rekognition. Der Rekognitionsbegriff trifft genau die Entfaltungsbemühungen dieser Gestalt als Weg vom Bewußtsein zum Selbstbewußtsein. Sobald sich die Selbstrekognition des Bewußtseins ereignen kann, wird es zum Selbstbewußtsein.

Doch nachdem das Bewußtsein zu einer neuen Gestalt geworden ist, bleibt es nicht auf dieser Stufe stehen, sondern macht sich dringend auf den neuen Erfahrungsweg. Das tut es nicht nur deswegen, weil es von der Sehnsucht nach Selbsterkenntnis angetrieben ist, sondern ebenso weil es von der Wahrheit angezogen ist. Die instinktive Gewißheit des Bewußtseins, einen unmittelbaren Zugang zur Wahrheit zu haben, wird an jeder Stelle seines Erfahrungsweges geprüft, differenziert und verfeinert. Der Fehler des Verstandes hier ist es, seinen intimsten Anteil an der Realisierung der Wahrheit für ein solches Ansichseiendes zu halten, „... des *für sich Seins* des Bewußtseins entbehrt, und *das der Verstand, ohne sich darin zu wissen, gewähren läßt*." (PhG93) Wie zuvor bei sinnlicher Gewißheit und Wahrnehmung gibt der Verstand dem Ansich auch den Vorrang vor dem Fürsichsein. Der Unterschied ist hier, daß der Schritt in das Fürsichsein sich tatsächlich ereignet hat. Die Ironie dabei ist allerdings, daß der Verstand dies nicht sieht, „ohne sich darin zu wissen". Der Gegenstand hat sich entwickelt; er behält eine eigene Dynamik und Unabhängigkeit gegenüber dem Bewußtsein,[54] was dem Verstand seine eigene Diffe-

[54] Vgl. Claesges S. 173: „Das bedeutet: die unbedingte Allgemeinheit muß erfaßt werden als Gegenstand und zugleich als Wissen (von diesem Gegenstand)."

renziertheit und sein eigenes Mit-Differenzieren widerspiegeln soll.[55] Das übersieht er jedoch, indem er hier nur zusieht.

Die Entstehung des Verstandes ist das Auftreten des Fürsichseins und des Seins für Anderes als dasselbe Wesen, als eine Einheit. Weil aber der Verstand hier nur dazu fähig ist, es gegenständlich aufzugreifen, „tritt an ihm der Unterschied der Form und des Inhalts hervor." (PhG94) Vom Inhalt her gesehen, erscheinen die Momente des Gegenstandes nach einer solchen Art, daß die beiden Seiten des alten Konfliktes aus der Wahrnehmung, dem Konflikt zwischen Vielheit und Einheit, wieder vorkommen. Dieser Konflikt besteht jetzt nicht mehr. Nun weiß der Verstand, daß sie „wesentlich an ihnen selbst sich aufgebenden Seiten sind, und nur das Übergehen derselben in einander gesetzt ist." (PhG95) Das Wort „Übergehen" könnte als das Schlüsselwort dieser Gestalt des Verstandes gelten. Es verweist auf das Auftreten, Verschwinden und Umkehren der Momente. In einem gewissen Sinne ist es die intensive Beweglichkeit der Momente, welche diese Gestalt des Verstandes überhaupt am Bestehen hält.

Das eine Moment ist das Bestehen selbständiger Materien, d.h. ihr Bestehen als allgemeines Medium. Die Art dieses Bestehens als Bewegung ist die Kernfrage dieser ganzen Gestalt. Die Materien durchdringen sich gegenseitig, und zwar ohne sich zu berühren. Wenn sie sich berühren würden, wäre ihre Verschiedenheit gefährdet; das, worum es sich hier handelt, ist „ihre feine Porösität oder ihr Aufgehobensein." (PhG95) Das Aufgehobensein verweist hier auf die Gleichzeitigkeit, in der die Reduktion der Verschiedenheit auf reines Fürsichsein paradoxerweise genau die Selbständigkeit der Unterschiede ist. (PhG95)[56] Für die Darstellung der Dynamik des Verstandes ist die Gleichzeitigkeit als Hilfsbegriff sehr geeignet. Die Gleichzeitigkeit findet ihren schärfsten Ausdruck in der Bewegung der Materien, die Kraft heißt: „... die selbständig gesetzten gehen unmittelbar in ihre Einheit, und ihre Einheit unmittelbar in die Entfaltung über, und diese wieder zurück in die Reduktion. Diese Bewegung ist aber dasjenige, was Kraft genannt wird." (PhG95) Die Äußerung der Kraft ist die Ausbreitung der Materien in ihrer Selbständigkeit, und ihr Verschwundensein ist die aus ihrer Äußerung in sich zurückgedrängte oder die „eigentliche Kraft."[57] Diese ganz angespannte Bewegung der Kraft

[55] Vgl. Flay 1984, S. 68: „... *the activity of understanding itself as a penetration of the world of substantial appearance* becomes an important moment of the presuppositions of experience."

[56] Obwohl es zum Verständnis nötig ist, hier ein Nacheinander in der Bewegung der Momente vorzustellen, soll das den Momenten keineswegs ein Auseinander unterstellen. Das wäre ganz falsch. Vgl. dazu Hypollite S. 120: „.. c'est que l'entendement ... le concept que soutient les moments distincts comme distincts, car dans la force elle-meme ils ne doivent pas être distincts".

[57] Vgl. Ch. Taylor 1972 S. 174: „But this yields a quite new model of the object, a dynamic one, in which the various features that we describe in our predicates are seen as emanations of a power implicit in the underlying unity, which are at the same time held together by this same power." Vgl. auch dazu Lauer 1976, S. 75.

schwingt zwischen der Entfaltung der Materien in die Differenziertheit und ihrem Zurückdrängen ins Einheitliche. Diese Bewegung ist aber dadurch noch intensiver gemacht, daß sie innerhalb der einen Kontur der Kraft stattfindet. Kraft muß sich äußern, aber diese Äußerung ist kein Aus-ihr-selbst-Gehen. Ihre Äußerung bleibt in ihr.
Wo kommt die Kraft her? Es ist der Verstand selbst, „dem der Begriff der Kraft angehört." (PhG95) Ohne den Verstand wäre kein Kraftbegriff zustandegekommen. Die Kraft ist aber selbst Ausdruck des Dilemmas des Verstandes. Der Verstand denkt das Ineinander der Vielheit und Einheit nach einer äußerlichen, gegenständlichen Art. Der Gegenstand ist ihm in einem gewissen Sinne immer noch „gegenüber". Könnte der Verstand auf dieses Gegenübersein verzichten, dann käme er nicht mehr an seinen Gegenstand von außen heran, und seine Gewohnheit, diese zwei Momente auseinanderzuhalten, wäre damit geheilt. Schrittweise bemüht sich der Verstand, in seiner Thematisierung und Entfaltung in diese Richtung vorzustoßen. Er sieht an dieser Stelle ein, daß die Unterschiede „nur im Gedanken" sind. (PhG95) Kraft muß diese Unterschiede aber in Realität besitzen. Demnach ist der nächste Schritt das Setzen der Kraft „als die Substanz dieser Unterschiede." (PhG96) Obwohl der Verstand Kraft ins Leben gerufen hat, scheint sie eine immer größere Unabhängigkeit ihm gegenüber zu gewinnen. Die Unterschiede sind nicht mehr das Prärogativ des sich annähernden Bewußtseins, sondern gehören zu der Aktivität der Kraft. In bezug auf die wachsende Macht der Kraft ist die Beziehung zwischen der Kraft und ihrem Begriff aufschlußreich. Ihr Begriff ergibt sich weder aus der Entfaltung noch aus der Einheit der Kraft, sondern aus dem Ineinssein beider als Bewegung. Und es ist Kraft selbst, die diese Thematisierung regelt und vollzieht.[58]
Kraft ist für sich und auch für anderes; und darüber hinaus ist die Kraft die Substanz dieser Unterschiede selbst. Die Kraft selbst setzt die Realität oder das Bestehen ihrer Unterschiede. Sie setzt dadurch ihren Begriff. Dieser Begriff hat kein neutrales, unabhängiges Bestehen, sondern besteht als Moment innerhalb der Kraft, als ein Moment allerdings, das gegen die Äußerung der Kraft selbst gerichtet ist. Hier haben wir mit einer Doppelung oder einen eigenen Reflexivität in der Kraft zu tun; die Kraft selbst ist ihrem Begriff entgegengesetzt. Deswegen gewinnt die Äußerung nun eine noch tiefere Bedeutung. Sie ist nunmehr mit der ganzen Kraft in Einem zu sehen, und sie ist als Äußerung wieder gegen sich selbst gesetzt;[59] dies läuft darauf hinaus, daß Kraft und Äußerung nun als Unterschied ihrer eigenen Einheit entgegengesetzt sind.

[58] Vgl. dazu Gadamer, „Die verkehrte Welt, S. 110: „Ebenso gilt ... daß Kraft gar nicht die gestaute Kraft ist, die sich in sich zurückzieht, sondern immer nur als ihre eigene Wirkung ist."
[59] Vgl. Fink S. 115: „Wesentlich aber ist, daß Hegel mit dem Begriff der Kraft die innere Bewegtheit im Bau des Seienden auszusprechen vermag und vor allem die Vielfalt der kategorialen Bestimmungen aus einem organisierenden Prinzip begreiflich machen kann."

Unterschied und Einheit werden dann weiter zu für sich bestehende Momenten. Aber als zurückgedrängt bleibt Kraft gleichzeitig ein „ausschließendes Eins". Damit sind zwei selbständige Seiten hervorgetreten. Kraft ist aber ebenso das Ganze, und diese Unterschiede gelten dann nur als „verschwindende Momente". Andrerseits müssen sie aber doch als Unterschiede existieren; sonst gäbe es keine Kraft. Kraft existiert überhaupt nur in solch differenzierter Spannung. Infolgedessen sind beide entgegensetzte Momente der Kraft zugleich real. (PhG96) Zwischen den beiden Seiten der Kraft existiert eine Mitte. Da die Gleichzeitigkeit in dieser Bewegung der Kraft sehr intensiv und differenziert ist, hat es wenig Sinn, nach irgendeiner zeitlichen Sequenz der Entstehung von Seiten und Mitte zu fragen. Es überrascht dann nicht, daß die beiden Extreme ihrerseits als Ausdruck dieser Mitte selbst entstanden sind. Diese Mitte ist ebenso ihre Einheit. Hiermit wird ein sehr nuancierter Begriff von Einheit dargestellt. Einheit meint hier eine sich differenzierende, sich völlig einschließende Bewegung.[60] Sie ist kein von außen zugeschriebener Begriff. In der Tat ist diese Einheit ein Moment der Kraft selbst. Dadurch gewinnt der Kraftprozeß eine gegenständliche Form, dessen Konsequenz es ist, daß „das unbedingt Allgemeine ... als Inneres der Dinge hervorgeht." (PhG96) Es stehen hier also das Gegenständliche und das Ungegenständliche in Spannung miteinander. Die weitere Erfahrung dieses Bewußtseins wird zum Äußersten differenziert. Und weil sich die Differenzierungen innerhalb einer solchen sich einschließenden Bewegung ereignen, können sie in allen möglichen Konstellationen miteinander reflektiert werden.

In der nächsten Erfahrungsphase wird diese Einheit bzw. das Einssein dem Bestehen der Unterschiede als Extrem gegenübergestellt. Als extremes Einssein erlebt die Kraft, daß ihre Unterschiede aus ihr ausgeschlossen werden, nämlich, daß sie „ein *anderes* als sie (Kraft) „ selbst sind. (PhG96) Ein solch extremes Einssein würde sonach das Äußerungsvermögen der Kraft spalten und neutralisieren. Das muß vermieden werden. Infolgedessen tritt das Andere zu der Kraft hinzu und sollizitiert sie. (PhG96) Und sie äußert sich. Sobald aber die Kraft dies tut, erkennt sie sich in dem gemeinten Anderen wieder; ihre Äußerung erzeugt Rekognition; damit wird die bedrohende Selbstspaltung vermieden. Danach weiß sie, daß sie „als das Medium der entfalteten Materien" *ist.* (PhG97) Kraft und Äußerung bestehen an dieser Stelle in einer entgegengesetzten Einheit.

Nun entfaltet sich die Kraft in einer entsprechenden Gegenerfahrung. Als Medium der Unterschiede erlebt sie jetzt das Einssein selbst als „ein *anderes* als sie", d.h. von ihr ausgeschlossen. Das Eins als Anderes wird als „ihr Wesen" beschrieben. Als ein solches Anderes scheint das Eins eine noch größere Versuchung zu bieten. „Indem sie aber notwendig dies sein muß, als was sie *noch nicht* gesetzt ist, so *tritt dies Andere hinzu* und sollizitiert sie zur Reflexion in sich selbst, oder hebt ihre Äußerung auf." (PhG97) In diesem Moment aber gelingt es der Kraft, sich wieder zu erkennen; sie weiß, daß sie selbst das, was

[60] Fink S. 120: „Das Sein des Dinges ist Bewußtsein, weil es wesentlich Kraft ist."

dieses Andere ihr anbietet, bereits vollzogen hat. Sie ist „*selbst* dieses in sich Reflektiert-Sein oder dies Aufgehobensein der Äußerung." (PhG97) Damit verschwindet das Einssein als ein anderes. Anstatt daß sich der Unterschied im Unterschied ergibt, ergibt sich vielmehr die Einheit des Unterschiedes und der Einheit.[61] Die Kraft hat alle möglichen Anderen schon in sich eingeschlossen.

Beim nächsten Entfaltungsschritt geht es um die Setzung des Unterschieds. Das Bewußtsein nimmt das gerade Vorgekommene weiter als Unterschied auf. Dieser Unterschied ist der zwischen der Differenz von Kraft und Äußerung *und* ihrer Einheit.[62] Damit erwartet das Bewußtsein, daß im Kontrast zur letzten Phase, in der sich die Einheit des Unterschieds ergab, hier der Unterschied des Unterschiedes sich profilieren kann. Dies wäre der verdoppelte Unterschied. Obwohl der Unterschied gesetzt wird, kommt das Bewußtsein aber nicht weiter voran. „... denn das Andere zeigt sich ebenso wohl als allgemeines Medium, wie als Eins." (PhG97) In beiden Fällen der Entfaltung ist es merkwürdig, wie das Andere, sobald es auftritt, verschwindet. Daß das Andere aber zweimal in engstem Bezug auf Kraft vorkommt, zeigt, daß Kraft „noch nicht aus ihrem Begriffe herausgetreten" ist. (PhG97) Kraft ist ihr eigenes Anderes. Hegel schließt: „... es sind aber zugleich zwei Kräfte vorhanden." (PhG97)

Bisher erwies es sich, daß in der dritten Phase einer Bewußtseinsgestalt die neu zu erfahrende Wahrheit sich dadurch ereignet, daß die Ergebnisse der ersten beiden Phasen sich zusammenschließen. Hier ist es aber nun anders, weil das Ganze der Kraft „zwei Kräfte" sein wird. Der Begriff der Kraft ist „aus seiner Einheit in Zweiheit herausgegangen." (PhG97) Das Setzen als Entzweien steht im Gegensatz zu dem üblichen Zusammensetzen an dieser Stelle. Zu beachten ist hier, daß Kraft auf Unterschied aus ist. Deswegen ist die Begegnung der zwei Kräfte unmittelbar. Die bisher festgehaltene Balance zwischen Äußerung und Zurückgedrängtsein der Kraft steht nicht mehr im Zentrum der Fragestellung. Nun tauschen sie als „Sollizitierende" bzw. als „Sollizitierte" ihre Bestimmtheiten gegeneinander aus. Die eine ist aktiv, die andere passiv. In dieser Erfahrungsphase spielt sich zwischen den beiden Kräften das wieder ab, was sich vorher innerhalb der einen Kraft abgespielt hat. Obwohl sie ihre Bewegung hier nach dem Unterschied der Form durchlaufen, dauern die Unterschiede ebensowenig wie vorher.[63] Diese beiden Kräfte haben kein Bestehen außerhalb ihrer Begegnung: „... was sie sind, sind sie nur in dieser Mitte und Berührung." (PhG99) Es ist die Darstellung eines reinen Kontaktes, eines Kontaktes ohne Selbstheit, Ausdrucksvermögen oder Möglichkeiten, eines

[61] Vgl. dazu Scheier S. 69.

[62] Klarer ausgedrückt wäre es dieser Unterschied zwischen: (a) Die Differenz zwischen Kraft und Äußerung und (b) Ihre Einheit.

[63] Vgl. Heinrichs 1974, S. 153: „Für uns, als Phänomenologen und zumal als Logiker, kann auch kein Unterschied zwischen der Formbetrachtung und der Inhaltbetrachtung bestehen."

Kontaktes ohne jegliche Resonanz: „... ihr Wesen ist dies schlechthin, jedes nur durchs andere, und was jede so durchs andere ist, unmittelbar nicht mehr zu sein, indem sie es ist. „ (PhG99) Es ist eine Art Kontakt als Plötzlichkeit. Damit entstehen erst die sich Begegnenden, und sie verschwinden ebenso plötzlich,[64] „daß ihr Sein vielmehr die reine Bedeutung des Verschwindens hat.“ (PhG99) Die Momente der Kraft sind freigewordene, verlorene Bestimmungen, die keinen Boden mehr finden können; sie sind losgelöste Momente, die diese leere Mitte brauchen, um ihr leeres Sein zu behalten. Nun wird es diesem Bewußtsein klar: „Die Wahrheit der Kraft bleibt nur der *Gedanke* derselben ... Die Realisierung der Kraft ist also zugleich Verlust der Realität; sie ist darin vielmehr ein ganz Anderes geworden, nämlich diese *Allgemeinheit.*“ (PhG100)

Die Kraft ist aus dem Verstand hervorgegangen. Sie ist nur deswegen aufgetreten, weil der Verstand das unbedingte Allgemeine auf eine gegenständliche Weise aufgegriffen hat. Die Erfahrung mit der Kraft hat aber dem Verstand weder seine innere Affinität mit seinem Gegenstand noch den Reichtum seiner eigenen Identität als selbstreflexives Bewußtsein erschließen können. Trotzdem hat sie ihn weiter in eine solche Richtung geführt. Kraft gilt im Rückblick wieder als eine Art Zwischenbestimmung, die wir im Keim schon bei der Bewegung der Wahrnehmung feststellen konnten. Hier blüht sie völlig auf. Die Erfahrung hat bewiesen, daß Kraft eigentlich nicht zum Gegenstand selbst gehört. Und obwohl sie dem Verstand entsprungen ist, ist sie dennoch nicht dazu in der Lage, die Beziehung der Affinität zwischen dem Bewußtsein und dem Gegenstand zu artikulieren. Das Bewußtsein ist aber immer noch auf seinem Entfaltungs- und Thematisierungsweg; dieser Erfahrungsweg ist nicht zu umgehen. Dem Bewußtsein ist ein Sprung in eine transparente Wahrheit versagt. Um etwas Echtes hervorzubringen, muß dieser Erfahrungsweg sich kreativ mit der Andersheit auseinandersetzen. Gerade hier liegt aber die größte Schwierigkeit der Kraft. Die Aktivität der Kraft und ihre Dynamik zeigt ein besessenes Streben nach Andersheit auf.[65] Und weil die Kraft den Status eines Zwischen hat, läßt ein solches Streben sich durchaus verstehen. Durch Äußern und Zurückdrängen, Einssein und Unterschiede versucht die Kraft, an irgendwelchen Bestimmtheiten festzuhalten, aber dies ist ihr nie gelungen. Schließlich ging sie dann so weit, sich selbst zu verdoppeln, um für sich von sich aus eine Andere zu sein. Auch dann verschwanden die Bestimmtheiten. Trotz der mühseligen Versuche, sich an eine Andersheit fest anzuknüpfen, um dadurch Be-

[64] Dieses Moment enthält gewisse Züge dessen, was in bezug auf den Dialogismus und die Subjekttheorie Dieter Henrichs im ersten Kapitel erläutert wurde.

[65] Die Nähe der Verstandesgestalt zu Kant soll nicht suggerieren, daß es sich hier bloß um die Auslegung eines transzendentalen Arguments handelt. Eine solche Interpretationsrichtung findet sich z.B. bei Lauer 1976, S. 72. Es muß dagegen daran festgehalten werden, daß die *Erfahrung des Verstandes* nicht darauf angelegt ist, die a priori von Bedingungen von Möglichkeiten herauszustellen, und zweitens, daß Hegels Entfaltung der übersinnlichen Welt das Kantische Ding-an-sich völlig revidiert.

stehen zu gewinnen, erwies sich die Kraft als zum Verschwinden vorherbestimmt.

Methodologisch gesehen ist es das Ziel der Verstandesgestalt, den Schritt von der Bewußtseinsgestalt in die Selbstbewußtseinsgestalt zu vollziehen. In dieser Hinsicht läßt sich die Kraft weiter beleuchten. Kraft zeigt eine Vorstufe zur Gestalt des *Selbst*bewußtseins auf. In ihr ist aber das Selbst dieses Bewußtseins noch nicht richtig thematisierbar. Die Entfaltung der Kraft erzeugt demnach zwar eine gewisse Reflexivität, es handelt sich jedoch um eine Reflexivität, die noch nicht als selbsthaft auftreten kann. Trotz ihrer Ähnlichkeit zu der Innerlichkeitsdynamik des Selbstbewußtseins hat sie jene Ebene noch nicht erreicht. Wir sahen, wie alle möglichen Konstellationen innerhalb dieser Reflexivität ausprobiert worden waren. Dennoch ist ihr weder der Durchbruch zur Andersheit noch die Verschaffung einer eigenen Andersheit gelungen. Deswegen gilt sie als eine Art erzwungener, oder bildlich ausgedrückt, erstickender Reflexivität. Ihr fehlt die intime *Selbstdistanz*, die die Reflexivität des Selbst ausmacht.[66] Angesichts dessen ist anzunehmen, daß eine solche intensive und erstickende Reflexivität, die sich weder eine innere Distanz noch einen Durchbruch zur Andersheit verschaffen kann, als eine Art Totalitätsbegriff funktioniert. Wenn Totalität als ein in sich geschlossenes Ganzes, das innerlich reflexiv operiert, verstanden wird, dann drückt die Erfahrung der Kraft dies sehr treffend aus.[67] Das Scheitern der Kraft gälte dann letztlich als eine Widerlegung der Trennung des Endlichen und des Unendlichen und verweist hier auf die Notwendigkeit der noch ausstehenden Transzendenz, die mit der Erschließung der Selbstheit des Bewußtseins hervortreten wird, nämlich im Selbstbewußtsein,[68] und die weiter in den Vernunft- und Geistgestalten noch vertieft wird. Es zeigt ebenso, daß ein Personbegriff als Vermittlung auch diese Erfahrungsmöglichkeit des leeren, verlorenen Zwischen vermitteln, und sich, wenn nötig, daraus befreien können muß. Der Personbegriff als Vermittlung will dann die Affinität der Verschiedenheit mit der Tiefe der selbsthaftigen Identität in ihrer konkreten und realen Intimität miteinander artikulieren. Weil die besessene Innerlichkeit der Kraft keine Kontinuität mit Andersheit hat, ist sie dazu gezwungen, sich als Totalität zu behaupten. Hegels Personbegriff als Vermittlung zeigt an dieser negativen Erfahrung, wie die Entfaltung und Thematisierung der Affinität zwischen echter Selbstheit und selbständiger Andersheit diesen Totalitätszwang verwandeln kann, ja sogar verwandeln muß.

[66] Deswegen wiederholt sie sich ständig. Alles ist hier kurzschlüssig.

[67] Hegel hat die Erzeugung der Positivität der Tätigkeit des Verstandes zugeschrieben. Im Gegensatz zu der Beweglichkeit des Begrifflichen hat Positivität den Klang des Festgefahrenen, des Starren. Interessant wäre es, der Frage nachzugehen, ob der Positivitätsbegriff fähig wäre, eine solche bewegliche, aber erstickende Reflexivität zu decken.

[68] Vgl. für einen Hinweis auch in diese Denkrichtung Flay 1970, S. 676–677 „To say that consciousness is aware of itself as inverted is to say that it is aware of this immanent transcendence and thus can come, phenomenologically, to the awareness of being self-consciousness."

Daß Kraft eine solchen Struktur hat, ist nicht zufällig. Sie tritt *faktisch* als eine Vorstufe zum Selbstbewußtsein auf. Ihre dialektische Kontinuität mit dem Selbstbewußtsein ist deswegen festzuhalten. Das erleuchtet die Art und Weise ihrer Erfahrung und ermöglicht es dem Bewußtsein eventuell, seine Selbsthaftigkeit zu thematisieren. Es muß auch an dieser Stelle dem Mißverständnis vorgebeugt werden, daß die Schwierigkeiten der Kraft und die des Verstandes überhaupt Schwierigkeiten mit den sinnlichen Elementen der Erfahrung sind. Ein solches Mißverständnis könnte leicht entstehen, weil der Verstand eine Gestalt zwischen sinnlicher Gewißheit und Selbstbewußtsein ist. Wichtig zu betonen ist, daß die PhG eine naive Gegenüberstellung von Sinnlichkeit und Bewußtsein weder setzt noch duldet.[69] Vielmehr will sie in dieser Bewußtseinsgestalt die Sinnlichkeit zwar beibehalten, aber ebenso verwandelt wie das Bewußtsein selbst. In der Entwicklung der Gestalt des Verstandes ist klar zu merken, wie der Verstand dem Gegenständlichen im Allgemeinen eine Priorität zuschreibt. Es besteht eine interessante Entsprechung zwischen diesem unreflektierten Residuum von unmittelbarer Gegenständlichkeit beim Verstand und der Fehl-Rekognition seiner eigenen Differenziertheit und Differernzierungsaktivität; daher wird verständlich, weswegen die Erfahrung des Verstandes von Abstraktionen und von der abstrakten Analyse so sehr belastet sein kann. Seine Abstraktheit ist auf seine Entfernung von seiner eigenen Vermittlungstätigkeit als Bewußtsein zurückzuführen.
Nachdem der Verstand die Erfahrung gemacht hat, daß die Realisierung der Kraft den Verlust der Realität mit sich bringt, ist eine Grenze erreicht. Noch ist der Verstand nicht weit genug entwickelt, um einsehen zu können, daß das Fürsichsein des Gegenstandes und sein eigenes Fürsichsein eine konkrete vermittelnde Affinität miteinander haben, nämlich daß sie füreinander sind. Die Konsequenz einer solchen Rekognition wäre die Aufhebung bzw. die Verwandlung des Verstandes und der Übergang in die Gestalt des Selbstbewußtseins. Der Verstand will sich aber gerade als Verstand weiter fortsetzen. Allein die Erfahrung wird ihn zur Umkehr bringen können.[70] Der Verstand hat *das erste* Allgemeine unmittelbar aufgenommen. Nun nimmt er aber das „zweite als das *Negative* der sinnlich gegenständlichen Kraft“ auf. (PhG100) Dieses zweite Allgemeine gilt als das „*Innere* der Dinge ... Die Mitte, welche die beiden Extreme, den Verstand und das Innere, zusammschließt, ist das entwickelte *Sein* der Kraft, das für den Verstand nunmehr ein *Verschwinden* ist. Es heißt darum *Erscheinung*.“ (PhG100)
Wir verstehen die bisherige Kraft-Erfahrung als ein Streben nach Andersheit. Dies hat sie aber nicht erreicht. Deswegen haben wir Kraft als eine erstickende, geschlossene Reflexivität interpretiert. Obwohl die Kraft ihr Äußerungs-

[69] Vgl. Loewenberg, S. 74, zum Endergebnis der Verstandesgestalt: „the sensible and the supersensible, mutually exclusive at first, end by becoming mutually inclusive.“
[70] Obwohl die Erfahrung in der PhG der jeweiligen Gestalt des Bewußtseins entspricht, ist sie dennoch nicht davon begrenzt. Diese Entsprechung ist nicht abstrakt, sondern flexibel. Deswegen kann die Erfahrung die Gestalt zum Überschreiten ihrer eigenen Grenze bringen.

vermögen behauptet hat, hat keine echte Äußerung stattfinden können. Dies alles macht die Art des Übergangs in die neue Erfahrungsphase verständlich. Die verfehlte Reflexivität oder Innerlichkeit der Kraft wird nun zur Innerlichkeit der Dinge. Die leere Hülle der Kraft wird nun zum Erscheinungsort für das Innere der Dinge.[71] Vorher verschwand jede Bestimmtheit; kein Bestehen war möglich, und deswegen ging die Kraft zugrunde. Hier wird nun das Verschwinden selbst zum Prinzip der neuen Erfahrungsphase: ein Verschwinden, das nun Erscheinung heißen darf, weil das Innere der Dinge verborgen bleibt und deswegen vom Verstand weiter entfernt ist. Deshalb hat der Verstand nun ein mittelbares Verhältnis zu diesem Inneren. Die verschwindende Unmittelbarkeit der Kraft ist nun zum bleibenden mittelbaren Verschwinden geworden, nämlich zur Erscheinung des Inneren. Das Verschwinden soll nun Bestehen haben und soll die bisherige Scheinhaftigkeit der Kraft vermeiden: „Es ist aber nicht nur ein Schein, sondern Erscheinung, ein *Ganzes* des Scheins.“ (PhG101)[72]

Obwohl seine Erfahrungsweise nunmehr gemildert wird, verharrt der Verstand immer noch darauf, der Gegenständlichkeit des Allgemeinen die Priorität zuzuschreiben. Mit dem Inneren der Dinge ist die Reflexionsdynamik der Dinge selbst zu Tage getreten; aber dennoch bleibt sie im Gegenstand geortet, und die Art und Weise, nach welcher sie erscheint, ergibt sich aus einer Bewegung, die noch gegenständlich gefesselt bleibt. Deswegen kann der Verstand das Innere als Fürsichsein des Gegenstandes und sein eigenes Fürsichsein auch noch nicht in der Rekognition einer vermittelnden Affinität verbinden. Seine Gewißheit hinkt seiner Wahrheit hinterher. Daraus ergibt sich der Impuls zur weiteren Entfaltung und Thematisierung der Erfahrung in dieser Phase.

[71] Banal ausgedrückt, könnte man sagen: Die Hülle der Kraft ist zu einer Art Bildschirm geworden.

[72] Es besteht hier eine grundlegende Differenz zwischen *Schein* und *Erscheinung*. Der Schein trügt, aber die Erscheinung trägt die Anwesenheit des Absoluten in sich. Das Scheinhafte am Schein ist, daß er sich verselbständigt. Er tut, als ob er die Sache selbst wäre. Damit läßt er die nötige dialektische Distanz nicht zu, die immer zwischen der Erscheinung und dem Absoluten besteht und die von der Erscheinung selbst immer respektiert wird. Die Erscheinung läßt das in ihr Erscheinende ständig erkennen; es wird nämlich in ihr *das* klar, *wovon* sie bloße Erscheinung ist. Die Tendenz zum Schein gilt als eine besondere Schwierigkeit des Verstandes, und zwar deswegen, weil die Verstandesreflexion Reihen von isolierten Gesetzen aufstellt, um sie dann äußerlich miteinander in Beziehung zu setzen. Daher resultieren die Entzweiungen, welche die Philosophie Hegels zur Affinität und Versöhnung verwandeln will. Die Ironie beim Verstand ist allerdings die, daß diese Entzweiungen sich als Versteifungen der Vernunft enthüllen werden. Der Verstand lebt dann heimlich von der Kraft der Vernunft. Sie sind nicht als zwei getrennte Potenzen, sondern als dialektisch verbunden zu verstehen. Das Interessante an diesem Verstandeskapitel ist die allmähliche Rekognition des Verstandes, daß sich in ihm eine größere Tiefe birgt. Diese Rekognition vollzieht sich aber nur in und durch seine konkrete Selbstentfaltung und Selbstthematisierung. Zu dieser Frage vgl. G.W.F. Hegel, Differenz des Fichteschen und Schellingschen Systems der Philosophie, Werke Bd. 1, bes. S. 45–70.

Das gemeinte Innere zieht sich weiter zurück. Weil es sich in seine Tiefe zurückzieht, erschließt sich eine Distanz zwischen dem Sinnlichen und dem Übersinnlichen: es „... schließt sich erst über der *sinnlichen* als der *erscheinenden Welt* nunmehr eine *übersinnliche* als die *wahre* Welt auf, über dem verschwindenden *Diesseits* das bleibende *Jenseits*." (PhG111) Die Erschließung dieser übersinnlichen Welt sollte nicht überraschen. Sie ist genau das Erfahrungsergebnis einer Entwicklungslinie, die mit der verschwindenden Kraft anfängt, sich dann zum Inneren der Dinge als Wesen fortentwickelt hat und sich schließlich als das Innere, das bleibende Verschwinden ergibt. Die übersinnliche Welt tritt nun als Hintergrund zum verschwindenden Sinnlichen auf.[73] Je mehr das Verschwinden sich steigert, desto ruhiger und gesammelter scheint die übersinnliche Welt. Daß die Rede hier von *Welt* ist, knüpft treffend an unsere Vermutung an, daß die vorherige Erfahrung der Kraft-Reflexivität eine Art Totalitätsbegriff darstellt.
Die übersinnliche Welt ist jedoch leer. Und im Leeren wird nichts erkannt. Eine solche Leere hat kein reiches Inneres, zu welchem der Vernunft lediglich wegen ihrer Kurzsichtigkeit oder Beschränktheit kein Zugang gestattet wird. Hiermit enthüllt Hegel das Kantische Noumenon als irreführend und leer.[74] Dennoch drückt diese Verbannung des Wesens ins Jenseits eine tiefliegende Gewohnheit des menschlichen Bewußtseins aus. In einer anderen Form wird die gleiche Erfahrungsdynamik wieder beim *unglücklichen Bewußtsein* hervortreten. An dieser Stelle ist Hegels Beurteilung dieser Gewohnheit scharf und bildlich: „Das Resultat ist freilich dasselbe, wenn ein Blinder in den Reichtum der übersinnlichen Welt ... und wenn ein Sehender in die reine Finsternis, oder wenn man will, in das reine Licht, wenn sie nur dieses ist, gestellt wird; der Sehende sieht in seinem reinen Lichte so wenig als der Blinde in der Fülle des Reichtums, der vor ihm läge". (PhG102) Diese Leere wird langsam unerträglich und muß deswegen mit „Träumereien" und „Erscheinungen" bevölkert werden. Hegels Behandlung dieses übersinnlichen Jenseits als einer Leere ist sehr aufschlußreich in bezug auf den *Grundrhythmus* der Erfahrung als Vermittlung.[75] Dieses Jenseits ist keine Ursphäre der Realität, an die die empirische Endlichkeit stößt und so ihre Grenzen aufdeckt. Hegel unterstreicht, daß das Bewußtsein selbst als Verstand dieses Jenseits hervorgebracht habe.[76] „Das übersinnliche Jenseits ist aber *entstanden*, es *kommt* aus der Erscheinung her, und sie ist seine Vermittlung." (PhG103) Entscheidend ist hier, daß die über-

[73] Fink S. 141: „Übersinnlich ist die wahre Welt, weil sie sich nicht den Sinnen zeigt, sondern allein dem Denken des Verstandes aufschließt."

[74] Zur Grunddifferenz zwischen Kant und Hegel und zu Hegels unterschiedlicher Auffassung der Kategorienproblematik vgl. Fink S. 145–147.

[75] Fink S. 142: „Dieses Leere ist nicht nichts ... Wir müssen daran festhalten, daß dies die erste Form ist, wie das Innere der Dinge, die wahre Welt, gedacht wird."

[76] Vgl. Hypollite S. 123: „L'Entendement hypostasie sa propre réflexion, il ne la réfléchit pas en elle-même, et ne voit pas dans la nature la connaissance de soi que y est impliquée. Le savoir du phénomène est un savoir de soi et, en tant que tel, il a une vérité qui n'est plus située au delà."

sinnliche Welt weder die Erscheinung von etwas Außersinnlichem noch die Erscheinung von etwas Sinnlichem ist. Es ereignet sich hier keine Wiederkehr der sinnlichen Gewißheit oder der Wahrnehmung; ihre jeweilige Wahrheit ist verwandelt, aufgehoben. Das Übersinnliche ist nicht die Erscheinung von etwas anderem. „Das Übersinnliche ist also die *Erscheinung* als *Erscheinung*". (PhG103)[77]

Die Erscheinung ist sie selbst. Sie ist das Ganze. Anders gesagt: Das Wirkliche ist das Erscheinende. Die Erscheinung ist außerdem nicht als die Modalität eines anderswo ruhenden homogenen Wesens zu verstehen. Sie verweist auch auf den Unterschied, der sich im ständigen Wechsel der Kräfte durchhält. Dies ist nicht als ein Einzelunterschied zu verstehen, sondern als die Fülle einer sich bewegenden Unterschiedenheit. „Dieser *Unterschied als Allgemeiner* ist daher *das Einfache* an *dem Spiele der Kraft selbst*, und das Wahre desselben; er ist das *Gesetz der Kraft*". (PhG104) Der Wechsel ist dann das Wesen des Unterschieds, sowohl im Inneren als auch in der Erscheinung. Der Wechsel ist nicht einem Bleibenden gegenüberzustellen. Alles ist im Wechsel. Aber ständiger Wechsel erhält Beständigkeit. Genau hier ist der Verknüpfungspunkt von Erscheinung, Wechsel und Gesetz. Das Gesetz ist das Gleichbleiben des Wechsels in der Erscheinung. Der Unterschied „ist im *Gesetz* ausgedrückt als dem beständigen Bilde der unsteten Erscheinung." (PhG105) Damit ergibt sich eine weitere Bestimmung der übersinnlichen Welt: „Die übersinnliche Welt ist hiemit ein ruhiges Reich von Gesetzen, zwar jenseits der wahrgenommenen Welt, ... aber in ihr ebenso gegenwärtig, und ihr unmittelbares stilles Abbild." (PhG105)[78]

Obwohl dieses Reich der Gesetze die Wahrheit des Verstandes ist, erweist es sich dennoch nur als seine erste Wahrheit. Es kann die Erscheinung nicht zureichend erklären. Mit anderen Worten, die Fülle der Erscheinung ist damit nicht erschöpft. „Das Gesetz ist in ihr gegenwärtig, aber es ist nicht ihre ganze Gegenwart." (PhG105) Gerade weil die Erscheinung sich so zurückhält, muß das Gesetz mangelhaft bleiben. Es kann nur inadäquat zwischen Bestimmtheit und Unbestimmtheit differenzieren. Deswegen wird der alte Verstandeskonflikt zwischen Einheit und Vielheit wieder hervorgerufen. Damit steht ein Gesetz vielen Gesetzen gegenüber. Entweder ist das Gesetz zu allgemein, um die Verschiedenheit der Erscheinung auszudrücken,, oder das Gesetz ist zu bestimmt, und dann wird eine Reihe von Gesetzen benötigt, welche dann aber der Wahrheit des Verstandes als allgemeiner Einheit widerspricht. Schließlich ist es dem Verstande nur gelungen, „den *bloßen Begriff des Gesetzes*" festzustellen. (PhG105) In seiner weiteren Erfahrung versucht der Verstand dann, tiefer zu greifen und den inneren Unterschied aufzurollen. „Aber dieser innre

[77] Vgl. Fink S. 142: „Die wahre Welt ist das Erscheinen-Lassende." Erscheinung ist hier die weitere entwickelte Form der Äußerung von früher.

[78] Vgl. Gadamer, „Die Verkehrte Welt", S. 122: „Aber bemerkenswert wird hier erst dem sich in die Totalität der Erscheinung in sich reflektierenden Gesetz der Totalitätscharakter, d.h. das Weltsein, zuerkannt."

Unterschied fällt nur erst noch *in den Verstand* und ist noch nicht *an der Sache selbst gesetzt.*“ (PhG109) Der Verstand steht, ohne es zu wissen, sich selbst im Wege.
Bislang war keine zureichende Artikulation der Verschiedenheit möglich. Interessant in diesem Erfahrungsprozeß ist, daß sich die Verschiedenheit auch im intensivsten Wechsel der Erscheinung nicht homogenisieren, nicht verdrängen läßt. Der Verstand begreift trotzdem noch nicht, daß der Unterschied innerlich zu der Sache selbst gehört.[79] Deswegen wird diesem Unterschied im *Erklären* des Verstandes keine Rechnung getragen. Das Erklären setzt unechte Unterschiede, um dann sorgfältig ihre Identität aufzuzeigen.[80] Eine Erklärung bewegt sich immer nur innerhalb des gleichen Kreises.[81] Qualitative Differenz wird dabei völlig übersehen. Der Verstand bleibt aber nicht in der Sackgasse des Erklärens stehen. Wie immer bei solchen Bewußtseinsmomenten in der PhG schlägt Erklären hier in sein Gegenteil um: „... denn diese *Bewegung* ... ist unmittelbar das Gegenteil ihrer selbst. Sie setzt nämlich *einen Unterschied,* welcher nicht nur für uns *kein Unterschied* ist, sondern welchen sie selbst als Unterschied aufhebt.“ (PhG110) Im Aufheben wird der Unterschied nicht gelöscht, sondern verwandelt; diese Verwandlung der Unterschiede des Erklärens hilft dem Verstand dazu, seiner eigenen Tätigkeit bewußt zu werden. Nun unternimmt der Verstand den Schritt von der Erscheinung in das Übersinnliche selbst. Damit ist der Wechsel, der bisher in Erscheinung explizit war, „in das Übersinnliche selbst eingedrungen“ (PhG110) und der Verstand verläßt die Ebene des tautologischen Erklärens und stößt in die Richtung vor, in der der Wechsel als Wechsel der Sache selbst immer klarer werden kann.
Für den Verstand wird dieser Wechsel nun zum Gesetz des Innern, was deswegen möglich wird, weil der Verstand einsieht, daß „der Begriff als *Begriff* des Verstandes dasselbe ist, was das *Innre* der Dinge“ ist. (PhG110) Damit ist die Selbständigkeit der Erscheinung als einer Art Mitte zwischen dem Verstand und dem Übersinnlichen durchbrochen. Der Verstand ist zu der Rekognition gelangt, daß er selbst das Gesetz der Erscheinung ist.[82] Der Schlüssel zu dieser weiteren Selbstrekognition liegt in der Bewegung der Unterschiede, die im Erklären sichtbar sind, „oder ... daß das *Gleichnamige* sich selbst *abstößt,* ... oder das *Ungleichnamige* sich *anzieht.*“ (PhG110) Dagegen hatte das Gesetz vorher das Gleichbleiben im Unterschied, im Wechsel gewährleistet. Mit dem Schritt in das Übersinnliche wird dieses Prärogativ der Erscheinung ent-

[79] Vgl. dazu Claesges S. 176: „Den verselbständigten Momenten entspricht das Gesetz, der ruhige Unterschied; dem Aufgehobensein der Momente entspricht die Kraft. Das Erklären ist die Bewegung zwischen ihnen, aber erst als Bestimmtheit des Verstandes, noch auf der Seite des Wissens, noch nicht der des Gegenstandes gesetzt.“
[80] Vgl. dazu Hypollite S. 130.
[81] Interessant ist hier, daß das Nichterkennen der Verschiedenheit direkt zur Wiederholung führt.
[82] Vgl. dazu Norman S. 40: „Inner reality is the truth of appearance, and appearance is the appearance of inner reality.“

fallen: „denn dies neue (Gesetz) drückt vielmehr das *Ungleichwerden des Gleichen* und das *Gleichwerden des Ungleichen* aus.“ (PhG110) Damit ist dem Verstand eine tiefere Substanz der Sache selbst zugänglich geworden. Eine festere und flexiblere Identität ist nun vorhanden, die nicht mehr mittels Gesetz im Gleichbleiben festgehalten werden muß. Nun ist eine innere extreme Differenzierung im Unterschied selbst möglich, die den Unterschied in das Gegenteil seiner selbst treibt, ohne daß er sich dabei verliert: „... er stellt sich hiemit als Unterschied *der Sache selbst*, oder als absoluter Unterschied dar.“ (PhG111) Dieses zweite Gesetz trägt als Denkregel sogar die Verwandlung des ersten Gesetzes in sich, die sein eigenes Entstehen ausmacht. Hier wird das Entstehen der zweiten übersinnlichen Welt aus der ersten übersinnlichen Welt *und* ihre bleibende Wechselwirkung aufeinander verständlich. Die erste übersinnliche Welt muß als Gleichbleibende sich selbst ungleich werden; sie kehrt in ihr Gegenteil um.

Die zweite übersinnliche Welt ist aber nicht bloß das Gegenteil der ersten.[83] Es ist eher so, „... daß beides vielmehr das Gegenteil seiner selbst ist.“ (PhG111) Beide Welten sind nun im reflexiven Gegensatz zu sich selbst und zueinander zu denken.[84] Weil die zweite übersinnliche Welt erst später hervortritt und aus der ersten entstanden ist, gilt sie als die *verkehrte Welt*, d.h. in diesem Verbundensein ist sie die Verkehrung dieser ersten Welt. In bezug auf die erste hat sie das gegenteilige und ergänzende Bestimmungsvermögen an sich. Diese zweite Welt trägt dann in sich selbst *das Prinzip des Wechsels* und *der Veränderung*: „... das Innere ist damit als Erscheinung vollendet.“ (PhG111) Die erste Welt hat ihr Gegenbild in der erhobenen, wahrgenommenen Welt, welche das Prinzip des Wechsels für sich behalten hat. Infolgedessen ist diese zweite Welt selbständiger.

„Nach dem Gesetz dieser verkehrten Welt ist also das *Gleichnamige* der ersten das *Ungleiche* seiner selbst, und das *Ungleiche* derselben ist ebenso *ihm selbst ungleich*, oder es wird sich *gleich*.“ (PhG111) Hegel ist darauf aus, den Unterschied innerlich zu bestimmen. Der Verstand muß aber seinen eigenen Erfahrungsweg durchmachen. Er wird zwei Möglichkeiten aufgreifen, um die Bestimmungsweise beider Welten zu verstehen. Wenn die erste Möglichkeit als bestimmtes Moment aufgegriffen wird, bedeutet es, daß das, was in einer Welt schwarz ist, in der anderen Welt weiß ist, und daß eine Strafe, die in der einen Welt Schande und Vertilgung bringt, in der anderen Ehre und Begnadigung bedeutet. Bei der zweiten Möglichkeit werden die zwei Welten „oberflächlich“ als Gegenteile gedacht, entweder in dem Sinne, daß sie äußerlich nebeneinander stehen oder, daß die eine als innerlich und Ansich und die andere als äu-

[83] Vgl. Gadamer, Die verkehrte Welt, S.120–121: „Die Verkehrung ist vielmehr Reflexion in sich, nicht der Gegensatz zu einem anderen.“

[84] Vgl. Kainz, S. 80, wo es in bezug auf diesen Übergang heißt: „it makes a *unity*-in-opposition of the *the very relationship between* itself and that other world, so that they are no longer viewed as two worlds ...“

ßerliche Erscheinung dessen gedacht wird; z.B. das, was süß schmeckt, ist innerlich am Ding. Diese zwei Möglichkeiten der Bestimmungsweisen dieser zwei Welten sind abzulehnen: „Die abgestoßenen Unterschiede verteilen sich nicht von neuem an zwei solche Substanzen, welche sie trügen und ihnen ein getrenntes Bestehen verleihen." (PhG113) Eine solche „trennende, sinnliche Vorstellung" würde gegen die Fortentwicklung und die Kontinuität der Bewußtseinserfahrung verstoßen. Eine solche „sinnliche Vorstellung von der Befestigung der Unterschiede in einem verschiedenen Elemente des Bestehens" (PhG114) muß aufgegeben werden. Das Lokalisieren der Unterschiede ist nicht gestattet.[85]
Es ist der reine Wechsel, oder die *Entgegensetzung in sich selbst, der Widerspruch zu denken.*" (PhG114) Bisher hat der Verstand versucht, die verschiedenen Veränderungen als Kraft zu denken. Das neigte aber immer wieder in Richtung Auflösung. Dennoch wurde die ständige Aufhebung von einer Verwandlung begleitet, die vom Äußeren der Kraft über das Verschwinden der Unterschiede und die Erscheinung als bleibendes Verschwinden bis zu diesem Moment hinreicht. Nun muß diese kumulative Entwicklung entweder bleibende Substanz offenbaren oder sich endgültig auflösen. An dieser Stelle erschließt sich der verborgene Grund dieser ganzen Erfahrung. Hier erhält der Unterschied schließlich Reflexivität, innere Differenziertheit und Bestehen.[86]
Das Entgegengesetzte liegt am Unterschied selbst: „,... es ist das Entgegengesetzte eines Entgegengesetzten, oder das Andere ist in ihm unmittelbar vorhanden." (PhG114) Was wir das Streben der Kraft nach Andersheit genannt haben, findet seine Erfüllung hier. Nun kann die tiefere Bedeutung der verkehrten Welt und ihre Beziehung zur ersten Welt anerkannt werden. „So hat die übersinnliche Welt, welche die verkehrte ist, über die andere zugleich übergriffen, und sie an sich selbst; ... sie ist sie selbst und ihre entgegengesetzte in Einer Einheit. Nur so ist sie der Unterschied als *innerer*, der Unterschied *an sich selbst*, oder ist als *Unendlichkeit*". (PhG114)
Die inklusive und reflexive Logik der Verkehrung erzeugt die Verkehrung der Verkehrung. Die erste Welt liegt nicht außerhalb dieser verkehrten Welt. Und *verkehrt* bedeutet auch nicht bloß sinnliches Gegenteil.[87] Vielmehr hat sie als verkehrte die andere Welt an sich und ist demnach die verkehrte ihrer Selbst. Damit ist die erste Welt aufgehoben und sie selbst auch. Dadurch wird klar, daß die verkehrte Welt in keiner anderen Welt zu suchen ist. Sie ist in dieser

[85] Vgl. Loewenberg S. 74: „The division of self into subject and object is an act of self-division by one and the same self: here identity turns into difference and difference reverts to identity."

[86] Vgl. dazu Hans G. Gadamer, Die verkehrte Welt, S. 113: „..gerade das ist das Bleibende, das was wirklich ist, daß alles immerfort verschwindet ... Beständigkeit ist dann nicht mehr der bloße Gegensatz zum Verschwinden, sondern sie ist selbst die Wahrheit des Verschwindens. Das ist die These der verkehrten Welt."

[87] Vgl. Flay 1970, S. 675: „The reason for the inversion is that all distinction is internal distinction: the one is the many and the many are one."

Welt gegenwärtig.[88] Diese Welt ist zugleich sie selbst und ihre andere.[89] Hier gehört Verschiedenheit zur Einheit und umgekehrt. Die innere Zusammengehörigkeit der Verschiedenheit erschließt sich als *Unendlichkeit.*
„Diese einfache Unendlichkeit, oder der absolute Begriff ist das einfache Wesen des Lebens, die Seele der Welt, das allgemeine Blut zu nennen, welches allgegenwärtig durch keinen Unterschied getrübt noch unterbrochen wird, das vielmehr selbst alle Unterschiede ist, so wie ihr Aufgehobensein, also pulsiert, ohne sich zu bewegen, in sich erzittert, ohne unruhig zu sein." (PhG115) Das Streben nach Andersheit und der angemessenen Artikulation der Affinität des Bewußtseins und der Andersheit findet seine reifste Wurzel in der Unendlichkeit. Die Unendlichkeit ist der innere Unterschied. Aus dieser Quelle geht echte Verschiedenheit hervor. Rein empirisch begrenzte Bestimmungen des Andersseins des Endlichen bedeuten hier nichts, weil sie äußerlich, fragmentiert und begrenzt bleiben. Aus der jetzigen Perspektive läßt es sich verstehen, wie die Bestimmungen des Verstandes auf dem Wege der Verstandeserfahrung immer erweitert und vertieft wurden.[90] Die in sich geschlossene Reflexivität der Kraft bzw. Totalität wurde zur ersten übersinnlichen Welt, die sich dennoch als Abbild der erhobenen Wahrnehmung gefesselt hat; sie selbst wurde dann zur zweiten übersinnlichen Welt, die eine Selbständigkeit erhält, womit sich die Unendlichkeit als Seele des Lebens erschließt. Weil diese Entwicklung als Erfahrung vollzogen wurde, wird das Bewußtsein als Verstand immer ausführlicher thematisiert. Entscheidend ist die Entsprechung zwischen der Entfaltung der Affinität und der Thematisierung der eigenen Identität.[91] Beide sind sich begleitende Dimensionen des einen Erfahrungsweges. Hegel drückt dies wörtlich genau aus: „Die Unendlichkeit oder diese absolute Unruhe des reinen Sichselbstbewegens ... ist zwar schon die Seele alles bisherigen gewesen, aber im *Innern* erst ist sie selbst frei hervorgetreten." (PhG116) Wichtig zu sehen ist, daß diese Unendlichkeit sich erst im Innern zeigt. Das Innere hat diese Unendlichkeit aber nicht erzeugt; ihre Wurzel liegt vielmehr in ihr selbst. Die Unendlichkeit ist ihre eigene Quelle. Nun, da sie sich zeigen kann, wie sie ist, wird sie als solche zum expliziten Gegenstand für das Bewußtsein, „so ist das Bewußtsein *Selbstbewußtsein.*" (PhG116) Kurz gesagt: In der Rekognition der Selbstheit der Verschiedenheit gelangt das Bewußtsein zu einer Rekognition

[88] Vgl. dazu Lauer 1976, S. 85.
[89] Vgl. Flay 1970, S. 676: „Law is within the realm of appearance itself and thus changing appearance is unconditioned or self-conditioned."
[90] Vgl. Lauer 1976, S. 88: „Understanding is incohate reason."
[91] Vgl. Hans G. Gadamer, Die verkehrte Welt, S. 128: „Was wir als Lebendiges ansehen, das müssen wir in der Tat in einem entscheidenden Sinne als ein Selbst sehen. Selbst aber, das bedeutet, in aller Ununterschiedenheit als Identität mit sich: sich von sich unterscheiden ... Denn auch das Bewußtsein des Selbstseins hat die gleiche Struktur eines Unterscheidens, das kein Unterrscheiden ist." Wir finden hier bei Gadamer eine Bestätigung unserer These, daß es sich im Verstand als Vorstufe des Selbstbewußtseins um die Erfahrung einer intensiven Reflexivität handelt, in der sich aber schließlich eine Selbstheit thematisiert, die das Bewußtsein zur *Rekognition* seiner eigenen Selbstheit als *Selbst*bewußtsein bringt.

seiner selbst und wird damit *Selbst*bewußtsein,[92] „das Bewußtsein eines Andern, eines Gegenstandes überhaupt, ist zwar selbst notwendig Selbstbewußtsein, Reflektiertsein in sich, Bewußtsein seiner selbst, in seinem Anderssein." (PhG118)[93]

[92] Vgl. Labarrière 1979, S. 113. Labarrière besteht darauf, daß die Welt bei Hegel ihre Gegenständlichkeit behält, auch wenn diese Grundaffinität durch die Unendlichkeit stärker hervortritt. „Mais son ‚objectivité' n'est pas une donnée plate, d'ordre simplement oppositionnel: elle est chiffre de ‚subjectivité' accomplie, ... en vérité, ce qui est premier, c'est le rapport de l'esprit à l'esprit – *c'est à dire* le rapport de l'homme à l'autre homme par la médiation du monde."

[93] Vgl. Flay 1970, S. 666: „The positive conclusion ... will be a dialectical recognition of the truth that consciousness is self-consciousness, i.e. that consciousness is an involvement in and toward the world in which subject and object mutually implicate each other as a duality *which arises out of an original unity rather than a pregiven dualism which has to be unified.*" (Hervorgehoben von mir, J.O'D)

9. Selbstbewußtsein

9.1 Die Wahrheit der Gewißheit seiner selbst. Das Aufnehmen der eigenen Selbstheit: Begierde, Leben und der Andere

Selbstbewußtsein ist eine zentrale Gestalt in der PhG. Sie vereinigt in sich das Zu-sich-Kommen des Bewußtseins als *Selbst*bewußtsein auf der einen Seite, und – durch ihre eigene Fortentwicklung – das Auftreten des Geistes auf der anderen Seite. Aber auch für sich betrachtet gilt Selbstbewußtein als eine selbständige Gestalt; in bezug auf die Auslegung des Personbegriffs ist dies entscheidend. Im Problemhorizont der heutigen Frage nach dem Subjekt wird Selbstbewußtsein auf einen Selbstreflex des Bewußtseins reduziert.[1] Das Bewußtsein wird nur analysiert, um festzustellen, wie sich dieser Selbstreflex ereignet. Damit läßt man das Problem auf sich beruhen. Auf das Selbstbewußtsein als eine Erfahrungsgestalt wird überhaupt nicht eingegangen. Das Interesse richtet sich allein auf das Selbstbewußtsein als neutrales Ursprungsmoment. Dagegen wird in der PhG die Verengung der Erfahrung, was unausweichlich zur Entstehung des Reflexionszirkels führt, vermieden. Selbstbewußtsein wird nicht in einem künstlichen Erfahrungsvakuum behandelt.[2] Selbstbewußtein ist hier ganz und gar nicht das bloß reflexive Bewußtsein eines getrennten Subjekts. Es ist auch nicht das Kantische Ich-denke, welches alle meine Vorstellungen muß begleiten können. Es wird nicht abstrakt dargestellt, als ob es entweder dem Bewußtsein zugehörig oder dem Bewußtsein zusätzlich nachkommend wäre. In der PhG handelt es sich nicht um das Selbstbewußtsein als bloß momenthaftes Ereignis. Nein. Hier ist das Selbstbewußtsein eine Erfahrungsgestalt, welche sich in einer Vielfalt von Phasen entfaltet und thematisiert.[3] Sie taucht in einer Reihenfolge von Gestalten organisch auf. Und gerade der Ort und die Art ihres Auftretens enthalten den Schlüssel zu ihrer Identität. Mit dem Hervortreten der Selbstheit der Verschiedenheit am Ende der Verstandesgestalt gelangt das Bewußtsein zu einer Rekognition seiner eigenen Selbstheit. (Vgl. PhG115–116) Durch Erfahrung kam das Bewußtsein zu sich. Das gemeinte, unabhängige Ansichsein des Gegenstandes hat sich, und zwar nicht partiell, sondern als Ganzes *für* das Bewußtsein ergeben.

[1] Zum begrifflichen Hintergrund des neuzeitlichen Selbstbewußtseinbegriffs vgl. Schulz 1984, S. 1: „Der Begriff Selbstbewußtsein … fungiert zumeist als Sammelbegriff für bestimmte Ansätze der neuzeitlichen Philosophie, die von Descartes an durch den Ausgang von der denkenden Subjektivität gekennzeichnet sind.“

[2] Zu der Dichtheit von Erfahrung, in der das Selbstbewußtsein bei Hegel vorkommt, vgl. Bonsiepen „Phänomenologie des Geistes“ 1977, S. 64: „Hegel gewinnt im Unterschied zu Fichte seinen Begriff von Selbstbewußtsein erst als Resultat der dialektischen Bewegung des Bewußtseins.“

[3] Vgl. Wolfgang Marx 1974, S. 532: „Deshalb verweist die Struktur des Selbstbewußtseins auf eine Erfüllung ihres Sinnes durch Bestimmtheiten, die nicht im durch sie aufgespannten Raum entsprungen, wohl aber zu ihm affin gedacht werden müssen.“

Das Anderssein des Gegenstandes ist nunmehr weder äußerlich noch fremd. Die Verwandlung der Verstandesgestalt ergibt dann die Gestalt des Selbstbewußtseins. Selbstbewußtsein entsteht also nicht dadurch, daß Bewußtsein sich plötzlich aus dem Reich der Gegenstände zurückzieht, um sich als Einzelselbst narzißtisch zu betrachten. Ohne eine Beziehung der Affinität zum Gegenstand wäre Bewußtsein gar nicht Selbstbewußtsein geworden. Gerade weil Selbstbewußtsein „entstanden" ist[4] (PhG120), und weil es seine gewesenen Momente aufbewahrt hat (PhG121), bleibt ihm die nun vertiefte Präsenz seines Gegenstandes sehr wichtig. Mit dem Eintritt in die Selbstbewußtseinsgestalt wird dann die Verschiedenheit keineswegs eliminiert; vielmehr wird sie in Beziehungen und in Differenzierungen noch intensiviert. In dieser Gestalt wird weder der Gegenstand transparent gemacht, noch wird das Bewußtsein sich als reines Selbst begegnen müssen. Keine Vereinfachung der Erfahrung wird hier geduldet.

Die Identität dieses Selbstbewußtseins ist demgemäß nicht eindimensional, sondern vielfältig. Weil es durch das Hervortreten der Unendlichkeit zu sich gekommen ist, enthält es eine Transzendenz, die viel tiefer angesiedelt ist als die einer bloßen Intentionalität. Differenz und Differenzierung gehören wesentlich zu ihm. Damit wird Vermittlung ausgesagt: „Ich ist der Inhalt der Beziehung, und das Beziehen selbst, es ist es selbst gegen ein anderes, und greift zugleich über dies andre über, das für es ebenso nur es selbst ist." (PhG120) Dies unterstreicht die Balance der Vermittlung, die im Selbstbewußtsein aktiv ist. Hier geht es nicht um die Ersetzung der Ich-Gegenstand-Beziehung zugunsten der Ich-Ich-Beziehung, sondern um die Artikulation der Beziehung des Ich auf sich selbst, und zwar gerade *in* und *durch* die Ich-Gegenstand-Beziehung.[5]

Das „Ich bin Ich" ist im Selbstbewußtsein keine tautologische, leere repetitio. Wie bei seinem Entstehen klar wurde, entsprechen sich die Selbstdifferenzierung des Seins und die des Selbstbewußtseins. Der Unterschied, der die Triebfeder und das Ziel des Verstandes war, gehört demnach auch zum Wesen des Selbstbewßtseins, aber er behält gleichzeitig seine eigene Selbständigkeit: „... indem ihm der Unterschied nicht auch die Gestalt des *Seins* hat, ist es nicht Selbstbewußtsein. Es ist hiemit für es das Anderssein, als *ein Sein*, oder als *unterschiedenes Moment*; aber es ist für es auch die Einheit seiner selbst mit diesem Unterschiede als *zweites unterschiedenes* Moment." (PhG121) Gerade weil der Unterschied nicht einfach Selbstbewußtein ist und dennoch zum Wesen des Selbstbewußtseins als solchem gehört, kann dieses Selbstbewußtsein keineswegs als tautologischer Selbstreflex des Bewußtseins gelten. Immerhin

[4] Zum späteren Vorkommen des Selbstbewußtseins in der PhG vgl. Navickas S. 33,f.

[5] Dies impliziert eine Balance zwischen Ich und Inhalt im Selbstbewußtsein. Wo diese Balance fehlt oder wo beide voneinander abstrakt getrennt werden, entstehen große begriffliche Schwierigkeiten. Dies scheint im Denken Paul Natorps der Fall zu sein; vgl. dazu Cramer, S. 559: „Ich-sein (heißt), nicht Inhalt, sondern allem Inhalt *gegenüber* dasjenige zu sein, dem etwas Inhalt ist."

ist das Selbstbewußtsein selbsthaft,[6] es enthält in sich, in seiner Memoria, die entfaltete und verwandelte Erfahrung der ganzen Bewußtseinsgestalt: „... sie ist hiemit für es ein Bestehen, welches aber nur *Erscheinung*, oder Unterschied ist, der *an sich* kein Sein hat.“ (PhG121) „An sich kein Sein haben“ heißt, daß sie dem Selbstbewußtsein nicht äußerlich gegenüber steht. Sie ist als Ganzes für das Selbstbewußtsein, sie *ist* nunmehr „die Einheit des Selbstbewußtseins mit sich *selbst*.“ (PhG121) Das Problem ist aber, daß das Selbstbewußtsein gerade als ein solches Selbst diese differenzierte Einheit seiner Selbstheit entfalten und thematisieren muß, um zur völligen Selbstrekognition zu gelangen. Und gerade diese Selbstrekognition wird erst dann vollziehbar sein, wenn das Selbstbewußtsein zur völligen Rekognition der Selbsthaftigkeit des Andersseins, in dem und mit dem es sich befindet, gelangt.

In bezug auf das Bewußtsein gilt Rekognition als der Wissensvollzug, in dem die Wechselwirkung der Identität des Bewußtseins in sich *und* seiner Grund-Affinität mit der Verschiedenheit vollzogen wird. An dieser Stelle wäre der Einwand möglich, daß sich ein solches Rekognitionsmoment am Ende der Verstandesgestalt bereits ergeben hat. Ist die hier angestrebte Rekognition nur eine Wiederholung der ersten, die im Übergangswirbel in Vergessenheit geraten ist?[7] Nein; sie ist keine Wiederholung, sondern eine Vertiefung und Erweiterung der ersten Rekognition. Demnach muß man beim Auftreten von Selbstbewußtsein von einer Rekognition sprechen, die zwei Ebenen hat. Die erste Ebene ergibt sich aus der Verstandeserfahrung als Reflektiertsein des Bewußtseins in sich, „Bewußtsein seiner selbst in seinem Anderssein.“ (PhG118) Gerade aber weil es sich insbesondere am Anfang dieser Gestalt um eine solche differenzierte Selbstheit handelt, muß sie für sich ihren Inhalt vermitteln und personalisieren; ihn einfach zu setzen, würde hier nicht ausreichen. Das Selbstbewußtsein muß nunmehr von sich ausgehend zu einer vertieften Rekognition der Wechselwirkung seiner reflexiven Identität mit der intimen Affinität des Andersseins gelangen.

Das Selbstbewußtsein begreift bereits, daß es nicht mehr bloß Bewußtsein ist. Deswegen hat es nun *als Selbst* den entwickelten Gegenstand der Bewußtseinsgestalt, der sich als Leben ergeben hat, zum Gegenstand. Den Gegenstand bezeichnet es mit dem Charakter des Negativen. Demgegenüber verhält sich das Selbstbewußtsein als „*Begierde*“. (PhG121) Schließlich ist es das Ziel der Begierde, diese Andersheit zu integrieren, so daß „ihm (Selbstbewußtsein) die Gleichheit seiner selbst mit sich wird.“ (PhG122) Deswegen stellt sich das Selbstbewußtsein als eine Bewegung dar. Es ist nun die Bewegung der Begierde. Begierde unterstreicht die Differenz von Selbstbewußtseins und Bewußtsein. In der Bewußtseinsgestalt wurde der Akzent auf die Allgemeinheit des

[6] Daran haben wir von vornherein festgehalten, nämlich, daß die Frage nach dem Selbst eine Ursprungsfrage ist. Die Person setzt ihre Selbstheit nicht, wohl aber entfaltet und thematisiert sie sie. Für die gleiche Meinung vgl. Rombach 1987, S. 166: „Um einem Seienden ‚sein‘ Selbst zusprechen zu können, müßte es überhaupt die Beziehung ‚sein‘ aufnehmen können, und dazu müßte es bereits ein Selbst sein.“

[7] Vgl. dazu Ch. Taylor 1975, S. 139.

Gegenstandes gelegt; dementsprechend blieb die Selbstheit des Bewußtseins unentwickelt und unthematisiert. Hier in der Selbstbewußtseinsgestalt kommen die Selbstreflexivität und Innerlichkeit stark zum Vorschein; die Individualität wird vorherrschend sein. Deswegen erhält diese Gestalt eine festere Kontur als die vorherige. Die Betonung der Individualität ermöglicht eine festere Ansammlung ihrer Erfahrungsmomente. Ihre innere Referenz zueinander läßt sich intensiver und schneller auf den Begriff bringen. Als Begierde wird sich dann die Individualität dieses Selbstbewußtseins als tätig und gezielt erweisen. Sie begreift, daß ihre Wahrheit nicht unmittelbar vorhanden vorliegt, sondern in der Bewegung der Vermittlung herauskristallisiert werden muß.
Es ist nicht zufällig, daß die Artikulation der neuen Innerlichkeit des Selbstbewußtseins Begierde entstehen läßt. Diese anfängliche Innerlichkeit meint kein leeres Inneres, das einem fremden Außen entgegengesetzt ist. Und gerade weil die Verschiedenheit eine Selbsthaftigkeit erwiesen hat, eine Unendlichkeit als innerer Unterschied, darf die Innerlichkeit des Selbstbewußtseins in keinen abstrakten Gegensatz von Innen und von Außen gesetzt werden. Begierde als eine Bewegung wird dann zu einer Vertiefung dieser Innerlichkeit führen[8] und muß mithin nicht als die Gier eines isolierten Egos verstanden werden. Vielmehr bezeichnet Begierde, auch wenn sie nur unmittelbar und negativ wirkt, den unendlichen Trieb, der die Individualität und die Allgemeinheit im Verbundensein ihrer Selbstheit zur Artikulation drängt.[9] Selbstbewußtsein ist eine Bewegung, und als Begierde zeigt es, daß es von der Indifferenz und Genügsamkeit eines fertigen Subjekts weit entfernt ist.
„Der Gegenstand der unmittelbaren Begierde ist ein *Lebendiges*." (PhG122) Diese erste Erfahrungsphase zwischen dem Selbstbewußtsein und dem Leben wird zunächst aus der Perspektive des Lebens entfaltet. Das Leben ist ein Ganzes, in dem alle Unterschiede aufgehoben sind. Genau darin zeigt es die Züge der Unendlichkeit, „die Ruhe ihrer selbst als absolut unruhige Unendlichkeit." (PhG122) Es ist dies keine tote, jenseitige Unendlichkeit, sondern eine, in der das Zittern der zurückgehaltenen Unterschiede fast spürbar ist. Interessanterweise ergibt sich gerade an dieser Stelle eine Charakterisierung dieser Unendlichkeit als Zeit: „... das einfache Wesen der Zeit, das in dieser Sichselbstgleichheit die gediegene Gestalt des Raumes hat." (PhG123) Diese „Zeitfläche" enthält hier keinen einzigen Riß; sie ist nicht fragmentiert. Weil in ihr die Unterschiede dennoch bereits am Werke sind, ist sie keine tote Zeit. Entscheidend ist hier die Spannung zwischen den Unterschieden und ihrer umfassenden Einheit.

[8] Vgl. Loewenberg S. 80: „Being the prototype of self-consciousness, desire exemplifies the same dependence of difference upon identity and identity upon difference."
[9] Wir versuchen hier die dynamische und integrative Bedeutung der Begierde herauszukristallisieren. Dies unterscheidet sich von Kojèves Interpretation der Begierde. In seiner Interpretation stehen das „Daseiende" und das „Nichtseiende" in einem dualistischen Verhältnis zueinander. Vgl. Kojève S. 57: „Denn Begierde ist *Abwesenheit* von Seiendem: ein Nichts, das im Sein *nichtet*, und ein *Sein*, das *da* ist." Kojève konzentriert sich allerdings in seiner Hegelinterpretation auf den gesellschaftlichen Aspekt.

Das Leben entfaltet sich in der nächsten Erfahrungsphase, und diese Phase hat zum Ergebnis, daß gerade die Flüssigkeit des Lebens sich als das Bestehen der Unterschiede enthüllt. Schließlich wird klar, daß die „Bewegung des Lebens selbst nicht für sich *als* dies *Einfache existiert*; sondern in diesem *Resultate* verweist das Leben auf ein Anderes, als es ist, nämlich auf das Bewußtsein, für welches es als diese Einheit, oder als Gattung, ist." (PhG125) Die Lebensphase tritt sozusagen mit intensiverer Kontur auf und erweist sich *für* Bewußtsein.[10] Wichtig zu betonen ist, daß in und durch diese Fortentfaltung die Zeit ihre Unendlichkeit überhaupt nicht verliert, sondern sich zum Anderen öffnet.

Dieses Öffnen ist aber kein befremdender Akt für die unendliche Zeit; vielmehr steht er in Kontinuität mit dem Fortentwickeln der in ihr enthaltenen Unterschiede. Ihr Anderes, das Bewußtsein, wird sich in und durch die weiteren Phasen wie Herr-Knecht, Stoizismus, Skeptizismus und unglückliches Bewußtsein entfalten und thematisieren. In diesen Erfahrungen wird die Individualität dieses Selbstbewußtseins sich in einem gebrochenen, fragmentierten Zeitverhältnis befinden. Die Individualität wird in Kampf, Entfremdung und Widerspruch immer weiter verschärft und ihren Grenzen ausgesetzt, so daß das geborgene Umfassen des Unendlichen durch das segmentierte Nacheinander des Endlichen entstellt wird. Angesichts dessen ist es nicht zufällig, daß diese Erfahrungsphasen eine direktere Entsprechung mit der Geschichte aufweisen.

Das Ergebnis dieser Lebensphase ist, daß dieses Leben auf Bewußtsein verwiesen hat. Nun wird diese Phase seitens des Selbstbewußtseins selbst thematisiert.[11] Wichtig ist auch, daß dieses Leben nunmehr nach einer spezifischeren Weise existiert. Es präsentiert sich dem Selbstbewußtsein dann als „selbständiges Leben". (PhG125) Trotz der Hervorhebung der Individualität darf hier nicht aus den Augen verloren werden, daß es weder eine innerliche noch eine äußerliche Trennung zwischen dem Selbstbewußtsein und seinem gedoppelten Gegenstand gibt. Aus der Sicht des Selbstbewußtseins als unmittelbare Begierde muß es diesen Gegenstand, das selbständige Leben, aufheben. Dieses Bedürfnis stammt von der Einfachheit des Selbstbewußtseins, einer ungewagten Einfachheit, die eigentlich die Verdrängung seiner innerlichen Unterschiedenheit ist, „indem es *negatives Wesen* der gestalteten selbständigen Momente" ist. (PhG125) Deswegen kann es seine Selbstgewißheit allein durch eine gleichmäßige Verdrängung seines Gegenstands, des selbständigen Lebens, bestätigen. Das innerlich Vereinfachte will auch das Leben vereinfacht haben. Dem Selbstbewußtsein aber gelingt es nicht, seinen Anderen so aufzuheben: „... es erzeugt ihn darum vielmehr wieder, so wie die Begierde."

[10] Vgl. dazu Labarrière 1968, S. 89: „Ces deux moments, la conscience de soi comme Désir et la Vie, proviennent d'une réalité unique, qui s'est scindée en se repoussant elle-même hors d'elle-même, ainsi qu'il en allait déjà dans le mouvement de l'Infinité."

[11] Vgl. Fink S. 171: „Diese beiden Gestalten stehen aber nicht einfach nebeneinander, sie sind in einer Gegenbewegung zueinander, die den eigentlichen Inhalt der dialektischen Geschichte des Selbstbewußtseins darstellt."

(PhG126)[12] Durch diese Wiederholung kommt aber eine Differenzierung zwischen dem Selbstbewußtsein und der Begierde ans Licht: „Es ist in der Tat ein Anderes als das Selbstbewußtsein, das Wesen der Begierde; und durch diese Erfahrung ist ihm selbst diese Wahrheit geworden." (PhG126) Diese Differenzierung zwischen ihnen führt dann zu der weiteren eigenen Differenzierung des Selbstbewußtseins und der Begierde. Angesichts dessen ist das Wesen der Begierde noch tiefer anzusiedeln; es läßt sich mit der Einzelbegierde eines sich bestätigen wollenden Selbstbewußtseins nicht gleichsetzen. Gerade weil sie eine solche Tiefe hat, erweckt die „erweiterte Begierde" das Selbstbewußtsein zu der eigenen Selbständigkeit des Gegenstandes. Und gerade diese Selbständigkeit enthält den Schlüssel zu dem noch kommenden Rekognitionsvollzug.
Wegen der Natur seiner Identität muß für das Selbstbewußtsein der Gegenstand aufgehoben werden. Sonst würde das Selbstbewußtsein hinter sein Entstehen und seine Entwicklung zurückfallen. Dem Selbstbewußtsein ist der Gegenstand gar nicht äußerlich; es ist mit ihm intimst verbunden, und es verdankt ihm seine Selbstrekognition. Nun aber entdeckt das Selbstbewußtsein, daß es den Gegenstand nicht aufheben kann. Der Gegenstand leistet Widerstand und enhüllt sich als selbständig. Überaus entscheidend ist die Art dieser Selbständigkeit. Wenn diese Selbständigkeit sich als opakes fremdes Anderssein oder als ein selbstloses Anderssein erweisen würde, wäre die Selbstheit des Selbstbewußtseins in Frage gestellt. Das wäre dann kritisch, und zwar gerade, weil es durch das Mitwirken dieses Gegenstandes zu sich gefunden hat. Der Gegenstand muß infolgedessen eine Selbständigkeit und Selbsthaftigkeit aufzeigen, die durch die eigene Aufhebung des eigenen Andersseins das ist, was es ist. Seine Selbständigkeit muß eine Innerlichkeit, eine Selbstpräsenz artikulieren.[13] „Es ist ein Gegenstand für das Bewußtsein, welcher an sich selbst sein Anderssein oder den Unterschied als einen nichtigen setzt, und darin selbständig ist." (PhG127) Anders gesagt: Der Gegenstand des Selbstbewußtseins enthüllt sich als ein anderes Selbstbewußtsein: *„Das Selbstbewußtsein erreicht seine Befriedigung nur in einem andern Selbstbewußtsein.*" (PhG126) Gerade in diesem Erfahrungsmoment vollzieht das Selbstbewußtsein die Rekognition seiner eigenen Selbstheit vollständig.
In ihrer Erweiterung zeigt die Begierde daran Interesse, die Affinität und Zusammengehörigkeit der beiden Selbstbewußtseine dadurch zu erschließen, daß sie die eigene Andersheit beider in sich selbsthaft zu Tage fördert. An einer späteren Stelle in der PhG sagt Hegel von der Begierde: „Die Begierde aber ist *innerlich* eingewurzelt und ein Allgemeines." (PhG377) Deswegen besitzt sie eine Kraft, die weit über ihre anfängliche Unmittelbarkeit im Dienste eines

[12] Diese Stelle weist indirekt darauf hin, wie es sein würde, wenn das Selbstbewußtsein bloß der tautologische Selbst-Reflex des Bewußtseins auf sich wäre und nicht auf einem Vermittlungsweg; dann könnte die Begierde zu einer Art Tretmühle werden.
[13] Vgl. dazu Otto Pöggeler, Hegels Idee einer PhG, 1973, S. 246: „die Negation als Aufhebung der Unmittelbarkeit des Lebendigen (kommt) nicht von außen auf es zu …, sondern (wird) als reflektierte Übernahme seiner Bestimmtheit von ihm selbst vollzogen."

vereinfachenden Selbtbewußtseins hinausgeht. Begierde ist es, die das Selbstbewußtsein zu sich bringt, und zwar nicht durch eine Annullierung seiner eigenen Andersheit, sondern durch ihre Enthüllung. Die anfängliche Begierde hat in der Tat eine verborgene Tiefe, die vermittelnd ist: „Diese Unmittelbarkeit ist aber selbst absolute Vermittlung, sie ist nur als Aufheben des selbständigen Gegenstandes oder sie ist Begierde. Die Befriedigung der Begierde ist zwar die Reflexion des Selbstbewußtseins in sich selbst, oder die zur Wahrheit gewordene Gewißheit." (PhG126) Begierde will die Vermittlung und Vermitteltheit der Andersheit in Anwesenheit rücken. Die Tatsache, daß die Andersheit gegen das anfängliche Vereinfachen des einfachen Selbstbewußtseins Widerstand leistete und dennoch eine sich artikulierende Selbsthaftigkeit aufweist, unterstreicht die Echtheit und die Affinität der Andersheit für das Selbstbewußtsein. Gerade hier liegt auch der Schlüssel zur Struktur des Rekognitionsmoments dieses Selbstbewußtseins. Das Selbstbewußtsein hat einen gedoppelten Gegenstand: die Andersheit *und* sich selbst und die Andersheit. Die Vollendung seiner Selbtrekognition ist zugleich das Moment, in dem die Andersheit ihre Anwesenheit als selbsthaft erschließt. Die Selbstpräsenz des Selbstbewußtseins und die Anwesenheit des Anderen ergeben sich hier als gegenseitige Momente der einen Bewegung. Die eigene Identität beruht auf der Affinität mit dem Anderen. Im Gegensatz zu Husserl ist es eine große Stärke Hegels, daß das Selbst den Anderen in seiner ursprünglichen Einheit erfahren kann.[14]

„*Es ist ein Selbstbewußtsein für ein Selbstbewußtsein.* Erst hiedurch ist es in der Tat; denn erst hierin wird für es die Einheit seiner selbst in seinem Anderssein." (PhG127) Wie die Begierde weiß, wird die Einheit des Selbstbewußtseins in seinem Anderssein in dem Anderen explizit und sichtbar. Hier besteht nicht, wie bei G.H. Mead und Pannenberg, die Tendenz, daß es der andere ist, der mir meine Selbstheit verleiht.[15]

Eine wichtige Gegenfrage dürfte sich an dieser Stelle aufdrängen. Wie konnte der Gegenstand des Selbstbewußtseins, der noch vor kurzem Leben hieß, sich dem Selbstbewußtsein nun als ein anderes Selbstbewußtsein darbieten? Wenn Selbstbewußtsein mit reiner, getrennten Subjektivität gleichzusetzen wäre, könnte ein solcher Schritt nicht erklärt werden. Von vornherein haben wir aber betont, daß Person Vermittlung ist, nämlich die intime Verbundenheit der Individualität und der Allgemeinheit. Seit der sinnlichen Gewißheit haben wir die gegenseitige Entfaltung der Individualität und der Allgemeinheit beobachtet. Bewußtsein entfaltet sich vom Sinnlichen über das Wahrnehmende hin zum Verstehenden; gleichzeitig entfaltet sich die Allgemeinheit vom sinnlichen Ganzen über das sinnliche Allgemeine, über das Ding mit Eigenschaften hin zur Totalität der Kraft als Welt, Leben und Unendlichkeit. Nun sind wir an der Stelle angelangt, wo es explizit wird, daß die intensiv differenzierte Selbstheit und die vielschichtige, verwobene Allgemeinheit bzw.Verschiedenheit zu-

[14] Vgl. Simon 1966, S. 53. Das Bewußtsein ist so konzipiert wie es für andere ist.
[15] Vgl. oben das erste Kapitel.

einander gehören. Vor allem ist entscheidend, daß sich diese Thematisierung als eine Erfahrung für beide vollzieht. Deswegen gehört es ganz organisch zur Logik dieser Vermittlung, daß die Verschiedenheit die zu ihr *auch* gehörigen Anderen in Erscheinung treten läßt. Hegel verbindet genau hier die Intensität und das Interesse der Begierde damit: „... der Gegenstand der Begierde aber ist nur *selbständig*, denn er ist die allgemeine, unvertilgbare Substanz, das flüssige, sich selbst gleiche Wesen." (PhG127) Genau durch diese sich auf sich beziehende Verschiedenheit, die in der Andersheit und Selbstheit einander zugehörig sind, wird eine neue Ebene sichtbar: „Hiemit ist schon der Begriff *des Geistes* für uns vorhanden." (PhG127)

Der Geist ist diese selbsthaftige Verschiedenheit, „diese absolute Substanz, welche in *volkommene Freiheit* und *Selbständigkeit* ihres Gegensatzes, nämlich verschiedener *für sich seiender Selbstbewußtsein, die Einheit derselben* ist: *Ich*, das *Wir*, und *Wir*, das *Ich* ist." (PhG127) Der Geist ist also in der Perspektive dieser Gesamtentfaltung keineswegs mit Intersubjektivität, dem Ganzen von Einzelsubjekten, zu identifizieren. Vielmehr wird hier angedeutet, daß der Geist eigentlich der Grund der ganzen Verschiedenheit ist. Er ist aber ebenso selbsthaft wie verschieden. Die ganze Bewegung des Personwerdens vollzieht sich dann keineswegs außerhalb der umfassenden Kontur des Geistes, sondern vielmehr innerhalb dieser Kontur und im Einklang mit seinem intensiven und kreativen *Rhythmus*. Damit ist das Personsein zur vollkommenen Eigenheit, Selbständigkeit und Freiheit aufgerufen. Das Bewußtsein als Selbstbewußtsein hat hier seinen Wendepunkt und schreitet damit „aus der leeren Nacht des übersinnlichen Jenseits in den geistigen Tag der Gegenwart." (PhG127) In der Sprache des Personbegriffs sind die Selbstpräsenz des Selbstbewußtseins und die Anwesenheit des Geistes aufeinander verwiesene Dimensionen der einen Bewegung.

9.2 Selbständigkeit und Unselbständigkeit des Selbstbewußtseins, Herrschaft und Knechtschaft: Die Entfaltung der Identität und der Affinität in und durch die Negativität

„Das Selbstbewußtsein ist *an* und *für sich*, indem und dadurch, daß es für ein anderes an und für sich ist; d.h. es ist nur als ein Anerkanntes." (PhG127) Zur Vollendung der Selbstrekognition von Selbstbewußtsein gehörte die Erschließung der Anwesenheit des anderen Selbstbewußtseins. Die eigene Innerlichkeit entdeckt, daß der Andere auch eine Innerlichkeit besitzt. Die Rekognition thematisiert dies durch die Entfaltung der Erfahrung. Rekognition ist hier eine ontologische Aufdeckung der wechselwirkenden Affinität zwischen der eigenen Identität und der des Anderen innerhalb der gemeinsamen Verschiedenheit. Dennoch steht die Innerlichkeit des Anderen dem Selbstbewußtsein nicht unmittelbar zur Verfügung. Seine Innerlichkeit bleibt als eine solche verborgen, enthält aber dafür die Fähigkeit zum Wollen und zur Freiheit. Aber gerade diese Entfaltungsfähigkeit des Selbstbewußtseins bleibt intimst mit seiner

Selbstthematisierung durch die Rekognition verbunden. Selbstbewußtsein darf sich deswegen nicht willkürlich von aller Bezogenheit ablösend entfalten. Es entfaltet sich, indem es in seinem Entstehungsmoment von der Rekognition ausgeht und den Inhalt dieser Rekognition durch Erfahrung weiter thematisiert;[16] damit gehört sein Anderer notwendigerweise zu seiner Selbstentfaltung und umgekehrt. Genau dieser Erfahrungsweg artikuliert die intime Verbundenheit beider und macht die große Bedeutung der Anerkennung und ihr Streben nach Gegenseitigkeit hier spannend.
Rekognition und Anerkennung gehören deswegen engstens zusammen; sie sind eigentlich unterschiedliche Momente einer Bewegung. Beide artikulieren die differenzierte Einheit der Individualität und der Allgemeinheit. Rekognition ist eine ontologische Grundbestimmung, wodurch die wechselwirkende Affinität zwischen der eigenen Identität und der des Anderen innerhalb der gemeinsamen Verschiedenheit explizit wird.[17] Die Anerkennung ist die existentielle Entfaltung und Thematisierung dessen in und durch Erfahrung. Indem die Rekognition ontologisch verstanden wird, geht sie der Anerkennung voraus. Denn wenn keine Rekognition stattgefunden hätte, wäre das An-und-für-sichsein der Selbstbewußtseine *für* einander nicht thematisiert und eine Anerkennung dessen, was nicht thematisiert wäre, nicht möglich.
Die Anerkennung deckt mehr die existentielle Dimension der Beziehung zwischen den Selbstbewußtseinen als Individualitäten ab. Das Selbstbewußtsein „ist *außer sich* gekommen." (PhG128) Anerkennung enthält sonach die Spannung der Einheit und der Andersheit der Selbstbewußtseine: „Die Auseinanderlegung des Begriffs dieser geistigen Einheit in ihrer Verdoppelung stellt uns die Bewegung des *Anerkennens* dar." (PhG128) Anerkennung funktioniert demnach weder als gesellschaftliches Erklärungsprinzip noch als teleologisches Prinzip.[18] Vielmehr muß Anerkennung immer zusammen mit Rekognition gedacht werden. Anerkennung ist das Streben zweier Individualitäten, ihre gemeinsame Grundaffinität bzw. ihre „geistige Einheit", die in der Rekognition thematisiert wurde, nun miteinander im Kontext ihrer jeweiligen Selbständigkeit und Differenz zu artikulieren und entfalten.[19] Hegel nennt dies eine „vieldeutige und vielseitige Verschränkung", weil sie „der Begriff dieser seiner Einheit in seiner Verdoppelung, *der sich im Selbstbewußtsein realisierenden Unendlichkeit*" ist. (PhG127) Anerkennung auf endliche gesellschaftli-

[16] Vgl. Konrad Cramer, S.601: „Die Selbstbewußtseinsanalyse der PhG ist eine Theorie der *Genese* der inhaltlichen Bestimmungen dieses Phänomens im System der Erfahrungen des Bewußtseins und somit der *Weisen*, wie es wirklich anwesend und am Werk ist."

[17] Vgl. Lauer 1976, S. 103: „The self cannot be its own object if in the field of its objects there are no other selves.But if for the other self of which it is aware it is not a self but only a thing, all has been lost ... Unity in multiplicity is a demand not only of objectivity, but also of subjectivity."

[18] Vgl. oben Kapitel 8.

[19] Vgl. Otto Pöggeler, Hegels Idee einer PhG, S. 249: „Wenn das Selbstbewußtsein im andern sich selbst begegnen soll, muß auch das andere im Grunde selbsthaft und selbstbewußt sein."

che Bestimmungen zu beschränken, wäre angesichts dessen eine unberechtigte Vereinfachung.

Wie immer am Anfang einer Erfahrungsphase muß das, was sich gerade ergeben hat, konkret für sich gesetzt und erlebt werden. Die erste Bewegung hier ist „doppelsinnig", weil sie gleichzeitig kreisförmig und selbstkonfrontierend ist. Das Selbstbewußtsein ist außer sich gekommen; und es verliert sich, indem es sich im anderen Selbstbewußtsein findet. Damit hat es aber das Andere aufgehoben, weil es das Andere in seiner Selbständigkeit nicht wahrnimmt, sondern nur „sich selbst im Anderen" sieht. (PhG128) Nun muß es aber dieses Anderssein aufheben, um seine Gewißheit als das Wesentliche zu gewinnen. Damit hat es aber sich selbst aufgehoben, „denn dies andere ist es selbst." (PhG128) Indem es nun sein Anderssein aufgehoben hat, ist es sich selbst wieder gleich geworden. Diese Rückkehr in sich selbst ist durch den gleichen und gleichzeitigen Vollzug im anderen Selbstbewußtsein bestätigt. Es hat sich in ihm als *sein* Anderes auch gesehen, hat dies aber von seiner Seite aufgehoben, und „entläßt also das andere wieder frei." (PhG128) Jeder versucht sich zu behaupten, findet sich aber sofort in einer kreisförmigen Bewegung mit seinem Anderen, die dann aber jeden wieder frei gibt. „Die Bewegung ist also schlechthin die gedoppelte beider Selbstbewußtseine. Jedes sieht *das andre* dasselbe tun, was es tut; jedes tut selbst, was es an das andere fordert, und tut darum, was es tut, auch nur insofern als das andere dasselbe tut." (PhG129) Wenn die Idee der Imitatio nicht die Bedeutung des Nacheinander enthielte und man von einer gleichzeitigen, gegenseitigen imitatio reden könnte, entspräche das genau dem Rhythmus dieser Bewegung. Im Kontext gesehen sollte ein solches Vorkommnis nicht überraschen. Weil beide in dem Moment der Rekognition gerade entstanden sind, ist es zu erwarten, daß am Anfang die gemeinsame Affinität vorherrscht; ohne deren Rahmen verlassen zu können, ist es natürlich schwierig, die Eigenart der eigenen Identität durch Anerkennung herauszukristallisieren. Daher ist diese gefesselte, symmetrische Entsprechung verständlich.

„In dieser Bewegung sehen wir sich den Prozeß wiederholen, der sich als Spiel der Kräfte darstellte, aber im Bewußtsein." (PhG129) Eine reine Wiederholung ist sie allerdings nicht. Das Selbstbewußtsein ist hier die Mitte, und es ist sich dieses Prozesses bewußt. Hier enthält die Bewegung die Bedeutung der Anerkennung: „... sie *anerkennen* sich, als *gegenseitig sich anerkennend.*" (PhG129) Im Gegensatz zur Kraft sind die Teile jener Bewegung zu selbständigen Teilnehmern geworden; deshalb ist diese Bewegung expressiv und kreativ. Dieses Moment steht dann in der Kontinuität einer Entwicklungslinie, die von Kraft ausgeht. Kraft als Vorstufe des *Selbst*bewußtseins zeigte eine Reflexivität auf, die nach Andersheit gestrebt hat. Dazu hat sie sogar sich selbst verdoppelt; dann ereignete sich die Verdoppelung der übersinnlichen Welten; danach wurde mit der Erschließung der Unendlichkeit als innerem Unterschied klar, daß Identität und Andersheit innerlich zueinander gehörten. Mit der ersten Phase der Selbstbewußtseinsgestalt wurde diese Rekognition in der Erschließung des Zusammenseins zweier Selbstbewußtseine vollendet. Und hier haben wir es nun in der ersten Entfaltung der Anerkennung mit der existentiel-

len Personalisierung dieser Andersheit zu tun. Die dialektische Kontinuität der Entwicklungslinie verleiht der Verdoppelung hier einen persönlichen Sinn.
Der nächste Übergang ist sehr nuanciert und muß etwas ausführlicher freigelegt werden. Zwei Selbstbewußtseine stehen im Kreis der Anerkennung einander gegenüber.[20] Aber ihre umfassende Gestalt heißt auch Selbstbewußtsein. Ihre Verdoppelung in zwei Selbstbewußtseine muß nun auf die reflexive Gestalt des Selbstbewußtseins selbst angewendet werden: „Dieser reine Begriff des Anerkennens, der Verdoppelung des Selbstbewußtseins in *seiner Einheit,* ist nun zu betrachten, wie sein *Prozeß* für das Selbstbewußtsein *erscheint.*" (PhG129) Obwohl die beiden freigelegt werden, muß ihre Erfahrung gleichzeitig auf die Gestalt des Selbstbewußtseins zurückbezogen werden. Selbstbewußtsein wird nun konkreter und existentieller in die Entfaltung der Anerkennung eingehen. Wie wir gesehen haben, ist die Affinität beider Selbstbewußtseine bisher vorherrschend gewesen. Nun aber bricht die existentielle Differenziertheit beider hervor, ihre *Ungleichheit* wird dargestellt, indem „das eine nur Anerkanntes, der Andere nur Anerkennendes ist." (PhG129) Einer wird aktiv, der andere passiv.
Diese Erfahrung der Ungleichheit[21] fängt damit an, daß das Selbstbewußtsein in seiner leeren Sichselbstgleichheit dargestellt wird. Leer ist es „durch das Ausschließen alles *andern aus sich*" geworden. (PhG129) Wir erinnern uns daran, daß Andersheit zur tiefsten Innerlichkeit des Selbstbewußtseins gehörte. Wenn sie nun verdrängt wird, tritt es als „Einzelnes" auf. Das, was anders ist, gilt nun als negativ. Das Andere ist aber ebensowohl ein Einzelnes: „... es tritt ein Individuum einem Individuum gegenüber auf." (PhG129) Sie sind für einander wie gemeine Gegenstände da. Sie sind in einer geweblosen Unmittelbarkeit versunken. Dagegen haben sie sich noch nicht behauptet. Ihrer Selbstheit fehlt also die Wahrheit. Um wahrhaft sein zu können, müßte das Individuum für sich die Andersheit gegenüber haben; dazu ist es aber nicht fähig. Und ohne die Andersheit beizubehalten, ist Innerlichkeit offenbar nicht möglich.
Obwohl das Individuum leer ist, ist es nicht völlig neutral. Es pulsiert in ihm ein Streben danach, seiner möglichen Wahrheit zu entsprechen. Es ahnt, daß es eine Kluft zwischen seiner Gewißheit und der Wahrheit gibt. Deshalb versucht es, Selbsthaftigkeit zu gewinnen, indem es sich „darstellt". Diese Darstellung ist völlig negativ. Das Individuum will sich so zeigen: „... an kein bestimmtes *Dasein* geknüpft, an die allgemeine Einzelheit des Daseins überhaupt nicht, nicht an das Leben geknüpft zu sein." (PhG130) Dies ist ein Versuch, sich außerhalb aller Verschiedenheit, Verbundenheit und Einzelheit zu

[20] Vgl. Schulz 1979, S. 245: „Diese Tendenz der *Selbstbestätigung* ist nur für die philosophische Bestimmung des Selbstbewußtseins nicht unwichtig. Sie weist auf das Phänomen der *Selbstvergewisserung* und der *Selbstgewißheit* hin, in der das Ich sich auf sich zentriert und sich mit sich identifiziert, aber in der Form, daß es um diese Selbstidentifizierung weiß."
[21] Vgl. M.C. Taylor S. 193: „The endeavor of each self-conscious subject to affirm itself by exacting the self-negation of its other involves the effort to accomplish the negation of its own negation."

behaupten.[22] So unmöglich dies erscheinen mag, entspricht es dennoch genau dem Bestreben dieses Individuums. Die Leerheit impliziert hier die Verleugnung aller Differenz und Differenziertheit. Die Leerheit dieses Individuums will keine Grenze anerkennen. Es ist dann nicht verwunderlich, daß sein Tun vernichtend ist. Die Anwesenheit des Anderen zählt nichts, weil die eigene Innerlichkeit verdrängt ist.

Es ist ein gedoppeltes Tun zwischen zwei Individuen. Jeder will sein eigenes Leben vorbehaltlos riskieren, indem er den Tod des Anderen vollbringen will. Das Verhältnis beider Selbstbewußtseine ist also so bestimmt, daß sie „sich selbst und einander durch den Kampf auf Leben und Tod *bewähren*." (PhG130) Dies ist das erste Mal auf dem Wege des Personwerdens, daß vom Tod die Rede ist. Wenn das Bewußtsein sich als Selbstbewußtsein entdeckt hat, und wenn das Selbstbewußtsein dann eine Innerlichkeit aufweist, könnte natürlich die Frage nach dem Tode als betroffen machende Frage vorkommen. Das Individuum hat aber alle Innerlichkeit und Verschiedenheit verdrängt. In seiner Leerheit trägt es schon den Tod aktiv in sich.[23] Sein eigenes Leben zählt wenig; und „sein Wesen stellt sich ihm als ein Andres dar, es ist außer sich, es muß sein Außersichsein aufheben." (PhG131) Die Anwesenheit des Anderen zählt nichts, auch wenn sie ihm das Wesen dieses Individuums widerspiegelt. Das zeigt, wie sehr in diesem Fall die Vernichtung des Anderen mit dem Wunsch nach Selbstvernichtung verbunden ist. Der Weg von der Entstehung dieses Individuums zum Tod ist sehr kurz, gerade weil keine Verschiedenheit mehr dazwischen steht.

An dieser Stelle meldet sich eine Gegenfrage: Wenn dieses Individuum so leer und vernichtend ist, warum läßt es sich um der Wahrheit willen auf den Kampf um Leben und Tod ein? „Sie müssen in diesen Kampf gehen, denn sie müssen die Gewißheit ihrer selbst, *für sich zu sein*, zur Wahrheit an dem anderen und an ihnen selbst erheben." (PhG130) Bringt nicht das „Daransetzen des Lebens" Freiheit? Es sind Wahrheit und Freiheit versprechende Worte, aber ihr gemeinter Sinn in diesem Kontext muß näher geprüft werden. Und doch ergibt sich beim näheren Hinschauen, daß beide Konzepte hier auf eine Verschiedenheits- bzw. Lebensfeindlichkeit verweisen. Beide meinen eine Ausschließlichkeit des Fürsichseins, d.h. ein Fürsichsein, welches kein selbständiges Anderssein duldet. Dies drückt sich durch die erwünschte Reduktion des Lebens auf die Vergänglichkeit aus[24]; es zeigt sich darin, „daß an ihm (Individuum) nichts vorhanden, was für es nicht verschwindendes Moment wäre, daß es nur reines *Fürsichsein* ist." (PhG131) Der Bewährung eines solchen Fürsichseins soll der Tod dienen. Der Tod liefert dafür aber weder die Wahrheit noch die Gewißheit. „So ist er die *natürliche* Negation desselben, die Negation ohne die

[22] Vgl. Hypollite S. 164.

[23] Flay 1984, S. 88, macht es sich zu leicht in bezug auf diese Erfahrungsphase: „Death is the disappearance of the possibility of certainty."

[24] Es sei hier an die Anstrengungen der Kraft, das Verschwindende als Bleibendes darzustellen, erinnert.

Selbständigkeit, welche also ohne die geforderte Bedeutung des Anerkennens bleibt." (PhG131)
Die Bedeutung und Wirkung der Todesbewährung ist hier sehr interessant. Jedes der Individuen will durch den Tod ein ausschließendes Fürsichsein erreichen; aber sie „werden als die für sich wollenden *Extreme* aufgehoben." (PhG131) Das Individuum als Leerheit trägt, haben wir festgestellt, den Tod, das Vernichtende, bereits in sich. Die Bewährung durch den Tod verkörpert und drückt dies aus; aber mit ironischer Genauigkeit demaskiert der Tod gleichzeitig das Vorhaben und die Natur dieses Individuums. Es will den Tod zum Instrument machen, aber der Tod bleibt dem Leben treu und enthüllt diese „Tat" als eine „abstrakte Negation".[25] Damit bricht die verdrängende Erfahrungsdynamik dieses Individuums zusammen. Der Wunsch, alle Differenz zu verleugnen, hat zum Ergebnis, daß sich das Individuum schließlich im Differenzlosen befindet. Hier fehlt auch die Energie, von einem Extrem belebt zu werden: „... und die Mitte fällt in eine *tote* Einheit zusammen, welche in *tote* bloß seiende, nicht entgegengesetzte Extreme zersetzt ist." (PhG131) Auch der Trieb, das Andere zu vernichten, ist verschwunden: „... und die beiden geben und empfangen sich nicht gegenseitig voneinander durch das Bewußtsein zurück, sondern lassen einander nur gleichgültig, als Dinge, frei." (PhG131)[26] Der Wunsch, das Selbst zur einzigen Differenz zu machen, führt zur vermittlungslosen Indifferenz. Dagegen enthielte die geistige Negation die Vermittlung und die Verwandlung der Verschiedenheit: „Ihre Tat ist die abstrakte Negation, nicht die Negation des Bewußtseins, welches so *aufhebt*, daß es das Aufgehobene *aufbewahrt* und *erhält*, und hiemit sein Aufgehobenwerden überlebt." (PhG131) Die Vermittlung des Bewußtseins als Verwandlung bewahrt und erhält seine Kontinuität mit dem Leben.
„In dieser Erfahrung wird es dem Selbstbewußtsein, daß ihm das Leben so wesentlich als das reine Selbstbewußtsein ist." (PhG132) Die Gestalt des Selbstbewußtseins selbst ist nicht durch diese Erfahrung annulliert;sie hat eine darüber hinausgehende Selbstheit. Deswegen kann sie ihre Erfahrung kritisch aufnehmen, um dadurch neue Entfaltungsmöglichkeiten zu aktivieren. Ihre Erfahrung steht aber gleichzeitig in intimster Kontinuität mit ihrer Gestalt. Und die Wurzel des gerade bestandenen Konflikts zwischen den Individuen und dem Leben ist doch wohl in der Natur des Selbstbewußtseins selbst zu suchen. Obwohl es mit Hilfe des Lebens bzw. der Unendlichkeit in einem Rekognitionsmoment entstanden ist, bleibt einiges an der Verbundenheit dieses Selbstbewußtseins mit dem Leben, das noch nicht seine angemessene Entfaltung, Thematisierung und seinen Ausgleich gefunden hat. Infolgedessen wird diese Ge-

[25] Vgl. Hans Georg Gadamer, „Hegels Dialektik des Selbstbewußtseins", S. 231. Nach Gadamer handelt es sich hier darum, daß dieses Selbstbewußtsein sein „An-das-Leben-Geknüpftsein" überwinden und erheben will. Nach unserer Meinung handelt es sich eher darum, dieses „An-das-Leben-Geknüpftsein" zu vertiefen und echter zu machen. Es geht dann um seine Intensivierung und Verwandlung, nicht um seine Eliminierung.
[26] Wie Scheier S. 112, sagt: „... ein Ansichsein, das nicht mehr lebendig und nicht mehr Gegenstand der Begierde ist."

stalt des Selbstbewußtseins nun versuchen, das Leben und das Selbstbewußtsein in ihrer Verbundenheit zu artikulieren. Die zwei Individuen bekommen nunmehr eine tiefere Innerlichkeit und Selbständigkeit. Sie werden sich zum Leben bekennen und es in ihre Erfahrung miteinbeziehen.[27] Die Differenziertheit der Innerlichkeit versteht sich nun in tieferer Kontinuität mit der Verschiedenheit. Indem es sich ausdrückt, kann das Individuum nunmehr eine konkrete Wirkung auf das Leben haben, und dementsprechend vermag das Leben sich im Selbstbewußtsein wiederzufinden.[28] Mit der Aufhebung der vorherigen Verdrängung und Einseitigkeit wird die Grundaffinität der Individualität und der Allgemeinheit wiederhergestellt; damit darf die Entfaltung der Rekognition durch Anerkennung weiter angestrebt werden.

Zum Begreifen der Dynamik der nächsten Phase muß betont werden, daß sie in einer dreifachen Differenziertheit entfaltet wird: Differenziertheit der beiden Individuen, Differenziertheit zwischen ihnen und dem Leben und Differenziertheit zwischen ihnen, dem Leben und dem Selbstbewußtsein als Gestalt.[29] Vor diesem Hintergrund gewinnt die Herr-Knecht-Beziehung ihre angemessene Signifikanz. Das eine Selbstbewußtsein, das selbständig ist, ist der *Herr*. Das andere ist der *Knecht*, ein Bewußtsein, „welches nicht rein für sich, sondern für ein anderes, das heißt als *seiendes* Bewußtsein oder Bewußtsein in der Gestalt der *Dingheit* ist." (PhG132) Der Herr repräsentiert das Vorziehen der Selbständigkeit dem Leben gegenüber. Der Knecht repräsentiert die Präferenz für das Leben. Beide Individuen sind einander entgegengesetzt.[30]

Der Herr existiert als ein Dasein Einend (seiendes) Bewußtsein, welches durch das Bewußtsein des Knechts mit sich vermittelt ist. Dieses Knechtsbewußtsein ist aber mit selbständigem Sein oder mit der Dingheit verbunden. Durch den Knecht kann sich der Herr auf das Ding beziehen. Diese zwei Beziehungen des Herrn zeigen, daß er „nur durch ein anderes für sich ist." (PhG132) Als ein Selbstbewußtsein ist er nicht einfach unmittelbar für sich. Seine Beziehungen haben demnach sowohl die Züge der Mittelbarkeit als auch die der Unmittelbarkeit. „Der Herr bezieht sich *auf den Knecht mittelbar durch das selbständige Sein*." (PhG132) Mit den Termini des vorherigen Kampfes ausgedrückt, ist der Knecht der, der in der Dingheit versunken bleibt. Dagegen hat der Herr die Dingheit besiegt. Und gerade weil es die Dingheit ist, die den Knecht gefesselt hält, hat der Herr sich den Knecht untergeordnet. In bezug auf den Herrn ge-

[27] Dies ist eine viel tiefere Vermittlungsverbundenheit, als sie eine Ich-Du Verbundenheit je herstellen könnte. Ottmann S. 49, wirft Hegel Monologismus vor. Für ihn gilt allerdings der Dialogismus als die einzige echte begriffliche Darstellung der menschlichen Verbundenheit.

[28] Diese Perspektive verhindert im voraus eine einseitige Interpretation der Herr-Knecht-Beziehung, wie z. B. bei Kojève, der sie als soziales Phänomen versteht; vgl. Kojève S. 62ff.

[29] Vgl. Hypollite S. 165–166: „Les deux moments de la conscience de soi, le Soi et la Vie, s'affrontent maintenant comme deux figures originales de la conscience."

[30] Vgl. Solomon 1983, S. 428. Er sieht in dem Herr-Knecht-Verhältnis eine grundlegende Revidierung der Philosophie der Individualität: „It is in truth an ontological theory about the nature of ‚selfhood' in which the whole history of Philosophy, and in particular the Cartesian-Leibnizian vision of the fully formed individual ego is rejected."

dacht, gilt das als ambivalent, weil er für seine eigene Vermitteltheit eigentlich vom Knecht abhängig bleibt: Die Selbständigkeit des Herrn ist infolgedessen ambivalent und mangelhaft.[31]

„Ebenso bezieht sich der Herr *mittelbar durch den Knecht auf das Ding*." (PhG133) Ebenso wie die Beziehung des Herrn ist die Knechtsbeziehung zum Ding ambivalent. Auch als Selbstbewußtsein gelingt es dem Knecht nicht, das Ding aufzuheben. Es bewahrt seine Selbständigkeit ihm gegenüber; „... er *bearbeitet* es nur." (PhG133) Für den Herrn ist das anders. Durch den Knecht hat er einen Abstand vom Ding, und es verliert für ihn damit seine Selbständigkeit. Weil das Ding durch den Knecht für den Herrn vermittelt wird, wird es abstrakter, und der Herr erfährt darin *Genuß*.[32] Dieser Genuß beruht aber auf Abstraktion; er ist stellvertretend und verzehrend. Der Herr ist durch seine Macht und Abstraktion vor einer echten Begegnung mit dem Ding geschützt. In dieser falschen Distanz betrifft ihn die eigentliche Differenz des Dings gar nicht.[33] Nach dieser Verdrängung kann er mit dem Ding machen, was er will. Die Begierde des Knechts aber erkennt die Selbständigkeit des Dings an.

Der Herr ist „die reine negative Macht ... und also das reine wesentliche Tun in diesem Verhältnisse." (PhG133) Das Knechtsbewußtsein ist das Unwesentliche. Es darf aber nicht vergessen werden, daß der Knecht dennoch eine Innerlichkeit hat. Deswegen vermag er, Sachen für den Herrn zu vermitteln. Dabei aber ist er dem Herrn ausgeliefert. Der Herr wird sozusagen auch Herr seiner Innerlichkeit. Es ergibt sich, „daß das andere Bewußtsein sich als Fürsichsein aufhebt, und hiemit selbst das tut, was das erste (der Herr) gegen es tut." (PhG133) Er kann das Tun des Herrn nicht von der Kontur seiner Individualität entfernt halten. Er nimmt es auf sich und wendet es im tiefsten Innern gegen sich selbst. Er verinnerlicht es. Genau darin besteht die Macht des Herrn über ihn. Die Verwundbarkeit des Knechts ist auch darauf zurückzuführen, daß er ein Zwischen-Wesen ist. Er gehört weder ganz zum Leben noch ganz zum reinen Selbstbewußtsein.[34] Aus diesen Gründen ist eine Affinität beider Identi-

[31] Vgl. Kelly S. 193. Er versucht, das Herr-Knecht-Verhältnis aus drei Blickwinkeln zu betrachten: als soziales Phänomen, als Wechselbeziehung innerhalb des individuellen Ich, und als Verschmelzung des Sozialen und des Individuellen. Sein Versuch leidet aber an der Äußerlichkeit einer bloßen Synthese.

[32] Vgl. Fink S. 176: „Genuß ist die Einverleibung, die Tilgung, die Vernichtung des fremden Seienden."

[33] Im alltäglichen Bewußtsein kommt ein solches Moment immer wieder vor. Das Bewußtsein schützt sich vor einer Begegnung mit der eigenen Differenz eines Dings oder eines anderen Bewußtseins. In der Distanz erlaubt es sich, das Ding stellvertretend vermittelt zu haben. Es macht sich *Vorstellungen* von dem Ding bzw. dem Anderen. Aus dieser Distanz kann es das Ding gebrauchen, wie es will. Dieses Abstraktmachen ist die Wurzel der Ideologie und der Pornographie. Alles herrschende Bewußtsein findet hier seine Wurzel, sei es in bezug auf Menschen, Gott oder Natur. Die Erfahrung, die dagegen echt vermittelnd ist, ist die Erschließung der Grundaffinität und der latenten Intimität zwischen der eigenen Selbstpräsenz und der Anwesenheit des Anderen.

[34] Als Zwischen-Wesen ist er gefesselt. Er kann auch die ausbeutende Negativität, die der Herr auf ihn lädt, nicht irgendwohin abgeben.

täten ausgeschlossen; deswegen wird Rekognition unmöglich, und es kann keine richtige Anerkennung stattfinden: „Es ist dadurch ein einseitiges und ungleiches Anerkennen entstanden.“ (PhG133) Der Herr ist in seiner Erfahrungsdynamik gefesselt, und der Knecht kann ihm nicht helfen; er ist unfähig, sein verinnerlichtes Tun des Herrn transitiv gegen den Herrn selbst zu wenden. Er kann nicht gegen den Herrn handeln, so wie der Herr gegen ihn handelt.

Die Ungleichheit dieses Anerkennungsverhältnisses schlägt aber gegen den Herrn um.[35] Es stellt sich heraus, daß das, „worin der Herr sich vollbracht hat, ihm vielmehr ganz etwas anderes geworden, als ein selbständiges Bewußtsein.“ (PhG134) Es ist wichtig zu betonen, daß diese bittere Ironie zum tatsächlichen Erlebnis für den Herrn selbst wird. Ohne es im mindesten geahnt zu haben, hat der Herr sich getäuscht.[36] Ihm wird nun klar, daß er eine intime Ähnlichkeit mit dem Knecht hat: „... seine Wahrheit ist vielmehr das unwesentliche Bewußtsein, und das unwesentliche Tun desselben.“ (PhG134) Die Wahrheit seines Fürsichseins enthüllt sich gerade als das, was er unterdrückt hat: Das knechtische Bewußtsein. Es ergibt sich, daß das Wesen der Herrschaft „das Verkehrte dessen ist, was sie sein will.“ (PhG134) Der Herr ist eigentlich der Knecht des Knechtes.[37]

Das knechtische Bewußtsein selbst wird eine Umkehrung erleben. Im Gegensatz zum Herrn wird diese aber positiv und befreiend sein. Zuerst hat der Knecht den Herrn als sein Wesen.[38] Und weil die Kontur seiner Individualität völlig porös ist, hat der Herrscher Zugang zu seiner tiefsten Innerlichkeit. Anstatt Widerstand zu leisten, verinnerlicht er das Negative und wendet es gegen sich selbst. Aber ironischerweise wird diese verwundbare Porösität, die ihn ausgeliefert hält, nun seine Befreiung und Verwandlung ermöglichen. Über ihn kommt eine ungeheure Furcht.[39] Wegen der Porösität kann diese Furcht bis ins Mark in ihn eindringen. Er hat Furcht „um sein ganzes Wesen.“ (PhG134) Diese Furcht ist „die Furcht des Todes, des absoluten Herrn.“ (PhG134) Dieses knechtische Bewußtsein ist „darin innerlich aufgelöst worden, (es) hat durchaus in sich selbst erzittert, und alles Fixe in ihm gebebt.“ (PhG134) Dadurch hat es sich nicht verloren, sondern hat zu sich gefunden, weil „das absolute Flüssigwerden alles Bestehens aber das einfache Wesen des Selbstbewußtseins ist, die absolute Negativität, *das reine Fürsichsein*, das hiemit *an* diesem Bewußtsein ist.“ (PhG134) Diese *Erfahrung* der Furcht ist nicht mit der gelegentlich aufkommenden psychologischen Furcht zu verwechseln. Vielmehr ist die

[35] Vgl. Kojève S. 36: „Die Haltung des Herrn ist also eine existentielle Sackgasse.“

[36] Zur späteren Erkenntnis des Herrn über sich vgl. Janke S. 216: „Der Herr erleidet den Widerspruch. Er erfährt die Negation seiner Position ... Der Widerspruch vollzieht sich auf seinem Rücken, nicht vor seinen Augen.“

[37] Vgl. dazu Hypollite S. 167.

[38] Dieses Moment wird auch im unglücklichen Bewußtsein vorkommen und dort einen zentralen Stellenwert erhalten.

[39] Interessant ist bei Hegel, daß Angst auf etwas Bestimmtes bezogen ist; sie ist Angst um dieses oder jenes, für diesen oder jenen Augenblick. (Vgl. PhG134) Dagegen ist Furcht die Furcht des Todes.

Rede hier von einer ontologischen Furcht, eine Erfahrung der Verschmelzung aller innerlichen Grenzen. Sie ergreift das ganze Wesen des Knechts. Zum üblichen Bild vom Knecht gehört die psychologische Furcht vor dem Meister. Aber von der Furcht, die sich hier ereignet, hat der Herr selbst keine Ahnung. Weil diese Furcht so tief eingreifen konnte, hat sie die Innerlichkeit gereinigt und vertieft; damit hat sie auch alle Selbsthypostasierung zum Fließen gebracht.[40]

Kommt aber nicht die Furcht von außen auf den Knecht zu? Obwohl sie dann eventuell Befreiung mit sich bringt, hat sie nicht trotzdem den Schein des Schicksalhaften? Als solches gehörte sie nicht der sich entfaltenden Struktur des Bewußtseins; sie bliebe abstrakt und gezwungen. Ein solcher Einwand ist nicht stichhaltig. Die Frage lautet: Warum kommt die Furcht auf den Knecht und nicht auf den Herrn zu? Der Grund ist in der Beziehung eines jeden auf Andersheit zu suchen. Der Herr will eigentlich keine Andersheit dulden, weil er allein auf seine Herrschaft fixiert ist.[41] Das Ding wird für ihn durch die Vermittlung des Knechts gemildert und verharmlost. Sogar seine Beziehung zu dem Knecht selbst enthüllt die leere Innerlichkeit des Herrn; weil er seine eigene Differenz nicht besitzt, lebt er eindimensional von seiner Macht über den Knecht; nur dadurch erhält er sein Fürsichsein. Auf der anderen Seite ist der Knecht für die Andersheit grenzenlos offen. Zuerst wurde seine Innerlichkeit von der negativen Andersheit des Herrn bewohnt. Das hat bestimmt Furcht verursacht und den Weg bereitet für die höchste Steigerung dessen in der Todesfurcht. Der springende Punkt ist, daß diese extreme Furcht zwei Ergebnisse mit sich bringt: Erstens kann der Herr seine Absolutheit dem Knecht gegenüber nicht mehr beanspruchen. Seine Herrschaft jedenfalls ist in sich zusammengefallen; aber für den Knecht ist diese Herrschaft nun durch die Begegnung mit dem Tode relativiert. Zweitens bringt diese Furcht „das Flüssigwerden allen Bestehens“ ans Licht. Der Knecht war Knecht, weil er in einem „Zwischen“ gefesselt war. Das Flüssigwerden von solchen Hypostasierungen eröffnet dem Knecht eine Kontinuität und Verbindung mit dem tiefen Vermittlungsrhythmus der Wirklichkeit. Er wird sich nun als Selbstbewußtsein bewußt. „In der Furcht ist das Fürsichsein an ihm selbst.“ (PhG135) Die Furcht setzt ihn auf den Weg zur Selbstrekognition; seine Natur als Selbstbewußtsein wird ihm immer klarer.[42]

Eine weitere Überlegung, die gegen den Einwand von der schicksalhaften oder abstrakten Natur der Knechtsverwandlung spricht, ergibt sich daraus, daß der Knecht aktiv an seiner eigenen Befreiung beteiligt ist. Auch in seinem Dienen

[40] Interessant ist das, was Franz Rosenzweig in seinem Exemplar der PhG am Ende dieses Kapitels geschrieben hat: „Wer nicht die ‚absolute Furcht‘ verspürt hat, wem nicht das eigene Ich absolut vernichtet wurde, dessen Tun ist nicht Werden seiner Persönlichkeit, sondern nur Zufall, im Eigensinn …“ Zitiert in Görtz S. 34.

[41] Damit ist auch klar, daß der Herr der Verletzlichkeit des Anerkennungsprozesses gegenüber nicht offen ist.

[42] Die Angst bei Heidegger hat einen anderen Stellenwert und eine andere Wirkung, vgl. Martin Heidegger, Was ist Metaphysik?, Frankfurt 1986, S. 32: „Die Angst offenbart das Nichts.“

vollbringt er dieses Flüssigwerden „*wirklich*"; er „hebt darin in allen *einzelnen* Momenten seine Anhänglichkeiten an natürliches Dasein auf; und arbeitet dasselbe hinweg." (PhG134) Für den Herrn war Begierde ausbeutend und egoistisch; seine Befriedigung war dagegen nur verschwindend. (PhG135) Für den Knecht dagegen ist Begierde mit einem Sinn für die Selbständigkeit der Andersheit des Lebens verbunden. Sie wirkt kreativ in der Arbeit mit: „Die Arbeit hingegen ist die *gehemmte* Begierde, aufgehaltenes Verschwinden, oder sie *bildet*." (PhG135) Diese Begierde ist die Umwandlung der Welt in der Arbeit. Sie ist nicht bloß auf die Welt als herangetragene Intentionalität gerichtet; vielmehr liegt ihre Umwandlungskraft darin, daß sie dem inneren Streben der Welt entspricht. In einem tiefen Sinne ist Arbeit eine Mitwirkung; deswegen bildet sie. Durch den Knecht kommt das Werk zustande; und weil es bleibend und selbständig ist, liefert es dem Knecht „die Anschauung des selbständigen Seins *als seiner* selbst." (PhG135) Dies ist möglich, weil die Individualität dieses Bewußtseins durch die negative Beziehung auf den Gegenstand in das Element des Bleibens tritt.

Für dieses dienende Bewußtsein enthält die Tätigkeit des Formierens ein negatives Moment, nämlich das der Furcht. Die Bedeutung dieses Moments ist sehr nuanciert. „Denn in dem Bilden des Dinges wird ihm die eigne Negativität, sein Fürsichsein, *nur* dadurch zum Gegenstande, daß es die *entgegengesetzte seiende Form* aufhebt." (PhG135) Allein in der Aufhebung dieser ihm entgegengesetzten, seienden Form des Gegenstandes als seiendem wird ihm sein eigenes Fürsichsein bewußt. Seine kreative und verwandelnde Interaktion mit dem Gegenstand macht ihm sein Fürsichsein bewußt. Die Form des Gegenstandes ist ihm dann nicht mehr entgegengesetzt. Sein Akt des Formierens erschließt die gegenseitige Affinität zwischen ihm und dem Gegenstand. Und gerade diese Enthüllung der Affinität ermöglicht es, daß der Knecht die Furcht überwindet. Wie ist aber die Furcht mit diesem Formieren des Gegenstandes in Verbindung zu bringen? Wir erinnern uns, daß die Furcht völlig „affinitätslos" war. Sie hat im Knecht alle Grenzen ins Nichts aufgelöst. Seine Offenheit als Knecht ermöglicht es ironischerweise, daß er durch diese fremde Andersheit überwältigt wurde. Das Positive daran war das Verflüssigen aller Hypostasierungen. Nun wird er selbst im Formieren das Gleiche fortsetzen und vollbringen. Die hypostasierende Form des Gegenstandes, die als „fremd" erfahren wurde, wird zum Fließen und somit zur Affinität gebracht.[43] „Aber dies gegenständliche *Negative* ist gerade das fremde Wesen, vor welchem es gezittert hat. Nun aber zerstört es dies fremde Negative, setzt *sich* als ein solches in das Element des Bleibens, und wird hiedurch *für sich selbst*, ein *für sich Seiendes*." (PhG135) Entscheidend ist hier, daß die Aufhebung der entgegengesetzten seienden Form zwar die Zerstörung des fremden Negativen, aber kei-

[43] Hegels Verbindung dieses fremden Gegenständlichen mit der Furcht des Todes ist sehr interessant und bedarf für sich einer Erläuterung. Es wäre zu fragen, ob gerade eine verdinglichte Wirklichkeit den Tod so furchtvoll macht und ob eine vermittelnde Wirklichkeit den Tod verwandeln würde und in ihm eine kreative Kraft aktivieren könnte.

neswegs die Zerstörung des Gegenstandes selbst impliziert, sondern seine Erschließung und Verwandlung. Deswegen kann diese Zerstörung des hypostasierten Fremden das Setzen dieses Bewußtseins im Elemente des Bleibens bedeuten. Sein Bleiben ist eigentlich ein Mit-Bleiben. Es ist nicht das Bleiben eines machtvollen Einzelsubjekts in einem selbst erzeugten Vakuum. Sein Bleiben ist eher die kreative Zugehörigkeit im und zum Prozeß des Wirklichen.[44] Dagegen *verschwindet* der Herr, seine „Befriedigung ist aber deswegen nur ein Verschwinden, denn es fehlt ihr die *gegenständliche* Seite oder das *Bestehen.*" (PhG135) Vom Herrn hören wir deswegen nichts mehr in dieser Entfaltungsphase.[45] Der Knecht hat aber tiefer in die Sache eingegriffen und gezeigt, daß das echte Bilden dem Verschwinden entgehen kann.

Das Negative ist nicht mit der Negativität zu verwechseln. Das Negative ist das hypostasierte Fremde. Die Negativität ist das formierende, kreative Fürsichsein des dienenden Bewußtseins. Hochinteressant in der Entfaltung dieser Kreativität ist die Tatsache, daß die Anerkennung des Gegenständlichen als fremdes Negatives sich ironischerweise der Wirkung der Furcht verdankt, weil darin dem Bewußtsein sein Fürsichsein erst klar wurde; und in diesem zweiten Moment vollendet es dieses, indem es sich völlig in Besitz nimmt und sich effektiv gegen das Negative durchsetzt. Damit gehört ihm sein Fürsichsein nun völlig. Es stellt sich heraus, daß Kreativität doch der richtige Terminus in bezug auf das Formieren des dienenden Bewußtseins ist. Sein Zusichkommen vollzieht sich durch großes Leiden, vollendet sich aber in Kreativität, d.h. in der Entsprechung und Affinität zwischen seinem Formieren und dem inneren Streben des Gegenstandes selbst: „Die Form wird dadurch, daß sie *hinausgesetzt* wird, *ihm nicht ein Anderes als es;* denn eben sie ist sein reines Fürsichsein, das *ihm darin zur Wahrheit* wird. Es wird also durch dies *Wiederfinden seiner durch sich selbst eigener Sinn,* gerade in der Arbeit, *worin* es nur *fremder Sinn zu sein schien.*" (PhG136)[46]

Diese Entfaltung ist in der Tat ein treffendes Beispiel der Rekognition, jenes Wissensvollzuges, in dem die Wechselwirkung von Affinität und Identität erschlossen wird. Die Verwandlung vollzieht sich positiv; der Knecht wird nicht zu einem neuen Herrn, der nun das zerstören will, was ihn entfremdet hat. Seine Kraft ist kreativ und nicht ausbeutend. Die Kreativität des dienenden Bewußtseins ist weit über das knechtische Dienen eines machtvollen Herrn hinausgekommen. Berührend ist, daß die Tiefe seiner Kreativität der Tiefe seines Leidens entspricht.[47] Sie ist eigentlich die Kreativität der Vermittlung und

[44] Vgl. Kojève S. 39: „Er ist zur Veränderung bereit, in seinem Wesen selbst ist er Veränderung, Transzendenz, Verwandlung ..."

[45] Vgl. Janke S. 222: „Der Herr ... büßt, da er sich im arbeitslosen Genuß erschöpft, die Möglichkeit der Entwicklung ein."

[46] Vgl. Heinrichs 1974, S. 189, greift viel zu kurz in seiner Interpretation. Er reduziert diese Bewegung auf ein Subjekt-Subjekt-Verhältnis.

[47] Vgl. Lauer 1976, S. 114: „If consciousness does not go through the stage of enslavement to the absolute master (the fear of death), it will be at least partially the slave of its own arbitrariness."

nicht mit der Scheinexistenz eines egoistischen Bewußtseins gleichzusetzen[48]: „Formiert das Bewußtsein ohne die erste absolute Furcht, so ist es nur ein eitler, eigner Sinn; denn seine Form oder Negativität ist nicht die Negativität *an sich;* und sein Formieren kann ihm daher nicht das Bewußtsein seiner als des Wesens geben.“ (PhG136) Es ist wichtig festzuhalten, daß die Selbstentfaltung des dienenden Bewußtseins keine momenthafte Umkehrung ist. Sie ist eine Bewegung, die die verschiedenen Dimensionenen der Furcht, der Zucht des Dienstes und des Formierens fortentwickelt. Furcht und Dienst sind aber auch nicht auf ein individualistisches Bestreben des dienenden Bewußtseins zurückzuführen, weil „zugleich beide auf eine allgemeine Weise“ notwendig sind. (PhG136) Individualität und Allgemeinheit sind in der Vermittlung nicht zu trennen.

Obwohl die Leistung dieser Erfahrungsphase das Zusichkommen des dienenden Bewußtseins ist, wird dies am Ende der Phase etwas eingeschränkt. Bis dahin wurde der tatsächliche Ablauf der Phase dargestellt; und als Zeichen dessen standen die Verben auch in der prädikativen Form. Nun wird diese Phase durch die Anführung von Bedingungen eines solchen Zusichkommens etwas verallgemeinert. Das drückt sich in folgenden Termini aus: „ Ohne die Zucht ... Ohne das Bleiben .“ (PhG136) Dann wird der Schritt vollzogen, in dem diese Bedingungen zu einer rückwirkenden Beurteilung der Phase aufgewertet werden: *„Hat es nicht* die absolute Furcht, sondern nur einige Angst ausgestanden, *so ist* das negative Wesen ihm ein Äußerliches geblieben,... *indem nicht* alle Erfüllungen seines natürlichen Bewußtseins wankend geworden, *gehört* es *an sich* noch bestimmtem Sein an.“ (PhG136) Ein subtiler Übergang von Bedingung zur Tatsache wird hier vollzogen; und es wird geschlossen: „... der eigne Sinn ist *Eigensinn,* eine Freiheit, welche noch innerhalb der Knechtschaft stehen bleibt.“ (PhG136)

Dieser Übergang ist im Grunde genommen unbefriedigend. Durch die absolute Furcht und die Zucht des Dienstes hat der Knecht zu sich gefunden. Nun wird von diesem faktischen Erfahrungsablauf zu einer Bedingungsbetrachtung übergegangen, und hinsichtlich dieser Bedingungen wird ein Übergang zum Erfahrungszustand vollzogen. Die Frage ist natürlich, ob ein solcher Übergang ein Zurückfallen hinter die bisherige Entwicklung ist. Wird die Entwicklung zurückgenommen? Wird der Knecht wieder Knecht? Warum soll eine solche Relativierung überhaupt nötig sein? Ist es dem Knecht nicht in der Tat gelungen, sich der Vermittlungsdynamik bewußt zu werden und sich dadurch zu einer neuen Ebene zu erheben? Alle diese Fragen verweisen auf die Ambivalenz des Endes dieser Phase. Es muß zugegeben werden, daß es ungeschickt gestaltet ist. Gleichzeitig darf aber nicht vergessen werden, daß der Aufstieg des Knechtes gestaltbedingt ist; das heißt, daß er innerhalb der Struktur seiner Auseinandersetzung mit dem Herrn und mit der Furcht zu einem neuen Bewußtseinsniveau gelangt ist. Das Bewußtsein ist aber durch verschiedene Ge-

[48] Durch seine Kreativität verhindert es, daß die Furcht innerlich und stumm bleibt. (Vgl. PhG136)

stalten und Phasen auf dem Erfahrungswege; und sobald diese weitere Perspektive am Ende dieser Phase eröffnet wird, wird hinsichtlich dessen eine tiefere Bewertung der knechtischen Leistung möglich. Nun ist die Fragestellung nicht mehr die zwischen Herrn und Knecht, sondern die zwischen befreitem Knecht und sich fortentfaltendem Bewußtsein. Angesichts dessen wird klar, daß die bisherige Entwicklung nicht zurückgenommen wird. Der Knecht wird nicht wieder zum Knecht. Noch wird seine Einsicht in die Vermittlungsdynamik negiert. Vielmehr tritt die größere Perspektive auf weiteren Ebenen der Vermittlung ins Blickfeld.

9.3 Freiheit des Selbstbewußtseins: Stoizismus, Skeptizismus und das unglückliche Bewußtsein

9.3.1 Freiheit: Denken als Artikulation der Affinität

Am Anfang dieser neuen Gestalt wird die Selbständigkeit des Knechts und des Herrn rückblickend revidiert. Der Herr hat für sein Wesen „nur die reine Abstraktion *des Ich*". (PhG136) Ihm fehlt die Differenziertheit und Identität eines echten Ich. Dagegen verfügt der Knecht über diese zwei Momente; er hat sich selbst zum selbständigen Gegenstand und weiß, daß dieser Gegenstand sein Wesen als Bewußtsein ist. Sein Ich ist konkret und gleichzeitig fähig zur Unterscheidung und zur Identität. Obwohl diese zwei zusammengehörenden Momente dazu neigen, auseinanderzufallen, sind sie dennoch auf diese Weise an sich und können somit von uns als Wegbegleiter des Bewußtseins zusammengehalten werden. Infolgedessen ist das dienende Bewußtsein zu einer neuen „Gestalt des Selbstbewußtseins geworden; ein Bewußtsein, welches sich als die Unendlichkeit, oder reine Bewegung des Bewußtseins das Wesen ist; welches *denkt*, oder freies Selbstbewußtsein ist." (PhG137)
Es ist sehr interessant, daß Denken als Hauptcharakterzug des befreiten Bewußtseins vorgestellt wird. Das Denkvermögen wird allerdings dem abstrakten Ich des Herrschers nicht zugesprochen. Das konkrete Ich *denkt*, weil es durch seine Verhaltensweise das Fürsichsein des gegenständlichens Wesen *für* das Bewußtsein anerkennt. Seine konkrete und kreative Verhaltensweise dem Gegenstand gegenüber *ist* Denken. „Dem *Denken* bewegt sich der Gegenstand nicht in Vorstellungen oder Gestalten, sondern in *Begriffen*, das heißt in einem unterschiedenen Ansichsein, welches unmittelbar für das Bewußtsein kein unterschiedenes von ihm ist." (PhG137) Denken als solches ist dann die Thematisierung der Affinität zwischen Bewußtsein und Gegenstand. Aufgrund dieser Affinität wird klar, weswegen das Denken mit Begriffen arbeitet. Begriffe sind dem Denken angeboren. Sie drücken die Zugehörigkeit von Bewußtsein und Gegenstand aus, und zwar auf bestimmte inhaltliche Weise. Die von Distanz und Andersartigkeit belastete Unmittelbarkeit der Vorstellungen und der Gestalt bleiben weit dahinter zurück. Dennoch werden weder die Selbständigkeit des Gegenstandes noch die des Bewußtseins im begreifenden Denken absor-

biert. Es thematisiert demnach eine echte Affinität. Der Gegenstand selbst ist es, der sich dem Bewußtsein präsentiert. Begreifendes Denken ist dann keineswegs eine künstliche Erfindung.
Es ist kein Zufall, daß diesem verwandelten dienenden Bewußtsein die Fähigkeit des begreifenden Denkens zugeschrieben wird. Indem es den Gegenstand formierte, hat es sich als kreativ erwiesen. Nun wird dies weiter vertieft. Bereits in der Entstehung des Selbstbewußtseins hat die Unendlichkeit des Lebens mitgewirkt. Der Knecht hat, trotz seiner Fesselung in einem Zwischen, seine Nähe zum Leben bewahrt und sie durch das Formieren des Gegenstandes kreativ aufgegriffen. Nun wird die Freiheit dieses denkenden Bewußtseins gerade als seine „Unendlichkeit" beschrieben. Die Kreativität des begreifenden Denkens liegt dann in der Artikulation dieser Affinität zwischen der Unendlichkeit des Gegenstandes und der Unendlichkeit des Bewußtseins. Freiheit bedeutet dann die unbegrenzte, konkrete und sich entfaltende Zugehörigkeit beider zueinander.[49] Und ein Denken, welches mit solcher Unendlichkeit zu tun hat, kann kaum anders als befreiend sein.

9.3.2 Stoizismus: Das enttäuschte Denken

Das denkende Selbstbewußtsein kann sich seiner Natur erst bewußt werden bzw. seine Natur thematisieren, wenn es sich entfaltet. Seine konkrete Erfahrung verwirklicht dann verschiedene Dimensionen dieses Denkvermögens. Die erste Phase dieser Bewegung ergibt sich als Stoizismus: „Diese Freiheit des Selbstbewußtseins hat bekanntlich, indem sie als ihrer bewußte Erscheinung in der Geschichte des Geistes aufgetreten ist, *Stoizismus* geheißen." (PhG138) Die Freiheit des Stoizismus erweist sich aber als eine zurückgezogene Freiheit. Das Bewußtsein zieht sich in *„die einfache Wesenheit des Gedankens*" zurück. (PhG138) Dadurch wird die Substanz des Unterschiedes seine Dichtheit verlieren; er wird zu einem bloß *gedachten* Unterschied. Obwohl das Wesen dieses Selbstbewußtseins ein Ich ist, welches Anderssein an sich hat, wird dieses Anderssein selbst zum bloß gedachten Unterschied. Diese platte Innerlichkeit verhält sich infolgedessen völlig indifferent dem natürlichen Dasein gegenüber. Gerade deswegen ist die stoizistische Freiheit flüchtig und abstrakt.[50] Diesem Selbstbewußtsein als Individualität fehlt ein lebendiger Inhalt. In der leeren Selbstreflexivität seines geschlossenen Denkkreises bleibt es der Frage „nach einem *Inhalte* des *Gedankens* selbst" bzw."nach dem Kriterium

[49] Eine weitere Bestätigung dessen ist Hegels Unterscheidung zwischen „sein" und „mein". Vorstellendes Bewußtsein muß sich immer daran erinnern, daß es *„seine* Vorstellung sei". (Vgl. PhG137) Beim begreifenden Denken dagegen ist „der Begriff ... *mein* Begriff" und ermöglicht mein „Fürmichsein". (PhG137) Begreifendes Denken drückt die Einheit der Individualität und der Allgemeinheit im personalen Bewußtsein aus.
[50] Vgl. Labarrière 1968, S. 93: „elle ne déploie donc qu'une négation imparfaite de l'être-autre, lequel subsiste en lui-même, laissant la conscience stoique á l'affirmation illusoire d'une liberté abstraite."

der Wahrheit" völlig ausgeliefert. (PhG139) Eine solche Frage nimmt ihre Kraft daher, daß sie auf die verdrängte Präsenz des Begriffs im stoizistischen Denken verweist. Der Begriff ist konkret und bestimmungsreich. Stoizistisches Denken ist dagegen weder in der Lage, Bestimmungen zu begründen noch sie zu setzen.[51] Seine „allgemeinen Worte" werden ohne Inhalt „langeweilig". (Vgl. PhG139–140) Als solches neigt Stoizismus dann zu leerer Wiederholung. Im Grunde genommen ist es ein enttäuschtes Denken, welches immer wieder eine leere Allgemeinheit erzeugt.

9.3.3 Skeptizismus: Denken als die Vernichtung von Differenz

„Der *Skeptizismus* ist dann die Realisierung desjenigen, wovon der Stoizismus nur der Begriff ... ist." (PhG140) Skeptizismus läuft in eine dem Stoizismus entgegengesetzte Richtung. Anstatt sich zurückzuziehen, geht er aus sich heraus und auf alle Lebensinhalte ein, und zwar auf eine ganz negative Weise: „der Gedanke wird zu dem vollständigen das Sein der *vielfach bestimmten* Welt vernichtenden Denken ..." (PhG140) Woher hat das Denken eine solche negative Kraft? Die Erklärung dafür liegt in der Tatsache, daß der Skeptizismus die Unendlichkeit des Bewußtseins völlig in Anspruch nimmt,[52] aber gleichzeitig die Unmittelbarkeit des Gegenstandes verdrängt; genau deswegen kann er versuchen, *alle* Unterschiede zum Verschwinden zu bringen. Sein eigenes Verhalten dem Gegenständlichen gegenüber bringt es auch zum Verschwinden. Stoizismus ist der Unendlichkeit des Gegenstandes entflohen. Skeptizismus verdrängt sie und erhebt sich zur negativen Souveränität des Denkens. Skeptizismus umfängt alles und ist „selbst die *absolute dialektische Unruhe*". (PhG142) Gerade hier aber liegt der Kernkonflikt des Skeptizismus offen zutage. Einerseits kann dieses Selbstbewußtsein seine eigene Identität nicht bewahren. Es ist „nur eine schlechthin zufällige Verwirrung, der Schwindel einer sich immer erzeugenden Unordnung." (PhG142) Es bekennt sich aber auch dazu, „ein ganz *zufälliges*, *einzelnes* Bewußtsein zu sein." (PhG142) Andrerseits gelingt es ihm doch, seine Identität zu bewahren: „es macht sich im Gegenteile auch wieder zum *allgemeinen sichselbstgleichen*; denn es ist die Negativität aller Einzelheit und alles Unterschieds" (PhG157) In keinem von diesen beiden Extremen kann das skeptische Bewußtsein zur Ruhe kommen. Von sich selbst getrieben, flieht es hinüber und herüber. Es ist ihm nicht möglich, die beiden Gedanken seiner selbst zusammenzubringen. Einen Moment lang ist es allgemein und frei, im nächsten Moment ist es einzeln und zufällig. In ihrer jeweiligen einseitigen und negativen Beziehung zur Andersheit zeigen

[51] An einer späteren Stelle in bezug auf den Stoizismus sagt Hegel: „Das abstrakte von der Einzelheit überhaupt wegsehende Denken des Stoizismus" (PhG148)

[52] Vgl. Flay 1984, S. 99. Flay drückt die anfängliche, positive Einstellung des Skeptizismus zur Differenz aus: „All of the aspects and differences of life are not only recognized and taken up into self-consciousness in this reflective attitude, but they are made its own by being thought *as differences* which are real and in themselves."

Stoizismus und Skeptizismus als vorübergehende Bewußtseinsphasen, daß ein Denken, welches Andersheit annullieren oder auf Gedachtes reduzieren will, keine Dauer haben kann.
In bezug auf den Personbegriff als Vermittlung ist Skeptizimus von hohem Interesse.[53] Als Ausdruck einer einseitigen negativen Unendlichkeit gelingt es ihm, keine Vermittlung zustandezubringen. Er steht in der Schwebe zwischen Individualität und Allgemeinheit; entscheidend aber ist, daß als leere Extreme Individualität zufällig und Allgemeinheit unterschiedslos bleiben. Wenn Allgemeinheit und Individualität im Personsein nicht engstens zusammengehörten, dann wäre Skeptizismus kein Widerspruch in sich. Das ist er aber: „ebenso hat es selbst das gedoppelte widersprechende Bewußtsein der Unwandelbarkeit und Gleichheit und der völligen Zufälligkeit und Ungleichheit mit sich." (PhG143) Weil er selbst der Widerspruch ist, bleibt er dem Widerspruch unterworfen. Er hat keine Distanz zum Widerspruch. Seine eigene Reflexivität hat die gleiche Struktur wie seine negative Bewegung überhaupt. Wenn ihm seine Gleichheit aufgezeigt wird[54], zeigt er die Ungleichheit auf und umgekehrt. Seine vermittlungslose Erfahrung ist in einem abstrakten Nacheinander segmentiert. Aus dieser Phase entspringt nun eine neue Gestalt, welche die zwei Seiten des Widerspruchs in sich zusammenschließt. Dies ist das unglückliche Bewußtsein.[55]

9.3.4 Das unglückliche Bewußtsein: Das Selbst als *Entgegensetzung von Endlichem und Unendlichem*

Das unglückliche Bewußtsein ist die Endgestalt des Selbstbewußtseins und der Übergang in die Vernunft. Als Endgestalt vollendet es die kumulativen, fortentwickelten Spannungen des Selbstbewußtseins, und zwar in radikalisierter Form. Verheißungsvoll erschien der Eintritt in das Selbstbewußtsein; ein Selbstbewußtsein soll für ein Selbstbewußtsein sein. Als Entfaltung und Thematisierung dieses Füreinanderseins ist der Erfahrungsweg des Selbstbewußtseins aber bislang ein Weg des Kampfes, des Konflikts und des Widerspruchs gewesen. Mit der Intensivierung der Verbundenheit von Individualität

[53] Vgl. Howard P. Kainz, S. 94–95: „And the dichotomy as it now appears is just this: On the one hand, self-consciousness, establishing itself in full-blown freedom, shows that it is negativity itself, negative universality itself, and thus objective otherness-to-self. On the other hand, the empirical ego immerses itself in the natural world in such a way as to posit an otherness which does not seem to be assimilable to self-consciousness, and in such a way as to negate the negations made by self-consciousness."

[54] Interessant ist, daß im Gegensatz zum Stoizismus Skeptizmus nicht nach seiner Wahrheit gefragt wird, vielmehr wird ihm *eine* Dimension seiner Unwahrheit *aufgezeigt*. Weil Skeptizismus seinen Inhalt nicht aussagen kann, wird er durch das *Aufzeigen* geprüft. Dies erinnert an die sinnliche Gewißheit.

[55] Vgl. Labarrière 1968S. 95: „la conscience malheureuse est l'unité de la conscience stoique et de la conscience sceptique."

und Allgemeinheit in der ausgeprägten Selbstheit des Selbstbewußtseins hat die weitere Thematisierung und Entfaltung dieser Selbstheit, insbesondere in bezug auf andere, eine tiefliegende Komplexität und Gegensätzlichkeit aufgebracht. Dagegen ist die ekstatische Begegnung eines Ich-Du von einer geradezu märchenhaften Schlichtheit. Die Ausbalancierung der verschiedenen Selbste ist deswegen hier so intensiv, weil sie, trotz aller Differenzierungen, letztendlich zu der einen geistigen Wirklichkeit gehören. Die Artikulation dieser Zugehörigkeit ist weiter dadurch problematisiert, daß sie nicht nur die Anwesenheit des Anderen zum Selbst, sondern auch die nuancierte Selbstpräsenz dieses Selbst selbst miteinschließt. Gerade daher erhält das unglückliche Bewußtsein sein großes Pathos; es ist in seinem tiefsten Selbst entzweit.[56] „Diese neue Gestalt ist hiedurch ein solches, welches *für sich* das gedoppelte Bewußtsein seiner, als des sich befreienden, unwandelbaren und sich selbst gleichen und seiner als des absolut sich verwirrenden und verkehrenden, – und das Bewußtsein dieses seines Widerspruchs ist." (PhG143)

Obwohl Skeptizismus sich zwischen zwei Extremen bewegt hat, war seine Erfahrung in ein Nacheinandersein segmentiert; deswegen hat das eine Extrem das andere immer nur ersetzt. Im unglücklichen Bewußtsein befinden sich beide Extreme gleichzeitig in dem einen Selbst. Wenn seine Erfahrung sich so gestalten würde, daß die Extreme zwar im gleichen Selbst, jedoch nacheinander auftauchen, könnte die Rede von einer schizoiden Individualität sein.[57] Aber dies ist nicht der Fall. Beim unglücklichen Bewußtsein gibt es keinen Ausweg, weder den des Verschiebens noch den der Selbstzerstreuung. Alles ist konzentriert und zum äußersten radikalisiert. Es ist gerade die Gleichzeitigkeit, in der diese entgegengesetzten Extreme erlebt werden, welche zu solch einer Qual und solch einem Leiden führt.

Diese Gestalt ist bestimmt durch die Entfaltung des Konflikts zwischen dem Wandelbaren und dem Unwandelbaren. In ihrer ersten Erfahrungsphase ist sie nur die *unmittelbare Einheit* beider.[58] Aufgrund dieser Unmittelbarkeit kann das unglückliche Bewußtsein sie nur als zwei Entgegengesetzte aufnehmen. Das eine hält es für das „einfache Wandelbare", für das *Wesen*; das andere, sein Gegenteil, ist das „vielfache Wandelbare" und gilt deswegen als unwesentlich. Weil das unglückliche Bewußtsein als Bewußtsein dieses Widerspruchs zustandegekommen ist, identifiziert es sich mit dem Unwesentlichen; das heißt, es hält sich für unwesentlich. Aber als ein gespaltenes Selbst kann

[56] Vgl. Scheier S. 148: „Das Selbstbewußtsein ist dadurch zum mit sich selbst entzweiten oder unglücklichen Bewußtsein geworden, das sein Fürsichsein ebenso außer sich hat wie es in dieser *Entäußerung* an der Gewißheit der einfachen Einheit mit ihm festhalten muß, um Selbstbewußtsein zu bleiben."

[57] Vgl. Schulz 1984, S. 10: „Die Zerrissenheit des Selbstbewußtseins in sich selbst bedingt den Widerspruch von Selbst und Welt und umgekehrt: Die Aussonderung und Entfremdung des Selbst von der Welt bedingt, daß das Selbstbewußtsein sich in sich unglücklich fühlt." Schulz betrachtet die Problematik allein auf der horizontalen Ebene.

[58] Vgl. Lauer 1976, S. 118. Lauer sieht mit Recht, daß eine unmittelbare Einheit nicht die Versöhnung von Gegensätzen sein kann.

es keine einfache Identifizierung vollziehen. Es ist nämlich gleichzeitig ein Bewußtsein der Unwandelbarkeit. Wenn es dann versuchen sollte, sich von der Wandelbarkeit zu befreien, gelänge es ihm nicht; weil es sich auch als Wandelbarkeit versteht, gälte die Befreiung als eine unmögliche Befreiung von seinem eigenen Selbst. Gegen keinen der beiden Extreme seiner Selbstheit ist es fähig, eine Indifferenz aufzubringen. „Aber indem ihm beide gleich wesentlich und widersprechend sind, ist es nur die widersprechende Bewegung, in welcher das Gegenteil nicht in seinem Gegenteile zur Ruhe kommt, sondern in ihm nur als Gegenteil sich neu erzeugt." (PhG145) Dies ist ein Kampf gegen einen Feind, der das eigene Selbst ist: Besiegen heißt verlieren und umgekehrt. Da liegt der Stachel. Das Dasein und Tun des Lebens bereiten diesem Bewußtsein nur Schmerz, denn es weiß, daß sie ebenso nichtig sind. Der Schmerz treibt es dennoch dazu, zu versuchen, sich zum Unwandelbaren zu erheben.[59] Damit wird aber kein Trost erreicht, denn anstatt seine wandelbare Individualität „im Bewußtsein des Unwandelbaren vertilgt zu haben, geht sie darin immer nur hervor." (PhG145) Die Flucht in eine beruhigende Einseitigkeit wird hier nicht zugelassen.

Trotz der Qual dieser Erfahrung ließ sie das Bewußtsein feststellen, daß das Unwandelbare und die Individualität eine Einheit sind. Daß das Unwandelbare nicht verschlossen ist, zeigt die Tatsache, daß die Individualität in ihm hervortreten konnte. Ebenso auch ist das Unwandelbare an der Individualität selbst hervorgetreten. „Denn die Wahrheit dieser Bewegung ist eben das *Einssein* dieses gedoppelten Bewußtseins." (PhG145) Dennoch bleibt die Unterschiedlichkeit beider in diesem Einssein vorherrschend. Deswegen wird die Entfaltung und die Thematisierung dieser Einheit von Unwandelbarem und Individualität verschiedene Beziehungskonstellationen durchlaufen müssen. Zunächst versteht die Individualität das Unwandelbare als ihr entgegengesetzt, fremd und verurteilend. In der nächsten Konstellation hat das Unwandelbare die Individualität an ihm selbst. Die Einzelheit ist so die Gestalt des Unwandelbaren, „an welches hiemit die ganze Weise der Existenz hinübertritt." (PhG145) Das Unwandelbare ist individuell wie das Bewußtsein selbst. Schließlich findet Bewußtsein „*sich selbst* als dieses Einzelne im Unwandelbaren." (PhG145) Dies ist eigentlich der Geist, in dem das Allgemeine und die Individualität versöhnt sind.[60] Die drei Stufen dieser Erfahrungsphase sind nicht einseitig aufzunehmen. Weil das Bewußtsein verdoppelt ist, werden sie ebensosehr von der unwandelbaren Seite dieses Bewußtsein erlebt.

[59] Die ganze Gestalt des unglücklichen Bewußtseins zeigt in ihrer Spannung zwischen Unwandelbarem und Wandelbarem, daß Selbstbewußtsein nicht bloß in den Termini von Gesellschaft und Intersubjektivität zu artikulieren ist.

[60] Vgl. Flay 1984, S. 102. Dort verbindet Flay auf sehr interessante Weise das unglückliche Bewußtsein und den Standpunkt des absoluten Wissens: „In unhappy consciousness we have finally an explicit, *natural* awareness of the *problem* of the absolute standpoint. What is at stake for this ‚free' self-consciousness is to *make a reality of* that totality which is presupposed as the unchangeable consciousness and life, and not have it as a merely *presupposed* or taken-for-granted totality."

Weil dieses Bewußtsein entzweit ist, hungert es nach Einssein.[61] Sein Unglück weist aber an dieser Stelle eine subtile Kehrseite auf. Wenn nämlich das Unwandelbare völlig äußerlich wäre, hätte ein wandelbares Bewußtsein sich sammeln können, um sich auf es hinorientieren zu können. Dies ist hier nicht möglich, weil das Unwandelbare selbst ebensosehr in das Entzweitsein verwickelt ist: „... behält auch das unwandelbare *Bewußtsein* in seiner Gestaltung selbst den Charakter und die Grundlage des Entzweit- und des Fürsichseins gegen das einzelne Bewußtsein." (PhG146) Damit ist für das einzelne Bewußtsein seine Einheit mit dem Unwandelbaren relativiert und abgewertet. Für dieses ist es infolgedessen nur ein kontingentes Geschehen, daß das Unwandelbare die Gestalt der Einzelheit erhält. Und als eine solche Einzelheit hat es dann für das einzelne Bewußtsein die Entfernung des Jenseits vergrößert; dadurch ist „das Moment des Jenseits nicht nur geblieben, sondern vielmehr noch befestigt." (PhG146) Die Gestaltung des Unwandelbaren ist so völlig ambivalent. Einerseits sollte die damit implizierte Nähe dem einzelnen Bewußtsein eine Vereinigung mit dem Unwandelbaren ermöglichen. Anderseits konfrontiert diese Gestaltung sich dem Bewußtsein als ein opakes sprödes sinnliches *Eins*. Als opak und verschlossen bleibt dieses Sinnliche dem Bewußtsein unzugänglich; seine Nähe ist eigentlich Entfernung. Hegel nennt eine solche Nähe Zufälligkeit.[62] Interessanterweise beschreibt er die Zufälligkeit weiter als „die unbewegliche Gleichgültigkeit". (PhG147) Diese Gleichgültigkeit bedeutet, daß die Hoffnung des Bewußtseins auf *Einssein* unerfüllt bleiben wird, und sie verurteilt das gestaltete Unwandelbare zum Verschwinden in der Zeit und zur Entfernung im Raum.

Das unglückliche Bewußtsein hat den Versuch aufgegeben, sich zu einem unwandelbaren Bewußtsein erheben zu wollen.[63] Das ungestaltete Unwandelbare ist nicht mehr das Ziel seines Strebens. Vielmehr konzentriert es sich darauf, seine Beziehung gerade zu diesem inkarnierten Unwandelbaren zu entfalten und zu thematisieren. Als reines Bewußtsein, als einzelnes Wesen und als Bewußtsein seines Fürsichseins wird es wieder die drei Stufen dieser Erfahrungsphase durchlaufen, aber nun mit dem inkarnierten Unwandelbaren als Gegenstand. Zunächst will das unglückliche Bewußtsein als reines Bewußtsein versuchen, die Gegenwart des Unwandelbaren zu besitzen. Wegen der Entzweiung dieses Bewußtseins steht die völlige Anwesenheit des Unwandelbaren nicht zur Verfügung. Seine Anwesenheit ist deswegen nur einseitig und

[61] Vgl. Loewenberg S. 102: „How perplexing the desire for a self one is not and for not being the self one is!"

[62] Für eine sehr hohe Einschätzung der Behandlung Hegels von Kontingenz und Zufälligkeit vgl. Dieter Henrich, „Hegels Theorie über den Zufall", bes. S. 159, wo Henrich von Hegels Idealismus behauptet, „daß er ... die einzige philosophische Theorie ist, *die den Begriff des absoluten Zufalls kennt*."

[63] Vgl. Flay 1984, S. 109. Er verweist hier ausdrücklich auf die Notwendigkeit der Vermittlung als Wahrheit des Personseins: „the mediated relationship with reality necessarily eludes us so long as we insist on self-consciousness as the absolute standpoint. No finite act can capture the infinite; no single act of the self can capture the self as a whole."

mit „einem Gegensatze beschwert." (PhG148) Genau hier sehen wir die Folge einer Störung der Balance der Anwesenheit und der Selbstpräsenz[64]. Die quälende Spaltung der Selbstpräsenz im Fall des unglücklichen Bewußtseins verhindert seine Artikulation der Anwesenheit des Unwandelbaren. Es sei an dieser Stelle an die Ablehnung von Erkennen als „Medium" oder „Werkzeug" erinnert, um die Anwesenheit des Absoluten zu erschließen. (Vgl. PhG158) Anders ausgedrückt, diese gespaltene Individualität ist am Verschlossensein des Allgemeinen mitschuldig.

Das Unglück dieses Bewußtseins besteht darin, daß es in einer Mitte zwischen der einseitigen Anwesenheit des Unwandelbaren und der gespaltenen Selbstpräsenz dieser Individualität gefangen ist.[65] „Es steht vielmehr in dieser Mitte, worin das abstrakte Denken die Einzelheit des Bewußtseins berührt." (PhG148) Genauer gesagt, es *ist* selbst diese Berührung, die noch nicht zur Versöhnung gelangt ist. Obwohl das Unwandelbare die Gestalt der Einzelheit hat, erkennt sich dieses Bewußtsein darin nicht, nämlich daß das Unwandelbare als Einzelheit des Bewußtseins *„es selbst"* ist. (PhG148) Darum ist es nicht fähig, sich zu seinem Gegenstand denkend zu verhalten, obwohl es eine denkende Einzelheit und sein Gegenstand reines Denken ist. In diesem Bewußtsein ist der kreative und einschließende Kreislauf des Denkens als Anwesenheit und Selbstpräsenz gestört.[66] Es bleibt ihm infolgedessen nur eine Alternative, nämlich die Richtung dieses Denkens anzustreben; als ein solches ist es *Andacht*. (Vgl. PhG148)

Die unendliche Sehnsucht und das Verlorensein dieses Bewußtseins kommen in der Andacht zum Ausdruck. Dieses Gefühl reicht bis zu seinem Gegenstand hin, begreift ihn aber nicht; darum erscheint er als fremd. Hiermit ist „die innerliche Bewegung des *reinen* Gemüts vorhanden." (PhG163) Es hat Schmerzen und ist entzweit; es fühlt eine unendliche Sehnsucht nach seinem Wesen, aber sein Wesen ist in einem unerreichbaren Jenseits. Dieses Gefühl ist dadurch verschärft, daß es dem Bewußtsein doch gelingt, seine Individualität in der Individualität des Unwandelbaren zu sehen, aber als eine *„dem Unwandelbaren entgegengesetzte."* (PhG149)

Angesichts einer solchen Sehnsucht und einer solchen Entfernung ist es nicht verwunderlich, daß dieses Bewußtsein in sich zurückfällt. „Wo es (das Unwandelbare) gesucht wird, kann es nicht gefunden werden ..." (PhG149) Einerseits ist das Jenseits nicht erreichbar; anderseits wird es zum sinnlichen Gegenstand und verschwindet gerade dann, wenn das Unwandelbare *als* Einzelnes gesucht wird. „Dem Bewußtsein kann nur das *Grab* seines Lebens zur Gegenwart kommen". (PhG149) Es ist ihm weder gelungen, die Anwesenheit des Unwandelbaren, noch seine eigene Selbstpräsenz zu artikulieren. Seine Verfahrensart hat sein Leben als leeres Grab enthüllt. Das Wort Grab verweist

[64] Vgl. oben Kapitel 5 und 6.

[65] Vgl. Fink S. 179, 186, 190–192. Fink sieht klar ein, daß Unglück hier viel mehr als eine existentielle Haltung kennzeichnet. Es ist ontologisch. Nach Fink handelt es sich um die „Melancholie des Daseins" zwischen Endlichkeit und Unendlichkeit.

[66] Vgl. dazu Lauer 1976, S. 120.

auf das enttäuschte Streben nach Zugehörigkeit und Präsenz. Weil das Bewußtsein aber auf seinem Erfahrungsweg ist, bleibt das Grab nicht nur leer, sondern es verschwindet auch. Damit ist das unglückliche Bewußtsein von einer möglichen nostalgischen Besessenheit befreit. Es gibt seinen Versuch auf, an der „unwandelbaren Einzelheit ... als verschwundne festzuhalten". (PhG149)

In der PhG erweckt jedes Fehlen eine neue Fähigkeit. Das Bewußtsein ist „erst hiedurch ... fähig, die Einzelheit als wahrhaft oder als Allgemeine zu finden." (PhG149) Nachdem es in die Ferne der Sehnsucht von sich hinausgezogen war, findet sich nun das Bewußtsein wieder. „Zunächst aber ist die *Rückkehr des Gemüts in sich selbst* so zu nehmen, daß es sich als *Einzelnes Wirklichkeit* hat." (PhG150) Es gewinnt *Selbstgefühl*, kann als ein für sich wirkliches Daseiendes auftreten. In der Begierde und in der Arbeit könnte es sein Selbstsein weiter bestätigen lassen. Aber indem der Riß seiner Selbstspaltung vorherrscht, kann weder die Begierde noch die Arbeit ihm die Gewißheit seiner selbst verleihen. Weil es gespalten ist, geht seine Affinität mit der Wirklichkeit verloren; damit kommt das Fremdsein wieder vor. Hochinteressant ist hier die sehr begrenzte Wirkung, welche Arbeit und Begierde im Kontrast zu der Herr-Knecht-Phase haben. Dort war die Arbeit eine kreative Mitte, und die Begierde zielte auf die Harmonisierung der Andersheit. Hier kann die beiden innewohnende Transzendenz dieses Selbst nicht über sich hinaus bringen. Es sieht in ihnen vielmehr die Bestätigung seines Gespaltenseins. In seiner Begierde und in seiner Arbeit glaubt dieses Bewußtsein in einer Wirklichkeit tätig zu sein, „die *entzwei gebrochene Wirklichkeit*" ist. (PhG150) Die gebrochene Wirklichkeit spiegelt dem gebrochenen Bewußtsein sich selbst wider. So wie die Affinität mit der Wirklichkeit die eigene Identität widerspiegelt, spiegelt eine gebrochene Affinität eine gebrochene Identität. Die Verwendung des Wortes „gebrochen" weist auf die Affinität bzw. Zusammengehörigkeit beider. Nur eine Einheit oder etwas Einheitliches kann gebrochen werden. Als gebrochene ist die Wirklichkeit einerseits nichtig, andrerseits eine geheiligte Welt, weil sie die Gestalt des Unwandelbaren als Einzelheit erhalten hat: „Weil es als das Unwandelbare Allgemeines ist, hat seine Einzelheit überhaupt die Bedeutung aller Wirklichkeit." (PhG150)[67]

Weil die Wirklichkeit das Unwandelbare enthält, ist sie selbständig, und dieses Bewußtsein vermag sie nicht aufzuheben. Vielmehr bekommt es dies von dem Unwandelbaren geschenkt, indem es „selbst seine Gestalt *preisgibt* und ihm zum Genusse *überläßt*." (PhG151) Damit ist klar, daß das Unwandelbare das Streben der Begierde nach der Bestimmung des Selbstseins und der Harmonisierung der Andersheit befriedigen will. Das Bewußtsein tritt hier auch als ein Wirkliches auf, obwohl als ein in sich gebrochenes. Weil es individuell ist oder sein Fürsichsein behält, kann das Bewußtsein die Wirklichkeit durch sein Tun verändern. Aber das Bewußtsein ist zugleich mehr als indivi-

[67] Dies ist eine ausdrückliche Identifizierung des Unwandelbaren mit der Allgemeinheit; und die Individualität dieser Allgemeinheit ist dann mit allem Wirklichen verbunden.

duell. Es ist auch an sich; das bedeutet, daß es auch an sich ist, und dem Unwandelbaren angehört. Daher hat es seine Fähigkeiten und Kräfte, wie Hegel so schön sagt: „eine fremde Gabe." (PhG151) Im Blick darauf drängt sich hier die Frage auf, ob beide Dimensionen der Tätigkeit dieses Bewußtseins, seine Veränderung der Wirklichkeit und seine Fähigkeit dazu, ihm vom Unwandelbaren her verliehen werden. Dies ist die Kernfrage dieser Phase. Bewußtsein als individuelles Bewußtsein handelt. Sein Tun ist ein Verhältnis zwischen zwei Extremen: das Tätige als aktiv und das Wirkliche als passiv. Diese Extreme sind nicht nur vorübergehend wirklich, sie sind auch in das Unwandelbare zurückgezogen und gewinnen dadurch Selbständigkeit. Die Bewegung läuft hier dann auf ein vierfaches Bezogensein hinaus. Das tätige Extrem kann natürlich das passive aufheben, aber der springende Punkt ist die tiefere Struktur dieser Aufhebung, d.h. wie sie von der Wirklichkeit her zu denken ist. Sie kann nicht vom Passiven aufgehoben werden. Sie wird vom Unwandelbaren aufgehoben. Entscheidend ist, wie dies geschieht: nicht so, daß es die Tätigkeit des Bewußtseins annulliert oder nur als rein instrumental zuläßt. Vielmehr ergibt sich eine Bewegung in der Wirklichkeit selbst, die sie selbst in ihrer Aufhebung aktiv aufzeigt und die zugleich der Tätigkeit des Bewußtseins bedarf. Das Wesen der Wirklichkeit bewegt sich so, daß es „sich von sich abstößt und das Abgestoßene der Tätigkeit preisgibt." (PhG151) Innerlich bewegt sich die Wirklichkeit von sich aus so, daß sie sich der Tätigkeit des Bewußtseins freigeben kann. Hier liegt eigentlich eine dreigliedrige Selbständigkeit vor, nämlich die des Unwandelbaren, des Wirklichen und des Bewußtseins. Alle drei Selbständigkeitsdimensionen sind in der einen Bewegung eingeschlossen und mitartikuliert.

In der Aufhebung der Wirklichkeit erscheint eine Macht. Mit einem angemessenen Aufgreifen dieser Aufhebung wäre das unglückliche Bewußtsein zur Harmonie gelangt. Diesen Schritt kann es aber leider noch nicht vollziehen, weil es in sich entzweit ist – als an sich und für sich. Obwohl es selbst in seinem Tun als diese Macht aufgetreten ist, ist es nicht imstande, diese Macht als *auch* seine eigene in Besitz zu nehmen. Als entzweit ist dieses Bewußtsein nicht völlig in sich. Sein Ansich ist ihm deswegen anders; es liegt im Jenseits. Infolgedessen schreibt es die Macht dem Jenseits seiner selbst zu. Damit verkennt es sich selbst und verpaßt das, worauf es Anspruch hat, nämlich seine Selbständigkeit, die auch in der Tat von der Wirklichkeit freigegeben und bestätigt war. Sobald es seine aktuelle Verbundenheit mit dieser Wirklichkeit und seine Mitwirkung an ihrem Prozeß verleugnet, wird die jenseitige Macht zur absoluten Macht. Gegen diese absolute Macht bleibt dem Bewußtsein nur die Haltung der Dankbarkeit übrig. Danken ist eigentlich ein doppeltes Aufgeben: und besagt, daß „... die Befriedigung des Bewußtseins seiner *Selbständigkeit* sich *versagt*, und das Wesen des Tuns von sich ab dem Jenseits zuweist." (PhG152) Dadurch gewinnt das Bewußtsein eine Einheit mit dem Unwandelbaren, aber die ist wieder mit Trennung affiziert: „und es tritt aus ihr der Gegensatz des Allgemeinen und des Einzelnen wieder hervor." (PhG152) Dieser Gegensatz besitzt aber eine neue Qualität. Er ereignet sich auf einer neuen Ebene, auf der das Bewußtsein seine Individualität als wirklich behaupten kann.

Nun tritt eine tiefere Bedeutung des Tuns dieses Bewußtseins ans Licht. Obwohl es seine Selbständigkeit verleugnete, muß diese Selbständigkeit von ihm doch anerkannt werden: „denn *es ist* Begierde, Arbeit und Genuß gewesen; *es* hat als Bewußtsein *gewollt, getan und genossen.*" (PhG152) Auch sein Danken ist sein individuelles Tun, und zwar trotz des Anscheins der vollen Ohnmacht. Und das ist genau der Punkt; sein Tun besitzt Tatsächlichkeit. Es ist aus ihm als Individualität entsprungen und von ihm realisiert. Trotz der intensiven Entzweiung findet hier bei diesem Bewußtsein eine Selbstrekognition statt. Die Struktur dieser Rekognition ist sehr interessant. Warum findet die Umkehr erst jetzt statt und nicht während der Arbeit und der Begierde? Die Antwort muß folgendermaßen lauten: ein so tief entzweites Bewußtsein kann nicht in Arbeit und Begierde mit sich ausgesöhnt werden. Dennoch bleibt ihm sein Tun treu. Sein Tun weist eine sich kumulierende Tatsächlichkeit auf; wenn dann das Bewußtsein am Ende einer Handlungssequenz die Frucht und Bedeutung dieser Sequenz allein dem Jenseits zuschreibt und diese Haltung in seiner Dankhaltung befestigt, genau dann schlägt sich das Tun durch und hebt die Selbständigkeit dieses Bewußtseins selbst hervor. Das Moment des Denkens enthält, als Vollendung der Ohnmacht, die Umkehrung der Ohnmacht in sich und die Freilegung der Individualität. Das Kumulative am Tun gipfelt in Dank und befreit damit das Bewußtsein von der Entfremdung seines eigenen, unmittelbaren Vergessens. (PhG152) Obwohl das Bewußtsein sich nun wieder im Gegensatz zum Allgemeinen befindet, ist es nun imstande, sich als tuende Individualität ihm *gegenüberzusetzen.* Es ist tatsächlich selbständig geworden.

Das Bewußtsein ist selbständig und ist in sich zurückgegangen. Umso überraschender ist es dann, daß das Bewußtsein sich in dieser dritten Erfahrungsphase für nichtig gegenüber dem allgemeinen Wesen hält. Wie ist dieser Übergang zu erklären? Wie schlägt die anerkannte Selbständigkeit plötzlich in *Nichtigkeit* um? Das Bewußtsein glaubte bisher, daß es dem Unwandelbaren alles zu verdanken hat. Nun ist das Bewußtsein dem Unwandelbaren gegenüber selbständig geworden; es muß aber diese Selbständigkeit allererst besitzen und vollziehen. Angesichts der tiefen Entzweiung dieses Bewußtseins ist es verständlich, daß es diese positive Tatsache nicht kreativ aufnimmt, sondern gegen sich selbst negativ wendet. Der Ausweg ins Jenseits besteht nicht mehr, deswegen greift dieses Bewußtsein nun seine eigene Selbständigkeit an. Das Bewußtsein nimmt seiner Arbeit und seinem Genuß allen allgemeinen Inhalt und Bedeutung. Es reduziert beide auf Einzelheit und will sie als nächstes vernichten. Diese Vernichtung ist aber nicht so leicht vollziehbar, weil die vernichtende Haltung, wie Hegel scharf klarstellt, anstatt auf einen Nullpunkt gelangen zu können, eigentlich auf die Kleinigkeiten, die es vernichten will, fixiert bleibt: Es heißt „das Bewußtsein, da es sich ihn (Feind) fixiert, vielmehr statt frei davon zu werden, immer dabei verweilt." (PhG153) Dies ergibt dann eine sich bebrütende, unglückliche und ärmliche Persönlichkeit.[68] Das Bewußtsein verliert sich aber in dieser Negativität, und zwar genau nicht deswegen, weil seine Verbundenheit mit dem Unwandelbaren nicht gelöscht ist. Ironischerweise ist es gerade seine Verbundenheit mit dem Unwandelbaren, die ihm diesen Vernichtungsversuch erst möglich gemacht hat; es „ist *vermittelt* durch den Gedanken des Unwandelbaren und geschieht in dieser *Beziehung*." (PhG154) Dies wird unerwarteterweise seine *Einheit* mit dem Unwandelbaren eventuell ermöglichen.

„Diese mittelbare Beziehung ist hiemit ein Schluß." (PhG154) Dieser Schluß[69] hat eine Mitte, die das unwandelbare Bewußtsein auf das unwesentliche Bewußtsein bezieht und umgekehrt. Diese Mitte vermittelt sie miteinander und schließt ihre Beziehung zusammen. Diese Mitte ist nicht neutral, sondern „ist selbst ein bewußtes Wesen ... der gegenseitige Diener ..." (PhG154) Wie kommt es, daß ein Diener, ein Vermittler, nun plötzlich hier auftaucht? Wird damit nicht das strenge Gleichgewicht in der Struktur des unglücklichen Bewußtseins zugunsten der Anführung eines außenstehenden Anderen aufgelöst? Ist die Bewegung dieses Bewußtseins damit in das bloß gesellschaftliche Nebeneinander eingeschleppt? Obwohl diese Fragen völlig berechtigt sind, sind sie dennoch etwas voreilig; denn so plötzlich und überraschend ist die Anwesenheit des Vermittlers gar nicht. Zwei Gründe können das belegen. Zunächst ist es im konkreten Bezug auf den näheren Kontext klar, daß die Bewegung dieses Bewußtseins selbst eine *Mitte* in sich aufgedeckt hat. Das *kam* durch den Vernichtungsversuch ans Licht. Dies deutet daraufhin, daß zwischen den zwei Extremen eine verborgene Einheit steckt.[70] Während der drei Erfahrungsphasen ist die Selbständigkeit des Bewußtseins und die differenzierte Nähe bzw. Immanenz des Unwandelbaren ständig gewachsen. Zweitens muß an den Schlüsselsatz der ganzen Selbstbewußtseinsgestalt erinnert werden: „Es ist ein *Selbstbewußtsein für ein Selbstbewußtsein*." (PhG127) Seine konkrete Entfaltung und Thematisierung hat Kampf, Konflikt und Widerspruch ausgelöst. Die Anwesenheit des anderen Selbst ist für die Artikulation der eigenen Selbstpräsenz bzw. für die Selbstidentitiät keineswegs belanglos, sondern er ist ein Anderer, der die innere Struktur und Dynamik der Selbstspaltung kennt. Der Andere ist in der Selbstbewußtseinsgestalt dann immer anwesend.

Der Vermittler spielt eine wichtige Rolle in der Vollendung dieser Bewußtseinsgestalt und im Übergang in die Vernunft. Durch den Vermittler befreit sich dieses Bewußtsein „von dem Tun und Genusse als *dem seinen*; es stößt von sich als *fürsich*seienden Extrem das Wesen seines *Willens ab* ..." (PhG154) Dadurch läßt dieses Bewußtsein seine Schuld und seine Freiheit fallen. Es verzichtet sogar auf die Wirklichkeit seiner Arbeit und seines Genus-

[68] Die Art von *attention*, welche ein Bewußtsein enthält, ist genau die Art, nach der es sich jeweils verwirklicht.

[69] Vgl. dazu Flay 1984, S. 110ff.

[70] Vgl. Lauer 1976, S. 123. Er meint, daß die zwei Extreme voneinander so entfernt sind, daß sie nur durch einen Vermittler zu vereinigen sind. Lauers Interpretation trifft hier nicht zu. Sie ist abstrakt und beachtet nicht die innere Entfaltung der Bewußtseinsbewegung, was zur Folge hätte, daß der Vermittler äußerlich bleiben müßte.

ses. Scheint es aber nicht so, als habe der Vermittler seine Rolle als einer, der in der Mitte steht, überschritten? Es ist klar, daß das Bewußtsein dauernd dazu geneigt hat, sich zugunsten des Unwandelbaren aufzuopfern. Findet diese Tendenz nicht jetzt seine Vollendung in der Arbeit des Vermittlers? Dies zeigt wohl, daß der Vermittler kein Fremder ist. Aber ist er deswegen nicht eher der vollendete innere Feind? Diese Einwände sind fehl am Platz, weil das Aufopfern hier eine qualitative Differenz zu den früheren Momenten aufweist. Durch die Mitwirkung des Vermittlers ist dieses Bewußtsein zu seinem tiefsten Inneren durchgedrungen. Der Vermittler ermöglicht es ihm, sein Selbst zu sammeln und sich als Ganzes aufzuopfern. „Es hat die Gewißheit, in Wahrheit seines *Ich* sich entäußert ... zu haben.“ (PhG155) Damit ist es über die äußerste Grenze des Selbstbetrugs hinausgekommen. Seine tiefsitzende Fixierung auf sich selbst ist aufgelöst. Sein Aufopfern ist dann nicht, wie zuvor, die Verkennung einer nötigen Selbstbestätigung, sondern ein völliges und echtes Selbstopfern. Das Bewußtsein hat den Grund seiner Freiheit sowohl innerlich als äußerlich aufgegeben. (PhG155) Die Mitwirkung des Vermittlers versichert auch, daß dieses Selbstopfern nicht einseitig ist. Es ist objektiv. Und gerade hier wird klar, daß der Vermittler doch seiner Rolle als Mitte treu geblieben ist.

Der Vermittler absorbiert weder die Extreme in sich, noch entwickelt er das eine und verdrängt das andere. Der Vermittler will nichts für sich. Zu bedenken ist auch die Tiefe dieser Selbstspaltung; sie wäre in der Tat nur als eine extreme Selbstradikalisierung zu lösen bzw. zu verwandeln. „Jene Aufopferung des unwesentlichen Extrems war aber zugleich nicht ein einseitiges Tun, sondern enthielt das Tun des andern in sich.“ (PhG155) Früher haben wir bemerkt, wie das Tun eine sich kumulierende Tatsächlichkeit aufwies und wie es so die Selb-ständigkeit der Individualität gegen das Unwandelbare bewahrte. Nun spielt das Tun wieder eine entscheidende Rolle in Vollendung, Versöhnung und Verwandlung dieser Gestalt. Durch die Mitwirkung des Vermittlers ist das Bewußtsein in seinem Selbstaufopfern über die Grenze seines individuellen Willens hinausgegangen und begreift nun seine Teilnahme am „allgemeinen Willen“. Seine Wirklichkeit als individuelles Bewußtsein zeigt sich im Tun in Harmonie mit dem Allgemeinen: „Diese *Einheit* des Gegenständlichen und des Fürsichseins, welche im *Begriffe* des Tuns ist, und welche darum dem Bewußtsein als das Wesen und *Gegenstand* wird.“ (PhG156) Die Versöhnung des unglücklichen Bewußtseins ereignet sich dann in der Artikulation der Einheit und Zugehörigkeit des Gegenständlichen und des Individuellen; und das findet seinen Ausdruck gerade im Tun.

Mit diesem Durchbruch zu einer neuen Ebene stellt sich auch eine andere Frage: Ist das Auftreten des Vermittlers nicht ein Geständnis, daß die Vermittlung, wie sie als personale Vermittlung in dieser Arbeit ausgelegt wird, versagt hat? Tritt der Vermittler nur deswegen auf, weil die Vermittlung unfähig geworden ist, ihre eigenen Spannungen weiter zu entfalten? Nein. Wir haben schon die Entfaltungslinie von der inneren Bewegnung des Bewußtseins über seine selbst erzeugte Mitte bis zum Vermittler erläutert. Als wirklich handelnd kann das Bewußtsein die Präsenz und Mitwirkung des Vermittlers aufnehmen. Und am Vollendungsmoment dieser Gestalt läßt es sich klar sehen, daß der Vermittler nicht nur innerlich zum Vermittlungsprozeß selbst gehört, sondern daß er es dem Bewußtsein ermöglicht, eine neue Ebene in dem vielschichtigen Prozeß der Vermittlung zu erreichen.[71] Der Vermittler ist dann weder ein fremder Anderer noch das Unwandelbare noch das Wandelbare. Er trägt in sich bereits die versöhnenden Züge der Vernunft und kann deswegen das Unwandelbare und das Wandelbare miteinander vermitteln. Das Tun des Bewußtseins ist dann weder privat noch vergänglich: „Aber in diesem Gegenstande, worin ihm sein Tun und Sein, als dieses *einzelnen* Bewußtseins, Sein und Tun *an sich* ist, ist ihm die Vorstellung der *Vernunft* geworden.“ (PhG156) Für die Individualität des Selbstbewußtseins als einem Daseienden ist dies ein Moment, in dem seine Affinität mit dem allgemeinen Tun und Sein und seine eigene Identität als zusammengehörend explizit werden.[72]

[71] Vgl. Loewenberg S. 111: „The proper balance between differentiation and unification is precisely what reason aims at when reason is conceived as dialectical.“
[72] Vgl. Heinrichs 1974, S. 218. In bezug auf das Ergebnis der Selbstbewußtseinsgestalt spricht er von einer „*Proportion* von Idealität und Realität.“

10. Vernunft – Gewißheit und Wahrheit der Vernunft: Die Einschränkung der Vernunft im Idealismus

Die Qual des unglücklichen Bewußtseins bestand darin, daß es in seine beiden Extreme auseinandergerissen war. Sein Wesen lag im Jenseits und seine Individualität in der Kontingenz des Diesseits. Das Ergebnis seines Leidens ist es, seine Individualität bis ins äußerste Extrem seiner selbst fortentwickelt zu haben. Nun gilt dies als ein wirkliches Bewußtsein, welches das Negative seiner selbst ist. (PhG157) Aber gerade als Negatives seiner selbst hat es sein Bestehen auf sein Fürsichsein aufgegeben. Dadurch erreicht es eine Einheit mit der Gegenständlichkeit: „... darin ist es für es auch seine *Einheit* mit diesem Allgemeinen geworden, welche für uns, da das aufgehobene Einzelne, das Allgemeine ist, nicht mehr außer ihm fällt." (PhG157) Die Erfahrungsdistanz zwischen Allgemeinheit und Individualität ist aufgehoben.[1] Die Individualität ist nicht mehr einseitig; und das Unwandelbare liegt nicht mehr in der Ferne des Jenseits. Ihre Einheit ereignet sich nicht an einem Ort oder in einem Verhältnis, sondern sie fällt im Bewußtsein. Die Individualität jenes verwandelten Bewußtseins selbst ist das Allgemeine. Gerade diese Einheit macht sein Wesen aus. Sein Wesen ist dann völlig wirklich und lebendig. Für das Bewußtsein ist seine Negativität dann weder zerstreuend noch auflösend; vielmehr hält sie die Negativität am Bestehen. Dieses Bewußtsein weiß sich als diese Einheit; damit ist der Schritt aus dem unglücklichen Bewußtsein in die Vernunft vollzogen. Die Vernunftgestalt folgt organisch aus der Entfaltung des unglücklichen Bewußtseins. Es ist daran festzuhalten, daß Vernunft keineswegs die Tilgung seiner Extreme ist. Vernunft ist vielmenr fruchtbares Ergebnis dieser Extreme.

„Damit, daß das Selbstbewußtsein Vernunft ist, schlägt sein bisher negatives Verhältnis zu dem Anderssein in ein positives um." (PhG157) Beim Eintritt in die Gestalt der Vernunft geschieht eine neue Bewertung des Andersseins.[2] An dieser Stelle ist es wichtig zu betonen, daß Selbstbewußtsein von vornherein sich in und mit dem Anderssein zu entfalten und zu thematisieren versucht. Auch wenn das Verhältnis beider schwierig war, blieb es immer noch ein Verhältnis, eine Verbundenheit. Der Stoizismus hat versucht, sich aus dem Anderssein zurückzuziehen; der Skeptizismus wollte es negativ beherrschen. Das unglückliche Bewußtsein ergab sich dann als in sich introvertiert und negativ. Durch die Mitwirkung des Vermittlers konnte das Selbstbewußtsein diese zunehmende Introversion in der zweiten Hälfte seiner Gestalt überwinden. In der

[1] Vgl. Labarrière 1968, S. 95–96: „L'individu singulier s'est égalé en effet à la réalité universelle, grace à son assomption médiate dans l'Immuable absolu."

[2] Scheier S. 157, sagt in bezug auf das Bewußtsein auf dieser Ebene: „die Sachhaltigkeit seines Vorstellens ist nicht mehr die nur unmittelbare oder nur vorausgesetzte Selbständigkeit des Gegenstands, sondern aufgehobene Fremdheit, von der Negativität des Selbstbewußtseins durchdrungene Selbständigkeit oder Realität."

ersten Hälfte hat die Anwesenheit des Anderen im Kampf und im Herr-Knecht-Verhältnis eine große Rolle gespielt; dort war die Innerlichkeit allerdings nicht so intensiv entfaltet wie in der zweiten Hälfte. Allerdings wurde mit der Intensivierung der Innerlichkeit der Andere beiseite geschoben. Diese Spannung im Selbstbewußtsein wurde weiter dadurch gesteigert, daß es sich nicht bloß um Andersheit in einem gesellschaftlichen Sinne handelte, sondern um eine dreifache Andersheit, welcher angemessen Rechnung getragen werden muß: der eigenen Andersheit, der Andersheit des Anderen und der der Wirklichkeit selbst. Hier liegt der Schlüssel zur Signifikanz der Vernunftgestalt auf der Hand. Vernunft besagt, daß die fortentwickelte Selbstheit und die fortentwickelte Andersheit strukturell identisch sind; sie gehören engstens zusammen. Die Identität des Bewußtseins vollzieht sich in Affinität mit der Verschiedenheit: „Aber als Vernunft, seiner selbst versichert, hat es die Ruhe gegen sie (die Welt und seine eigene Wirklichkeit) empfangen und kann sie ertragen". (PhG157)

Vernunft ist eigentlich die kumulative Fortentwicklung der Bewußtseins- und Selbstbewußtseinsgestalten. Mit dem Eintritt in die Vernunft erreicht das Bewußtsein eine tiefere Ebene der Vermittlung.[3] Wir erinnern uns, daß das Bewußtsein gerade durch sein Tun seinen Weg in die Vernunft gewonnen hat. Nun *handelt* es als *wirkliches* Bewußtsein in der *Welt*.[4] Diese neue wirkliche Welt ist engstens mit der Natur diese Bewußtseins verknüpft. Bisher war seine Erfahrung immer von der Gefahr des Verschwindens immer wieder bedroht; nun ist das zu Ende: „denn ihr Bestehen *wird ihm seine eigene* Wahrheit und *Gegenwart*: es ist gewiß, nur sich darin zu erfahren." (PhG158) Was bedeutet diese neue Vermittlungsebene? Wie unterscheidet sie sich von den früheren? Oben haben wir erklärt, daß Personsein als Vermitttlung der Individualität und der Allgemeinheit durch- und ineinander sich nicht zur einzigen Mitte der Wirklichkeit machen darf.[5] In der größeren Perspektive der Vernunft kommt dies klarer zum Vorschein. Das bedeutet, daß die Anderen und die Wirklichkeit selbst nun ihrerseits als vermittlungsfähig klarer hervortreten können.[6] Nur in einem solchen Zusammenhang ist Person als Vermittlung aufstellbar. Bei der Vermittlung geht es sowohl um die Differenziertheit und Selbstheit der Verschiedenheit als auch um die des Personseins. Vermittlung ist weder belie-

[3] Sowohl die eigene Identität des Bewußtseins als auch seine Affinität mit der Verschiedenheit vertiefen und intensivieren sich gegenseitig.

[4] Vgl. Heinrichs 1974, S. 223. „Die Vernunft der PhG ist Proportion in eben dem Sinne, daß sie das Andere ihrer selbst als ebenso ideell und reell weiß wie sich selbst."

[5] Diese Gestalt heißt Vernunft, und zwar deswegen, weil in ihr die Selbständigkeit der Andersheit und die Tatsache, daß diese Andersheit ebensosehr für das Bewußtsein ist, gleichzeitig artikuliert werden.

[6] Die Tatsache, daß die Vernunft innerhalb der Reihe der Gestalten des Personwerdens vorkommt, verleiht der Vernunft als Allgemeinheit eine besondere personale Qualität. Vgl. dazu auch Dieter Henrich, Selbstverhältnisse, S. 93: „Wenn sich also Vernunft aus Selbstbewußtsein ableiten lassen sollte, so wäre damit auch gezeigt, daß ihre Allgemeinheit ganz anders beschaffen ist als die spezifische Differenz einer Artbestimmung."

big noch deterministisch. Wenn Vermittlung nicht der *Grundrhythmus* der Wirklichkeit wäre, müßte die Person ihre Individualität und Allgemeinheit durch Gewalt zur Vermittlung zwingen. Das muß sie aber nicht tun, und zwar gerade deswegen, weil die Verschiedenheit selbst auch die sich bewegende Struktur der Allgemeinheit und der Einzelheit aufweist.[7] Gerade deswegen steht die Person als Vermittlung in Kontinuität mit dem *Grundrhythmus* und mit der Grundstruktur der Wirklichkeit. Beide gehören zusammen; sie sind zwei Seiten der einen Bewegung.[8]

Die Entfaltung und die Thematisierung des Bewußtseins ist zugleich eine Entfaltung und Thematisierung der Verschiedenheit. Gerade hier ist der Ursprung der Artikulationsfähigkeit der Person zu suchen. Faszinierend ist die Art und Weise, nach der Hegel dieser korrelativen Spannung Rechnung trägt. Das Bewußtsein verhält sich in der ersten Gestalt zu einer sinnlichen Verschiedenheit; sinnliches Bewußtsein thematisiert zunächst eine sinnliche Allgemeinheit, dann versucht es eine Einzelheit aufzufassen. Das ergab das Allgemeine der Wahrnehmung. Wahrnehmendes Bewußtsein versuchte dann die Einheit und Vielheit des Dinges zusammenzuartikulieren. Verstehendes Bewußtsein konnte dann schließlich die Schlüsselverbindung zwischen dem Fürsichsein des Dinges und seines Seins für andere artikulieren. Die Selbstheit dieses „innerlichen Unterschieds" und die Unterschiedenheit bzw. Selbstheit des eigenen Bewußtseins artikulierten sich im gleichen Vollzug. Der Akzent wurde im Ablauf der Selbstbewußtseinsgestalt dann auf die Innerlichkeit dieser Selbstheit und die Anwesenheit der anderen Selbste gelegt: „das Ansich nur ist ... insofern es *für* das Bewußtsein ... ist." (PhG158) Dies wurde dann durch die Mitwirkung des Vermittlers und das Tun dieses Selbstbewußtseins wieder an den größeren Vermittlungsrhythmus der Verschiedenheit geknüpft. Weil die eigene Andersheit, die des Anderen und die der Wirklichkeit nun entsprechend korrelativ fortentwickelt sind, ist die Zeit reif für den Eintritt in die Vernunft.

Vernunft ist hier also nicht mit einer Haltung oder Fähigkeit des Bewußtseins gleichzusetzen. Vernunft geht viel tiefer; sie ist eine umfassende und selbständige Gestalt des Bewußtseins. Sie ergibt sich organisch aus der bisherigen Erfahrung.[9] Der Auftritt einer neuen Gestalt entspricht nicht dem Vorhandensein

[7] Eine Wirklichkeit, die aus lauter Einzelheiten bestünde, wäre atomistisch; und das Umfassen eines solchen empirischen Atomismus liefe ferner nur auf Rationalismus hinaus. Wie Hegel richtig sah, muß die Verschiedenheit der Wirklichkeit in sich gründen und von sich her differenziert werden.

[8] Der Rhythmus der Verschiedenheit *als* vermittelnd enthält den Schlüssel zum Geheimnis des Ursprungs des Personseins und seiner Essenz als vermittelnd.

[9] Eine entscheidende Fortentwicklung ist dabei, daß die Vernunft weit über den Verstand hinausgekommen ist; entscheidend ist allerdings, daß diese Vertiefung sich in und durch Erfahrung in den Bewußtseinsgestalten vollzieht. Damit ist die Kontinuität beider bewahrt. Sie sind dann keine äußerlichen Werkzeuge, die *auf* Erfahrung *anzuwenden* wären, sondern Weisen innerhalb der Fortentwicklung der Erfahrung selbst, wodurch sie tiefergreifende Selbstartikulation anstrebt. Dies wird von Solomon 1974 völlig übersehen.

einer neutralen fertigen Tatsache. Der Auftritt ist ein Ereignis, ein Geschehen; und die Gestalt muß, gerade als eine lebendige Bewußtseinsgestalt, sich selbst in Besitz nehmen. Dies tut sie durch ihre Entfaltung und Thematisierung. Auf diesem Erfahrungsweg will sie durch ihre Verwirklichung die Wahrheit ihrer selbst anstreben. Der Weg ist mühselig und schwierig. Es kann geschehen, daß eine Gestalt ihre Möglichkeiten einseitig oder verkehrt aufgreift. Und genau dies tut die Vernunftgestalt am Anfang. Sie entfaltet und thematisiert sich als *Idealismus*. Das vernünftige Bewußtsein ist sicher, „daß alle Wirklichkeit nicht anders ist als es." (PhG157) Idealismus nimmt diese schwer gewonnene Affinität einseitig und quantitativ auf.[10] Die implizite Wahrheit dieser Affinität ist dadurch auf die Gewißheit reduziert: „diese unmittelbar auftretende Vernunft tritt nur als die *Gewißheit* jener Wahrheit auf. Sie *versichert* so nur, alle Realität zu sein, begreift dies aber selbst nicht;" (PhG159)[11] Warum ist das Bewußtsein einseitig und unsicher geworden? Weil es seinen bisherigen Weg vergessen hat: „Das Bewußtsein, welches diese Wahrheit ist, hat diesen Weg im Rücken und vergessen, indem es unmittelbar als Vernunft auftritt." (PhG159) Seine Vergessenheit ist demnach eine entscheidende Selbstbeschränkung.

Wenn die Entfaltung und Thematisierung des Bewußtseins nur konkret durch Erfahrung zu gewinnen ist, wie läßt sich dann ein Vergessen dieser Erfahrung selbst erklären? Macht dieses Vergessen die intime Verbindung zwischen dem bewußten Selbst und seiner Erfahrung nicht fragwürdig? Oder ist es anstatt eines Vergessens der Erfahrung eher ein *Selbst*vergessen? Zur Beantwortung dieser Fragen muß zunächst festgestellt werden, an welchen Stellen der PhG das Vergessen vorkommt: Es kommt immer wieder dort vor, wo eine neue Phase, eine neue Gestalt mit sich selbst vertraut zu werden versucht. Das Sich-in-Besitz-Nehmen einer neuen Gestalt fängt zunächst immer unmittelbar an. Das Vergessen ist also immer mit der Unmittelbarkeit des Neuen verbunden.[12] Daß die neue Gestalt eine solche Unmittelbarkeit aufzeigt, weist aber gerade ihre Selbstheit auf. Beim Eintritt in eine neue Gestalt ist das Sich-Entfalten des Bewußtseins seinem Sich-Thematisieren einen Schritt vorausgegangen. Nur eine weitere Selbstthematisierung stellt den Ausgleich wieder her. Das Vergessen ist nur einem Selbst möglich. Das Vermögen des Vergessens ist nicht einer Tatsache oder einem Gedankengang zuzuschreiben. Vergessen ist der Wesenszug eines Selbst und zeigt die Selbsthaftigkeit des Bewußtseins in der PhG auf; „jener vergessene Weg" ist sein bisheriger Erfahrungsweg. (Vgl. PhG159) Es ist aber kein Faktum oder Ereignis, welches dieses Bewußtsein

[10] Dieser Anfang der Vernunft erinnert an den Anfang der PhG überhaupt, wo die sinnliche Gewißheit sicher war, die wahrhafteste Erkenntnis zu sein. Sie hat eine sinnliche Allgemeinheit *behauptet*; Vernunft *behauptet* nun eine denkende Allgemeinheit.

[11] Die Betonung der Gewißheit und Versicherung verweisen auf die verdrängte Affinität des Idealismus und belegen unsere frühere Behauptung, daß die Transzendentalphilosophie eine dauernde Unsicherheit Erfahrung gegenüber aufweist. Vgl. oben Kapitel 4.

[12] Die Unmittelbarkeit am Anfang einer neuen Gestalt ist keineswegs mit einer Indifferenz ihrer Entstehung gegenüber gleichzusetzen.

vergißt, sondern es vergißt sich selbst, und dies gerade, weil es sich in und durch Erfahrung artikuliert und entfaltet.

Obwohl die neue Gestalt- bzw. Erfahrungsphase in einem gewissen Sinne von der Selbstvergessenheit der Vernunft hervorgebracht ist, ist es wichtig, daran festzuhalten, daß die Erfahrungen, die deswegen möglich werden, *nicht* Erfahrungen sind, die bereits gemacht worden, aber vergessen sind. Vielmehr ist es eine Vergessenheit, in der das Bewußtsein vergißt, *wer* es eigentlich sei. Sein *Selbst*vergessen ist genau deswegen eine solche Beschränkung; und der Idealismus ergibt sich aus einer solchen Vergessenheit. An Vergessenheit leidend, kann der Idealismus sich überhaupt nicht darstellen; er hat nur den Status einer Behauptung.

Der Idealismus versucht sich auszudrücken, verrät aber damit seine Einseitigkeit. Er spricht sich als eine reine Versicherung, eine reine Gewißheit aus und tritt damit gegen andere gleichwertige Gewißheiten auf. Sie sind ebenso verloren wie er. Jede besteht auf ihrer eigene Wahrheit. Wenn die idealistische Vernunft sich als die wahrhafteste von ihnen behauptet, erkennt sie ihr Anderssein für sich an; damit reduziert sie sich und erhält nur einen Platz neben den anderen Gewißheiten. Als einzelne Gewißheit kann sie den allgemeinen Anspruch, die Wahrheit zu sein, nicht erheben.[13] Noch fataler ist aber die Tatsache, daß dieser Idealismus in seiner Vergessenheit eine schon durchdifferenzierte und durchartikulierte Affinität verkennt oder verdrängt. Dies hat zum Ergebnis, daß das einfache Bewußtsein und das selbständige Ansich einander wieder gegenüberstehen. Damit verliert das Ich seine Dichtheit und wird zur „einfachen Kategorie" verflacht. (Vgl. PhG160) Seine innere Verbundenheit mit dem Sein wird in die Äußerlichkeit gezogen. Ihre einheitliche Differenz wird auf eine einfache Einheit reduziert. Und das ist das Kernproblem bei einem solchen einseitigen Idealismus; er kann nicht kreativ mit Andersheit umgehen. Die tiefsitzende Affinität der Andersheit mit dem Bewußtsein bleibt ihm verhüllt. Diese Einheit muß demnach *den Unterschied* an sich haben: „denn ihr Wesen ist eben dieses, im *Anderssein* oder im absoluten Unterschiede unmittelbar sich selbst gleich zu sein." (PhG160) Der schlechte Idealismus macht diesen Unterschied „vollkommen durchsichtig". Andersheit wird zur Transparenz herabqualifiziert.[14]

Weil Idealismus einen Allgemeinheitsanspruch erheben möchte, muß er, trotz der Einfachheit der Ich-Kategorie, irgendeine Vielheit zulassen.[15] Weil er aber den inneren Unterschied transparent gemacht hat, kann sich nur eine oberflächliche Vielheit der Kategorien daraus ergeben. Die Plötzlichkeit, mit wel-

[13] Diese verlorenen Gewißheiten sind von der vermittelnden Einheit der Allgemeinheit und von der Einzelheit abgesondert. Die Differenz, die jede hat, ist einzelhaft und nicht artikulierend.

[14] Vgl. dazu Fink S. 216.

[15] Der Allgemeinheitsanspruch der Vernunft bzw. der Rationalität läßt sich nur sehr schwierig artikulieren oder begründen. Daß Rationalität „ein prinzipiell offenes Konzept" sei und daß „das Konzept ‚Begründung' eine hinreichend vollständige Explikation von ‚Rationalität' nicht zu tragen vermag", zeigt Schnädelbach 1987, S. 81–83.

cher diese Kategorien auftreten, ist verdächtig. Mit diesen zwei Bestimmungen der Kategorien hört die Rede von Dingen auf, nämlich von solchen, die gegenüber dem Bewußtsein ein eigenes Anderssein hätten. Was geschieht, ist, daß dieses reine Bewußtsein zwischen der einfachen Kategorie und den vielen Kategorien hin- und hergetrieben wird. Damit sich die reine Ur-Kategorie als solche behaupten kann, muß sie ihre Vielheit aufheben. Dadurch macht sie sich zur „*negativen Einheit* der Unterschiede". (PhG161) Als eine solche negative Einheit schließt sie sowohl die Unterschiede als solche als auch ihre eigene erste Unmittelbarkeit von sich aus. Damit macht sie sich zu einer neuen Kategorie: „*Einzelheit*". Als eine solche Einzelheit ist sie ausschließendes Bewußtsein. Dadurch sollte sie nun ein echtes Anderssein ihr gegenüber haben. Dies hat sie aber nicht, weil das Anderssein eigentlich nur die Wechselmomente der ersten Kategorien ist. Es bleibt innerhalb dieses Bewußtseins selbst. „Jedes dieser verschiedenen Momente verweist auf ein anderes; *es kommt aber in ihnen zugleich zu keinem Anderssein.*" (PhG161)
Das idealistische Bewußtsein bleibt in seinem eigenen Kreis gefangen.[16] Einmal ist es das Hin- und Hergehen; es durchläuft alle seine Momente und hat in ihnen das Anderssein, das im Erfassen sich aufhebt. Das nächste Mal ist es „die *ruhige*, ihrer Wahrheit gewisse *Einheit.*" (PhG162) Für diese Einheit gilt jene Bewegung als das Andere; für diese Bewegung gilt aber die ruhige Einheit als das Andere. Das Bewußtsein ist dieser sich wiederholende Verlauf. Diese Wiederholung im Idealismus entsteht aus der Distanz von der Andersheit, welcher der Idealismus selbst erzeugt. Weil er in dieser Äußerlichkeit verloren ist, fehlt ihm das innere Artikulationsvermögen der echten Vermittlung. Er bleibt deswegen nur Behauptung. Das zeigt wieder ein Hauptanliegen der PhG, welches sich hier gegen schlechten Idealismus durchsetzt; genuines Bewußtsein steht nämlich in seinem eigenen Werden in engster und kreativer Affinität mit der Verschiedenheit. Seine Differenziertheit und Differenzierungen sind deswegen standhaft und neu und entgehen der Einseitigkeit und der Wiederholung.
Hegel greift aber tiefer und demaskiert einen weiteren Widerspruch in diesem Idealismus. Er zeigt, wie sein leerer Subjektivismus von einem groben Empirismus begleitet werden muß.[17] Dieser Idealismus ist sehr leichtfertig. Er reduziert die Dinge auf Vorstellungen, die den Allgemeinheitsanspruch von diesem Idealismus artikulieren und befestigen sollen. Sie sollen sein quantitatives In-Besitz-Nehmen der Realität aufweisen. Das Sein wird zum *Mein* seines Bewußtseins. Das *Mein* ist aber leer.[18] Deswegen muß es gleichzeitig absoluter Empirismus sein: „denn für die *Erfüllung* des leeren *Meins*, das heißt für den

[16] Vgl. dazu Fink S. 218. „Das Ich als einfache Kategorie ist das monistisch gedachte Prinzip der Subjektivität."
[17] Interessant ist, wie die Transzendentalphilosophie auch in ihrer verfeinerten, logischen Form die Spaltung zwischen Erfahrung und Denken nicht zu schließen vermag. Ein Zugeständnis dessen und ein Vorschlag zu ihrer Überwindung durch einen Rückgriff auf Hegel findet sich bei Hartmann 1977, S. 54.
[18] Vgl. dazu Findlay 1976, S. 104.

Unterschied und alle Entwicklung und Gestaltung desselben bedarf seine Vernunft eines fremden Anstoßes ..." (PhG162) Dies ist genau die Grundschwierigkeit von diesem Idealismus; der Anstoß muß fremd bleiben. Er ist im Zwiespalt; er behauptet, er sei alle Realität und gleichzeitig stehe ihm ein indifferentes, fremdes Draußen gegenüber. Er ist in eine schlechte Unendlichkeit geraten. Sein Wissen vom Anderssein gleicht den früheren Stufen des Meinens, des Wahrnehmens und des Verstehens. Diese abstrakte Vernunft ist aber nicht eine reine Wiederholung dieser Gestalten, weil „die für sie ... selbst keine Wahrheit haben." (PhG163)[19] Für sie ist die Einheit der Apperzeption die Wahrheit des Wissens, gleichzeitig kann sie aber von der regressiven Gewohnheit des groben Empirismus[20], welcher das Ding für das Wesen hält, nicht „ablassen".[21] Sie bleibt im Zwiespalt, ein unruhiges Suchen, welches seine eigene Befriedigung für unmöglich hält.

10.1 Beobachtende Vernunft: Das kreative Hindernis der Unmittelbarkeit

Dieses Bewußtsein will dann als wirkliche Vernunft konkret auf die Wirklichkeit eingehen. Dazu nimmt es das Meinen und das Wahrnehmen, die schon vorgekommen sind, in Anspruch. Um auf dieser Ebene seiner Entfaltung konkret nachgehen zu können, scheint ihm kein anderes Mittel zur Verfügung zu stehen. Dies gilt aber nicht als ein Rückfall in eine frühere Position noch als eine Wiederholung einer bereits gemachten Erfahrung. Das Meinen und das Wahrnehmen werden hier in einer neuen Perspektive verwendet. Vorher hat das Anderssein eine Äußerlichkeit und Distanz dem Bewußtsein gegenüber gehabt. Diese Distanz ist auf dem Erfahrungsweg zu einer Nähe geworden. Nun findet das Bewußtsein in diesem Anderssein die Entsprechung seiner selbst. Was *wir* früher einsehen konnten, begreift nun dieses Bewußtsein selbst. Vorher war das Bewußtsein passiv; nun stellt es selbst diese Beobachtungen an: die Vernunft legt es darauf an, die Wahrheit zu wissen, d.h. „in der Dingheit nur das Bewußtsein ihrer selbst zu haben." (PhG164) Deswegen hat diese Vernunft ein allgemeines Interesse an der Welt. Sie glaubt, sich überall präsent finden zu können. Interessant ist, daß Hegel ihr Streben nach der Thematisierung ihrer Präsenz in der Welt so ausdrückt: „sie sucht nur ihre eigne Unendlichkeit." (PhG164) Diese Vernunftgestalt wird zeigen, daß ihre Unendlichkeit kein quantitatives In-Besitz-Nehmen der Wirklichkeit ist, sondern die Zugehörigkeit von Individualität und Allgemeinheit. Es besagt auch, daß das Andere der Vernunft nicht ein atomistisches Zerstreutsein ist. Der Terminus „Ge-

[19] Das Vergessen dieser Vernunft führt dann nicht zu einem Rückfall auf frühere Ebenen, sondern zu Gewohnheitselementen dieser Ebenen, die im jetzigen Kontext wiederholt werden.
[20] Zu den negativen Konsequenzen dieses begleitenden Empirismus für die Vernunft und dem objektiven Idealismus vgl. Hösle S. 236–238.
[21] Zur *Gewohnheit* vgl. oben Kapitel 7.

genwart" weist darauf hin, daß die Aktivität der Vernunft nicht als eine einseitige Eroberung der Wirklichkeit zu denken ist.[22] Die Eigenheit beider wird völlig respektiert. Die innere Vollendung des vernünftigen Bewußtseins und die Thematisierung seiner Gegenwart in der Welt begleiten einander Schritt für Schritt. Die Vernunft „muß an ihr selbst vorher sich vollendet haben, um dann ihre Vollendung erfahren zu können." (PhG164)
Dieses Bewußtsein *beobachtet*, was auf sein konkretes Vorgehen verweist, aber gleichzeitig verrät, daß es vor allem die Gegenwart der Vernunft in sinnlicher Form sucht. Die Vernunft soll unmittelbar in den Dingen zu finden sein. Diese beobachtende Vernunft leidet dann an einer dreifachen Unmittelbarkeit. Sie tritt zunächst unmittelbar auf. Zweitens ist ihre Realität für sie das unmittelbare Sein. Drittens besteht nur eine unmittelbare Einheit zwischen dem Ich und diesem Sein. Eine solche Unmittelbarkeit kommt am Anfang jeder Gestalt vor. Wie ist diese Unmittelbarkeit zu beschreiben? Sie könnte als ein kreatives Hindernis beschrieben werden. Sie ist ein Hindernis in dem Sinne, daß in dieser Unmittelbarkeit das Bewußtsein noch nicht völlig bei sich selbst ist, obwohl beim ersten Blick die Unmittelbarkeit die Anwesenheit des Seins und die Selbstpräsenz des Bewußtseins zugleich zu artikulieren scheint. Sie ist kreativ in dem Sinne, daß das Bewußtsein sich durch seine Bewegung in diesem Medium seines eigenen Vermitteltseins bewußt wird. Und wie schon angedeutet, ist die Vermittlung der Unmittelbarkeit nicht die Eliminierung der Unmittelbarkeit, sondern ihre Vertiefung. Weil wir es mit einem selbsthaften Bewußtsein zu tun haben, ist kein Bruch zwischen Unmittelbarkeit und Mittelbarkeit festzustellen. Durch die Bewegung seiner Erfahrung wird das beobachtende Bewußtsein das Vermitteltsein der Dinge mit sich selbst erleben. Diese anfängliche Phase ist nur durch die Linse der Meinung gesehen. Das Tun der Vernunft widerspricht aber dieser Meinung, weil die Vernunft sich nämlich langsam als eine Tätigkeit der *Verwandlung* erleben wird. Sie verwandelt die Sinnlichkeit der Dinge in *Begriffe*. Für das Bewußtsein wird diese Erfahrung eine tiefgehende Selbstpräsenz hervorrufen: „das Resultat seiner Bewegung aber wird dies sein, für sich selbst dies zu werden, was es an sich ist." (PhG165) Diese Bewegung ist dann eigentlich die Konkretisierung der Vernunft.

10.1.1 Beobachtung der Natur: Vernunft sucht ihre Gegenwart

Unser Thema ist der Personbegriff als Vermittlung in der PhG. Wir haben ständig betont, daß es nicht nur um eine Vermittlung von Selbst und Anderem, sondern auch von Selbst und Selbst und von Selbst und Verschiedenheit geht. Im Gegensatz zu unserer bisherigen Betrachtungsweise werden wir nur kurz

[22] Vgl. dazu Lauer 1982, S. 259–260: „Consciousness is ‚reason' ... its *knowing* is its own *doing*, which is not to say that the real is not real, but that the knowing of it is the *activity* of spirit, not a *being-acted-upon*."

auf diese Erfahrungsphase eingehen, weil der Akzent in dieser Phase auf die Natur selbst gelegt wird. Obwohl die Kontinuität mit den bisherigen Gestalten gewahrt ist, spielt die Vermittlung der Natur und dieses vernünftigen Bewußtseins für eine intensive Entfaltung und Thematisierung dieses Bewußtseins keine so große Rolle. Dennoch möchten wir, um die Kontinuität der Auslegung zu wahren, der Struktur dieser Erfahrungsbewegung kurz nachgehen.

Entscheidend ist die Tatsache, daß Hegel hier weniger an einer philosophischen Wahrnehmung der Natur als an einer Kritik der unmittelbaren Vorgehensweise des beobachtenden Bewußtseins interessiert ist. Dies wird zunächst an dem Versuch dieses Bewußtseins klar, die Natur zu beschreiben. Das Beschreiben ist oberflächlich und zerstreut. Das beziehungslose Einzelding ist sein Gegenstand, und es ist deswegen in einer rastlosen Wiederholungsdynamik gefangen. (Vgl. PhG166) Das Beschreiben läßt sich dann verfeinern; Dinge werden danach klassifiziert, ob sie wesentliche oder unwesentliche Merkmale, durch die Dinge sich von einander unterscheiden, aufzeigen. (Vgl. PhG167) Grenzfälle werden dieses Klassifizieren erschweren, und das Bewußtsein steigt weiter zum Erklären empor. Anstatt nach Arten eingeteilt zu werden, werden die Dinge nun nach Gesetz und Hypothese erklärt. Vernünftiges Erklären erweist sich dann als tiefergreifend als bloßes Beschreiben. Dies ist eine kreativere Allgemeinheitsebene. Das Experiment tritt nun an die Stelle des Beschreibens. Die Gesetze tendieren aber dazu, immer abstrakter zu werden. Die Vernunft jedoch will diese Distanzierung vom Sinnlichen nicht. Sie will nun einen sinnlichen Gegenstand, der aber nicht an eine bestimmte sinnliche Form gefesselt ist. Das findet sie; es ist nämlich das *Organische*: „Es ist diese absolute Flüssigkeit, worin die Bestimmtheit, durch welche es *für anderes* wäre, aufgelöst ist ... und das Organische erhält sich daher in seiner Beziehung selbst." (PhG173) Im Gegensatz zum Unorganischen befindet sich die Vernunft beim Organischen eher zu Hause.

Beim Beobachten des Organischen verwendet die Vernunft den Begriff der Teleologie. Die teleologischen Zweckbegriffe kommen hier in zwei Formen vor. Die Anpassung von organischer Struktur an die Umwelt ist äußerlich teleologisch. Eine tiefere Teleologie ist aber die immanente Teleologie, nach der das Organische sich durch Veränderungen erhält und zu dem wird, was es eigentlich ist. Diese Art von Teleologie zeichnet die Selbständigkeit, innere Differenziertheit und Selbstdurchführbarkeit des organischen Werdens aus. Es ist „in der Tat der reale Zweck selbst; denn indem es *sich* in der Beziehung auf anderes *selbst* erhält, ist es eben dasjenige natürliche Wesen, in welchem die Natur sich in den Begriff reflektiert." (PhG175) In diesem Moment ist die Vernunft an der Schwelle der Selbstrekognition.

Wahr ist, daß der Vernunftinstinkt „*sich* darin findet, sich aber in seinem Funde nicht *erkennt*." (PhG176) Wieso gelangt die Vernunft nicht zu dieser Selbstrekognition? Wo verläuft die Grenze zwischen Sich-Finden und Sich-Erkennen? Zunächst darf nicht vergessen werden, daß diese Vernunft ihren Weg gerade durch die Unmittelbarkeit macht oder daß ihr Weg noch von einem hohen Maß an Unmittelbarkeit begleitet ist; deswegen spricht Hegel immer wieder von einem „Vernunftinstinkt". (Vgl. PhG166,169,171, 176,usw.) Und als Instinkt ist sich die Vernunft ihrer selbst immer noch nicht völlig bewußt. (Vgl. PhG173) Sie trägt einen Gegensatz in sich bzw. sie ist entzweit: „Der Vernunftinstinkt hingegen ist zugleich Selbstbewußtsein; aber weil er nur Instinkt ist, ist er gegen das Bewußtsein auf die Seite gestellt und hat an ihm seinen Gegensatz." (PhG177) Infolgedessen kann diese Vernunft sich in dem einheitlichen, zweckmäßigen Werden des Dinges nicht wiedererkennen. Sie trennt Zweck und Ding und objektiviert ferner den Zweckbegriff ins Äußerliche. Anders ausgedrückt, sie kann Ding und Begriff in ihrem Zusammensein nicht artikulieren. (PhG177) Sie kann die innere Bewegung des Organischen noch nicht als Begriff erfassen.[23]

Auch bei weiterer Differenzierung zwischen Innerem und Äußerem gelingt es der beobachtenden Vernunft immer noch nicht, das Organische zu begreifen.[24] Mit der Anführung der organischen Funktionen der *Sensibilität*, *Irritabilität* und *Reproduktion* ist wenig Neues gewonnen. (PhG180) Es wird allmählich klarer, daß die Natur für sich betrachtet keine unmittelbare Gegenwart der Vernunft aufzeigt,[25] wie Hegel so unvergeßlich sagt: „es ist diesem Strome des Lebens gleichgültig, welcher Art die Mühlen sind, die er treibt." (PhG191) Es geht hauptsächlich um die Differenz zwischen der organischen Natur und dem Bewußtsein. Im Gegensatz zu dem Bewußtsein hat die organische Natur die innere Verbundenheit der Allgemeinheit und der Einzelheit nicht: „Aber die organische Natur hat keine Geschichte; sie fällt von ihrem Allgemeinen, dem Leben, *unmittelbar* in die Einzelheit des Daseins herunter." (PhG199) Die entscheidende Schwierigkeit ist hier der Riß zwischen Allgemeinheit und Einzelheit. Der Riß verhindert es, daß das Werden der Natur sich selbst präsent werden kann. Allgemeinheit und Einzelheit sind nur unmittelbar miteinander verbunden. Gerade deswegen findet in der organischen Natur keine „wahrhafte fürsichseiende Vermittlung" statt. (PhG200) Und weil das Hauptmerkmal des Bewußtseins gerade Vermittlung ist, kann dem beobachtenden Bewußtsein keine Selbstrekognition in der organischen Natur gelingen[26].

[23] Wie Hegel später sagt: „Der organische Prozeß ist nur frei *an sich*, ist es aber nicht *für sich selbst*." (PhG229) Vgl. Lauer 1976, S. 150: „As Hegel sees it freedom is not a *hypothesis* which requires scientific *verification*; freedom is itself a principle of verification – what contradicts its possibility has refused itself."

[24] Vgl. dazu Fink S. 256.

[25] Vgl. Findlay 1976, S. 107: „Reason can at best find a cracked, blurred image of itself in the mirror of external nature."

[26] Dieser ganze Abschnitt kann als eine Kritik an der Naturphilosophie von Schelling gesehen werden.

10.1.2 Die Beobachtung des Selbstbewußtseins in seiner Reinheit und in seiner Beziehung auf äußere Wirklichkeit; logische und psychologische Gesetze: Die Suche nach der gemeinten Individualität

Die beobachtende Vernunft hat ihre „Gegenwart“ weder in der unorganischen noch in der organischen Natur in Besitz nehmen können. Nun kehrt sie zu sich selbst zurück. Der letzte Enttäuschungspunkt in ihrer Beobachtung des Organischen war der Riß zwischen Allgemeinheit und Einzelheit. Warum beschäftigt sie sich mit sich selbst nun als Selbstbewußtsein? Der Grund der neuen Wendung liegt darin, daß im Selbstbewußtsein die „Allgemeinheit die entwickelte Einzelheit ebenso absolut in ihr selbst hat.“ (PhG201) Allgemeinheit und Einzelheit sind nunmehr miteinander innerlich verbunden. Die beobachtende Vernunft hat damit eine neue Stufe erreicht, und zwar eine neue Bewertung ihrer selbst als Selbstbewußtsein. Dieser Wendepunkt hat eine gewisse Ähnlichkeit mit der Hinwendung vom Bewußtsein zum Selbstbewußtsein am Anfang der PhG. Dennoch ist kein unmittelbarer direkter Vergleich möglich, weil die Stufen im Werden des Bewußtseins nicht äußerlich miteinander in Verbindung stehen. Vielmehr entsteht eine spätere Stufe gerade *aus* der Verwandlung einer früheren. Und hier findet diese Wendung in einer neuen Perspektive, nämlich innerhalb der Vernunftgestalt selbst statt. Der Akzent liegt dort in der Selbstbewußtseinsgestalt auf Rekognition und Artikulation der Selbstheit des Bewußtseins. Dagegen liegt der Akzent hier darauf, daß die Vernunft ihre Gegenwart als eine Allgemeinheit zu erkennen und zu artikulieren versucht.

Infolgedessen ist es nicht die Selbstheit des Selbstbewußtseins, welche hier im Vordergrund steht, sondern die Natur des Selbstbewußtseins als denkende Natur. In ihm findet die beobachtende Vernunft „die *Gesetze des Denkens*.“ (PhG201) Hiermit ist ein umfangreiches Thema angeschnitten. Angenommen, Denken weist für Hegel eine ungeheure Vermittlungskraft auf, dann wäre das Bewußtsein hier an die Schwelle einer tiefgehenden, spekulativen Rekognition geraten. Warum vollzieht das Bewußtsein diesen Schritt dann nicht? Die banale, aber konkrete Antwort darauf ist die folgende: weil es gerade die Vernunft *als* beobachtende ist, die hier tätig ist. Als solche ist das Selbstbewußtsein immer noch auf dem Wege und leidet natürlich an dem Mangel seiner jeweiligen Entwicklungsstufe.

Auch beim Denken selbst kann die beobachtende Vernunft den Riß in ihrer eigenen Selbstheit nicht schließen. Ihr bleibt die spekulative Einheit des Denkens und der Erfahrung verhüllt. Gerade deswegen besteht für sie die Distanz zwischen den Gesetzen des Denkens und der Aktivität des Denkens. Fixierungen finden dann auf beiden Seiten statt: „Das Beobachten aber ist nicht das Wissen selbst, und kennt es nicht, sondern verkehrt seine Natur in die Gestalt des *Seins*, das heißt faßt seine Negativität nur als *Gesetze* desselben auf.“ (PhG202) Sein ist hier als natürliches Sein zu verstehen. Damit ist die innere, dynamische Einheit zwischen dem Selbstbewußtsein und der Wirklichkeit verdeckt.

„Diese negative Einheit des Denkens ist für sich selbst, oder vielmehr sie ist das *Fürsichselbstsein*, das Prinzip der Individualität, und in seiner Realität *tuendes Bewußtsein*." (PhG203) Weil die Bewegung des spekulativen Denkens zugleich allumfassend und höchst differenzierend ist, fällt das Prinzip der Individualität nicht außerhalb seiner Einheit. Vielmehr steht es in engster Einheit mit diesem Denken. Das spekulative Denken ist auch nicht abstrakt; es erweist seine Realität durch das handelnde Bewußtsein. Angesichts des konkreten Allgemeinheitsanspruchs der Vernunft und der bisherigen Fortentwicklung der Individualität durch ihr Tun, ist diese dynamische Einheit vom Denken und Tun entscheidend. Beobachtende Vernunft ist allerdings zu dieser Einsicht noch nicht gelangt, deswegen auch stellt sie Denken auf die eine und das tuende Bewußtsein auf die andere Seite. Von diesem gespaltenen Standpunkt ausgehend, versucht sie nunmehr, die handelnde Wirklichkeit des Bewußtseins zu entziffern. Sie meint, daß dieses Bewußtsein seine Wirklichkeit allein durch sein ständiges Aufheben des ihm gegenüberstehenden Andersseins gewinnt. Die einheitliche Perspektive der Affinität merkt sie nicht.

Der Verbundenheit des Selbstbewußtseins und des Andersseins wohnt eine Vielfalt inne. Das gespaltene Beobachten reduziert diese auf eine Vielfalt von Verhaltensweisen, nach denen das Selbstbewußtseins sich zu einem Anderssein verhält, welches ihm äußerlich bleibt. Hegel schreibt hier sehr treffend über die Art und Weise, wie die beobachtende Psychologie diese innere Vielfältigkeit zerstreut erfaßt. Eine solche Psychologie muß zumindest verwundern, „daß in dem Geiste, wie in einem Sacke, so vielerlei und solche heterogene einander zufällige Dinge beisammen sein können ... (PhG204) Eine Aufzählung der verschiedenen Vermögen gilt als die Seite der Allgemeinheit. Ihre Einheit ist aber die *wirkliche* Individualität; sie ist allerdings jener Allgemeinheit entgegengesetzt. Gerade hier haben wir die immer wiederkehrende Tendenz zur Trennung der Allgemeinheit und Individualität bzw. der Vielheit und der Einheit. Diese Abtrennung der Individualität von der Allgemeinheit bleibt völlig unwahrhaftig.[27]

„Die bewußte Individualität hingegen geistlos als *einzelne* seiende Erscheinung zu nehmen, hat das Widersprechende, daß ihr Wesen das Allgemeine des Geistes ist." (PhG204) Dies gibt eine sehr wichtige Auskunft über Personsein als Vermittlung der Individualität und der Allgemeinheit. Ihre Trennung wäre *geistlos*; Hegel nutzt die Ambivalenz des Wortes aus. Eine Trennung anzustreben, ist einerseits ein Zeichen von Dummheit und schneidet anderseits die geistige Verbundenheit beider ab. Weiterhin ist hier die Rede von einer „bewußten" Individualität. Entscheidend dabei ist, daß diese Individualität nicht als Einzelne zu denken ist. Einzelsein wird hier direkt auf Erscheinung als seiende bezogen. In diesem Kontext sei an die Differenz zwischen „Schein" als Einzelnes und „Erscheinung" als Ganzes erinnert. Der Schein will sich verselb-

[27] Vgl. dazu Howard P. Kainz, S. 111: „The individual man as a spiritual being is himself a universal assimilating the ‚given' universals of habit, customs etc. *on his own terms* ..."

ständigen, gerade darin besteht seine Scheinhaftigkeit. Dagegen ist die Erscheinung dauerhaft und umfassend. Sie ist das Ganze des Scheins. Die Erscheinungsweise wird hier auf die Verbundenheit der Individualität und der Allgemeinheit angewandt. Die Individualität darf nicht als getrennte, vereinzelte Erscheinung genommen werden. Ihre Selbständigkeit besteht nicht im Getrenntsein, sondern in ihrer Zugehörigkeit zu der differenzierten Allgemeinheit des Geistes. Die Einheit der Individualität und der Allgemeinheit im Personsein ist letztendlich geistig.

Beobachtende Vernunft verbindet die Allgemeinheit äußerlich und gesetzmäßig mit der Individualität. Zum Inhalt des Gesetzes gehören einerseits die Individualität und andrerseits die Umstände, die sie bestimmen.[28] Hegel nimmt diese unmittelbare Nebeneinanderstellung von Individualität und Umwelt mit Schärfe auseinander. Die Einmaligkeit und die Selbstbestimmungskraft der Individualität wird sehr stark hervorgehoben. „*Was* auf die Individualität Einfluß und *welchen* Einfluß es haben soll ... hängt darum nur von der Individualität selbst ab.“ (PhG205) Dennoch ist der Ort und die Aktivität dieser Individualität nicht beliebig zu denken. Die Individualität bestimmt sich in bezug auf den Weltzustand mit seinen jeweiligen Umständen, Denkungsarten, Sitten usw. Hegel spricht sogar davon, wie dieser Weltzustand sich „in *diesem* Individuum – und ein solches soll begriffen werden – partikularisiert hat.“ (PhG205) Dennoch behält die Individualität die „Freiheit“ seiner Selbstbestimmung, welche zugleich eine Verwandlung der Welt sein könnte. Die Welt des Individuums ist dann ambivalent. Sie ist die „*an und für sich seiende Welt und Lage, und Welt des Individuums ...*“ (PhG205) Wegen der Differenz, die diese Individualität enthält und ist, ist die äußerliche, psychologische Beobachtung hilflos und unfähig, sie zu begreifen. Zwischen der Individualität und ihrer geistigen Welt besteht eine dynamische Einheit. Die Individualität ist der Ort, wo Gabe und Selbstbestimmung sich in Einem befinden: „Die Individualität ist, was *ihrer* Welt als die *ihrige* ist; sie selbst ist der Kreis ihres Tuns, worin sie sich als Wirklichkeit dargestellt hat, und schlechthin nur Einheit des *vorhandenen* und des *gemachten Seins*; eine Einheit, deren Seiten ... nicht auseinanderfallen.“ (PhG206) Hier wird das Tun wieder hervorgehoben als das, wodurch die Individualität sich entfaltet hat und wodurch sie sich als Daseiende wirklich präsent gemacht hat. Durch die aktive Verwandlung des Vorhandenen hat sie sich zu *dieser* Individualität gemacht. Diese Einheit fällt deswegen nicht auseinander, weil sie als Vermittlung das innere Streben von Welt und Individualität konkret verwirklicht.

[28] Vgl. dazu N. Hartmann S. 340–341: „Die Welt des Individuums ist nicht nur tief innerlich und verwickelt, sondern auch ‚zweideutig‘: Individuum und Welt ‚modifizieren‘ sich wechselseitig.“

10.1.3 Beobachtung der Beziehung des Selbstbewußtseins auf seine unmittelbare Wirklichkeit; Physiognomik und Schädellehre: Die Suche nach der Entsprechung von Innerem und Äußerem

Der psychologischen Beobachtung ist es nicht gelungen, eine innere Beziehung zwischen dem Selbstbewußtsein und der Wirklichkeit zu artikulieren. Deswegen konzentriert sie sich nunmehr auf die konkrete Individualität selbst. An dieser Stelle gibt Hegel eine interessante Beschreibung dieser realen Individualität, und zwar wörtlich in den Termini der Vermittlung. Sie ist eine Individualität, die „den Gegensatz des *Fürsichseins* und des *Ansichseins* in ihrer absoluten *Vermittlung* getilgt enthält.“ (PhG206) Wenn dieser Gegensatz äußerlich wäre, gäbe es einfach das Nebeneinander von zwei Reichen; dieser Gegensatz hätte dann entweder keine Spannung oder er entnähme seine Spannung einem umfassenderen tertium quid. Der Gegensatz ist aber innerlich und intimst konfrontierend. Die Individualität entschärft diesen Gegensatz nicht, indem sie eine Seite der andern vorzieht. Der Gegensatz wird auch nicht durch eine andere Beziehung ersetzt. Nein. Der Gegensatz wird ausgehalten, aber sein Inhalt wird in der „absoluten Vermittlung“ entfaltet und verwandelt. Diese Vermittlung ist nicht eine Haltung oder Intentionalitätsweise dieser Individualität, vielmehr macht sie die Substanz dieser Individualität in ihrer Ganzheit aus; gerade deswegen ist sie absolut.

Dieser Abschnitt ist darüber hinaus interessant, weil Hegel hier explizit auf die Leiblichkeit des Personseins zu sprechen kommt. In und durch ihren Leib erscheint die Individualität als eine Wirklichkeit. Der Leib ist ihr festes Sein. „Dies *Sein*, der *Leib* der bestimmten Individualität, ist die *Ursprünglichkeit* derselben, ihr nicht getan Haben.“ (PhG207) Es ist aufschlußreich, mit welcher Konkretheit Hegel die Präsenz dieser Individualität denkt, ohne dabei in groben Empirismus zurückzufallen. Wir haben früher zwischen Anfangs- und Ursprungsfragen unterschieden, um die Besonderheit einer theoretischen Annäherung an die Frage nach der Selbstheit der Person klar zu stellen. Wir haben gesagt, daß die dynamische Struktur der PhG der Ursprünglichkeit der Selbstheit entsprechend zu artikulieren versucht. Wir finden an dieser Stelle eine weitere Bestätigung unserer Vermutung. Hegel verbindet nämlich die Ursprünglichkeit der eigenen Selbstheit mit der des eigenen Leibs, das eigene „Nichtgetanhaben“. Dennoch darf der Leib nicht als stumme Tatsache verstanden werden,[29] weil das Individuum *zugleich* nur das ist, was es getan hat. Sein Leib ist dann „der von ihm *hervorgebrachte* Ausdruck seiner selbst; zugleich ein *Zeichen*, welches nicht unmittelbare Sache geblieben, sondern woran es nur zu erkennen gibt, was es in dem Sinne *ist*, daß es seine ursprüngliche Natur ins Werk richtet.“ (PhG207) Der Leib ist die Verkörperung des eigenen Seins und der Selbstheit; er ist ihr Ausdruck, aber nicht auf eine unmittelbare Art.

[29] Für eine sehr interessante, philosophische und psychologische Betrachtung der Leiblichkeit vgl. Küchenhoff bes. S. 175–176, wo er die „Vernunft des Leibes“ nach Nietzsche erörtert.

In den folgenden Betrachtungen wird Hegel die Physiognomik und Schädellehre deswegen radikal in Frage stellen, weil sie eine solche unmittelbare Beziehung zwischen dem Individuum und seinem Leib behaupten.[30] Für Hegel ist auch der Leib eine vermittelnde Realität, die sowohl reine Innerlichkeit als auch reine Äußerlichkeit verleugnet. Das Wort „Zeichen" verweist auf die symbolische Natur des Leibes und seine sehr nuancierte Entsprechung zu dem Individuum als gerade diesem Leib. Das eigene Leben ist nicht überall zerstreut, sondern in diesem Leib vermittelnd geortet. Durch den Leib ist das Selbst für andere da.

Zunächst wendet sich Hegel gegen die Physiognomik.[31] Sie nimmt für sich in Anspruch, daß die Innerlichkeit der Individualität vom Leib abgelesen werden könnte: „Dies Äußere macht zuerst nur als *Organon* das Innere sichtbar oder überhaupt zu einem Sein für anderes." (PhG208) Hegels Einwand gegen diese Lehre ist die Trennung, die sie zwischen Innerlichkeit und Äußerlichkeit anstellt, um dann trotz dieser Trennung eine Entsprechung beider zu behaupten. (PhG209) In bezug auf den Personbegriff als Vermittlung läuft Hegels Kritik hier auf die Ablehnung einer verschlossenen Innerlichkeit hinaus.[32] Was Hegel aber vor allem an der Physiognomik bemängelt, ist die Abtrennung der Individualität von ihrem Tun. „Das *wahre Sein* des Menschen ist vielmehr *seine Tat*; in ihr ist die Individualität *wirklich.*" (PhG215) Die Tat drückt die Individualität als tätig aus; damit ist die vermeintliche Passivität ihrer Leiblichkeit aufgehoben. Die Tat verwirklicht die Innerlichkeit der Individualität und hebt damit die vermeintliche verschlossene Innerlichkeit auf. Hegels Denken ist hier sehr konkret. Er besteht auf der Wirklichkeit und der Bestimmtheit der Individualität. Er setzt sich damit von der *Meinung* ab, nach welcher die Individualität „eine unendlich bestimmte und bestimmbare ist." (PhG215) Hegel nennt diese vage Bestimmungsart eine „schlechte Unendlichkeit." (PhG215) Eine solche schlechte Unendlichkeit ist durch die Abtrennung von Allgemeinheit und Einzelheit gekennzeichnet; hier gehört sie dem Bereich der Meinung an. Die echte Unendlichkeit artikuliert das Ineinssein der Allgemeinheit und der Einzelheit. In ihrer Tat ist die Individualität sowohl allgemein als auch individuell. „Sie (die Tat) *ist* dies, und der individuelle Mensch *ist*, was *sie ist*; in der Einfachheit *dieses Seins* ist er für andere seiendes, allgemeines Wesen, und hört auf, nur Gemeintes zu sein." (PhG215)

Wir haben früher ausdrücklich darauf aufmerksam gemacht, wie das Tun eine zunehmende Bedeutung in der Entwicklung der Individualität annimmt. Hier in der Vernunftgestalt gewinnt das Tun in bezug auf die Weltlichkeit der Individualität eine besondere Bedeutung. Es zeigt nämlich die vermittelnde Einheit von Innerlichkeit und Äußerlichkeit auf. „Diese letzte Beziehung unter-

[30] Zu diesem Abschnitt überhaupt und zu der damit verbundenen Hegelschen Ablehnung einer Cartesianischen Spaltung von Innerem und Äußerem vgl. MacIntyre S. 226.

[31] Interessant ist die Rolle, welche das Gesicht auch in der Subjekttheorie von Levinas spielt; vgl. Levinas 1984, S. 53: „Même quand j'aurai relié Autrui à moi par la conjonction ‚et', Autrui continue à me faire face, à se révéler dans son visage."

[32] Vgl. zur *Innerlichkeit* oben Kapitel 5.

scheidet sich also von der Physiognomischen dadurch, daß diese die *sprechende* Gegenwart des Individuums ist, das in seiner *handelnden* Äußerung *zugleich* die sich in sich *reflektierende* und *betrachtende* darstellt, eine Äußerung, welche selbst Bewegung ist, ruhende Züge, welche selbst wesentlich ein *vermitteltes* Sein sind." (PhG216) Der Fehler der Physiognomik ist es, diese dynamische Bewegung stillzustellen und ihre Seiten zu hypostasieren. Sie macht den Körper zu einer unbeweglichen Struktur.

Beobachtende Vernunft verläßt die Physiognomik und wendet sich der Schädellehre zu.[33] Wieder wird der Versuch gemacht, den Leib als unmittelbaren Ausdruck des Inneren zu erklären, aber dieses Mal wird der Schädel zum Gegenstand der Untersuchung. Das Gehirn ist der lebendige Kopf und der Schädel ist das caput mortuum. „In diesem toten Sein hätten als die geistigen Bewegungen und bestimmten Weisen des Gehirns ihre Darstellung äußerer Wirklichkeit, die jedoch noch an dem Individuum selbst ist, sich zu geben." (PhG220) Dies führt dann zu einem Argumentum ad absurdum, wonach z.B. Knorren am Schädel irgendwelche Leidenschaften ausdrücken bzw. ihnen entsprechen sollten. (Vgl. PhG224) Dies ist in der Tat eine ungeheure Reduktion des Bewußtseins, sein wirkliches Dasein wird als ein Knochen ausgegeben. Die beobachtende Vernunft hat damit „die Wirklichkeit des Geistes selbst zu einem Dinge" gemacht. (PhG230) Dies ist eine ungeheure Reduktion. Stellt diese Reduktion nicht die letzte Sackgasse dar? Ist mit dieser Reduktion die weitere Entfaltung des Bewußtseins nicht paralysiert? Diese Fragen scheinen völlig berechtigt zu sein angesichts der Willkür dieser Wende.[34] Dennoch sollten wir uns nicht ausschließlich auf das Reduktionsmoment selbst konzentrieren. Viel entscheidender ist die breitere Perspektive, in der diese Reduktion sich vollzieht. Die eigentliche Frage wäre dann: ist eine Reduktion des Geistes überhaupt vollziehbar? Wenn ja, dann büßt der Geist seine allumfassende und differenzierte Allgemeinheit ein. Wenn nein, dann gilt die angebliche Reduktion in der Tat als eine weitere und unerwartete Aufdeckung der Anwesenheit des Geistes, und zwar im Dingsein selbst. Es handelt sich darum, „dem toten Sein die Bedeutung des Geistes" zu geben. (PhG230) Und das ist genau die innere Logik dieser Reduktion. Dies ist weiter dadurch zu belegen, daß wir es hier mit Vernunft zu tun haben. Sie hat einen Allgemeinheitsanspruch erhoben und sucht nach der Thematisierung ihrer Gegenwart in der Gegenständlichkeit. Und gerade dies kommt in diesem Moment zum Vorschein.

Das Ding ist dann gar nicht tot, noch ist es einfach dem Selbst äußerlich oder fremd. Die Artikulation ihrer Affinität wird auf einer reiferen Ebene möglich: „aber dies, was Ding ist, ist das Selbstbewußtsein; es ist also die Einheit des Ich und des Seins, die *Kategorie*." (PhG231) Hatten wir aber nicht immer wieder dieses Versprechen der Einheit des Ich und des Seins? Es ist allerdings

[33] Vgl. dazu Fink S. 303: „Daß Hegel sich so lange und so ausgedehnt mit der Schädellehre auseinandersetzt, hat seinen Grund darin, daß hierbei das Verhältnis des Inneren und Äußeren auf die elendigste und schlechteste Weise gedacht worden ist."

[34] Vgl. dazu Findlay 1976, S. 109.

sehr wichtig zu sehen, daß dies nun auf der Ebene der Vernunft passiert, und zwar nach langen und schwierigen Erfahrungen. Die Bedeutung dieses Moments ist dann vor allem aus der konkreten Erfahrungsperspektive der beobachtenden Vernunft zu gewinnen. Für sie ist das Moment zunächst ein Moment der höchsten Unmittelbarkeit. Sie ist selbst ein unmittelbares Bewußtsein; ihr Gegenstand ist auch unmittelbar; und die Einheit ist ebenso unmittelbar. Es ist eben diese Unmittelbarkeit, die die Reduktion so nackt macht. Dennoch kann für die beobachtende Vernunft eine solche Reduktion bzw. Einheit nur auf diese Weise dargestellt werden. Eine andere Art von Einheit könnte sie weder merken noch aufnehmen; und jeder neue Schritt muß in der PhG auf jeden Fall erfahrungsgemäß vollzogen werden. „In seinem Resultate spricht dies Bewußtsein dasjenige, dessen bewußtlose Gewißheit es ist, als Satz aus,– den Satz, der im Begriffe der Vernunft liegt." (PhG231) Das beobachtende Bewußtsein spricht nach seinem Vermögen einen Satz als Gewißheit aus; der Satz ist aber in der Tat die bewußtlose Thematisierung des Begriffs der Vernunft. „Er ist das *unendliche Urteil*, daß das Selbst ein Ding ist,– ein Urteil, das sich selbst aufhebt" (PhG231), denn Einheit von Selbst und Ding ist ein „sich aufhebender Gegensatz". Das Urteil thematisiert die Unendlichkeit, welche der Affinität und Einheit des Selbst und des Dings zugrundeliegt.
Diese Unendlichkeit enthält Differenzierung, Gegensatz und Bewegung. Wir verlassen also die Einseitigkeit der Unmittelbarkeit. „Das Moment jenes unendlichen Urteils ist der Übergang der *Unmittelbarkeit* in die Vermittlung oder *Negativität*." (PhG231) Ganz entscheidend ist die Art dieses Übergangs. Sie ist kein Eliminieren des beobachtenden Bewußtseins. Als Ergebnis seiner Beobachtungen liefert es am Ende eine ungeheure Reduktion. Verborgen in dieser Reduktion ist aber der Grundsatz der Vernunft bzw. des Geistes. Dessen Thematisierung ist dann zugleich die Verwandlung des beobachtenden Bewußtseins. Für es ist dies ein Moment der Realisierung. Es bleibt nicht mehr in der zerrissenen Endlichkeit gefangen.[35] Damit ist die Schwelle zur Vermittlung überschritten. Das Bewußtsein sucht seine Gegenwart nicht mehr unmittelbar in den Dingen. Ein solches einfaches Finden ist nicht mehr möglich, denn das Verwobensein der Wirklichkeit ist weit über den Empirismus hinausgegangen. „Der vorhandene Gegenstand ist daher als ein negativer bestimmt, das Bewußtsein aber als *Selbst*bewußtsein gegen ihn ... gesetzt." (PhG231) Die neue Ebene der Vermittlung bietet nun eine sehr aktive, dynamische Einheit von Gegenstand und Selbstbewußtsein. Dies verlangt eine tiefergehende Tätigkeit des Selbstbewußtseins. Das Tun ist nun nicht nur die Verwirklichung der Individualität, sondern die Artikulation des spannungsvollen Bezogenseins von negativem Gegenstand und Selbstbewußtsein. Sogar die Darstellung der Selbstheit des Bewußtseins ist nun direkt auf dieses Tun angewiesen, weil das Bewußtsein „durch seine Tätigkeit sich selbst hervorbringen" muß. (PhG231)

[35] Vgl. Labarrière 1968, S. 104: „Ce Jugement infini ... est la première forme du savoir ultime grace auquel la conscience accédera en vérité à la Science en confessant l'égalité de la substance et du sujet ..."

10.2 Die Verwirklichung des vernünftigen Selbstbewußtseins durch sich selbst: Das Selbst nimmt seine Individualität in Besitz

Durch seine fortschreitende Entfaltung hat das Selbstbewußtsein immer klarer einsehen können, daß die Gegenständlichkeit der Unmittelbarkeit nicht stichhaltig ist. Am Ende der letzten Erfahrungsphase wurde klar, daß unter der Einfachheit und Einseitigkeit der Unmittelbarkeit die nuancierte Selbsthaftigkeit der Vermittlung verborgen ist. Sogar die unmittelbare Dingheit hat sich als eine Form des Selbstbewußtseins enthüllt. Jenes Ergebnis des spekulativen, unendlichen Urteils wird nun in dieser neuen Gestalt aufgenommen, weiterentfaltet und thematisiert. Der Gegenstand dieses vernünftigen Selbstbewußtseins ist nicht mehr ein reines, unmittelbares Ding, sondern ein anderes Selbstbewußtsein. In diesem Kontext meint der Hinweis auf Dingheit, daß das andere Selbstbewußtsein selbständig ist; deswegen kann das vernünftige Selbstbewußtsein sich positiv darauf beziehen. Dadurch, daß es nun auf die Ebene der vernünftigen Selbstbewußtseine gekommen ist, gewinnt das vernünftige Selbstbewußtsein neue Freiheit, seine Vermittlungsmöglichkeiten zu verwirklichen. Sein Erfahrungsweg versichert ihm auch, daß dieser Andere ihm kein Fremder sein muß. Es erkennt den Anderen an und weiß, daß es selbst „von ihm anerkannt ist." (PhG233)

Mit dem Eintritt in diese Gestalt wird die größere Perspektive des Geistes noch sichtbarer: Der Geist tritt weiter in Erscheinung. Die Gewißheit dessen muß in diesem vernünftigen Selbstbewußtsein zur vollen Präsenz und Wahrheit verwirklicht werden. Diese Verwirklichung wird gewisse Phasen durchlaufen müssen. Es gibt eine Parallele zwischen ihnen und den beiden Phasen der beobachtenden Vernunft; ferner knüpft sie an die Dynamik der beiden ersten Gestalten, dem Bewußtsein und dem Selbstbewußtsein, an. So wie beobachtende Vernunft im Element der Kategorie die Bewegung des *Bewußtseins*, nämlich die sinnliche Gewißheit, das Wahrnehmen und den Verstand, durchläuft, so wird dieses vernünftige Selbstbewußtsein die Bewegung der Selbstbewußtseinsgestalt durchlaufen. Dies ist keine bloße Wiederholung. Wir sind auf der zweiten Stufe der Vernunft; der Erfahrungsinhalt und das Erfahrungsvermögen des vernünftigen Selbstbewußtseins ist weit über die des früheren Selbstbewußtseins hinausgegangen. Der Andere gilt nun auch als ein selbständiges Selbstbewußtsein in einer vernünftigen Wirklichkeit.[36] Im Gegensatz zu früher liegt der Fortschritt hier darin, daß die Selbstbewußtseine nunmehr durch ein stabiles Gleichgewicht miteinander verbunden sind. Das vernünftige Selbstbewußtsein wird erfahren, daß der Andere nicht bloß das Echo des eigenen Selbst ist, sondern daß er eine eigene und vermittelnde Selbstheit hat.

Hegel nennt diese neue Ebene „das einfache geistige Wesen", das zum Bewußtsein gekommen ist. (PhG256) „Zum Bewußtsein kommen" meint nicht,

[36] Vgl. dazu Heinrichs 1974, S. 233: „Am Anfang steht also eine unmittelbar positive Beziehung auf die Andersheit, auf ein anderes Selbstbewußtsein, in welchem sich die Positivität des Allgemeinen für das allgemein gewordene Selbstbewußtsein verkörpert."

daß es einfach in der Unmittelbarkeit des Denkens auftritt. Vielmehr verweist es auf das nähere Hervortreten des Geistes. Dies geschieht jetzt deswegen, weil das Bewußtsein als vernünftiges Selbstbewußtsein die dem entsprechende Reife erlangt hat. Die zunehmende Selbstpräsenz des Bewußtseins und die immer explizitere Anwesenheit des Geistes stehen in einer korrelativen Beziehung zueinander. Gerade deswegen kann nun auch behauptet werden, daß dieses geistige Wesen auch „die *reale Substanz* ist." (PhG234) Auch die intime dialektische Kontinuität der früheren Erfahrungsphasen wird damit klarer in Sicht kommen. Das geistige Wesen ist als Substanz der Grund der früheren Erfahrungsformen. Sie sind weder zerstreut noch vertilgt. Sie sind in dieses geistige Wesen zurückgegangen. Als ihr Grund hat es ihr *Dasein* und ihre Wirklichkeit ermöglicht. Es hat sie freigesetzt, differenziert und dann wieder gesammelt. Wenn dieses geistige Wesen hervortritt, dann ist es im „Reiche der Sittlichkeit" konkretisiert: „Denn diese ist nichts anderes als in der selbständigen *Wirklichkeit* der Individuen die absolute geistige *Einheit* ihres Werkes". (PhG234)

Diese Individuen sind selbständig und wirklich im Reiche der Sittlichkeit. Sie stehen aber nicht bloß nebeneinander; sie befinden sich in einer wesentlichen geistigen Einheit. Und nach Hegel soll das Leben eines Volkes als die vollendete Realität dieser Einheit gelten. Das Volk wird hier in diesem Zusammenhang als spekulativer Begriff angeführt; es ist nicht soziologisch zu verstehen.[37] Es wird als eine ideale, geistige Gemeinde beschrieben: „In dem allgemeinen Geiste ist jeder ... der andern so gewiß als seiner. – Ich schaue es in allen an, daß sie für sich selbst nur diese selbständigen Wesen sind, als Ich es bin; Ich schaue die freie Einheit mit den andern in ihnen so an, daß sie wie durch Mich, so durch die Andern selbst ist, sie als Mich, Mich als sie." (PhG236) Zwischen ihren Gliedern herrscht eine Proportionalität. Jeder hat seinen Platz und leistet seinen Beitrag. Das Tun des Einzelnen ist in Einklang mit der Orientierung und dem Schicksal der Gemeinde. Die Kreativität des eigenen Tuns fließt durch die Gemeinde und bereichert sie. Das Sichhingeben an die Gemeinde führt dann nicht zu einer Einbuße der eigenen Selbstheit. Weil die Gemeinde im Gleichgewicht gehalten und nicht mangelhaft ist, bekommt jeder eine bereicherte Selbstheit zurück. Deswegen wäre auch das Fürsichsein des Einzelnen als die Negation seiner Selbst positiv zu bewerten. Es würde weder zur Angst noch zur Trennung führen, weil die Gemeinde alles in Harmonie hält. Die Gemeinde ist „das allgemeine erhaltende Medium." (PhG235)

Hegel hat hierbei nun zwei Möglichkeiten, um das vernünftige Selbstbewußtsein in bezug auf die geistige Allgemeinheit zu betrachten. Entweder könnten dabei seine Erfahrungsphasen als eine Entwickung auf diese Allgemeinheit hin gesehen werden oder aber als das Verlassen einer solchen geistigen unmittelbaren Allgemeinheit um der eigenen konkreten Verwirklichung willen.

[37] Vgl. Fink S. 309: „Die Selbstverwirklichung der selbstbewußten Vernunft ereignet sich im Leben eines Volks."

Hegel wählt die zweite Möglichkeit.[38] Das vernünftige Selbstbewußtsein ist „nur *unmittelbar* und dem *Begriff nach* Geist." (PhG236) Entscheidend ist hier, daß die Vernunft ihren umfassenden Allgemeinheitsanspruch nicht vergessen darf. Dieser Anspruch ist nun bei dem Eintritt ins vernünftige Selbstbewußtsein noch weiter vertieft und differenziert worden. Es ist eine viel nuanciertere Vermittlungsebene erreicht worden. Genau deswegen *muß* das sich verwirklichende, vernünftige Selbstbewußtsein das Gleichsetzen des Lebens eines freien Volks mit der realen Sittlichkeit ablehnen. Seiner eigenen Dynamik gemäß muß es auf eine solch bloß gegebene und unmittelbare, zu simple und ungeprüfte Einheit verzichten, und zwar gerade, weil gemäß der Echtheit seines Allgemeinheitsanspruchs die beschränkende Spezifizität eines Volkes überschritten werden muß, denn sonst stünde eine besondere Form der Sittlichkeit neben einer anderen, und die innere Bewegung der Vernunft zur alles umgreifenden differenzierten Allgemeinheit wäre preisgegeben. Als konkretes und tätiges Selbstbewußtsein kann es sich mit einem solchen faltenlosen Glück nicht zufriedengeben. Der Geist ist hier nur in der Form des *Seins*. (PhG237)[39]

Sobald das vernünftige Selbstbewußtsein einen Sinn für die Eigentlichkeit seiner Selbstheit entwickelt, bricht sein Vertrauen in diese unmittelbare Allgemeinheit zusammen.[40] Sofort erfährt es Isolation. Es tritt nun gegen die Sitten und Gesetze auf.[41] Nunmehr hält es sich selbst für das Wesen, und als ein solches „ist es die *Negativität* des Andern." (PhG239) Die Wirklichkeit des Andern wird von ihm so gesehen, daß sie ihr Ansichsein verliert. Infolgedessen darf es bei der Ausführung des eigenen Zwecks den Anderen als Mittel gebrauchen. Die Gegebenheit des Anderen dient entweder als Schauplatz der eigenen Individualität oder als das eigene Selbst schlechthin; die Bestimmtheit des Selbst und des Andern ist je nach Willkür zugunsten der eigenen Individualität austauschbar. In der Vollbringung des Gesetzes seines Herzens lernt es aber, daß das Gute nur durch die Hingabe seiner Individualität auszuführen ist, wodurch es zur Tugend wird. Als Tugend lernt es weiter, daß der Zweck bereits ausgeführt ist; das Tun ist unmittelbar das Gute und bringt Glück.

[38] Diese Möglichkeit entspricht am besten den geschichtlichen Formen der Individualität zu Hegels Zeit.

[39] Vgl. Scheier S. 235. In bezug auf den Erfahrungsweg dieses vernünftigen Selbstbewußtseins sagt er: „Weil es erscheinendes Wissen ist, vorstellt, wird es die Erfahrung machen, daß die Verwirklichung seiner Gewißheit nicht entspricht, sich vielmehr als ihre bestimmte Negation zeigt."

[40] Diese Dynamik kommt in der Kunstreligion wieder vor.

[41] Vgl. Howard P. Kainz, Hegel's PhG, S. 118: „Thus also the self-conscious individuals who have fallen away from their spiritual substance … come to think of themselves as subsisting in singleness and isolation from others and from the spiritual substance which vivifies all individuals."

10.2.1 Die Lust und die Notwendigkeit. Selbstverwirklichung, die am fremden Ufer des Schicksals endet

Obwohl das vernünftige Selbstbewußtsein seinen Gegenstand an ihm selbst hat, erhält sein Gegenstand noch nicht die selbständige Geltung des Seins. Er ist nur Gegenstand für das Selbstbewußtsein, dennoch bleibt er für es eine andere Wirklichkeit als es selbst. Weil nun gerade das Selbstbewußtsein die höchste Form der Individualität als Wesen für sich beansprucht, muß es sich mit diesem Andern auf eine intensive Weise befassen: „Dieser *erste Zweck* ist, seiner als einzelnen Wesens in dem andern Selbstbewußtsein bewußt zu werden, oder dies Andre zu sich selbst zu machen.“ (PhG240) Es will die Wirklichkeit des Andern in der Verwirklichung seiner eigenen Individualität völlig subsumieren. „Es ist der Erdgeist gefahren.“ (PhG240) Und der Erdgeist hält die Wirklichkeit der Individualität für die wahrhafteste überhaupt. Dieses Selbstbewußtsein ist somit auf die volle Verwirklichung aus und stürzt sich ins Leben. Es will vor allem den Genuß: „es nimmt sich das Leben, wie eine reife Frucht gepflückt wird, welche ebensosehr selbst entgegenkommt, als sie genommen wird.“ (PhG240) Es will sich nicht durch kreative Tätigkeit verwirklichen, sondern will alles nehmen und besitzen. Als Begierde ist sein Tun der Versuch, die scheinhaftige Selbständigkeit der Gegenständlichkeit aufzuheben.[42] Warum aber interessiert sich dieses Selbstbewußtsein so sehr für die Gegenständlichkeit? Der Grund ist eigentlich, daß es auf der Suche nach sich selbst als gegenständlichem Sein ist. Und es darf nicht vergessen werden, daß seine ungeheuren Ansprüche auch engstens mit seiner allgemeinen Natur als vernünftigem Selbstbewußtsein zusammenzudenken sind.

Diese Individualität unternimmt ihre Verwirklichung mit einer solchen Dringlichkeit, daß sie ihr Sehvermögen einbüßt. In ihrer Begierde sieht sie nämlich nicht, daß die Distanz, welche zwischen ihr und ihrem Gegenstand besteht, nicht vom Medium des indifferenten Daseins her gesetzt ist. Vielmehr ist sie vom Denken gesetzt. Denken meint hier nicht die subjektiven Gedanken, wie die dieser Individualität, sondern verweist auf die Einheit des Seins und des Denkens. Die Abgesondertheit der Individualitäten ist dann nicht gegeben, sondern gesetzt: „es ist daher das *Bewußtsein* der Selbständigkeit ... welches die Individuen jedes für sich erhält.“ (PhG241) Für diese Individualität ist die Abgesondertheit oder Distanz überhaupt kein „an sich“. Entscheidend hierbei ist aber der Grund, den sie dafür angibt, nämlich, daß sie sich für souverän hält. Sie verfügt über diese Distanz und weiß das Andere als ihre eigene Selbstheit. Sie begreift sich „als *dieses einzelne Fürsichseiende Wesen.*“ (PhG241) Sie nimmt dann ihre Einheit mit dem andern als etwas, das von ihr ausgeht, als ihre eigene Leistung. Ironischerweise hat sie das Gesetztsein der Distanz nicht begriffen. Damit übersieht sie die darin implizierte und tiefer angesiedelte Einheit der Individuen miteinander. Ihre Behauptung, daß sie das

[42] Vgl. Labarrière 1968 S. 105: „La première figure ... comporte un parallèle explicite avec la dialectique du désir.“

fürsichseiende Wesen sei, läuft ironischerweise auf die Einheit ihrer selbst und der anderen Selbstbewußtseine hinaus. Diese tiefere Einheit ist eigentlich die Wahrheit ihrer Individualität. Und nur in Einheit mit den Andern kann sie zum Gegenstand für sich selbst werden.
In bezug auf den Personbegriff als Vermittlung sehen wir hier, daß die Verwirklichung dieser Individualität zugleich die Erschließung ihrer Verbundenheit mit der Allgemeinheit ist. Diese Erschließung selbst darf aber nicht wie eine Epiphanie auftreten; sie muß eine vermittelnde Erfahrung sein und nicht eine narzißtische Selbstwiderspiegelung in den anderen, denn das würde sie instrumentalisieren. Weil sich der Personbegriff konkret entfaltet, muß diese Individualität den Prozeß selbst vollziehen. Und gerade deswegen muß für ein auf sich beharrendes Bewußtsein bzw. für eine solche auf sich beharrende Individualität die Erschließung einer größeren Einheitsperspektive zunächst etwas Widersprüchliches mit sich bringen; es „tritt seine Erfahrung als Widerspruch in sein Bewußtsein ein." (PhG241) Für dieses Bewußtsein gilt dann diese Erschließung als ein Angriff auf seine Individualität. Sie glaubt sich von einem anonymen, negativen Wesen vernichtet. Dieses leere Wesen hat eine verzehrende Macht über sie. Die Ironie ist: „dieses Wesen ist nichts anders als der *Begriff* dessen, was diese Individualität an sich ist." (PhG241) Aber bevor sie diesen Schritt zur tieferen Selbstrekognition vollziehen kann, muß sie tiefer in die Eigenheit ihrer Gestalt eindringen. Dies wird nun in Erinnerung an den größeren Kontext des Personwerdens angedeutet. Im Kontrast zur beobachtenden Vernunft ist hier das Entscheidende, daß „in diese Dingheit das Fürsichsein und die Vermittlung getreten" ist. (PhG242) Aber im Beharren auf der Wesentlichkeit ihrer Einzelheit hat diese Individualität das innere Gewebe der Vermittlungsdynamik in einseitigen Abstraktionen ausgelegt. Einheit, Unterschied und Beziehung werden voneinander künstlich abgetrennt. Dies führt dann natürlich zu ihrer Hypostasierung, die eine starre *Notwendigkeit* hat, und *Schicksal* genannt wird. (Vgl. PhG242)
Diese fremde Notwendigkeit entspricht der eigentlichen Selbstentfremdung, dem Bestehen auf Vereinzelung. Schicksal ist fest und starr; die Individualität kann sich darin nicht wiedererkennen. Ihre anfängliche Sprödigkeit ist an der harten kontinuierlichen Wirklichkeit zerstoben. (Vgl. PhG265) Der Versuch, das Leben zu besitzen, bringt nur den Tod. Diese Individualität wollte das Leben einfach genießen, ist sich aber „ein Rätsel geworden." (PhG243) Ihr Gewordensein kann sie nicht nachvollziehen. Zu Beginn hat sie sich ins Leben gestürzt; nun befindet sie sich am fremden Ufer des Schicksals, ohne zu wissen, wie sie dorthin gekommen ist.[43] Ihr Gewordensein scheint sich ohne jede Vermittlung ereignet zu haben. Es gilt für sie als „ein reiner Sprung in das Entgegengesetzte." (PhG243) Sie ist sich selbst fremd geworden. Weil „Bewußtsein die Einheit seiner selbst und seines Gegenteils ist" (PhG243), ist das Selbstbewußtsein imstande, diese tiefgreifende Verkehrung zu überleben. An-

[43] Vgl. Flay 1984, S. 138: „The hedonistic individual finds himself caught up in a web of necessity formed by his own acts."

ders gesagt: Weil Allgemeinheit und Individualität in einer dauernden Vermittlung sind, kann die Erschließung ihrer Allgemeinheitsdimension dieser Individualität nicht dauerhaft fremd bleiben. Dies bedeutet den Übergang in eine neue Gestalt. Die Rückkehr zu einem einfachen Anfang ist nicht möglich.

10.2.2 Das Gesetz des Herzens und der Wahnsinn des Eigendünkels: Das verborgene Labyrinth der getrennten Innerlichkeit

Diese neue Gestalt des vernünftigen Selbstbewußtseins hat das Schicksalhafte, jene Notwendigkeit, wodurch die vorherige Gestalt sich fremd geworden war, in sich aufgenommen. Das Notwendige liegt nun *unmittelbar* in der Individualität dieses Selbstbewußtseins. Gerade wegen dieser unmittelbaren Präsenz der Notwendigkeit wird es das „*Gesetz des Herzens*" genannt. (PhG244) Das Gesetz ist der Zweck, den diese Individualität im Verlauf ihrer Gestalt verwirklichen möchte. „Diesem Herzen steht eine Wirklichkeit gegenüber." (PhG244) Und gerade weil das Gesetz im Herzen dieser Individualität liegt, wird seine Verwicklung eine Auseinandersetzung mit dieser Wirklichkeit mit sich bringen.

Unter dem Gesichtspunkt dieser Individualität hat die Wirklichkeit zunächst eine gewisse Ambivalenz. Einerseits widerspricht die gewalttätige Ordnung der Welt dem Gesetz des Herzens. Anderseits unterliegt die Menschheit dieser fremden Notwendigkeit gerade, weil sie dem Gesetz des Herzens nicht folgt. In ihrer Ambivalenz ist diese Wirklichkeit in der Tat das „vorhergehende entzweite Verhältnis der Individualität ... und einer grausamen Notwendigkeit." (PhG245) Wir begreifen als Zuschauer, daß dies ein in sich spannendes Verhältnis ist; denn keine Seite darf Priorität beanspruchen und sich der anderen Seite entgegensetzen. Außergewöhnlich klar ist in diesem Fall die Kontinuität zwischen den zwei Bewußtseinsgestalten. Ebenso klar ist es allerdings, daß das Vorhergehende in einem ganz neuen Kontext aufgenommen worden ist. Die neue Gestalt ist aber in bezug auf sich selbst noch unmittelbar, ihr fehlt noch die Thematisierung ihrer engen Verbundenheit mit dieser Wirklichkeit. Infolgedessen gewinnt die Seite der Individualität den Entfaltungsvorrang. Die Individualität, die im Gegensatz zur vorherigen eine große Ernsthaftigkeit hat, nimmt demnach die ihr widersprechende Wirklichkeit als eine vorgefundene auf: Sie will die widersprechende Notwendigkeit aufheben und das Leiden abschaffen. Darin besteht nunmehr ihre Lust. Ihre Individualität ist Ausdruck ihres hohen Zwecks.[44]

Für die Menschheit besteht diese Einheit des Gesetzes mit dem Herzen nicht. Sie lebt in der Trennung davon. Dieses individualistische Selbstbewußtsein will aber keine solche Trennung dulden. Die Übereinstimmung von Gesetz und Herz ist ihm äußerst wichtig. Im Gesetz hat es sich befriedigt und hat auch

[44] Vgl. Flay 1984, S. 139: „The individual sets out now to regulate that necessity in accordance with his own purposes."

„darin das Bewußtsein *seiner selbst* ..." (PhG246) Die Intensität dieses Selbstbewußtseins ist zugleich sein Wendepunkt, nämlich das Bestehen auf einer unmittelbaren Einheit von Herz und Gesetz.[45] Ironischerweise verwirklicht es in seinem Tun genau das Gegenteil dessen: „Das Gesetz des *Herzens* hört eben durch seine Verwirklichung auf, Gesetz des Herzens zu sein." (PhG246) Vielmehr bekommt das Gesetz die allgemeine Form des Seins. Als ein solches ist diesem Gesetz die Individualität gleichgültig. Und die Individualität erkennt sich in dem verwirklichten Gesetz nicht wieder. Das, was sie für ihr Eigenstes gehalten hat, ist ihr nun auf einmal fremd geworden. Dennoch hat sie durch ihre Tat eine neue Bedeutung gewonnen. Sie ist aus der unmittelbaren *Innerlichkeit* ihrer selbst in die rohe Wirklichkeit hinausgegangen. Es ist klar, daß das Tun eine nicht zu verleugnende Darstellung der eigenen Selbstheit enthält. Im Fall dieser Individualität führt dies aber sofort zu Schwierigkeiten. Obwohl sie ihr Wesen als eine *freie Wirklichkeit* gesetzt hat (Vgl. PhG246) und über sich hinausgegangen ist,[46] ist sie dennoch in Widerspruch geraten. Ihr Tun hätte genau gegen die Wirklichkeit wirken sollen, statt dessen hat ihr Tun sie selbst gerade zu einer solchen Wirklichkeit gemacht.

Ihre Tat ist offensichtlich weit hinter ihre Erwartung zurückgefallen. Wenn sie das wesentliche, aber unbeachtete Gesetz aller Herzen ausdrücken würde, dann müßten logischerweise auch alle anderen ihre eigene Erfüllung in ihm auch anerkennen können. Es geschieht genau das Gegenteil. Die anderen finden nur die Verwirklichung des Gesetzes eines Einzelnen vor und wenden sich gegen dieses, so wie es zuvor sich seinerseits gegen sie gewendet hat. Die Individualität hat darum nur die Entfremdung ihrer selbst vollbracht. (Vgl. PhG247)[47] So wie die vorherige hat auch diese Individualität auch eine fremde Notwendigkeit in Gang gesetzt. Im Gegensatz zu vorher gilt diese Notwendigkeit als eine Ordnung, die vom Bewußtsein aller andern belebt ist: „... denn dies heißt nicht anders, als daß die Individualität sich als Allgemeines zum Gegenstand wird, worin es sich aber nicht erkennt." (PhG248)[48] Sie strebt die Allgemeinheit als die Form ihres Fürsichseins an, aber sobald sich dies ereignet, kann sie sich nicht mehr darin erkennen. Dies verrät, daß es dieser Individualität in der Tat nicht darum geht, die eigene Verbundenheit der Allgemeinheit und der Individualität zu artikulieren. Eine solche Artikulation könnte einen Sinn für die participatio innerhalb einer größeren Perspektive aufbringen. Den Sinn dafür hat diese Individualität aber nicht. Sie hält sich selbst für die eigentliche Stif-

[45] Vgl. Heinrichs 1974, S. 235: „Diese unmittelbare Ineinssetzung von Allgemeinheit und Einzelheit in dem maßgebenden Gesetz des einzelnen Herzens erweist sich jedoch gerade als die Stufe der *Entfremdung* des sich verwirklichenden Bewußtseins."

[46] Fink S. 322 glaubt, daß es hier darum geht, „die einzelsubjektive Innerlichkeit gegen Intersubjektivität" zu setzen.

[47] Vgl. Hypollite S. 277: „Sans cesse dans la PhG ... Hegel reviendra sur ce point, nous n'avons pas le droit de refuser de nous reconnaître dans la réalité puisque nous avons voulu agir, c'est-à-dire avons fait de l'effectivité du but le but même de l'opération."

[48] Vgl. Findlay 1976, S. 111: „Each man's heart will in fact be the utter heartlessness of the other person."

terin einer solcher Perspektive, indem sie das Gesetz ihres Herzens, nämlich ihre eigene Individualität, für die echte Allgemeinheit hält. Daher bemüht sie sich mit allen Kräften, dieses Gesetz zu verwirklichen. Wenn die Individualität als eigene Differenz den Sinn für ihre Zugehörigkeit zur Verschiedenheit verliert, und, anstatt sich als ein selbständiges Glied dieser Verschiedenheit zu entfalten und zu thematisieren, ihr eigenes Selbst als maßgebend erheben und verallgemeinern will, dann gibt es nur noch die Alternative Faschismus oder Verrücktheit. Weil das allgemeine Sein hier aber eine feste Selbständigkeit hat, wird diese Individualität in die Verrücktheit getrieben.

„Was also dieser Gestalt des Selbstbewußtseins aus ihrer Erfahrung als das Wahre hervorgeht, *widerspricht* dem, was sie *für sich* ist." (PhG248) Einerseits beruht ihre Identität als ein Selbst auf dem Gesetz ihres Herzens. Andrerseits hat sie aber durch ihre Tat die ihr widersprechende Wirklichkeit zu ihrem Wesen gemacht. Beide gelten gleichzeitig. Sie ist darum „an sich selbst widersprechend und im Innersten zerrüttet." (PhG248) Sie ist verrückt geworden. Ihr ist gleichzeitig ihr Wesen unwesentlich und ihre Wirklichkeit unmittelbar unwirklich. Im allgemeinen könnte man sagen, daß sich die PhG durch die Bildung und Verwandlung von Widersprüchen fortbewegt. Warum wird aber der Widerspruch ausgerechnet in diesem Fall zur Verrücktheit? Die Verrücktheit hat unserer Meinung nach hier die Funktion, die Absolutheit des Widerspruchs zum Ausdruck zu bringen. Ferner hat diese Individualität in ihrer Selbstbehauptung ausschließlich auf ihrer Innerlichkeit als maßgebend bestanden, und zwar in dem Sinne, daß die Verwirklichung des Inhalts ihrer Innerlichkeit eine genuine Allgemeinheit hervorrufen sollte. Es handelt sich hier also nicht um irgendeinen vorübergehenden Widerspruch, der zwischen Bewußtsein und seinem Gegenstand oder im Gegenstand selbst hervorgekommen ist. Nein. Es handelt sich um die ganze Selbstheit dieser Individualität. Und in ihrer Tat hat sich ihre Selbstheit als zutiefst widersprüchlich enthüllt. In dieser extremen Situation erhebt sich nun in dieser Individualität eine ungeheure Wut. Diese Wut ist eigentlich ein Rettungsversuch, in dem sie sich gegen ihre eigene Zerstörung wehrt. Sie versucht ihre Verkehrtheit als ein völlig Anderes anzusehen und sogar anzusprechen, d.h. sie projiziert ihre Verrücktheit auf die Ordnung. Die allgemeine Ordnung ist verkehrt, und die Individualität als Prinzip dieser Ordnung ist verrückt und verkehrt. Von dieser Wahrheit distanziert sich diese Individualität und meint, daß ihre Rede hier von einer *fremden, zufälligen* Individualität sei. (PhG249) In ihrer Tat aber hat sie sich gerade als diese Individualität bekannt. Und doch stellt es sich heraus, daß die allgemeine Ordnung als Gesetz aller Herzen verkehrt ist. Auf der einen Seite schien sie geistige Allgemeinheit und Substanz zu enthalten. Sie hat das gesetzliche Ganze gegen den Willen einer Individualität, die das Gesetz als ihr Gesetz allein geltend zu machen versuchte, verteidigt. Auf der anderen Seite ist diese Ordnung nur eine unmittelbare Allgemeinheit. Sie ist nur „ein allgemeiner Widerstand und Bekämpfung aller gegeneinander." (PhG251) Jeder versucht seine Individualität durchzusetzen, kann das aber nicht erreichen, weil jede andere Individualität genau das gleiche versucht. Alle erfahren dann Widerstand und lösen sich gegenseitig auf. Diese Ordnung stellt sich dann als eine nur *gemeinte Allgemeinheit* heraus,[49] ein Spiel der Festsetzung und Auflösung von Einzelheiten. (Vgl. PhG251) Allmählich taucht eine neue Gestalt aus dieser Widersprüchlichkeit auf.[50] Sie ist eine Gestalt, die über diese Individualität als verkehrende und verkehrte hinaus und zum Wesen werden will. Sie ist die *Tugend.* (Vgl. PhG251) Sie weiß diese widersprüchliche Individualität des Bewußtseins aufzuopfern.

10.2.3 Die Tugend und der Weltlauf: Die Selbstwidersprüchlichkeit der Tugend

Der *Rhythmus* dieser Gestalt ist von der entgegengesetzten Bewegung der gesetzmäßigen Tugend und des von Individualität belasteten Weltlaufs bestimmt. Weil diesem Bewußtsein der Tugend das Gesetz das Wesentliche ist, will es sowohl seine eigene Individualität als auch die des Weltlaufs aufgeben. Die eigene Individualität muß unter die Zucht des Allgemeinen gebracht werden. Es soll sogar die ganze Persönlichkeit aufgeopfert werden, damit die verkehrende Individualität des Weltlaufs als gemeinschaftliches Moment gleichfalls aufgeopfert werden kann. (Vgl. PhG252) Weil die Tugend ihre Individualität aufgibt und dennoch gegen den Weltlauf als verkehrten antreten will, muß sie sehr sorgfältig vorgehen. Ihr Vorhaben ist noch dadurch erschwert, daß sie die allgemeine Ordnung für ein inneres Wesen hält, welches aber noch nicht als seiende Wirklichkeit für das Bewußtsein vorhanden ist. Das Problem ist, daß die Individualität in der Verwirklichung dieses Inneren mitwirken muß. Tugend aber möchte glauben, daß sich das innere Wesen durch die Aufhebung der Einzelheiten von selber verwirklichen wird.[51]

Woraus aber besteht der Weltlauf? In der Antwort auf diese Frage wird eine Ironie in den Bemühungen der Tugend offenbar, nämlich, daß die Tugend aus dem Inhalt des Weltlaufs selbst, als der Einheit der beiden vorherigen Gestalten, hervorgegangen ist. Die Gestalt der Individualität als Lust, die der fremden Notwendigkeit gegenübersteht *und* die Gestalt der Individualität als Gesetz des Herzens, das der allgemeinen Ordnung gegenübersteht, machen in der Tat den Weltlauf aus. Weil die Tugend unwissend das Kind der Lust und des Herzens ist, ist ihr reines Vorhaben von tiefster Ironie geprägt.

Weil die Tugend das Wesen des Weltlaufs als ein Inneres betrachtet, ein Inneres, das noch nicht in Erscheinung getreten ist, ist sie gar nicht sicher, ob es das Wesen überhaupt gibt. Der Status ihrer Behauptung ergibt sich daher als *Glauben.* (Vgl. PhG253) Das Allgemeine ist für die Tugend ein An-sich, eine

[49] Es hat den Anschein, daß *Meinung* immer wieder im Kontext des Vermittellosen vorkommt.

[50] Vgl. den interessanten Vergleich zwischen den Kantischen Antinomien und der Grundkreativität des Hegelschen Widerspruchs bei Joós S. 107: „Chez Hegel la contradiction est au coeur du réel, tandis que l'antinomie kantienne a son origine dans une attitude mentale face à la réalité; donc l'antinomie ne peut pas avoir une *Aufhebung*."

[51] Vgl. Flay 1984, S. 142: „the virtuous individual tries to oppose the way of the world without confronting it, without participating in it."

abstrakte, noch nicht gegenwärtige Allgemeinheit. Das Allgemeine ist im Weltlauf als Innere und im tugendhaften Bewußtsein als Zweck aktiv. Die Tugend will das Gute verwirklichen, d.h. die Umkehrung der Verkehrung zustandebringen. Weil aber das Gute gegen den Weltlauf im Kampf auftritt, enthüllt es sich als nur „seiend für *ein anderes*." (PhG254) Wenn das Gute nämlich sein eigenes Sein besäße, brauchte es das Sein nicht erst in einem Kampf zu gewinnen. Das Gute scheint die Individualität seiner Verwirklichung zu benötigen; aber nach der Tugend muß gerade diese Individualität aufgehoben werden. Die Verwirklichung des Guten darf nicht durch eine mögliche Einschränkung auf Individualität gefährdet werden. Dennoch muß das Gute immer noch hervorgebracht werden. Aber wie?
Das Gute bzw. das Allgemeine tritt dann als *Gaben*, *Fähigkeiten* oder *Kräfte* auf. (Vgl. PhG254) Zu seiner Bewegung und Belebung bedarf es der Individualität. Darin gewinnt es seine Wirklichkeit. Ist der Tugend damit nicht widersprochen? Sie versucht allerdings dem auszuweichen, indem sie behauptet, daß in ihr als Individualität das Allgemeine *gut* angewendet, im Weltlauf aber für alles Mögliche *mißbraucht* sei. Hat sie aber nicht mit diesem Geständnis ihre spezifische Behauptung als Tugend und den Zweck ihres ganzen Kampfes gegen den Weltlauf preisgegeben? Doch. Es ergibt sich, daß dem Allgemeinen beide Seiten ebenso zur Verfügung stehen; es ist nicht das besondere Prärogativ der Tugend. Der Kampf der Tugend ist also nur „eine Spiegelfechterei". Die Tugend weiß, „daß das Gute *an und für sich selbst sei,* d.h. sich selbst vollbringe." (PhG255) Nach dieser Enthüllung steht das Gute auf beiden Seiten. Das Gute ist nicht, wie die Tugend meint, allein an sich, es ist „... *zugleich für ein anderes* ..." (PhG255) Nunmehr kann die Tugend das *wirkliche Gute* im Weltlauf sehen. Anfänglich dachte die Tugend, daß alle Momente aufgeopfert werden müssen. Weil nun das Ansich des Guten im Weltlauf erscheint, werden diese Momente neu bewertet; sie gelten nunmehr als die Existenz des Guten.
Aus der Perspektive des Weltlaufs gilt dagegen nicht das Ansich, sondern die Individualität als Wesen. Weil der Weltlauf auf das Individualitätsprinzip besteht, hat er eine ungeheure Flexibilität und kann sich gegen alles negativ verhalten. Er kann „den Verlust von Allem und Jedem wagen und ertragen." (PhG256) Er ist völlig frei von allen Prinzipien, die die Tugend für heilig hält. Er ist keinem Hinterhalt der Tugend ausgeliefert. Wo hat der Weltlauf diese Flexibilität her? Hegel gibt eine Antwort, die tief in die fast hermetische Bewußtseinsstruktur des Weltlichen greift: „Der Weltlauf ist das wache, seiner selbst gewisse Bewußtsein, das nicht von hinten an sich kommen läßt, sondern allenthalben die Stirne bietet, denn er ist dieses, daß alles *für ihn* ist, daß alles *vor ihm* steht." (PhG256)
Der Weltlauf besiegt dann die Tugend, weil sie mit einseitigen, ungültigen Abstraktionen gespielt hat.[52] Sie wollte das Gute durch die Hingabe der Individualität verwirklichen, ohne zu sehen, daß gerade die Seite der Individualität

[52] Vgl. Labarrière 1968, S. 106.

die Seite der Wirklichkeit ist. Ferner ist der von ihr gesetzte Unterschied zwischen dem Ansich und dem Sein gar kein Unterschied.[53] Er kann kein Unterschied sein, und zwar deswegen, weil das Sein gerade als das Wirkliche zu verstehen ist. Zunächst ist das Ansich als die Abstraktion des Wesens zu verstehen, die gegen die Wirklichkeit gerichtet ist. Als eine solche Abstraktion ist das Ansich nicht anonym. Gerade das Gegenteil ist der Fall. Als Abstraktion erweist sich das Ansich als *für* das Bewußtsein. Und genau deswegen ist es wirklich: „denn das Wirkliche ist, was wesentlich *für ein anderes* ist, oder es ist das *Sein*." (PhG280) Indem dieser Unterschied, auf dem die Tugend beruhte, als unhaltbar demaskiert ist, ist die Tugend aufgelöst.

Die Individualität ist also gar kein Feind der Wirklichkeit. Vielmehr ist sie das Prinzip der Wirklichkeit, „denn eben sie ist das Bewußtsein, wodurch das *Ansichseiende* ebensosehr *für ein anderes* ist." (PhG257) Und es stellt sich dann als Wahrheit heraus, daß das Prinzip der Individualität das Unwandelbare verkehrt. Dies ist aber eine Verkehrung aus dem „*Nichts* der *Abstraktion in das Sein* der *Realität*." (PhG257) Tugend hat die sogenannte Verkehrtheit völlig falsch eingeschätzt. Ferner war ihre Meinung auch falsch, daß das Wesen des Weltlaufs als ein Inneres verborgen ist. Das Wesen zeigt sich in und durch die Individualität und ist von seiner Erscheinung darin nicht zu trennen. Die Tugend erweist sich als wesenslos und leer. Sie erbaut, aber sie baut nicht auf. Wäre sie gefragt, weswegen sie die allgemeine Wirklichkeit als verkehrt betrachtet, würde sie die Gründe als bereits bekannt angeben. Sie vermag nicht, das, was sie meint, auszusprechen.

Das Bewußtsein hat sich in dieser Gestalt weiter entfalten und vertiefen können. Dadurch wird die Individualität neu bewertet: „denn die Individualität ist gerade die *Verwirklichung* des Ansichseienden." (PhG258) Die vermeintliche Verkehrtheit sieht nunmehr kreativer aus. Damit erlebt der sogenannte Weltlauf ein Kreativerwerden seiner selbst. Es löst sich auch die Arroganz der auf sich beharrenden, einzelnen Individualität auf. Die Individualität ist als Wirklichkeit in ungetrennter Einheit mit dem Allgemeinen. (PhG258) Sie mag meinen, daß sie nur für sich handelt, aber sie vermittelt viel, ohne sich anfänglich dessen bewußt gewesen zu sein: „ihr Tun ist zugleich *ansich*seiendes *allgemeines* Tun." (PhG259) Am Ende dieser Gestaltenreihe ist der Individualität ihre intime Verbundenheit mit der Allgemeinheit klar geworden. Und es wird hier mit vollem Nachdruck gesagt, daß das intensivste Fürsichsein der Individualität sie nicht aus der Verbundenheit mit der Allgemeinheit ausschließt. Eher wird das Allgemeine gerade dadurch zur Verwirklichung gebracht. Das Allgemeine ist weder abstrakt noch existenzlos: „es selbst ist *unmittelbar* die *Gegenwart* und die Wirklichkeit *des Prozesses der Individualität*." (PhG259) Die Einheit der Allgemeinheit und der Individualität als *Gegenwart* zu bezeichnen, unterstreicht die Tatsache, daß die Entfaltung der Person ihre Thematisierung impliziert und mitvollzieht. „Gegenwart" hat eine größere Reso-

[53] Es läßt sich fragen, ob dies nicht ein Relikt des Verstandes, der immer zur Fixierung der Unterschiede tendiert, in diesem Bewußtsein ist.

nanz, weil ihre Artikulation vom ersten Moment an das Ziel der Selbstentfaltung der Vernunft gewesen ist. (Vgl. PhG158,164) Dies hat sich nunmehr weiter erfüllt. „Gegenwart“ besagt auch, daß das Wesen des Weltlaufs nicht, wie früher gemeint, abwesend ist. (Vgl. PhG253) Weil Einheit „Gegenwart“ ist, findet hier keine Reduktion statt, weder eine Verallgemeinerung der Individualität noch eine Vereinzelung der Allgemeinheit. In diesem abschließenden Moment finden dann die drei Gestalten Lust, Herz und Tugend ihre Vollendung und integrierte Verwandlung.[54]

10.3 Die Individualität, welche sich an und für sich selbst reell ist: Die Harmonie der Wirklichkeit und der Individualität

Diese neue Gestalt ist von einer großen Bedeutung, weil sie als Vollendung der Vernunftgestalten auch den Weg in die große Geistgestalt bereitet. Darum befinden sich Individualität und Allgemeinheit hier auf einer neuen Ebene der Vermittlung. Nach den schwierigen Konflikterlebnissen, die die Individualität bisher gemacht hat, erreicht sie hier eine Harmonie mit der Welt. Das Selbstbewußtsein kann sich in dieser Gestalt so erfassen, daß es seinem Begriffe angemessen wird. Langsam kommt die sich selbst thematisierende Person auf ihren Grund. Wichtig für unser Thema ist, daß das Personsein als solches hier seine Vermittlung als seine *eigene* betrachtet, d.h. nun wird die Selbstheit dieser Vermittlung hervorgehoben: „Das Selbstbewußtsein hat itzt *den Begriff von sich erfaßt* ... und Zweck und Wesen ist *ihm* nunmehr die sich *bewegende Durchdringung* des *Allgemeinen* und der ... *Individualität.*“ (PhG259)

Infolgedessen befindet sich die Individualität nicht mehr wie in den vorherigen Gestalten im Gegensatz zum Anderssein. Sie braucht sich nicht länger auf eine solch einseitige Weise zu behaupten. Die Wirklichkeit gilt ihr nicht mehr als ihr Negatives. Selbst und Wirklichkeit haben sich am Ende der letzten Gestalt als eine Einheit aufgezeigt.[55] Die *vorgefundende Wirklichkeit* ist weder das sich-entziehende, anonyme Ansichsein noch die idealistische Projektion noch die Erfindung eines subjektivistischen Bewußtseins.[56] Vielmehr enthüllt sich die vorgefundene Wirklichkeit als intime Balance oder Durchdringung des Allgemeinen und der Individualität. (Vgl. PhG260) Dies ist durch das Tun in Erscheinung getreten, aber umgekehrt verleiht dies in dieser Gestalt dem Tun selbst eine ganz neue Bedeutung. Es handelt sich hier um

[54] Vgl. dazu Heinrichs 1974, S. 237. An dieser Stelle gesteht er, daß die erzielte Proportion zwischen Allgemeinheit und Einzelheit durch Vermittlung zu vollziehen sei.

[55] Vgl. Fink S. 342: „Die Hegelsche Vernunft ist die Einheit von Sein und Selbstbewußtsein, von innerem Sichwissen und gegenständlicher Wirklichkeit.“

[56] Vgl. Howard P. Kainz, Hegel's PhG, S. 126: „... we are dealing with one of the most fundamental ‚universals‘ – the universal relationship which pervades the unity-in-distinction of subject and object.“

ein aktives Selbstbewußtsein, aber sein Tun ist nun von keiner Distanz oder Trennung belastet. Bisher konnte es vorkommen, daß die angestrebte Verwirklichung seines Zwecks gerade sein Gegenteil verwirklicht hat.[57] Hier besteht keine Spaltung mehr, weder zwischen Selbstbewußtsein und seinem Zweck noch zwischen dem Zweck und der Wirklichkeit. „Das Tun ist an ihm selbst seine Wahrheit und Wirklichkeit, und die *Darstellung* oder das *Aussprechen der Individualität* ist ihm Zweck an und für sich selbst." (PhG260) Die Art dieser Entsprechung der Individualität und der Wirklichkeit im Tun ist so nahtlos, daß Hegel das Bild eines Kreises anführt, um sie zu illustrieren.[58] Das Tun ist ein sich bewegender Kreis, der sich in sich flexibel überall hinbewegt, ohne dabei auf ein einziges Stück fremden Andersseins stoßen zu müssen. „Das Tun verändert nichts und geht gegen nichts." (PhG261) Es ist reiner Ausdruck.

Dieses Selbstbewußtsein hat sich selbst als reine Kategorie zum Gegenstande.[59] Es ist über seine konfliktvollen Entfaltungsweisen in vorherigen Gestalten hinausgegangen. Es darf nicht vergessen werden, daß es sich ohne die damaligen Entfaltungsweisen nicht so umfassend und einheitlich thematisieren könnte. Diese Gestalten „treten nicht als seine vorgefundene Welt gegenüber, sondern entwickeln sich nur innerhalb seiner selbst als durchsichtige Momente." (PhG260) Das Gewesene ist nicht vergangen, sondern in verwandelter Gestalt anwesend. Durchsichtig sind diese Momente nun nicht deswegen, weil sie substanzlos geworden sind, sondern weil das Selbstbewußtsein eine größere Erleuchtung und Integrationskraft gewonnen hat. Hegel benutzt sogar die Metapher des Lichtes: „Es ist der Tag überhaupt, dem das Bewußtsein sich zeigen will." (PhG261) Die Momente sind nicht vertilgt; obwohl sie dem Bewußtsein durchsichtig geworden sind, sind sie dennoch aufbewahrt. In dem Bewußtsein dieses Selbstbewußtseins „treten ... sie als eine *Bewegung* unterschiedener Momente auseinander, die sich noch nicht in ihre substantielle Einheit zusammengefaßt hat." (PhG260) Obwohl sie verwandelt und aufbewahrt sind, haben sie noch nicht die Fülle der Integration erreicht.[60] Trotzdem stört dieser unintegrierte Rest „die einfache Einheit" dieses Selbstbewußtseins nicht. (Vgl. PhG260) Es stellt sich heraus, daß die Verfeinerung des Erfahrungsvermögens keineswegs die Abschwächung der Erfahrungsmöglichkeiten mit sich bringt.

[57] Vgl. Becker 1971, S. 110. „‚Entgegengesetztsein' ist für Hegel jedoch stets auch mit der menschlichen Individualität identisch."

[58] Vgl. Lauer 1976, S. 165: „rational activity itself and not some alien object is the truth of reason."

[59] Vgl. Hypollite S. 289: „La conscience de soi dans sa vérité est ce qui reste Soi dans son être-autre, ce qui se trouve et se produit soi-même par la médiation de cette altérité."

[60] Vgl. Hypollite S. 290: „La vie même qui est conscience de soi, et l'essence de la conscience de soi, c'est de se retrouver toujours elle-même dans l'être-autre, d'être Soi par la médiation de cette altérité toujours renaissante."

10.3.1 Das geistige Tierreich und der Betrug, oder die Sache selbst: Das kreisförmige Tun, Individualität zwischen Sein, Zufälligkeit und der verdienten Harmonie der „Sache selbst"

Wer den Eindruck gewonnen hat, daß die Entfaltung des Selbstbewußtseins eine Verringerung seines Daseins mit sich bringt, kann sich von Hegel das Gegenteil wörtlich beweisen lassen: „Diese an sich reale Individualität ist zuerst wieder eine *einzelne* und *bestimmte*;" (PhG261) Ihre Erfahrung in dieser Gestalt wird zeigen, wie ihr Begriff von ihr selbst in das Bewußtsein tritt. (Vgl. PhG261) Der Begriff dieser Individualität ist zumindest unmittelbar und implizit. Sie ist in ihrem Gewordensein zuerst „*Resultat*". Um sich zu erfassen und zu thematisieren, muß sie sich aber entfalten. Entfalten bedeutet, wie immer in der PhG, Be-Weg-ung, sich auf ihren Weg machen. Dies impliziert wieder Negativität; Bewegung und Negativität gehören zusammen. Wie kann aber Negativität die erwünschte Bewegung in der kreisförmigen Welt dieser Individualität hervorbringen, ohne von draußen an sie heranzukommen bzw. auf Andersheit angewiesen zu sein? Beide Möglichkeiten sind bereits ausgeschlossen. Die Lösung ergibt sich daraus, daß Individualität ihre Bestimmtheit *ursprünglich* besitzt und sie nicht erst von anderswoher empfangen muß. Das Moment der Negativität ist im Ansich schon organisch eingeschlossen. Und das Ansich- und das Fürsichsein durchdringen einander in einem ungebrochenen Kreis. Die normale Beschränkung der Bestimmtheit affiziert diese Individualität nicht, weil ihr Tun im Kreis „ein vollendetes *sich auf sich selbst* Beziehen" ist. (PhG262) Die Negativität der Bestimmtheit beinhaltet keine Begrenzung. Im Bereich des Seins impliziert Bestimmtheit normalerweise Andersheit und als solche wiederum Begrenzung; dies trifft hier aber nicht zu, und zwar deswegen nicht, weil hier alle Andersheit bereits verwandelt ist. Die Individualität bleibt in dieser ursprünglichen Bestimmtheit sich selbst gleich und frei.

Die Auslegung des Tuns dieser Individualität ist schwierig, weil alle Differenzierung axiomatisch von der nahtlosen Einheit der Individualität und der Wirklichkeit ausgeht und in bezug darauf gedacht wird. Tun ohne Bestimmtheit, Bewegung ohne Bestimmen sind nicht denkbar. Aber keine dieser Differenzierungen darf hier als different von der Individualität selbst verstanden werden. Diese Individualität birgt in ihrem zweckmäßigen Tun einen bestimmten Inhalt. Aber ihn überhaupt als Inhalt zu betrachten, ist nur möglich, insofern wir „das Ansichsein isoliert betrachten." (PhG262) In der Tat ist aber die Wirklichkeit die Durchdringung des Ansichseins und der Individualität. Diese Wirklichkeit ist jedoch noch nicht als handelnd gesetzt. Sie ist noch eine Seiende. Auch wenn das Tun in Frage kommt, gilt dieses Tun als eine reine Übersetzung der Individualität in ihr eigenes Element. Die Bestimmtheit, die ihr Tun mit sich bringt, ist, wie Hegel es ausdrückt, die einfache Farbe des Elements, worin sie sich bewegt. Diese Bestimmtheit enthält eine ihr innewohnende Negativität, die keine entgegensetzende ist; vielmehr löst sie die Bestimmtheit wieder in ihr einfarbiges Element auf. Sein und Tun durchdringen

einander.[61] Deswegen ist der Inhalt der im Tun auftretenden Seiten unterschiedslos zu betrachten. Sein, Individualität, Zweck und Wirklichkeit sind infolgedessen inhaltlich gleich zu verstehen.
Das Tun ist nicht das Versetzen der Individualität in ein fremdes Element. Durch das Tun kommt die Individualität aus der Form des noch nicht dargestellten in die des dargestellten Seins. (Vgl. PhG263) Die getrennte Unabhängigkeit der Wirklichkeit, des Stoffes, des Tuns oder des Zwecks sind scheinhaft. Wenn diese Individualität zum Tun kommt, läßt sie sich vom Scheinhaftigen nicht verleiten.[62] Sie hält am ursprünglichen Inhalt ihres Wesens fest. Warum aber muß diese Individualität überhaupt etwas tun? Ihr Motiv ist eigentlich Selbstentfaltung; sie muß für sich das werden, was sie *an sich* ist. (Vgl. PhG264) Aber gerade hier muß unsere Betrachtungsweise sehr genau sein. Das Fürsichwerden oder die Entfaltung der Selbstpräsenz ist keineswegs ein rein innerlich Subjektives, gegenüber dem draußen eine getrennte substantielle Wirklichkeit verebbt. Dieser Gegensatz besteht hier nicht. Er ist aufgehoben worden. Individualität und Wirklichkeit fließen ineinander. Auf der anderen Seite ist das aber nicht als eine Reduktion der einen auf die andere zu verstehen. Wenn das so wäre, verlöre das Tun allen Sinn.
Die Notwendigkeit des Tuns ist hier darin begründet, daß die Individualität und die Wirklichkeit ihr eigenes Wesen noch behalten haben, und zwar als verwandelt und verfeinert, und das obwohl sie in intimster Einheit miteinander stehen. Wenn es anders wäre, wäre die bisherige Entwicklung ziellos gewesen. Daraus ergibt sich, daß die Selbstheit beider nicht vertilgt wird. Dies ist von ungeheurer Relevanz, weil Hegel dieses Tun ausdrücklich mit dem Auftritt des Geistes[63] verbindet: „... das Handeln ist eben das Werden des Geistes *als Bewußtsein*. Was es (das Bewußtsein) *an sich* ist, weiß es also aus seiner Wirklichkeit." (PhG264) Im Moment ihres Tuns kommt diese Individualität, die voll in der Wirklichkeit steht, auf den Grund ihres Wesens. Der Grund ihres Wesens ist sie selbst, aber *ebensowohl* der Geist. Ihre Selbstheit und die Selbstheit des Geistes widersprechen sich nicht, sondern entsprechen sich. Es verwundert dann nicht, daß die Andersheit in dieser Erfahrungsphase nicht als fremd gilt, und zwar nicht deswegen, weil sie aus irgendwelchen Gründen ausgeschlossen ist, sondern vielmehr weil ihre Affinität mit der Individualität schon erlebt und integriert ist. Hinzu kommt, daß die Selbstheit der Individualität und die Selbstheit des Geistes sich nicht in dieser Bewegung erschöpfen, obwohl sie in ihr zur Erscheinung kommen. Sie sind mehr als ihre jeweilige Bewegung. Hegels sorgfältig durchgehaltene Balance zwischen Unmittelbar-

[61] Vgl. Lauer 1976, S. 165: „It is *activity* in this sense which constitutes the *actuality* of the indidvidual – his doing is his *being*; there he can find his true reality."

[62] Den Eindruck, daß diese Individualität sich in einem Vakuum befindet, entkräftet die Präsenz des Scheinhaftigen, indem sie auf die konkrete Verbundenheit dieser Individualität mit der Wirklichkeit verweist.

[63] Es darf nicht vergessen werden, daß dies das Übergangskapitel in die Geistgestalt ist. Die hier entfalteten Momente werden nicht durch den Übergang relativiert, sondern weiter vertieft und verwandelt.

keit und Mittelbarkeit findet hier ihre Wurzel. Obwohl die Bewegung des Selbstentfaltens und des Selbstthematisierens der Person sich als eine Vermittlung herausstellt, annulliert diese Vermittlung die Unmittelbarkeit der persönlichen Präsenz nicht, und zwar weder die der Person noch die des Geistes. Vermittlung gilt als eine Entfaltung und Thematisierung, ein Werden der Person, aber in jeder Phase erhält das Personsein unmittelbare Präsenz. Es scheint geboten, an dieser Stelle daran zu erinnern, daß die Aufhebung der Unmittelbarkeit ihre Verwandlung bedeutet.

In dieser Erfahrungsphase wird die kreisförmige Natur des Tuns weiter artikuliert. Um zu wissen, was es ist, muß das Individuum handeln. Es wird dadurch sein ursprüngliches Wesen kennenlernen. Dies vor allem ist der Zweck seines Tuns. Scheint aber das Individuum nicht in einem Kreise gefangen zu sein, „weil es sein ursprüngliches Wesen, das sein Zweck sein muß, *erst aus der Tat* kennenlernt, aber um zu tun, *vorher den Zweck* haben muß" (PhG264)? Die Frage ist dann, womit das Individuum anfangen kann. Das ist hier höchst schwierig, weil die Struktur des Tuns eine ungebrochene Einheit ausmacht. Individualität und Wirklichkeit durchdringen sich, was bedeutet, daß Anfang, Mitte und Ende des Tuns zusammen als Wesen dieses Individuums selbst gelten. Wie fängt es zu handeln an? Es beginnt mit dem, woran es *Interesse* hat.[64]

Die Vorbefindlichkeit der Wirklichkeit verweist zunächst auf die Differenz zwischen ihr und dem Individuum. Auf der anderen Seite erweist sich ihre Affinität zueinander „in dem *Interesse*, das es an ihr findet." (PhG264) Die Anführung des Begriffs „Interesse" ist bemerkenswert, weil er die konkrete Präferenz des Individuums aufzeigt und infolgedessen seine eigentliche Individualität hervorhebt. Ferner zeigt er, wie die Wirklichkeit das Individuum zum Tun aufruft und dennoch seine Entsprechung mit sich nicht aus seinem Rhythmus bringen wird. Er zeigt sodann einen Attraktionszug, wodurch das Individuum zur weiteren Entfaltung seiner Selbst entsprechend aufgerufen werden kann. Die kreisförmige Natur des Tuns und das Ausbleiben eines reinen Anfangs zeigen neben der inneren, unsegmentierten Kontinuität des Erfahrungskontinuums auf, daß es in bezug auf Person als Vermittlung auf der Bahn der Erfahrung keine neutrale Stelle gibt. Interesse allein reicht aber nicht aus, um handeln zu können. Ebenso muß Talent als Mittel vorliegen. Das Talent ist hier wieder keine äußerliche Bestimmung, sondern gehört zur ursprünglichen Natur dieser Individualität. Talent ist der Übergang des Zwecks zur Wirklichkeit. (Vgl. PhG264) Darin bildet es mit dem Interesse eine Einheit. Diese Einheit des Talents und des Interesses zählt als das wirkliche Mittel und hebt jeden Schein eines getrennt bestehenden Gegenstandes zwischen den anfängli-

[64] Zum Thema *Interesse* aus der Perspektive der Prozeßphilosophie vgl. Whitehead S. 15–16: Die Verbindung zwischen Hegel und der Prozeßphilosophie ist ein interessantes Thema. Hans Küng hat in einem Seminar an der Universität Tübingen, SS 1988, die Vermutung geäußert, daß die historische Brücke zwischen Hegel und der Prozeßphilosophie bei den britischen Hegelianern und insbesondere bei McTaggart zu finden sei.

chen Umständen und dem Zweck dieses Tuns auf. „Die ganze Handlung tritt auf diese Weise weder als die *Umstände*, noch als *Zweck*, noch *Mittel*, noch als *Werk* aus sich heraus." (PhG265)
Als „verwirklicht" gilt das Tun, wenn es als „Werk" vorliegt. Auch hier wird kein störender Unterschied zugelassen. Das Werk drückt nach alledem etwas Bestimmtes aus. Das Tun hat die Negativität in ihm als Qualität, nun stellt es sich im Werke als *seiende Wirklichkeit* dar. (Vgl. PhG265) Fällt denn das Werk wegen dieser Negativität nicht doch aus sich heraus? Wird damit die nahtlose Einheit der Individualität und der Wirklichkeit nicht aufgebrochen? Nein, und zwar deswegen, weil das Bewußtsein als das Allgemeine gegenüber dem Tun gilt. Auch die „verwirklichte" Negativität dieses Tuns ist nicht in der Lage, sich als anders gegen die allumfassende Negativität des Bewußtseins entgegenzusetzen.[65] Sie schließt sie in sich ein, und deswegen ist der Unterschied des Werkes nur der unwesentliche Unterschied der *Größe*. Dagegen wäre ein Unterschied zwischen Gutem und Schlechtem ein absoluter Unterschied. Davon kann hier aber keine Rede sein,[66] weil es keinen Maßstab zur Beurteilung des Werkes gibt.[67] Ein Maßstab stünde nur dann zur Verfügung, wenn die ursprüngliche Natur der Individualität in ihrem Tun und das An-Sich als einander nicht-entsprechend vorstellbar wären. Aber das ist hier undenkbar. Das Ganze ist ein Kreis. Es ist daran festzuhalten, daß alles, was dieses Tun betrifft, nur im direkten Bezug auf das Sich-Aussprechen dieser Individualität zu verstehen ist. Alles andere liegt außerhalb dessen, was von Bedeutung ist. „... es ist nichts *für* die Individualität, was nicht *durch* sie, oder es gibt keine *Wirklichkeit*, die nicht ihre Natur und ihr Tun, und kein Tun noch Ansich derselben, das nicht wirklich ist, und nur diese Momente sind zu vergleichen." (PhG266) Gefühle der Ergebung, der Klage oder der Reue sind hier ausgeschlossen. Das Bewußtsein dieses Individuums ist von Gegensätzen völlig unbelastet. „Es kann nur das Bewußtsein des reinen *Übersetzens seiner selbst* aus der Nacht der Möglichkeit in den Tag der Gegenwart ... haben." (PhG266) Nichts Fremdes begegnet ihm. Gegenwärtig wird nur das, was in der Nacht „schlief". Es handelt sich um Anwesenheit, die versichernde Erleuchtung der eigenen Präsenz. Deswegen sind Gewißheit und Wahrheit in eins gekommen, und das Individuum kann *„nur Freude an sich erleben."* (PhG260) Dies ist eine beruhigende Ebene des Personseins, eine schöne Balance ist vorhanden. Das Bewußtsein weiß, daß es die absolute Durchdringung der Individualität und des Seins ist.
Trotz der intensiven Harmonie dieser Ebene muß das Bewußtsein tiefer auf die Sache eingehen, um festzustellen, wie sich diese Auslegung der Einheit der

[65] Das Bewußtsein zieht sich vom Werk zurück. In bezug auf das Werk ist es infolgedessen wieder ein allgemeines Bewußtsein geworden. Vgl. dazu Hypollite S. 294: „... mais il est bien évident que ‚cet autre' que je deviens est mon être-pour-autrui."
[66] Eine solche Behauptung wäre, um mit der Sprachphilosophie zu sprechen, ein Kategorienfehler.
[67] Für eine andere Meinung dazu vgl. Hypollite S. 294.

Individualität und der Wirklichkeit, die hauptsächlich eine begriffliche Entfaltung und Thematisierung ist, mit der daseienden Erfahrung des Bewußtseins verträgt. Die Ebene der Unmittelbarkeit muß verlassen werden. Bisher wurde so fest an der kreisförmigen Einheit des Tuns festgehalten, daß das Werk als *seiendes* nicht ernst genug genommen wurde. Dieser neue Schritt steht nicht im Widerspruch zu dem vorhergehenden. Vielmehr wird nun eine neue Ebene der Thematisierung betreten. Die Einheit der Individualität und der Allgemeinheit wird auf der Ebene des Seins geprüft, und die Frage ist nun: wie erhält die handelnde Individualität ihre Allgemeinheit auf dem Niveau des Seins? Es gehört zum Realismus dieser Vernunftsebene, daß ihre konkrete und differenzierte Allgemeinheit auf die innerliche Auseinandersetzung mit den noch auftauchenden Seinsresten nach wie vor einzugehen vermag.

„Zunächst ist das gewordene Werk für sich zu betrachten." (PhG267) Gerade weil dieses Werk die ganze Natur der Individualität enthält, ist sein Sein selbst ein Tun. Das Werk ist dann nicht ein fixierter Punkt, sondern ist selbst eine individuelle Tätigkeit. Es tritt im Element des Seins gegen andere bestimmte Naturen auf. Anders gesagt, das Werk gilt hier nur als Moment einer allgemeinen Bewegung. Seine Bestimmtheit, die vorher so vorsichtig in einem hermetischen Kreis aufgerollt wurde, wird hier begrenzend, kämpferisch und verschwindend. Dieses Individuum ist sich im Element des Seins als ein *dieses* wirklich geworden, aber auf Kosten seiner Einheit mit der Wirklichkeit. Nun kommt es tatsächlich zu einem Gegensatz, und zwar zum Gegensatz zwischen Wirklichkeit und Selbstbewußtsein. Tatsächlich muß dies noch markanter gefaßt werden, nämlich als eine Entgegensetzung. Dem Selbstbewußtsein ist die Wirklichkeit, die es vorgefunden hat, völlig fremd geworden. Weil das Sein dieses Werkes aber ein individuelles Tun ist, ist es für andere Individualitäten fremd. Sie wollen sich mit ihren eigenen Werken das Bewußtsein ihrer Einheit mit der Wirklichkeit darstellen. Das Werk dieses Individuums wird in einem solchen Milieu ausgelöscht. Anstatt dem Individuum seine Realität zu bewahren und durchzusetzen, enthüllt das Werk eher die Vergänglichkeit dieses Individuums.

In den früheren Gestalten des Bewußtseins war der Gegensatz zwischen Sein und Tun immer wieder der Anlaß zum Tun. Er macht sogar den Anfang des Tuns aus. Obwohl diese Individualität auf einer höheren Entwicklungsstufe steht, gilt für sie das gleiche. Die ganze Rede von der Einheit der ursprünglichen Natur und des Tuns zeigt sich in dieser neuen Perspektive als völlig unzureichend, und zwar deswegen, weil das reine Tun kein reines Übersetzen ist, das im Tun selbst einzuschließen ist. Es wird klar, daß *Tun* eine unerwartete Selbsthaftigkeit aufweist. „Das reine Tun ist aber die sich *selbst gleiche Form*, welcher hiemit die *Bestimmtheit* der ursprünglichen Natur ungleich ist." (PhG268) Damit erscheint eine wichtige Differenzierung. Die Bedeutung der ursprünglichen Natur wird vertieft und erweitert, um die Individualität als solche *und* die Individualität als Werk abzudecken: „die ursprüngliche Natur ist das *Sein* ebensowohl der Individualität als solcher wie ihrer als Werk." (PhG268) Angesichts dessen ist nun zu fragen, wo dann das Tun eingereiht werden soll. Gerade diese Erweiterung des Begriffs der ursprünglichen Natur macht den Raum frei für eine eigentliche und ontologische Definition des Tuns: „... das Tun aber ist der ursprüngliche *Begriff* als absoluter Übergang oder als das *Werden*." (PhG268) Dies wirft ein neues Licht auf das ganze Werden der Person in der PhG. Es besteht nicht bloß aus gedachten Unterschieden oder Voraussetzungen und ihrer Selbsteinholung, sondern auf einer Vermittlung, die auf einem Werdensweg ist. Das Werden als Tun ist nichts Subjektives, Einzelnes, sondern im tiefsten Sinne eine Art participatio, die von der geistigen Wirklichkeit rhythmisiert wird. Solch eine Definition, die dem Tun eine ontologische Kreativität zuschreibt, bereitet auch den Weg für die Integration und Aufhebung der Zufälligkeit.[68]

Die an sich reale Individualität erfährt im Werk intensive Widersprüchlichkeit. Die Momente, die zuvor einheitlich waren – Zweck, Realität, Begriff, Mittel und Übergang – treten nun im Elemente des Seins völlig auseinander und bleiben gleichgültig und zufällig einander gegenüber. Das hat zur Folge, daß das Tun des Individuums zufällig gegen die *Wirklichkeit* ist. (Vgl. PhG269) Trotz der verwirrenden Zufälligkeit aber bleibt die Einheit und Notwendigkeit des Tuns vorhanden. Ja, diese Seite hat sogar die Priorität und umfaßt nun die Zufälligkeit: „und die Erfahrung von der *Zufälligkeit des Tuns* ist selber nur eine *zufällige Erfahrung*." (PhG269) Diese Erkenntnis verweist auf die ontologische Kreativität des Tuns und ist selbst eigentlich auch darin zu gründen. Zweck und Wirklichkeit sind, trotz aller Zufälligkeit, schließlich aufeinander bezogen.[69] Ihre Einheit macht den Begriff des Tuns aus: „es wird gehandelt, weil das Tun an und für sich selbst das Wesen der Wirklichkeit ist." (PhG269)

Der Inhalt dieser Erfahrung der Zufälligkeit läuft auf das Verschwinden des Werkes hinaus.[70] Aber auch das Verschwinden verschwindet, weil es selbst an das Werk gebunden ist. Was könnte eine so paradoxe Aussage wie „das Verschwinden des Verschwindens" meinen? Es meint, daß der Blick dieses selbstthematisierenden Bewußtseins nicht fixiert auf dem Verschwinden des zufälligen Werkes stehen bleibt, als ob das Werk und seine Momente sich wie ein Netz im Leeren erscheinen läßt, um sich dann wieder aufzulösen. Der Blick darf nicht auf ein dauerndes Sichgestalten und Sichauflösen fixiert werden. Die Aussage meint vielmehr, daß mit dem Verschwinden des Verschwindens ein ganz neues Niveau erreicht worden ist. Es handelt sich nämlich darum, daß die *gegenständliche Wirklichkeit* sich der Individualität nicht mehr entgegensetzt. Und genau dies war es, was alle Gestalten der Individualität in

[68] Vgl. Gumppenberg S. 69, wo behauptet wird, „daß die wirkliche Identität aller Dinge nichts anderes ist als die Notwendigkeit ihrer Kontingenz. Diese mit sich identische Kontingenz zu *begründen* und nicht zu überwinden, ist das eigentliche Motiv der Hegelschen Widerspruchslogik."

[69] Vgl. dazu Fink S. 348: „Das Werk der Vernunft ist sie selbst, als Einheit des Seins und des Tuns ist es das Bleibende und Ständige."

[70] Vgl. Heinrichs 1974, S. 244: „Und doch ist diese Zufälligkeit ihm durchaus notwendig zu seiner Selbstaffirmation als reeller Individualität."

der Vernunft bisher gequält hat. Erfahrung konfrontiert die Individualität nicht mehr mit etwas Fremdem. Die Wirklichkeit erweist sich jetzt im Grunde *für* das Bewußtsein. (Vgl. PhG270) Kein Gegensatz kann nun die Form des Fürsichseins gegen die Wirklichkeit annehmen.
Bewußtsein ist auf diesem neuen Niveau aus dem Vergänglichen in sich reflektiert und behauptet sich „als das *Seiende* und *Bleibende* gegen die Erfahrung von der *Zufälligkeit des Tuns.*" (PhG270) Hier wird die Fortentwicklung klar.[71] Als das Bewußtsein aus der begrifflichen Ebene in das Sein kam, hat es Zufälligkeit durchlebt. Diese Entfaltung hat nunmehr zum Ergebnis, daß das Bewußtsein sich als das *Seiende* und das *Bleibende* mit vollem Recht behaupten und thematisieren kann. Die Einheit des Seins und des Tuns hat sich in *Wirklichkeit ergeben.* „Diese Einheit ist das wahre Werk, es ist die *Sache selbst*, welche sich *schlechthin behauptet* und als das *Bleibende erfahren wird* ..." (PhG270) Die Sache selbst ist das Bleiben trotz aller Zufälligkeit. Es ist wichtig zu sehen, daß die Zufälligkeit dennoch nicht einfach eliminiert wird. Die Sache selbst wird als das Bleibende erfahren, „unabhängig von der Sache, welche die *Zufälligkeit* des individuellen Tuns als eines solchen, der Umstände, Mittel und der Wirklichkeit *ist.*" (PhG270)
Die *Sache selbst* entfaltet die durchdringende Einheit von Wirklichkeit und Individualität auf eine neue Weise. Sie stellt weder die frühere Einheit wieder her, nachdem die Zufälligkeit nun nicht mehr die Übermacht hat, noch ist sie eine äußerliche, an diese Entwicklung herangetragene Zusammenfassung. Vielmehr entspricht ihr Auftritt der sich ansammelnden Entfaltung und der sich einleuchtenden Thematisierung des Bewußtseins. Das macht ihren Auftritt organisch in und kongruent mit dem Sein selbst. Die Durchdringung der Individualität und der Allgemeinheit ist in ihr gegenständlich geworden. (Vgl. PhG271) Sie scheint vielleicht zunächst den Momenten entgegengesetzt zu sein. Der Schein spricht nur insofern für eine Entgegensetzung, als die Momente isoliert genommen werden. Sie ist im Grunde genommen ihre Einheit. Sie ist infolgedessen in allen Dimensionen des Tuns gleichzeitig präsent. Sie ist reines Tun, sowohl als das Tun des Individuums als auch dieses *sein* Tun im Gegensatz zur Wirklichkeit, d.h. sowohl als *Zweck* als auch als *Übergang* aus dieser Bestimmtheit in die Entgegensetzung; und schließlich ist sie auch eine Wirklichkeit, die für das Bewußtsein vorhanden ist. Sie ist hoch differenziert, aber deswegen nicht weniger einheitlich. „Die *Sache selbst* drückt hiemit die *geistige* Wesenheit aus, worin alle diese Momente aufgehoben sind als für sich geltende, also nur als allgemeine gelten, und worin dem Bewußtsein seine Gewißheit von sich selbst gegenständliches Wesen, *eine Sache* ist; der aus dem Selbstbewußtsein als der *seinige* herausgeborene Gegenstand, ohne aufzuhören, freier eigentlicher Gegenstand zu sein." (PhG271) Diese Aussage bekräftigt die Tatsache, daß die Momente nicht mehr isoliert zu betrachten

[71] Vgl. Hypollite S. 298: „La conscience de soi est non seulement pour soi, elle est encore pour les autres; elle est non seulement subjective, elle est encore une chose, une manifestation objective."

sind. Sie sind aufgehoben, aufbewahrt und verwandelt. Ferner ist Bewußtsein gerade deswegen sich selbst als Seiendes sicher.
Das Sein zerstreut das Bewußtsein nicht. In der Schwebe des Seins stellte das Bewußtsein fest, daß ihm seine Einheit nicht genommen wurde. Das Bewußtsein flüchtet nicht, um sich im Kontaktlosen zu schonen. Angesichts der Affinität zwischen dem Bewußtsein und dem Sein ist die Tatsache auch wichtig, daß diese geistige Wesenheit, obwohl sie in und durch das Bewußtsein hervorgetreten ist, dennoch ein „freier eigentlicher Gegenstand" *bleibt*. Diese Affinität beruht nicht auf einer Homogenisierung. Die Sache selbst ermöglicht ferner eine noch tiefere Integration der gewesenen Erfahrungen. Dies hat zur Folge, daß das, was als „Ding" in der sinnlichen Gewißheit und in der Wahrnehmung gegolten hat, hier die Bedeutung der *Sache* erhält, die eine tiefliegende Affinität mit dem Selbstbewußtsein aufweist. „Es wird eine der sinnlichen Gewißheit und Wahrnehmung entsprechende Bewegung daran durchlaufen". (PhG271) Durch die weitere Entfaltung des Selbstbewußtseins kann das frühere *Ding* nun als die *Sache* thematisiert werden. Eine umfassendere Zugehörigkeit von Selbstbewußtsein und Gegenständlichkeit ist sichtbar geworden. Und dieser Erfahrungsdurchlauf verwirklicht genau dies für dieses Selbstbewußtsein. In der weiteren Fortbewegung der Erfahrung wird des öfteren der *Rhythmus* von früheren Momenten auf einer neuen Ebene wieder aufgenommen und durchlaufen, um eine feinere Integration und eine wahrhaftigere Selbstpräsenz zu erreichen; damit werden mögliche Relikte von früheren Erfahrungsebenen völlig beheimatet.
In der Sache selbst ist das Selbstbewußtsein zum Bewußtsein seiner Substanz gekommen.[72] Aber als ein soeben gewordenes ist es ein *unmittelbares* Bewußtsein derselben; „und dies ist die *bestimmte Weise*, in welcher das *geistige Wesen* hier *vorhanden* ... ist." (PhG271) Im Grunde genommen handelt es sich bei der *Sache selbst* um die differenzierte und weiter hervorgekommene Anwesenheit des Geistes. Darin wird klar, daß alle Momente der gewesenen Erfahrungen nicht verloren, sondern verwandelt sind. (Vgl. PhG270–271) Die tiefste Durchdringung der Allgemeinheit und der Individualität ist im Geiste zu finden. Dies muß hier zunächst auf eine unmittelbare Weise erfahren werden. In diesem unmittelbaren Bewußtsein gilt die Sache selbst zunächst als ein einfaches Wesen. Dieses Bewußtsein hat infolgedessen eine ambivalente Meinung der Sache selbst gegenüber. Einerseits sind die Momente dieses Individuums – Zweck, Mittel, Tun und Wirklichkeit – einzelne, „welche es gegen die *Sache selbst* verlassen und aufgeben kann." (PhG271) Andrerseits haben sie aber die Sache selbst zum Wesen, wenn auch auf einer abstrakten Weise. Obwohl die Sache selbst noch nicht Subjekt ist, gelten dennoch diese Momente als subjekthaft, weil sie auf dieser Ebene auf die Seite der Individualität fallen.

[72] Vgl. dazu Flay 1984, S. 146: „The ‚affair itself' (die Sache selbst) is the subject; for the totality of meaning and thus the locus of certainty ... this totality of meaning ist not just the world as opposed to me, but is the self-world relation itself."

Im Grunde genommen handelt es sich hier um die Entfaltung einer neuen Differenz, die die Sache selbst für die Erfahrung dieses Bewußtseins erschließt. Gleichzeitig aber tritt damit die Sache selbst intensiver auf. Dieses Bewußtsein kann vier mögliche Erfahrungen machen. (Vgl. PhG272) Erstens kann es die Sache selbst als eine formale Allgemeinheit anerkennen. Es befaßt sich demnach so mit den Momenten, daß es weiß, daß es, wenn es seine Befriedigung in dem einen nicht findet, die Befriedigung in dem anderen finden wird. Zweitens beschuldigt dieses Bewußtsein, wenn es seinen Zweck nicht zur Wirklichkeit bringt, nicht sich selbst, sondern findet eine Ausrede, indem es das reine Tun, das nichts ist, zur Sache selbst macht. Damit gewinnt das Verschwinden Schutz in der Sache selbst. Das Verschwinden gibt sich sonach als ein Tun aus. Anders gesagt nutzt das Bewußtsein die Idee der *Sache selbst*, um seinem Nicht-Tun Bedeutung zu geben. Drittens hat das Bewußtsein überhaupt nicht versucht, die Sache selbst auszuführen, und dennoch tröstet es sich mit dem Gedanken, daß eine solche Ausführung unmöglich wäre. Damit reduziert es die Bedeutung der Wirklichkeit auf sein eigenes Vermögen. Viertens erweckt möglicherweise etwas sein Interesse, um das es sich nicht selbst bemüht hat, daraus schließt es aber, daß diese Wirklichkeit die Sache selbst sei. Ohne sein Zutun hält es das für seine Tat und sein Verdienst. (Vgl. PhG272) Es nimmt sich das Recht, alles, was es will, als seiniges auf sich zu beziehen.

Die angebliche Ehrlichkeit dieses Bewußtseins stammt aus der Willkür, nach der es die Sache selbst für seine eigene Befriedigung ausnutzt. Und es bringt seine Gedanken über die Sache selbst überhaupt nicht zusammen. Es *vergißt* den einen, wenn es sich mit dem anderen beschäftigt. Die Momente lassen sich aber nicht so willkürlich auseinandernehmen. Denn sie beziehen sich schlechthin aufeinander. Das Individuum darf sie nicht auf solch eine gleichgültige Art behandeln, weil es mit ihnen zutiefst verbunden ist: „Das *reine Tun* ist wesentlich Tun *dieses* Individuums, und dieses Tun ist ebenso wesentlich eine *Wirklichkeit* oder eine Sache.“ (PhG273) Dieses Individuum geht mit der Sache abstrakt um, obwohl es mit ihr als *seinem* Tun zu tun hat.

Aber die Sache selbst ist nicht nur auf die inhaltliche Seite ihrer Momente, wie sie hier auftreten, angewiesen. Die Momente sind als *Formen* am Bewußtsein notwendig. (Vgl. PhG273) Als Inhalt macht das eine Moment dem andern Platz. Dies läuft darauf hinaus, daß sie verschwinden. „Sie müssen daher in der Bestimmtheit, als *aufgehobene*, vorhanden sein; so aber sind sie Seiten des Bewußtseins selbst.“ (PhG273) Die Integrationskraft des Bewußtseins ist zum größten Teil auf seine Verwandlungskraft zurückzuführen. „*Das Ganze* ist die sich bewegende Durchdringung der Individualität und des Allgemeinen.“ (PhG274) Das Durchdringen ist ein ständiger Prozeß. Die reflexive Innerlichkeit des Bewußtseins ermöglicht es, daß das Verschwinden und das Behalten der Momente gleichzeitig geschieht, und dennoch bestimmt werden kann. „Das eine der Momente des Inhalts wird von ihm dem Tage ausgesetzt und *für andre* vorgestellt; das Bewußtsein ist aber *zugleich* daraus in *sich reflektiert* und das *Entgegengesetzte ebenso in* ihm vorhanden; es behält es für sich als das seinige." (PhG274) Dies ist eine hoch komplizierte Aussage. In ihr wird versucht, dreistellig zu denken, nämlich Selbst, Anderes und geistige Wesenheit in ihrem Prozeß der Vermittlung zu artikulieren. Das eine Moment steht sozusagen nach einer zweifachen Art zur Verfügung. Genauer gesagt, der Prozeß seiner Vermittlung ist zugleich eine Bewegung nach außen, wodurch das Moment für Andere vorgestellt wird, und es folgt eine Bewegung zurück aus dem gleichen Moment, um sein Entgegengesetztes innerlich zu treffen. Damit ist eine notwendige Beziehung zwischen dem äußerlichen Moment und der Anwesenheit seines Gegenteils im Innern ans Licht gekommen.[73] Obwohl das Moment nach außen verdrängt scheint, bleibt es trotzdem in seinem Entgegengesetzten anwesend und verwandelt. Hegel deutet die Wahrheit dieser Interpretation an, indem er die Unabhängigkeit der Momente voneinander verneint. Es ist so, daß eines „allein nur hinausgestellt" wird und sein anderes nur im Innern behalten würde. Das Bewußtsein wechselt mit ihnen ab, „denn es muß das eine wie das andere zum wesentlichen für sich *und* für die andere(n) machen." (PhG274) Jedes Moment ist fest mit seinem entgegengesetzten verbunden. Das Verbundensein ermöglicht es, daß das Moment sowohl für das Bewußtsein als auch für die Anderen zum Wesentlichen gemacht werden kann. Wir sind bei einer Erfahrungsphase angelangt, wo das Bewußtsein soeben willkürlich mit den Momenten umzugehen versucht hat. Die Momente sind aber voneinander keineswegs zu trennen. Dennoch werden sie nicht dadurch zum Wesentlichen gemacht, daß, wenn das eine verschwindet, es durch ein anderes ersetzt wird. Das führt entweder zu einem endlosen Regreß oder zu einer gespaltenen, zweiseitigen Wirklichkeit, wo das Flüchten von der einen Seite das Erscheinen auf der anderen Seite wäre; damit wäre die sich bewegende Durchdringung der Individualität und des Allgemeinen völlig aufgegeben.

In der wirklichen Sache selbst besteht die dargestellte nuancierte Einheit zwischen den Momenten.[74] Hier findet nun wieder ein Wechsel der Perspektive statt; das Bewußtsein muß jede Einheit durch harte Erfahrung verdienen: „weil aber dies Ganze für dies Bewußtsein nur als ... die Abstraktion *der Sache selbst* vorhanden ist, fallen seine Momente als getrennte außer ihr und auseinander." (PhG274) Diese Trennung tritt durch die Entfernung der Abstraktion auf und bringt eine Ungleichheit mit sich. Die Momente wechseln sich ab; das eine ist wesentlich; das andre ist nur äußerlich an dem Bewußtsein; es ist für die Andern. Diese Zerstörung der kreisförmigen Einheit der Momente läßt ein Spiel der Individualitäten miteinander zu. Sie betrügen sich und einander. Damit findet ein ständiger Wechsel statt.

[73] Hierzu und für eine sehr tiefgehende logische Analyse der methodischen Rolle der *Sache selbst* im Hegelschen System vgl. Rüdiger Bubner, „Die ‚Sache selbst' in Hegels System", S. 53: „Der Vorstoß zur Sache selbst fällt zusammen mit dem Abbau all solcher Reflexionsvorstellungen, die eines mit einem andern vermitteln und nur von einem reden können, indem sie ein anderes voraussetzen."

[74] Vgl. Labarrière 1968, S. 107: „La Chose même, en effet, exprime en soi l'unité véritable de l'être et de la pensée, la Catégorie, mais non plus sous mode d'une simple affirmation formelle: en elle se trouve désormais présente la richesse du contenu total qui a été assumé."

Eine Individualität führt etwas aus. Die anderen glaubten, daß es sich um die Sache selbst gehandelt habe, stellten aber fest, daß diese Individualität nur an sich interessiert war. Aber das Interesse der anderen war genauso trügerisch, weil sie ihrerseits nur an sich und nicht an der Sache interessiert waren.[75] Sie handeln ebenso gegeneinander wie gegen ihre gemeinten, eignen Absichten. Die Bewegung geht hin und her, von Betrug zu Betrug. Sie basiert auf dem Grundkonflikt zwischen der Individualität und den Andern. Daß ein solcher Konflikt überhaupt stattfindet, ist eine direkte Konsequenz dieses Unvermögens des Bewußtseins, das Ganze als eine Durchdringung der Individualität und des Allgemeinen zu erfassen. Sobald es abstrakt aufgefaßt wird und die Momente gezwungen werden, sich äußerlich abzuwechseln, entsteht dieser Konflikt.

Trotzdem bringt, wie immer in der PhG, eine irreführende Erfahrung auch einen positiven Ertrag mit sich. Hier lernt das Bewußtsein die wirkliche Natur der Sache selbst kennen. Der Konflikt zwischen der Individualität und den Anderen in bezug auf die Sache selbst hört auf. Das Bewußtsein erfährt, was die Sache selbst ist: „ein Wesen, dessen *Sein* und *Tun des einzelnen* Individuums und aller Individuen, und dessen Tun unmittelbar *für andre*, oder eine *Sache* ist, und nur Sache ist als *Tun Aller* und *Jeder*; das Wesen, welches das Wesen aller Wesen, das *geistige Wesen* ist.“ (PhG276) Eine höchst differenzierte und intime Einheit kommt damit ans Licht. Abstrakte Allgemeinheit ist jetzt ausgeschlossen. Die Sache selbst ist „die von der Individualität durchdrungene Substanz; das Subjekt, worin die Individualität ebenso als *sie selbst* oder als *diese*, wie als *alle* Individuen ist, und das Allgemeine, das nur als dies Tun Aller und Jeder ein *Sein* ist, eine Wirklichkeit darin, daß *dieses* Bewußtsein sie als seine einzelne Wirklichkeit und als Wirklichkeit Aller weiß.“ (PhG276) Diese Aussage bringt die ganze Entfaltung der verschiedenen Vernunftgestalten zum Ausdruck; auf diese Vollendung hat die Vernunft auf ihrem ganzen Werdeweg gezielt.

Es läßt sich an dieser Stelle ein sehr interessanter Vergleich zwischen der Erfahrung am Ende dieser Vernunftgestalt und der Erfahrung des Bewußtseins im Zusammenhang mit der *Kraft* machen. Dieser Vergleich hilft dazu, die Besonderheit beider Gestalten weiter zu klären. So wie die Kraft eine Vorstufe des Selbstbewußtseins war, ist diese Vernunftphase eine Vorstufe des Geistes. Wir haben betont, wie die volle Bemühung der Kraft darin bestand, mit Andersheit zurecht zu kommen, und wie sie in einer erstickenden Reflexivität bzw. in einer vor-selbsthaften Reflexivität gefangen war. Die Vernunft kam nach dem Selbstbewußtsein vor; sie hat die Vielfältigkeit der fortentwickelten Selbstheit geerbt. Sie versucht die tiefliegende Affinität dieser Selbstheit und der ganzen Wirklichkeit zu thematisieren. Im Kontrast zur Kraft spielt hier die Andersheit eine große Rolle. Die Andersheit ist nun selbständig und verliert alle Relikte ihrer Fremdheit; deswegen hat die Reflexivität des vernünftigen

[75] Vgl. dazu Loewenberg S. 173: „Professions of self-surrender to an objective calling turns unashamedly when challenged into naked confessions of passionate self-assertion.“

Selbstbewußtseins keine erstickenden Züge. Ihre profiliertere Selbständigkeit ermöglicht vielmehr eine richtige Begegnung mit der Differenz, und zwar vor allem als vermittelnd. Der anfängliche Allgemeinheitsanspruch dieser Vernunft hat sich durch die Erfahrung als eine konkrete Allgemeinheit erwiesen. Die intimste Selbstheit impliziert und verlangt die eigenste Differenz. Die Inklusivität der Vernunft bedeutet keineswegs eine Homogenisierung der Wirklichkeit oder der Verschiedenheit, sondern das Gegenteil, nämlich die ausgeprägteste Differenz und intensivste Andersheit.

10.3.2 Die gesetzgebende und die gesetzprüfende Vernunft: Die Verwandlung einer letzten Arroganz der Individualität

An dieser Stelle stehen die Individualität und die Sache selbst im differenzierten Gleichgewicht miteinander.[76] Auf der einen Seite ist die Individualität in und durch die Sache selbst über ihre eigene Begrenztheit hinausgekommen. Auf der anderen Seite hat die Sache selbst sich Inhalt und Differenzierung in und durch die Individualität gewonnen. „Das geistige Wesen ist in seinem einfachen Sein *reines Bewußtsein* und *dieses Selbst*bewußtsein." (PhG277) Das hat zur Folge, daß der Gegenstand eine besondere Nähe zum Bewußtsein hat. Die alten Gegensätze zwischen Gewißheit und Wahrheit, Allgemeinem und Einzelnem entfallen. Der Gegenstand ist die absolute Sache, und ihr differenzierter Inhalt ist das Dasein. Und gerade dieses Dasein ist „die *Wirklichkeit* und das *Tun* des Selbstbewußtseins … diese Sache ist daher die *sittliche Substanz*." (PhG277) Das Bewußtsein dieser sittlichen Substanz ist „sittliches Bewußtsein." Dieses sittliche Bewußtsein vereinigt in sich das Selbstbewußtsein und das Sein. Die weitere Erfahrung in dieser Phase wird diese Zweidimensionalität in der Einheit dieses Bewußtseins und dieser Substanz entfalten und thematisieren. Sie wird konkret in Besitz genommen.
Sobald dieser Erfahrungsweg betreten wird, ereignet sich der Gegensatz der Individualität und der Substanz. Diese Individualität genießt nun eine ziemlich sichere Gewißheit und glaubt zu wissen, was gut und gerecht ist, und zwar unmittelbar. Sie sieht in Gesetzen wie „*Jeder soll die Wahrheit sprechen*" (PhG278), und „*Liebe deinen Nächsten, als dich selbst*" (PhG280) unmittelbar geltende Wahrheiten. Beim näheren Hinsehen verlieren sie diese Geltung und enthüllen sich als abstrakt und der komplexen Differenziertheit des moralischen Falls unangemessen. Diese Gesetze ergeben sich zufällig. Ihre einzige Geltung könnten sie nur als „die *reine Form der Allgemeinheit*" beanspruchen. (PhG281)
Diese Individualität wechselt nun ihre Haltung zum Gesetz und will die Gesetzte prüfen. Das hat zunächst zur Folge, daß die Gesetze für sie „eine fremde Willkür" haben. (Vgl. PhG285) Dann heben sich aber die kontingenten Di-

[76] Vgl. Heinrichs 1974, S. 247: „Vielmehr besteht endlich *Identität* zwischen Tun des Einzelnen und Wirklichkeit des Allgemeinen."

mensionen der Gesetze auf, und damit „ist das Bewußtsein in das Allgemeine zurückgegangen, und jene Gegensätze verschwunden. Das geistige Wesen ist dadurch wirkliche Substanz, daß diese Weisen nicht einzeln gelten, sondern nur als aufgehobne, und die Einheit, worin sie nur Momente sind, ist das Selbst des Bewußtseins, welches nunmehr in dem geistigen Wesen gesetzt, dasselbe zum wirklichen, erfüllten und selbstbewußten macht." (PhG285) Im Gesetz findet sich schließlich eine erfahrene Balance der Individualität und der Allgemeinheit.[77] Durch diese Vermittlung ist Bewußtsein Bewußtsein des Wesens, und das Wesen ist Selbstbewußtsein geworden. Wir sind damit beim Geist als konkreter Substanz angelangt.

[77] Vgl. dazu Flay 1984, S. 148: „This is *not* to say that the individual is absorbed into this spirit ... Rather it is to say that the very presuppositions of the individuals, those which give them warranted certainty of access to reality in the form of rational praxis in a rational world, are structurally determinative."

11. Geist: Quelle, Impuls und Grundkontur aller Verschiedenheit

„Die Vernunft ist Geist, indem die Gewißheit, alle Realität zu sein, zur Wahrheit erhoben, und sie sich ihrer selbst als *ihrer* Welt, und *der Welt als ihrer selbst bewußt ist.*" (PhG288) Diese Aussage faßt das Erfahrungsergebnis der Vernunftgestalt und die grundlegenden Möglichkeiten der Geistgestalt, die noch durch Erfahrung zu verwirklichen sind, zusammen. Die Vernunft konnte zum Geiste werden, weil ihre Erfahrung ihre Gewißheit, daß sie alle Realität sei, konkret bewahrheitet hat. Die Vernunft ist sich als Geist ihrer selbst als ihrer Welt bewußt. Es besteht keine Distanz mehr zwischen ihrer Welt und ihrem Selbst. Dennoch wird die Welt in diesem Selbst nicht absorbiert. Es geht eher darum, die Grundaffinität beider thematisiert hervorzuheben.

Damit wird klar, daß das Selbst der Vernunft kein isoliertes subjektives Selbst, sondern mit der ganzen Realität zutiefst innerlich verbunden ist; und genau als eine solche Verbundenheit erkennt sich die Vernunft. Sie begegnet in diesem Erkennen nichts Fremdem, keinem unvermittelten Rest von Verschiedenheit. Deswegen kann sie sich selbst völlig bewußt sein. Diese Stelle erinnert an den Moment, da Bewußtsein sich als *Selbst*bewußtsein erkannt hat.[1] Hier ist allerdings die Ebene der Selbstreflektiertheit gestiegen. Die Vernunft kann sich selbst gegenständlich sein, gerade weil sie zugleich Bewußtsein und Selbstbewußtsein ist. Daß sie sich als solche auch kennt, bedeutet, daß sie *sich* als solcher auch begegnet.[2]

Es besteht somit eine feste und klare Kontinuität zwischen der Vernunftgestalt und der Geistgestalt. Hegel gibt eine kurze Zusammenfassung der Erfahrungsmomente, die die Vernunft zum Geiste geführt haben. In der *beobachtenden Vernunft* ist die reine Einheit des *Ich* und des *Seins* als *Sein* bestimmt. Genau hier aber, „findet" sich das Bewußtsein der Vernunft in dieser Bestimmung des Seins als einem Ineinandersein von Individuellen und Allgemeinem. Hegels Nachdruck auf „findet" verweist auf die immer durchgehaltene Selbstthematisierung des Personwerdens. Je weiter sich die Vernunft fortentwikelt, desto größer und intensiver werden die Möglichkeiten der Affinität und der Selbst*findung*. Dies ist das Moment des Ansich. In der nächsten Phase wurde diese Unmittelbarkeit verlassen und die Vernunft, die sich gerade *gefunden* hat, tritt nun kritisch in das Bewußtsein als „das *Fürsichsein* des Ich, welches sich nun im gegenständlichen Wesen als das Selbst weiß." (PhG288) Dies war das Moment des unendlichen Urteils. Dieses Moment des Fürsichseins ergibt sich im

[1] Vgl. oben Kapitel 8.

[2] Scheier S. 291, drückt dies sehr treffend aus: „so ist sie schlechthin in sich reflektiert oder Einheit der Einheit und des Unterschieds ihrer mit sich und von sich selbst; Unterschied, indem sie als Bewußtsein dem Unterschied vom Selbst und Bewußtsein gegenübersteht; Einheit, indem sie als Bewußtsein ihrer selbst in sich reflektiert und nur dies Selbst ihr Gegenstand ist."

weiterem ebenfalls als einseitig und wird, wie das ansichseiende Moment, aufgehoben. Durch ihre gemeinsame Aufhebung und Bewahrung ist aber diese Vernunft bzw. die Kategorie in ihrer allgemeinen Wahrheit „als ein *an-* und *fürsich* seiendes Wesen bestätigt." (PhG288) Nur eine solche Entfaltung und Thematisierung sowohl ihrer individuellen als auch ihrer allgemeinen Momente konnte dies zustandebringen.

Dies An-und-für-sich-Sein der Vernunft bzw. des geistigen Wesens bleibt dennoch eine *abstrakte* Bestimmung. Immer nach dem Hervortreten einer Grundbestimmung müssen ihre enthaltenen Möglichkeiten durch Erfahrung konkretisiert werden. Dieses „geistige Wesen" muß nun zum Bewußtsein seiner selbst gelangen. Hegel geht hier sehr sorgfältig vor. Das Wesen ist noch nicht zureichend fortentwickelt, sein Bewußtsein von sich verrät dies. Das Bewußtsein ist infolgedessen nur „ein formales Wissen von ihm." (PhG288) Es bewegt sich hin und her, belastet von einer gewissen Kontingenz und Willkür. Dieses Bewußtsein wird sogar als „ein Einzelnes" beschrieben. Und genau darin liegt der Stachel. Dieses Einzel-Bewußtsein ist als solches noch „von der Substanz unterschieden." (PhG288) Es wird nicht von der geistigen Substanz rhythmisiert; dies verschleiert ihre Affinität miteinander. Weder das geistige Wesen noch sein Wissen von sich sind tief genug eingedrungen, um den Kreislauf der geistigen Vermittlung angemessen selbsthaft zum Ausdruck bringen zu können. Der Akzent liegt hier demgemäß auf der Individualität des geistigen Wesens gegenüber der Allgemeinheit der geistigen Substanz. Immerhin sollte nicht vergessen werden, daß Individualität bislang eine Schlüsselrolle in der Entfaltung und Thematisierung der Vernunft gespielt hat. Vernunft konnte allererst als Gestalt auftreten, weil sie das Erfahrungsergebnis der gequälten Individualität des unglücklichen Bewußtseins war. Innerhalb der Vernunftgestalt selbst hat das jeweilige individuelle Selbstbewußtsein die eigentliche Fortentwicklung der Gestalt möglich gemacht. Obwohl es hier so aussieht, als ob Hegel das Gleichgewicht der Vermittlung zugunsten der Individualität überstrapaziert, dient das schließlich nur dazu, eine intensivere Artikulation der Rolle der Individualität in dem strafferen Gleichgewicht der geistigen Vermittlung klarerzustellen. Ihr Übergang in die Geistgestalt ist die höchste Steigerung, Verwandlung und Verwirklichung der Vernunft selbst.[3]

„Das *an-* und *fürsichseiende* Wesen aber, welches sich *zugleich* als Bewußtsein wirklich und sich sich selbst vorstellt, ist *der Geist.*" (PhG288) Dies ist eine sehr wichtige Definition. Sie faßt das, was die Geistgestalt aufnimmt, oder genauer gesagt das, woraus sie entsteht, und ihre Wirklichkeit für sich als Bewußtsein zusammen; sie schließt ihre selbsthafte oder individuelle Kraft auch dergestalt ein, daß es klar wird, daß *sie* es ist, die sich sich selbst vorstellt. Obwohl der Geist ein einheitliches Selbst ist, werden hier dennoch gewisse Differenzierungen zwischen den verschiedenen Dimensionen des Geistes angedeu-

[3] Vgl. dazu Hypollite S. 290: „Quand le monde de l'individualité sera effective, l' óeuvre sera l'oeuvre de tous et de chacun; la réalité objective comme chose sera dissoute dans une nouvelle réalité, dans l'essence spirituelle."

tet. Zunächst ist das Wesen des Geistes nicht ohne weiteres mit dem Bewußtsein zu identifizieren; das „zugleich" weist darauf hin. Diese Differenzierung respektiert den Prozeß der personalen Vermittlung, wodurch die zunehmende Anwesenheit des Geistes und die sich ständig vertiefende Selbstpräsenz des Bewußtseins korrelativ und gleichzeitig entfaltet und artikuliert werden. Die Selbstpräsenz des Bewußtseins bestätigt die *Wirklichkeit* des Geistes in seiner Anwesenheit. Interessant an dieser Definition ist, daß in der Sequenz der Geistesbestimmungen das „sich selbst vorstellt" nach der Wesens- und Wirklichkeitsbestimmung ausgesagt wird; dies weist auf die Tiefe und Breite dieses umfassenden geistigen *Selbst* hin. Das Personwerden als die Vermittlung der Allgemeinheit in und durch die Individualität erreicht in der Geistgestalt seinen Höhepunkt.[4]

Nachdem immer klarer wird, daß die Wirklichkeit eigentlich dem Geiste vermittelnd zugehörig ist, ohne dadurch begrenzt zu sein, gewinnt die Welt eine intensivere Bedeutung[5]. Damit erschließt sich auch eine neue Ebene der Selbst-Welt-Verbundenheit, und zwar eine tiefere Ebene als das bloß empirische, intersubjektive Gesellschaftliche. Die Welt hat „für das Selbst alle Bedeutung eines von ihr getrennten, abhängigen oder unabhängigen Fürsichseins verloren ..." (PhG289) Das Zugrundegehen des Fremdseins wird hier wohlgemerkt nicht mit der Annullierung der Verschiedenheit identifiziert. Die Verschiedenheit und Andersheit sind immer in der Fortführung der Person-Vermittlung bewahrt und sogar intensiviert. Dies kommt in der Wirklichkeit der Geistgestalt klar ans Licht.

Hier wird interessanterweise betont, daß auch das Abhängigsein des Selbst von der Allgemeinheit auf ein Getrenntsein hinauslaufen muß. Das besagt, daß das Abhängigsein, obwohl es anscheinend eine enge Verbundenheit mit der Allgemeinheit aussagt, dennoch nicht als ein echtes Bezogensein auf die Allgemeinheit gilt. Wieso aber nicht? Wird nicht in vielen Traditionen und vor allem im Christentum das Bewußtsein des Abhängigseins als Ideal dargestellt? Eine genaue Antwort darauf wird hier nicht thematisiert. Es läßt aber vermuten, daß die Defizienz des Abhängigseins darin besteht, daß die eigene Individualität, Differenz und Innerlichkeit des Selbst verloren gehen; damit wird der Sinn für die eigene Vermittlungsaufgabe verdrängt und die Zugehörigkeit zu einer sich vermittelnden Wirklichkeit verringert. Wenn ein Selbst sich der eigenen Differenz und Individualität nicht bewußt ist, dann ist natürlich die Begründung des Selbstseins nur in der Ferne einer mächtigen Allgemeinheit zu suchen; Abhängigsein wird dann zur Tugend und Wahrheit. Wie Hegel aber

[4] Lauer 1976, S.177: „The issue now is ... no longer the question of the individual's need of others in order to realize itself; it is the need for the individual to be more than individual if self is to be thoroughly meaningful."

[5] Für eine interessante Auslegung der Wechselseitigkeit von Gegenstand und Selbst in der Tätigkeit der Bestimmung, die vor allem die eigene Reflexivität und Tiefe des Gegenstands hervorhebt, vgl. Guzzoni S. 202: „Vollziehen sich Bestimmen und Bestimmtwerden in steter Wechselwirkung, so ist der Gegenstand ... nicht wesensmäßig begrenzt und *einheitlich bestimmt* ....nicht *durchgängig* und vollständig *bestimmt* ... auch nicht *eindeutig bestimmt* ..."

ausdrücklich betont, ist echtes Personsein kein Getrenntsein, sei es als Abhängig- oder üblicherweise Unabhängigsein verstanden. Das wahre Personsein gibt es nur in der Balance der Vermittlung. Zum Personsein gehört Gestaltetsein. Um dies kommt es nicht herum. Aber Gestaltetsein heißt nicht Getrenntsein.

Geist ist Substanz und allgemeines sich selbst gleich bleibendes Wesen.[6] Als solcher ist Geist der stabile Grund und Ausgangspunkt des Tuns Aller. (PhG289) Der Geist ist aber kein entfernter, versteckter Grund.[7] Wir haben es hier nicht mit einem Sein zu tun, welches sich unserem Zugriff permanent entzieht. Im Gegenteil. Das Sein als Geist kommt uns entgegen. Infolgedessen gehört es zur tiefsten Essenz des Selbsbewußtseins, daß es mit dem Geiste verknüpft ist.[8] Geist ist „Zweck und Ziel (des Tuns Aller), als das gedachte *Ansich* aller Selbstbewußtsein." (PhG289) Der Geist als diese Substanz ist kein Monolith, der für die Individualität nur willkürlich oder funktionell wäre. Geist und Individualität sind nicht voneinander getrennt zu denken. Diese geistige Substanz ist „*ebenso* das allgemeine *Werk*, das sich *durch* das *Tun* Aller *und Jeder* als ihre Einheit und Gleichheit erzeugt, denn sie ist das *Fürsichsein*, das Selbst, das Tun:" (PhG289)[9]

Der Geist ist keine homogenisierende Totalität. Seine Wirklichkeit ist auch keine alternative Wirklichkeit zu der weltlichen Wirklichkeit. Sie wird gerade darin und dadurch ausgedrückt. Wir haben die entscheidende Rolle des Tuns in der Entfaltung des Personseins betont; hier wird die Artikulations- und Vermittlungskraft dieses Tuns die differenzierte und selbsthaftige Einheit des Geistes zum Ausdruck bringen. Und diese Einheit des Geistes ist nicht eng oder steif. Als *Fürsichsein* ist Geist „das aufgelöste,das sich aufopfernde gütige Wesen, an dem *Jeder sein eignes Werk* vollbringt, das allgemeine Sein zerreißt und sich *seinen Teil* davon nimmt." (PhG314) Die Wirklichkeit der geistigen Substanz ist nicht bloß eine schöne Begründungsidee. Diese selbsthafte Wirklichkeit hat auch eine Härte. Die selbsthafte Einheit des Geistes wird bis zu ihren äußersten Grenzen hin entfaltet. Dabei darf Individualität sich in ihren härtesten Formen behaupten. Diese Selbstverwirklichung durch Entgegensetzung, Konflikt und Widerspruch gehört zur Natur des Geistes, und zwar deswegen, weil der Geist bzw. die geistige Substanz kein unbewegter Beweger, sondern konkret und lebendig ist: „Gerade darin, daß sie das im Selbst

[6] Daß Hegel in seinem lebendigen Begriff der Substanz die Idee des anonymen Substrats überwinden wollte, zeigt Rotenstreich 1974, S. 7ff.

[7] Vgl. Hypollite S. 312: „... Hegel, dépassant la conscience de soi singulière capable seulement de fonder l'histoire par l'historicité de son être, atteignait la *réalité* de la conscience de soi universelle."

[8] Für eine Erörterung der Beziehung zwischen Bewußtsein und Geist, die die Problematik darstellt, die aber zu keiner Vermittlung beider gelangt, vgl. Pannenberg 1983 (Bewußtsein), bes. S. 337–342.

[9] Vgl. dazu Schnädelbach 1970, S. 74. „Hegels Formulierungen lassen keinen Zweifel daran, was ihm zufolge ... relevant ist: eben jenes ‚Versöhnende' in der Erkenntnis der Macht der Vernunft, die sich auch in der Sphäre der extremen Zersplitterung durchsetzt."

aufgelöste Sein ist, ist sie nicht das tote Wesen, sondern *wirklich* und *lebendig*." (PhG289)
Geist erweist sich als die Hauptgestalt der PhG, und es fragt sich nun, wie die Geistgestalt auf die bisherigen Gestalten zu beziehen ist. Diese Frage ist sehr kompliziert, und sie muß sehr nuanciert beantwortet werden. Zwischen den bisherigen Gestalten gab es eine spiralhafte Kontinuität. Die spätere Gestalt ist immer aus der früheren entstanden und holte aber gleichzeitig die frühere verwandelt in sich hinein. Damit hat sich eine immer intensivere Differenzierung entwickelt. Besteht nun nicht die Gefahr, daß in der Geistgestalt das Bewußtsein seine schwer erworbenen Erfahrungen im Undifferenzierten, im gewebIosen Grund[10] auflöst? Die Gefahr besteht nicht, und zwar weil, wie wir bereits gesehen haben, der Geist selbst eine hoch differenzierte Natur hat. Es läßt sich dennoch weiter fragen, ob die dem Geist eigene Differenziertheit mit der der Bewußtseinserfahrung im Personwerden in Einklang zu bringen ist. Zunächst zeigt die Differenziertheit beider eine grundlegende Ähnlichkeit und Affinität auf, nämlich die Notwendigkeit von Geschichte bzw. Erfahrung. In beiden Fällen ist das Selbst ohne Erfahrung nicht denkbar. Die Intensivierung und Differenzierung der Erfahrung in Phasen und Gestalten gehört dann innerlich zur Selbstheit des Geistes und zur Selbstheit des Bewußtseins.
Der Geist bleibt aber die umfassende Kontur der Wirklichkeit. Seine Selbstheit setzt die Selbstheit des Bewußtseins bzw. der Person voraus und verlangt sie. Denn die Eigentlichkeit der persönlichen Individualität verkörpert und artikuliert die unendliche Verschiedenheit des Geistes. Aus diesem Grund bestätigen sich die Differenziertheit des Geistes und die sich ansammelnde Selbstdifferenzierung der Bewußtseinserfahrung. Das zeigt dann ferner, daß die bisherigen Gestalten des Bewußtseins ihre eigene Substanz gehabt haben. Keineswegs sind sie Spielversuche gewesen, um den Boden für den Auftritt des Geistes vorzubereiten. Sie waren auch nicht lediglich Modi des Geistes; ein solcher abstrakter Modalismus, der eine Distanz zwischen der simplen Selbstidentität des Geistes und der Welt der Erfahrung impliziert, wäre dem Geistbegriff Hegels völlig fremd. Der Geist und das Bewußtsein sind nicht verstandesmäßig auf zwei Ebenen oder als zwei getrennte Potenzen zu denken. Sie gehören innerlich in der einen Bewegung zusammen. In dieser engen dialektischen Verbundenheit ist die Wurzel aller Vermittlung und im höchsten Maß das Geheimnis des Personseins als Vermittlung zu suchen. Der Geist steht deswegen in einem inneren Verhältnis zu allem, was bisher versucht, entfaltet und thematisiert wurde. Ohne ihn wäre dies alles nicht möglich gewesen. Die Behauptung, daß Person Vermittlung der Allgemeinheit und der Individualität durch- und ineinander sei, entlastet den Personbegriff vom Konstitutionszwang des Subjektivismus, und dadurch eröffnet sich eine Perspektive, in der die dif-

[10] Für eine Betrachtung der Frage nach dem *Grund* bei Hegel vgl. Josef Simon, „Die Bewegung des Begriffs in Hegels Logik", in: HS 18. Simon zeigt die Beweglichkeit und differenzierte Unmittelbarkeit des Grundes; er situiert den Grund innerhalb der fortentwickelnden Tätigkeit des Begriffs; vgl. S. 69–71.

ferenzierte und kreative Zugehörigkeit von Personsein und Geist artikulierbar wird.

Aus der Perspektive des Subjektivismus betrachtet, stünden die Totalität, die ein Geistbegriff mit sich bringt, und der Wille zur Selbstbehauptung eines solchen Einzelsubjekts von vornherein in Konkurrenz miteinander. Diese Perspektive erzeugt nur eine endlose Reihe von falschen Alternativen. Die Behauptung eines Personbegriffs als Vermittlung läßt die leere Distanz, die eine solche verkehrte Perspektive hervorbringt, überhaupt nicht aufkommen. Wird der Vermittlungsbegriff gesetzt, so besteht man auf der differenzierten Einheit der Wirklichkeit und vermeidet von vornherein einen solchen verstandesmäßigen Dualismus. Weil dann die Entfaltung und Thematisierung des Personwerdens eine Tiefe und Breite von Erfahrungen und Selbstpräsenz vermittelt hat, war es zu erwarten, daß der Geist als Grundkontur aller Erfahrung immer mehr in Anwesenheit treten würde. Die bisherigen Gestalten haben den Vermittlungsprozeß so weit fortentwickelt, daß die Selbstpräsenz der Person nun für eine tiefere Anwesenheit des Geistes entsprechend gereift ist.[11] Durch das Sicheinlassen auf die Verschiedenheit ist die Person nun an die Schwelle der *Rekognition* einer großen Affinität gelangt.

Bevor wir weiter auf die Beziehung zwischen der Geistgestalt und den bisherigen Gestalten eingehen, ist es wichtig zu beachten, daß es nicht der Geist selbst ist, der sich in diesem Abschnitt zu thematisieren versucht. Hegel ist es, der eine Erklärung über den Geist vorführt. „Der Geist ist hiemit das sich selbst tragende absolute reale Wesen. Alle bisherigen Gestalten des Bewußtseins sind Abstraktionen desselben; sie sind dies, daß er sich analysiert, seine Momente unterscheidet und bei einzelnen verweilt.“ (PhG289) Was für Abstraktionen sind die bisherigen Gestalten? Auf jeden Fall sind sie nicht leere Abstraktionen gewesen.[12] Vielmehr sind sie Abstraktionen *des* Geistes. Das muß bedeuten, daß jede Gestalt während ihrer Dauer genug Substanz besitzt, um es dem Geiste zu ermöglichen, seine Momente zu unterscheiden und sich selbst zu artikulieren. Daß der Geist sich analysiert und seine Momente unterscheiden kann, bedeutet, daß er in der Tat bei jeder einzelnen Gestalt verweilt. Bei einer Gestalt zu verweilen, die zu diesem Zeit- bzw. Erfahrungspunkt nur eine Abstraktion wäre, würde sein Verweilen völlig leer und sinnlos machen. Weil aber jede Gestalt eine eigene Substanz und einen unterschiedlichen Ort in der Sequenz der Erfahrung hat, erlebt und artikuliert das Bewußtsein und der Geist bei jeder neuen Gestalt etwas anderes. Sowohl die Verschiedenheit der Momente als auch das Noch-zu-Erlebende in jeder Gestalt schließen die Gefahr der Wiederholung aus und verweisen eindeutig auf die intensive und lebendige Verschiedenheit des Geistes selbst.[13]

„Dies Isolieren solcher Momente hat ihn selbst (Geist) zur *Voraussetzung* und zum *Bestehen*, oder es existiert nur in ihm, der die Existenz hat.“ (PhG289) Es

[11] Vgl. Navickas S. 210.
[12] Eine andere Meinung dazu hat van der Meulen S. 315.
[13] Vgl. oben Kapitel 7.

ist zuzugeben, daß jedes Moment sich so darstellt, als sei es das entscheidende Moment in der Erfahrungssequenz. Aber es befindet sich trotz seines momentanen Bestehens doch im Fließen. Es kann sich nicht festlegen. Es fließt weiter zur Verwandlung in das nächste Moment. Das jeweilige Isolieren fixiert daher nicht. Die Momente dürfen überhaupt als sie selber hervortreten, weil sie notwendig und ausdrucksfähig sind. Denn die jeweilige Einzelhaftigkeit und das Bestehen der Gestalten haben den Geist zur *Voraussetzung*.[14] Wie wir angedeutet haben, ist die Voraussetzung in der PhG nicht eine äußerliche Voraussetzung. Sie gehört innerlich zur Bewegung der Erfahrung in der PhG. Sie ist am Anfang nicht explizit, tritt aber im Laufe der Erfahrungssequenz immer expliziter in Erscheinung. Als Ergebnis der Erfahrung enthüllt sie sich nun als Geist. Und vom Geist her gedacht, wäre es eine Begrenzung des Geistes, ihn als eine äußerliche, fremde Voraussetzung zu denken. Deswegen müssen diese Momente im Grunde der eigentlichen Differenziertheit des Geistes entsprechen, um ihn überhaupt zum Ausdruck bringen zu können.

Hegel fährt fort: „sie haben so isoliert den Schein, als ob sie als solche *wären*; aber wie sie nur Momente oder verschwindende Größen sind, zeigt ihre Fortwälzung und Rückgang in ihren Grund und Wesen; dies Wesen eben ist diese Bewegung und Auflösung dieser Momente.“ (PhG289) Dieser Abschnitt muß sorgfältig interpretiert werden und darf nicht bloß wörtlich aufgefaßt werden, ohne Rücksicht darauf zu nehmen, welche Rolle diese Termini im *Grundrhythmus* der PhG spielen. Die Momente könnten den Anschein haben, daß sie als solche isoliert *wären*. Hegel legt den Nachdruck auf das *wären*. Infolgedessen müssen wir es im starken Sinne des „Existierens“ verstehen. So verstanden würde der Satz dann meinen, daß die Momente den Anschein haben könnten, daß sie als isolierte existieren. Das „als solche“ verbindet das „isoliert“ und das „wären“; deswegen ist es ohne Zweifel die *isolierte* Existenz der Momente, die hier in Frage kommt. Ihre Existenz *als solche* ist hier nicht der Schwerpunkt, sondern ihre Existenz *als isolierte*.[15] Diese Interpretation wird weiter durch die entscheidende Differenz zwischen *Schein* und *Erscheinung* gestützt. Das Scheinhafte des Scheins besteht gerade darin, daß er sich zu verselbständigen sucht, d.h. sich für sich als isolierte Substanz beansprucht. Erscheinung ist dagegen die fließende Kontinuität und differenzierte Vertiefung des In-Anwesenheit-Tretens des Geistes.

Der Rest des Zitats bestätigt die Rückweisung des Isolationsverdachts zugunsten einer Kontinuität der Momente miteinander und mit ihrem Grund, dem Geist. Das Zitat spricht von „Fortwälzung“ und „Rückgang der Momente in ihren Grund“. Weiter noch wird das Wesen selbst als „Bewegung und Auflösung der Momente“ beschrieben. (PhG289) Dies ist keineswegs in einem empirischen oder naiv realistischen Sinne zu verstehen. Wir haben immer wieder gesehen, inbesondere bei Kraft und Verstand, daß Verschwinden ganz und gar

[14] *Moment* aus der Sicht des Geistes ist *Gestalt* aus der Sicht des Bewußtseins.

[15] Das *Isolieren* von Momenten gilt als Zeichen der Schwerkraft der Endlichkeit, wogegen die integrierende Aktivität der Vermittlung immer zu wirken versucht. Vgl. dazu Lotz S. 455.

nicht mit dem Austreten aus der Wirklichkeit gleichzusetzen ist. Verschwinden ist eher als Anderswerden und Verwandlung zu erklären. Das frühere Moment ist nicht wie ein Punkt, der gelöscht wird; vielmehr setzt es sich im nächsten Moment weiter fort. Deshalb konnte Hegel früher in der PhG sagen: das Verschwinden ist das Bleiben.

Unsere These ist, daß die vorherigen Gestalten in einer inneren Kontinuität mit der Geistgestalt selbst stehen. Es wäre eigentlich zu erwarten, daß das Personsein bei seinem Sichentfalten und Sichthematisieren früher oder später eine ganz entscheidende *Grundgestalt* an die Oberfläche bringen würde. Als Grundgestalt ist der Geist der *Grund* der bisherigen Gestalten; obwohl sie nun in Erscheinung getreten ist, annulliert dies keineswegs die eigene Selbständigkeit jeder einzelnen Gestalt; vielmehr bringt es die Selbständigkeit ihrer Kontinuität miteinander und ihre letzte Zugehörigkeit zueinander im Geiste ans Licht.[16] In diesem Kontext ist es sehr wichtig, sich das Prinzip der Hegelschen Aufhebung vor Augen zu halten. Aufheben bedeutet das Bewahren und die Verwandlung der Erfahrung. Wenn der Geist in dieser Sequenz bzw. Kontinuität auftritt, kann er nur in und durch das konkrete Aufgehobensein der bisherigen Gestalten auftreten. Die ganze Entfaltungs- und Thematisierungsart der PhG, die Natur des Bewußtseins und die Natur des Geistes selbst schließen aus, daß der Geist als abstrakter Deus-ex-machina eintreten könnte. Im Sinne ihres Begründetseins sind die Gestalten des Bewußtseins Momente des Geistes. Eine vermeintliche Selbständigkeit der Gestalten als isolierte Einheiten im Getrenntsein wird hier deutlich zurückgewiesen. Hegel hatte, wie erinnerlich, kurz zuvor darauf hingewiesen, daß ihr vermeintliches Getrenntsein, sei es als unabhängig oder als abhängig, entfallen ist.

Eine weitere Bestätigung unserer Interpretation ergibt sich daraus, daß die ganze Beschreibung des Verhältnisses zwischen dem Geist und den früheren Gestalten in der Form des Präsens oder des Konditionals gestaltet ist. Die einzige Ausnahme in diesem Abschnitt ist dort, wo der „Rückblick" auf frühere Gestalten gelenkt wird; die Sorge richtet sich auf uns, die Begleitenden, daß wir den Zusammenhang verstehen mögen. Es geht um „unsre Reflexion" und darum, daß wir uns „erinnern". (PhG299) Die Gestalten selbst geht dies nichts an. Denn die Form des Präsens zeigt die Gleichzeitigkeit, die aus der Perspektive des Geistes zwischen ihm und den Gestalten besteht.[17] Im allmählichen Hervortreten der Gestalten kann für das Bewußtsein nur eine nach der anderen kommen. Mit seiner sich vertiefenden und sich ansammelnden Selbstpräsenz bietet sich eine immer reichere Anwesenheit des Geistes. Der springende Punkt in der Verwendung der Präsensform ist die Tatsache, daß die Anwesenheit des Geistes die angesammelte und die differenzierte Gestalthaftigkeit der Selbstpräsenz des Bewußtseins nicht löscht. Sie bestehen gleichzeitig. Die per-

[16] Die Transzendenz der Person zeigt sich in ihrer Fähigkeit, neue Gestalten annehmen zu können. Vgl. dazu Navickas S. 210.

[17] Vgl. Findlay 1976, S. 42: „It has also this infinity because it can come into contact with nothing that is not a condition of its own activity and of its own self awareness."

sönliche Identität des Bewußtseins ist eng mit seiner Memoria verbunden. Wäre diese Memoria entleert, träte der Geist in einem Vakuum ohne jedes Echo auf. Sein Auftritt wäre von dem bloßen Nichts nicht zu unterscheiden. Ohne den Verstandesfehler zu begehen, muß es einleuchten, daß die Anwesenheit des Geistes und die Selbstpräsenz des Bewußtseins in intimster Affinität und Entsprechung miteinander stehen. Ebenso wie das Bewußtsein ist auch der Geist auf Erfahrung und Geschichte aus.[18] Die Memoria des Bewußtseins und die Geschichte des Geistes verlangen und bestätigen sich gegenseitig. Diese Interpretation ist natürlich für unser eigenes Thema grundlegend. Aber wenn sie stimmt, und eine genaue Textanalyse hinsichtlich der Hegelschen Termini spricht eindeutig dafür, soll sie für die Interpretation der Geistgestalt als einer Grundgestalt in der Erfahrung des Personwerdens eine entscheidende Bedeutung haben.

Weil der Geist lebendig ist, muß er zum Bewußtsein dessen, was er nun ist, kommen, nämlich „durch eine Reihe von Gestalten zum Wissen seiner selbst gelangen." (PhG290) An dieser Stelle macht der Kommentator Hegel einen Unterschied zwischen diesen und den vorigen Gestalten. Sie sind „die realen Geister ... eigentliche Wirklichkeiten." (PhG290) Es besteht kein Zweifel daran, daß nun mit der Geistgestalt die Phänomenologie der Gesellschaftlichkeit der Welt bevorsteht. Von jetzt ab müssen die Gestalten diese Nähe reflektieren und „statt Gestalten *nur* des Bewußtseins, Gestalten einer Welt" werden. (PhG290) Das *nur* in diesem Zitat ist wichtig. Die Gestalten werden nicht mit bloß empirisch ablesbaren gesellschaftlichen Gestalten gleichgesetzt. Die Idee der Gestalt ist nur kraft des Bewußtseins aufführbar und darstellbar. Infolgedessen sind die Gestalten jetzt als Gestalten eines Bewußtseins zu verstehen, das in der Welt ist.

Der Begriff „Welt" ist einer der umstrittensten philosophischen Begriffe überhaupt.[19] Wir haben bereits gesehen, wie vielschichtig und verschieden die Gestalten des Bewußtseins sind. Folglich ist weder ein bloßes Identifizieren der Welt und des Bewußtseins noch eine Priorität der Weltgestalten vor den Bewußtseinsgestalten zu gestatten. Deswegen sind auch die Gestalten des Geistes weder mit Gestalten der Gesellschaft noch mit denen der Geschichte einfach oder einseitig zu identifizieren, was nicht bedeutet, daß die Gestalten des Geistes der Gesellschaft und der Geschichte nicht viel näher als zuvor gekommen sind und, daß sie nicht ein neues Licht auf beides werfen. Sie sind aber mehr als eine solche Entsprechung. Obwohl sie in der Gesellschaft oder in der Geschichte auftreten, erschöpfen sie sich dennoch nicht darin. Nein. Hier haben wir es mit etwas Ursprünglichem zu tun. Es gibt keinen grö-

[18] Zu dieser dauerenden Bewegung von Abstraktion zur immer intensiverer Konkretheit in der PhG vgl. Loewenberg S. 187. Zur Bedeutung der *Konkretheit* bei Hegel vgl. auch Iljin S. 18: „‚concrescere' bedeutet ‚zusammenwachsen' ... demgemäß bedeutet ‚konkret' bei Hegel ‚zusammengewachsen'".

[19] Einen Sinn für die Besonderheit des Terminus hier zeigt Schulz 1984, S. 10: „Welt ist hier nicht Welt der Dinge ... ebensowenig die zwischenmenschliche Welt ... Die Welt des Geistes aber ist eine eigene Welt. Geist ist ... die Einheit von Substantialität und Subjektivität."

ßeren Beweis für die Nuanciertheit und Differenziertheit dieser Beziehung als die anstrengende Erfahrung, die der Geist selbst in seinen Gestalten machen muß.
Zunächst ist der Geist in seiner *Wahrheit* die *lebendige sittliche* Welt. Die wird aber in der formalen Allgemeinheit des Rechts untergehen. Geist ist von jetzt ab Entzweiung. Er wird seine eine Welt, die Bildung, gegen seine andere Welt, den Glauben an die tiefste Entzweiung, treten lassen.

11.1 Der wahre Geist, die Sittlichkeit: Die Selbstentfaltung der Individualität und die Selbstartikulation des Geistes

Der Geist ist kein Monolith, der selbstgenügsam außerhalb oder jenseits des Bewußtseins steht. Hinsichtlich der Affinität und der Vermittlung, die die Wirklichkeit kennzeichnet, darf behauptet werden, daß der Geist in seiner einfachen Wahrheit Bewußtsein ist. (Vgl. PhG291) Als solcher ist der Geist vielschichtig, differenziert und gleichzeitig auf sich selbst bezogen. Gerade deswegen kann er sich nur dann thematisieren, wenn er sich entfaltet. An dieser Stelle zwingt er sich dazu und „schlägt seine Momente auseinander.“ (PhG291) Die Handlung ist es, die dies verwirklicht. Die Handlung hat hier eine besondere Bedeutung und Kraft. Im Kontext der sich immer vertiefenden und ausdehnenden Vermittlung der Allgemeinheit und der Individualität im Personwerden wird dieser Status der Handlung verständlich. Weil nun die Affinität und die Entsprechung der Allgemeinheit und der Individualität durch das Auftreten des Geistes noch intensiviert ist, wird die Handlung zu seinem Fokus und Ausdrucksort. Hier werden die tiefere Innerlichkeit der Individualität und das inklusivere Umfassen der Allgemeinheit aktiviert und artikuliert. Mit der Vorrede zu sprechen, ist dies ein weiteres Zeichen für die Fortbewegung von der Substanz zum Subjekt.[20] Dies geschieht natürlich nicht ohne Negativität, Konflikt und Verzweiflung.
Die Handlung ist zunächst eine trennende Kraft.[21] Sie trennt den Geist in die „Substanz und in das Bewußtsein derselben.“ (PhG291) Dort hält sie aber nicht an, sondern geht weiter und trennt[22] wieder „die Substanz ebensowohl als das Bewußtsein. Die Substanz tritt als allgemeines *Wesen* und *Zweck* sich als der *vereinzelten* Wirklichkeit gegenüber;“ (PhG291) Diese vereinzelte Wirklichkeit ist keine äußerliche oder fremde, weil sie die eigene Substanz ist, die aber durch die Handlung sich selbst entgegengesetzt ist. Obwohl-

[20] Vgl. Hypollite S. 323: „Mais l'esprit n'est pas seulement la substance des individus, il est encore leur oeuvre, c'est pourquoi la conscience singulière actualise la substance en faisant son oeuvre ...“

[21] Vgl. Heinrichs 1974, S. 284: „Man kann auch sagen: das Handeln ist im Setzen Bestimmung, insofern sie zugleich die Anerkennung des Voraussetzens ... einschließt.“

[22] Vgl. dazu M.C. Taylor S. 204. Taylor stellt die Konsequenzen der Handlung sehr knapp und klar dar: „First, there is the separation of subject from substance; second, the scission of the substance within itself; and third, the division of the subject within itself.“

sie als Extreme einander entgegentreten, besteht also zwischen ihnen keine leere Distanz. Weil die umfassende Anwesenheit des Geistes explizit im Mittelpunkt des Personwerdens zum Vorschein gekommen ist, kann es hier eine sich artikulierende Mitte zwischen den zwei Extremen der Substanz geben. Hegel nennt sie deswegen „die unendliche Mitte." (PhG291) Sie heißt Selbstbewußtsein. Wir erinnern uns an dieser Stelle, daß das Unendliche eine sehr wichtige Rolle beim Übergang vom Bewußtsein zum Selbstbewußtsein gespielt hat.

Das Selbstbewußtsein als Mitte ist keineswegs neutral. Es ist in der Lage, die zwei Extreme der Substanz zu vereinigen. Wie kann es das allgemeine Wesen und die vereinzelte Wirklichkeit so zusammenbringen? Das ist nur möglich, weil es bereits *an sich* impliziterweise die Einheit seiner Selbst und der Substanz ist. Das heißt, es ist die Einheit der beiden auseinanderstrebenden Extreme und nicht der zufällige Punkt, wo sie miteinander in Berührung kommen. Um nun die aktive Vereinigungskraft in Besitz zu nehmen, muß das Selbstbewußtsein als „an sich" zum „für sich" werden. Sobald es das tut, kann es beide explizit in wirkliche Beziehung zueinander bringen. Damit wird die vereinzelte Wirklichkeit zum allgemeinen Wesen erhoben. Infolgedessen wird sie sittlich handeln können. Gleichzeitig wird aber das allgemeine Wesen nach unten zur vereinzelten Wirklichkeit gebracht werden; damit kann es seinen Zweck, der bisher nur im Denken latent war, verwirklichen

Selbstbewußtsein „bringt die Einheit seines Selbst und der Substanz als sein Werk und damit als Wirklichkeit hervor." (PhG291) Weil das Personwerden in der PhG einen zunehmenden Erfahrungs*rhythmus* hat, wodurch es sich entfaltet und thematisiert, ändern sich konsequent der Inhalt und die Bedeutung der Begrifflichkeit. Das ist vor allem an dem Begriff vom Selbstbewußtsein, der hier operativ ist, klar. Im Vergleich zum früheren Selbstbewußtseinsbegriff enthält dieser eine größere Resonanz und einen größeren Inhalt. Anstatt das Selbstbewußtsein zu verringern oder zu entleeren, wird es durch den Auftritt des Geistes eher vertieft und bestätigt. Es ist wichtig, einzusehen, daß Selbstbewußtsein hier nicht auf eine Funktion reduziert wird. Es ist gerade wegen der Eigenheit seiner Selbstheit, daß das Selbstbewußtsein in der Lage ist, seine Einheit mit dem Geiste als ein *eigenes Werk* hervorzubringen.[23] Dennoch geschieht das Hervorbringen dieser Einheit nicht um der privaten Innerlichkeit des Selbstbewußtseins willen. Selbstbewußtsein ist auf keinen Fall ein rein innerliches Phänomen. Dies ist eine besondere Stärke des Hegelschen Personbegriffs. Auch damals am Ende der Bewußtseinsgestalt, als das Selbstbewußtsein explizit wurde, war dieses Moment zweidimensional; es enthielt zugleich die Aufdeckung der eigenen Selbstheit des Bewußtseins *und* die Erschließung der Anwesenheit des Anderen. Seit diesem Moment laufen die innere Reflexi-

[23] Zu der Rolle der Individualität hier und in der PhG überhaupt vgl. Werkmeister S. 105–106: „Where Kant's system found its anchorage in the idea of a transcendental subject-in-itself, Hegel's system centers around a process of unfoldment in which the concrete individual is the active agent, transforming at every stage the abstract universal into concrete reality."

vität des Individuums und die Anwesenheit des Anderen zusammen, oder sei diese Anwesenheit ein Allgemeines, wie das Unwandelbare, die Gegenständlichkeit oder die Natur in der beobachtenden Vernunft. Beim Eintreten der Geistgestalt wird diese Zweidimensionalität weiter intensiviert. Diese ausbalancierte Zweidimensionalität steht in starkem Kontrast zu der erstickenden, sich verengenden Reflexivität der Kraft. Die intensive Reflexivität der Geistgestalt verfügt über eine Offenheit, Freiheit und Flexibilität. Der Grund dafür ist, daß die Verschiedenheit durch die Vermittlung weiter ins Gleichgewicht gebracht worden ist. Gerade deswegen ist dieses Hervorbringen der Einheit des Geistes mit dem Selbstbewußtsein, welches vom Selbstbewußtsein selbst vollzogen wird, als *Wirklichkeit* zu bezeichnen. Wirklichkeit ist ein Terminus technicus für Hegel und indiziert das Streben eines Verwirklichungsprozesses, wodurch eine Idee oder ein Wesen sich in die Realität hineingibt und sich darin fortentfaltet. Wirklichkeit ist infolgedessen nicht mit bloß vorgefundener Weltlichkeit gleichzusetzen. Der Auftritt des Geistes eröffnet dem Personsein sowohl neue innere als auch neue äußere Horizonte.

Die Geist-Substanz kann mit dem Selbstbewußtsein weder einseitig identifiziert werden noch geht sie in ihm auf. Dennoch zeigt sie ebenso sehr an ihr selbst die Natur des Bewußtseins auf: „sich in sich selbst zu unterscheiden, als eine in ihre Massen gegliederte Welt ..." (PhG291) Wir finden in dieser Spannung die Wurzel der weiteren Entfaltung, nämlich die Selbstspaltung der Substanz in ein menschliches und eine göttliches Gesetz. Wichtig ist, daß diese Spaltung eine Selbstspaltung ist. Sie wird nicht von außen her verursacht. Sie findet letztendlich im Hinblick auf die weitere Selbstentfaltung des Geistigen statt, und sie zielt auf Entwicklung und Erweiterung. Weil sie eine Selbstspaltung ist, entfalten sich ihre beiden Seiten in ihrem Entgegengesetztsein sehr intensiv. Von dieser inklusiven Perspektive wird klar, daß alle Erfahrungsmomente schließlich zusammengehören, ganz gleich, wie intensiv sie einander entgegengesetzt sein mögen. Wenn sich aber das menschliche Bewußtsein ins Handeln stürzt, verliert es diese umfassende Perspektive häufig aus den Augen. Das führt zu Ironie und rascher Umkehrung. Schließlich wird an der kreativen Spannung der Entgegensetzung dieser zwei Seiten der geistigen Substanz festgehalten. Sie wird nicht an irgendeine Einseitigkeit billig verkauft. Und obwohl die Entfaltung und die Thematisierung dieser Spannung verschiedene geschichtliche und gesellschaftliche Formen widerspiegelt und aufgreift, geht sie dennoch in keiner von ihnen auf. Sie ist tiefer, nämlich im Geiste selbst angesiedelt.

11.1.1 Die sittliche Welt: Das menschliche und göttliche Gesetz – Der Mann und die Frau: Der Konflikt mit der geistigen Wirklichkeit als Entfaltungsweg der Individualität

Hegel kontrastiert die Individualität-Allgemeinheit-Beziehung an dieser Stelle mit der Art und Weise, wie sie sich in der Bewußtseinsgestalt früher ergeben hat.[24] Dort hatten die Dinge keine andere Substanz als diese beiden Bestimmungen: Die Individualität und die Allgemeinheit. Hier besteht im Geiste aber ein differenzierteres und konkreteres Verwobensein des Sinnlichen und des Geistigen, des Individuellen und des Allgemeinen. „Hier drücken sie nur den oberflächlichen Gegensatz der beiden Seiten gegeneinander aus." (PhG292) Der Gegensatz darf nur deswegen als oberflächlich beschrieben werden, weil die Allgemeinheit und die Einzelheit mittlerweile ihre vermeintliche Äußerlichkeit in ihrem Verhältnis zueinander haben verwandeln lassen. Nun sind sie enger aneinander geknüpft. Ihre Affinität zueinander ist in dieser Perspektive des Sittlichen explizit geworden. Die sittliche Wahrnehmung ist „das gereinigte, substantielle Bewußtsein." (PhG292) Auch im Vergleich zu der früheren Sittlichkeitsphase haben die Momente hier eine stabile Substanz und eine Orientierung. Sie leiden weder an Zufälligkeit noch an Zerstreutheit. Sie ereignen sich innerhalb der geistigen Substanz. Gerade dies führt zu einer sittlichen Konfrontation, die bis zum Herzen des Geistigen vordringt. Die Allgemeinheit und die Individualität befinden sich infolgedessen in einer sehr intensiven Erfahrungskonstellation. Dies zeigt sich darin, daß „die Vielheit der sittlichen Momente das Zweifache eines Gesetzes der Einzelheit und eines der Allgemeinheit" wird. (PhG292) Das Wort „Gesetz" verweist hier auf die Zuspitzung jeder Dimension innerhalb der expliziten und gemeinsamen Kontur des Geistes. Jede bleibt der „ganze Geist."

Obwohl die Geistgestalt gesellschaftliche Züge hat, muß Hegel sich hier interessanterweise nicht auf einen empirischen sozialen Subjektbegriff stützen. „Die Einzelheit hat an dem Wesen, das wir hier betrachten, die Bedeutung des *Selbstbewußtseins* überhaupt, *nicht eines einzelnen zufälligen Bewußtseins.*" (PhG292) Den Akzent trägt zu allererst die Anwesenheit des Geistes in der „Vielheit des daseienden Bewußtseins." (PhG292) Dort tritt das Gemeinwesen für sich als selbstbewußtes Sittliches hervor. Obwohl es im Bewußtsein schon anwesend ist, tritt es als das *Wesen* für das Bewußtsein selbst hervor. (Vgl. PhG293) Entscheidend ist hier der Blickwinkel, von dem aus diese Bewegung beschrieben wird. Die Perspektive ist nicht die der Intersubjektivität, der Sozialität oder der Kommunikationsgemeinschaft.[25] Sie ist in keiner Weise äußerlich. Das Wort „Hervortreten" weist darauf hin, daß die Bewegung von einem geistigen Grund ausgeht. Der Akzent liegt dann auf dem Übergang von

[24] Vgl. Bonsiepen 1977 (Negativität), S. 166: „In der Konfrontation mit der sittlichen Welt der Griechen beginnt das Bewußtsein wieder bei einer Unmittelbarkeit, um von hier ausgehend neue Erfahrungen zu machen. Insofern kann die unmittelbare Gewißheit des sittlichen Seins mit dem Bewußtsein des abstrakten sinnlichen Seins parallelisiert werden."

[25] Hier stoßen wir auf die implizite Frage nach der Begründung der Gesellschaft überhaupt. Welche Denkperspektive wäre angebracht? Es spricht vieles dafür, daß eine Perspektive wie diejenige, die im Personbegriff als Vermittlung operativ ist, dazu imstande wäre, und zwar besonders deswegen, weil Erfahrung und Begrifflichkeit bei ihr in einer solchen inneren dialektischen Kontinuität stehen. Hier zeigt allerdings die Transzendentalphilosophie eine entscheidende Begrenztheit; dies wurde treffend herausgearbeitet von Bubner 1983, bes. S. 503–505.

der latenten Präsenz des Gemeinwesens hin zu seiner expliziten Anwesenheit. Das Wesen ist in den Individuen und gleichzeitig für sie. Mit der jeweiligen Verbundenheit zwischen Individuen ist es jedenfalls nicht gleichzusetzen. Gerade weil das Wesen sich selbst ist, kann es sich konkret auf verschiedenen Stufen und in verschiedenen Erfahrungsphasen differenzieren lassen, ohne sich dabei zu verlieren. „Es ist Geist, welcher *für sich* ... und an sich oder Substanz ist, indem er sie (die Individuen) in sich erhält." (PhG293) Geist ist weder mit den Individuen zu identifizieren, noch ist er von ihnen zu trennen.[26] Dennoch steht er wegen seiner intensiven selbsthaften Differenz in engster Verbindung zu ihnen.

In der Fortentfaltung und Thematisierung dieser geistigen Sittlichkeit spielt die Familie eine große Rolle. In erster Linie wird die Familie hier nicht psychologisch betrachtet, obwohl eine implizite Psychologie dabei mitschwingt. Das Ziel der Betrachtung ist vor allem, die sittliche Bedeutung der Familie herauszustellen; und es wird insbesondere auf den Aufbruch der Individualität innerhalb der Familie Wert gelegt und darauf, wie die Individualität in dieser Entfaltung dennoch mit der Allgemeinheit verknüpft bleibt.[27] Das Handeln und der Tod werden dabei eine große Rolle spielen.

Zunächst ist die Familie im Kontext der sittlichen Substanz zu setzen. Und es gehört zur Natur der sittlichen Substanz, daß sie auf verschiedene, einander entgegengesetzte Arten existiert. Wenn sie sich ihres wirklichen Tuns bewußt ist, dann existiert sie als Gemeinwesen. Zugleich wird damit ihre andere Seite als unmittelbare Substanz gesetzt. Diese andere Seite ist allerdings zweidimensional. Auf der einen Seite enthält sie den inneren Begriff oder die allgemeine Möglichkeit der Sittlichkeit überhaupt. Sie hat andrerseits jedoch ebenso das Moment des Selbstbewußtseins in sich. Sie ist eben die Familie. Sie ist ein *unmittelbares* Bewußtsein seiner als Wesen und als dieses selbst in einem Anderen. Sie weist dieses Entgegengesetztsein klar auf. Als bewußtlose allgemeine Möglichkeit steht sie ihrer sich bewußten Wirklichkeit gegenüber, als Element des Volkes dem Volke selbst und als unmittelbares Sein der Sittlichkeit,[28] welche durch das Allgemeine gestaltet und erhalten wird.

Die Familie ist aber auch in sich ein sehr differenziertes Wesen. Sie enthält viele Beziehungen. Aber das, worauf es hier ankommt, ist das Sittliche. Das Sittliche artikuliert hier eine neue Vermittlungsmöglichkeit für die Allgemeinheit-Individualität-Verbundenheit des Personwerdens: „Das Sittliche scheint nun in das Verhältnis des *einzelnen* Familienglieds zur ganzen Familie als der Substanz gelegt werden zu müssen." (PhG294) Dabei bleibt es aber nicht, weil das Tun des Einzelnen, wenn es genuin sittlich ist, über seine Familienverbun-

[26] Vgl. dazu Flay 1984, S. 168: „There is a concrete, historical, double thematization, respectively, of oneself as oneself and of oneself as one of a people."

[27] Bei Hypollite S. 323 scheint die Individualität in die geistige Sittlichkeit versinken zu müssen.

[28] Zum Unterschied zwischen „Sittlichkeit" und „Moralität" bei Hegel vgl. Ritter, bes. S. 335. Innerlichkeit und Subjektivität zeichnen die Moralität gegenüber der Sittlichkeit aus.

denheit hinausgeht. Die Familie als solche kann die Allgemeinheit der Individualität weder umfassen noch erfüllen. „Der Inhalt der sittlichen Handlung muß substantiell oder ganz und allgemein sein; sie kann sich daher nur auf den *ganzen* Einzelnen oder auf ihn als Allgemeinen beziehen." (PhG295) Diese Aufdeckung entspricht wieder dem differenzierten inneren Bezogensein der geistigen Substanz. Das sittliche Tun will alle Zufälligkeit hinter sich lassen. Es beansprucht für sich eine letzte Bedeutung, eine nicht annullierbare Verbundenheit mit der Allgemeinheit. In Anspielung an Sophokles' *Antigone* meint Hegel, daß der Einzelne ein solches sittliches Ideal nur durch den eigenen Tod erreichen kann. Der Einzelne handelt dann nach einer solchen Art, daß „der aus der langen Reihe seines zerstreuten Daseins sich in die vollendete Eine Gestaltung zusammengefaßt, und aus der Unruhe des zufälligen Lebens sich in die Ruhe der einfachen Allgemeinheit erhoben hat." (PhG295) Durch den Tod würde das Individuum alle Fragmente seines Lebens in einem Akt, in einer Gestalt sammeln.

Trotz des Strebens dieses Individuums nach einer letzten Bedeutung wird der Tod die erwünschte Einheit mit der Allgemeinheit nicht liefern, und zwar deswegen, weil im Bereich dieses Todes nur eine abstrakte Negativität am Werk ist. Es ist eine „*natürliche* Negativität und die Bewegung des Einzelnen als *Seienden*, worin das Bewußtsein nicht in sich zurückgeht, und Selbstbewußtsein wird." (PhG296) Das Selbstbewußtsein ist bei Hegel immer mit Selbstpräsenz verbunden und somit mit der bereichernden Integration der weiteren Erfahrungen in das Selbst. Weil diese integrative Kraft hier fehlt, ergibt es sich, daß diese abstrakte Todesart in der Tat auf die Natur dieser Sittlichkeit selbst zurückzuführen ist.[29] Diese Sittlichkeit ist nur die unmittelbare Wahrheit des Geistes. Der groß gemeinte Akt dieses Individuums gleitet unerwartet in die Äußerlichkeit der abstrakten Negativität ab. Gerade hier spielt aber die Familie eine wichtige Rolle. Sie läßt das Einzelne nicht im abstrakten Tod verlorengehen. Sie ergänzt seinen Tod, indem sie die Bewegung des Bewußtseins hinzufügt. Dadurch wird „die kraftlose reine *einzelne* Einzelheit zur *allgemeinen Individualität* erhoben." (PhG296) Die Familie kann dies tun, weil die Erde kein neutrales Element ist. Hegels auffallend schöne esoterische Naturphilosophie scheint hier durch. Nach ihm ist die Erde eine elementare, unvergängliche Individualität. (Vgl. PhG297) Indem die Familie den Gestorbenen mit dem Schoße dieser Erde vermählt, hält sie ihn von der Destruktion der niedrigeren Kräfte ab. Damit verleiht die Familie dem Tode eine geistige Bedeutung.[30]

„Diese letzte Pflicht macht also das vollkommene *göttliche* Gesetz, oder die positive *sittliche* Handlung gegen den Einzelnen aus." (PhG297) Das göttliche

[29] Dieses Moment läßt sich mit der Furcht des Todes bei dem Herr-Knecht und mit dem Kampf um Leben und Tod in der Selbstbewußtseinsgestalt vergleichen. Die Abstraktheit des Todes hängt hier mit der Unmittelbarkeit des Sittlichen eng zusammen.

[30] Vgl. Howard P. Kainz, S. 17: „The idea of the universal individual as a „shade" or ghost reflects an inchoate and imperfect and excessively abstract concept of the „eternal" significance of the individual."

Gesetz hat den Einzelnen als seinen Inhalt. Auf der anderen Seite deckt das menschliche Gesetz alle anderen Arten der Beschäftigung mit dem Einzelnen ab und hat das ganze Volk, die selbstbewußte, sittliche Substanz zu seinem Inhalte. Weil beide Gesetze das Moment des Bewußtseins in sich haben, enthalten sie Unterschiede in sich. Das geistige Gemeinwesen macht die Familie mit zum Grundstein der sittlichen Einheit; in diesem Fall wird der Akzent auf das Recht der Individualität gelegt. Gleichzeitig macht der Geist aber die Individuen des Gemeinwesens unsicher und betont, daß sie ihre Individualität nur im Ganzen haben können.[31] Diese Betonung ihres negativen Wesens läßt das Gemeinwesen nicht vergessen, daß seine Macht letztendlich eine Sache des göttlichen Gesetzes ist.

Das göttliche Gesetz waltet in der Familie und enthält auch die Unterschiede in ihr. Diese Beziehungen machen seine Wirklichkeit aus. Der Unterschied bedeutet hier, wie immer bei Hegel, Bewegung und Beziehung. In diesem geistigen Kontext hebt Hegel das Verhältnis des Mannes und der Frau hervor. Es ist „das *unmittelbare* sich Erkennen des einen Bewußtseins im andern, und das Erkennen des gegenseitigen Anerkanntseins." (PhG298) Diese Rekognition darf aber nicht ohne weiteres als der höchste Ausdruck der Affinität aufgegriffen werden, und zwar deswegen, weil sie an einem Mangel leidet. Sie ist keine sittliche, sondern nur eine natürliche Rekognition. Sie ist „nur die *Vorstellung* und das *Bild* des Geistes, nicht der wirkliche Geist selbst." (PhG299) Und dies ist genau die Schwäche der Vorstellung überhaupt. Es besteht immer eine Distanz zwischen ihr und ihrer Wirklichkeit. Sie hat ihre Wirklichkeit nicht in ihr selbst, sondern „an dem Kinde – einem andern, dessen Werden es ist, und worin es selbst verschwindet." (PhG295) Obwohl sich dann diese Rekognition als begrenzt herausstellt, verweist sie dennoch auf die Möglichkeit der echten geistigen Rekognition. Eine derartige Rekognition hätte ihre Wirklichkeit in ihr selbst. Sie macht einen Kreis und schließt ihre Rückkehr auch in sich ein. Die Selbstentfaltung einer solchen Affinität würde dann nicht außerhalb ihrer Selbstdarstellung fallen. (Vgl. PhG299)

Das Bruder-Schwester-Verhältnis bietet eine besser ausbalancierte Instanz der Affinität. Beide sind freie Individualitäten einander gegenüber, obwohl sie direkt blutsverwandt sind. Das Weibliche als Schwester hat „die höchste *Ahndung* des sittlichen Wesens." (PhG299) Im Bruder findet die Schwester ihr sittliches Pendant. Zwischen ihnen herrscht weder sexuelle Begierde noch die Ungleichheit, die das Mutter-Vater-Verhältnis belastet. „Der Verlust des Bruders ist daher der Schwester unersetzlich, und ihre Pflicht gegen ihn die höchste." (PhG300)

Die ganze Betrachtung des göttlichen und des menschlichen Gesetzes der sittlichen Substanz entfaltet Hegel, wie gesagt, mit deutlichen Anspielungen auf

[31] Ohne es explizit auszudrücken, sieht Heinrichs 1974, S. 287, auch die Untrennbarkeit bzw. tiefgehende Einheit der Allgemeinheit und der Individualität in der Geistgestalt: „wie also im menschlichen Gesetz die Individuen als wirklich nicht einzeln sind, so sind im göttlichen Gesetz die gemeinten Einzelnen nicht wirklich."

die *Antigone* von Sophokles.[32] Der Bruder und die Schwester teilen unter sich die beiden Unterschiede, die die sittliche Substanz sich gibt. (Vgl. PhG301) Die Schwester und der Bruder überwinden ihr natürliches Wesen. Der Bruder verläßt die unmittelbare und negative Sittlichkeit der Familie. Er will die wirkliche Sittlichkeit, die ihrer selbst bewußt ist, erwerben und hervorbringen. Er geht aus dem göttlichen Gesetz zum menschlichen über. Die Schwester bleibt die Bewahrerin des göttlichen Gesetzes. Obwohl beide solche allgemeine Wesen der sittlichen Welt sind, bleiben sie dennoch „*natürlich* unterschiedene Selbstbewußtseine." (PhG301) Darin haben sie ihre „bestimmte *Individualität*." (PhG301)
Hier stellt sich die Frage, wie eine solche überwiegende Allgemeinheit und eine solche intensive Individualität gleichzeitig präsent und möglich sein können. Eine Antwort darauf wäre nur in der größeren Perspektive des selbsthaften und des differenzierten Geistes zu suchen. Um uns einer Antwort annähern zu können, muß hervorgehoben werden, daß der sittliche Geist selbst schon „die *unmittelbare* Einheit der Substanz mit dem Selbstbewußtsein ist." (PhG301) Die Unmittelbarkeit, die hier vorkommt, ist weder unbestimmt noch eine bloß gedachte. Sie weist ein Bezogensein-im-Unterschied auf. „Eine *Unmittelbarkeit*, welche also nach der Seite der Realität und des Unterschieds *zugleich* als das *Dasein eines natürlichen Unterschiedes erscheint*." (PhG301) Entscheidend ist das Licht, das damit auf den ontologischen Status dieser Individualität geworfen wird. Der sittliche Geist als unmittelbare Einheit der Substanz und des Selbstbewußtseins ermöglicht es, daß gerade die natürliche daseiende Spezifizität jeder Individualität gleichzeitig den sittlichen, geistigen Unterschied auch verkörpert und artikuliert. Das individuelle, natürliche Daseiende und das sittliche, geistige Unterschiedene sind zugleich in einem präsent. Diese Individualität besitzt und artikuliert dann eine hohe geistige Potenz. Warum kommt eine solche Individualität ausgerechnet an dieser Stelle zum Vorschein? Ist es Zufall? Oder ist ihr Auftritt schon vorbereitet und fortentfaltet worden? In der Tat ist diese Art von Individualität bereits in der sich entwickelnden Bahn des Personwerdens vorgekommen, nämlich in der Vernunftgestalt. Dort ging es um die Individualität, die sich selbst real war. Sie hat sich als „*ursprüngliche bestimmte Natur*" gezeigt. (PhG301) Während ihrer Entwicklung hat sie ihre dortige Unbestimmtheit zusammen mit der zufälligen Verschiedenheit, die sie belastete, verloren bzw. verwandelt.
Es ist auch wichtig zu sehen, daß diese Individualität ihre ursprünglich erschienene Natur nicht aufgeben mußte. Inzwischen ist es möglich geworden, daß dieses echtere Bestimmtsein in Erscheinung tritt. Dieser Bestimmungsprozeß verleiht der Individualität ihre echte Verschiedenheit. Dies hat zunächst der Erfahrungsweg der Vernunftgestalt und nun der der Geistgestalt ermöglicht. Das Ergebnis ist, daß gerade die Natürlichkeit dieser beiden Individuen „zugleich die Bedeutung ihrer sittlichen Bestimmung erhält." (PhG301) In dieser sittlichen Erfahrungsphase ist das Bezogensein der Allgemeinheit und der In-

[32] Vgl. dazu Loewenberg S. 190–191.

dividualität aufeinander zu einer neuen Bestimmung gekommen. „Die allgemeinen sittlichen Wesen sind also die Substanz *als* allgemeines, *und* sie *als* einzelnes Bewußtsein." (PhG302) Hier kommt der Unterschied-in-Einheit zwischen der allgemeinen Wirklichkeit und der „betätigenden Individualität" zum Ausdruck. Die allgemeine Wirklichkeit des allgemeinen sittlichen Wesens ist das Volk und die Familie. Sie hat aber den Mann und das Weib zu ihrem natürlichen Selbst bzw. betätigender Individualität.

Die sittliche Substanz ist in ihrer weiteren Selbstbestimmung und Verwirklichung zu einem Gleichgewicht der daseienden geistigen Verschiedenheit gelangt. Was früher auf dem Erfahrungsweg gesucht wurde, ist hier näher gerückt. Die Hauptentwicklung ist die Vertiefung der Individualität. Das, „was in der Vernunftgestalt nur Gegenstand" war, „ist nun daseiendes Selbstbewußtsein geworden, und was dieses nur in ihm selbst hatte, (ist) als wahre Wirklichkeit vorhanden" zu finden. (PhG302) Das Implizite am Selbstbewußtsein ist fortentwickelt und herauskristallisiert worden. Die Individualität braucht sich nicht mehr zu verallgemeinern. Ihre eigene innere Allgemeinheit ist expliziter geworden. Die Innerlichkeit der Individualität und ihre daseiende Wirklichkeit sind zu einem Gleichgewicht gelangt.[33] Methodisch gedacht bereitet dies den Boden, auf dem die Signifikanz der Handlung bzw. der Tat in der folgenden Erfahrungsphase profiliert werden kann.

Zunächst befinden sich die Differenzierungen in Harmonie. „Das Ganze ist ein ruhiges Gleichgewicht aller Teile, und jeder Teil ein einheimischer Geist, der seine Befriedigung nicht jenseits seiner sucht, sondern sie in sich darum hat, weil er selbst in diesem Gleichgewichte mit dem Ganzen ist." (PhG302) Diese sittliche Welt ist unbefleckt und zeigt in sich keinen Riß. Obwohl sie aus zwei Wesen besteht und die Wirklichkeit dieses Wesens sich weiter teilt, kommt es zu keiner Spaltung. Warum nicht? Der Grund ist, daß die beiden Seiten einander durch ihren Gegensatz bewahren. Ihre Mitte ist ihre Durchdringung. (Vgl. PhG303)

Nun wird der allgemeine, sich bewußte Geist als ein Extrem mit seinem anderen Extrem, dem bewußtlosen Geist, zusammengeschlossen. Dies tut er in und durch die Individualität des Mannes. Auf der anderen Seite findet aber das göttliche Gesetz seine Individualisierung an der Frau. Dieses göttliche Gesetz ist der bewußtlose Geist des Einzelnen. Im Weibe gewinnt es sein Dasein. Es tritt dadurch in das bewußte Reich herauf. In dieser Bewegung der reflexiven und der transitiven Differenzierung spielt die Individualität des Mannes und die der Frau eine entscheidende Rolle. Ihre Individualität ist jedoch nicht als reines Instrument zu verstehen. Die Individualität steht hier auf einer hohen Entwicklungsstufe; sie hat eine tiefe und selbständige Selbstheit. Nur deswegen, weil sie sich schon ihrer innewohnenden Beziehung zur Allgemeinheit bewußt geworden ist, kann sie eine kreative Verwirklichung der sittlichen Geistsubstanz und eine gleichzeitige Erhebung ihrer eigenen Selbstheit ver-

[33] Zu der Notwendigkeit dieses Gleichgewichts überhaupt in einer Theorie der Person vgl. H. Schmitz 1980, S. 26.

wirklichen. Und es liegt an dieser zweidimensionalen Tätigkeit, daß sie sich ihres intimen Bezogenseins auf die Allgemeinheit noch bewußter werden kann. „Die Vereinigung des Mannes und des Weibes macht die tätige Mitte des Ganzen und das Element aus, das, in diese Extreme des göttlichen und menschlichen Gesetzes entzweite ...“ (PhG304) Dies ist eine Erfahrungsbewegung, wodurch das menschliche Gesetz hinabsteigt und das göttliche hinaufsteigt. Die erste wird vom Mann vollzogen, die zweite vom Weib. Offentsichtlich hält sich in der Entfaltung und Thematisierung der Differenzierungen eine Proportionalität durch.

11.1.2 Die sittliche Handlung, das menschliche und göttliche Wissen, die Schuld und das Schicksal: Das unvermeidliche Tun und die latente Schuld

Die Harmonie des sittlichen Reiches ist hauptsächlich auf die Balance zwischen den zwei Selbstbewußtseinen und der sittlichen Substanz zurückzuführen. Die entscheidende Rolle der Individualität darin haben wir bereits hervorgehoben. Obwohl diese Individualität viel weiter entwickelt ist als ihre früheren Formen, bleibt sie dennoch dem Ganzen gegenüber ein dazugehörender und gehorsamer Teil: „... so ist das Selbstbewußtsein noch nicht in seinem Rechte als *einzelne Individualität* aufgetreten.“ (PhG304) Die einzelne Individualität hat die ganzen Rechte ihrer Selbstheit noch nicht ausgeübt. Sie hat noch keine Tat begangen. „Die Tat aber ist das *wirkliche Selbst*.“ (PhG331) Hier wird es sich nicht mehr um das Tun als Mitte oder als Mittel handeln, sondern um das Tun als Verwirklichung der Individualität in ihrer Spezifizität.

Das Tun stört die harmonische Einheit. Die latenten Gegensätze werden aktiviert. Es wird zu einem „Übergange *Entgegengesetzter*“, in dem jedes die Nichtigkeit seiner selbst und des anderen aufweist. Gerade weil es das sittliche Bewußtsein ist, das die Tat begeht, befindet es sich nicht in einer quälenden Unschlüssigkeit in bezug auf die mögliche Richtung einer Entscheidung.[34] Die Richtung ist gesetzt. Es ist „die *einfache reine Richtung* auf die sittliche Wesenheit, oder die Pflicht.“ (PhG305) Seine Entscheidung ist keineswegs eine isolierte, existentialistische Entscheidung, die sich ihren Sinn selbst geben müßte; weder eine nackte Entscheidung in einem Vakuum noch eine Entscheidung zwischen verschiedenen vorhandenen Möglichkeiten. Sie ist von anderer Art, und zwar ereignet sie sich eher als das In-Besitz-Nehmen der Eigenheit dieser Individualität. Durch die Tat tritt sie für sich auf. Die Tat ist hier, anstatt aus einer vorausgehenden Entscheidung zu resultieren, eher eine Verwirklichung der impliziten Selbstheit. Die Art, in der hier das Selbst in einer Tat auftritt bzw. sich artikuliert, steht in starkem Kontrast zu der Last der Entschei-

[34] Vgl. Hypollite S. 325: „... Hegel a insisté contre Kant sur la nécessité d'un immédiat pour l'action morale.“

dung, die so häufig im Subjektivismus vorkommt. In der subjektivistischen Perspektive besteht eine leere Distanz zwischen dem Subjekt und allen anderen. Es schickt demzufolge seine Tat ins Leere hinaus.[35] In einer Perspektive, wo Person sich als Vermittlung behauptet, bestimmt sich der Raum zwischen dem Subjekt und den anderen als Bezogensein und Verbundenheit. Die Tat ist eine Fortsetzung des Personseins; sie ist vermittelnd.

Obwohl die Tat hier in intimster Kontinuität mit der Individualität steht, bedeutet dies nicht, daß sie eine sofortige und positive Frucht haben muß. In diesem Fall ist es so, daß die Tat Konflikte verursachen wird, und zwar deswegen, weil diese Tat das spezifische Fürsichsein der Individualität in einem Harmoniezusammenhang scharf profiliert. Das Bewußtsein ist fest in eine Richtung, auf ein Gesetz ausgerichtet; und die Tat verwirklicht und verschärft dieses Gerichtetsein. Hinzu kommt noch die Tatsache, daß die „sittlichen Mächte“ nicht irgendwo zerstreut sind, sondern sie sind im *Selbst* des Bewußtseins wirklich. Angenommen, das Bewußtsein ist ausschließlich in eine Richtung orientiert, dann hat das zur Folge, daß die sittlichen Mächte einander ausschließen und sich entgegentreten müssen. Die Ebene der bisherigen Harmonie ist damit verlassen. Gleichzeitig mit dieser Individualität treten auch diese Mächte auf und ersetzen ihr Ansichsein durch ein Fürsichsein. Dadurch wird klar, wie die Vertiefung der Individualität und die „Individualisierung“ des sittlichen Geistes einander begleiten und entsprechen.

Weil das sittliche Bewußtsein der einen Macht und nicht der anderen folgt, „ist es wesentlich *Charakter*.“ (PhG306) Das Wort Charakter verweist auf die Festigung der Selbstheit der Individualität. Für das sittliche Bewußtsein haben beide Mächte nicht die gleiche *Wesenheit*. Es will die eine zugunsten der anderen unterwerfen. Das Bewußtsein, das auf das göttliche Gesetz gerichtet ist, sieht in der anderen Seite nur „menschliche zufällige Gewalttätigkeit.“ (PhG306) Das andere Bewußtsein sieht aber in ihm ein ebenso unrechtes, „den Eigensinn und den *Ungehorsam* des innerlichen Fürsichseins.“ (PhG306) Beide handeln entschieden gegeneinander, indem sie einen allgemeinen Wahrheitsanspruch erheben. Die beiden Gesetze sind unterschiedliche, aber intim verbundene Dimensionen der einen sittlichen Substanz.

„Es entsteht hiedurch am Bewußtsein der Gegensatz des *Gewußten* und des *Nichtgewußten*, wie in der Substanz des *Bewußten* und *Bewußtlosen* ...“ (PhG306)[36] Dieser Gegensatz entsteht nun deswegen, weil das sittliche Selbst-

[35] Ein klassisches Beispiel dafür wäre Sartres Arbeit „Existentialismus und Humanismus“.

[36] Hier findet sich eine explizite vor-Freudsche Anerkennung der entscheidenden Rolle des Unbewußten in persönlicher Identität und Handeln. Das zeigt wieder, wie weit Hegels Personbegriff als Vermittlung über den reinen Subjektbegriff hinausgekommen ist. Diese Stelle bietet uns Anlaß, auf die psychologischen Verflechtungen des Personbegriffs als Vermittlung zu verweisen. Wie bei Hegel hier explizit wird, läßt sich dieser Personbegriff sehr kreativ mit der Idee des Unbewußten harmonisieren. Die Tiefe der Verbundenheit zwischen der Individualität und der Allgemeinheit schließt das Unbewußte organisch ein. Das Personwerden vollzieht sich nicht nur im Sichtbaren, sondern auch im Dunkeln des Unerkannten. Die Tatsache, daß dieses Werden sich nicht rein linear vollzieht, sondern spiralhaft, verbindet sich harmonisch mit dem

bewußtsein alles ausschließlich auf sich bezogen versteht und dabei das Ansichsein des Wesens übersieht. Wie hat es so arrogant werden können? Diese epistemologische Arroganz stammt aus der Vergessenheit seines eigenen Grundes. Die Signifikanz einer solchen Vergessenheit kommt klarer ans Licht, wenn kurz an die Struktur der Erschließung des Bewußtseins als *Selbst*bewußtsein erinnert wird. Als Bewußtsein weiß es, daß die gegenständliche Wirklichkeit als solche Wesen hat. Nach seiner Substanz ist das Bewußtsein ferner die Einheit seiner selbst und dieses Entgegengesetztseins bzw. der gegenständlichen Wirklichkeit. Wenn die Substanz diese Einheit ist, dann müßte das sittliche Selbstbewußtsein gerade das Bewußtsein dieser Substanz bzw. Einheit sein. Gerade an dieser Stelle trifft es die Vergessenheit. Das sittliche Selbstbewußtsein vergißt seinen Unterbau, in dem das Bewußtsein und das Wesen der Wirklichkeit in Einheit und im Gleichgewicht stehen. Damit verliert es für seinen Gegenstand sein Wesen. Das Selbstbewußtsein ist dadurch einseitig geworden.

„Das sittliche Bewußtsein aber hat aus der Schale der absoluten Substanz die Vergessenheit aller Einseitigkeit des Fürsichseins, seiner Zwecke und eigentümlichen Begriffe getrunken und darum in diesem stygischen Wasser zugleich alle eigene Wesenheit und selbständige Bedeutung der gegenständlichen Wirklichkeit ertränkt.“ (PhG307) Dieses Zitat bietet uns nähere Auskunft über die Art dieser Vergessenheit und ihre Bedeutung: Die Vergessenheit bedeutet, daß nicht nur der eigene Grund, sondern auch das berechtigte Fürsichsein der eigenen Individualität vergessen wird. Hoch interessant ist an dieser Stelle, daß das Aufgeben des Fürsichseins der eigenen Individualität das Annullieren des eigenen Fürsichseins der Wirklichkeit mit sich bringt. Die Störung dieser Balance gewährt hier auch einen bedeutsamen Einblick in die Natur des Personwerdens als Vermittlung: Die Verwirklichung der Individualität ist nicht durch das Einnehmen der Substanz zu leisten. Wenn die Individualität ihr Fürsichsein zugunsten der Allgemeinheit verdrängt oder aufgibt, erreicht sie damit unerwarteterweise nur die Zerstörung der Selbständigkeit der Allgemeinheit. Die fein ausbalancierte und vielfältige Selbsthaftigkeit der Hegelschen Vermittlung tritt hier klarer ans Licht. Entgegen der üblichen Vorstellung, daß die Allgemeinheit dadurch aufzulösen sei und daß die Individualität

zum Unbewußtsein gehörigen nicht Linearen. Vor allem die Psychologie von Jung versteht sich als diese Vermittlung zwischen der Allgemeinheit der Archetypen und der Individualität. Entlang dieser Spannung vollzieht sich das Werden der Person. In diesem Entwurf wäre ein reines Ich fehl am Platz. Vgl. dazu Jung S. 106: „Wenn man sich das Bewußtsein mit dem Ich als Zentrum dem Unbewußten gegenübergestellt denkt, und wenn man sich nun den Prozeß der Assimilation des Unbewußten dazu vorstellt, so kann man sich diese Assimilation als eine Art von Annäherung zwischen Bewußtsein und Unbewußtem denken, wobei das Zentrum der totalen Persönlichkeit nicht mehr mit dem Ich zusammenfällt, sondern ein Punkt in der Mitte zwischen Bewußtsein und Unbewußtem ist. Dies wäre der Punkt des neuen Gleichgewichtes, eine neue Zentrierung der Gesamtpersönlichkeit, ein vielleicht virtuelles Zentrum, welches der Persönlichkeit wegen seiner zentralen Lage zwischen Bewußtsein und Unbewußtem eine neue sichere Grundlage gewährt.“

prometheisch das ganze Fürsichsein der Allgemeinheit für sich beanspruchen kann,[37] zeigt sich hier im Gegenteil, daß das Aufgeben des berechtigten Fürsichseins der Individualität das Annullieren des Fürsichseins der Allgemeinheit zur Folge hat. Person als Vermittlung muß versuchen, das subtile Gleichgewicht der eigenen Selbstheit und der selbsthaftigen Wirklichkeit durchzuhalten.
Aufgrund ihrer Vergessenheit hat die Individualität nun den Sinn für die Balance der Vermittlung verloren. Infolgedessen behauptet sie für sich eine Allwissenheit. „Das *absolute* Recht des sittlichen Bewußtseins ist daher, daß die *Tat*, die Gestalt seiner *Wirklichkeit*, nichts anderes sei, als es *weiß*." (PhG307) Alle anderen Möglichkeiten sind damit ausgeschlossen zugunsten einer vermeintlichen Entsprechung dieser Individualität und der Substanz. Das Tun dieser Individualität besitzt aber in seinen Momenten kein Wesen, weil die Momente im voraus einseitig bestimmt und gestaltet sind. Ihr Tun hat nur eine einfache Einheit. Es stellt sich an dieser Stelle wieder die Frage nach der Andersheit. Darf eine solche einseitige subjektivistische Perspektive plötzlich die ganze Bewegung des Personwerdens auf sich versammeln? Erweist sich damit die Andersheit der Wirklichkeit nicht als unecht? Durchaus, wenn eine solche Perspektive sich durchsetzen würde, aber das kann sie nicht leisten. „Gegen solche Einseitigkeit hat die Wirklichkeit eine eigene Kraft; sie steht mit der Wahrheit im Bunde gegen das Bewußtsein, und stellt diesem erst dar, was die Wahrheit ist." (PhG307) Die selbsthafte Reflexivität der Wirklichkeit sorgt dafür, daß sie ihre Andersheit aufrechterhalten kann. Dafür muß aber diese Individualität ihre Einseitigkeit sehen lernen, was dadurch eintritt, daß das sittliche Wesen selbst sein Fürsichsein behauptet und hervorkommen läßt.
Das sittliche Wesen besteht „auf dem Rechte seiner *Realität*, oder darauf, gedoppeltes zu sein." (PhG307) Der springende Punkt ist, daß dieses Wesen nicht außerhalb, sondern im Selbstbewußtsein selbst zu finden ist. Die erwünschte Umkehrung sollte also von innen her beginnen. Die Individualität selbst ist es, die verwandelt werden muß. Zu erinnern ist daran, daß Substanz und Selbstbewußtsein in dieser Gestalt zusammenzudenken sind, ganz gleich, wie sich das Selbstbewußtsein von seiner Seite aus sieht. Schließlich ist das Wesen „das eigne Wesen des Selbstbewußtseins; es hat darin allein sein Dasein und seine Macht, und sein Gegensatz ist die Tat des *letztern*." (PhG307) Dies ist vorsichtig zu interpretieren. Zunächst meint es, daß das Wesen als Wesen des Selbstbewußtseins in einer Einheit mit sich selbst steht. Ebenso meint es aber, daß der Gegensatz einer ist, der vom Selbstbewußtsein selbst gesetzt wird. Das Selbstbewußtsein ist mithin ironischerweise selbst die Wurzel der Entzweiung der Gesetze, weil das Selbstbewußtsein zugleich das Bewußtsein und seine Einheit mit der Gegenständlichkeit reflexiv in sich enthält. Entscheidend ist, daß die Selbstheit des Selbstbewußtseins keine einzelhafte, subjektivistische ist; sie ist inklusiv, umfassend und gerade darin personal selbsthaftig. „Denn dieses, *eben indem es sich als Selbst ist* und zur Tat schreitet, erhebt sich aus der *einfachen Unmittelbarkeit* und setzt selbst die *Entzweiung*." (PhG307)

[37] Dies ist eine starke Tendenz im Existentialismus.

Angenommen, das Selbst des Selbstbewußtseins ist so intim mit der Wirklichkeit verbunden, dann muß der Schritt zur Tat diese Verbundenheit zur weiteren Differenzierung, d.h. in diesem Fall zur Entzweiung bringen. Dann wird deutlich, daß das Selbstbewußtsein zum einen aktives Prinzip der Selbsttrennung ist und zum andern eine Trennung zwischen sich selbst und der ihm gegenüberstehenden Wirklichkeit setzt. Getrennt in sich selbst und von der Wirklichkeit getrennt, kann die Wirklichkeit für das Selbstbewußtsein nur ein Negatives sein. Es besteht hier ein sehr interessanter Kontrast zwischen dieser Selbsttrennung des Selbstbewußtseins von der Wirklichkeit und dem Ursprungsmoment, worin es sich entdeckt hat. Das Moment der Selbsteinigung und der Selbstreflexivität war für das Selbstbewußtsein auch das Moment, in dem sich ihm die Anwesenheit des Anderen erschlossen hat. Die Rekognition der Mit-Präsenz des Anderen und der eigenen Selbstpräsenz geschah im gleichen Moment. Dieses jetzige Moment der Selbsttrennung und der Trennung von der Wirklichkeit ist dem Selbstentdeckungsmoment symmetrisch gegenübergestellt.

Weil diese Trennung im Kontext der intimen Selbstverbundenheit und Wirklichkeitsverbundenheit stattfindet, sollte es nicht überraschen, daß Schuld zu einer Erfahrung wird. Das Selbstbewußtsein „*wird* also durch die Tat zur *Schuld.*“ (PhG308) Es hat sich dem einen Gesetz zugewandt und dem anderen entsagt. Diese trennende Tat greift die Einheit des Selbstbewußtseins mit sich selbst und mit der Wirklichkeit an der Wurzel an. Daß sie dennoch vom Selbstbewußtsein selbst ausging, muß unausweichlich zur Schuld führen. Seine Schuld ist aber deswegen nicht gleichgültig. Sie ist auch nicht zufällig in dem Sinne, daß sie nur eine äußerliche oder ambivalente Beziehung zu der Tat oder zum Selbstbewußtsein hat. Sie ist auch nicht irgendein psychologisches Gefühl, welches die eine oder die andere Dimension des Selbst trifft. Es wird nicht gesagt, daß das Selbstbewußtsein ein Schuldgefühl hat, sondern daß das Selbstsbewußtsein zur Schuld *wird.* Diese Schuld greift sehr tief und trifft die Wurzel des Selbstbewußtseins als einem Selbstbewußtsein, dessen Natur es ist, zu handeln und sich dadurch zu trennen.[38] Handeln heißt schuldig werden. Als Selbst muß dieses Selbstbewußtsein eine Tat begehen. Diese Tat begehen heißt schuldig *werden.* Die Struktur dieser Erfahrung ist äußerst kompakt. Indem das Selbstbewußtsein sich selbst setzt, trennt es sich selbst von der Wirklichkeit. Das Selbstbewußtsein ist ferner nicht imstande, die beiden Gesetze zu vereinen. Das Befolgen des einen Gesetzes ist unausweichlich die Ablehnung des anderen. (Vgl. PhG308)

Es muß an dieser Stelle auch zwischen dieser und der üblichen existentialistischen Schuld unterschieden werden. Diese Schuld ist nicht eine Konsequenz der einzelnen Subjektivität und nicht einem isolierten Subjekt zuzuschreiben: „... daß es nicht *dieser Einzelne* ist, der handelt und schuldig ist; denn er ... ist

[38] Vgl. dazu Howard P. Kainz, Hegel's PhG 2, S. 26: „This guilt we are discussing here has cosmic proportions: there is no possibility for making a fine distiction between personal responsibility and the neutral acts of innocent bystanders.“

nur als allgemeines Selbst, und die Individualität rein das formale Moment des Tuns überhaupt." (PhG308) Der Schwerpunkt liegt weder auf der Einzelheit der Individualität als „ein(em) ausschließende(n) Selbst" noch auf einer reinen abstrakten Allgemeinheit. Die Schuld hat eher mit der schmerzhaften Vermittlung beider auf einen Erfahrungspunkt hin zu tun, worin Entzweiung und Trennung unausweichlich zur Fortentfaltung des Personwerdens gehört. Diese Schuld verweist dramatisch auf die Begrenztheit und die Schwerkraft der Endlichkeit, die im Werden des menschlichen Personseins mitgegeben ist. Angemessen gefaßt ist diese Schuld wohl am ehesten mit dem Begriff einer „metaphysischen Schuld".

Die Tat des sittlichen Bewußtseins erweist nun eine unerwartete Enthüllungskraft in bezug auf das Handeln dieses Selbstbewußtseins. Sie erschließt ihm die verborgene Bedeutung dessen, was es *wirklich* getan hat. Dieses Tun hat eine „entwickelte Natur", welche die Tat erst später zeigt. Es ergibt sich, daß das Tun letztendlich auf das sittliche Wesen selbst zu beziehen ist. In diesem Wesen sind das offenbare und das verborgene Gesetz miteinander verknüpft; es ist die Einheit beider. Das Begrenzte an der Tat war, daß sie lediglich das eine gegen das andere ausgeführt hat. Doch konnte diese Individualität nur diese Richtung nehmen, wobei sie die verborgene Seite übersah. „Die Wirklichkeit hält daher die andere, dem Wissen fremde Seite in sich verborgen, und zeigt sich dem Bewußtsein nicht, wie sie an und für sich ist." (PhG309) Zur Echtheit der Andersheit in der PhG gehört auch ihre Tiefe und Vielfältigkeit, welche das Bewußtsein nicht auf einmal entwirren kann. Für das handelnde Bewußtsein kommt an dieser Stelle zu seiner Tat ein Moment von Ironie hinzu. Normalerweise erleichtert die Ironie die Last der eigenen Schuld und Verantwortung; sie wahrt die Distanz zwischen der eigenen Absicht und ihrer tatsächlichen Konsequenz. In diesem Tun erleichtert die Ironie die Schwere der Schuld nicht, und zwar deswegen, weil die Schuld hier nicht erst am Ende einer Tatsequenz zum Vorschein kommt. Hier taucht die Schuld gleichzeitig mit der Tat selbst auf. Sie ist vorhanden, bevor das Selbstbewußtsein darauf gekommen ist, daß das Wesen die Einheit beider Gesetze ist. Diese Erkenntnis ist eigentlich die Wurzel der Ironie. Aber sie tritt erst auf, nachdem das Selbstbewußtsein zur Schuld wurde.

Obwohl die Tat zunächst Trennung verursacht, nimmt sie nun durch ihre Enthüllungskraft eine immer positivere Bedeutung an. Jetzt ist es sogar möglich, daß das Selbstbewußtsein sich durch die Tat mit der Wirklichkeit wieder vereinigen kann: „... denn die vollbrachte Tat ist der aufgehobene Gegensatz des wissenden Selbst und der ihm gegenüberstehenden Wirklichkeit." (PhG309) Überrascht uns nicht dieser Bedeutungswechsel der Tat? Wie ist eine solche Umkehr zu erklären? Zunächst ist klar, daß die Tat weder eine Einzeltat unter anderen noch die Verwirklichung der privaten Absichten eines getrennten Einzelnen ist. Die volle Bedeutung der Tat ist in den tieferen Schichten der sittlichen Vermittlung zu suchen; dorthin gehören Entzweiung und Vereinigung verschiedener Dimensionen der sich entfaltenden und thematisierenden Bewegung des Personwerdens. Sie können einander nicht verstandesmäßig aufeinander fixiert gegenübergestellt werden. Die Tat vermag dann in der größeren Vermittlungsperspektive „das Unbewußte dem Bewußtsein,[39] das Nichtseiende dem Sein zu verknüpfen.“ (PhG309) Die Tat bringt die Unmittelbarkeit der sittlichen Welt weiter auf den Weg zu ihrer Entfaltung und Thematisierung. Dabei wird das Getrennte wieder versöhnt und in die Einheit zurückgeholt, so daß „das Eigene einem Fremden verbunden ist, als das entzweite Wesen, dessen andere Seite das Bewußtsein, und auch als die seinige, erfährt, aber als die von ihm verletzte und feindlich erregte Macht.“ (PhG309) Die Tat ermöglicht dann eine versöhnende Rekognition und Realisierung. Sie gilt in dieser Beziehung nicht so sehr als das Hinauskommen über eine Grenze, sondern als die Aufhebung und Verwandlung der Grenze selbst. Die Einseitigkeit war es, die das Eigene zum Feind gemacht hat.

Die Schwere der Schuld resultiert teilweise aus der Vehemenz, mit der die Tat begangen wurde. Das Selbstbewußtsein mußte handeln, und die Tat war in eine Richtung orientiert und konnte sie nur im Gesetz verwirklichen. Deswegen war sie gegen das andere Gesetz als ein zufälliges und ungerechtes gerichtet. Die vollbrachte Tat läßt auch das andere Gesetz als wesentlich und gut erscheinen. „Die *Vollbringung* spricht es selbst aus, daß, was *sittlich* ist, *wirklich* sein müsse; denn die *Wirklichkeit* des Zwecks ist der Zweck des Handelns.“ (PhG310) Durch seine Tat stößt das sittliche Bewußtsein auf die Erkenntnis, daß die sittliche Substanz immer in Kontinuität und in Einheit mit der Wirklichkeit steht.

Das Sittliche ist dann ganz und gar nicht durch die Intentionalität eines sittlichen Bewußtseins zu setzen. Die Wirklichkeit ist sie selbst. „Das Handeln spricht gerade die *Einheit* der *Wirklichkeit* und der *Substanz* aus ...“ (PhG310) Einem unwahren Recht wird keine Wirklichkeit zukommen. Die Einheit der Substanz und der Wirklichkeit läßt das nicht zu. Auf diese Weise kommt das Selbstbewußtsein zu einem Bekenntnis seiner Schuld. Es muß sein Entgegengesetztes als sein Eigenes anerkennen; die Tat und die durch sie erweckte Wirklichkeitsverbundenheit zwingen es dazu. In dieser Anerkennung vertieft sich die Schuld; Hegel zitiert Sophokles: „weil wir leiden, anerkennen wir, daß wir gefehlt.“ (PhG310)

Rekognition spielt eine entscheidende Rolle in der Thematisierung der Schuld. Ohne sie bliebe die Einheit der Substanz und der Wirklichkeit ein neutrales Faktum. Voraussetzung für eine solche Rekognition ist die tiefliegende, sich differenzierende Einheit der Wirklichkeit, die weiter in und mit dem Selbstbewußtsein vermittelbar sein muß. Das Rekognitionsmoment findet dort statt, wo diese Einheit ans Licht kommt. Das Selbst wird sich in dem Entgegengesetzten, im Feind, wiederfinden können. Die intensive Verschiedenheit der Wirklichkeit befindet sich letztendlich innerhalb der einen selbsthaften Kontur.

[39] Vgl. Wiehl 1976. Interessanterweise sucht Wiehl in der PhG nicht nur eine Bewußtseinstheorie, sondern auch „eine komplementäre Theorie des Unbewußten“ (S. 432). Es „läßt sich auf der methodischen Grundlage der PhG jeder Bewußtseinsgestalt bzw. jedem bewußten Erfahrungszusammenhang ein Modus des Unbewußten als eine Art Schattenbild zuordnen.“ (S. 434)

Nun ändert sich erneut der *Rhythmus* der Fortentfaltung. Obwohl die Rekognition zunächst eine Versöhnung erwirkt, muß diese Versöhnung konkret auf die festgelegte Richtung dieses sittlichen Bewußtseins in seiner Tat wirken. Dieses Gerichtetsein hat seinen Charakter ausgemacht. Mit der Rekognition des Anderen als sein Eigenes müssen „sein *Charakter* und die *Wirklichkeit* seines Selbsts“ aufgegeben werden. (PhG310) Mit der neuen Rekognition verliert dieses Bewußtsein die Wirklichkeit seiner Substanz. Die Rekognition hat die Einseitigkeit dieser Individualität bloßgestellt. Das Fehlen an Substanz wird hier *Pathos* genannt. Pathos ist ein sorgfältig ausgewähltes Wort. Es besagt aber nicht, daß diese Individualität leer ist, noch daß zwischen ihr und der Substanz eine fremde Distanz besteht. Was Pathos indiziert, ist, daß eben das Fehlen der Substanz auch eine Art Verbindung mit der Substanz ist. Wie wir früher in der Einleitung zu der PhG sahen, ist Abwesenheit keineswegs mit einer neutralen Leere gleichzusetzen.
„Die Substanz erscheint zwar *an* der Individualität, als das *Pathos* derselben, und die Individualität als das, was sie belebt und daher über ihr steht; aber sie ist ein Pathos, das *zugleich* sein Charakter ist.“ (PhG310) Weil die Substanz viel größer als die Individualität ist, und weil deswegen der Individualität, solange bis sie handelt, so viel verborgen bleiben muß, hat sie ein Pathos.[40] Gleichzeitig ist daran festzuhalten, daß die Substanz, um sich lebendig und differenziert fortentfalten zu können, die Individualität braucht. Die Individualität wird vom Pathos nicht überflutet; sie behält immer noch eine gewisse Selbständigkeit dem Pathos gegenüber.
Die andere Individualität folgt dem anderen Gesetz. Weil sie eine andere Seite der Substanz artikuliert, auch sie ist pathoshaltig. Hiermit meldet sich die letzte Wende in dieser Erfahrungskonstellation. Die Selbsteinigung der Substanz hat auf dieser neuen Ebene entscheidende Folgen für die beiden Individualitäten. Die Substanz selbst hat nun wieder den Entfaltungsvorrang. Damit werden diese beiden Formen der Individualität eine weitere Verwandlung erleben müssen. Beide sind einseitig orientiert, weil sie ihren Grund vergessen haben. Nun behauptet sich die sittliche Substanz mit voller Kraft. Damit werden die beiden Individualitäten in ihr neu geortet, d.h. verwandelt. Diese erzwungene Rückkehr in den sich fortentwickelnden Grund ist für die beiden Individualitäten schmerzhaft und zerstörend. Wenn die sittliche Substanz als eine derartig negative Macht vorkommt und die beiden einseitigen Extreme stürzt, tritt sie als Schicksal auf. Das Schicksal vollbringt somit das absolute Recht. Was bedeutet aber das Schicksal? Wie wirkt das Schicksal? Warum sollte diese letzte Erfahrunsphase der sittlichen Substanz Schicksal heißen? Wir erinnern uns daran, daß die Entfaltung der sittlichen geistigen Substanz darauf zielt, ihre Unmittelbarkeit zu ihrer eigentlichsten Differenzierung zu bringen. Für die Verwirklichung dieses Ziels ist die konzentrierte enge Erfahrungsstruktur dieser Phase zentral. Das konzentrierte Gerichtetsein hat zur Entgegensetzung und

[40] Zu dem Thema „Pathos“ überhaupt vgl. die Aufsätze des irischen Philosophen der Mystik O'Donoghue: „Pathos“ und „Horizons“ (1979).

dann zur Verwandlung geführt. Hinsichtlich dieses *Rhythmus'* ist es nicht überraschend, daß die letzte Phase der Bewegung Schicksal genannt wird. Auch der junge Hegel hat den Schicksalsbegriff gebraucht.[41] Von Bedeutung ist ferner, daß das Schicksal nicht aus dem Fremden auf diese Erfahrungsbegegnung herabstößt. Nichts Fremdes ist in diese Erfahrungsbewegung eingedrungen. Eher kann davon gesprochen werden, daß das Schicksal das *eigene* Schicksal dieser ganzen Reihe von Erfahrungsmomenten ist; es ist der explizite Schluß ihrer inneren Entfaltungslogik und keineswegs eine anonyme Macht. Vielmehr verweist es auf die Rückkehr der zwei Seiten des entfremdeten Gegensatzes bzw. das Göttliche und das menschliche Gesetz in sich; es ist „das *Selbst* als die *negative Macht* dieses Gegensatzes ..." (PhG322)
Dennoch markiert das Schicksal das Verlassen der angeborenen Unmittelbarkeit.[42] Das sittliche Wesen selbst wird dadurch aufgehoben. Es wird zur formellen Allgemeinheit. Hegel erläutert, wie sich diese Bewegung in bezug auf die Gemeinde und die Familie vollzieht. Das unmittelbare Negative bei diesem Übergang zur neuen Gestalt ist, daß alle latenten Widersprüche des sittlichen Wesens explizit zum Vorschein kommen. Die bisher zusammengehaltenen Individualitäten fallen wie Atome auseinander. (Vgl. PhG315) Durch diesen Schritt scheint der Geist in Zwiespalt geraten zu sein. Auf der einen Seite versteht er sein Wesen als eine Wirklichkeit, die über sich hinausgegangen ist, auf der anderen Seite scheint er in dieser Welt außer sich zu sein.

11.1.3 Rechtszustand: Die Leerheit des juristischen Personseins

Der Rechtszustand artikuliert die dritte Dimension des Personbegriffs, und zwar nach der Art, wie sie klassisch ausgelegt wurde. Die Welt der römischen Jurisprudenz ist hier der Hintergrund. Person wurde darin als juridische Person verstanden: Person ist Besitzer von Eigentum. Das Juristische steht demnach im Vordergrund. Der Rechtszustand erhält seine Bedeutung dadurch, daß er die Brücke zwischen der sittlichen Welt und der Welt der Bildung in der Geistgestalt ausmacht. Am Ende der vorigen Gestalt mußte die lebendige unmittelbare Einheit der Individualität und der Substanz in eine allgemeine Einheit zurückgehen. Die kreative und differenzierte Einheit von Individuen in einer vielfältigen Substanz war in jener Gestalt nicht durchführbar, die sich ergebende allgemeine Einheit war infolgedessen nur ein „geistlose Gemeinwesen"; eine tote Einheit, insofern es die Individuen betrifft.
In diesem Gemeinwesen sind die Individuen zersplittert. Zwischen ihnen herrscht eine tote Gleichheit, „worin *Alle* als *Jede*, als *Personen* gelten." (PhG316) Hier wird der Begriff „Person" explizit verwendet, doch er bezeichnet nicht das, was unter dem Personbegriff als Vermittlung zu bezeichnen ist. Vielmehr steht er für das Gegenteil, nämlich für eine Art vereinzelter Indivi-

[41] Vgl. dazu Harris 1972, S. 273–276.
[42] Vgl. Hypollite S. 343: „... le destin ... est intériorité dans l'extériorité ..."

dualität, in der die Verbindung mit der Allgemeinheit abgebrochen ist. Alle Individuen sind deswegen gleich, weil das, was ihre Eigenheit und Einzigartigkeit ausmacht, nämlich ihre Zugehörigkeit zu einer lebendigen, sich differenzierenden Allgemeinheit, hier nicht mehr besteht.[43] Infolgedessen muß sich die Individualität, um überhaupt weiter bestehen zu dürfen, in sich zurückziehen und sich als „*negatives* allgemeines *Selbst*" behaupten. (Vgl. PhG316) Diese Art von Allgemeinheit bleibt aber abstrakt und das Selbst somit „spröde". (PhG316) Wir sehen hier wieder, wie die Allgemeinheit und die Individualität einander entsprechen, auch wenn sie in einer toten Erfahrungsphase verhaftet sind.

Diese Individualität ist die, die in dem verborgenen göttlichen Gesetz vorgekommen ist. Sie tritt nun für sich in der Wirklichkeit auf. Wie kann das aber möglich sein? Wenn es um Personwerden geht, wie kann eine Individualität, die dort für gestorben galt, nun wieder vorhanden sein? Es ist wichtig einzusehen, daß es sich in der PhG nicht um die Biographie eines bestimmten Menschen handelt, ebensowenig wie um mögliche zerstreute Gestalten des Personseins. Es gibt zwar eine Kontinuität zwischen den Gestalten, aber sie ist keine einfache lineare Kontinuität. Es kommt öfter vor, daß eine Dimension der Person innerhalb einer bestimmten Gestalt nicht weiter entwickelt werden darf. Wenn aber das Personwerden weiter vorangekommen ist, sich vertieft und noch ausgedehnt hat, kann diese nicht zu Ende geführte Dimension später wieder aufgenommen und vollendet werden. Von daher ist es möglich, daß die selbstlose abgeschiedene Dimension der Individualität auftritt. Dort war sie selbstlos und konnte sich daher vor dem Tod, einer abstrakten zerstreuenden Kraft, nicht schützen. Die Familie konnte dieser Kraft durch den Ritus eine gewisse Selbstheit verleihen. Daß sie, die vom negativen Tod angegriffen war, gerade in diesem toten Milieu wieder vorkommt, zeigt erneut die subtile Logik und Kontinuität des Hegelschen Personwerdens.

Nun, da die Negativität dieser Selbstheit ans Tageslicht gekommen ist, werden die früheren Dimensionen der Erfahrung aufgenommen. Entscheidend ist, daß diese Individualität die sittliche Substanz hinter sich gelassen hat. Hegel nennt sie „Persönlichkeit". „Sie ist die *wirklich geltende* Selbständigkeit des Bewußtseins." (PhG316) Diese Dimension des Personwerdens ist bereits vorgekommen. „Der *unwirkliche Gedanke* derselben, der sich durch *Verzichttun* auf die *Wirklichkeit* wird, ist früher als *stoisches* Selbstbewußtsein vorgekommen." (PhG316) Diese Individualität ist nun eine weitere konkretere Gestalt der gleichen Art dieses Personseins. Obwohl sie in der Wirklichkeit steht, bleibt diese Individualität abstrakt.[44] Sie ist die „Person" als juridische Realität. Sie zeigt

[43] Zu der Scheinhaftigkeit dieser Gleichheit vgl. Flay 1984, S. 180: „For it is precisely equality in a legal sense – an equality which must abstract from all individual differences between individuals – which leaves the question of individuality in other matters e.g. socio-economic or cultural matters, devoid of any determination toward equality."

[44] Vgl. Scheier S. 332 zu dem Stoizistischen an diesem Personsein: „Aber gerade dies bloße Gedachtsein zeigt an, daß die erlangte Selbständigkeit nur eine Abstraktion und das Ansichsein nur als der ausdehnungslose Punkt der reflektierten Identität angeeignet ist."

sich an „das reine Eins“ ihrer „abstrakten Wirklichkeit ... geknüpft.“ (PhG317) Ihre Selbständigkeit ist kein Mitsein, sondern ein isoliertes Fürsichsein, eine abstrakte Selbständigkeit.

Wie zuvor der Stoizismus in den Skeptizismus überging, so nimmt diese Individualität nun die destruktiven Züge des Skeptischen an. Weil sie in sich leer ist, stützt sie sich auf das „Eigentum“ als ihren sinngebenden Gegenstand. Dieses Eigentum läßt sich aber nicht so unmittelbar besitzen. Das besitzende „Mein“ des Eigentümers bleibt leer und inhaltlos. Sein Inhalt „gehört einer *eignen* anonymen Macht an, die anderes als das formal Allgemeine, die der Zufall und die Willkür ist.“ (PhG318) Das Gelten des Rechts ist zugleich der Verlust seiner Realität: „Ein Individuum als eine *Person* bezeichnen, ist der Ausdruck der Verachtung.“ (PhG318)

Diese Art juristischen Personseins hat keine Verbindung mit der Allgemeinheit. Die Personen sind in eine absolute *Vielheit* zerstreut, wie Atome. Sie sind nur getrennte, isolierte Einzelne. Die anonyme Macht ist es, die sie so bestimmt. Dennoch gelingt es ihnen, sich zu sammeln. Entscheidend ist die Art dieses Sammelns: sie kommen in einen fremden, geistlosen Punkt zusammen. Ironischerweise entspricht die Art dieses Zusammenkommens ihrer getrennten Natur genau. Dieser Sammelpunkt ist ebenso spröde wie sie, und zwar weil auch er eine einzelne Persönlichkeit ist. Sie füllen seine Leere, indem sie ihre eigene Leere in diese hineinprojizieren. Damit machen sie ihn zum „Herrn der Welt“. „Er ist Person; aber die einsame Person, welche *Allen* gegenübergetreten; diese Alle machen die geltende Allgemeinheit der Person aus.“ (PhG318) Diese Person braucht deswegen die andere, weil sie ohne sie keine Person wäre. Sie ist nur als allgemeine Vielheit der Einzelheit. Sobald diese Personen dies einsehen, werden sie von dem Herrn befreit. Damit fangen sie an, sich verrückt und zerstörend gegeneinander zu bewegen. Interessant ist, daß der Herr der Welt nun nichts mehr dagegen unternehmen kann. „Denn seine Macht ist nicht die *Einigkeit* des Geistes, worin die Personen ihr eigenes Selbstbewußtsein erkennten.“ (PhG319)[45] Die Verbundenhheit bleibt hier spröde und völlig äußerlich. Der Herr ist diesen Personen in der Tat völlig fremd. Die rechtliche Persönlichkeit erfährt damit ihre Substanzlosigkeit. Ihr Inhalt war nur fremd. Die Allherrschaft des Herrn enthüllt sein Selbst als „bloßes Verwüsten“ und hat „das Wegwerfen seines Selbstbewußtseins“ zur Folge. (PhG319)

Diese Wirklichkeit des Rechtszustandes hat dem Selbstbewußtsein nur Entfremdung gebracht. Es ist dadurch *in sich zurückgetreten*. Es denkt über seine Zufälligkeit nach. Hiermit ist das, was beim unglücklichen Bewußtsein nur als „einseitige Ansicht des Bewußtseins als eines solchen erschien“, nun als ihre „*wirkliche* Wahrheit eingetreten.“ (PhG320) Genau wie das unglückliche Bewußtsein das Resultat eines Erfahrungswegs war, ebenso ist die Wirklichkeit dieses Selbstbewußtseins Resultat des bisherigen Erfahrungswegs der Gestalt

[45] Die Struktur der Bloßstellung dieser Herrschaft findet aktuelle Parallelen in der jetzigen Revolution in Osteuropa.

des Rechtszustands. Der entscheidende, klar ersichtliche Punkt ist, daß „dies *allgemeine Gelten* des Selbstbewußtseins ... die allgemeine Wirklichkeit, die ihm entfremdete Realität" ist. (PhG320) Die allgemeine Wirklichkeit dieser Individualität ist *zugleich* der Verlust ihres Wesens. Auf diese Weise wirklich zu sein, heißt sich zu verlieren. Die Verwirklichung des Selbst impliziert dann unausweichlich seine Entfremdung. Damit ist die Grundlage für die *Bildung* als das Entfremdetsein des Geistes vorbereitet.

11.2 Der sich entfremdete Geist: Die Bildung als gebrochene Gegenwart

Die sittliche Substanz war von vornherein keine flache, unstrukturierte Einheit. Sie enthielt den Gegensatz des Wesens und des Bewußtseins immer schon in sich. Dennoch hielt sie den Gegensatz von einem Aufbruch zurück. Das konnte sie tun, weil sie als ein einfaches Bewußtsein das Wesen und das Bewußtsein in einer unmittelbaren Einheit miteinander zusammenhalten konnte. Das Wesen galt dann als bloßes Sein und hatte die Form der Sitte. Diese unmittelbare Einheit konnte sich deswegen so lange durchhalten, weil das Bewußtsein sich hier nicht für ein ausschließendes Selbst hielt. Eine solche Trennung, die die Konturen seiner Selbstheit verschärft hätte, fand nicht statt. Dafür ist die Substanz dem Bewußtsein zu nah gewesen. Diese hat nicht „die Bedeutung eines aus ihm ausgeschlossenen Daseins." (PhG320)
„Aber derjenige *Geist, dessen Selbst das absolut diskrete ist*", ist auf die Dauer mit einer sich zurückhaltenden unmittelbaren Einheit nicht zufriedenzustellen (Vgl. PhG320). An dieser Stelle wird der Geist näher charakterisiert: Der Geist ist das Ganze. Er ist aber weder ein bloßer Titel für das Ganze, noch ist er einseitig mit dem Ganzen als Prozeß zu identifizieren. Geist ist personal und besitzt Selbstheit. Die „absolute Diskretheit" dieses Selbst zeigt, daß Geist ebenso ausgedehnt wie inklusiv ist, daß er des weiteren in sich gesammelt und sich selbst präsent ist. Seine Selbstheit verlangt Differenzierung in und durch die Wirklichkeit und gleichzeitig die intime Selbstreflexivität all dessen.[46] Ein so charakterisierter Geist befindet sich konsequenterweise immer in Bewegung, in fortwährender Entfaltung. Außerdem wird der Geist in dieser Erfahrungsphase an die äußersten Grenzen der Entzweiung und der Entfremdung gelangen. Die bisher bewahrte Unmittelbarkeit und Einheit geht in Entgegensetzung und Konflikt über. Der Geist hat seinen Inhalt nunmehr in einer ihm gegenüberstehenden harten Wirklichkeit. Die Welt ist hier äußerlich; sie ist das Negative des Selbstbewußtseins.
Diese Welt ist aber auch ein „geistiges Wesen". „Sie ist *an sich* die *Durchdringung des Seins und der Individualität.*" (PhG320) In bezug auf die zentrale Behauptung unserer Arbeit über den Personbegriff ist dies eine wichtige Stelle, weil hier klar gesagt wird, daß die Welt überhaupt ein geistiges Wesen

[46] Vgl. Wiehl 1976, S. 448: „Es ist die Bestimmung der Substanz als *Prozeß*, durch die Hegel die Kategorien der Substantialität und der Subjektivität methodisch miteinander vermittelt."

ist, und zwar gerade weil sie *an sich* die Vermitteltheit der Individualität und des Seins ist. Die Welt ist also an sich eine selbsthafte Realität. „Dies ihr Dasein ist das *Werk* des Selbstbewußtseins." (PhG320) Ihr Dasein ist weder neutrales Vorhandensein, noch besteht ein direkter unmittelbarer Zugang zu ihm. Das Dasein der Welt ist mit seiner Artikulation in und durch das Selbstbewußtsein zusammenzudenken. Das bedeutet nicht, daß das Selbstbewußtsein das Ganze von sich aus erfindet oder konstituiert, was dadurch ausgeschlossen ist, daß diese Welt als eine „fremde Wirklichkeit, welche eigentümliches Sein hat", dem Selbstbewußtsein unmittelbar gegenüberstehen kann. Die Selbständigkeit der Welt hat zur Folge, daß das Selbstbewußtsein sich in ihr „nicht erkennt" (PhG320); und gerade deswegen ist der Erfahrungsweg der Selbstthematisierung und der Selbstentfaltung des Bewußtseins notwendig. Es ist aber nicht nur eine Frage der Selbständigkeit allein. Es stellt sich auch heraus, daß das Selbstbewußtsein im Rechtszustand dazu beigetragen hat, daß diese Selbständigkeit der Welt zur Äußerlichkeit verhärtet wurde. Diese Welt des Rechts „erhält ihr Dasein durch die *eigne* Entäußerung und Entwesung des Selbstbewußtseins." (PhG321) Daß das Selbstbewußtsein sich nun in dieser verhärteten Welt nicht wiedererkennen kann, ist also ironischerweise zum Teil seine eigene Schuld.

Das Selbstbewußtsein entäußert sich nicht aus irgendwelchen willkürlichen Gründen, vielmehr aus dem innerlichen Grund, daß die Substanz nur durch „die Entfremdung der Persönlichkeit" zu verwirklichen ist. (Vgl. PhG321) Unerwarteterweise begleiten hier die Entfremdung und die Verwirklichung einander[47] An dieser Stelle wird auch harte Kritik an der Art von Selbst geübt, die ein unmittelbares Selbst bleiben will. Ein solches Selbst bleibt ohne Substanz und wird von allen Elementen hin und her geworfen. Um substanzvoll werden zu können, muß das Selbst eine Entäußerung erleben: „... *seine* Substanz ist also seine Entäußerung selbst, und die Entäußerung ist die Substanz." (PhG321) Diese Entäußerung ist dann vom Selbst her gesetzt und gemacht. Sie ist nicht aus ihm herausgezwungen. Es will eher selbst seine „eigne" Entäußerung als Teil seiner Verwirklichung hervorbringen. Daß das Selbst sich auf diese ganze zerstörende Negativität einläßt, wird ihm schließlich eine festere und wirklichere Eigentlichkeit verschaffen. Die dadurch zum Vorschein kommende Affinität wird auf dieser intensiveren Erfahrungsebene die intime Vermitteltheit mit dem Fremden ans Licht bringen. Und im Hinblick auf die sich während dieses ganzen Erfahrungsweges ansammelnde Memoria des Selbstbewußtseins wird klar, daß die zunehmende Selbstheit des Selbstbewußtseins immer weniger von außen bedroht werden kann.

Damit ist dieser anfänglich angesprochene Gegensatz begründet und seine Signifikanz für das weitere Personwerden bestätigt. Nur auf diese Weise kann

[47] Vgl. Heinrichs 1974, S. 312: „Das Selbst spaltet sich ... (wie früher im Selbstbewußtseinskapitel) in ein wirkliches und ein reines Bewußtsein, und zwar als reflektierendes, so daß sich nicht nur der Gegensatz von Selbst und Gegenständlichkeit, sondern von zwei Welten ... ergibt: die des *Diesseits* ... und ... die des *Jenseits*."

Substanz überhaupt Geist sein. „Die Substanz ist auf diese Weise *Geist*, selbstbewußte *Einheit* des Selbsts und des Wesens, aber beides hat auch die Bedeutung der Entfremdung füreinander." (PhG321) In dieser Bewegung sind Einheit und Entfremdung zusammenzudenken. Geist ist sowohl die ganze Bewegung als auch ihre Ausprägungen. Und gerade hier kommen die scharfen Erfahrungsspannungen zwischen der Selbstheit und der Verschiedenheit des Geistes zum Vorschein, wie sie für die entfremdete Welt charakteristisch sind. Auf der einen Seite ist Geist dann das Bewußtsein einer freien Gegenständlichkeit, welche für sich existiert. Auf der anderen Seite steht diesem gegenüber das andere Bewußtsein, das reine Bewußtsein, welches die Einheit des Selbst und des Wesens ist. Durch seine Entäußerung geht das wirkliche Selbstbewußtsein in die wirkliche Welt über; und damit geht diese in das wirkliche Selbstbewußtsein zurück. Wir erinnern uns, daß diese Wirklichkeit die Durchdringung der Individualität und des Seins ist. Und gerade im Prozeß dieser Entäußerung ist die Wirklichkeit in dieser ihrer Zweidimensionalität aufgehoben. Infolgedessen sind hier Individualität und Sein „reine Allgemeine." (PhG321) Die Entfremdung ist zweistellig. Sie ist diese Entfremdung der Wirklichkeit, die in das reine Jenseits gezogen wird: „... ihr Denken und Gedachtsein" sind nicht in ihr, sondern im Jenseits. Leben und Denken ereignen sich auf verschiedenen Ebenen.

Das Jenseits selbst aber ist dadurch auch als entfremdet zu verstehen, daß es seine Wirklichkeit hier hat; das Jenseits ist auch nicht in sich. Kurz gesagt: Es handelt sich hier um die Entfremdung des Diesseits ins Jenseits und des Jenseits ins Diesseits. Entfremdung ist demzufolge die gespaltene Anwesenheit oder die Abwesenheit. Diese Termini sind hier im Erklären der Entfremdung sehr angebracht; und Hegel verwendet an dieser Stelle den Terminus „*Gegenwart*". (PhG321) Früher haben wir auf den *Rhythmus* im Personwerden hingewiesen, in dem sich eine Entsprechung zwischen der Steigerung in der Anwesenheit des Geistes und der Selbstpräsenz des Bewußtseins herausstellen läßt. Weil wir es hier in der Geistgestalt mit dem Auftritt des Geistes zu tun haben, steigern sich die aktuellen Möglichkeiten der Anwesenheit und der Selbstpräsenz. Wenn aber gerade auf dieser Ebene eine entfremdende Negativität vorkommt, greift sie genau diese aktuelle Möglichkeit an und verursacht eine tiefgreifende Entfremdung, Abwesenheit und Verlorensein. Der Schmerz des geistigen Exils ist immer dort am schärfsten, wo die Selbstpräsenz in der geistigen Anwesenheit schon geschmeckt worden ist, aber dann verlorenging.

„Dieser Geist bildet sich daher nicht nur *Eine* Welt, sondern eine gedoppelte, getrennte und entgegengesetzte aus." (PhG321) Es geht nicht um einen Dualismus,[48] nach dem die eine Seite von der anderen entweder von vornherein oder im Ablauf des Erfahrungswegs getrennt wäre. Die Tiefe der geistigen Entfremdung käme innerhalb einer dualistischen Perspektive nicht richtig zum

[48] Weil die Aktivität des Personwerdens Vermittlung heißt, ist das Subjekt-Objekt-Modell ausgeschlossen. Und weil der Dualismus auf dieses Modell zurückzuführen ist, hat er keinen Platz in der PhG.

Ausdruck. Während jedoch jede Form von Dualismus hier ausgeschlossen wird, wird die Intensität der Dualität auf die Spitze getrieben. Das Aufstellen dieser entfremdeten Dualität ist das Werk des Geistes selbst und nimmt seinen Ausgangspunkt von der Selbstheit und Differenziertheit des Geistes. Der Geist ist es, der eine solche entfremdete Welt setzt und ausbildet. Die besondere Seinsart dieser Welt kommt durch einen Vergleich mit der Welt des sittlichen Geistes klarer zum Ausdruck. Der sittliche Geist war „seine eigne *Gegenwart.*" (PhG321) Alles wurde in einer Einheit und in einem Gleichgewicht umfaßt. Andersheit führte nur zu einer Vertiefung dieser Gegenwart. Selbstbewußtsein durchdrang alles. Deswegen konnte keine Dualität gestaltet werden. Hier ist dagegen diese Gegenwart gebrochen und gespalten. Dieses Gespaltensein ist eine zweistellige Beziehung und trägt, wie gesagt, die Züge einer Dualität. Die Gegenwart ist derart gebrochen, daß die gegenständliche *Wirklichkeit* ihr Bewußtsein nicht in sich, sondern im Jenseits hat. Diese ganze Erfahrungsphase wird die Breite und die Tiefe dieser Abwesenheit zur Artikulation bringen.

In dieser gebrochenen Gegenwart sind Wesen und Wirklichkeit jedes Einzelnen voneinander getrennt worden. „Nichts hat einen in ihm selbst gegründeten und innewohnenden Geist, sondern ist außer sich in einem fremden." (PhG322) Es läßt sich dann fragen, wie sich nun das Ganze überhaupt zusammenhält. Das Gleichgewicht des Ganzen hält sich gerade in der Spannung des Entgegengesetztseins aufrecht. Das nennt sich „die Entfremdung des Entgegengesetzten." (PhG322) An dieser Stelle ist das Gleichgewicht weder organisch, noch gilt es als entwickelte integrierte Verschiedenheit. Diese Entfremdung ist außerdem nicht als reine Charakteristik des Ganzen zu einem bestimmten Erfahrungspunkt zu verstehen. Es ist ein Entfremdet*sein*, das sowohl im tiefsten Inneren als auch in jedem einzelnen Moment aktiv ist. Hegel fährt hier weiter fort und sagt, daß das Ganze in zwei Reiche zerfällt. Im einen ist das Selbstbewußtsein und sein Gegenstand wirklich; im anderen ist es das Reich des reinen Bewußtseins, das jenseits des Wirklichen ist – dieses ist der *Glaube*. Und es ist keine wirkliche Gegenwart.[49] Der Glaube ist dann die eine Seite der entfremdenden Abwesenheit.

Die beiden Reiche werden aber in das Selbst des sich entfremdeten Geistes zurückkehren. Dieses wird das „allgemeine Selbst" sein. Es ist das Bewußtsein, das den *Begriff* erfaßt. Dann wird die „reine Einsicht" vorherrschen. In ihr werden alle geistigen Welten aufgelöst. „Sie als das sich selbst *erfassende* Selbst vollendet die Bildung; sie faßt nichts als das Selbst, und alles als das Selbst auf; d.h. sie *begreift* alles, tilgt alle Gegenständlichkeit und verwandelt alles *Ansichsein* in ein *Fürsichsein.*" (PhG322) Dies ist die *Aufklärung*. Sie richtet sich kräftig gegen den Glauben als fremdes Jenseits. Die Aufklärung ist sehr interessant in bezug auf den Personbegriff als Vermittlung, weil sie als Gestalt des Bewußtseins den Subjektbegriff der Moderne entscheidend geprägt hat. Als eine besondere und einseitige Art von Selbstheit möchte sie alles nach

[49] Zum Unterschied zwischen dieser Phase und dem unglücklichen Bewußtsein vgl. Hypollite S. 367.

ihrem Muster aufgreifen. Ein solches Unternehmen ist von vornherein begrenzt und reduzierend, weil es mit einem Subjektbegriff operiert, der sich auf eine gespaltene Gegenwart bzw. Abwesenheit stützt und der deswegen die Fülle der Vermittlungsmöglichkeiten nicht zum Ausdruck bringen kann. Daß er die Gegenständlichkeit so entleeren möchte, zeigt dies vor allem klar auf.

11.2.1 Die Welt des sich entfremdeten Geistes: Die entfremdende Vermittlung

Die Welt dieses Geistes ist eine gedoppelte. Die erste Welt ist die der Wirklichkeit. Sie ist die Entfremdung des Geistes.[50] Die zweite Welt ist die Welt des reinen Bewußtseins, welche der Geist für sich erbaut hat. Obwohl die zweite Welt der entfremdeten Welt entgegengesetzt ist, bleibt sie dennoch von der Entfremdung belastet. Bei Hegel ist Entgegensetzung immer auch Beziehung. Beide Welten sind infolgedessen von der Entfremdung betroffen, aber jede nach unterschiedlicher Art. Die erste Welt ist in dem Sinne entfremdet, daß sie in sich ihre Distanz vom Geist verkörpert. Die zweite Welt ist entfremdet nicht sozusagen inhaltlich, sondern weil sie selbst das Bewußtsein der Spaltung der zwei Welten ist. Die zweite Entfremdung ist in gewisser Weise die Selbstreflexivität dieser ganzen Spaltung. Diese Reflexivität ist zugleich das Auseinanderstreben und das Umfassen beider Welten. Sie ist das Bewußtsein einer gespaltenen Einheit. Durch die Dauerhaftigkeit bzw. das Fortbestehen der Entfremdung und durch seine Unfähigkeit, dagegen eine Versöhnung zu erwirken, wird das Bewußtsein dieser Entfremdung noch weiter entfremdet. Dieses ist das Dilemma des Glaubens als Flucht. „Diese Flucht aus dem Reiche der Gegenwart ist daher an ihr selbst unmittelbar die gedoppelte.“ (PhG323) Hegel setzt Glauben als solchen von der Religion ab. Religion ist „das Selbstbewußtsein des absoluten Wesens, wie es *an* und *für sich* ist.“ (PhG323) Religion ermöglicht die Anwesenheit des Geistes und die Selbstpräsenz des Bewußtseins. Dagegen ist der Glaube von der Abwesenheit des Geistes und dem Verlorensein des Bewußtseins belastet. Dennoch bleibt der Glaube als reines Bewußtsein auch Element des Begriffs.

11.2.1.1 Die Bildung und ihr Reich der Wirklichkeit: Entfremdung als geistiges Exil

„Der Geist dieser Welt ist das von einem *Selbst*bewußtsein durchdrungene geistige *Wesen*, das sich als *dieses für sich seiende* unmittelbar gegenwärtig, und das *Wesen* als eine Wirklichkeit sich gegenüber weiß.“ (PhG323) Alle Haupt-

[50] Vgl. Ch. Taylor 1979, S. 88: „... Hegel was one of the first to develop a theory of alienation.This comes about when the public experience of my society ceases to have any meaning for me.“

elemente der weiteren Erfahrungsbewegung sind in ihrem Kern hier angesprochen. Zunächst wird darauf hingewiesen, daß die Welt nicht einfach Welt ist. Die Welt enthält in sich ein geistiges Wesen. Dieses Wesen ist aber wieder nicht als ein Substrat innerhalb der Welt und auch nicht als reine Weltenergie zu verstehen. Vielmehr ist dieses geistige Wesen selbsthaft. Die Welt ist von einem Selbstbewußtsein völlig durchdrungen. Dieses Selbstbewußtsein ist aber von einer solchen Art, daß es das geistige Wesen dieser Welt durchdringen kann, ohne darin aufgehen zu müssen; ferner bleibt es darin sich selbst präsent. Diese Selbstpräsenz des Selbstbewußtseins ist so tief in ihr angesiedelt, daß sie sogar das geistige Wesen, das sie durchdringt, als eine Wirklichkeit ihr gegenüber anerkennen kann. Die Selbstpräsenz, die Durchdringung und das Gegenüberstehen geschehen gleichzeitig.

Beim Betrachten des Daseins dieser Welt handelt es sich um den Prozeß ihrer Entstehung und ihrer Selbstbewegung. Der Wirklichkeit des Selbstbewußtseins selbst und dem Dasein dieser Welt ist die Entäußerung der Persönlichkeit des Selbstbewußtseins als Gründungsmoment gemeinsam. (Vgl. PhG324) Dennoch steigert und befestigt sich die Wirklichkeit dieses Selbstbewußtseins gerade dadurch, daß es sich dem Dasein dieser geistigen Welt gegenüber fremd verhält. Um seiner eigenen Realität willen hat dieses Selbstbewußtsein genau diese Entfremdung nötig.[51] Nur durch diese Entfremdung kann es sich dem Allgemeinen gemäß machen. (Vgl. PhG324) Diese neue Allgemeinheit des Selbstbewußtseins ist viel tiefer als die geistlose Gleichheit, die zwischen den Individuen im Rechtszustand gegolten hatte. Sie ist keine solche unmittelbare, anspruchslose Allgemeinheit, sondern vielmehr bereit, sich durch den schwierigen Prozeß der Entfremdung vertiefen zu lassen. Es ist wichtig, sich die Kontinuität mit den früheren Phasen vor Augen zu halten; nur durch einen solchen Werdeprozeß ist die Allgemeinheit zu dieser Ebene gelangt. Sie „ist die *gewordne*, und darum ist sie wirklich." (PhG324)

Für unsern Personbegriff ist das Moment der Vermittlung entscheidend. Nun erhält diese Hypothese durch die Rede von „entfremdender Vermittlung" eine ironische Wende. (PhG324) Was sagt dies über den Vermittlungsbegriff aus? Verneint nicht diese Verkoppelung von Entfremdung und Vermittlung den Sinn, welchen wir dem Vermittlungbegriff bisher zugeschrieben haben? Nein. Die Haupteigenschaft des Vermittlungbegriffs besteht darin, daß er kreativ, dynamisch, einheitlich und inklusiv ist. Deswegen entspricht er so treffend dem Ursprung, dem Streben und der Struktur des Personwerdens. Die Einheit des Personseins ist nicht fragil; sie braucht sich nicht vor Schwierigkeiten oder Negativität zu scheuen. Deswegen kann sich das Personwerden als Vermittlung auf die tiefste, bis zum Kern der Selbstheit greifende Entfremdung einlassen, ohne befürchten zu müssen, daß es entleert oder aufgelöst wird. Diese Erfahrungsphase der Bildung als Entfremdung bringt das Personwerden in das

[51] Vgl. Hyppolite S. 372: „Le terme d'*extranéation* (Entfremdung) dit plus que celui d'*aliénation* (Entäußerung); il implique non seulement que le Soi naturel renonce à soi, s'aliène, mais encore se fait *étranger* á soi-même."

konkrete Reich der Negativität, wo es ihm neue Herausforderungen und Verwandlungsmöglichkeiten bereitstellt.[52]

Die Bildung ermöglicht es dem Personsein, den Schritt über sein „natürliches Sein" hinaus zu vollziehen. Dies ist ein entscheidendes Moment. Man kann diesen Schritt als das Hinausgehen aus dem verschlossenen Individuumsein bezeichnen. Obwohl viele Individuen eine solche Art von Individuumsein gemeinsam haben können, bleibt sie leer und nur oberflächlich allgemein. Ihr fehlt das innerliche und äußerliche Bezogensein auf die Allgemeinheit. Hiermit verleiht Hegel dem Personbegriff eine wichtige Differenzierung, indem er den Begriff der Individualität ganz klar von dem Begriff der Besonderheit absetzt. „Wenn daher falscherweise die Individualität in die *Besonderheit* der Natur des Charakters gesetzt wird, so finden sich in der realen Welt keine Individualitäten und Charaktere, sondern die Individuen haben ein gleiches Dasein füreinander." (PhG325) Die Besonderheit allein ist weder fähig, genuine Individualität zu begründen, noch sie ins Werk zu setzen. Dazu ist nur die vermittelnde Einheit von Allgemeinheit *und* Individualität fähig. Das Feld der Besonderheit kann nur eine anonyme Art von Individualität aufstellen, eine, wie Hegel sagt, nur „vermeintliche Individualität." (PhG325) Hegel legt ironischen Nachdruck auf die Reduktion, welche dies impliziert und was in Termini wie *„Espèce"* und *„Art"* ausgedrückt wird.

In der geistigen Welt erhält die Individualität eine viel tiefere Bedeutung, weil die Verbindung mit der Allgemeinheit, auch wenn sie durch das Joch der Entfremdung gehen muß, der Individualität eine ungeheure Kreativität und Verwirklichung bietet. Die Individualität gewinnt dadurch ihre Wirklichkeit, weil in dieser geistigen Welt „nur das Sichselbstäußernde und darum nur das Allgemeine Wirklichkeit enthält." (PhG325) Hier wird die Differenz zwischen der „vermeintlichen" und der echten Individualität treffend artikuliert. Die vermeintliche Individualität bleibt nur an der quantitativen Oberfläche des Daseins angesiedelt. Echte Individualität wurzelt immer tief in der Verschiedenheit des Geistes; ihr Dasein gilt deswegen als Ausdruck, als Selbstentäußerung der allgemeinen Substanz. In der Kraft dieser Entäußerung besteht ihre Wirklichkeit. Die Entäußerung ist keineswegs eine Entäußerung ins Leere, ein Verlorengehen. Sie muß als eine Entäußerung, die immer noch innerhalb der geistigen Kontur bleibt, gesehen werden. Dadurch hat sie ein „Bleiben". (PhG325)

Die Bildung ist keine rein anthropologische oder soziologische Breite. Sie bekommt hier eine spezifische, spannungsvolle Bedeutung. Sie ist nämlich die Seele oder das Bewegungsprinzip der Substanz. Das Latente oder das Ansich der Substanz tritt durch die Bildung in die Wirklichkeit. Durch die Bildung entfaltet sich aber auch die Individualität. Es sind zwei Seiten des einen Prozesses. Die Substanz braucht die Individualität, um wirklich zu werden. Und

[52] Vgl. Loewenberg S. 216: „The self-alienation which culture brings in its train signifies for Hegel a spiritual experience serving as necessary transition to values higher or deeper than cultural."

die Individualität braucht die Substanz, um Wesentlichkeit zu gewinnen. Die Substanz ist kein totes Substrat; sie ist lebendig und sich bewegend.[53] Aus der Perspektive der Entfremdung erscheint sie dem Selbstbewußtsein als eine starre, reifizierte Wirklichkeit. Dennoch bemüht sich das Selbstbewußtsein sofort darum, sie zu bewältigen und sich anzueignen. Nun stellt sich die Frage, worauf eine solche Bemühung zurückzuführen ist. Setzt man eine solche Entfremdungsperspektive voraus, wäre dann eine solche Bemühung nicht absurd, etwa wie die hoffnungslose Bemühung eines Sisyphus? Die Wurzel dieser Bemühung muß darin liegen, daß das Selbstbewußtsein auf instinktive Weise diese entfremdete Welt als seine eigene Substanz erkennt. Zu beachten ist auch, daß das Selbstbewußtsein in seiner Entstehung und in seinen bisherigen Erfahrungsphasen mit der Negativität und mit dem Negativen nicht unvertraut geblieben ist. Das Selbstbewußtsein ist realitätsverbunden und nicht privat. Schließlich bleibt zu bemerken, daß die Fortentwicklung und Verwirklichung des Selbstbewußtseins in dieser Bewältigung der entfremdeten Wirklichkeit zugleich die eigene Verwirklichung der Substanz ist.

An dieser Stelle macht das Selbst sehr intensive Erfahrungen. Es darf sich nicht länger als die Einheit des Bewußtseins und eines Gegenstandes behaupten. Diese Einheit gilt nicht mehr, weil der Gegenstand nun als das Negative des Selbst erscheint. Das meint aber nicht, daß das Selbst solipsistisch oder unwirklich geworden ist. Das Selbst versteht sich nunmehr als ein „*Aufgehobenes*". (PhG326) Wegen der Entfremdung entspricht das Selbst hier weder sich noch seinem Gegenstand. Die gebrochene oder entfremdete Einheit ermöglicht es der Substanz, das Selbst als freibewegenden Agenten zu gebrauchen, und zwar um ihre verschiedenen Momente in Bewegung zu setzen. Obwohl für das Selbstbewußtsein die Substanz als das Negative gilt, bleibt es trotzdem die Seele der Substanz. Wie zu erwarten war, stehen ihre Momente in erregter Beziehung zueinander. Sie sind so ausgebildet, „daß das Entgegengesetzte das Andre begeistet, jedes durch seine Entfremdung dem Andern Bestehen gibt und es ebenso von ihm erhält." (PhG326) Dabei erhält aber jedes Moment auch seine eigene Bestimmtheit und feste Wirklichkeit gegen das Andre.

Jedes Moment gewinnt Bestehen nur durch die Spannungsdynamik der Entfremdung. Das Denken fixiert diesen Unterschied auf die allgemeinste Weise, indem es von einer absoluten Entgegensetzung von *Gut* und *Schlecht* spricht. Trotz der Absicht dieses Denkens bleibt die Seele dieses anscheinend festen Seins in intensivster Bewegung. Diese Einsicht enthüllt die tatsächliche wahre Natur des Daseins. Dasein ist nämlich Entfremdung. „Das Dasein ist vielmehr die Verkehrung jeder Bestimmtheit in ihre entgegengesetzte, und nur diese Entfremdung ist das Wesen und die Erhaltung des Ganzen." (PhG326) Dasein ist kein Feld atomistischer getrennter Bestimmtheiten. Vielmehr ist es eine

[53] Vgl. für einen interessanten Kontrast mit Aristoteles zu diesem Thema Rotenstreich 1952, S. 34: „Actuality is created by potentiality itself, since potentiality in Hegel's sense is not a passive matter but an active reservoir, an activity of transgressing itself."

fließende Verwandlung der Bestimmtheiten ineinander. Diese Entfremdung ist nicht durch eine Gegenbewegung der Versöhnung zu Ende zu bringen. Die Möglichkeit der Verwandlung liegt vielmehr in der inneren Dynamik der Entfremdung selbst. „Die Entfremdung wird sich selbst entfremden ... und das Ganze durch sie in seinen Begriff sich zurücknehmen.“ (PhG326) Die Intensität und kinetische Kraft des Daseins verweist schließlich auf seine Zugehörigkeit zur Dynamik der geistigen Vermittlung.

Der *Rhythmus* der Erfahrungsbewegung in dieser entfremdeten geistigen Welt ist äußerst kompliziert. Der Geist und die geistigen Elemente bewegen sich gleichzeitig und auf verschiedenen Ebenen; dazu kommt auch noch, daß sie sich in verschiedene Richtungen bewegen. Heftige Trennungen und Spaltungen bestimmen ihre Bewegung. Das Verblüffende daran ist, daß sie nichtsdestoweniger zusammenkommen und zusammengehören. Hegel selbst scheint von der Kompliziertheit und von der Tiefe dieses komplizierten *Rhythmus'* betroffen zu sein, indem er das Bild von den vier Elementen – Luft, Wasser, Feuer und Erde – in der einen Natur in Anspruch nimmt, um diese Bewegung zu illustrieren. (Vgl. PhG326) Besonders in Erinnerung zu halten ist, daß der Geist sich in zwei Substanzen entzweit; die eine bleibt, und die andere opfert sich auf. Der Geist aber nimmt beide wieder in ihre Einheit zurück. „Der Geist aber selbst ist das *An* und *Fürsichsein* des Ganzen.“ (PhG327) Dies ist eigentlich die Grundkontur, die letztendlich alle Momente dieser Bewegung umfaßt. Der Geist ist zugleich das Wesen und die intensiv existerende Wirklichkeit des Ganzen.

Wie wir betont haben, gehören der Geist in seiner selbsthaften Verschiedenheit und das Selbstbewußtsein engstens zusammen: „...so *ist* und weiß sich *hier* das Selbstbewußtsein als die wirkliche Macht ...“. (PhG327) Das Selbstbewußtsein teilt die Substanz in Gegensätze und vereinigt sie später im Laufe ihrer Entwicklung. Im Laufe der PhG ist das Selbstbewußtsein eine immer wichtigere Gestalt des Personwerdens geworden. In der Geistgestalt überhaupt und insbesondere in dieser Entfremdungsgestalt erhält es eine noch tiefere Bedeutung. Gerade wegen der Intimität und der Verbundenheit seiner Selbstheit mit dem Geist ist es sehr geeignet, um die Breite und die Tiefe dieser trennenden Abwesenheit zum Ausdruck zu bringen. Die entscheidende Spannung drückt sich hier dann als eine Spannung zwischen den beiden Seiten des Selbstbewußtseins aus. Die eine Seite ist die des Selbstbewußtseins als reines Bewußtsein, wo die Momente der Substanz als ansichseiende bestehen. Die andere Seite ist das wirkliche Bewußtsein, in dem die Momente als „*gegenständliche* Wesen vorgestellt werden.“ (PhG327) Weil die geistige Welt keine einzige neutrale Stelle in sich enthält, liegen diese zwei Seiten nicht nebeneinander, sondern sind innerhalb der umfassenden Einheit einander entgegengesetzt.

Zunächst werden die Momente der Substanz, das Ansichseiende und das Fürsichseiende, wie sie im reinen Bewußtsein einander entgegengesetzt sind, vorgeführt. Das Ansichsmoment ist „*das sich selbst gleiche*, unmittelbare und unwandelbare *Wesen* aller Bewußtsein, das *Gute*.“ (PhG327) Dagegen ist das andere Moment passiv. Es enthält „das Allgemeine insofern es sich preisgibt und die Individuen das Bewußtsein ihrer Einzelheit an ihm nehmen läßt.“ (PhG327) Dieses Wesen heißt das *Schlechte.* Wichtig zu erinnern ist hier, daß diese Termini nicht moralisch, sondern ursprünglich, metaphysisch gemeint sind. Diese Entgegensetzung ist ferner im geistigen Wesen permanent aktiv. Die Individuen der Ansichseite sind rein allgemein, die der Fürsichdimension sind bereit, sich füreinander aufzuopfern, gewinnen dadurch Selbstsein und können so zu sich als Einzelne zurückkehren. Dies ist ein anhaltender Prozeß.

Wenn dieser Prozeß auf den Bereich des reinen Bewußtseins zu begrenzen wäre, würde er einen sich verschließenden Kreislauf ausmachen. Der Stachel und die Wurzel der Entfremdung ist es aber, daß der Prozeß nicht nur im reinen Bewußtsein abläuft, sondern die Gedanken existieren auch gleichzeitig als gegenständliche Momente im wirklichen Bewußtsein. (Vgl. PhG327)[54] Dadurch sind diese ursprünglichen metaphysischen Gedanken, das Gute und das Schlechte, von sich unmittelbar entfremdet. Als solche haben sie konkrete Gestalten in der Welt. Danach ist das Gute nun die *Staatsmacht* und das Schlechte der *Reichtum.* (Vgl. PhG327) Diese konkreten Gestalten setzen den Prozeß, der sich im reinen Bewußtsein ereignet, auf noch entfremdetere Weise im wirklichen Bewußtsein fort.[55] Die Individuen der einen Seite identifizieren sich vorbehaltlos mit der Allgemeinheit der Staatsmacht. Hegel sagt, daß „ihre Einzelheit schlechthin nur Bewußtsein ihrer Allgemeinheit ist.“ (PhG327) Diese Allgemeinheit kommt in seinem Anderen, im Reichtum weiter zum Ausdruck. Der Reichtum ist selbst das Resultat des allgemeinen Tuns. Und die Arbeit und der Genuß, die hier angesprochen werden, sind auch allgemein.

Nun besteht aber die unmittelbare Harmonie der sittlichen Welt nicht mehr. Das Selbstbewußtsein befindet sich nicht mehr in einer bruchlosen Kontinuität mit einer unmittelbaren Wirklichkeit. Dennoch helfen die geistigen Mächte, die sich als Staatsmacht und Reichtum im wirklichen Bewußtsein ausdrücken, dem Selbstbewußtsein dabei, seine Substanz, seinen Inhalt und seinen Zweck in ihnen zu „erkennen“. (PhG328) Doch ist dieses Rekognitionsmoment leider kein integrierendes oder versöhnendes Moment. Es ist eher eine Rekognition der Entfremdung. Das Selbstbewußtsein sieht sein eigenes Gespalten- oder Entfremdetsein in diesen Mächten. Hegel nennt es sein „Doppelwesen“. Es sieht sein Ansichsein in der einen Seite und sein Fürsichsein in der anderen Seite. Wenn das Sehen des Selbstbewußtseins sich nun wechselweise auf die eine und dann auf die andere Seite seiner Substanz konzentrieren könnte, müßte man von einer Art Schizophrenie sprechen, aber kaum von Entfremdung. Es ist vielmehr die Tatsache, daß diese zwei Seiten eine „negative Einheit“ im Selbstbewußtsein *selbst* finden, welche die Entfremdung ausmacht und stei-

[54] Vgl. Hypollite S. 380: „La vie de la substance est cette vie de l'esprit qui se divise à l'intérieur de soi, se sépare de soi, et à travers cette séparation se retrouve lui-même.“ Er hebt auch die hiesigen strukturellen Parallelen mit der früheren sittlichen Welt hervor.

[55] Vgl. Heinrichs 1974, S. 318: „Die Entfremdung der einfachen Gedanken im wirklichen Bewußtsein besteht eben darin, daß sie verdinglicht werden.“

gert. Als ein Geistiges ist das Selbstbewußtsein „die negative Einheit ihres Bestehens und der Trennung der Individualität und des Allgemeinen, oder der Wirklichkeit und des Selbsts.“ (PhG328) Entscheidend in bezug auf den Personbegriff hier ist, daß diese Trennung weder die Indifferenz noch das endgültige Abspalten der zwei Seiten zur Folge hat.[56] Vielmehr bleiben sie in der Trennung völlig miteinander beschäftigt, wodurch sie den Terminus „negative Einheit“ zu Recht tragen. Aufschlußreich ist auch die Tatsache, daß Hegel hier eine Trennung der Allgemeinheit und der Einzelheit mit einer Trennung des Selbst und der Wirklichkeit gleichsetzt. Diese Trennung ist die moderne Form der Entfremdung und ist somit genau die Form, die sowohl auf existentialistischer als auch auf begrifflicher Ebene nach einem Personbegriff als Vermittlung verlangt.[57]

Die Trennung von Selbst und Wirklichkeit leitet das Selbstbewußtsein weiter. Zwischen dem Selbstbewußtsein und den geistigen Mächten erschließt sich nun ein leerer Raum, so daß die Staatsmacht und der Reichtum als Gegenstände für das Individuum vorhanden liegen. (Vgl. PhG328) Wie soll das Individuum mit ihnen nun umgehen? Darf es sie völlig frei und willkürlich behandeln? Wie ist zu entscheiden? Warum soll überhaupt geurteilt werden? Die Antworten liegen in der Struktur dieses entfremdeten Selbstbewußtseins selbst. Wir erinnern uns, daß die reinen und die wirklichen Bewußtseinsformen in diesem Selbstbewußtsein in negativer Weise vereint sind. Die Seiten des reinen Bewußtseins müssen nun aber konkret und erfahrungsgemäß auf das wirkliche Bewußtsein selbst bezogen werden. Als ein solches ist Selbstbewußtsein das „Urteil“. (PhG329) Daß das Gute die Staatsmacht und das Schlechte der Reichtum sei, wie früher behauptet wurde, reicht nicht mehr aus. Im geistigen Wesen dürfen die Bestimmtheiten nicht auf diese einseitige Art verteilt werden. Vielmehr durchdringen sich die Momente. Das Selbstbewußtsein muß nun versuchen, sich auf eine gedoppelte Weise auf beide Momente zu beziehen. Hier findet eine Konkretisierung der vierfachen Bezogenheit der Momente aufeinander statt, wodurch die selbstentfremdete Natur der Momente sichtbar wird.

Die Begriffe Gut und Schlecht werden demnach unterschiedliche und widersprüchliche Inhalte bekommen. Beide Urteilsarten erschließen dem Selbstbe-

[56] Vgl. zu diesem Punkt auch Simon 1966 S. 107: „Bei Hegel muß stets die negative Identität von Wesen und Existenz festgehalten werden …“

[57] Entscheidend in bezug auf die Entfremdung und ihre Versöhnung ist die Art von Personbegriff bzw. Subjektbegriff, mit dem gearbeitet wird. In der evangelischen Theologie scheint manchmal ein gewisses Mißtrauen gegen den Subjektbegriff vorzuliegen. Dennoch führt dies nicht zu seiner Erweiterung in einen angemessenen Personbegriff, sondern zu einer Verendlichung des Personseins und einer Verunendlichung der Gottheit. Danach muß Versöhnung geliefert werden, während das hilflose Subjekt darauf wartet. Dies haben wir bereits bei Falk Wagner gesehen; vgl. Kapitel 2. Die Tendenz findet sich auch bei Cornehl. Hegel selbst versucht ein interessantere Alternative in dieser Geistgestalt, indem er die Verkehrung der Entfremdung von innen her darzustellen versucht. Diese Verwandlungskraft steht dem Personsein als aktiver Vermittlung zur Verfügung.

wußtsein seine Gleichheit oder Ungleichheit mit dem, worüber es das Urteil gefällt hat. „Das erste urteilende Bewußtsein findet die Staatsmacht *ungleich*, den Genuß des Reichtums gleich mit ihm; das zweite hingegen die erstere gleich, und den letztern *ungleich* mit ihm.“ (PhG331) Es ist ein zweifaches Gleichfinden, und ein zweifaches Ungleichfinden. Das ergibt eine entgegengesetzte Beziehung des Selbstbewußtseins auf die beiden real vorhandenen Wesenheiten. Diese Beziehung hat wichtige Konsequenzen für die weitere Entwicklung der geistigen Entfremdung. Dabei kommen wieder das Gute und das Schlechte vor. „Die *gleichfindende* Beziehung des Bewußtseins ist hienach das *Gute*, und die ungleichfindende das *Schlechte*.“ (PhG331) Gleichheit und Ungleichheit sind weder in den Momenten noch in der Beziehung des Selbstbewußtseins auf sie, sondern im Selbstbewußtsein selbst zu orten.

Wenn die Gleichheit für das Wesen des Selbstbewußtseins genommen wird, führt es zum *edelmütigen* Bewußtsein, einem Bewußtsein, welches sich zur Staatsmacht und zum Reichtum wie zu einem Gleichen verhält. (Vgl. PhG331) In der Staatsmacht findet es eine Bestätigung seines *einfachen Wesens* oder seines *Ansichseins*. Es wird gehorsam sein. Es findet folglich im Reichtum eine Bestätigung seines Fürsichseins. Darum genießt es den Reichtum.Wenn Ungleichheit als Wesen des Selbstbewußtseins genommen wird, dann hieße es *niederträchtiges* Bewußtsein, ein Bewußtsein, welches sich zu beiden Wesenheiten wie zu einem Ungleichen verhält. (Vgl. PhG331) Für dieses gilt die Staatsmacht als eine Fessel, eine Unterdrückung des Fürsichseins. Es gehorcht nur mit Heimtücke. Es haßt den Herrscher und ist immer zu einer Revolte bereit. Auch der Reichtum erweckt Negatives in ihm. Es leidet darunter, daß es die Vergänglichkeit der Macht und des Reichtums nicht vergessen kann. Der Genuß ist vergänglich und erweckt in ihm ein tiefes Bewußtsein „des an sich Verschwindenden.“ (PhG332)

Der nächste Schritt in der Fortentfaltung dieser Phase ist der, daß diese Prädikate des Urteils zu Subjekten werden. Anders gesagt: Die Distanz zwischen diesen Bestimmungen und ihren beiden Wesen muß geschlossen werden. Durch eine weitere Reflexion werden sie zu Bestimmungen für das Bewußtsein selbst. Sie sind bereits für das Selbstbewußtsein, aber nicht *für sich* von Selbstbewußtsein belebt. Um dieser Vertiefung willen „fällt auch das Ganze des geistigen Urteils noch an zwei Bewußtseine auseinander, deren jedes unter einer einseitigen Bestimmung liegt“. (PhG332) Damit kann sich diese äußere Beziehung zur inneren Einheit erheben oder anders gesagt: Sie wird zu einer Beziehung des Denkens zur Wirklichkeit. Im Grunde genommen handelt es sich bei diesem Schritt darum, daß die beiden Gestalten des Urteils zur eignen Selbstheit fortentwickelt werden. Dann werden sie in Erscheinung treten können. Das geschieht, wie Hegel sagt, wenn das Urteil zum Schlusse wird.

Weil sich das edelmütige Bewußtsein zur Staatsmacht und zum Reichtum wie zu einem Gleichen verhält, gefällt ihm die Begeisterung dieser Gestalten. Es vernachlässigt und verdrängt seine eigenen Zwecke und sein Dasein und opfert sich im Dienste für die allgemeine Substanz der Staatsmacht auf. Dadurch wird die Staatsmacht als Allgemeine mit dem Dasein zusammengeschlossen.

(Vgl. PhG333) Sie ist nun eine wirkliche Macht geworden. Das dienende Selbstbewußtsein hat aber der Staatsmacht nur sein äußeres Dasein und nicht sein Ansichsein geopfert. (Vgl. PhG333) Der Staatsmacht fehlt dann immer noch der Wille. Sie ist deswegen machtlos zwischen verschiedenen Meinungen, sich für das allgemeine Beste zu entscheiden. Sie ist noch nicht Regierung. Der Wille würde ihr ein Fürsichsein verleihen. Das edelmütige Bewußtsein könnte ihr das schenken, hält sich aber noch davon zurück. Damit gerät seine Beziehung zur Staatsmacht überhaupt in Verdacht und in Zweideutigkeit.

Wenn der Verdacht bestünde, daß dieses dienende Bewußtsein nur sein eigenes Interesse der Staatsmacht gegenüber verfolgen wollte, geriete es dann nicht in gefährliche Nähe zu der Revoltebereitschaft des niederträchtigen Bewußtseins? Um seine Ehre zu beweisen, würde dieses edelmütige Bewußtsein sogar in den Tod gehen; der Tod bleibt aber nur eine natürliche Negation, eigentlich ein Ende.[58] Wenn es dann die Möglichkeit einer Aufopferung gäbe, die wie die des Todes so total wäre, sich aber erhalten könnte, so gewänne die Staatsmacht damit eine Selbstheit. Im Kontext der jeweiligen Bemühungen der Staatsmacht und des edelmütigen Bewußtseins kann sehr leicht übersehen werden, daß es sich, obwohl beide Seiten weitere Fortentwicklung anstreben, dennoch um eine Steigerung der Entfremdung in dieser Welt der Bildung handelt. Der Tod bietet hier dann keine weitere Entfaltungs- oder Thematisierungsmöglichkeit. Dafür aber macht nun die Sprache den Weg frei. „Diese Entfremdung aber geschieht allein in der *Sprache*, welche hier in ihrer eigentümlichen Bedeutung auftritt.“ (PhG335)[59]

Sehr aufschlußreich in bezug auf das Thema „Personbegriff als Vermittlung“ ist Hegels Betrachtung der allgemeinen Vermittlunsmöglichkeiten, die in der Sprache enthalten sind. Die Phrase „eigentümliche Bedeutung“ der Sprache verweist auf eine neue, aktive Präsenz der Sprache selbst in der Erweiterung und Vertiefung dieses Entfremdungsprozesses.[60] Bisher wurde, könnte man sagen, das Gewicht auf die Sprache als Instrument gelegt. Es ist klar, daß ohne Sprache das Bewußtsein privat im Reiche der inneren Phantasie oder der Träume gefesselt bleibt. Das Bewußtsein, das sich in der PhG entfaltet und thematisiert, ist im Gegensatz dazu aktiv; es wirkt, teilt sich mit und artikuliert sich. Es ist ein sprechendes, sprachliches Bewußtsein. Dennoch erreicht die Spra-

[58] Zu den hier nötigen Bedingungen einer wirkungsvollen Selbstopferung vgl. Howard P. Kainz, Hegel's PhG Bd.2, S. 46: „If the individuality, in sacrificing itself, is to *preserve* itself at the same time … it must *estrange* itself actively, if it wishes its individual sacrifice to have permanence.“

[59] Vgl. Simon 1966, S. 100: „Die Entfremdung ist mit der Sprachlichkeit zugleich, sie *geschieht* in ihr.“ Simon hebt hervor, wie die Kontinuität der Bildung in der Geschichte sich durch die Sprache ereignet. Weil er auf der Sprachlichkeit des Bewußtseins in der PhG besteht, kann er klar zeigen, daß „von einer Herrschaft eines reinen Bewußtseins bei Hegel … keine Rede sein“ kann.(S. 106)

[60] Vgl. dazu Hypollite S. 390: „Le language … donnera un être spirituel à ce monde de la culture.“

che an dieser Stelle einen Wendepunkt. Anstatt verschiedene Inhalte in anderen Bereichen der Bewußtseinslandschaft mitteilbar machen zu wollen, tritt die Sprache hier in ihrer Eigentlichkeit auf. Damit ist sie als Form selbst zum Inhalt geworden. Die aktive Kraft der Sprache wird betont: „... es ist die Kraft des Sprechens als eines solchen, welche das ausführt, was auszuführen ist." (PhG335)[61]
Die Sprache wird subjekthaft. Dadurch ermöglicht sie dem Selbstbewußtsein etwas, was ihm sonst nicht möglich wäre. Allein in ihr kann die *„für sich seiende Einzelheit* des Selbstbewußtseins als solche in die Existenz" treten. (PhG335) Daß sie so auftritt, bedeutet, daß sie für andere da sein kann. Und wie wir gesehen haben, betrifft dies das momentane Kernproblem dieser Entfremdungsphase. Nur in der Sprache steht das *„Ich"* als dieses *„reine Ich"* unweigerlich zur Verfügung. Daraus darf sich das Ich nicht zurückzuziehen. In sonstigen Äußerungen hat das Ich die Tendenz, sich zurückzuziehen, weil die Äußerlichkeit ihm häufig nicht unmittelbar entspricht. Allein in der Sprache als geistigem Wesen besteht eine Reinheit, vor der das Ich sich nicht zu scheuen braucht. Es kann in der seienden Spezifität seiner Eigenheit auftreten. Durch seinen Auftritt gewinnt das Ich sein eigenes Dasein. Dieses Dasein ist eine Gegenständlichkeit, aber eine besondere Art von Gegenständlichkeit, die die wahre Natur des Daseins verkörpert.
Das „Ich" verkörpert in sich die Allgemeinheit und die intimste Individualität und Einzelheit. Und so verlangt das Wort „Ich" als das ursprünglichste Kennzeichen des Personseins unausweichlich einen Personbegriff, in dem die beiden Dimensionen der Allgemeinheit und der Individualität artikuliert und miteinander vermittelt werden können. *„Ich ist dieses Ich – aber ebenso allgemeines"*. (PhG335) Hegel geht an dieser Stelle sehr sorgfältig vor. Das Auftreten oder Erscheinen des Ich ist ebenso unmittelbar seine „Entäußerung." Seine Entäußerung ist sein Verschwinden als dieses einzelne Ich. Aber gerade deshalb ist es „sein Bleiben in seiner Allgemeinheit." (PhG335) Dieses Verschwinden des einzelnen Ich ist mit dem Verschwinden der eignen Individualität nicht gleichzusetzen. Was hier verschwindet, ist das Ich als verschlossenes Einzelnes; und was bleibt, ist seine Individualität als *in* und *mit* der Allgemeinheit vermittelt.[62] Wie öfter gesehen, mündet das Verschwinden in der PhG in eine Verwandlung auf einer neuen Ebene.
Wenn sich das Ich ausspricht, geht es in eine Einheit mit den andern über, für die es da ist. Es ist „vernommen". Damit ist es allgemeines Selbstbewußtsein geworden. „Sein Anderssein ist in sich zurückgenommen". (PhG335) An dieser Stelle läßt sich fragen: Worin besteht das Anderssein dieses Ich? Wie ist es

[61] Dies erinnert sehr an J.L. Austins Philosophie der Sprache, und zwar vor allem an seine Theorie der „Performative Utterance".

[62] Die gleiche Meinung vertritt Habermas 1968, S. 30: „Hegel ist von seiner Grunderfahrung des Ich als einer Identität des Allgemeinen und des Einzelnen zu der Einsicht geführt worden, daß die Identität des Selbstbewußtseins nicht als eine ursprüngliche, sondern nur als gewordene begriffen werden kann."

in sich zurückgenommen? Zunächst ist das Dasein als solches sein Anderssein. Wir erinnern uns, daß ein wenig früher das Dasein als die fließende Verkehrung der Bestimmtheiten beschrieben wurde. (Vgl. PhG326) Das Ich hat dann im Dasein kein Anderssein, welches ihm gegenüber befestigt oder fixiert bliebe. Gerade weil das Dasein fließend ist, kann sein Anderssein in sich zurückgenommen werden. Wichtig zu betonen ist, daß das Aussprechen des Ich vernommen wird, weil es in der Sprache geschieht; und das zeigt, daß hier von einem echten wirklichen Dasein die Rede ist.

Interessant ist hier auch die Art, nach der Hegel die kurzschlüssigen Alternativen zwischen privater Innerlichkeit und äußerlichem Dasein des Ich vermeidet. Die Frage, wo das Ich zu setzen sei, wird nicht als eine räumliche Frage zugelassen. Vielmehr wird die Natur des Ich in Termini der sich entfaltenden und sich thematisierenden Identität angedeutet, d.h. das echte Dasein des Ich bewegt sich zwischen dem Sichtbaren und dem Unsichtbaren bzw. zwischen dem immer weiteren Gestaltetsein und der ständigen Verwandlung dieser Gestalt ins Neue. Die werdende Identität des Ich ereignet sich in der Ebbe und Flut des Daseins. Aus diesem Grund verbindet Hegel Dasein nicht mit Ort, sondern mit der Zeitlichkeit: „... und eben dies ist sein Dasein, als selbstbewußtes *Jetzt*, wie es da ist, nicht da zu sein, und durch dies Verschwinden da zu sein." (PhG335) Das Verschwinden enthält den Schlüssel zur Wirklichkeit dieses daseienden Ich. Das Verschwinden ist an das Jetzt geknüpft.[63] Das Jetzt als Form verschwindet nie, aber sein Inhalt verschwindet in jedem neuen Moment; gerade dieser ständige Wechsel ist die Wirklichkeit des daseienden Ich.

Es wird hier auch angedeutet, daß die Wirklichkeit der daseienden Ich-Identität nicht in einem einzigen Einzelmoment zu suchen ist, sondern in der Ansammlung der Momente, nämlich in der Memoria des Personseins. Gerade diese Ansammlung ist das, was nicht verschwindet. „Dies Verschwinden ist also selbst unmittelbar sein Bleiben; es ist sein eignes Wissen von sich, und sein Wissen von sich als einem, das in ein anderes Selbst übergegangen, das vernommen worden und allgemeines ist." (PhG335) Wenn Verschwinden als dauernde Erfahrungsverwandlung und Ansammlung verstanden wird, hat es einen tiefen Sinn, nämlich daß das Verschwinden als das eigentliche *Selbst*wissen zu verstehen ist. Und weil das Dasein eine soziale Verbundenheit mitaussagt, gehört die Verwandlung durch Begegnung mit anderen gleichzeitig zum Wissen vom eigenen Selbst. Das Selbstwissen ist dann zugleich innerlich, individuell und allgemein. Nur durch das Verschwinden bleibt das „Bleiben" lebendig, kreativ und erfahrend.

Nun fragt es sich, wie diese Erläuterung zur Sprache in bezug auf die werdende Identität des Ich mit der Fortentwicklung der Entfremdung genauer in Verbindung zu bringen ist. Wir haben gerade die Grundstruktur der Beziehung zwischen Sprache und persönlicher Identität gesehen. Entscheidend dabei war

[63] Für eine sehr eingehende, aber negative Erörterung der Hegelschen Behandlung der Frage nach dem Jetzt vgl. Becker 1969, bes. S. 149–150.

die intensive innere Verbundenheit zwischen Individualität und Allgemeinheit, und wie sich diese Verbundenheit in sich bewegenden Elementen des Daseins ausdrückt. Diese Frage erhält eine neue Schärfe, wenn die Allgemeinheit, mit der die Individualität identitätsverbunden ist und in der sie sich durch die Sprache ausdrückt, völlig entfremdet ist. Und dies genau ist der Fall in der Welt der Bildung. Damit wird die Sprache wegen ihrer Nähe zum werdenden Wesen des Personseins zum Agenten der Entfremdung, und zwar auf intensivste Weise, denn sie bringt die Entfremdung in die tiefste Wurzel der Identität hinein. Entfremdung ist somit nicht äußerlich oder nur phasenhaft, sondern wirkt im Kern der Substanz.

Bevor die weitere Wirkung der entfremdenden Sprache artikuliert wird, wird zunächst die größere Perspektive des Geistes gegenüber den bisherigen fest verfahrenen Extremen Staatsmacht und edelmütiges Bewußtsein profiliert. Die beiden Extreme haben hier eine eigene Wirklichkeit. Jedes schließt das andere aus. Deswegen gibt es einen Freiraum, in dem ihre Einheit als eine „Mitte" hervortreten kann. Diese Mitte ist von den beiden Extremen unabhängig und besitzt für sich eine wirkliche Gegenständlichkeit. Beide verstehen und akzeptieren diese Mitte als ein „Daseiendes". (PhG336) Diese Mitte wird nun beide Seiten in ihrem jeweiligen großen Bedürfnis befriedigen, nämlich jedem Selbstbewußtsein zu verleihen. Dann werden mit Selbstbewußtsein beide diese Mitte als ein reines Selbst, die eine unmittelbare geltende Wirklichkeit ist, erkennen können. Damit werden sie auch unmittelbar wissen, daß sie selbst geltende Wirklichkeiten sein können, und zwar ironischerweise deswegen, weil ihre Vermittlung entfremdend ist.

„Durch jenes sind die Momente zu der sich selbst wissenden Kategorie und damit bis dahin geläutert, daß sie Momente des Geistes sind; durch dieses tritt er *als* Geistigkeit in das Dasein." (PhG336) Das „als" ist sehr wichtig. Es beugt dem Mißverständnis vor, daß das Dasein oder seine Prozesse den Geist erzeugen oder hervorbringen. Die Implikation des Eintretens des Geistes ins Dasein verweist ferner auf die Unabhängigkeit des Geistes vom Dasein. Die Anwesenheit des Geistes in diesem entfremdeten Dasein ist eine gedoppelte. Aus der Perspektive seiner Verwirklichung als Mitte gesehen, setzt der Geist die beiden Extreme voraus und kann nur durch sie ins Dasein eintreten. Gleichzeitig muß aber daran festgehalten werden, daß der Geist mehr als die Extreme ist. Er ist das Ganze, welches zwischen ihnen hervorbricht und sich in sie entzweit; gerade dadurch bringt er beide zum Ganzen zusammen. Sie werden nicht zusammengezwungen, sondern nach ihren jeweiligen Prinzipien vereinigt. Dann können sie als Extreme in einer Einheit ihre Bestimmungen austauschen. Diese Vermittlung bringt die Allgemeinheit und die Individualität der Extreme zu einer artikulierten Einheit, oder, wie Hegel sagt: „... sie macht das, was jedes an sich ist, zu *seinem Geiste*." (PhG336)

Nun wird die konkretere Bewegung dieser Vermittlung ausgeführt. Die Staatsmacht ist als Extrem das abstrakte Allgemeine bzw. das allgemeine Beste. Demgegenüber steht das edelmütige Bewußtsein, das sein Fürsichsein noch für sich behält. (Vgl. PhG336) Auch wenn beide Seiten gereinigt und zu Momen-

ten der Sprache werden, ist ihre Entfremdung noch nicht weit genug fortgeschritten. Die Ironie besteht hier darin, daß das eine hat, was das andere braucht. Die allgemeine Staatsmacht braucht das Ich und das Ich will wirkliche allgemeine Macht haben. Diese weitere Entfremdung wird durch eine verdrehende Sprache, die Sprache der *Schmeichelei,* zustandegebracht.
Weil das edelmütige Bewußtsein sich so zurückgehalten hat, wird der Heroismus seines Dienstes zum *Heroismus der Schmeichelei.* (Vgl. PhG337) Die Bedeutung dieses Moments liegt im Mißbrauch der reflexiven Kraft der Sprache. Wenn der Dienst als Sprache ausgedrückt wird, besitzt er die Kraft der Reflexion. Der Dienst als sprechende Reflexion macht eine Mitte aus, die zunächst ihre Extreme in sich selbst zurückreflektiert. Ferner aber reflektiert sie das Extrem der allgemeinen Gewalt in sich selbst zurück. Weil die Gewalt in sich widergespiegelt wird, macht diese „sie, die zuerst an sich ist, zum Fürsichsein und zur Einzelheit des Selbstbewußtseins." (PhG337) Dies ist der entscheidende Schritt zur Personifizierung der Macht, die durch die reflexive Kraft einer verdrehenden Sprache zustandekommt. Ein Bewußtsein wird durch die Sprache der Schmeichelei zur Machtfigur gemacht. Dies ist nun der „*Monarch*". Das edelmütige Bewußtsein geht damit noch weiter, indem es „dem Monarchen den eigenen *Namen* gibt." (PhG337)
Interessant ist hier die Rolle des Namens in bezug auf die Steigerung und die Befestigung der Einzelheit bzw. der Individualität. Der Name bringt die Individualität über die Grenze des „Gemeinten" hinaus.[64] Er ortet die Individualität in der Wirklichkeit. Und der Name macht den „Unterschied" des Einzelnen bzw. des Monarchen von allen anderen „wirklich". „In dem Namen *gilt* der Einzelne als rein Einzelner nicht mehr nur in seinem Bewußtsein, sondern im Bewußtsein Aller." (PhG338) Trotz der Perspektive der Entfremdung bietet sich hier ein Einblick in die metaphysische Bedeutung des Namens im Kontext eines Personbegriffs als Vermittlung. Der Name ortet die Person als spezifisches Individuum und festigt gleichzeitig diese Individualität der größeren Allgemeinheit gegenüber.
Wegen der Entfremdung isoliert der Name den Monarch in einer extremen Einsamkeit. Dementsprechend haben die Edlen, die den Monarchen durch die Sprache des Preises in seiner Identität bestätigt haben, ihr eigenes Tun und

[64] Es läßt sich eine sehr interessante Parallele zwischen dieser Pointe bei Hegel und aktuellen Entwicklungen in der heutigen Logik, und zwar in bezug auf die Rolle des Namens und die Frage nach persönlicher Identität feststellen. Die bahnbrechende Arbeit in diesem Feld ist von Kripke. Seine These ist, daß einige Identitätsaussagen eine Notwendigkeit haben, und zwar insofern sie Namen als „rigid designators" verwenden. Sie sind deswegen notwendig, weil sie mit einer objektiven metaphysischen de-re-Situation, d.h. der Identität eines Gegenstands mit sich, zu tun haben. Der springende Punkt ist hier wie in bezug auf den „Monarch" die Fähigkeit des Namens, eine feste Referenz zu seinem Träger herzustellen. Kripke spricht von Namen als einer Art „initial baptism", wodurch die spezifische Referenz gesetzt wird (S. 106; zu den Kernbehauptungen Kripkes S. 24, 48–49, 53, 106–110). Im relativistischen Milieu der heutigen Philosophie öffnet Kripke einen neuen Weg zu einem ontologischen Fundament. Zu Kripkes Arbeit im Kontext der heutigen analytischen Philosophie vgl. Munitz, bes. S. 380–399.

Denken aufgeopfert. Sobald die Allgemeinheit des Denkens abgegeben ist, kommt der Monarch zustande. Infolgedessen enthüllt sich die Selbständigkeit des Monarchen für eine „sich *entfremdete Selbständigkeit.*“ (PhG338) Sie bestand aus einem Mangel und ist nicht der Ausdruck einer Fülle. Sobald dies klar wird, bekommt das edelmütige Bewußtsein das andere Extrem, die *wirkliche* Allgemeinheit, zurück. Nun besitzt es die Staatsmacht. Die Staatsmacht existiert nun als „Reichtum“. Ihr Geist ist eingebüßt worden. Sie ist leer und in die Gewalt der schwebenden Zufälligkeit geraten. Nur der leere Name ist ihr jetzt geblieben.

Langsam, aber unaufhaltsam kommt für das edelmütige Bewußtsein die Stunde der Wahrheit näher. In seinem Versuch, die beiden Seiten zu spielen, hat es sich auf keine Seite vollständig gewagt. Wenn es seine Selbstheit völlig riskiert hätte, hätte es in einer neuen Verwandlung alles aufs neue zurückbekommen. Weil es sich dagegen ständig vor dem Selbstverlieren geschützt hat, verliert es jetzt alles. Es hat auf der einen Seite in seiner Ehre an seinem eigenen Willen festgehalten. Auf der anderen Seite hat es diesen aufgegeben, ist aber damit in Widerspruch mit sich selbst geraten. Dabei ist sein Spezifikum, die Gleichheit, völlig verlorengegangen. Es hat zweimal die Sünde der Ungleichheit begangen. Und es ist in die äußerste Ungleichheit mit sich selbst geraten und hat auch die allgemeine Substanz in Ungleichheit mit sich selbst gebracht. Damit hat es die drängende Absicht des niederträchtigen Bewußtseins verwirklicht und steht damit ironischerweise jetzt auf seinem Niveau.

Trotzdem reicht diese Phase noch nicht aus, um das Selbstbewußtsein zu sich selbst zurückzubringen. Weil der Erfahrungsweg der PhG echt ist, wird nicht von einem schwierigen Niveau auf ein sichereres gesprungen. Die Dynamik einer Erfahrungsphase muß zu Ende geführt werden. Konsequenterweise nimmt das Selbstbewußtsein nun das von ihm selbst erniedrigte Allgemeine als seinen Gegenstand an. Dies tut es aber unmittelbar und merkt noch nicht seine Ungleichheit mit ihm. Die Staatsmacht ist als Reichtum wesenlos geworden. Sie hat kein Ansichsein. Weil sie nun der Gegenstand des edelmütigen Bewußtseins ist, ist sie einem zufälligen Andern zugehörig geworden. Diesem Andern gehört nun die eigentlichste Wirklichkeit des Ich. Das Ich „sieht seine *Persönlichkeit* als solche abhängig von der zufälligen Persönlichkeit eines andern, von dem Zufall eines Augenblicks.“ (PhG340) Es ist damit zur absoluten „Unpersönlichkeit geworden.“[65] Seine Gewißheit ist auch völlig leer geworden. Das Ich selbst sieht sich außer sich und zerrissen. Ganz gleich wo es hinschaut, trifft das Auge nur Gebrochenes. In dieser Zerrissenheit ist „alles, das *Kontinuität und Allgemeinheit hat* … auseinander und zu Grunde gegangen.“ (PhG341)[66]

Alle Identität ist zerrissen. Die äußerste Ungleichheit ist eingetreten. „Das reine Ich selbst ist absolut zersetzt.“ (PhG341) Das Maß dieser geistigen Störung

[65] Hegel scheint in der PhG in bezug auf „Persönlichkeit“ immer andeuten zu wollen, daß sie äußerlich und bloß sozial ist.

[66] Interessant ist hier die explizite Verknüpfung von Allgemeinheit und Kontinuität.

ist nicht allein an der negativen Wirkung der Reflexionsdynamik zwischen dem Selbstbewußtsein und dem wesenlosen Reichtum zu messen; die Wahrheit ist viel persönlicher. Es ist dem Widerspruch gelungen, ins intimste Innere des Ich einzudringen.

Trotz der Tiefe und Breite dieser Zerrissenheit ist die Selbstheit des Selbstbewußtseins dennoch nicht zugrundegegangen. Wie läßt sich das erklären? Wie kann eine Selbstheit, die im innersten Kern erfahrungsverbunden ist, überleben, wenn die Erfahrung sie völlig ins Gegenreich der Zerrissenheit stürzt? Die Antwort liegt in der Natur dieser Selbstheit, die gleichzeitig erfahrungsverbunden und erfahrungsunabhängig ist. Sie ist nicht mit ihrer Erfahrung einfach unmittelbar gleichzusetzen. Die einmalige Individualität dieser Selbstheit hört auch in der äußersten Grenze der Entfremdung nicht auf. „Von jeder einzelnen Seite kann das Selbstbewußtsein abstrahieren und behält darum in einer Verbindlichkeit, die eine solche betrifft, sein Anerkanntsein und *Ansichgelten* als für sich seiendens Wesen.“ (PhG340) Trotz seiner daseienden Anwesenheit in der Welt und seiner Teilnahme an der Wirklichkeit mit anderen Subjekten gehört die Selbstheit letztendlich sich selbst.

Hiermit hängt auch die Bedingung der Möglichkeit zur Entfremdung zusammen. Entfremdung geschieht dann, wenn die Person sich selbst fremd wird, d.h. wenn die Person zu einem Anderen wird. Wenn die Person zum Anderen würde und ihr vorheriges Selbstsein vergäße, bestünde keine Entfremdung. Was die Entfremdung ermöglicht und intensiv macht, ist gerade die Kontinuität der Selbstheit, die sich auch im Fremdsein durchhält. Diese persönliche Memoria ist die begleitende Selbstpräsenz, welche der Person die Rekognition des Fremden in der Entfremdung ermöglicht. Entfremdung wirkt gerade deswegen so schmerzhaft, weil sie die Rekognition des Fremdgewordenseins der eigenen Selbstheit *explizit* enthält. „Als Selbst steht es aber zugleich unmittelbar über diesem Widerspruch, ist die absolute Elastizität, welche dies Aufgehobensein des Selbsts wieder aufhebt, diese Verworfenheit, daß ihm sein Fürsichsein als ein fremdes werde, verwirft, und gegen dies Empfangen seiner selbst empört, im *Empfangen* selbst *für sich* ist.“ (PhG341)

Die Elastizität des Selbst wird als absolut beschrieben. Dies ist die innere Reflexivität des Selbst, die nie neutral werden kann. Diese Reflexivität verhindert, daß das Selbst jemals völlig und endgültig einem Zustand oder einem Anderen definitiv und ohne Rückkehrmöglichkeit ausgeliefert werden könnte. Die Elastizität der inneren Reflexivität ist gerade das nicht annulierbare Wissen der eigentlichen Selbstheit. In diesem Kontext ist klar, daß es sich hier nicht um die abgeschlossene Existenz eines Individuums in einer empirischen Welt handelt, sondern um Selbstbewußtsein im Kraftfeld des Geistes bzw. geistigem Selbstbewußtsein oder Personsein. Diese elastische Selbstreflexivität kann sich in alle Richtungen bewegen.[67] Hier richtet sie sich gegen ihre jetzige Position. Sobald sie das tut, bricht sie aus ihr heraus und wird frei. Trotz der

[67] Es sei hier an die frühere Stelle in der Vernunftgestalt erinnert, an der die Selbstreflexivität sich auch in alle Richtungen bewegen konnte.

negativen Erfahrungen des Reichtums erkennt sich hier das Selbstbewußtsein wieder.

Die Selbstrekognition ist an dieser Stelle sehr wichtig. Dadurch gelangt die Welt der Bildung zu einer fundamentalen Rekognition, nämlich, daß sie die Welt der Entfremdung ist. Diese Welt als entfremdet explizit anzuerkennen, gibt der weiteren Erfahrungsdynamik einen neuen Sinn, nämlich den Sinn der Zerrissenheit. Die Zerrissenheit ist nun die Norm. Das bedeutet, daß die Unterschiede zwischen dem edelmütigen und dem niederträchtigen Bewußtsein entfallen. Die stummachende und zerreißende Kraft des Reichtums wird nun im Geist des wohltuenden Reichtums hervorgehoben. Der Geist wird übermütig und leidet an Zufälligkeit. Wegen seiner Blindheit bleibt ihm die allumfassende Zerrissenheit verschleiert. „Er sieht in dieser ... bodenlosen Tiefe ... nichts als ein gemeines Ding." (PhG342) Seine Meinung ist wesenlos. Er versucht sich aber nun der Sprache der unedlen Schmeichelei zu bemächtigen. Diese Sprache entspricht genau der Entfremdung dieser Welt und bringt sie zum Ausdruck.[68] Die Spannung der Entfremdung erreicht hier ihren Gipfel. Das Selbst befindet sich in der extremsten Entfremdung. „Das *Fürsichsein* hat *sein Fürsichsein* zum Gegenstande, als ein schlechthin *Anderes* und *zugleich ebenso unmittelbar* als sich selbst ... der Inhalt ist *dasselbe* Selbst in der Form absoluter Entgegensetzung *und* vollkommen eignen gleichgültigen Daseins." (PhG343) Das absolute Andere ist das eigene Selbst. Dies ist eine ungeheure personale Entgegensetzung. Sie wird dadurch noch verschlimmert, daß ihr ein gleichgültiges Dasein gegenübersteht. Die Gleichgültigkeit und die Entgegensetzung ereignen sich gleichzeitig, und zwar im gleichen Selbstbewußtsein. Hegel spricht in diesem Kontext, wie früher in der Vernunftgestalt, vom *unendlichen* Urteil. Dort haben die äußersten Extreme im Laufe ihrer Entwicklung sich als einander intimst zugehörig erwiesen.

Hegel geht hier weiter fort und liefert aus der jetzigen Perspektive eine Definition der reinen Bildung. Der Geist dieser Bildung ist „diese absolute und allgemeine Verkehrung und Entfremdung der Wirklichkeit und des Gedankens." (PhG343) Kein Moment bleibt, was es in dieser Welt ist. Jedes Moment stellt sich als das Gegenteil seiner selbst heraus: Macht, Reichtum, Gut, Schlecht.[69] „Alles ist ebenso, formell betrachtet, *nach außen* das Verkehrte dessen, was es für *sich* ist; und wieder was es für sich ist, ist es nicht in Wahrheit, sondern etwas anderes als es sein will ..." (PhG344) In gewisser Weise war das Fürsichsein das Entwicklungsziel dieser Bildungsphase, ein vermittelndes und vermitteltes Fürsichsein, welches im Gleichgewicht steht und die aktive Ver-

[68] Vgl. dazu Howard P. Kainz, Hegel's PhG 2, S. 51–52: „This ‚language of distraughtness' is not just a supervening fashion of speech, but is the Spirit itself which now takes it upon itself to mediate all the alienations and contradictions which the evolution of Culture has given rise to."

[69] Vgl. N. Hartmann S. 350. Das Bewußtsein führt mit der Sprache der Zerrissenheit „die allgemeine Verkehrung und die Entfremdung zwischen Wirklichkeit und Gedanken herauf. Und damit erfährt es nun selbst das Gegenteil dessen, was es meinte."

bundenheit der Wirklichkeit aufweist. Die bisherigen Entfaltungs- und Thematisierungsphasen haben das Fürsichsein immer weiter herauskristallisiert; aber das Ergebnis ist nun genau das Gegenteil aller bisherigen Bemühungen. Das Fürsichsein enthüllt sich deswegen gerade als „der Verlust seiner selbst." (PhG344)

Anstatt daß dieses Ergebnis nun jedoch die letzte Sackgasse darstellt, bietet es den Durchbruchspunkt für den wahren Geist. „Der wahre Geist aber ist eben diese Einheit der absolut getrennten, und zwar kommt er eben durch die *freie Wirklichkeit* dieser selbstlosen Extreme selbst als ihre Mitte zur Existenz." (PhG344) Und es ist gerade das zerrissene Bewußtsein als Bewußtsein dieser Verkehrung, welches dieser Wahrheit am nächsten kommt, und zwar deswegen, weil seine eigene Selbstheit das Auseinanderliegen dieser Extreme in sich bereits verkörpert. Der Grund dafür ist, so deutet Hegel an, daß der *Begriff* in ihm das Herrschende ist. (Vgl. PhG344)[70]

Wollte ein einfaches Bewußtsein mit diesem zerrissenen reden und von ihm die Auflösung dieser Welt der Verkehrung fordern, wäre dies überhaupt nicht möglich: „so kann es nicht an das *Individuum* die Entfernung aus ihr (dieser Welt sc.) fodern, denn Diogenes im Fasse ist durch sie bedingt." (PhG346) Dies ist eine tiefgreifende Einsicht. Sie macht uns darauf aufmerksam, daß ein Bewußtseinsfeld, wenn es sich auslöst und verbreitet, alles umfaßt. Sein Umfassen ist dabei nicht abstrakt oder willkürlich, sondern, wie wir bei der Entfremdung gesehen haben, es schleicht sich in die Struktur und in die Dimensionen aller Erfahrung ein. Entscheidend ist aber, daß diese verbreitete Entfremdung innerlich zur Fortentwicklung des Bewußtseins und des Geistes gehört. Wie schon bemerkt wurde, ist die Ansammlung von Erfahrungen nicht rückgängig zu machen. Eine Erfahrung ist kein isoliertes Erlebnis, das für einen atomistischen Moment flimmert und sich dann auslöscht und verschwindet. Deswegen ist es nicht zu erwarten, „daß die Vernunft das geistige gebildete Bewußtsein, zu dem sie gekommen ist, wieder aufgebe, den ausgebreiteten Reichtum ihrer Momente in die Einfachheit des natürlichen Herzes zurückversenke ..." (PhG346) Hier demaskiert Hegel eine der ständigen Erwartungen des naiven Konservatismus, der, weil er keinen Pluralismus dulden kann, die Rückkehr zu einer einfachen klaren Welt als Imperativ aufstellt. (Ob es eine solche Welt je gegeben hat, ist die Frage.) Entscheidend in bezug auf die Entfremdung ist, daß das nahtlose Gewebe des Bewußtseinsfeldes sich nicht wie ein Kleid von der Oberfläche der Wirklichkeit wegziehen läßt.[71] Die Forderung, die Entfremdung aufzulösen, kann allein an den Geist der Bildung selbst gerichtet werden. Die Möglichkeit der Verwandlung ist immer innerlich und im Vollzug der jeweiligen Phase selbst zu suchen. Und in gewisser Weise hat

[70] Zu der im *Begriff* enthaltenen Verschiedenheit vgl. Cramer 1983, S. 141: „soviel ist in der gegenwärtigen Hegelinterpretation noch unkontrovers, daß der Begriff, insofern er sich bewegt, minimalerweise nicht nur etwas in sich Differenziertes, sondern etwas sich in sich Differenzierendes ist."

[71] Eine Entdialektisierung der Wirklichkeit ist nicht möglich.

der Geist dies schon an sich vollbracht. Dieses zerrissene Bewußtsein hat eine Distanz von seiner Zerrissenheit gewonnen, indem es über sich selbst, über das Dasein sowie über die Verwirrung des ganzen lachen und sogar mit Verachtung lachen kann. Die gravierende Ernsthaftigkeit der ganzen entfremdeten Welt wird damit aufgelöst und erleichtert. Dies kommt durch das eitle Selbst zum Ausdruck. „Diese sich selbst vernehmende Eitelkeit aller Wirklichkeit und alles bestimmten Begriffs ist die gedoppelte Reflexion der realen Welt in sich selbst; einmal in *diesem Selbst* des Bewußtseins, als *diesem*, das andere Mal in der reinen *Allgemeinheit* desselben oder im Denken." (PhG347)
Dieses Bewußtsein ist sich der Eitelkeit aller Dinge bewußt geworden. „In jener Seite der Rückkehr in das Selbst ist die *Eitelkeit* aller *Dinge*, seine eigene *Eitelkeit*, oder es *ist* eitel." (PhG347) Dieses eitle Selbst hat einen scharfen Sinn für die Widersprüche in der konkreten Wirklichkeit. Es drückt sie in der Sprache aus. Auf der tieferen Ebene der Form sieht es jedoch ganz genau die Tiefe und Breite der Entfremdung: „... das *Fürsichsein* vom *Ansichsein* getrennt; das Gemeinte und den Zweck von der Wahrheit; und von beiden wieder das *Sein für anderes*, das Vorgegebne von der eigentlichen Meinung und der wahren Sache und Absicht." (PhG347) Zuvor konnte das eitle Bewußtsein dies alles fassen, doch diese Fähigkeit hat es nun verloren, weil es die ganze Getrenntheit aus der Sicht der „Uneinigkeit" und nicht aus der Perspektive der Einheit betrachtet. Dieses Selbst schwebt in einer Distanz zu aller Macht und allem Reichtum und findet keine Befriedigung. Es sieht, wie leer sie sind. Damit kommt es über die Grenze der Eitelkeit und der Zerrissenheit hinaus. Und seine geistreiche, überschauende Sprache wird es weiter über die Grenzen der wirklichen und gedachten Bestimmungen zur geistigen allgemeingültigen Selbstheit hinführen.
„Nur als empörtes Selbstbewußtsein aber weiß es eine eigene Zerrissenheit, und in diesem Wissen derselben hat es sich unmittelbar darüber erhoben." (PhG348) Der Reflex des Selbstwissens als ein Grundzeichen des Selbstbewußtseins besitzt innerhalb des Personseins eine ungeheure Verwandlungskraft. Weil das Selbstwissen in und durch die Bewegung der Erfahrung ans Licht kommt, findet häufig mit dem Aufstieg in die nächste Gestalt eine solche *Realisierung* statt. Das klare Sehen des eignen Entfremdetsein bringt seine Transzendierung hervor.[72]

11.2.1.2 Der Glaube und die reine Einsicht

Jenseits der sich entfremdeten Welt der Bildung steht die unwirkliche Welt des reinen Bewußtseins bzw. des Denkens. Diese jenseitige Welt ist aus einem gedoppelten geistigen Reflex entstanden, nämlich aus der weiteren Selbstent-

[72] Vgl. Flay 1984, S. 188. „Were culture the sole aspect of modern, alienated spirit, the PhG and its quest for warranted certainty would have ended in an irony which, in founding the possible worlds of experience, action, and knowledge, actually destroyed them."

fremdung der bereits sich entfremdeten Welt. Der Übergang des zerrissenen Bewußtseins in diese Welt ist umständlich. Obwohl er uns als die Sichselbstgleichheit des reinen Bewußtseins gilt, ist es für das zerrissene Bewußtsein selbst noch nicht so. Weil der Übergang noch an Unmittelbarkeit leidet, trägt diese Welt sein entgegengesetztes Prinzip von der entfremdeten Welt immer noch in sich. Obwohl dieses Bewußtsein sich nun in der Welt des reinen Denkens befindet, gelingt es ihm nicht, diese Gedanken zu denken. Es kann sie weder richtig als Gedanken anerkennen noch als Wesen aufnehmen, „sie sind für es nur in der Form der Vorstellung." (PhG348) Daß die Vorstellungen im Elemente des reinen Denkens selbst für Denken gehalten werden, zeigt, wie dieses Bewußtsein an Abwesenheit leidet; es hat den *Rhythmus* seines Milieus verloren. Der Riß zwischen dem wirklichen und dem reinen Bewußtsein war die leitende Erfahrungsgewohnheit der Welt der Bildung; sie wird in diese jenseitige Welt übertragen, ohne im Prozeß des Übergangs völlig verwandelt zu sein.

Diese Welt des reinen Denkens ist von der früheren Gestalt des Stoizismus dadurch zu unterscheiden, daß sie kein einseitiges Interesse an der Form der Gedanken hat. Sie unterscheidet sich weiter auch von dem tugendhaften Bewußtsein; für jenes bleibt das Wesen, trotz seiner Verbundenheit mit der Wirklichkeit, ein „unwirkliches Wesen". (PhG349) Für dieses Bewußtsein gilt das Wesen als wirklich, obwohl es im Jenseits ist. Das reine Denken hat einen Inhalt und eine Wirklichkeit. Der springende Punkt ist sein Aufnehmen dieses Inhalts und dieser Wirklichkeit. Und die entscheidenden Schwierigkeiten dieser Gestalt drehen sich genau um diese Achse. Weil das reine Denken in der Welt der Entfremdung anwesend und aktiv war, erlebt es eine Bereicherung seines Inhalts und seiner Wirklichkeit. Deswegen ist die Wirklichkeit des Wesens nun im Denken. Dieses Bewußtsein kann dies nicht erkennen, weil es nicht imstande ist, die intime Verbundenheit der Wirklichkeit und des Denkens einzusehen. Deshalb muß die Wirklichkeit des Wesens im Jenseits liegen. Dieses Bewußtsein kann weder in der Welt, die es verlassen hat, noch in der Welt, in die es eingetreten ist, zu Hause sein. Der Inhalt und die geistige Anwesenheit dieser neuen Welt sind für es noch nicht sichtbar geworden. Dann informiert uns Hegel, das, von dem hier die Rede ist, ist „*die Religion* ... als der Glaube der Welt der Bildung." (PhG349)[73] Die Religion ist nur Glaube, weil sie sich in einem Gegensatz befindet und ihre Bestimmtheit darin hat. Sie ist gegen die Wirklichkeit als *diese* und spezifisch gegen die Wirklichkeit des Selbstbewußtseins gerichtet.

Hegel fährt nun fort, indem er die zwei einander entgegengesetzten, aber letztendlich komplementären Gestalten dieses reinen Bewußtseins herauskristallisiert.[74] Diese Auslegung zeigt auf sehr subtile Weise die Konsequenzen einer

[73] Um die Erfahrungskontinuität zwischen den Gestalten zu unterstreichen, sagt Hegel: „Sie (die Religion) ist uns schon in andern Bestimmtheiten erschienen als *unglückliches Bewußtsein* ... auch an der sittlichen Substanz ..."(PhG350)

[74] Vgl. Flay 1984, S. 190: „Yet in this alienation arising from the alienation of culture there is a kind of resolution which makes both faith and insight a richer form of interest as reflection than is pure culture."

positiven Subjektivierung des Jenseits und einer negativen Subjektivierung des Diesseits. „Dies *reine Bewußtsein* des absoluten Wesens ist ein *entfremdetes*." (PhG350) Es ist entfremdet, weil es aus der Welt der Wirklichkeit geflüchtet ist.[75] Und es gehört zur Substanz des Hegelschen Personbegriffs, daß für das personale Bewußtsein hier keine reine Flucht möglich ist. Das flüchtende Bewußtsein ist dadurch belastet, daß es die Welt, aus der es geflüchtet ist, immer noch in sich tragen muß. Dies ist aber nur eine Seite des reinen Bewußtseins, und sie heißt Glaube.

Die andere Seite ist das Wesen der unruhigen, geistigen Bewegungen der Welt der Bildung selbst. Es ist das verkehrende Prinzip der Zerrissenheit. Sein Wesen ist das reine Fürsichsein, die Unmittelbarkeit des absoluten Unterschieds. Der absolute Unterschied ist weder ortsgebunden noch einer einzigen Bestimmungsweise treu. Er ist im ständigen Wechsel bzw. in ständiger Verwandlung. Weil er von keiner Verbundenheit gefesselt ist, quälen ihn keine Zweifel. Zwischen seiner Gewißheit und seiner Wahrheit besteht keine Distanz. Er ist eine unruhige Bewegung, „die alles gegenständliche, dem Bewußtsein gegenüber sein sollende Wissen vertilgt und es zu einem Sein des Bewußtseins gemacht." (PhG350) Dieses Bewußtsein duldet und respektiert keine Gegenständlichkeit oder Andersheit. Dieses reine Bewußtsein ist aber *gleichzeitig* der Glaube, eine einfache Reflexion, nach der der Geist die Bedeutung der Positionen ansichseiender Allgemeinheit hat. (Vgl. PhG350) Als solcher ist der Geist befriedigt und ruhig. Die andere Seite der Unruhe und der Negativität gehört ebenso dem Geiste an.

Obwohl diese beiden Seiten des Geistes eine Einheit ausmachen, treten sie zunächst als ein gedoppeltes Bewußtsein auseinander, sobald sie unter die Wirkung der Entfremdung kommen. (Vgl. PhG351) Sie entfalten und thematisieren die beiden Dimensionen des Geistes, und zwar unter den Bedingungen der Entfremdung. Das eine wird die „reine Einsicht" heißen. Das andere wird „Glaube" heißen.[76] Die reine Einsicht wird als geistiger Prozeß im Selbstbewußtsein aktiv sein; sie richtet sich gegen alle Gegenständlichkeit und auch gegen ihr Gegenüber, den Glauben. Ihr eigener Gegenstand ist nur „das reine Ich". Und weil sie rein negativ ist, hat sie auch keinen Inhalt.

Dagegen hat der Glaube das innere Wesen zum Gegenstand. Er ist ruhige Sichselbstgleichheit. Obwohl er einen Inhalt hat, fehlt ihm die Einsicht. Das bedeutet aber nicht, daß er primitiv, naiv oder gedankenlos ist. Während er aber seinen Inhalt im Denken hat, kann er die Tiefe dieses Inhalts nicht thematisieren. Hegel führt hier den Unterschied zwischen Denken und Begreifen an. Wenn der Glaube seinen Inhalt im „Begreifen" hätte, wäre er in das Reich des

[75] Vgl. M.C. Taylor S. 206: „As a matter of fact, the believers' heaven is nothing more than an imaginative projection created by a dialectical inversion of the world within which self-alienated spirit suffers."

[76] Vgl. Loewenberg S. 229: „Insight here coincides with the belief in the deeper self behind or beneath his superficial appearance and belief becomes one with the insight into the falsity of the self decked with the artificial trappings of culture."

„reinen Selbstbewußtseins" eingetreten. Weil er aber seinen Inhalt im Denken hat, gehört er nur zum „Reiche des reinen Bewußtseins." (PhG351) Die Distanz zwischen den beiden Ebenen des Denkens – reines Bewußtsein *und* Begriff/reines Selbstbewußtsein – ist in bezug auf die innere Strukturiertheit des Glaubens sehr entscheidend. Hegel besteht darauf, daß der Glaube eine Denkform ist. „Er ist hiemit zwar reines Bewußtsein des *Wesens*, das heißt, des einfachen *Innern*, und *ist* also Denken; – das Hauptmoment in der Natur des Glaubens, das gewöhnlich übersehen wird." (PhG351) Ganz entscheidend ist aber die Art und Weise, nach der dieses Wesen im reinen Bewußtsein anwesend ist. Weil dieses Bewußtsein einfach ist und nur den reinen Gedanken zum Gegenstand hat, ist das Wesen *unmittelbar* in ihm.[77] Und auf die Unmittelbarkeit kommt es in diesem Kontext an. Wegen der sich entfaltenden und der sich thematisierenden Dynamik des personalen Bewußtseins darf die unmittelbare Anwesenheit des Wesens im reinen Bewußtsein nicht einfach so stehen bleiben. Das Denken muß ins Bewußtsein kommen oder anders gesagt, das reine Bewußtsein muß in das Selbstbewußtsein eintreten. Sobald sich diese Bewegung ereignet, erhält das unmittelbare Wesen „die Bedeutung eines gegenständlichen *Seins*, das jenseits des Bewußtseins des Selbst liegt." (PhG351)
Es findet bei diesem Übergang des unmittelbaren Wesens ins Selbstbewußtsein eine Trennung statt. Dadurch wird das Wesen ins Jenseits des Selbst verschoben. Das hat wichtige Konsequenzen.[78] Warum aber sollte eine solche Trennung vorkommen? Was sagt es uns über den jetzigen Status dieses Bewußtseins? Zunächst ist anzuerkennen, daß dieses Bewußtsein nicht dazu fähig war, das reine Denken zu thematisieren. Dann wäre es kaum zu erwarten, daß beim Übergang ins Selbstbewußtsein plötzlich eine solche Thematisierung stattfinden würde. Das könnte daran liegen, daß die selbsthaftige Reflexivitätsdynamik des Selbstbewußtseins in innerer Verbundenheit mit den angesammelten Erfahrungsphasen des Bewußtseins steht; und wenn das Bewußtsein sich dann mit diesem reinen Wesen nicht auseinandergesetzt hätte, könnte das Selbstbewußtsein dies nicht plötzlich nachholen. Das Resultat ist, daß das Selbstbewußtsein sich doch mit diesem Wesen befassen möchte; dies tut es aber nunmehr auf Distanz, nämlich auf der Ebene der Vorstellung. Diese Trennung verursacht dann eine Entfremdung, weil das Wesen und das Selbstbewußtsein intimst verbunden sein sollen. Nun tritt Andersheit in die Lücke zwischen ihnen ein.Wenn die unmittelbare Präsenz des Wesens schon im Bewußtsein artikuliert und vermittelt wäre, hätte der Übergang ins Selbstbewußtsein eine ungeheure Affinität und Einheit hervorgebracht. Das Selbst des Selbstbewußtseins stünde dann von seinem Wesen nicht mehr entfernt.
Die reine Einsicht ist ebenso sehr von dem Übergang des reinen Denkens ins Bewußtsein betroffen. Wie zu erwarten ist, bringt der Übergang hier die ge-

[77] Vgl. Heinrichs 1974, S. 334: „Daß der Glaube einsichtslos ist, bedeutet ebensoviel wie, daß er nicht die Negativität des reinen Ich gegenüber seinen Inhalten geltend macht und sie, wenn möglich, aus dieser Negativität zu rekonstruieren versucht."
[78] Läßt es sich nicht denken, daß gerade hier die Quelle der *Positivität* zu finden ist?

genteilige Bestimmung mit sich. Die Gegenständlichkeit verliert ihre Substanz und hat nun nur die Form des Selbsts als Wahrheit.[79] Für die reine Einsicht bestand kein unberührtes, unmittelbares Wesen. Von vornherein war sie unruhig, negativ und völlig für sich, der absolute Unterschied. Der Übergang ins Selbstbewußtsein ist für sie eine weitere Verstärkung ihrer Selbstheit. Aber sie ist aufgrund dessen genau so einseitig wie der Glaube. Während dieser den Anschluß von Außen nach Innen nicht leisten kann, gelingt der reinen Einsicht der Anschluß von Innen nach Außen nicht. Während er die Andersheit befestigt und die eigene Selbstheit unterwirft, annulliert sie die Andersheit und vergrößert die eigene Selbstheit. In bezug auf den Personbegriff als Vermittlung tritt die Einseitigkeit eines jeden klar ans Licht. Das Fehlen der Vermittlung erzeugt entweder einen fremden jenseitigen Subjektivismus oder einen prometheisch diesseitigen Subjektivismus.
Beide aber gehören zum reinen Bewußtsein und haben gemeinsam, daß sie beide die Rückkehr aus der Welt der Bildung sind. Der Glaube spiegelt diese Flucht wider; die reine Einsicht ist ihr Resultat.[80] Beide präsentieren sich nach drei Aspekten: Erstens ist jedes außer allem Verbundensein, *an* und *für sich*. Zweitens bezieht sich jedes auf die *wirkliche*, dem reinen Bewußtsein entgegengesetzte Welt. Drittens bezieht sich jedes auf das andre innerhalb des reinen Bewußtseins. (Vgl. PhG352)
Der Glaube wird nun durch zwei verschiedene Linsen betrachtet. Zunächst sieht der Unterschied im Glauben wie „eine ruhige Verschiedenheit“ aus (PhG352); dies ist allerdings durch die Linse des reinen Bewußtseins bzw. durch den Begriff des Glaubens selbst gesehen. Der Glaube muß aber auch in bezug auf wirkliches Bewußtsein bzw. auf die äußere Bestimmung seiner Form betrachtet werden. Anders gesagt, der Glaube muß danach erörtert werden, wie sich die Sequenz seiner Momente im konkreten Werden des Personseins abspielt. Dabei wird klar gesagt, daß das absolute Wesen bzw. die einfache, ewige Substanz „in das *Sein für anderes* „ übergehen muß (PhG352), um seinen Begriff zu verwirklichen bzw. um Geist zu sein. Es muß sich aufopfern und „zum vergänglichen Selbst“ werden. (PhG352) Nachdem es sich „erniedrigt“ hat, kann es zu sich zurückkehren. Es wird hier ferner angedeutet, daß es gerade diese Bewegung ist, welche die Affinität und Beziehung des Selbstbewußtseins mit dem Geiste ermöglicht. Durch seine Entäußerung macht sich der Geist *wirklich* und des „Selbstbewußtseins teilhaftig“. (PhG353)
Die reine Einsicht hält das absolute Wesen nicht für ein reines Wesen, sondern für das „absolute *Selbst*.“ (PhG354) Sie will deswegen keine Selbständigkeit außer dem Selbstbewußtsein dulden. Die reine Einsicht „ist nicht nur die Gewißheit der selbstbewußten Vernunft, alle Wahrheit zu sein; sondern sie *weiß*, daß sie dies ist.“ (PhG354) Was früher als Vernunftsdimension des Bewußtseins fortentfaltet wurde, wird nun hier im Geiste weiter begründet und ver-

[79] Vgl. Navickas S. 231: „The subject's quest for unconditional subjectivity is the same as the religious quest for absolute being.“
[80] Hyppolite S. 409.

tieft. Weil dies der erste Auftritt der reinen Einsicht als solcher ist, ist ihr Begriff noch nicht *realisiert*. Wie immer in der PhG kann sich dies nur durch Erfahrung ereignen. „Es hat erst die *Absicht*, die *reine Einsicht allgemein*, das heißt, alles, was wirklich ist, zum Begriffe, und zu einem Begriffe in allen Selbstbewußtsein zu machen.“ (PhG354) Die Motivation zur allgemeinen Verwirklichung dieser Absicht der reinen Einsicht ist nur in bezug auf die reine Einsicht als Ergebnis der entfremdeten Welt der Bildung zu verstehen.[81] Dort, in der absoluten Zerrissenheit, war alle Verschiedenheit quantitativ und atomistisch. Gerade aber am Nadir dieser Zerissenheit hat sich der Umschlag in eine intensive, qualitative, in sich verwobene Verschiedenheit ereignet.[82] Diese Rekognition findet hier den folgenden Ausdruck: „Was darin dem Ich das Andre ist, ist nur das Ich selbst.“ (PhG355) Wie früher gesehen wurde, konstruiert die reine Einsicht die Welt nach dieser Art von Selbstheit. In ihrer Arbeit der Vermittlung erwartet sie keinen Widerstand.

11.2.2 Die Aufklärung: Die sich selbst gewisse Vernunft

Die reine Einsicht ist auf die wirkliche Welt bezogen, weil sie, wie der Glaube, die Rückkehr aus dieser Welt in das reine Bewußtsein ist. Die Natur dieser Beziehung ist zunächst deswegen schwierig zu charakterisieren, weil diese entfremdete und zerrissene Welt von der reinen Einsicht wenig empfangen kann. Die eigene Zerrissenheit ist ihr näher als irgendwelche formelle Einsicht, die über diese Zerrissenheit ausgesagt werden könnte. „Die reine Einsicht kann daher hier keine eigene Tätigkeit und Inhalt haben ...“ (PhG356) Das einzige, was sie tun kann, ist, die „zerstreuenden Züge“ dieser Zerissenheit in ein „allgemeines Bild“ zusammenzufassen. (PhG356) Auch hier zerfällt aber der besondere Beitrag der reinen Einsicht wieder ins Allgemeine: „... das einzelne Einsehen löst sich in die allgemeine Einsicht auf.“ (PhG357) Die Eigenartigkeit der reinen Einsicht erscheint nur dort, wo sie „gegen den Glauben auftritt.“ (PhG357)

11.2.2.1 Der Kampf der Aufklärung mit dem Aberglauben: Die Wiederherstellung der verdrängten Vernunft

Die Aufklärung ist die Verbreitung der reinen Einsicht. Sie ist keine oberflächliche Bewegung. Vielmehr ist sie aus der geistigen Substanz selbst entstanden, und sie weiß das reine *Selbst* des Bewußtseins als absolut. Sie tritt sofort in

[81] Das Ich der reinen Einsicht ist kein reines Ich.Wenn es ein reines Ich wäre, widerspräche es sich, wenn es von der Aktivität der allgemeinen Verwirklichung der Einsicht spräche.

[82] Zum Thema des Umschlags als Ereignis innerhalb der dialektischen Methode vgl. Bubner 1990, S. 52: „Weder könnte der Umschlag erfolgen, ohne daß eine gewisse Konsolidierung vorweg eingetreten wäre – dann schlüge nämlich gar nichts um –, noch könnte man ihn zum Dauerphänomen verstetigen – dann wüßte man gar nicht mehr, was Umschlag heißt.“

einen Kampf mit dem Glauben als einfachem Bewußtsein ein. Obwohl beide Gestalten zum reinen Bewußtsein gehören, unterscheiden sie sich voneinander durch ihre jeweilige Form. Der Glaube ist dem Selbstbewußtsein entgegengesetzt, gerade weil er das Wesen für den Gedanken hält. Für die reine Einsicht gilt dagegen das Wesen als das *Selbst* des Bewußtseins, oder als Selbstbewußtsein.[83] Während der Glaube allen Inhalt hat und jedes Moment des Inhalts in ihm Bestand hat, muß die reine Einsicht, weil in ihr aller Inhalt verschwindet, einen Inhalt durch Negieren ihres Negativen erst gewinnen. Zunächst richtet sie sich gegen den Glauben als ein Gewebe von „Aberglauben, Vorurteilen und Irrtümern." (PhG357)
Die reine Einsicht meint, daß hinter diesem Gewebe eine genuine Einsicht verdrängt liegt. Darauf müßte sie bestehen, weil sonst der Allgemeinheitsanspruch der Vernunft aufgegeben wäre. Der Begriff des vernünftigen Selbstbewußtseins hat dann sein Dasein an der Masse. Die Absicht der reinen Einsicht ist es, diesen Begriff zur Verwirklichung zu bringen. Sie will „die willenlose, nicht zum Fürsichsein vereinzelnde Einsicht" von Irrtümern und Vorurteilen losreißen. (PhG358) Weil sie auf Vernunft beruht, hält die reine Einsicht das einfache Bewußtsein der Massen im Grunde für gesund. Dies ist die implizite Voraussetzung für ihr weiteres Unternehmen in dieser Phase.
Zwischen dem Glauben und der reinen Einsicht besteht keine große Distanz. Reine Einsicht meint aber, daß der Glaube seine eigene Selbstheit wegen der Art und Weise, nach der er das absolute Wesen aufnimmt, von sich verbannt: „... sein *Fürsichsein* aber in diesem Ansich verleugnet." (PhG359) Der Glaube sieht deshalb noch nicht ein, daß er auch reines Selbstbewußtsein ist; dies muß in ihm noch explizit werden. Die reine Einsicht hat in diesem Sinne einen weiteren Fortschritt gemacht, indem sie sich realisiert hat.[84] Weil aber beide Gestalten zum gleichen Element gehören, sind sie nicht als zwei gegeneinander verschlossene Bereiche zu verstehen, vielmehr „ist ihre Mitteilung eine *unmittelbare*, und ihr Geben und Empfangen ein ungestörtes Ineinanderfließen." (PhG359) Das Feld des Bewußtseins hat somit eine Grundeinfachheit, die, wie Hegel sagt, keine Pflöcke und Klumpfen zum Sichversteifen erzwingen kann. (Vgl. PhG359) Weil es so fließt, hat das Bewußtsein eine solche Rezeptivität oder Empfangsbereitschaft dem Begriff gegenüber.
Hegel fährt fort mit einer treffenden Schilderung der Verbreitung der reinen Einsicht als einer Art Ansteckung, die sich allmählich überall unsichtbar einschleicht. Es ist „dem *Verbreiten*, wie eines Duftes in der widerstandslosen Atmosphäre zu vergleichen." (PhG359) Dadurch wird das naive Bewußtsein angesteckt. Die Negativität wird in ihm wachsen. Eine Negativität, „die an *seine*

[83] Vgl. Flay 1984, S. 194: „This claim to absoluteness rests on the explicit awareness of the presuppositions of culture and its recognition of language as the abiding existence of the self and its world."

[84] Vgl. Howard P. Kainz, Hegel's PhG 2, S. 63–64: „This type of Insight wants, like Faith, to rise above the contradictions and confusions of the actual world, and also to exist as pure consciousness, like Faith; but *not* at the expense of selfconsciousness. In order to accomplish this goal, it becomes a second-order Insight, an Insight about Insight."

vorige Weise erinnert; sie ist der Begriff, der das einfache Wissen ist, welches sich selbst und zugleich sein Gegenteil, aber dies in ihm als aufgehoben weiß." (PhG359) Hier tritt die ursprüngliche Einfachheit des Bewußtseins offen zu Tage. Wichtig ist, daß sie keine naive, ungewagte Einfachheit ist, die durch eine Reduktion oder Vereinfachung der Verschiedenheit zustande gekommen ist. Sie ist vielmehr die Einfachheit der Selbsthaftigkeit des Bewußtseins, eine sich bewegende Einfachheit. Sie ist sie selbst *und* gleichzeitig mit ihrem Gegenteil in der Erfahrung verbunden. Dennoch führt dies zu keiner Selbstspaltung. Der Grund dafür liegt in der Integrationskraft des Selbst. Die dauernde Aufhebung ist immer auch die Verwandlung der Erfahrung. Diese selbsthafte Einfachheit zeigt die Integrationsarbeit und überbiographische Natur der Memoria auf; darauf weist die Wendung „die an seine vorige Weise erinnert" hin. Das „einfache Wissen" erreicht seine Unmittelbarkeit nur in und durch die komplizierteste Anstrengung der Vermittlung. Die Negativität des Begriffs wendet sich im Bewußtsein gegen alle Hypostasierungen oder Verdinglichungen. Für die reine Einsicht gilt sie hier als eine Kraft der Befreiung, die das Gewebe von Irrtümern, mit der das Bewußtsein zugedeckt worden ist, entzerrt. Diese reine Einsicht „hat das Mark des geistigen Lebens ergriffen." (PhG359) Wenn diese Negativität der tiefen Natur des Bewußtseins nicht entspräche, wäre sie wirkungslos geblieben.[85] Ihre Wirkung weist darauf hin, daß eine tiefe Schicht des geistigen Lebens verdrängt wurde und in Vergessenheit geraten ist. Wenn sie bemerkbar wird, ist es schon zu spät, etwas gegen sie zu unternehmen: „...der Kampf gegen sie verrät die geschehene Ansteckung." (PhG359) Sie kann nicht abgewehrt werden.[86] Ihre Absicht und Wirkung sind schließlich in der Würde der Substanz zu gründen. Hegel nennt ihre Arbeit „... ein stummes Fortweben des Geistes im einfachen Innern seiner Substanz." (PhG360) Sie ist eine verborgene, aber permanente Kreativität.

Die Realisierung der reinen Einsicht hat aber eine andere Seite, in der der Rhythmus eher konfrontierend als ansteckend wirkt. Die reine Einsicht stellt sich hier als eine ihrer selbst bewußte und profilierte Bewegung vor. Sie stellt die Momente dieser Bewegung ins bestimmte Dasein dar. Die Bewegung tritt in Erscheinung und richtet sich negativ gegen ihr Entgegengesetztes. Gerade hier kommt aber eine Ironie zum Vorschein. Da der Begriff der reinen Einsicht sich als umfassend darstellt[87], ist kein Außerhalb denkbar, woraus sich

[85] Das Eigene, auch wenn es als fremd anklopft und nur ein Echo erweckt, wird dennoch langsam durch die Verkrustung der Entfremdung hindurchdringen und zur resonanten Vereinigung mit dem Selbst gelangen.

[86] Dies Passage ist nicht nur metaphysisch, sondern auch psychologisch sehr interessant, da sie die Wirkung eines Bewußtseinsstroms sehr gut erklärt.

[87] Interessant ist, wie diese Zuversicht und epistemologische Arroganz in der heutigen Philosophie so völlig revidiert wird. Dazu vgl. Frank 1988 (Grenzen), S. 65–66: „Die Konsensustheorie der Wahrheit zieht nur Konsequenzen aus dem Haltloswerden des radikal undialogischen ... Universalismus-Konzepts der Aufklärung. Denn diejenige Instanz – es ist die einzige –, die das Sich-Schließen der Ordnung des Allgemeinen – und also die Konstitution *des* Allgemeinen als eines Kollektiv-Singulars – verhindert, ist ja eben das Individuelle."

ironischerweise ergibt, daß die reine Einsicht das „Negative ihrer Selbst" sein muß. (PhG360) Das Andere, mit dem sie streitet und gegen das sie kämpft, ist in der Tat sie selbst. Ihr Wesen als absolute Negativität bedeutet, daß sie das Anderssein an ihr selbst hat. Sie kann, trotz ihrer Rede von einem Anderen, nicht aus sich heraustreten. Sie konfrontiert sich mit sich selbst als Gegenstand. Sie war ohne jeglichen Inhalt. Aber nun verwirklicht sie sich, indem sie sich zu ihrem eigenen Inhalt machen kann. Dies ist ihr einziger Weg zur Verwirklichung, und zwar deswegen, weil sie eine umfassende Allgemeinheit ist. Von Außerhalb kommt ihr kein Inhalt zu, „weil sie das Selbstbewußtsein der Kategorie ist." (PhG361) Es besteht keine Distanz zwischen dem Selbst, das erfährt, und der Kategorie.

Dennoch ist die reine Einsicht nur auf dem Weg zu sich. Sie erkennt sich noch nicht richtig in ihrem Inhalt. „Aber indem sie ihn zuerst in dem Entgegengesetzten nur als *Inhalt*, und *ihn noch nicht als sich selbst weiß, erkennt sie sich in ihm.*" (PhG361) Diese Erfahrungsbewegung wäre blind und absurd, wenn nicht die Möglichkeit bestünde, daß die reine Einsicht sich wiedererkennen könnte. Die Verwirklichung, die sie in dieser Bewegung anzielt, ist darauf angelegt. Diese Absicht setzt aber voraus, daß die reine Einsicht die Fähigkeit hat, dieses Rekognitionsmoment bei seinem Vorkommen zu erkennen. Anders gesagt: Die reine Einsicht muß eine personale Reflexivität besitzen, die sich als sie selbst erkennen können soll. Diese Fähigkeit wäre mehr als die symmetrische Verdoppelung des Selbst. Sie würde dazu beitragen, die Grundaffinität, die zwischen dem Selbst und dem, was es in der Verschiedenheit erlebt, aufzudecken. Darin liegt die Motivation einer Fortentfaltung der reinen Einsicht in und durch die Erfahrung. „Ihre Vollendung hat daher diesen Sinn, den ihr zuerst gegenständlichen Inhalt als den ihrigen zu erkennen." (PhG361) Durch diese Rekognition wird die reine Einsicht vertieft, neu integriert und von einem Rückfall in die alte Gewohnheit befreit, worin sie die Bekämpfung der Irrtümer nur wiederholen würde. Diese Selbstrekognition sammelt und vereinigt die reine Einsicht in sich selbst: „... eine Einsicht, welche die absolute Negation ihrer selbst als ihre eigene Wirklichkeit, als sich selbst erkennt, oder *ihr selbst erkennender Begriff*." (PhG361) Die Selbsthaftigkeit des Geistes als Grundkontur aller Verschiedenheit und die konkrete Korrespondenz zwischen Essenz und Dasein, welche der Begriff immer anstrebt, vertieft und verwirklicht, ist der angemessene Kontext, in dem die Bedeutung der Rekognition ans Licht kommen kann.

Die Rekognition enthüllt nun auch die falsche Anklage, welche die reine Einsicht gegen den Glauben erhoben hat. Entscheidend ist hier, daß das absolute Wesen des Glaubens auch bewußtseinsverbunden ist. Die reine Einsicht hielt das für einen Irrtum, ohne geahnt zu haben, daß sie selbst es ist, die sich nicht erkennt. Sie ist nämlich ähnlich strukturiert wie der Glaube.[88] Der Glaube vertraut dem absoluten Wesen und kann das tun, ohne sich dabei zerstören zu

[88] Vgl. Hyppolite S. 424: Die Momente, welche die reine Einsicht im Glauben sieht, „correspondent aux moments de ce qu'est l'objet de la pure intellection."

müssen, und zwar deswegen, weil es das Wesen seines eigenen Bewußtseins ist. „Wem Ich vertraue, dessen *Gewißheit seiner* selbst ist mir die *Gewißheit meiner* selbst; ich erkenne mein Fürsichsein in ihm, daß er es anerkennt, und es ihm Zweck und Wesen ist." (PhG362) Das Vertrauen impliziert eine Gegenseitigkeit und Entsprechung der beiden Selbst. Das hat zwei Gründe. Erstens ist Vertrauen als Glaube eine unmittelbare Beziehung zu seinem Gegenstand. Zweitens besteht zwischen dem Gegenstand und dem Selbst eine Affinität, die durch Rekognition zu erblicken ist: „Ferner, indem dasjenige mir Gegenstand ist, worin ich mich selbst erkenne, bin ich mir darin zugleich überhaupt als *anderes* Selbstbewußtsein." (PhG362) Dieser Gegenstand ist kein fremdes Ding. Er bietet dem Ich die Gelegenheit einer Selbstrekognition. Rekognition ist ein sehr passender Begriff, um die Bedeutung dieses Begegnungsmoments zu charakterisieren, denn Rekognition ist respektvoll, indem sie die Selbständigkeit beider Partner voraussetzt und frei läßt.

Daß das Ich sich im Gegenstand erkennt, bedeutet nicht, daß es darin absorbiert wird. In der Tat ist das Gegenteil der Fall: Ich ist darin anders. Aber sein Anderssein ist weder seine verlorene Selbstheit noch sein Sich-Fremd-Gewordensein, sondern das Bewußtsein seiner *Selbst* als *anderes*; und der Hegelsche Begriff des Selbstbewußtseins deckt diese Erfahrung dynamisch und kreativ ab, weil das Selbstbewußtsein sowohl die innere Differenziertheit des Selbst als auch die äußerliche Verschiedenheit der Wirklichkeit in ihrem Bezogensein zum Ausdruck bringen will. Zwischen dem Selbst und dem Gegenstand gibt es keinen Leerraum, sondern einen geistigen Raum, der die Intimität und die Freiheit beider nicht verletzt. Das Bewußtsein macht durch seine „vermittelnde Bewegung" diesen Raum möglich. Und weil ferner eine innere Verbundenheit zwischen dem Denken und dem Gegenstand besteht, muß das Bewußtsein nicht das eine verlassen, um das andere realistischer oder konkreter artikulieren zu können. Das Bewußtsein ist demgemäß in der Lage, die Einheit seines Selbst und seines Gegenstandes zu thematisieren: „... es ist seiner selbst als auch der *vermittelnden* Bewegung oder seiner als des *Tuns* oder Hervorbringens bewußt." (PhG363) Die Selbstheit des Bewußtseins und seiner Aktivität als Vermittlung sind voneinander nicht zu trennen. Für das Bewußtsein ist sein Gedanke der explizite Ausdruck dieser Einheit.

Auch der Glaube ist ein solches Bewußtsein. Aber für ihn spielt die Gemeinde eine wichtige Rolle. Der Geist der Gemeinde ist für ihn eine vermittelnde Präsenz,[89] er ist „die Einheit des abstrakten Wesens und Selbstbewußtseins." (PhG363) Obwohl das Selbstbewußtsein dabei höchst tätig ist, verletzt dies keineswegs die Selbständigkeit des absoluten Wesens. „Das Wesen ist *zugleich* an und für sich selbst." (PhG363) Hegel erlaubt beiden die Fülle der eigenen Tätigkeit und Selbstheit. Eine ontologische Konkurrenz zwischen beiden kann nicht entstehen.

Nun kommt die negative Seite der reinen Einsicht und die Art, wie sie gegen den Glauben gerichtet wird, ins Spiel. Nachdem sie gerade den Glauben als

[89] Dazu vgl. Gauvin S. 404.

genuin aufgedeckt hat, beklagt sie nun, daß dem Selbstbewußtsein das Wesen des Glaubens ein „Fremdes“ ist. Sie gerät so mit sich selbst in Widerspruch. „Sie sagt unmittelbar das, was sie als ein dem Bewußtsein *Fremdes* aussagt, als das *Eigenste* desselben aus.“ (PhG363) Die reine Einsicht erkennt sich im Glauben nicht wieder. Zunächst hält sie das absolute Wesen des Glaubens schlechthin für einen empirischen Gegenstand. Das ist aber völlig falsch, weil der Glaube keinen solchen vergänglichen Gegenstand hat, sondern vielmehr das Wesen des reinen Denkens selbst ist. (PhG365) Ferner meint die reine Einsicht, daß die Gewißheit und Begründung des Glaubens auf der Zufälligkeit der Geschichte beruht. Auch das allerdings stimmt nicht, denn „dies Bewußtsein ist der sich selbst vermittelnde Grund seines Wissens; es ist der Geist selbst, der das Zeugnis von sich ist, ebenso im *Innern* des *einzelnen* Bewußtseins als durch die *allgemeine Gegenwart* des Glaubens.“ (PhG366) Die Individualität versucht in diesem Glaubensmoment die natürliche Weise ihres Fürsichseins aufzuheben, um mit dem Absoluten eins zu werden. Sie versucht, einen Aufstieg zur Allgemeinheit zu vollziehen. Auch diese würdige Absicht möchte die reine Einsicht schmälern, indem sie die Notwendigkeit, die Innerlichkeit im Tun auszudrücken, in Zweifel zieht.
Es stellt sich nun die Frage, ob die Aufklärung irgendeine positive Wahrheit verbreitet. Sie hat zunächst einen positiven Inhalt, indem sie ironischerweise die Würde des absoluten Geistes behütet. Wie tut sie das? Das tut sie dadurch, daß sie empirische Bestimmungen vom Absoluten fern hält. Sie betrachtet alle *Bestimmtheit* in diesem Bereich „als eine Endlichkeit, als *menschliches Wesen* und Vorstellung.“ (PhG369) Solche negativen Bestimmungen, die das Absolute schützen und immunisieren wollen, machen es hilflos gegen die falschen Vorstellungen, die über es verbreitet werden können. Das zweite Moment der positiven Wahrheit der Aufklärung betrifft die Einzelheit, und zwar die Einzelheit des Bewußtseins und des Seins, eine Einzelheit, welche aus einem absoluten Wesen ausgeschlossen ist. Sie ist das absolute An-und-Fürsichsein. Als ein solches ist dieses Bewußtsein wieder ein natürliches Bewußtsein. „Das Bewußtsein, welches in seiner allerersten Wirklichkeit *sinnliche Gewißheit* und *Meinung* ist, kehrt hier *aus dem ganzen Wege seiner Erfahrung* dahin zurück, und ist wieder ein Wissen von … *sinnlichen Dingen*, d.h. *seienden*, welche seinem *Fürsichsein gleichgültig* gegenüberstehen.“ (PhG369)
In bezug auf den Personbegriff und die Behauptung einer Kontinuität und Entwicklung zwischen den Gestalten ist dieses Moment der reinen Einsicht von großer Bedeutung. Die von uns behauptete Selbstheit und Kontinuität des Personwerdens wird hier klar bestätigt, daß nämlich das Bewußtsein „*aus dem ganzen Wege seiner Erfahrung* dahin zurückkehrt.“ Wenn es nicht das gleiche Bewußtsein und nur eine Zusammenstellung von isolierten Gestalten wäre, bestünde keine zureichende Identität, um entweder von „einem Wege der Erfahrung“ oder vom „Zurückkehren“ sprechen zu dürfen. Dieses Bewußtsein erkennt sich in den früheren Gestalten wieder.
Es drängen sich hier einige Fragen auf. Wenn ein solches Zurückkehren möglich ist, geht damit nicht die sich entwickelnde Natur der Kontinuität zu Grun-

de? Hat sich das Gewebe der Kontinuität dadurch nicht aufgelöst? Nein. Der Text sagt, daß „es hier aber nicht *unmittelbares* natürliches Bewußtsein" ist, sondern „es ist *sich* solches *geworden*." (PhG369) Ein unmittelbares Bewußtsein ist es schlechthin nicht. Das kann es auch nicht sein, denn das verhindert der bisherige Weg seiner Erfahrung. Ein einfaches Zurückkehren ist nicht möglich; denn der, der jetzt zurückkehren möchte, ist nicht der, der zuvor da war. Es wird nirgendwo gesagt, daß es tatsächlich die frühere Gestalt *geworden* ist. Und das ist vor allem in bezug auf den vorliegenden Kontext, nämlich die Auslegung des positiven Beitrags der reinen Einsicht, zu verstehen. „Damals", als dieses Bewußtsein sich zu entfalten versucht hat, war es vielen Verwicklungen ausgeliefert. Nun aber hat es eine tiefere Freiheit gewonnen und kann diese damalige Gestalt als das „*Resultat erfahren*". (PhG369) Nun kann es verstehen, wie es seitdem seinen Weg gegangen ist.
Es läßt sich aber weiter fragen, warum in der reinen Einsicht wieder eine verwandelte sinnliche Gewißheit vorkommt. Diese Frage verschärft sich, wenn man sieht, daß es sich hier nicht um ein bloßes Wiederherstellen einer früheren Gestalt handelt. Eine Antwort sollte sich aus einer tieferen Beschäftigung mit der Natur der reinen Einsicht selbst ergeben. Auf dieser Stufe ihrer Entwicklung versucht sie, Endlichkeit und Unendlichkeit voneinander fern zu halten. Alle Bestimmtheit gehört allein der Endlichkeit an. Eine Vermittlung beider kommt nicht in Frage. Deswegen hält die reine Einsicht an der „Nichtigkeit alles dessen, was über die sinnliche Gewißheit hinausgeht", fest. (PhG369) Wie Hegel sagt, sie ist zu keinem anderen Beweis der Wahrheit fähig. (Vgl. PhG369) Deswegen ist sie aber nicht zu eliminieren. Trotz ihrer Begrenztheit ist sie fähig, „das *unvermittelte* Fürsichsein des Begriffs selbst als Gegenstand, und zwar in der Form des Andersseins" aufzuzeigen. (PhG369) Anders gesagt, sie kann nach einer einseitigen und groben Weise eine gewisse Dimension des Begriffs spiegeln, nämlich das Anderssein des Begriffs als Gegenstand.
Diese Wahrheit einer Dimension des Begriffs bestätigt die Selbständigkeit des Andersseins. Das ist in bezug auf das Bewußtsein von großer Bedeutung, denn sie befestigt die Selbständigkeit des Bewußtseins und der Individualität. Es ist zugleich eine rückwirkende Bestätigung der enthaltenen Wahrheit der „sinnlichen Gewißheit": „... daß es jedem Bewußtsein *schlechthin gewiß* ist, daß es *ist*, und *andere wirkliche Dinge* außer ihm, und daß es in seinem *natürlichen* Sein, so wie diese Dinge *an und für sich* oder *absolut* ist." (PhG370) Dies ist ein Porträt der Wahrheit der sinnlichen Gewißheit und gleichzeitig ein Porträt des unvermittelten Fürsichseins des Begriffs in der Form des Andersseins. Es bestätigt unsere Interpretation, die die sinnliche Gewißheit nicht als bloße Vorstufe zu wichtigeren Gestalten oder als beliebigen Anfangspunkt betrachtet, sondern auf die implizite, aber noch nicht artikulierte Anwesenheit des Geistes darin hinweist.
Nun werden in der Auslegung der Wahrheit der Aufklärung diese beiden Momente in ihrem Verhältnis zueinander dargestellt. Das ist das Verhältnis der Einzelheit zum absoluten Wesen. Es ist ein Verhältnis von Extremen. Auf der

einen Seite steht die Einzelheit, das einzelne Wesen, das in der Endlichkeit des Andersseins zu Hause ist. Auf der anderen Seite steht das absolute bestimmungslose Wesen. Sinnliche Wirklichkeit wird auf „das Leere" bezogen. Sie können deswegen nicht inhaltlich in Verbindung gebracht werden, sondern nur nach der Form, und zwar deswegen, weil Form „das *an sich Negative*, und darum das sich Entgegengesetzte" ist. (PhG370) Nach ihr ist die Beziehung der Wirklichkeit auf das jenseitige Leere ebensowohl ein *Negieren* als ein *Setzen* der endlichen Wirklichkeit. Hinsichtlich des extremen Ungleichgewichts in der Beziehung zwischen dem leeren Jenseits und der sinnlichen Wirklichkeit erhält die sinnliche Wirklichkeit ihr Vermittlungsrecht nicht. Sie kann deswegen je nach reiner Willkür aufgenommen werden.
Als positiv auf das Absolute bezogen ist die sinnliche Wirklichkeit selbst *an sich*. „Das Absolute macht, hegt und pflegt sie." (PhG370) Als negativ auf es bezogen ist sie nicht an sich, sondern nur *„für ein anderes"*; als solche „ist sie gerade auf ihr Nichtsein bezogen." (PhG370) Beide Weisen sind notwendig, das Positive ebenso wie das Negative. „Alles ist also so sehr *an sich*, als es *für ein anderes ist*, oder alles ist *nützlich*." (PhG370) Damit sind wir bei dem Prinzip, welches die praktische und theoretische Philosophie der Aufklärung charakterisiert.[90] „Alles gibt sich andern preis, läßt sich itzt von andern gebrauchen ... und gebraucht das andre seinerseits." (PhG370) Bemerkenswert in den Beispielen, die Hegel anführt, ist die Reduktion aller spekulativen Inhalte auf menschliche Erfahrung; sie werden alle aus der Perspektive ihrer bloßen Endlichkeit bedacht. Die Form des Absoluten ist leer geworden und darf nach einer willkürlichen Art auf alles und zur Rechtfertigung von allem angewendet werden. Religion zählt dann als das *„Allernützlichste"*. (PhG371)[91] Sie ist zugleich das Bestehen aller Dinge und das Fallen aller Dinge. Bestehend gebraucht sie andere; fallend wird sie von andern gebraucht.
Dem Glauben ist diese positive Wahrheit der Aufklärung nicht viel wert. Plattheiten und ebene Wahrheit bedeuten ihm wenig. Er erfährt, daß ihm Unrecht getan worden ist. Alle seine Momente sind von der Aufklärung verdreht und verkehrt. Das Endliche und das Unendliche werden voneinander gespalten. Der Glaube ist aber ihr gegenüber nicht ganz schutzlos. Er kann sich auf sein göttliches Recht beziehen, „das Recht der absoluten *Sichselbstgleichheit* oder des reinen Denkens." (PhG372) Dagegen bezieht sich die Aufklärung auf ihr Recht der „Ungleichheit". Sie darf alles verändern und verkehren, weil sie als Selbstbewußtsein die Negativität des Begriffs vertritt und aktiv macht; deswegen kann sie auch ihr Gegenteil in sich hineinholen. Dagegen kann der Glaube sich nur auf Bewußtsein stützen. (Vgl. PhG372)
Zwei gleiche Reiche des Geistes entstehen und bleiben einander gegenüber. Die Aufklärung als Selbstbewußtsein hat gegenüber dem Glauben einen ent-

[90] Vgl. Hypollite S. 431.
[91] Vgl. Ch. Taylor 1975, S. 181: „Utilitarianism is therefore the ethic of the Enlightenment.Utilitarianism is an ethic in which acts are judged according to their consequences, that is, their relevance to some extraneous end, hence their usefulness."

scheidenden Vorteil: Sie hat die Kraft der Negativität. Deswegen ist sie in der Lage, die vielen verborgenen Dimensionen einer Sache zu thematisieren und sie einander gegenüberzustellen. Sie kann die Momente einer Erfahrung herausgreifen, miteinander vergleichen und den Prozeßcharakter ihrer Struktur ans Licht bringen. Sie ist weit über die unmittelbare Einfachheit des Glaubens hinaus. Der Glaube beschäftigt sich nur sukzessive mit einem Moment nach dem anderen. Deswegen fallen seine Momente auseinander.[92] Seine jetzige Perspektive läßt es ihn nicht anders sehen. Infolgedessen kommt die Aufklärung, wenn sie ihn angreift, nicht von außen an ihn heran. Sie kennt seine Natur und seinen *Rhythmus*. Sie kann dann genau seine „eigentümlichen Prinzipien" gegen ihn wenden.

Weil der Glaube als Bewußtsein sich nicht thematisiert, bleiben seine Momente für sich liegen. Die Aufklärung nimmt sie auf und zeigt sie ihm. Sie erscheinen ihm damit als ganz anders. Und das ist genau der Punkt. Der Glaube ist sich des Andersseins seiner eigenen Momente nicht bewußt. Interessant hier ist, daß die Andersheit der Momente nur dann erscheint, wenn sie aus dem Getrenntsein gebracht werden und zusammengefaßt werden. Was hier geschieht, ist eine sehr interessante Betrachtung von zweierlei Arten von Präsenz oder Anwesenheit: die einfache, unmittelbare und die thematisierte, in sich vermittelte und sich widersprüchliche.

Trotz ihrer Bemühung um das Thematisieren der Glaubensmomente bleibt die Aufklärung ironischerweise „eben so wenig über sich selbst aufgeklärt." (PhG373) Fälschlicherweise hält sie den Inhalt des Glaubens für das Negative ihrer selbst. Sie erkennt sich aber in diesem Negativen nicht, und kann deswegen beide Gedanken nicht zusammenbringen. Ironischerweise ist eben das, was sie am Glauben verdammt, ihr eigener Gedanke. (Vgl. PhG373) Sie ist selbst die Entgegensetzung beider Momente. Sie ist somit nicht fähig, ihre Einheit als Einheit hervorzubringen. Das gälte als Tätigkeit des Begriffs. Der Begriff entsteht ohnehin, unabhängig von der Begrenztheit der reinen Einsicht. Sie findet ihn nur *vorhanden*. Sie kennt eigentlich nicht die wahre Natur des Begriffs, „daß nämlich das Nichtunterschiedene es ist, was sich absolut trennt." (PhG374) Anders gesagt, der Begriff ist in der Aufklärung als Bewegung am Werke, aber sie ist nicht reif genug, um sich seiner Anwesenheit bewußt zu werden. Glaube ist aber ebenso der Begriff und muß deswegen seine Andersheit, die die reine Einsicht ans Licht gebracht hat, anerkennen.

Die Schutzlosigkeit des Glaubens vor der Aufklärung besteht darin, daß er mit der Darstellung seiner Hauptmomente in ihrer Widersprüchlichkeit nicht zurechtkommen kann. Die Aufklärung „leitet ... die Aufhebung der *gedankenlosen* oder vielmehr *begrifflosen Trennung* ein, welche in ihm (sc. dem Glauben) vorhanden ist." (PhG377) Das ist die Trennung von zweierlei Wahrnehmungen: die eine die des „*schlafenden*", der begrifflosen Gedanken, und die andere, die „des *wachen*, rein in der sinnlichen Wirklichkeit lebenden Bewußt-

92 Die mangelnde Fähigkeit zum Selbstthematisieren beim Glauben entspricht einem mangelnden Integrationsvermögen.

seins, und in jeder führt er (sc. der Glaube) eine eigene Haushaltung." (PhG377) Die Aufklärung faßt beide Welten zusammen. Sie vermischt die Wahrnehmungen und führt damit dem Glauben seine Endlichkeit vor. Dies muß der Glaube schlechthin akzeptieren, weil auch er Selbstbewußtsein ist. Als solches ist er ein untrennbares einfaches Selbst. Ironischerweise ist es die Einheit des Selbst, welche das Aufzeigen dieser Widersprüchlichkeit ermöglicht. Wenn das Selbst keine Einheit wäre, dürften die Momente äußerst entgegengesetzt sein, und dennoch müßte keine Rede von einem Widerspruch sein. Diese Grundeinheit vorausgesetzt, muß der Glaube sich jetzt als eine thematisierte Einheit in Besitz nehmen.

Die Aufklärung zwingt das glaubende Bewußtsein zu einer Selbstrekognition, der es nicht ausweichen kann. Das Positive daran ist, daß es sich dadurch sammeln und vereinigen kann. Das Schwierige daran ist, daß das Element, worin es sich bisher behauptet hat, nun leer geworden ist.[93] Weil dieser Entfaltungsschritt von der Aufklärung ausgeht, gilt die neue thematisierte Einheit des glaubenden Bewußtseins als eine Vereinzelung seiner selbst. Ferner, weil die Aufklärung so negativ gegen die Gegenständlichkeit vorgegangen ist, „ist allenthalben nur einzelnes Wesen entstanden, so daß der Geist nur wesenlose Wirklichkeit von ihm anspricht ..." (PhG378)

Das glaubende Bewußtsein ist nun auf die Begierde nach einer unerreichbaren Unendlichkeit reduziert. Es ist „ein *reines Sehnen*, seine Wahrheit ein leeres Jenseits, dem sich kein gemäßer Inhalt mehr finden läßt, denn alles ist anders verwandt." (PhG378) Der Glaube ist damit der Aufklärung ähnlich geworden; von jetzt an besteht kein großer Unterschied mehr zwischen ihnen. Die Sehnsucht der Aufklärung gibt sich allerdings mit der Gleichzeitigkeit von dieser Sehnsucht des Glaubens zufrieden; der Glaube ist „die *unbefriedigte* Aufklärung." (PhG378) Es läßt sich aber fragen, wie lange die Aufklärung das rein negative Resultat ihrer Wirkung aushalten kann, oder ob sie nicht doch auch ein positives Resultat hervorgebracht hat.

11.2.2.2 Die Wahrheit der Aufklärung: Die echolose Abstraktion. Das abstrakte Denken und das abstrakte Sinnliche treffen sich im falschen Gegensatz

Die weitere Entfaltung dieses Erfahrungswegs ereignet sich durch die Selbstverwirklichung der reinen Einsicht. Als Bewußtsein gewinnt sie eine neue Klarheit über sich. Sie verwirklicht sich, „indem sie das Anderssein oder die Bestimmtheit an ihr setzt." (PhG379) Der weitere Weg wird genau durch die Natur dieses Andersseins bestimmt. Was für ein Anderssein setzt nun die reine Einsicht? Läßt sie ein vielfältiges opakes Anderssein zu, welches ihr gegen-

[93] Vgl. Heinrichs 1974, S. 345: „Während die Aufklärung ihren Widerspruch aber übersteht, weil sie im Elemente der Negativität zu Hause ist, wird der Glaube in seinem Anspruch auf *positive* Inhalte durch das Zutagetreten der Widersprüche zugrunde gerichtet."

überstünde? Keineswegs. Die reine Einsicht hält an ihrer Reinheit fest. Auf die Klarheit und Einseitigkeit dieser Reinheit kommt es hier vor allem an. Die Negativität der reinen Einsicht ist *rein*; sie gilt zugleich als eine *reine* Negation des Begriffs: „und es ist damit das *reine Ding*, das absolute Wesen, das sonst keine weitere Bestimmung hat, geworden." (PhG379) Auf die Ebene des absoluten Begriffs gestiegen, bewegt sich nun die reine Einsicht unter lauter differenzlosen Abstraktionen. Deswegen ist nun das *„reine Denken* als *reines Ding*" zu verstehen. (PhG379) Dieses reine Bewußtsein fällt damit „in die reine Dingheit zusammen." (PhG379) Der Begriff ist sich selbst entfremdet, und die alte Spaltung klafft wieder auf. Das absolute Wesen ist der eine Pol und die empirische Dingheit der andere. Aufklärung befindet sich nun im gleichen Gegensatz wie zuvor der Glaube. Sie hat allerdings durch ihre Erfahrung eine Methode entwickelt, um der begleitenden Aporie, die den Glauben belastet und verletzlich gemacht hat, zu entgehen. Obwohl sie sich in zwei Seiten teilt, teilt sie wieder eine dieser Seiten; damit ist es ihr gelungen, ihr Gegenprinzip in sich zu besitzen. Das bedeutet, daß sie nicht mehr einseitig ist. Weil der Gegensatz nun in die Kontur der eigenen Selbsthaftigkeit fällt, wird die weitere Thematisierung und Entfaltung dieser Gestalt verschärft.

Angenommen, das Wesen kann nur rein sein, weil die überwiegende Neigung dieser Phase der reinen Einsicht zur Reinheit tendiert, dann fragt es sich, wie dieses Wesen im Interesse der weiteren Entwicklung einiges an Unterschieden gewinnen kann, und ferner, wie dies mit dem neuen Umfassensvermögen der Aufklärung in Einklang zu bringen ist. Dieser Schritt vollzieht sich dadurch, daß „ein zweifaches Bewußtsein" des reinen Wesens hervortritt. (PhG380) Die reine Absolutheit dieses Wesens bedeutet, daß sie *jenseits* des endlichen Selbstbewußtseins ist. Der Verknüpfungspunkt besteht hier darin, daß das Jenseits alles andere als erhabene Gleichgültigkeit bedeutet. Das Wesen hat gerade als jenseitig eine Beziehung zum Selbstbewußtsein und sogar eine negative, was in der PhG immer auf Erfahrung und weitere Entwicklung hinweist: „Als *Negatives* desselben ist es auch darauf bezogen." (PhG380) Diese Unterschiede sind zunächst die des sinnlichen Sehens und Schmeckens. In subtiler Weise ist das abstrakte Jenseitige nun das vorhandene Sinnliche geworden. Es wird nun ferner von diesem Sinnlichen abstrahiert. Dies hinterläßt die reine *Materie*: „sie ist vielmehr die *reine Abstraktion*; und dadurch ist das *reine Wesen des Denkens*, oder das reine Denken selbst vorhanden, als das nicht in sich unterschiedene, nicht bestimmte, prädikatlose Absolute." (PhG381) Damit hat diese Phase der Aufklärung den Zirkel vollständig durchlaufen. Das Wesen hat nun Unterschiede gewonnen und damit auch eine innere Entsprechung zu jeder der „beiden Seiten" der einen Aufklärung.

„Die eine Aufklärung nennt das absolute Wesen jenes prädikatlose Absolute, das jenseits des wirklichen Bewußtseins im Denken ist, ... die andere nennt es *Materie*." (PhG381) Hegels tiefgreifende Einsicht besteht darin, daß diese beiden Extreme eigentlich einander völlig ähnlich sind. Wie befinden sie sich dann hier als Extreme? Der Grund dafür ist allein in ihren verschiedenen Ausgangspunkten zu suchen: dem reinen Denken und dem Sinnlichen. Es läßt sich aber in diesem Kontext weiter fragen, wie solche Ausgangspunkte, die unausweichlich in diese Extreme führen müssen, überhaupt zur Verfügung stehen können. Die Antwort darauf ist die Spaltung zwischen dem Endlichen und dem Unendlichen, oder anders gesagt, es ist die Homogenisierung der Verschiedenheit, die solche scheinhaften Extreme aufkommen läßt. Diese Homogenisierung vollzieht sich unter dem Reinheitszwang, der in der Aufklärung vorherrscht. Eine solche Verkürzung und Reduktion der Verschiedenheit verhindert und verdrängt die Gegenseitigkeit von Anwesenheit des Geistes und Selbstpräsenz des Bewußtseins. Hegel selbst spricht genau dies aus, wenn er von dem Ergebnis der Reinigung dieser Extreme redet: „das fehlende Moment der *Gegenwart* wäre gewonnen." (PhG381) In der Tat aber fehlt dieses Moment der Gegenwart, weil die Extreme des abstrakten Deismus und des abstrakten Materialismus tote Extreme sind. Sie sind zur Selbstdifferenzierung unfähig und bleiben deswegen erfahrungsunfähig und geschichtslos. „Wenn sie als *Natur* und Geist oder *Gott* unterschieden würden, so würde dem bewußtlosen Weben in sich selbst, um Natur zu sein, der Reichtum des entfalteten Lebens fehlen, dem Geiste oder Gotte das sich unterscheidende Bewußtsein." (PhG381)

Diese Extreme haben sich als die beiden abstrakten Betrachtungsweisen des Wesens ergeben. Gerade wegen dieses gemeinsamen Abstrahierens befinden sie sich nun in eins. Als dieses reine Denken wären sie in eine tote Ruhe geraten. Entscheidend an dieser Stelle ist, daß dieses Bewußtsein nunmehr eine Differenziertheit gewinnen will, die mehr als abstrakt sein soll. Dies ist nur durch Bewegung zu erreichen: „weil sie selbst nur Bewegung ist, indem sie ihre Momente unterscheidet." (PhG382) Im Interesse dieser Beweglichkeit wird das Abstrakte verlassen, und der Akzent wird nun völlig auf die Unterschiedlickeit der Momente gelegt. Ihre Einheit interessiert nicht mehr, weil sie nur dem abstrakten unlebendigen Bereich des „reinen Seins" angehört. Es ist wichtig zu sehen, daß dieser Versuch der reinen Einsicht, in den Bereich des Wirklichen einzuschreiten, einen gespaltenen Ausgangspunkt hat. Ihre unmittelbare Konzentration auf inhaltliche Unterschiedenheit zur Vernachlässigung der Form ist verständlich, wenn man sich vor Augen hält, daß die reine Einsicht ein langes Exil in der echolosen Abstraktion durchgemacht hat. Der Unterschiedenheit die sie nun gewinnt, fehlt eine echte Selbsthaftigkeit. Die Momente wechseln zwischen Ansich-, Füreinandres- und Fürsichsein, sind aber von der Selbstansammlung abgehalten. Die reine Einsicht hat nun endlich die *Wirklichkeit* für ihren Gegenstand, aber unter der Form der *„Nützlichkeit"* .(PhG382)

In der Nützlichkeit realisiert die reine Einsicht sich selbst, sie hat sich selbst für ihren Gegenstand. Von der endlosen Sehnsucht nach dem Jenseits und der Leere befreit, ist sie nun erleichtert. Für sich genommen aber ist die reine Einsicht „die sich selbst gleiche reine Persönlichkeit, so sich in sich unterscheidend, daß jedes der Unterschiedenen ... unmittelbar nicht unterschieden ist." (PhG383) Und die Attraktion, die die Nützlichkeit als ihren besonderen Gegenstand für sie hat, läßt sich dadurch erklären, daß sie sich als eine solche unstabile Unterschiedenheit in der Nützlichkeit widergespiegelt findet. Keines der Momente in der Nützlichkeit ist für sich selbständig; sie verschwinden alle. Die Nützlichkeit drückt also eine ständige Übergangsdynamik aus, die in sich keine Einheitlichkeit hat. Die Momente haben eine Kontinuität, die keine Entwicklung impliziert. Obwohl ihr Bestehen also nur ephemer ist, erhält die Einsicht den Eindurck eines wirklichen Bestehens. „Diese Natur der reinen Einsicht in der *Entfaltung ihrer Momente* oder sie als *Gegenstand* drückt das Nützliche aus. Es ist ein *an sich* Bestehendes oder Ding, dies Ansichsein ist zugleich nur reines Moment." (PhG383)

Das Nützliche ist nicht einfach die reine Einsicht selbst. Es drückt sie zwar aus, ist aber ihre *Vorstellung* oder Gegenstand. Diese gewisse Distanz zwischen ihnen verschafft der reinen Einsicht eine positive Gegenständlichkeit. Daß sie überhaupt eine Gegenständlichkeit nötig hat, und ausgerechnet eine dinghafte, verrät, wie weit sie sich noch entwickeln muß, um zu sich zu kommen. Die Gegenständlichkeit des Nützlichen ist nahezu selbständig: „das Moment des *Fürsichseins* ist wohl an dem Nützlichen, aber nicht so, daß es über die andern Momente, das *Ansich* und das *Sein für Anderes, übergreift*, und somit das *Selbst* wäre." (PhG383) In bezug auf den Personbegriff wird uns hier indirekt eine Einsicht in die intensive Selbstdifferenzierung, Selbstverwandlung und Selbstansammlung der erfahrenden personalen Selbstheit vermittelt. Gerade weil das volle Fürsichsein noch fehlt, kann die reine Einsicht das Nützliche funktionell als ihren Gegenstand gebrauchen; diese Widerspiegelung verleiht ihr die Gewißheit, daß sie wirklich ist, und darum geht es hier vor allem. Wenn diese Gegenständlichkeit selbständig wäre und die reine Einsicht zu sich gefunden hätte, wäre der Raum für die Rekognition der Affinität und des vermittelten Gleichgewichts der Verschiedenheit frei. Aber für dieses Bewußtsein ist das noch nicht der Fall: „es ist noch nicht zu der *Einheit* des *Seins* und des *Begriffs* selbst gekommen." (PhG384)

Gegen die größere Perspektive der gesamten Entfaltung der Geistgestalt fragt es sich, was nun mit der Bewegung der Nützlichkeit und der reinen Einsicht geleistet worden ist. Kurz zusammgefaßt, ist das Ergebnis der Entfaltung der Welt der Bildung, der ersten Welt des Geistes, daß das Selbstbewußtsein nur die Eitelkeit seines Gegenstandes erlebte. Es entdeckt, daß seine Wahrheit über seine Wirklichkeit hinaus war.[94] Als Dasein des Geistes war es zerstreut. Die zweite Welt des Geistes war die des Glaubens. Sie hat zwar eine wahre Wirklichkeit, aber diese war allein im Jenseits zu finden. Dies hat gegen die Gewißheit dieses Selbstbewußtseins verstoßen. Beide Welten leiden an Unvollkommenheit. „Dem Reiche der Wahrheit des *Glaubens* fehlt das Prinzip der *Wirklichkeit* oder Gewißheit seiner selbst als dieses *Einzelnen*. Der Wirklichkeit aber oder Gewißheit seiner selbst als dieses fehlt das Ansich." (PhG385) Der Konflikt in jeder der beiden Welten ist das sich ergebende Ungleichgewicht zwischen Einzelheit bzw. Individualität und der Allgemeinheit. Der Fortschritt beim Nützlichen ist das Wiederherstellen dieses Gleichgewichts. „In dem Ge-

[94] Dazu vgl. Hypollite S. 438.

genstand der reinen Einsicht sind beide Welten vereinigt. Das Nützliche ist der Gegenstand, insofern das Selbstbewußtsein ihn durchschaut und die *einzelne Gewißheit* seiner selbst, seinen Genuß (sein *Fürsichsein*) in ihm hat." (PhG385) Die Welt des Nützlichen ist dann die Vollendung aller bisherigen Phasen des Geistes; und in ihr sind nun „*Wahrheit*, wie *Gegenwart* und *Wirklichkeit* vereinigt ..." (PhG385)

11.2.2.3 Die absolute Freiheit und der Schrecken: Der leere Tod als Kulmination und Verkehrung der Entfremdung

Obwohl das Bewußtsein die benötigte Gegenständlichkeit durch das Nützliche gewonnen hat, bestand eine gewisse Distanz zwischen ihnen. Das Bewußtsein schließt nun diese Distanz. Weil es durch das Nützliche seine Gewißheit vergrößern konnte, übernimmt es nun für sich die Welt des Nützlichen. Es schließt seine Gegenständlichkeit in sich selbst ein. Anstatt sie weiter zur eigenen Selbständigkeit aufblühen zu lassen, entleert es diese Gegenständlichkeit. Es macht sie zum reinen Abstrakten. Es erkennt, daß ihr „*Ansichsein* wesentlich *Sein für anderes* ist; das *Ansichsein* als das *Selbstlose* ist in Wahrheit das *Passive*, oder was für ein anderes Selbst ist." (PhG386) Nun entsteht ein Erfahrungsgegensatz, der eigentlich ganz einseitig ist. Auf der einen Seite steht die auf eine selbstlose Passivität reduzierte Gegenständlichkeit. Dagegen entwickelt sich die reine Einsicht auf der anderen Seite zum allgemeinen Subjekt: „es ist der reine Begriff, das Schauen des Selbsts in das Selbst, das absolute *sich selbst* doppelt Sehen; die Gewißheit seiner ist das allgemeine Subjekt und sein wissender Begriff das Wesen aller Wirklichkeit." (PhG386) Damit hat das Bewußtsein den Schritt zu einer neuen Allgemeinheitsebene vollzogen. Die Sprache erinnert hier an die Allgemeinheit, die in der Vernunftgestalt vorkam. Hier ist allerdings das Niveau ein anderes. Die Art und Weise, wie sich die Erfahrung seither fortentwickelt hat, führt dazu, daß wir es nun mit einer völlig konkreten und verwirklichten Erfahrungskonstellation zu tun haben, die mit Geschichte und Sozialität eine direktere Verbundenheit aufweist.
„Hiemit ist der Geist als *absolute Freiheit* vorhanden." (PhG386) Diese ist weder eine reine abstrakte noch eine rein gesellschaftliche bzw. geschichtliche Freiheit. Vielmehr schließt sie Substanz und Wirklichkeit in sich ein. Die Gewißheit dieses Selbstbewußtseins hat sich so erhöht, „daß Wesen und Wirklichkeit das Wissen des Bewußtseins von *sich* ist." (PhG386) Nichts Opakes bleibt zurück. Dieses Selbstbewußtsein erfährt keinen Widerstand; es ist absolut frei. Zwischen der eigenen Absicht und der Natur der Wirklichkeit besteht weder Distanz noch Differenz. Konkreter gesagt, haben Wirklichkeit und alle darin enthaltenen Selbstbewußtseine einen gemeinsamen Inhalt. Genau deswegen kann Hegel die Idee des Willens und das Bewußtsein hier so leicht miteinander verknüpfen. „Denn der Wille ist an sich das Bewußtsein der Persönlichkeit oder eines Jeden, und als dieser wahrhafte wirkliche Wille soll er sein; als *selbst* bewußtes Wesen aller und jeder Persönlichkeit ..." (PhG387) Indem die-

se reine Einsicht sich als Bewußtsein überall eingeschlichen hat, ist die Wirklichkeit bis ins Mark von ihrer Negativität durchdrungen. Deswegen kommt sie in dem allgemeinen Willen direkt zum Ausdruck. „Diese ungeteilte Substanz der absoluten Freiheit erhebt sich auf den Thron der Welt, ohne daß irgend eine Macht ihr Widerstand zu leisten vermöchte." (PhG387) Der Wille der einzelnen Individualität kann keinen Widerstand mehr leisten, weil sein Bewußtsein bereits von der reinen Einsicht ergriffen ist. Das Sicheinschleichen der reinen Einsicht findet nunmehr sein Ergebnis in dem *Monorhythmus* des konkreten allgemeinen Willens. Der Zweck, die Sprache und das Werk des „einzelnen Bewußtseins" sind völlig im *Rhythmus* mit dem Pulsschlag des Allgemeinen. Alle Differenz wird ausgeschlossen oder genauer: homogenisiert. Hegel spricht von „dem Leichname der verschwundenen Selbständigkeit des realen ... Seins." (PhG388) Alle echte Individualität ist verschlungen. Das einzelne Bewußtsein „macht ... also nichts Einzelnes." (PhG388)
Diese Allgemeinheit ist nur die in sich verschlossene „Wechselwirkung des Bewußtseins mit sich selbst ..." (PhG3887) Wegen dieser Introvertiertheit läßt sie keine Individualität Gestalt gewinnen. Deshalb kann sie auch kein positives oder kreatives Werk hervorbringen. Trotz ihrer Sammlung ist diese Allgemeinheit paralysiert. Wie aber läßt sich die Verschiedenheit derartig verdrängen? Wie können Bewegung und Differenz hier wieder aktiviert werden? Hegel zeigt sehr treffend, wie sich der Widerstand der Differenz aus dem platten Verdrängten erhebt. Wie ist es möglich, daß die Differenz sich nun plötzlich zu erheben versucht und sich in der Tat erheben kann? Nach Hegel ist dies auf die Natur der Selbstheit zurückzuführen. Das Selbst läßt sich nicht endgültig verdrängen. Das zurückgetriebene Selbst macht nun offenkundigen Anspruch auf seine Eigentlichkeit geltend, es erhebt sich und kann damit durch die Verkrustung der Anonymität und der Abwesenheit durchbrechen, welche diese Allgemeinheit in sich ist: „denn wobei das Selbst nur *repräsentiert* und *vorgestellt* ist, da ist es nicht *wirklich*; wo es *vertreten* ist, ist es nicht." (PhG389)
Der Impuls zum nächsten Entfaltungsmoment stammt aus der Anonymität dieser eindimensionalen Allgemeinheit. Innerhalb einer solchen Allgemeinheit ist der Individualität keine Selbstpräsenz oder Selbstrekognition mehr möglich. „Wie in diesem *allgemeinen Werke* der absoluten Freiheit als daseiender Substanz *sich* das einzelne Selbstbewußtsein *nicht findet*, ebensowenig in eigentlichen *Taten* und *individuellen* Handlungen ihres Willens." (PhG389) Ironischerweise wird gleichzeitig mit diesem Erlebnis der verlorenen Anonymität in der Allgemeinheit das Bedürfnis zur individuellen Tat geweckt. Dazu muß die Allgemeinheit sich in einer Individualität zusammennehmen, wodurch aber die anderen Individualitäten ausgeschlossen werden; und die Tat wäre nicht allgemein. Hegels Beurteilung dieser Allgemeinheit, die sich als Freiheit ausgibt, ist sehr hart: „kein positives Werk noch Tat kann also die allgemeine Freiheit hervorbringen; es bleibt ihr nur das *negative Tun*; sie ist nur die *Furie* des Verschwindens." (PhG389) Einseitig, anonym und in sich gefesselt erzeugt diese Allgemeinheit absolut nichts. Sie ist eine leere, tote und fruchtlose Stille. Weil sie zu keiner Entfaltung oder Entwicklung fähig ist, wird sie zum

Opfer des Verschwindens. Das, was ist, verliert sie, weil sie es nicht zu verwandeln weiß.
Diese konsequente Entleerung der Verschiedenheit kulminiert im Schrecken vom sinnlosen Töten. „Das einzige Werk und Tat der allgemeinen Freiheit ist daher der Tod, und zwar ein Tod, der keinen inneren Umfang und keine Erfüllung hat, denn was negiert wird, ist der unerfüllte Punkt des absolut freien Selbst; er ist also der kälteste, platteste Tod, ohne mehr Bedeutung als das Durchhauen eines Kohlhaupts oder ein Schluck Wassers.“ (PhG390)[95] Das Resultat dieses Schreckens ist die Erkenntnis, daß Freiheit nicht unmittelbar bestehen darf, sondern vermittelt werden muß. Gerade dann ergibt sich aus diesem entsetzlichen geistlosen Extrem eine neue Art von Selbst, ein Selbst, in dem die entleerende Distanz zwischen Allgemeinheit und Individualität, die zum geistlosen Töten geführt hat, nicht mehr vorkommen kann. „Die absolute Freiheit hat also den Gegensatz des allgemeinen und einzelnen Willens mit sich selbst ausgeglichen; der sich entfremdete Geist, auf die Spitze seines Gegensatzes getrieben, in welchem das reine Wollen und das rein Wollende noch *unterschieden* sind, setzt ihn zur durchsichtigen Form herab, und *findet darin sich selbst.*“ (PhG394) Diese ganze Entfremdungsphase hat zwei Ergebnisse: Die Logik der Entfremdung hat zur äußersten Entfremdung, nämlich zum *Nutzen* des Todes als endgültiger Flucht vor der Verantwortung für die Andersheit geführt. Nun entfremdet sich aber dieses äußerste entfremdete Moment, und zwar vom tiefsten Innern.

11.3 Der sich seiner selbst gewisse Geist: Die Moralität als Artikulation und Vertiefung der Gewißheit

Der sich seiner selbst gewisse Geist ist der Geist, der sich zum Selbstwissen erhoben hat. Dieser Geist wird sich eine neue Unmittelbarkeit durch sein Handeln und seine Kreativität gewinnen. Sein Auftritt in dieser Gestalt bringt ein neues Entfaltungsvermögen und eine neue Herausforderung mit sich und ist vor allem im Kontext seiner bisherigen Erfahrung zu sehen. Diese neue Gestalt der Moralität ist mit den früheren Gestalten kontinuierlich verbunden und wächst aus ihnen empor.
Die Wahrheit der sittlichen Welt hat sich als das einzelne Selbst herausgestellt. Die Substanz dieser „Person des Rechts“ blieb aber außerhalb dieser Welt. Diese „Abstraktion der Person“ wurde dann in der Welt der Bildung und des Glaubens aufgehoben. Ferner wurde dann diese Substanz durch die äußerste Entfremdung zum „*allgemeinen Willen*“ und endlich zum Eigentum des Geistes. (PhG394) Den ganzen Weg hat der Geist durchlaufen, um hierher zu sich kommen zu können. Auf dieser Ebene wird dem Selbstbewußtsein eine neue

[95] Vgl. dazu Heinrichs 1974, S. 354: „Es ist überdeutlich, daß die absolute negative Freiheit sich im Anderen ihrer selbst, in der getöteten Freiheit, selbst negiert und in diesem Tod ihren Widerspruch *vergegenständlicht.*“

Erfahrung der Integration ermöglicht. Seine lange quälende Spaltung ist geheilt worden. Der Gegensatz im Bewußtsein zwischen der Gewißheit seiner selbst und des Gegenstandes ist überwunden. Das war bisher ein Kernproblem des Bewußtseins. Endlich ist hier das Wissen seiner Wahrheit gleich geworden. Für das Bewußtsein „ist der Gegenstand ihm selbst die Gewißheit seiner ... das Wissen." (PhG394) Seine Gewißheit ist dementsprechend reines Wissen geworden.[96] Infolgedessen kann behauptet werden: „Das Wissen ist ihm also die *Substanz* selbst." (PhG395) Das intime Ineinssein von Wissen und Selbstgewißheit bedeutet, daß dieses Bewußtsein seine Substanz in sich hat. Dies ist ein großer Fortschritt über Sittlichkeit, Bildung und Glauben hinaus. Dort bringt die Äußerlichkeit der Substanz die schmerzhafteste Abwesenheit des Geistes, die eigene Zerstreutheit und das Verlorensein des Bewußtseins mit sich. Dieses Wissen ist dann gleichzeitig unmittelbar und vermittelt. Es ist unmittelbar, weil es direkt seine Pflicht weiß und tut. Das „Soll" ist nicht von außen an es herangetragen.[97] Vielmehr stammt das „„Soll" von Innen, von der Natur dieses Selbstbewußtseins selbst. Die Distanz und Äußerlichkeit, die in der Welt der Entfremdung vorherrschend waren, haben hier keine Kraft. Dieses moralische Bewußtsein ist differenziert und entgeht der Einseitigkeit, die dem sittlichen Bewußtsein wegen seiner Unmittelbarkeit angehaftet hat, es ist ferner vielseitig, hat also einen Überblick und ist deswegen nicht Charakter.
Es ist absolute Vermittlung, indem es die Abstraktion des unmittelbaren Daseins aufheben will.[98] Im Gegensatz zur Bildung und zum Glauben vollzieht es dies weder durch Entfremdung noch durch Flucht.[99] Es muß nicht so vorgehen, weil es in sich gesammelt und integrierter ist als sie. „Sondern es ist sich *unmittelbar* in seiner Substanz *gegenwärtig*" (PhG395) Seine Selbstpräsenz ist intensiv und ausgedehnt. Diese Vertiefung enthält gleichzeitig seine gewesenen Erfahrungen und deren Aufhebung. Dieses Selbstbewußtsein ist aber nicht mehr auf die Grenzen seiner früheren Momente beschränkt. Es ist über sie hinausgekommen; es hat sich weiter entfaltet und tiefer thematisiert. Es besitzt somit eine Unmittelbarkeit besonderer Art. Seine Unmittelbarkeit ist auf der einen Seite seine Wirklichkeit. Denn das Unmittelbare ist das *Sein* selbst, was bedeutet, daß seine eigene Wirklichkeit in der Tat alle Wirklichkeit ist. Auf der anderen Seite aber wirkt die absolute Negativität seitens der Vermittlung auf diese Unmittelbarkeit, was zur Folge hat, daß dieses Selbstbewußtsein das Sein überhaupt ist, d.h. *alles* Sein.

[96] Vgl. Heinrichs 1974, S. 359: „Das Selbstbewußtsein entdeckt sich als den *Grund* seiner Welt ..."

[97] Zum Unterschied zwischen Kant und Hegel in dieser Hinsicht vgl. Marquard S. 112: „Hegel aber kritisiert die transzendentalphilosophische Weigerung, die freiheitsbetreffenden Zwecke an den Realisierungsprozeß ihrer Vermittlung und damit das Sollen an die Wirklichkeit zu binden."

[98] Die Unmittelbarkeit ist Abstraktion, weil sie noch nicht entfaltet und thematisiert ist. Diese Abstraktion ist dann nicht so sehr das Resultat eines Abstraktionsprozesses als vielmehr die Vorstation eines Vermittlungsprozesses.

[99] Die alten Gewohnheiten werden nicht wiederholt.

Das absolute Wesen ist auch das einfache Wesen des Denkens, weil es alle Wirklichkeit ist. Und der Schlüssel dazu ist, daß diese Wirklichkeit nur als Wissen *ist*. Dieses Wissen ist nicht die isolierte Einsicht eines empirischen Einzelnen noch ist es ein faktisches Wissen von neutralen Objekten. Vielmehr ist es ein personales Wissen, ein Wissen, in dem Allgemeinheit und Individualität aktiv aufeinander bezogen sind. Die Feinheit und Kraft dieses Wissens liegt also in seiner Natur als Beziehung, wobei Beziehung nicht als eine einfache Linie oder Brücke zwischen zwei Gegenständen oder Individuen zu verstehen ist; vielmehr ist Beziehung das Lebensgewebe des Wesens. Die Abstraktionen des unmittelbaren Daseins können nicht mehr von der Einheit und von der vermittelten Anwesenheit der Wirklichkeit ablenken. Als wirkliches Wissen ist das Bewußtsein auf alles bezogen, sonst wäre es vereinzelt, weil „was das Bewußtsein nicht wüßte, hätte keinen Sinn und kann keine Macht für es sein." (PhG395) Das Wissen dieses Bewußtseins als Allgemeines ist grenzenlos.[100] Darin besteht die Freiheit dieses Bewußtseins. „Es ist absolut frei darin, daß es seine Freiheit weiß, und eben dies Wissen seiner Freiheit ist seine Substanz und Zweck und einziger Inhalt." (PhG395) Das Wissen von seiner Freiheit macht seine Freiheit aus.[101] Dieses Wissen ist keine beliebige, zufällige Sache, sondern sehr umfassend und enthält eine ungeheure Bestimmungskraft.
Mit dem Abschied von den verschiedenen Formen der Entfremdung ist eine neue Ebene des Personwerdens erreicht. Ohne die Entfremdung wäre dies sicherlich nicht möglich gewesen. Nun kann aber die Fülle der Einheit der Individualität und der Allgemeinheit ans Licht kommen. Die Substanz dieser Einheit ist weder Substrat noch äußerlich, sondern durch den Erfahrungsweg ist ihre differenzierte Selbsthaftigkeit immer weiter ans Licht gekommen. Nun ist sie als intimstes Wissen des Bewußtseins und der Wirklichkeit und als Freiheit zum Tun explizit geworden. Personsein selbst ist diese Vermittlung.

11.3.1 Die moralische Weltanschauung: Verstandesrelikte. Der Konflikt zwischen Natur und Moralität

In seiner Betrachtung der moralischen Weltanschauung als Gestalt nimmt Hegel die kantischen Voraussetzungen von Moralität in bezug auf Natur und Freiheit, Pflicht und Wirklichkeit auf und überschreitet sie. Das moralische Bewußtsein ist noch nicht *als* Bewußtsein gesetzt. Es muß handeln und sich selbst

[100] Im Anschluß an Klaus Hartmanns These, daß Transzendentalphilosophie schlechthin als Begründungsphilosophie verstanden werden soll, interpretiert Heinrichs diese neue Ebene als transzendentalphilosophisch; vgl. Heinrichs 1974, S. 360. Unsere Interpretation der PhG will das Gegenteil beweisen, nämlich daß im Gegensatz zu der Artikulation des Begründetseins, welche ein Personbegriff als Vermittlung ermöglicht, die transzendentalphilosophische Begründung sich als leere, abstrakte Begründung erweist.
[101] Vgl. Hypollite S. 455: „Cette liberté est essentiellement une *libération*; elle est donc à la fois immédiate et médiate."

setzen. Dies ist problematisch, weil die Pflicht, die es als sein Wesen weiß, keine fremde Form für das moralische Bewußtsein haben darf. Deswegen hat es große Schwierigkeiten, einen möglichen Gegenstand zu profilieren. Das wird dadurch verschärft, daß das mögliche Anderssein eines Gegenstandes schon vom Selbst durchdrungen ist.[102] Moralisches Selbstbewußtsein scheint somit in seinem eigenen Kreis gefangen zu sein. Ein Ausweg eröffnet sich nur desswegen, weil das Selbstbewußtsein wesentlich Vermittlung ist. Vermittlung bedeutet Negativität und so die Beziehung zum Anderssein. (Vgl. PhG396) Mit dem Anderssein erschließt sich aber die Möglichkeit eines Setzens, und infolgedessen kann mit der Bewegung der Erfahrung, wenn auch nur langsam, wieder angefangen werden. Denn es fällt dem moralischen Selbstbewußtsein, insofern es einseitig auf Pflicht gerichtet ist, schwer, sich in ernsthafte Beziehung zum Anderssein zu begeben. Es bleibt verschlossen und verweilt in der ihm gegenüberstehenden Indifferenz. Solchermaßen freigelassen entwickelt sich aber das Anderssein zur „eignen Individualität in sich vollendete Welt, ein selbständiges Ganzes eigentümlicher Gesetze ..." (PhG396) Es ist eine *Natur*, die sich nunmehr dem moralischen Selbstbewußtsein gegenüber genauso indifferent verhält.

Das vernachlässigte Anderssein wächst und vertieft sich weiter. Nach und nach wird es zum Fremden, mit dem sich das moralische Selbstbewußtsein auseinandersetzen muß. Nun werden Moralität und Natur einander zu Extremen. Auf der einen Seite ist die Natur völlig unabhängig und gleichgültig der Moralität gegenüber. Auf der anderen Seite aber betrachtet die Moralität die Natur als unselbständig und unwesentlich. Eine solche Betrachtung zeigt aber mehr als eine Gleichgültigkeit auf; sie sind ineinander verwickelt. Für sie zählt allein die Pflicht. Die Herausarbeitung dieser Beziehungsmomente macht den Inhalt dieser Gestalt der moralischen Weltanschauung aus.

Um sich zu verwirklichen, muß das moralische Selbstbewußtsein seine Pflicht tun. Aber gerade im Tun wird es hart mit der Indifferenz der Natur, des Daseins konfrontiert. Als das Draußen kann die Natur das Auskommen seines Tuns bestimmen. Ferner ergibt es sich, daß die Pflicht, welche der Zweck der Moralität ist, notwendigerweise das einzelne Selbstbewußtsein mit seinem Wissen und seiner Überzeugung in sich miteinschließt. Es handelt sich um die Verwirklichung des einzelnen Selbstbewußtseins – die konkrete Erfüllung der Pflicht im Tun, die Realisierung des Begriffs der Moralität. Natürlich gerät die Seite der Natur ins Zentrum der Problematik, wenn ein solch hoher Wert auf die Individualität gelegt wird. Nur in ihr als Element ist der Zweck ausführbar. Sie sollte eins mit dem moralischen Zweck sein. Hier ist eine Harmonie notwendig. Sie wird gesetzt und ist nicht gefordert, weil das gegen die Wirklichkeit bzw. die umfassende Präsenz des Begriffs verstoßen würde. Anders gesagt: Es würde bedeuten, daß die Harmonie beider nicht in dem Begriff der Moralität selbst enthalten wäre. Aber das ist sie. Der wahre Inhalt des Begriffs

[102] Vgl. Flay 1984, S. 209: „... for the moral *knowledge* of the world and the world as moral *object* is precisely the object or substance of the moral knowledge of that world."

der Moralität ist „die *Einheit* des *reinen* und *einzelnen* Bewußtseins." (PhG398) Es ist Sache dieses einzelnen Bewußtseins, daß diese Einheit für es Wirklichkeit sei bzw. wird. Die Einheit beider ist keine beliebige, kontingente Sache, sondern eine Forderung und Voraussetzung der Vernunft selbst.

Wie immer auf dem Entfaltungsweg des Bewußtseins verkompliziert sich die Sache rasch. Die Natur ist nicht mehr eine einfache Äußerlichkeit. Es ergibt sich, daß die Natur als zufällig und sinnlich in der Tat nichts anderes als die eigene Natur dieses Bewußtseins selbst ist. Hiermit öffnet sich wieder die Distanz zwischen der reinen und der sinnlichen Seite des Bewußtseins.[103] Es ist besonders für dieses einseitige, auf Pflicht fixierte Bewußtsein, das mit dem Anderssein und der Zufälligkeit der Natur gar nicht in Berührung kommen wollte, eine demütigende Enthüllung. Dem Bewußtsein als sinnlichem wohnen Triebe und Neigungen der Natur inne. Es hat dann seine Einzelzwecke. Von seiten der reinen Dimension des Bewußtseins aus ist aber eine Einheit zwischen dem Bewußtsein und der Sinnlichkeit bereits vorhanden.[104] Die Schwierigkeit ist allerdings, daß *als* Bewußtsein der Gegensatz beider den Vorrang hat. Vernunft will, daß die Einheit beider konkret ans Licht kommt. Sie muß nicht unmittelbar sein, sondern eine Einheit, die aus dem Gegensatz hervorgeht, eine Einheit als *Vermittlung*. Diese Vermittlung ist der wirklichen Moralität wesentlich. Sie ist eine Gegensatz-Einheit, „wodurch das Selbst Bewußtsein oder erst wirkliches und in der Tat Selbst und zugleich Allgemeines ist …" (PhG399)

Bewußtsein selbst muß diese Harmonie schaffen, immer daran arbeiten und Fortschritte machen. Es kann keine Rede von der Abschaffung der Sinnlichkeit sein. Das wäre wirklichkeitsfremd und verstieße schließlich gegen die Moralität selbst. Ohne das Beibehalten der Sinnlichkeit wäre die vermittelnde Einheit der Moralität nicht durchführbar. Infolgedessen enthüllt sich Moralität als eine Aufgabe, die immer auf weitere Verwirklichung und Harmonie aus ist, d.h. die immer noch zu vollenden ist. Auf der anderen Seite wäre allerdings eine vollendete Moralität ein Unbegriff: „Denn die *Moralität* ist nur moralisches *Bewußtsein* als das negative Wesen …" (PhG399) Deswegen ist Pflicht hier methodisch so überwiegend wichtig, weil ihre Vollendung immer wieder ins Unendliche hinausgeschoben werden kann. Sie soll dieses Bewußtsein immer weiter vorwärts ziehen. Damit kann die Behauptung der Vollendung und ihres Ausbleibens gleichzeitig gelten.

Es sind nun zwei Endzwecke vorgestellt: erstens der Endzweck der Welt als einer Harmonie von Moralität und gegenständlicher Natur; zweitens der Endzweck des Selbstbewußtseins als einer Harmonie von Moralität und sinnlichem Willen. (Vgl. PhG400) Die zwei Extreme finden durch das wirkliche moralische Handeln eine Mitte. In dieser Wirklichkeit werden ihre Momente

[103] Ch. Taylor 1975, S. 191 verweist auf die Hegelsche Kritik der Kantischen Verstandesreflexion; die Spannung dieser Phase ist sicherlich darauf zurückzuführen.

[104] Vgl. Heinrichs 1974, S. 368: „Hegel stellt dieses Postulat vor, nämlich Freiheit als Einheit von Sittlichkeit und Glückseligkeit …"

aus der Abstraktion zur Konkretisierung kommen. Als Bewußtseine werden die Seiten so vorkommen, daß „jede als die *Andre* den *Andern* auftritt." (PhG400) In dieser Harmonie konfrontieren sie sich miteinander nun konkret. Die Natur des Bewußtseins ermöglicht eine selbsthafte und wirkliche Einheit in Konfrontation.

Das moralische Bewußtsein weiß und will nur die reine Pflicht. Es ist bezüglich dessen sehr einfach. Im Tun muß es sich allerdings auf die Kompliziertheit eines Falles einlassen. Viele und verschiedene Gesetze und Pflichten werden damit aktiviert und tauchen zusammen auf. Moralisches Bewußtsein ist ihnen gegenüber gleichgültig, weil es auf reine Pflicht fixiert ist. Ein anderes Bewußtsein aber hat eine wesentliche Beziehung zu ihnen.[105] Und infolgedessen sind die vielen konkreten Pflichten und der bestimmte Inhalt für dieses von großer Geltung. Damit ist die implizite Harmonie der Moralität und der Natur als Bewußtsein gesetzt. (Vgl. PhG401) Die reine und die bestimmte Pflicht sind durch das Auftreten eines anderen Bewußtseins miteinander vermittelt.

Dieses andere moralische Bewußtsein verkörpert die Einheit der reinen und der wirklichen Pflichten; „... in der wirklichen Handlung verhält sich (sc. dennoch) das Bewußtsein als dieses Selbst, als ein vollkommen einzelnes." (PhG401) Es will etwas Bestimmtes tun. Es sieht die reine Pflicht außerhalb von sich. Weil es sich dessen bewußt ist, hält es sich nur für ein zufälliges sinnliches Bewußtsein. Seine Glückseligkeit kann es deswegen nicht selbst vollbringen, sondern erwartet sie von draußen, wie Gnade als Geschenk. Trotz seiner Unvollkommenheit weiß es immer noch die Pflicht als Wesen, weil in ihm das reine Wissen und der Wille darauf verweisen. Dadurch kann die Wirkung des absoluten Wesens in diesem Kontext ans Tageslicht kommen. Obwohl dieses absolute Wesen selbst im Jenseits ist, unterstützt es dieses unvollkommene Bewußtsein: Es erteilt ihm Glückseligkeit nach seiner Würdigkeit und nach seinem Verdienst.

Das absolute Wesen scheint hier aber eher eine Projektion dieses moralischen Bewußtseins zu sein, um die innere Widersprüchlichkeit zwischen der Moralität und der Natur bzw. der reinen Pflicht und der Vielheit von Pflichten zu lösen.[106] Damit ist auf jeden Fall die moralische Weltanschauung vollendet. Die reine Pflicht und die Wirklichkeit als eine implizite Einheit sind jetzt konkret als solche für das Bewußtsein explizit geworden. Anderssein und Selbstheit scheinen miteinander versöhnt zu sein. Auf der einen Seite wird die reine Pflicht in ein anderes Wesen gesetzt. Zum Teil ist sie ein Vorgestelltes und zum Teil ist sie das Vollkommene als nichtmoralisch. Auf der anderen Seite läßt dieses Bewußtsein sich in die Vorstellung des absoluten Wesens aufheben. Als Wirklichkeit widerspricht es nicht mehr der Moralität. Man entgeht

[105] Dazu auch M.C. Taylor S. 214: „The truth of conscience's certainty of its universality and absoluteness presupposes recognition and acknowledgment by other selves."

[106] Vgl. Loewenberg S. 265: „Thus the assertion of final harmony between nature and morality develops into an inescapable dilemma; and a cognate dilemma is latent in the affirmation of an ultimate harmony between inclination and duty."

hier nur schwer dem Eindruck, daß die Lösung des Widerspruchs nur um den Preis einer Niveauverschiebung gewonnen ist. Das Vorgehen scheint eher eine Flucht vor dem Widerspruch zu sein, als ein Versuch, den Widerspruch zu vermitteln.

Es wurde früher gefordert, daß dieses Bewußtsein den Gegensatz als Gegensatz erleben und vermitteln soll. Obwohl der Gegensatz stattfindet, trifft er dieses Bewußtsein nicht, weder nach der Form noch nach dem Inhalt. Es vergleicht und bezieht die Momente dieses Gegensatzes untereinander nicht. „Es verhält sich also nur denkend, nicht begreifend." (PhF403) Wir stoßen hier wieder auf die intime Verbindung zwischen dem Begrifflichen und der Fülle der Präsenz, die es enthält. Nur denkend vorzugehen, heißt außerhalb der Fülle der Präsenz stehen zu bleiben, und zwar deswegen, weil das Denken nicht die Sammlungskraft des Begriffs erlebt. Denken bleibt einseitig oder partiell und kann dementsprechend die verschiedenen Momente einer Erfahrung in ihrem Integriertsein nicht erfassen. „Daher ist ihm der Gegenstand seines *wirklichen* Bewußtseins noch nicht durchsichtig." (PhG403)

Aus der Perspektive des Begriffs gesehen, erfaßt der Begriff sein absolutes Gegenteil als sich selbst. In bezug auf das Versagen des Bewußtseins im Erfassen dieses hier vorliegenden Gegensatzes ist es klar, daß die Fülle der Präsenz die Einheit des reinen Denkens und der Wirklichkeit betrifft. Die Freiheit des reinen Denkens ist anders als die der Natur. Die Freiheit der Natur ist eine daseiende Freiheit. Beide Freiheiten sind in diesem Bewußtsein präsent, aber ihre Differenz bleibt unverarbeitet: „... so wird sein Gegenstand ein *seiender*, der *zugleich* nur *gedacht*" ist." (PhG403) Sein und Denken stehen hier noch unversöhnt. Und in der letzten Phase dieser moralischen Weltanschauung ist sein Inhalt so gesetzt, daß er sein Sein vom Denken her empfängt. „Diese Verbindung des Seins und des Denkens ist ... das *Vorstellen*". (PhG403)[107]

Vorstellung ist demgemäß eine begrenzte Form der Präsenz, weil dieses Bewußtsein unfähig ist, die Harmonie der Wirklichkeit und der Moralität als innerhalb seiner selbst anwesend zu begreifen. Es denkt die Einheit nur als Gegenstand, ein Negatives des Selbstbewußtseins. Die Einheit ist vorhanden – aber nicht im Selbstbewußtsein. Sie ist außer ihm, abwesend. Die Einheit hat sicherlich Sein, aber sein Sein wird jenseits der Wirklichkeit gesetzt. Dieses Bewußtsein besteht weiter deswegen als die Nichtharmonie des Pflichtbewußtseins und der Wirklichkeit. Das führt zu zwei unerwünschten Folgen: „... *es gibt kein moralisch vollendetes wirkliches Selbstbewußtsein*"; und weil Moralität nur als vollkommen existieren kann, gibt „*es ... kein moralisch Wirkliches.*" (PhG404) Diese beiden leeren Extreme schweben allerdings nicht neutral in einem Niemandsland, sondern befinden sich dicht beieinander in *einem Selbst,* dessen Wesen es ist, die Einheit der Pflicht und der Wirklichkeit zu sein.

[107] Vgl. Heinrichs 1974, S. 371: „Dieses Anderssein von Form und Inhalt zueinander macht aber das Wesen der Vorstellung aus ..."

Der Eindruck einer Widersprüchlichkeit steigert sich im Hinblick auf den Umstand, daß es die wesentliche Bestimmung eines jeden ist, von den anderen frei zu sein. Diese Bestimmung verrät aber ein Verbundensein beider, welches ferner zeigt, daß sie ineinander aufgehoben sind. Das Frei-voneinander-Sein zeigt ihr Verbundensein auf; und so ist keines von ihnen wesentlich ein Einzelnes. Dementsprechend können sie in dieser Einheit, in diesem Selbst, voneinander nicht mehr frei sein. Jedes ist als aufgehoben zu verstehen. Inhaltlich zählen sie dann als Gegenstände füreinander. Es ist der Fall, daß „*jedes für das andre gilt.*" (PhG404) Nach der Form betrachtet, bedeutet es, „daß diese Austauschung derselben zugleich nur *vorgestellt* ist." (PhG404) Das in der Wirklichkeit nicht Moralische ist in der Vorstellung doch moralisch und gültig. So gibt es ein moralisches Selbstbewußtsein, aber nur in der Vorstellung. (Vgl. PhG404) Um dem moralischen Selbstbewußtsein überhaupt einen Sinn zu verleihen, muß hier die Vorstellung eingeführt werden. Dies erschließt eine Ebene, auf der die Einheit der reinen Pflicht und der daseienden Wirklichkeit umgesetzt werden kann.

11.3.2 Die Verstellung: Betrug und Selbstbetrug auf dem Boden des Nacheinander

Hier treten die Widersprüche, vor denen die moralische Weltanschauung immer wieder geflüchtet ist, klar zu Tage. Das tätige moralische Bewußtsein erzeugt seinen eigenen Gegenstand. Der Gegenstand darf aber nicht fremd sein. Gleichzeitig ergibt es sich, daß es seinen Gegenstand doch nur außer sich im Jenseits setzt. Dieses Bewußtsein ist sonach „ein *ganzes Nest* gedankenloser Widersprüche." (PhG405) Es setzt ein Moment fest, dann geht es direkt zu einem anderen über und hebt das erste auf. Dann stellt es ein zweites auf, verstellt es aber wieder und macht das Gegenteil zum Wesen. Schließlich wird sich dieses Bewußtsein seines Verstellungsmanövers bewußt. Mit keinem der Momente ist dieses Bewußtsein ehrlich.[108]
Hegel im Fortgang enthüllt systematisch die Widersprüche in den Voraussetzungen der moralischen Weltanschauung. Die Moralität und die Natur sollen eine implizite Harmonie ausmachen. Die Gegenwart ist nur der Widerspruch der beiden. Das wirkliche moralische Bewußtsein handelt, und das Handeln verwirklicht die Harmonie, die implizit oder allein im Jenseits existieren sollte. Im Handeln ereignet sich genau das, was für jenseitig und nicht machbar ausgegeben war. (Vgl. PhG406) Damit ist auch die Bedingung der Möglichkeit des Handelns selbst, wie sie am Anfang zu verstehen gegeben war, zu Grunde gegangen. Die jenseitige Harmonie sollte als Verwirklichung ihrer

[108] Vgl. Labarrière 1968, S. 137: „La conscience morale a tout d'abord déployé, l'un après l'autre, ses trois postulats que la certitude de son universalité réelle l'amènent à poser: harmonie de la moralité et de la nature, de la moralité et de la sensibilité, existence d'un législateur universel."

selbst das Handeln möglich machen, sobald aber das Handeln sich ereignet, enthüllt sich, daß die Harmonie selbst in keinem Fall ein rein Jenseitiges hätte sein können.

Eine weitere Widersprüchlichkeit tut sich in der angegebenen Beziehung zwischen dem Zweck und der Wirklichkeit auf. „Indem *gehandelt* wird, ist es also mit der *Unangemessenheit* des Zwecks und der Wirklichkeit überhaupt Ernst." (PhG407) Trotz des Anscheins ist es auch mit dem Handeln nicht ernst gemeint, weil das Handeln selbst nur von einem kontingenten einzelnen Bewußtsein stammt und selbst auch nur kontingent ist. Ein solch kontingentes Handeln bleibt ferner dem allumfassenden Zweck der Vernunft völlig unangemessen. Dies läuft auch auf eine Verstellung hinaus, die aber weiter verstellt wird, und zwar gerade indem das Handeln die reine Pflicht zu seinem Wesen hat. Und die reine Pflicht als Endzweck wird trotz aller Beschränktheit des Handelns in ihm dennoch vollbracht werden. Wenn wieder das *höchste* Gute als Wesen gelten soll, könnte die Natur kein anderes Gesetz als die Moralität haben. Weil aber die Moralität das Aufheben des Negativen zur Aufgabe hat, fällt sie damit weg. Infolgedessen ist es wieder mit der Moralität nicht ernst gemeint, weil das moralische Handeln danach überflüssig wäre. (Vgl. PhG408)[109]

Dieses Bewußtsein läßt die Sache aber nicht so stehen. Es greift noch tiefer und verstellt dieses Aufheben des moralischen Handelns. Moralität ist das Ansich. Wäre sie verwirklicht, könnte der Endzweck der Welt nicht in Erfüllung gehen. Deswegen muß das moralische Bewußtsein für sich sein und sich der Natur entgegengesetzt vorfinden. „Aber es an ihm selbst muß vollendet sein." (PhG408) Es soll mit der Natur harmonisch sein. Alle seine sinnlichen Elemente sollen dann überwunden sein. Diese Beziehung zur Sinnlichkeit wird aber sofort wieder verstellt. Die Sinnlichkeit selbst wird in seinem Handeln vermittelt. Die Neigungen und Triebe enthüllen sich somit als „das *sich verwirklichende Selbstbewußtsein.*" (PhG409) Von der Notwendigkeit ihrer Aufhebung ist keine Rede mehr. Die Sinnlichkeit zeigt sich als der Vernunft gemäß. Sie hat ihre eigenen Gesetze. Deswegen ist nicht die Moralität die Triebfeder der Triebe, sondern die Triebe erweisen ihre Eigenheit. Die Harmonie des moralischen Selbstbewußtseins und der Triebe ist sonach nur *postuliert*.

Die Einheit von Harmonie und Sinnlichkeit ist nun wieder in die neblige Ferne des Jenseits versetzt. Damit gibt das Bewußtsein sich auf, weil das Jenseitige seine moralische Vollendung ist. Aber diese Vollendung gilt selbst wieder nur als eine weitere Verstellung, denn es ist vielmehr die Moralität, die in der Vollendung aufgegeben wird, weil sie es war, die sich als Aufgabe, Zweck und Handeln zu verstehen gegeben hat. Das Bewußtsein zeigt, indem es diese Vollendung in das Jenseits versetzt, daß es die Moralität nicht ernst nimmt. In die-

[109] Vgl. Loewenberg S. 268: „All moral endeavour is a struggle with sensibility. In every struggle ultimate victory is the principal desideratum. And here, as elsewhere, the struggle must cease when victory is attained."

sem unendlichen Jenseits ist seine Vollendung nie zu vollenden. (Vgl. PhG410)[110]

Das Bewußtsein gibt damit zu, daß es sich nicht um die endgültige Vollendung der Moralität handeln kann. „Vielmehr ist ihm also nur dieser Zwischenzustand der Nichtvollendung das Gültige." (PhG410) Aber selbst darin kann keine Rede von einem Fortschreiten zur Vollendung sein, weil das Jenseits als Ziel das Nichts wäre, und das bedeutete wieder nur den Untergang der Moralität selbst: „... dem Nichts aber immer näher und näher kommen heißt *abnehmen*." (PhG410) Weil dieser Zwischenzustand ernst genommen und zum Maßstab wird, ist die Forderung der Glückseligkeit für dieses moralische Bewußtsein um seiner Würde willen nicht zu verstehen. Es verrät sich aber damit, daß es ihm hier viel mehr um die Glückseligkeit als um die Moralität geht. Der Status des Zwischenzustandes hat weiter zur Folge, daß sich eine unvollendete Moralität keine Beurteilung eines anderen als unmoralisch erlauben kann. Der Maßstab entfällt. Eine solche Beurteilung würde nur „*Neid,* der sich zum Deckmantel der Moralität nimmt", ausdrücken. (PhG410)

Wenn das heilige Wesen als Lösungsort dieser Widersprüche postuliert wäre, könnte die reine Pflicht in ihm Gültigkeit haben. Eine solche Gültigkeit hat sie im moralischen Bewußtsein allerdings nicht, weil es eine positive Beziehung zur Natur hat. Das heilige Wesen hätte aber dann eine positive Beziehung zur Natur und zur Sinnlichkeit, weil es über ihnen stünde. Deswegen ergibt es sich, daß das, was für einen Moment lang der Grund der Nicht-Vollendung ist, im nächsten Moment ein positives Faktum und ein Zeichen der Vollendung ist. Das dritte Moment, in dem das absolute heilige Wesen als Lösungsort der vorgekommenen Widersprüche postuliert wird, enthüllt sich auch als eine ungeheure Verstellung des moralischen Selbstbewußtseins. „Was ihm nicht heilig ist, ist an sich nicht heilig, und was an sich nicht heilig ist, kann durch das heilige Wesen nicht geheiligt werden ... denn es ist ihm schlechthin nur das heilig, was ihm *durch sich selbst und in ihm* heilig ist." (PhG412)

Aber eine solche reine Moralität, die in einem absoluten Wesen von der Wirklichkeit ganz getrennt bliebe, wäre eine reine Abstraktion, weil der Begriff der Moralität Denken der reinen Pflicht und Wille und Tun impliziert. Wenn sie annulliert wären, könnte keine Rede von Moralität sein. (Vgl. PhG413) Dieses rein moralische Wesen gilt dann nur als eine weitere Verstellung. Der Gedanke des heiligen Wesens hat dennoch eins mit sich gebracht: er hat die Momente des Widerspruchs einander näher gerückt. Das Bewußtsein läßt ein Moment nach dem anderen vorkommen, ohne sie vereinigen zu können. Weil in diesem moralischen Bewußtsein immer aufs neue ein Gegenteil durch das andere ersetzt wird, ergibt sich, „daß das Bewußtsein hier seine moralische Weltanschauung aufgeben und in sich zurückfliehen muß." (PhG413)

Dieses Bewußtsein erkennt seine Moralität weder als vollendet noch als rein. Von der Sinnlichkeit affiziert, erfährt es im konkreten Fall des moralischen

[110] Scheier verweist darauf, daß die Momente hier immer „nebeneinandergestellte(n) Momente" sind; vgl. Scheier S. 457.

Handelns, daß eine Menge verschiedener Pflichten und moralischer Beziehungen entstehen. Das bringt es sofort in Verlegenheit. Wiederum liegt das Problem im Gegensatz zwischen dem reinen Denken und der Wirklichkeit.[111] Als Moralität eines Bewußtseins wird die Moralität nicht ausgeführt, weil sie nur ein *Gedankending* ist. Als solches ist sie auf die Natur und die Sinnlichkeit bezogen und, wie wir gesehen haben, sind sie, insoweit es die Moralität angeht, nichtig. (Vgl. PhG413)
In einem Bewußtsein, das für sich ist, hat die Moralität Dasein und Wirklichkeit. Sie hat einen Inhalt. Aber wie soll das nun plötzlich möglich sein? Gerade zuvor ist die Wirklichkeit für das moralisch Nichtige erklärt worden. Einmal soll ihre Wahrheit darin bestehen, daß sie der Wirklichkeit entgegengesetzt ist; dann soll sie in der Wirklichkeit wirklich sein. Dies ist wieder eine Verstellung. Das Bewußtsein macht einen Unterschied, der eigentlich kein Unterschied ist, nämlich, daß das Wirkliche zugleich das Nichtige und das Reale sein soll und die reine Moralität dann zugleich Wesen und wesenlos sein können soll. (Vgl. PhG414) Die Grundschwierigkeit dieses moralischen Bewußtseins entspringt einer Spaltung der Momente des *Selbst* und des *Ansich.* Diese Spaltung vermag es letzlich nicht durchzuhalten, und zwar deswegen, weil sie gegen die Natur des Personseins als Vermittlung steuert. Eine solche falsche Abtrennung des Endlichen und des Unendlichen voneinander enthüllt sich bald als nicht stichhaltig.
Was dieses Bewußtsein tut, ist das, „was es als das absolute außer dem Bewußtsein *Seiende* aussagt, vielmehr in dem Selbst des Selbstbewußtseins eingeschlossen behält, und was es als das absolute *Gedachte* oder das absolute Ansich aussagt, eben darum für ein nicht Wahrheit Habendes nimmt ...“ (PhG414) Das Bewußtsein sieht jetzt ein, daß das Auseinanderhalten dieser Momente eine Verstellung ist. Darum flieht es „aus dieser Ungleichheit seines *Vorstellens* mit dem, was sein Wesen ist ... in sich zurück; „nun ist es *„reines Gewissen*“ (PhG414) Durch die Flucht ändert es sich nicht. Zur Flucht ist es in dem Moment gezwungen worden, als es seine Wahrheit als vorgetäuscht eingesehen hatte. Mit dieser Flucht meint es, zumindest der *Heuchelei* entgehen zu können.[112]

11.3.3 Das Gewissen: Der sich selbst gewisse, moralisch Handelnde

Die moralische Weltanschauung war in ihrem Kern widersprüchlich. Ihre Widersprüchlichkeit bestand darin, daß behauptet wurde, es gäbe ein moralisches

[111] Vgl. Hyppolite S. 473: „Dans la dialectique hégélienne, comme nous le verrons, la séparation de cette essence infinie et de cette existence finie est surmontée; *l'essence infinie s'accomplit dans l'existence finie et l'existence finie s'elève à l'essentialité.*“

[112] Vgl. Howard P. Kainz, Hegel's PhG 2, S.106: „Moral consciousness thus ultimately becomes aware that its various positions and postulates are forms of hypocrisy, and that its attempts to camouflage or „correct“ these hypocritical positions merely leads to further compounded hypocrisy.“

Bewußtsein, aber auch es gäbe keines. Nach immer intensiveren Erfahrungen dieser Widersprüchlichkeit geht dieses Bewußtsein in sich zurück und weiß sich selbst darin als ein Wesen, „worin das *Wirkliche* zugleich *reines Wissen* und *reine Pflicht* ist.“ (PhG416) Die quälende Spaltung zwischen der Wirklichkeit und dem reinen Wesen besteht nicht mehr. Das Gewissen als Gestalt ist deswegen wichtig, weil es eine Versöhnung aller dieser Dimensionen verkörpert und *ist*. Demnach erhalten Individualität und ihr Tun hier sowohl eine ganz konkrete als auch eine allgemeine Bedeutung. Im Gegensatz zu früher nimmt das faktische Tun eine neue Bestimmungskraft an. Das Gewissen weiß seine eigene Individualität als die wahre Wirklichkeit und Harmonie.

Hegel zeigt zunächst, wie das Gewissen als ein Selbst in einer Kontinuität mit den früheren beiden Selbsten in dieser dritten Welt der Geistgestalt in einer Kontinuität steht. Das erste Selbst, das der sittlichen Welt angehört, ist das Selbst der juristischen Person. „Wie die Person das substanzleere Selbst ist, so ist dies ihr Dasein (sc. als Anerkanntsein) ... die abstrakte Wirklichkeit.“ (PhG416) Die begrenzte Natur dieses Selbst ist dadurch zu erklären, daß es seiner Allgemeinheit gegenüber keine eigene Distanz hat. Weil es hier an Differenzierung fehlt, sind beide nicht in Bewegung und infolgedessen nicht in Beziehung zueinander. Damit ist angedeutet, daß eine gewisse Distanz nötig ist, um Beziehung haben zu können. Weiterhin bedeutet In-Beziehung-Stehen nicht aneinander geknüpft zu sein, sondern Bewegung, Konfrontation und Bestätigung. Wegen der Beziehungskonstellation hier bleibt das Selbst leer. Weder die Allgemeinheit noch es selbst kann ihm einen Inhalt liefern. „Das Allgemeine ist ohne Unterscheidung in ihm und weder Inhalt des Selbsts, noch ist das Selbst durch sich selbst erfüllt.“ (PhG416) Das gälte hier ebenso, wenn das Dasein dieser Person in ihrem Anerkanntsein läge. Trotzdem reicht diese äußerliche Bestätigung nicht aus, um diesem Selbst einen Inhalt zu verleihen. Das besagt, daß die Innerlichkeit im Selbstsein äußerst wichtig ist, und ferner, daß sie mit der Bewegung der Allgemeinheit und der Individualität engstens verknüpft ist.

Das zweite Selbst ist der sich wiedergegebene Geist der Entzweiung, der aus der Welt der Bildung zu sich gekommen ist. Darin erst ereignet sich die gewünschte Abtrennung des Selbst und der Allgemeinheit, nämlich in der absoluten Freiheit. Hierbei wird das Allgemeine zum Gegenstand. Es wird zum Inhalt und zur allgemeinen Wirklichkeit dieses Selbst. Die Balance ist noch nicht ausgeglichen, weil diesem Allgemeinen ein Dasein fehlt, welches vom Selbst unabhängig wäre. Infolgedessen gelangt das Allgemeine in diesem Selbst zu keiner Erfüllung. Das moralische Bewußtsein läßt seine Allgemeinheit zu seiner eignen Natur werden. Es eliminiert sie nicht, sondern erhält sie in sich als aufgehoben. Das führte jedoch zu einer schwebenden Spannung. Das moralische Selbstbewußtsein konnte die Spannung weder aushalten noch in sich fest begründen lassen, was zu den dauernden Verstellungen führte.[113] Erst als Ge-

[113] Vgl. Hyppolite S. 482: „La réalité était une présence sans profondeur et sans signification, le pur devoir était sans présence.“

wissen hat das Selbst eine Selbstgewißheit, die es ihm ermöglicht, den Momenten, die bisher leer waren, z.B. Pflicht, Recht, allgemeinen Willen, doch einen Inhalt zu verleihen. Gleichzeitig aber ist dieses Selbst wirklich da. Und das Gewissen ist, „weil diese Selbstgewißheit ebenso das *Unmittelbare ist*, das Dasein selbst". (PhG417) Das verstellende Schweben vom Reinen zum Wirklichen scheint zur Stille gekommen zu sein. Im und mit dem Gewissen ist die bisherige Trennung aufgehoben. Da die bisherigen Erfahrungen in einer Kontinuität stehen, ist die Natur dieses jetzigen Selbst vertieft worden. Das Selbst, in sich nur stabiler geworden, will nun seine Erlebnismöglichkeiten leidenschaftlich ausführen. Das Selbst und sein Ansich sind im gleichen *Rhythmus* miteinander. Der moralische Geist „ist in unmittelbarer Einheit sich *verwirklichendes moralisches* Wesen, und die Handlung unmittelbar *konkrete* moralische Gestalt." (PhG417) Selbstverwirklichung, Handlung und die konkrete Verwirklichung der Moralität sind in einer bisher nicht möglichen Weise alle in der einen Erfahrungsbewegung präsent und artikuliert. Die geistige Substanz ist zu einer neuen Ebene der Selbsthaftigkeit fortentwickelt worden.
Dieses Selbst ist in sich gesammelt und besser integriert als bisher.[114] Nun sind Allgemeinheit und Individualität miteinander in Beziehung und Bewegung. Das zeigt sich vor allem im Fall des moralischen Handelns deutlich. Im Gegensatz zu einem isolierten Bewußtsein, für welches sein Gegenstand anders als es selbst wäre, leidet das Gewissen an dieser Trennung nicht. Denken und Wirklichkeit sind hier im gleichen *Rhythmus*. Das hat zur Folge, daß das Handeln eine tatsächliche Verwirklichung ist: „... die bloße Umkehrung der Wirklichkeit als eines *seienden* Falles in eine *getane* Wirklichkeit." (PhG417)[115] Der Wille dieses Selbst ist es, der diese Umkehrung in Bewegung bringt. Das Handeln verwirklicht. Das Neue ist hier, daß sehr wenig Distanz zwischen dem, was zu verwirklichen ist, und seiner Realisierung besteht, und zwar deswegen, weil die Allgemeinheit und die Individualität in Einklang sind. Handeln kann hier präziser als die Aktivierung ihrer latenten Einheit gefaßt werden.
Der moralische Fall behält hier seine Einheit. Er wird nicht von vielen Pflichten auseinandergerissen. Das Gewissen schwebt nicht. Die Ausschließlichkeit einer Pflicht vor anderen Pflichten kommt hier nicht vor. Weil das Gewissen eine einfache Einheit ist, verhält es sich negativ zu den vorigen verschiedenen moralischen Spaltungen. Es löst sie einfach auf, indem es, im Gegensatz zu ihnen als untätigen moralischen Bewußtseinen, *handelt*. Pflicht und Realität widersprechen sich hier nicht. Anstatt mit möglichen Konflikten zwischen reiner Pflicht und den Interessen des einzelnen Bewußtseins beschäftigt zu sein, befaßt sich das Gewissen direkt mit solchen Möglichkeiten, die unmittelbare Gewißheit bieten. Es wäre zu erwarten, daß nach der Zeit der Verstellung eine

[114] Vgl. Heinrichs 1974, S. 383: „Gegenüber all den ... Vollendungsgestalten der früheren Welten scheint das gewissenhafte Selbst *inhaltsvoll*, gefüllt zu sein."
[115] Vgl. Hyppolite S. 481, mit einem interessanten Hinweis auf Jaspers: „croyons-nous comparer le ‚Gewissen', dont parle ici Hegel, avec ce que Jaspers nomme *l'historicité* de l'existence."

praxisorientierte Gestalt vorkommen würde, die nicht zögert, sondern entschieden handelt. „Das Gewissen hat *für sich selbst* seine Wahrheit an der *unmittelbaren Gewißheit* seiner selbst." (PhG419) Sein Tun ist dementsprechend fließend und einheitlich. Die konkrete Gewißheit seines Tuns ist für es das Wesen. Infolgedessen ist seine unmittelbare Individualität mit seinem Tun intimst verbunden und macht sogar seinen Inhalt aus. Die Form des Inhalts ist das Selbst als reine Bewegung. Als solche ist das Selbst Wissen oder *Überzeugung*. (Vgl. PhG419)[116]

Das Gewissen ist ein einfaches *Selbst*. Als solches ist es zugleich reines Wissen und Wissen seiner selbst als dieses individuelle Bewußtsein; der Dualismus der moralischen Weltanschauung ist geheilt. Dabei ist nicht zu vergessen, daß das Gewissen trotz seiner Einheit keine selbstbegründende unabhängige Gestalt ist. Es ist eine fortentwickelte Gestalt des moralischen Bewußtseins. Das moralische Bewußtsein erfaßt sich nur als Wesen. Doch das Gewissen erfaßt, wie wir gesehen haben, sein Fürsichsein oder sein Selbst. Das Gewissen ist aus den Erfahrungsergebnissen der früheren Gestalten herausgewachsen. Die Wirklichkeit des Gewissens als ein Selbst ist sein Hauptkennzeichen. Dieses Selbst verleiht dem Wesen, das bisher leer war, einen Inhalt. Dazu ist es imstande, und zwar nicht, weil es von außen dem Wesen etwas zu bieten vermag, sondern weil es als Selbst diesem Wesen entspricht, und ferner, weil es wirklich ist und handeln kann. Es ist also dem Wesen nicht fremd, sondern tatsächlich in ihm enthalten. Auch als negatives Selbst fällt das Gewissen aus dem Wesen des moralischen Bewußtseins nicht heraus. Vielmehr drückt es das Wesen gerade dadurch aus. „Es ist als das Negative der *Unterschied* des reinen Wesens, ein Inhalt und zwar ein solcher, welcher an und für sich gilt." (PhG419) Unterschied bedeutet hier keineswegs Trennung oder Zersplitterung, sondern Entfaltung. Hier sehen wir wieder, wie Allgemeinheit und Individualität zueinander gehören und wie sie sich gegenseitig zur weiteren Entwicklung herausfordern.

„Die Pflicht ist nicht mehr das dem Selbst gegenübertretende Allgemeine." (PhG419) Diese Spaltung hat bisher für Tragödie und Verwirrung gesorgt. Allgemeinheit und Individualität sind nun zusammen, und zwar weil dieses Selbst nun auch das Allgemeine ist. Als reines, sich selbst gleiches Wissen ist es das Allgemeine. Und sein eigenes Wissen als Überzeugung ist die Pflicht. Reines und eignes Wissen machen damit einen Kreis aus. Das Wissen ist nicht mehr zersplittert. Aber um der Entfaltung willen müssen weitere Differenzierungen zustandekommen. Das ereignet sich durch die Trennung des Ansich vom Fürsichsein. „Dies Ansich trennt sich auch im Bewußtsein von jener unmittelbaren Einheit mit dem Fürsichsein; so gegenübertretend ist es *Sein*, *Sein für anderes*." (PhG420) Diese Erweiterung bis zum Sein für anderes ist eine weitere Bestätigung der konkreten Wirklichkeit dieses Gewissens. In ihr fällt die Einheit der Allgemeinheit und Individualität nicht auseinander. Vielmehr ist sie

[116] Vgl. Loewenberg S. 276: „Moral self-consciousness thus concretely exercises the freedom present in moral consciousness only as abstraction."

eine inklusive Dimension dieser Einheit selbst. Dennoch läßt es sich fragen, wie dieser Schritt zur konkreten Wirklichkeit vollzogen werden kann. Welche Möglichkeit gibt es, die Einheit des Ansich und des Fürsich und die Kontinuität dieser Einheit mit der Wirklichkeit selbst und die konkreten Rechte der Wirklichkeit gleichzeitig zu respektieren? Die Möglichkeit eines solchen Schritts kann allein in der Natur des Bewußtseins selbst liegen. Sein für anderes, ergibt sich, wie wir sehen, nicht aus einer Reflexion des Fürsichseins auf sich, als wenn es mit einem anderen Fürsichsein gegenüber konfrontiert wäre.[117] Nein. Das Sein für anderes stammt aus der Differenzierung innerhalb der Einheit des Ansich- und Fürsichseins dieses Bewußtseins selbst. Das Selbst ist völlig selbsthaftig und dennoch die Einheit der eigenen Selbstheit und der Differenz des Anderen, und zwar gleichzeitig. Dieser Umstand erinnert sehr stark an den Moment, da Bewußtsein sich als Selbstbewußtsein entdeckt hat. Im Moment der *Selbst*reflexivität hat sich dem Selbstbewußtsein die Anwesenheit des Andern erschlossen. Hier nun ereignet sich etwas ganz Ähnliches. „Aber dies *Sein für anderes* bleibt eben darum wesentliches Moment, weil das Selbst als Bewußtsein den Gegensatz des Fürsichseins und des Seins für anderes ausmacht." (PhG420)
Weil die Verknüpfung von Wirklichkeit und Selbstheit gerade durch dieses Bewußtsein möglich ist, ist die Pflicht ein *Wirkliches* geworden. Die Pflicht ist nicht die moralische Verpflichtung eines verworrenen Einzelnen. Vielmehr ist sie nun das wesentliche Moment, wodurch das Gewissen sich zu andern *„als Allgemeinheit"* verhält. (PhG420) Zu bemerken ist „als Allgemeinheit". Wir wissen, daß dies keine jenseitige, selbstlose Allgemeinheit ist. Sie ist eher eine selbsthafte Allgemeinheit. Und dies hat eine entscheidende Bedeutung, insofern es die Grundaffinität beider Selbstbewußtseine erschließt. Sobald sich die Rekognition der Grundaffinität vollzieht, können sie einander anerkennen; und dies ist „die Substanz, worin die Tat *Bestehen* und *Wirklichkeit* hat, das Moment des *Anerkanntwerdens* von den andern." (PhG420) Anerkanntwerden hat sicherlich eine gesellschaftliche Kompenente. Hier aber handelt es sich nicht nur darum, sondern auch um etwas Ontologisches. Die Tat ist Ausdruck der Allgemeinheit und der Individualität. Die Tat ist angemessener Ausdruck der Person. Sie ist wirklich und bleibt, weil sie tiefe Wurzeln in der geistigen Substanz hat. Sie kann deswegen nicht *nicht* anerkannt werden. Die Anerkennung ist nicht zu verweigern, weil die Tat die Einheit der Individualität und der Allgemeinheit ist und damit auch die Einheit und die Grundaffinität der verschiedenen Selbstbewußtseine ans Licht kommen läßt.
Das vorherige gespaltene moralische Bewußtsein konnte nicht auf diese Weise anerkannt werden, weil sein Sein als eine Wirklichkeit *„nicht geistig ist"*. (PhG420) Der Geist ist die tiefste, umfassendste Präsenz. Hier entspricht die Verwirklichung, die das Gewissen ist, der Natur des Geistes. Anerkanntwer-

[117] Begegnung ist bei Hegel die Rekognition der gegenseitigen Affinität des selbsthaftigen Differenzierten, nicht ihre unmittelbare Konstitution oder ihr Setzen als Individuen wie im Dialogismus.

den ist eine geistige Sache. Das Tun übersetzt seinen einzelnen Inhalt in das *gegenständliche* Element. Diese Übersetzung macht den Inhalt allgemein und eröffnet ihm die Anerkennung. Und der Wirklichkeitsstatus der Handlung ist im Anerkennen gewonnen. (Vgl. PhG421) Die Struktur der Erfahrungsbewegung erinnert hier an die Bewegungen der Kraft. Die entscheidende Differenz ist allerdings die Tatsächlichkeit des Durchbruchs zur Andersheit. Dies zeigt sich vor allem im Anerkanntwerden. In diesem Moment ist die daseiende Wirklichkeit mit dem Wissen unmittelbar verknüpft. Dieses Wissen macht, wie wir schon gesehen haben, das Wesen der Handlung, die Pflicht bzw. die Überzeugung aus. Diese Überzeugung ist nicht im geringsten subjektiv. Sie ist „*das an sich allgemeine Selbstbewußtsein*, oder das *Anerkanntsein* und hiemit die Wirklichkeit." (PhG421) Die Hauptsache ist hier die fließende Natur der Handlung, als Verwirklichung der latenten Kongruenz ihrer eignen Elemente. Das Pflichtmäßige ist das Allgemeine oder das Anerkannte. Und „das als Pflicht Gewußte vollführt sich und kommt zur Wirklichkeit." (PhG421) Ohne das konkrete Selbst bliebe die Pflicht völlig leer.

Hegel führt uns nun zurück zu der Erfahrungsphase, in der die geistige Realität anhob, um die Entwicklungslinie bis zum Gewissen hin aufzuzeigen. In jener Phase bekam die Individualität eine große Bedeutung. Der Begriff war, „daß das Aussprechen der Individualität das *Anundfürsich* sei." (PhG421) Dieser Begriff versucht dann seinen entsprechenden Ausdruck in einer Gestalt zu finden. Ganz unmittelbar hat das ehrliche Bewußtsein dies angestrebt, aber es blieb abstrakt. Es beschäftigte sich mit der *Sache selbst* nur als Prädikat. Dagegen ist es im Gewissen *Subjekt*, welches alle Bewußtseinsmomente in sich thematisiert und ihr Verbundensein als allgemein und individuell ans Licht bringt. „Substantialität überhaupt hat die *Sache selbst* in der Sittlichkeit, äußeres Dasein in der Bildung, sich selbst wissende Wesenheit des Denkens in der Moralität ..." (PhG421) Hegel verbindet hier ausdrücklich das Aussprechen der Individualität mit der *Sache selbst.* Er beschreibt sehr klar den Entwicklungsweg, auf dem diese Individualität sich entfaltet, wie sie allmählich Substantialität, Dasein, sich selbst wissende Wesenheit und nun hier die Fülle der eigenen Selbsthaftigkeit in Besitz nimmt. Entscheidend ist, daß diese Selbsthaftigkeit in einem Moment der Selbstrekognition aufleuchtet. Diese Rekognition ist durch die Ansammlung, Intensivierung und innere Entfaltung der bisherigen Erfahrungsmomente explizit geworden: „... und im Gewissen ist das *Subjekt*, das diese *Momente an ihm selbst weiß*". (PhG421) Die Ausdehnung, Intensivierung und Kontinuität der Erfahrungsphasen miteinander findet ihre Kulmination und bewußte Sammlung im Gewissen. Wenn das Gewissen sich als ein solches sich entfaltendes und sich thematisierendes Selbst nicht erkennen würde, wäre die jetzige Integration und Vertiefung weder erkennbar noch vermittelbar. Seine Selbsthaftigkeit ermöglicht diese Rekognition, und dieser Rekognitionsvollzug läßt seine Selbsthaftigkeit erscheinen. Seine umfassende Selbstheit ist also die entscheidende Kraft.

Nun wird das Gewissen nicht als eine umfassende Einheit betrachtet, sondern ganz praktisch nach den einzelnen Bestimmungen des Gegensatzes, die durch

die Handlung in Gang gesetzt werden. Die Frage wird jetzt aus der Perspektive dieser Wirklichkeit betrachtet. Die Allgemeinheit gilt hier deshalb nun als ein *Moment.* (PhG422) Idealerweise sollte eine Vielheit von Umständen betrachtet und gewußt werden. Das ist aber unmöglich. Das Bewußtsein als Gewissen muß einsehen, daß sein Wissen unvollständig ist. Ganz ähnlich läuft die Sache seitens der Bestimmung des Inhalts des moralischen Falls. Eine Menge von verschiedenen Pflichten melden sich; und einen Ausweg aus einer Entscheidung gibt es nicht. „Es soll aber gehandelt, es muß von dem Individuum *bestimmt* werden." (PhG423) Das Gewissen weiß trotzdem, daß es diese Bestimmung und diesen Inhalt in seiner Gewißheit hat. (Vgl. PhG423) Als Bestimmung und Inhalt ist dies das *natürliche Bewußtsein.* Es bestimmt sich aus sich selbst, aber die Bestimmtheit fällt in die Sinnlichkeit, da es seinen Inhalt aus der eigenen Gewißheit herausgeholt hat.
Es handelt sich hier um die Übersetzung der Pflicht-Überzeugung in eine Tat, die sich mitten in der rohen Verschiedenheit von Pflichten und anderen Inhalten ereignen muß.[118] In diesem Moment wird die Unmittelbarkeit vorherrschen. Wieso nimmt aber die Unmittelbarkeit gerade jetzt eine solche Kraft an und wo nimmt sie diese Kraft her? Die Antwort liegt darin, daß hier zweierlei Unmittelbarkeiten zusammenkommen. Die Unmittelbarkeit der eigenen Selbstgewißheit trifft auf die Unmittelbarkeit der eigenen Natur, d.h. Neigungen, Triebe usw. Sie kommen direkt und unausweichlich gleichzeitig zusammen ins Spiel. Diese gedoppelte Unmittelbarkeit tritt zwischen das Bewußtsein und seine Wahrheit, und anstatt es mit sich zu vermitteln, sondert es das Bewußtsein von sich ab. Die Sinnlichkeit ist dann das einzig mögliche Medium, weil dieses Bewußtsein keinen andern Inhalt anerkennt. Aus der Sicht dieses unmittelbaren Bewußtseins gilt dann die Allgemeinheit, welche frühere Formen der Moralität gewonnen hat, als nichts. Ihre Andersheit wird nicht bewahrt. Infolgedessen fällt die einseitige Gewißheit dieses Bewußtseins in die einzelne zufällige Willkür herab. Damit wird auch Pflicht willkürlich verstanden und ausgeübt. Die der reinen Pflicht angeborene Indifferenz dem Inhalt gegenüber wird hier gegen sich selbst gekehrt und ausgenutzt. Die Pflicht darf mit allen möglichen Inhalten nach selbstsüchtigem Bedarf erfüllt werden. Der Inhalt kann beliebig ausgewählt werden. Gegen diese sich verstellende Freiheit kann keine Gegenbehauptung geltend gemacht werden. Die Pflicht ist ein passives Medium geworden. Die Gegenüberstellung von reinem und natürlichem Wissen ist hier extrem.[119] Gerade weil kein reines Wissen vorhanden ist, hat jede Bestimmtheit das gleiche Recht. Dieser Relativismus schleicht sich in alle Differenzierungen ein. Auch der Unterschied zwischen Pflicht als Allgemeinheit oder als Einzelheit kommt ins Schweben.

[118] Vgl. N. Hartmann S. 355: „Die Stärke der neuen Moralität ist ihre Innerlichkeit und Strenge, der Ernst des wiedergefundenen Substantiellen."

[119] Vgl. Ch. Taylor 1975, S. 194: „The dilemma of purity arises inescapably out of our relation as particular existents to the universal. Man acts as an individual, and his individuality is inevitably mixed up in his action."

Das Bewußtsein immunisiert sich durch seine Denkart gegen alle Konfrontation. Was es als positiv erlebt, gilt als eine Bestätigung. Das, was in Frage stellt, gilt als nichtig: „... was aber diesem Selbst als *eignes Ansich gegenübertreten* will, (gilt) als nicht Wahres, nur als Aufgehobnes, nur als Moment ..." (PhG426) Es hat sich vollständig gegen die Andersheit gefeit. Und nach dem Bild dieser seiner eigenen Einseitigkeit versteht es die Welt. Obwohl dieses Bewußtsein handelt, bleibt es trotzdem in der Verschlossenheit seiner eignen Gewißheit gefangen. Weil es so unmittelbar ist, muß es auch als Sein für anderes verstanden werden. In seinem Handeln, wo sein Sein für anderes sich ausdrücken könnte, besteht aber die Gefahr, daß es trotz allem in eine Ungleichheit mit sich geraten könnte, weil seine Tat in diesem relativistischen Milieu nicht als eine resonante, die Einheit verwirklichende Tat anerkannt werden kann. Auch wenn die anderen Individuen die „*Differenz*" dieser Tat, insofern sie Ausdruck dieses Bewußtseins ist, als geistig ansehen würden, entstellt es sich. Die Tat hat für es nur den Wert eines momentanen Erlebnisses: „... das Bewußtsein ist da heraus, wo sie meinen, daß (sc. es) wirklich sei." (PhG427) Es ist abwesend. Die Andern aber halten dieses Bewußtsein für böse. Ob es böse ist oder nicht, können sie allerdings gar nicht wissen, weil sie genau so frei von der Bestimmtheit der Pflicht sind wie es. Sie fühlen sich aber von der vermeinten Andersheit dieses Selbst bedroht, und so entstellen und vernichten sie es durch ihr Urteilen und Erklären, und zwar „um ihr Selbst zu erhalten." (PhG427)

Die Bewegung der Moralität scheint sich hier zersplittert zu haben. Die Handlung sollte die Verwirklichung des Gewissens sein. Aber sie scheint hier in tiefsten Relativismus gestürzt zu sein. Jedoch stellt sich allmählich heraus, daß sie in diesem Aufgenommensein nicht erschöpft ist. Sie ist mehr, als ihre bisherige Entfaltung erkennen ließ. „Allein die Handlung des Gewissens ist nicht nur diese von dem reinen Selbst verlassene *Bestimmung* des Seins." (PhG427) Das, was als Pflicht gelten soll, zeichnet sich dadurch aus, daß es sein Selbst an sich hat. Das ist das Wesen der Pflicht. Sonst wäre sie eine ordinäre Wirklichkeit. Es ist ihr Wesen dadurch, daß „es als sich selbst aussprechende Individualität *gewußt* wird." (PhG428) Wenn es gewußt wird, wird es anerkannt, und sonach besitzt es Dasein. Daß die Individualität sich ausspricht, reicht nicht. Sie muß zugleich als eine solche Individualität gewußt werden.

Es handelt sich hier um Selbstheit und um die Art und Weise, wie die Affinität des Geistes und der Wirklichkeit sich in ihr aufzeigt und ausdrückt. Deswegen wird großer Wert auf die Handlung als Ausdruck und Verwirklichung dessen gelegt. Was dann hier vor allem zählt, ist, daß die Handlung trotz aller Bewertung die Fähigkeit behält, die Präsenz dieses sich wissenden Selbst zu verkörpern und auszudrücken. Alles andere in der Handlung, ihre Unmittelbarkeit, Wirkung usw. sind im Vergleich zu dieser Notwendigkeit unwichtig. Hier fragt sich jedoch, womit die geistige Signifikanz und Wirkung der Tat zu retten ist; wodurch sich die Tat so ausdrücken läßt, daß die enthaltene Balance der Allgemeinheit und der Individualität in ihr nicht in einem unmittelbaren relativistischen Medium aufgelöst wird. Die kreativste Möglichkeit bietet sich

in der *Sprache*. „Wir sehen hiemit wieder die *Sprache* als das Dasein des Geistes." (PhG458)
Die Sprache tritt erneut an einer wichtigen Stelle auf. Was hier problematisiert wird, ist der Ausdruck der Affinität des Geistes und der Wirklichkeit. Seit ihrem unmittelbaren Auftritt ist die Handlung immer weiter relativiert worden. Wenn sie völlig zu entqualifizieren wäre, wäre der Ausdruck der Affinität in höchste Gefahr geraten. Nun tritt die Sprache hier als Medium auf, in dem das Ausdrucksvermögen der Tat Eigenheit und Stabilität gewinnen kann. In ihr wird diese vermittelnde Kraft des Selbst im Handeln abgesichert.[120] Die Sprache verkörpert in sich diese Vermittlungskraft. „Sie ist das *für andre* seiende Selbstbewußtsein, welches unmittelbar *als solches vorhanden* und als *diese* allgemeines ist." (PhG428) Wir sehen hier sofort, daß die drei geforderten Elemente, nämlich das Fürsichsein, das Füreinandersein und das Ansichsein in und durch die Sprache *gleichzeitig* und *objektiv* vorhanden sein können. Sie enthält das Sichartikulieren des Selbstbewußtseins, worin es sich von sich selbst unterscheidet, aber sich „ebenso als *dieses* Selbst erhält." (PhG428) Dadurch, daß das Selbst sich in der Sprache ausdrückt, geht die Eigenheit der Individualität nicht verloren. Es fließt unmittelbar mit den andern zusammen und ist ihr Selbstbewußtsein.
„Es vernimmt ebenso sich, als es von Andern vernommen wird, und das Vernehmen ist eben das *zum Selbst gewordne Dasein*." (PhG428) Diese Arbeit bemüht sich, den Personbegriff in der PhG herauszukristallisieren. Ihre Grundvoraussetzung ist die Affinität der Allgemeinheit und der Individualität. Ihr Verfahren ist es, diese Affinität als Vermittlung zu artikulieren. Die Allgemeinheit hat sich in ihren verschiedenen Formen in den verschiedenen Gestalten gezeigt. Das Dasein ist natürlich eine der wichtigsten Formen der Allgemeinheit. Das Dasein in der PhG ist weder das anonyme Draußen des Empirismus noch das „verschlungene Draußen" eines rationalistischen Idealismus. Wie der Personbegriff zeigt, ist das Dasein stärker personal. Wirklichkeit ist in ihrer tiefsten Wurzel personal. Diese Einsicht weist eine Balance zwischen Allgemeinheit und Individualität auf. Und daß Dasein personal ist, bedeutet keineswegs, daß alle Selbstbewußtseine in einer monolithischen Einheit homogenisiert werden müssen. Dann wäre die Balance zerstört, seine Vermittlung zu Ende und eine tödliche Einseitigkeit eingetreten. Dagegen verweist die Anführung der Sprache auf die Balance, die in der Verschiedenheit operativ ist. Die Sprache ist nicht verkehrend wie früher. Der Inhalt der Sprache ist hier nicht mehr das zerrissene Selbst der Bildung. Sie ist der in sich zurückgekehrte Geist. Dieser Geist ist der „in seinem Selbst seiner Wahrheit oder seines Anerkennens gewisse und als dieses Wissen anerkannte Geist." (PhG428) Diese Sprache drückt somit das Fortentfaltetsein dieses werdenden Geistes aus. Wir haben häufig gesehen, wie das Ereignis der Anerkennung mit Verwirklichung gleichzusetzen ist.

[120] Vgl. Heinrichs 1974, S. 388: „Diese Vermittlung, in der das Ansichsein und Für-anderesein zugleich zum Fürsichsein wird, ist die Sprache."

„Die Sprache tritt nun als die Mitte selbständiger und anerkannter Selbstbewußtseine hervor ...“ (PhG429) Der Inhalt dieser Sprache ist „*das sich als Wesen wissende Selbst.*“ (PhG429) Dasein und Selbst stehen nicht mehr in äußerer Beziehung zueinander, sondern sind intim miteinander vermittelt. Weil die Sprache Anerkennung stiftet, ist die Verwirklichung der Handlung abgesichert. Die unmittelbare Gewißheit des Gewissens bleibt nicht mehr einseitig oder in sich verschlossen. Die Sprache ist „die Form der *Versicherung*, daß ... die Pflicht als Gewissen *aus sich selbst* weiß.“ (PhG429) Sie versichert damit, daß die Überzeugung von der Pflicht das Wesen des Gewissens bzw. dieses Bewußtseins ist.[121] Das Gewissen gewinnt dadurch seine genuine Bedeutung. „Allein dieser Unterschied des allgemeinen Bewußtseins und des einzelnen Selbsts ist es eben, der sich aufgehoben, und dessen Aufheben das Gewissen ist.“ (PhG429) Hier ist wieder daran zu erinnern, daß Aufhebung Verwandlung und nicht Vertilgung ist. Wenn das Gewissen sich als Selbst ausspricht, zeigt es seine Allgemeinheit und die Allgemeinheit der andern auf. Die Form der Handlung enthält die geistige Allgemeinheit und wird dann in der Sprache wirklich. (Vgl. PhG430)
Damit ist das Gewissen über alle Bestimmtheiten der Pflicht und des Gesetzes erhaben. Es kann sich jetzt den Inhalt, den es seinem Wissen und Wollen geben möchte, auswählen. Hiermit ist eine neue Verwandlung vollzogen. Nach der tiefen Sorge um die Handlung als Wirklichkeit kann das Selbst nun still und kontemplativ werden. Es weiß, daß die innere Stimme seines unmittelbaren Wissens eine göttliche Stimme ist. Dieses Selbst ist die *schöne Seele.* Das nach dem Gewissen handelnde Bewußtsein und die schöne Seele verkörpern als *konkrete Gestalten* das, was in der moralischen Weltanschauung als Gegensatz in einem Bewußtsein enthalten war. Dies trägt dazu bei, unendlichen und endlichen Geist innerhalb einer Existenz als solche zu ergründen. Die Sprache ist die Inkarnation dieser dialektischen Verbundenheit.[122] Diese Anschauung der schönen Seele enthält auch eine Gemeinde-Dimension. In der Gemeinde unterstützen die Individuen einander und bestätigen sich ihre gemeinsamen guten Absichten und ihre Reinheit. Dieses Bewußtsein weiß „die Unmittelbarkeit der Gegenwart des Wesens in ihm als Einheit des Wesens und seines Selbst, sein Selbst also als das lebendige Ansich, und dies sein Wissen als die Religion ...“ (PhG431)
Das Selbstbewußtsein ist in sein Innerstes zurückgezogen, die Äußerlichkeit verschwindet ihm nun. Das Ich zählt nun für es als Wesenheit und Dasein. Die „Anschauung des Ich = Ich“ ist seine ganze Beschäftigung. (PhG431) Dies ist eine reine Anschauung, aus der alle Verschiedenheit und Differenz vertrieben worden ist. Daher ist es keine echte Innerlichkeit, in der die integrierten und

[121] Vgl. Flay 1984, S. 221: „Language here gives us the concrete unity of particular and universal, of individual and commmunity.“
[122] Vgl. Simon 1966, S. 127: „Sprache ist eine Arbeit des Geistes.“

gesammelten Erfahrungsmomente präsent wären. Es ist nur eine leere Innerlichkeit. Alle Substanz ist in Abstraktionen entleert. Die Gewißheit dieses Selbstbewußtseins ist nun in die „absolute Unwahrheit" umgeschlagen: „Zu dieser Reinheit geläutert, ist das Bewußtsein seine ärmste Gestalt, und die Armut, die seinen eigenen Besitz ausmacht, ist selbst ein Verschwinden; ... es ist das absolute *Selbstbewußtsein*, in dem das *Bewußtsein* versinkt." (PhG432) Das Selbst ist völlig transparent geworden. Die Substanz ist in diese einseitige narzißtische Gewißheit aufgelöst.
„Alles Leben, und alle geistige Wesenheit ist in dies Selbst zurückgegangen und hat seine Verschiedenheit von dem Ich selbst verloren." (PhG432) Das Ich ist ein introvertierter leerer Monolith geworden. Und sobald das Ich seine eigene innere Differenz verliert, wird auch allen anderen Selbsten ihre eigene Verschiedenheit genommen. Die Dynamik, die damals das unglückliche Bewußtsein gequält hat, ist hier erweitert, aber dieses Mal findet es *innerhalb* des einen Bewußtseins statt und wird für es auch *explizit*. Ein Moment dieses Bewußtseins nach dem anderen vergeht. Keines hat Bestand. Die übliche Ansammlungsdynamik der Erfahrung scheint hier redundant geworden zu sein. Es flieht auch von aller Äußerlichkeit, allem Tun und Dasein. Ihm fehlt jeder Anhaltspunkt. Das Selbstbewußtsein des absoluten Lebens hat keinen Gegenstand mehr. Es verliert sich und findet sich wieder als ein Verlorenes. Es ist „eine unglückliche sogenannte *schöne Seele*", als solche „verglimmt sie in sich, und schwindet als ein gestaltloser Dunst, der sich in Luft auflöst." (PhG433)[123]
Weil das Personsein die Vermittlung der Allgemeinheit und der Individualität ist, ist es immer wieder in der Lage, die Bedeutung einer Erfahrungsphase anders aufzunehmen und in neue Richtungen zu entfalten. Das setzt natürlich voraus, daß das Personsein eine Mannigfaltigkeit hat. Wenn dann eine Erfahrungsphase und ihr Selbst zugrundegeht, muß das nicht die Erschöpfung des Personseins zur Folge haben. Vielmehr nimmt eine andere Seite des Personseins diese gewesene Erfahrungsphase auf eine andere Weise wieder auf und setzt sie fort. Damit ist nicht gesagt, daß die Person aus einer Menge verschiedener isolierter Selbste besteht. Nein: Die verschiedenen Dimensionen, die in einer Gestalt auftauchen, sind intimst miteinander verbunden und vermittelt. Sie drücken darin die Person aus. Es kommt deswegen in der PhG nie vor, daß zwei einander völlig fremd, unbekannt und unbekannt bleibende Selbste die gleiche Erfahrungsphase gleichzeitig erleben. Die PhG ist ein Selbstthematisieren, welchem wir als Beobachter *zusehen*. Wenn es das Personsein nicht gäbe, könnte diese Narrativität des Bewußtseins in ihrem intensiven und ausgedehnten Verwobensein nicht für sich gestaltet werden.
Die Schwäche der schönen Seele ist, daß sie sich vom endlichen Leben selbst trennt. Sie setzt sich völlig davon ab, verliert aber dabei alle Verschiedenheit und Wirklichkeit.[124] Die Unendlichkeit der schönen Seele ist unfähig, die

[123] Vgl. Howard P. Kainz, Hegel's PhG 2, S. 118: „Unhappy, not because it can't objectify itself but because the objectification it produced is so unsubstantial."
[124] Zur schönen Seele in bezug auf die Romantik vgl. Hirsch, bes. S. 256.

Endlichkeit als Endlichkeit in sich zu integrieren. Sie enthüllt sich damit als eine schlechte, d.h. eine unechte Unendlichkeit. Ihrer schwindenden Präsenz gegenüber tritt die handelnde Wirklichkeit des Gewissens noch einmal auf[125]: „Dies stille Zusammenfließen der marklosen Wesenheiten des verflüchtigten Lebens ist aber noch in der andern Bedeutung der *Wirklichkeit* des Gewissens und in der Erscheinung seiner Bewegung zu nehmen und das Gewissen als handelnd zu betrachten.“ (PhG433) Dieses handelnde Gewissen ist allerdings keine leere Innerlichkeit. Es ist eine Bewegung, die in *Erscheinung* tritt. Bevor die schöne Seele sich völlig zurückgezogen hatte, war die Rede von einer Gemeinde, in der eine Gleichheit der Reinheit herrscht. In dieser weitern Erfahrungsphase zerfällt sie wieder in die Ungleichheit von verschiedenen Individuen. (Vgl. PhG433) Sie werden nun gegeneinander und gegen das Allgemeine auftreten. Es taucht damit für das Gewissen der Unterschied zwischen seinem wirklichen und seinem reinen Selbst auf. (Vgl. PhG434)

„Sein reines Selbst ist leeres Wissen, ist das Inhalts- und Bestimmungslose.“ (PhG434) Gewissen kann ihm aber nur deswegen einen Inhalt schenken, weil es als dieses bestimmte Einzelne einen solchen Inhalt besitzt. Das Hauptkennzeichen des Gewissens ist, daß es handelt. Und der Zweck seines Handelns hat einen wirklichen Inhalt. Daher kennt es sich als ein bestimmtes Einzelnes. Darin weiß es auch den Gegensatz zwischen dem, was es für sich ist und dem, was es für andere ist. Sobald es handelt, tritt das Gewissen in diesen Gegensatz ein. Der Gegensatz ist nicht nur innerlich, sondern auch wirklich, d.h. im Element des Daseins vorhanden. Der Unterschied zu der Innerlichkeit der schönen Seele ist damit auf zweifache Weise befestigt; hier zählen innerliche und äußerliche Verschiedenheit: „... die Ungleichheit seiner besondern Einzelheit gegen anderes Einzelnes.“ (PhG434) Die Ursache dieser Ungleichheit ist, daß die innere Balance zwischen seinem Selbst und seinem Ansich gebrochen ist. Die Seite des Ansichs oder das Allgemeine ist zum Moment verdrängt. Dagegen ist die Seite seiner Selbstgewißheit zentral geworden. Diese innere Ungleichheit wird weiter dadurch zugespitzt, daß das Dasein selbst ein Allgemeines ist, nämlich das allgemeine Bewußtsein. Infolgedessen entsteht ein Konflikt zwischen diesem Allgemeinen und diesem Einzelnen. Aus der Perspektive des Allgemeinen gilt dieses Einzelne als *„Böses“*, weil die innere Balance zugunsten der Selbstheit gebrochen ist. Sein Bestehen auf der Gewissenhaftigkeit seines Handelns gilt als *„Heuchelei“*. (PhG434)

[125] Weil wir es in der PhG nicht mit einem chronologischen Nacheinander zu tun haben, sollte es nicht überraschen, daß verschiedene Dimensionen des einen Selbst oder verschiedene Selbste in ihrer jeweiligen Erfahrungsphase gleichzeitig vorhanden sein können. Zu dieser Gleichzeitigkeit in der PhG vgl. Royce S. 159: „The *Gestalten* of self-consciousness and reason are contemporaneous with those of the *Geist*.“

11.3.3.2 Das subtile Böse: Seine Enthüllung und Versöhnung

Der Gegenstand dieser Gestalt soll sich so bewegen, daß die Gleichheit zwischen dem Bösen als Ansich und dem, was es ausspricht, wieder zum Vorschein kommen kann. Aber die Heuchelei zu enthüllen, ist sehr schwierig. Die Heuchelei nutzt ihre Achtung für Pflicht und Tugend aus als eine Maske, um sich vor sich selbst zu verstecken. Hegel zeigt damit die innerliche Gefahr, die in der Heuchelei enthalten ist. Das Böse ist hier eine umfassende Haltung. Sobald dieses Bewußtsein sich als gegen das Allgemeine, die Pflicht gerichtet verstünde, wäre es in die Einseitigkeit geraten und hätte damit einen ihm gegenüber unabhängigen Pflichtmaßstab zugegeben. Dadurch hätte es sich sofort als Heuchelei aufgelöst. Das tut es aber nicht, weil es sich nach seinem „inneren Gesetz" für völlig aufrichtig hält und glaubt, es in Verbindung mit dem Allgemeinen zu sein.

Das Urteil dieses allgemeinen Bewußtseins führt auch nicht zu einer Enthüllung der Heuchelei. Es beruft sich mit diesem Urteil auf sein Gesetz und bestätigt damit ironischerweise dem bösen Bewußtsein das Recht, seinem eigenen Gesetz folgen zu dürfen. Anders gesagt: Das allgemeine Bewußtsein gibt zu, daß das Gesetz nicht eindeutig allgemein ist. Das allgemeine Bewußtsein hat trotzdem in diesem Kampf einen Vorteil, indem es kein handelndes Bewußtsein ist. Im Gegensatz zum Bösen als handelndes bricht in dem allgemeinen Bewußtsein der Gegensatz zwischen Einzelheit und Allgemeinheit nicht auf. Es bleibt in der Allgemeinheit des Gedankens und beurteilt das Handelnde. Darin nähert es sich dem Bösen an und erkennt sich in ihm wieder. Als Bewußtsein der Pflicht soll es handeln, tut es aber nicht: „... es ist die Heuchelei, die das Urteilen für *wirkliche* Tat genommen wissen will." (PhG436) Beide sind dann einander ähnlich. Dies ist ein sehr interessantes Moment der Rekognition. Ein Bewußtsein versucht, mit seiner ganzen Kraft das Spinnennetz der Heuchelei in einem anderen zu entwirren, und deckt dabei die gleiche raffinierte Heuchelei in sich selbst auf.

Das Urteilen muß aber auch als eine positive Handlung mit einem positiven Inhalt gesehen werden. Es kümmert sich nicht um die Pflichtmäßigkeit oder die Allgemeinheits-Dimension der Handlung, sondern gerade um ihre Besonderheit. Es „erklärt sie aus ihrer von ihr selbst verschiedenen *Absicht* und eigennützigen *Triebfeder.*" (PhG437) Weil die Handlung die eines Individuums ist, dürfen solche Betrachtungen an sie herangetragen werden. Das Urteilen befaßt sich mit Vermutungen über mögliche geheime innere Absichten der Handlung, z.B. Ruhmsucht, Ehrbegierde, Glückseligkeit usw.; es treten alle als Möglichkeiten in Erscheinung. Darin enthüllt sich aber dieses beurteilende Bewußtsein auch als *niederträchtig*. (Vgl. PhG438)[126] Es ist auch insofern Heuchelei, als es sein niederträchtiges Beurteilen des anderen für das rechte Bewußtsein seiner Handlung hält. Im Urteilen des Handelnden selbst versteht der

[126] Vgl. M.C. Taylor S. 216: „... the persistent particularity of the judging self which is a product abiding opposition to otherness."

Handelnde, daß sein Urteilen genau auf der gleichen Ebene mit ihm steht. „Hiedurch also dem Handelnden, welches von ihm beurteilt wird, sich gleich machend, wird es von diesem als dasselbe mit ihm erkannt." (PhG438)
Nun ereignet sich ein interessanter Umschlag. Der, der bisher passiv und Ziel einer Beurteilung war, welche seine Heuchelei immer weiter zu entwirren versucht hat, wird nun aktiv, und zwar auf eine gedoppelte Weise: Er nimmt zunächst die Beurteilung an; er erkennt aber auch ausdrücklich an, daß der, der ihn so gesehen hat, genau seinesgleichen sein muß und ist. Das andere ist ihm gleich. Sobald er diese Gleichheit wahrnimmt, sagt er sie dem Anderen und erwartet, daß der Andere ihm sie in der *Rede* erwidert. Sein Bekenntnis zur Gleichheit ist keine Erniedrigung. Er „spricht sie darum aus, weil die Sprache das *Dasein* des Geistes als unmittelbaren Selbsts ist." (PhG438) Deswegen erwartet er die Erwiderung seines Geständnisses, doch diese Erwartung bleibt unerfüllt. Das beurteilende Bewußtsein ist damit weiter entlarvt als ein „hartes Herz, das für sich ist und die Kontinuität mit dem andern verwirft." (PhG439) Es verweigert das Heraustreten seines Innern in das *Dasein der Rede*. Es ist allein von der Schönheit seiner Seele eingenommen. Es will nicht in Kontinuität mit dem andern eintreten, der sich dazu bereiterklärt. Dieses Andere, das böse Bewußtsein, hat sich hiermit weit entfaltet. Es hat sein abgesondertes Fürsichsein in seinem Geständnis aufgehoben und sich „hiedurch als die Kontinuität mit dem Andern, als Allgemeines" gesetzt. (PhG439) Das Aufgeben der abgesonderten Individualität erschließt die Kontinuität mit dem Andern als Allgemeines.[127] Das beurteilende Bewußtsein hält dagegen an seinem abgesonderten Individuumsein fest. Zum Austausch ist es nicht bereit. Sein Bemühen zielt in abstrakter, unbarmherziger Weise ausschließlich auf die Negativität des Urteilens; das jedoch, was mit dem Handeln, seinem Inhalt und seiner Reflexivität über es selbst zum Ausdruck gebracht wird, will es nicht wahrhaben. Seine Selbstpräsenz ist nicht genuin; damit ist klar, daß es sich der Anwesenheit des Geistes verschlossen hat. Hegel drückt das wörtlich so aus: „Es zeigt sich dadurch als das geistverlaßne und den Geist verleugnende Bewußtsein." (PhG439)
Es enthüllt sich, daß dieses Bewußtsein weiter damit sich in einen Widerspruch begeben hat, und zwar deswegen, weil auf diesem Niveau das Innere dieses Bewußtseins sich nicht so sehr durch die Handlung ausdrückt, als vielmehr sein Dasein in der Sprache hat. Weil seine Anerkennung sich durch das von ihm beurteilte Bewußtsein in der Sprache bereits ereignet hat, steht das offene Dasein dieser Anerkennung in Widerspruch mit dem Inneren dieses Bewußtseins selbst. Die Sprache ist hier das dauernde und widerspiegelnde Medium der Innerlichkeit. Jene Ablehnung dieses Bewußtseins ist nicht nur widersprüchlich, sondern sie verhindert auch den Anderen an seiner Rückkehr

[127] Vgl. Flay 1984, S. 224: „It is important to remember that we are here talking not about theory or ideals of conscience never carried into action; we are talking about a world of active, committed individuals who form and are formed by spirit, and whose knowledge of that formation of and dependency upon spirit is in the form of conscience."

aus seiner Handlung „in das geistige Dasein der Rede und in die Gleichheit des Geistes …" (PhG439) Durch seine Ablehnung verneint es die Versöhnung bzw. Verwandlung, die eine offene Gleichheit ermöglicht hätte.

„Insofern nun der seiner selbst gewisse Geist, als schöne Seele, nicht die Kraft der Entäußerung des ansich haltenden Wissens ihrer selbst besitzt, kann sie nicht zur Gleichheit mit dem zurückgestoßnen Bewußtsein und also nicht zur angeschauten Einheit ihrer selbst im Andern, nicht zum Dasein gelangen …" (PhG440) An dieser sehr aufschlußreichen Stelle kommt die Macht des verdrängten Selbstwissens klar ans Licht. Das Wissen seiner Selbst ist nicht verdrängt im Sinne der Psychologie, so daß es unsichtbar geworden wäre. Vielmehr weiß diese schöne Seele, daß sie dieses Wissen von sich hat. Aber sie kann es nicht offen zugeben. Sie hält es in sich zurück. Es muß für sie als schöne Seele ein fürchterlicher Widerspruch sein, etwas so Niederträchtiges über sich zu wissen und dies gleichzeitig für sich behalten zu müssen. Durch das Insichhalten dieses Wissens gewinnt sie außerdem weder Dasein noch Kontinuität mit dem anderen. Sie verheimlicht das Wissen von etwas Unschönem über sich, obwohl es dem anderen bereits sichtbar geworden ist. Die schöne Seele ist in einem festen Gegensatz gefangen. Auf der einen Seite hat sie ein reines Selbst; auf der anderen Seite ist in ihr die Notwendigkeit, „… sich zum Sein zu entäußern und in Wirklichkeit umzuschlagen. „ (PhG440) Diesen Gegensatz erlebt sie ganz bewußt, was ihr einen großen Schmerz bereitet. Sie gerät völlig außer sich. Sie „zerfließt in sehnsüchtiger Schwindsucht." (PhG440) Dadurch gibt sie schließlich das harte Festhalten an ihrem Fürsichsein auf, erreicht aber damit nur die geistlose Einheit des Seins.

Der selbstbewußte und daseiende Ausgleich dieser zwei Seiten ist in der bisherigen Bewegung schon enthalten. Das starre Fürsichsein ist gebrochen, und das Böse hat sein hartes Fürsichsein in seinem Bekenntnis aufgegeben. Beide sind zur Allgemeinheit erhoben. Die Verbindung mit der Allgemeinheit erhält so die Bedeutung der Versöhnung, Vereinigung und Verwandlung. „Die Wunden des Geistes heilen, ohne daß Narben bleiben." (PhG440) Die Tat des einen und das Urteilen des Andern stehen dieser Versöhnung nicht im Wege. Das eine läßt sein individuelles bestimmendes Urteil entfallen; und das andere das individuelle Bestimmen der Handlung. (Vgl. PhG441) Beide lösen sich von ihrem Fixiertsein und entdecken aufs neue die Kreativität, welche die Individualität erleben kann, wenn sie sich ihrer Kontinuität mit der Allgemeinheit nicht entgegenstellt, sondern das Fließen dieser Kontinuität zuläßt.

„Das Wort der Versöhnung ist der *daseiende* Geist, der das reine Wissen seiner selbst als *allgemeinen* Wesens in seinem Gegenteile, in dem reinen Wissen seiner als der absolut in sich seienden *Einzelheit* anschaut – ein gegenseitiges Anerkennen, welches der *absolute* Geist ist." (PhG441) Entscheidend ist hier, daß die Versöhnung nicht eine bloße Abstraktion ist.[128] Vielmehr ist sie das Ereignis der Rekognition und Anerkennung zweier Selbstbewußtseine. Dieses

[128] Vgl. Heinrichs 1974, S. 399: „Die *intersubjektive Versöhnung*, das gegenseitige Anerkennen, erhält hier eine vorzügliche geistesgeschichtliche und logische Bedeutung …"

Ereignis der Versöhnung kann nur deswegen stattfinden, weil die Fortentwicklung dieser beiden Bewußtseinsgestalten zu einer solchen Entfremdung in derartige Extreme geführt hat. Die Extreme vertieften die Selbste und entfremdeten sie dermaßen, daß die Versöhnung zum geistigen Bedürfnis wurde; daraus erwuchs die Empfängnisbereitschaft für eine Versöhnung. Ferner ist diese Versöhnung ein Ereignis, das in der und durch die Sprache geschieht: „... das Wort der Versöhnung" artikuliert die Versöhnung und bringt sie zustande. (PhG441) Schließlich setzt diese Versöhnung genug Kraft frei, um den Eintritt des absoluten Geistes ins Dasein zu ermöglichen. Das tut sie, indem sie als die höchste Instanz der Rekognition gilt; und gerade als eine solche Rekognition ist sie der Ausdruck der tiefsten geistigen Affinität, die sich im Herz der Verschiedenheit eröffnet. Die Affinität der beiden Extreme, des Bösen und des Schönen, tritt konkret durch die Sprache als *Ereignis* ins Dasein.
Es handelt sich an dieser Stelle um den Eintritt des absoluten Geistes ins Dasein. Der Eintritt findet am Ort eines zugespitzten Konfliktes statt. Wieso ausgerechnet an dieser Stelle? Zum einen, weil dieser Konflikt immer schon geistig war; und ferner, weil er den *Rhythmus* des absoluten Geistes selbst ausdrückt: „sein reines Wissen von sich selbst (sc. ist) der Gegensatz und Wechsel mit sich selbst." (PhG441) Diese beiden ihrer selbst gewissen Geister haben diesen *Grundrhythmus* des absoluten Geistes vertreten und verkörpert. Die schöne Seele hat sein reines Wissen als abstraktes Wesen vorgeführt. Es besaß die Kontinuität mit dem Allgemeinen. Dagegen hat der Andre an der absoluten Einzelheit seiner Selbstheit festgehalten. Dieser Andere hält das Absolute für unwirklich und die Einzelheit für das Absolute. Aber „beide Seiten sind zu dieser Reinheit geläutert, worin kein selbstloses Dasein, kein Negatives des Bewußtseins mehr an ihnen ist ..." (PhG441) Das bedeutet aber keineswegs, daß sie ihre Verschiedenheit, ihre Differenz von einander verloren hätten. Sonst wäre keine Rekognition zustandegekommen. Eine rein solipsistische Rekognition ist ein Unbegriff. Andrerseits aber wäre eine Rekognition, in der beide verschmolzen wären, keine Rekognition. Sie behalten ihre Verschiedenheit, sogar „eine absolute, weil sie in diesem Elemente des reinen Begriffs gesetzt ist." (PhG441) Der Begriff ist selbst die Gleichzeitigkeit der intensivsten und der intimsten Verschiedenheit. Ihrer absoluten Verschiedenheit voneinander sind sich beide bewußt. Als Selbste sind sie gegeneinander *Bestimmte*; sie sind aber zugleich allgemein. Ihre jetzige fortentwickelte Reinheit wird als die Selbstfülle des Daseins angedeutet. Beide sind „sich selbst gewisse Geister." (PhG441) Daß sie allgemein sind, meint, daß ihre Selbstheit von der Allgemeinheit völlig umfaßt und ausgefüllt ist. Das eine ist das absolute Allgemeine. Das andere ist die „absolute *Diskretion*" der Einzelheit." (PhG441) Früher wurde in dieser Geistgestalt auf die Diskretion des Geistes hingewiesen; an jener Stelle haben wir die damit implizierte Selbsthaftigkeit des Geistes hervorgehoben.
Beide sind dieses reine Sich-Wissen, „deren *Verhältnis* und *Gegensatz das Ich ist.*" (PhG442) Wir sehen hier eine neue Auslegung des Ich. Es ist kein leeres Ich, noch ist es das Ich eines einzelnen Bewußtseins. Dieses Ich ist vielmehr

die differenzierte Einheit der Allgemeinheit und der Individualität, die nun durch ihre Entwicklungen eine neue Integrationsstufe erreicht haben. Weil sie Selbste oder Dimensionen des einen Personseins sind, können sie völlig entgegengesetzt sein, ohne die innerliche oder die äußerliche Einheit des Personseins zu zerstören. Entscheidend ist hier, sich den Unterschied zwischen dem absoluten Geist und den beiden ihrer selbst bewußten Geistern vor Augen zu halten. Das Auftreten des Ich des absoluten Geistes und die Versöhnung der beiden ihrer selbst bewußten Geister findet *gleichzeitig* statt. Die größte Anwesenheit des absoluten Geistes ereignet sich, wenn die Selbstpräsenz der beiden reflexiv und gegenseitig ihren Ausdruck in Rekognition findet.

„Es ist das vollkommen *Innre*, das so sich selbst gegenüber und ins Dasein getreten ist." (PhG442) Die Selbstkonfrontation und das Eintreten ins Dasein sind hier in ihrer Kontinuität ausgedrückt.[129] Die Entdeckung der innerlichen Andersheit steht in Kongruenz zu dem Eintritt in das Andersein des Daseins. Beide sind, wie gesehen wurde, reines Sichwissen. Durch das Setzen ihres Gegensatzes wird dieses Wissen zum Bewußtsein. Und ferner werden sie, wenn der Gegensatz beweglich wird, zum Selbstbewußtsein.

„Denn dieser Gegensatz ist vielmehr selbst die *indiskrete Kontinuität* und *Gleichheit* des Ich = Ich; und jedes *für sich* eben durch den Widerspruch seiner reinen Allgemeinheit, welche zugleich seiner Gleichheit mit dem andern noch widerstrebt und sich davon absondert, hebt an ihm selbst sich auf." (PhG442) Zuvor wurde das Bestehen auf die reine Individualität „absolute Diskretion" genannt; nun kommt eine Referenz zur Indiskretion vor und zwar in bezug auf die neu entdeckte, sowohl innere als auch äußere Differenziertheit des Ich; diese Differenziertheit *ereignet* sich als Bewegung ihres Gegensatzes. Die *Indiskretheit* verweist auf die neue Verbundenheit, in der die Individualität sich als sich selbst in und mit der Allgemeinheit behaupten kann. Hier wird die kreative Spannung im tiefsten Herzen des Ich beschrieben. Dadurch bewegt sich der Gegensatz. Dadurch wird auch das Ich zum Selbstbewußtsein. Es ist von größter Bedeutung, daß die Bewegung *nur* als eine gegenseitige Bewegung stattfindet. Sie ist nicht die einseitige Eroberung des einen durch den andern. Bisher war das die herrschende Tendenz in der Moralitätsgestalt. Eine Seite wurde vorübergehend annulliert; damit übernahm die andere die Herrschaft. Hier dagegen findet eine Balance statt, ohne daß die Spannung verringert wird. Ganz im Gegenteil. Die Spannung wird zum äußersten gesteigert und gefährdet dennoch die Einheit nicht.

Es ist ferner wichtig, daß die Erscheinung dieses Ich nur am Ende dieser Gestalt möglich ist. Es ist ein Ich, welches das Resultat der ganzen Reihe von Erfahrungsphasen ist. Zugleich ist es aber mehr als Resultat: Es ist das tiefste Selbst dieser ganzen Erfahrungsphasen. Außerdem ist die Spaltung zwischen

[129] Vgl. Hyppolite S. 501: „Le portrait de la conscience agissante et celui de la belle âme, la découverte de l'être-là de l'esprit dans le langage, nous permettent d'opposer l'esprit infini et l'esprit fini dans l'existence même, cette opposition suscitant par son approfondissement leur réconciliation vivante."

Innerem und Dasein aufgehoben. Das war ein entscheidendes Problem der Moralitätsgestalt. Aber wir haben hier gesehen, wie die Sprache als Element im Dasein und auch als das Dasein des Geistes das Innere und das Äußere im Personsein zusammenbringt; dazu ist sie nur fähig, weil sie ein geistiges Medium ist.

„Durch diese Entäußerung kehrt dies in seinem Dasein entzweite Wissen in die Einheit des Selbsts zurück; es ist das *wirkliche* Ich, das allgemeine *sich selbst* Wissen in seinem *absoluten Gegenteile*, in dem *insich*seienden Wissen, das um der Reinheit seines abgesonderten Insichseins willen selbst das volkommmen Allgemeine ist." (PhG442) Der Gegensatz der Einzelheit und der Allgemeinheit eröffnete sich in zugespitzter Form in der letzten Gestalt. Hier nun finden sie Versöhnung. Oder anders gesagt: Ihr Versöhntsein tritt auf. Die schon lange angestrebte *Wirklichkeit* des Ich befindet sich hier in Harmonie und in Kontinuität mit dem inneren reinen Ansich. Wenn die beiden vorher ihren Konflikt aufgeben und jedes sich in dem anderen wiedererkennen läßt, bekommt ihr „Ich" – dieses Ich seine Wirklichkeit. Dasein, Entäußerung zählen dann nicht mehr als Bedrohung seiner Gewißheit.

Hegel hebt dann klar die Einheit der Endlichkeit und der Unendlichkeit hervor, die sich während dieses Gestaltsablaufes immer wieder zu durchleuchten versuchte. Diese neue Ebene, die die Person erreicht hat, ist eine Ebene, auf der äußerste Verschiedenheit höchste Affinität und Intimität ausdrückt. Auf dieser Ebene kann mit Fug und Recht ein Gott, der auch im Innersten selbst dieser Rhythmus *ist*, sich zeigen.

12. Die Religion: Als versöhnte Einheit von Bewußtsein und Selbstbewußtsein nimmt die Religion ihre gewesenen Gestalten auf, um sie intensiver zu integrieren und zu verwandeln

Die Erfahrung des Bewußtseins ist im Grunde genommen immer eine geistige Erfahrung. Das ist nach dem Geistkapitel und im Hinblick auf die bisherigen Gestalten klarer geworden. Natürlich ist die Religion in den Gestalten Bewußtsein, Selbstbewußtsein, Vernunft und Geist bereits vorgekommen. Sie wurde aber immer aus der Perspektive des Bewußtseins betrachtet.[1] Das absolute Wesen an und für sich aber ist bis jetzt nicht vorgekommen. Anders gesagt: Das Selbstbewußtsein des Geistes ist in den Gestalten nicht erschienen. (Vgl. PhG443)

Fast alle Gestalten haben instinktiv die Tendenz, diesem absoluten Wesen nachzugehen. Aber sie erreichten nicht die dafür notwendige Reife. Der Verstand besaß ein Bewußtsein des Übersinnlichen. Doch dies war ein entferntes Allgemeines ohne Selbst. Das unglückliche Bewußtsein konnte die Einheit des einzelnen Selbstbewußtseins mit seinem Wesen nicht erreichen. Sie blieb jenseitig. In der sittlichen Welt sahen wir eine Religion der Unterwelt, worin das Schicksal als bewußtloses Allgemeines einer leeren Individualität gegenüberstand. Auch in der Aufklärung war das Jenseits leer. Und obwohl in der Religion der Moralität der positive Inhalt des absoluten Wesens erblickt wurde, bleibt er wegen der Nähe zur Negativität der Aufklärung ein negierter, gespaltener Inhalt.

Die Gestalten des Geistes selbst machen den Geist in seinem Bewußtsein aus. Als Bewußtsein tritt er seiner Welt gegenüber auf. Deswegen konnte er sich in seiner Welt nicht erkennen. Erst im Gewissen sammelt er seine bestimmten Begriffe, seine objektive Welt und seine Vorstellung und gewinnt dadurch für sich eine neue Fülle und Tiefe der Selbstpräsenz. Er ist nun ein „bei sich seiendes Selbstbewußtsein." (PhG444) Der Kreis seines Wesens ist aus den Gestalten hinauf an die Oberfläche gestiegen, wo er ihn nun sehen kann. Das bedeutet, daß er nun selbst Gegenstand seines eigenen Bewußtseins ist. Und als solcher hat er Gestalt.

Weil aber das Bewußtsein in der Religion auf einer ganz neuen Ebene steht, ist es als *Selbst*bewußtsein gesetzt. Das hat zur Folge, daß die Gestalt sich vollkommen durchsichtig ist. (Vgl. PhG445) Nie zuvor war eine Gestalt sich selbst durchsichtig. Gewiß, am Anfang jeder Gestalt hat das Bewußtsein eine Ahnung von einer weiteren Dimension seiner Selbst in der noch zu entfaltenden Gestalt. Aber diese Ahnung war nur ein Blick ins Opake. Die Triebfeder des Erfahrungsablaufs in der Gestalt war, dieses Selbstsein weiter ans Licht zu

[1] Dazu vgl. Darcus S. 139: „In the PhG Hegel sees religion as a formation of consciousness concomitant with the historical sequence of realizations of self-consciousness."

bringen. Trotz allem, was in einer Gestalt erlitten wurde, war das Ergebnis immer eine weitere Vertiefung der Selbstpräsenz des Bewußtseins. Hier in der Religion wird ihre Gestalt selbst durchsichtig. Dies ist eine entscheidende Differenz zu vorher, und es wird im Gegensatz zu den frühern dem Ablauf dieser Gestalt einen neuen *Rhythmus* verleihen. Der Geist, der jetzt zuschaut, wird sich selbst erkennen und sehen können. Er muß sich nicht mehr im Labyrinth der Erfahrung suchen.

Obwohl die Religion auf einer neuen Ebene steht und ihre Gestalt durchsichtig ist, erreicht der Geist trotzdem seine vollendete Entsprechung in der Religion nicht. In ihr bleibt sein Dasein von seinem Selbstbewußtsein noch unterschieden. Der Grund dafür ist, daß in ihr sein Bewußtsein „die Form des *freien Andersseins*" noch nicht enthält. (PhG445) Deswegen fällt seine Wirklichkeit nicht in sie, sondern außerhalb ihrer. Die Religion ist einer angemessenen Entsprechung mit dem Geiste näher als alle früheren Gestalten. Doch ist das Bewußtsein der Religion nicht umfassend genug. Sie hat Anteil an zwei verschiedenen Welten, gehört aber gleichzeitig keiner an. Sie muß vollendet werden, so daß ihre zwei Welten, d.h. das Dasein und das Selbstbewußtsein der Religion, einander gleich werden.

In der Religion steht dem Geiste keine angemessene Darstellungsweise seines Selbstbewußtseins zur Verfügung. Es darf nicht vergessen werden, daß die Religion kein bloßes Werkzeug des Geistes ist. Geist bewohnt sie und ist letztlich Subjekt ihrer Bewegung. In ihr kann sich der Geist sich selbst vorstellen, und somit ist er Bewußtsein. Dennoch ist ihm diese Vorstellung als eine Darstellungsweise viel zu begrenzt. Die Religion schließt eine Wirklichkeit ein. Diese Wirklichkeit ist wieder nur die Gestalt und das „Kleid" des Geistes, nämlich Vorstellung.[2] Die Mangelhaftigkeit der Vorstellung besteht eben darin, daß die Wirklichkeit in ihr nur als Kleid des Geistes dargestellt werden kann. Das verletzt die Wirklichkeit. Um hier angemessen zu sein, müßte die Wirklichkeit in ihrem selbständigen freien Dasein dargestellt werden.

Der beabsichtigte Versuch, eine richtige Darstellungsweise zu finden, läßt in Verbindung mit der Rede von einer vollendeten Darstellungsweise überhaupt darauf schließen, daß der Geist sein neues Sich-Wissen nun *ausdrücken* will. Die Vorstellung ist nicht vollendet. Deswegen bietet sie nur eine bestimmte Gestalt. Der Geist aber braucht, um sich ausdrücken zu können, eine Gestalt, die nicht anders ist als er selbst: „... aber nur der Geist, der sich als absoluter Geist Gegenstand ist, ist sich eine ebenso freie Wirklichkeit, als er darin seiner selbst bewußt bleibt." (PhG445) Die Wirklichkeit ist in der Religion also noch nicht zu ihrer vollen Freiheit gelangt. Die Eigenständigkeit der Wirklichkeit ist eine konkrete Voraussetzung dafür, daß der Geist sich ausdrücken und zum konkreten Selbstwissen gelangen kann. Das Bestehen auf *Freiheit* steht im Einklang mit der ganzen bisherigen Bewegung der PhG. Sie hat nach einer immer tieferen Verwirklichung der Person gestrebt; einer Verwirklichung, in der

[2] Vgl. zum Thema „Vorstellung" Dahlstrom S. 342: „A representation is both a symbol and a re-presentation exhibiting some content anew within an individual consciousness."

die Allgemeinheit und die Individualität ihre immer intensivere und ausgedehntere Balance finden würde. Die verwirklichte und angemessene *Balance* impliziert und enthüllt natürlich die Freiheit beider.
Der Geist ist kein Monolith. Sein tiefstes Wesen ist intim mit allen Gestalten des Bewußtseins verbunden. Am Anfang des Geistkapitels haben wir mit genauen Textanalysen die Kontinuität, Ansammlung und Verwandlung der Gestalten in der Geistgestalt selbst dargestellt. Unsere Interpretation wird hier nun wörtlich bestätigt: „Die Momente aber sind das *Bewußtsein*, das *Selbstbewußtsein*, die *Vernunft* und der *Geist*; – der Geist nämlich als unmittelbarer Geist, der noch nicht das Bewußtsein des Geistes ist. Ihre *zusammengefaßte* Totalität macht den Geist in seinem weltlichen Dasein überhaupt aus; der Geist als solcher enthält die bisherigen Gestaltungen in den allgemeinen Bestimmungen, den soeben genannten Momenten." (PhG446)
Dieses Zitat enthält eine dreifache Charakterisierung des Geistes. Erstens drükken die Momente die *unmittelbare Anwesenheit* des Geistes aus, und zwar in ihrem Ablauf als Momente, die noch nicht Bewußtsein des Geistes, aber unterwegs dorthin sind. Sie haben noch nicht jene Reife, die sie erkennen läßt, mit wem sie verbunden sind. Zweitens machen die Momente, wenn sie in ihrer Totalität genommen werden, das weltliche Dasein des Geistes aus; und zwar nur das weltliche Dasein des Geistes. Der Geist ist demnach mehr als die Summe seiner Momente. Die Momente gehören zueinander, nicht nur, weil das Ergebnis der Entwicklung des einen in das nächste führte, sondern auch, weil sie als Totalität im Geist sind. Drittens verliert der *Geist als solcher* „seine" Momente nicht. Sie sind nicht ausgelöscht. Sie sind in der Fülle des Geistes behalten.
Die Religion setzt demnach den ganzen Ablauf der Gestalten, ihre Entfaltung und Thematisierung voraus.[3] Als deren Totalität ist sie eine „*einfache* Totalität". (PhG446) Sie ist eine einfache Totalität, weil die Momente in ihr weder fragmentiert noch voneinander getrennt sind. Ihr ging die Arbeit einer subtilen Integration voraus. Eigentlich ermöglicht erst das Zusammenkommen der Momente den Auftritt der Religion als Gestalt. Die Religion selbst war es demzufolge nicht, die die Momente als Momente des geistigen Daseins gesetzt hat. Deswegen ist der Verlauf dieser Momente im Verhältnis zur Religion nicht als ein zeitlicher vorzustellen. (Vgl. PhG446) Gerade weil die Religion eine einfache bzw. eine selbsthafte Totalität ist, ist sie das verwandelte Angesammeltsein der Momente. Dies bedeutet, daß sich das Bewußtsein nicht wie bisher zu entfalten braucht. Sein Angesammeltsein ist nicht mehr der Trennung und der Sukzessivität der Zeit ausgeliefert. In gewisser Weise entzieht sich die Religion der Zeit. Hier wird dann die Religion als eine „einfache Totalität" der Totalität des Erfahrungswegs des Bewußtseins als einer „zusammengefaßten Totalität" entgegengesetzt.

[3] Vgl. dazu auch van Dooren S. 94: „Von der Religion heißt es tatsächlich, daß sie den ganzen Ablauf jener Gestalten voraussetzt; was lediglich besagt, daß sie das schon gegebene Material benutzt und es in ihrer Art ordnet."

„Der ganze Geist nur ist in der Zeit, und die Gestalten, welche Gestalten des ganzen *Geistes* als solchen sind, stellen sich in einer Aufeinanderfolge dar; denn nur das Ganze hat eigentliche Wirklichkeit, und daher die Form der reinen Freiheit gegen anderes, die sich als Zeit ausdrückt.“ (PhG446) Zwischen dem Geist und der Zeit besteht kein negatives, widersprüchliches Verhältnis. Der Geist absorbiert die Zeit nicht. Und der Geist verliert sich nicht in der Zeit. Das Verhältnis beider ist kreativ. Geist als Ganzes drückt sich in und durch die Zeit aus. Die Zeit ihrerseits findet im Geist ihr *Gesammeltsein*. Ohne die Zeit wäre eine Auslegung des Geistes in eine Aufeinanderfolge seiner Momente gar nicht möglich gewesen.
Zuvor wurde an der Religion ihre mangelhafte Vorstellung bemängelt. Die Vorstellung ist unfähig, die ganze Wirklichkeit darzustellen. Hier wird gesagt, daß nur das Ganze eine *eigentliche* Wirklichkeit hat. Die Gestalten sind „Gestalten des ganzen Geistes.“ (PhG446) Sie sind weder oberflächliche noch partielle Dimensionen des Geistes. Sie verkörpern und drücken den ganzen Geist aus; entscheidend ist aber, daß sie das in einer Aufeinanderfolge tun müssen; daher hat die PhG die Struktur eines Erfahrungswegs. Das, was nicht Ganzes ist, hat zwar teil an der Wirklichkeit, aber nicht seine eigentliche Wirklichkeit. Die Zeit als das Ganze des Geistes hat ihre eigentliche Wirklichkeit. Wegen der Perspektive der Ganzheit ist alle Vereinzelung redundant geworden; die positive Bedeutung der Individualität gilt hier als Ausdruck der Verschiedenheit. Daher hat die Zeit die Form der reinen Freiheit gegen anderes. Damit ist klar, daß die Zeit hier nicht äußerlich bestimmt wird. Vielmehr wird die Zeit aus der Sicht des Ganzen, des Geistes als Ganzem bestimmt. Sie wird innerlich in bezug auf den höchsten Zweck des Geistes bestimmt, nämlich im Hinblick auf die Entäußerung, Verwirklichung und Rückkehr des Geistes in sich selbst. Die Zeit ist dann nicht reine Vergänglichkeit, sondern Medium der Verwandlung, nämlich Memoria.
Daß die Zeit die reine Freiheit gegen anderes genannt wird, sollte nicht überraschen, weil das Ergebnis der PhG bisher klar gezeigt hat, daß das äußerste Anderssein sich immer in intimster Einheit mit dem Geiste ergeben hat. Das völlig Verwirklichte ist Freiheit. Freiheit meint hier nicht mehr leere Möglichkeit, sondern die Fülle der vollzogenen Beziehung zwischen Allgemeinheit und Individualität. Hinsichtlich dessen darf man sagen, daß die Zeit die endlich verwirklichte geistige Erfahrung ist. Es wird hier mit Recht von Freiheit gesprochen, weil das völlig Verwirklichte keine Drohung von außerhalb befürchten muß. Wie hier klar gesagt wird, ist die zwischen Individuen entstandene Freiheit in der Tat eine Teilnahme an der Freiheit, die zwischen der Wirklichkeit und dem Geist aktiv geworden ist.
„Aber die *Momente* desselben (sc. des Ganzen), Bewußtsein, Selbstbewußtsein, Vernunft und Geist haben, weil sie Momente sind, kein voneinander verschiedenes Dasein.“ (PhG446) Das bedeutet nicht, daß die Momente kein Dasein haben. Dasein haben sie. Schließlich existieren sie als das Dasein des Geistes. Vielmehr ist damit gemeint, daß sie in engster Verbindung und Kontinuität miteinander stehen. Sie sind nicht voneinander isoliert. Diese Interpretation

wird dadurch weiter bekräftigt, daß jedes dieser Momente wieder an ihm selbst in seinem eigenen Verlaufe weiter unterschieden und differenziert wird. Wenn das Moment tatsächlich kein Dasein hätte, wäre es schon verschwunden und es dürfte keine Rede von seiner weiteren Differenzierung sein. Differenzierung enthält kontinuierliche Selbstentfaltung. Die Differenzierung wird aber gemacht. Sie betrifft die kleineren Gestalten innerhalb der Hauptgestalten, wie die sinnliche Gewißheit und die Wahrnehmung innerhalb der Bewußtseinsgestalt; sie sind wohl voneinander verschieden. Und gerade sie sind es, die ein gebrochenes Zeitverhältnis aufweisen. „Diese letztern Seiten treten in der Zeit auseinander und gehören einem *besondern Ganzen* an." (PhG495)
An dieser Stelle zeigt sich eine Problematik. Wenn die Hauptgestalten des Bewußtseins, wie die Religion aufzeigt, nicht in der Zeit auseinanderfallen, und diese „letztern Seiten" weitere Differenzierungen dieser Hauptgestalten sind, wie können sie dann auseinanderfallen? Der Grund dafür ist, daß sie die niedrige Seite der Vermittlung ausmachen. Es geht um die Vermittlung des Geistes, worin die Hauptgestalten des Bewußtseins die Mitte ausmachen und diese ihre Momente die Seite der Einzelheit. „Die *Einzelheit* aber machen die Gestalten dieser Momente aus." (PhG446) Dieses gebrochene Zeitverhältnis beschädigt aber den Geist nicht. „Denn der Geist steigt aus seiner *Allgemeinheit* durch die *Bestimmung* zur *Einzelheit* herab." (PhG446) Diese Momente stellen den Geist in seiner Einzelheit oder Wirklichkeit dar, „und unterscheiden sich in der Zeit, so jedoch, daß die folgende die vorhergehenden an ihr behält." (PhG446) Ihr Auseinanderfallen in der Zeit gilt nicht als eine Zerstreuung. Als Individualität sind sie zwar voneinander verschieden, aber doch miteinander verbunden. Sie bleiben nicht fixierte Punkte auf einer leeren Zeitfläche. Sie sammeln sich immer in das nächste Moment. So nimmt jedes nächste Moment das Gewesene in sich auf. Keines geht verloren. Das ist hier nur formell gesagt, aber es bestätigt ganz ausgesprochen unsere Behauptung der Kontinuität innerhalb und zwischen den Erfahrungsphasen und den Gestalten des Bewußtseins in der PhG. Es verweist auf das Sammlungsvermögen, welches gerade, weil es höchst persönlich ist, als Memoria beschrieben werden darf. Obwohl Distanz und Unterschied fest in der Zeit vorkommen, zerstreut die Zeit die Erfahrung nicht, sondern ermöglicht es ihr, sich zu thematisieren, zu vertiefen und zu sammeln.
Die Religion ist die Vollendung des Geistes. Alle Momente sind in sie zurückgegangen. Die Religion ist ihr Grund. Aber das Werden der *Religion* selbst als eine Bewegung geschieht nicht außerhalb dieser Momente. Es ist in ihnen enthalten. Aber wie gesehen wurde, haben sie sich auch weiter differenziert. Das bedeutet, daß sie als Einzelheit *zugleich* auch die *Bestimmtheiten* der Religion enthalten. (Vgl. PhG477) Das Wesen der Religion und die Bestimmtheiten der Religion erscheinen hier zuerst verschieden und sind noch nicht zur wechselseitigen Thematisierung gelangt. Dazu kommt, daß Religion gerade als eine neue Gestalt aufgetreten ist; und eine neue Gestalt muß immer ihre Unmittelbarkeit verlassen und sich entfalten und thematisieren. Wir stehen also vor einer neuen Bewegung. Aber im Vergleich zu früheren Gestalten besteht hier

ein entscheidender Unterschied. Es werden den bisherigen Gestalten keine weiteren neuen Gestalten hinzugefügt. Die bisherigen Gestalten sind alle in dieser Religionsgestalt bereits zutiefst erkannt. Dadurch ist für die Religion eine neue Perspektive entstanden. Sie kann nun mit ihren eigenen Gestalten anders umgehen, als das Bewußtsein mit seinen Gestalten bis jetzt umgehen konnte. Die Religion steht in einer freieren Beziehung zu sich selbst als Gestalt.

„Die *bestimmte* Gestalt der Religion greift für ihren wirklichen Geist aus den Gestalten eines jeden seiner Momente diejenige heraus, welche ihr *entspricht.*" (PhG447) Um sich als wirklicher Geist zu entfalten und zu thematisieren, sucht sich die Religion als eine bestimmte Gestalt diejenigen Gestalten aus *ihrem* Integriertsein, die eine besondere Affinität mit ihr aufweisen.[4]

Die Religion steckt also nicht so tief in einer fast opaken Gestalt, wie es bisher für das Bewußtsein der Fall war. Durch die Bewegung der Erfahrung ließ sich die Gestalt erleuchten. Die Religion aber weiß mehr. Sie ist sich ihrer selbst bewußt. Das hat zur Folge, daß sie eine gewisse Distanz und Klarheit ihren eigenen Bestimmtheiten gegenüber hat. Sie sucht sich zwar noch, aber sie weiß nun genauer, was sie finden soll. Das hat natürlich Konsequenzen für den Status und den *Rhythmus* der Erfahrung in dieser Gestalt. In bezug auf unser Thema können wir sagen: In der Religionsgestalt tritt die Subjekthaftigkeit des Personwerdens klarer und entscheidender in Erscheinung. Es tritt hier keine Einseitigkeit in die Entfaltung der PhG ein. Die PhG ist immer eine gleichzeitige Bewegung von zwei Seiten, von der des Geistes und von der des Bewußtseins. Die Vertiefung der Subjekthaftigkeit der Person bedeutet keineswegs eine Einseitigkeit. Vielmehr ist sie die intime und vermittelte Einheit der Allgemeinheit und der Individualität.

Aus der Sicht der Religion geht es hier um eine Wiederaufnahme dieser ihrer Gestalten. Diese Wiederaufnahme ist keine Wiederholung des schon Vorgekommenen. Hier werden sie anders eingeordnet, und zwar nach der neuen Perspektive der Religion. Daß die Gestalten der Erfahrung sich anders aufnehmen lassen, zeigt ihre Elastizität, Vielfältigkeit und Tiefe. Zuvor hat das Bewußtsein versucht, sich in seinen verschiedenen Momenten zu entfalten und zu thematisieren. Es hat bei der Fülle der sinnlichen Gewißheit angefangen. Dabei war die Unmittelbarkeit am stärksten und am reinsten. Alles war im Fließen. Sobald das Bewußtsein sein Licht auf diese Unmittelbarkeit warf, ließ sich die Unmittelbarkeit in immer unterschiedeneren feineren Konstellationen vorkommen. Die Momente sammelten sich in kleine Totalitäten.[5] „In der betrachteten Reihe bildete sich jedes Moment, *sich in sich vertiefend*, zu einem Ganzen in seinem eigentümlichen Prinzip aus; und das Erkennen war die Tiefe, oder der

[4] Vgl. Heinrichs 1974, S. 422: „Die Frage nach der Bestimmtheit der Religion stellt sich daher als die nach der *Zuordnung* von religiösen und wirklichen Gestalten."

[5] Vgl. Howard P. Kainz, Hegel's PhG 2, S. 129: „... religious consciousness in all the essential stages of this unfolding has managed to recapture and epitomize the intensity and distinctness of the actual state of consciousness of the world that it emerged from."

Geist, worin sie, die für sich kein Bestehen haben, ihre Substanz hatten." (PhG448) Dies taten die Momente erst im Lichte des Erkennens des Bewußtseins, weil sie auf unbestimmte Weise instinktiv wußten, daß das Erkennen an sie nicht von außen herangetragen worden ist, sondern daß es ihre Affinität miteinander und mit dem suchenden Bewußtsein erschließen würde. Deshalb ist hier das Wort „Erkennen" statt „Wissen" gebraucht. Ferner ist dieses Erkennen als die Tiefe, die Substanz und das Bestehen dieser Momente beschrieben. Nur im Kontext der auftauchenden Affinität hat das einen Sinn. Zu meinen, daß ein isoliertes Bewußtsein diese Momente aus einem Vakuum erfunden hätte, widerspräche der ganzen Bewegung der PhG.
Die Substanz, welche das Erkennen in diesen Momenten erweckt hat, war die geistige Substanz. Nun ist in der Religion diese Substanz „herausgetreten." (PhG448) Sie macht die Tiefe des Geistes der Religion aus. Dies markiert einen bedeutsamen Einschnitt. Aus der Sicht und im Lichte dieses „herausgetretenen Ganzen" schweben die Momente nicht mehr im Schatten. Sie bilden sich nicht mehr aus dem Schatten heraus in die Gestalt, ins Licht, was zu verschiedenen Gestalten oder kleinen Totalitäten geführt hatte. Die neue Gewißheit des sich selbst gewissen Geistes verhindert dies nun und stellt die tiefgreifende Affinität und Verbundenheit aller Momente dar.
Das Ganze kann sich nun in der Religion sammeln und zeigen. In der geistigen Substanz gehören Ganzheit und differenzierte Einzelheit engstens zusammen: „... diese Momente alle in sich versammelnd und zusammenhaltend, schreitet sie in diesem gesamten Reichtum ihres wirklichen Geistes fort, und alle seine besondern Momente nehmen und empfangen gemeinschaftlich die gleiche Bestimmtheit des Ganzen in sich." (PhG448) Anstatt Stück für Stück, Gestalt für Gestalt präsent zu werden, sind sie nun als Ganzes anwesend. Die Fülle dieser neuen Präsenz darf hervortreten, gerade weil die bisherigen Momente nicht ausgelöscht wurden. Ihre Bewahrung ermöglicht diese neue Gestalt; dies bedeutet aber nun ihre weitere Verwandlung und noch tiefere Integration. Infolgedessen entsteht kein Widerspruch zwischen der Richtung der bisherigen Bewegung und der neuen Richtung, welche durch ihre jetzige Integration eingeschlagen ist. Hegel drückt dies bildhaft aus: „Wenn also die bisherige *eine* Reihe in ihrem Fortschreiten durch Knoten die Rückgänge in ihr bezeichnete, aber aus ihnen sich wieder in *eine* Länge fortsetzte, so ist nunmehr gleichsam an diesen Knoten, den allgemeinen Momenten, gebrochen und in viele Linien zerfallen, welche in *einen* Bund zusammengefaßt, sich zugleich symmetrisch vereinen, so daß die gleichen Unterschiede, in welche jede Besondre innerhalb ihrer sich gestaltete, zusammentreffen." (PhG448)
Die Knoten sind die allgemeinen Momente. Sie sind hier als Rückgänge bezeichnet. Wieso? Warum ereignet sich überhaupt ein Rückgang? Verfährt die Erfahrungslinie der PhG an bestimmten Stellen nicht mehr direkt, sondern wendet sich ein wenig und folgt einer Kurve? Oder sind die Knoten deshalb allgemeine Momente, weil sie einander ähnlich sind? Diese Fragen treffen genau die neue Qualität des Erfahrungs*rhythmuss*es in der Religionsgestalt. Die

Knoten sind in der Tat Erfahrungskurven, nämlich Orte, wo die Erfahrung eine besondere Dichte gehabt hat. Bei der neuen Richtung der Religion geht es darum, diese Substanz weiter zu thematisieren, so daß die gleichen Unterschiede in diesen verschiedenen Momenten sich erkennen und zusammentreffen können. Es geht um die Aktivität der Rekognition.
Dabei sind die Unterschiede bzw. diese Momente keineswegs annulliert. „Ebenso sind *an sich* oder *für uns* wohl alle Formen überhaupt im Geiste und jedem enthalten." (PhG448) Die neue Selbsthaftigkeit des Personwerdens in der PhG verletzt sie nicht, sondern integriert sie auf eine tiefere Weise. Der Geist sucht sich nämlich die Momente aus, „in welcher er sein Selbst ausgedrückt oder in welcher Gestalt er sein Wesen weiß." (PhG448) Dies bezeichnet eine neue Wende im Entfaltungsbegriff. Entfaltung ist nicht mehr nur ein Sich-auf-Erfahrung-Einlassen des Bewußtseins, sondern eine Entfaltung dessen, was bisher erfahren wurde. Hiermit treten die Früchte der Integration in Erscheinung. Es ist ihr dauerhaftes Verweben der bisherigen Erfahrungen, die diese weitere Vertiefung ermöglicht. Aus der größeren Perspektive des Geistes drängt sich hier eine wichtige Frage auf. Warum soll hier eine Auswahl von Erfahrungsmomenten gemacht werden, wenn der Geist selbst bereits das Ganze dieser Momenten sein soll, und ferner, wenn sie nur in ihm allein „ihre wahrhafte Wirklichkeit" bekommen sollen? (PhG448) Der Grund dafür ist in der unvollendeten Natur der Religion selbst zu suchen.
Der Unterschied zwischen dem wirklichen Geiste und ihm, der sich als Geist weiß, bzw. zwischen dem Geist als Bewußtsein und dem Geist als Selbstbewußtsein, ist in dem Geiste aufgehoben, aber noch nicht in der Religion. Weil sie hier am Anfang ihrer Gestalt nur den Begriff der Religion darstellen, haben beide Seiten noch nicht ihren Ausgleich gefunden. Der Geist ist noch in der Form der Unmittelbarkeit in ihr. „Und die Bestimmtheit der Gestalt, worin er sich erscheint, ist die des *Seins*." (PhG449) Dieses Sein ist dennoch nicht einseitig. Die Gestaltung fällt nicht in eine vorgeistige Phase zurück. „Sie bleibt von der Gewißheit des Geistes als von der Substanz erfüllt." (PhG449) Daher sinkt diese Gestaltung nicht in die Form der Negativität des Selbstbewußtseins herab.
„Die unmittelbare Einheit des Geistes mit sich ist die Grundlage oder reines Bewußtsein, *innerhalb* dessen das Bewußtsein auseinandertritt." (PhG449) Durch diese Bewegung in der Religion bringt der Geist die einzelnen Seiten seiner Wirklichkeit zur Vollendung. Die erste Gestalt ist *natürliche Religion*. Hier weiß der Geist sich als natürliche Gestalt. Der Geist ist hier in der Form des Bewußtseins. Die zweite Gestalt ist die der *aufgehobenen Natürlichkeit* oder des *Selbsts*. Sie ist die *künstliche* Religion. Der Geist ist hier in der Form des Selbstbewußtseins. Die dritte Gestalt „hebt die Einseitigkeit der ersten beiden auf. Das Selbst ist ebensowohl ein *unmittelbares*, als die *Unmittelbarkeit Selbst* ..." (PhG450) Sie ist die *Offenbare Religion*. Diese Gestalt und ihre *Vorstellung* müssen weiter überwunden werden, damit sich der Geist von der Form der Gegenständlichkeit befreien kann, so daß sie ihm nicht mehr gegenüber steht, sondern in ihn eingeschlossen werden kann.

12.1 Natürliche Religion: Die Spuren des Geistes in der Natur

Nachdem wir dargelegt haben, daß es sich bei der Religionsgestalt um das Aufnehmen gewisser bisheriger Gestalten handelt, damit die beiden Seiten des Geistes in *dieser Gestalt* ausgeglichen werden, müssen wir nicht auf alle Einzelheiten eingehen. Vielmehr werden wir uns auf den generellen *Rhythmus* der natürlichen und künstlichen Religion beschränken. Dennoch werden wir der *offenbaren Religion* eine genauere Analyse widmen, und zwar deswegen, weil sie die Vor-Gestalt des absoluten Wissens ist und weil in ihr die spekulative Gleichzeitigkeit des Personwerdens und der Inkarnation sich ereignet und darstellt. Zunächst blicken wir kurz auf die natürliche Religion;[6] in ihr verleiht der Geist seinem Gegenstand eine Göttlichkeit.

Die ganze Dialektik der Religion zielt darauf, die Entwicklung des Bewußtseins zum geistigen Selbst aufzuzeigen, und zwar in der Art, daß der suchende Geist sich immer angemessener widergespiegelt findet. Dazu muß diese Affinität des Geistes mit dem sich entwickelnden Bewußtsein in der vorliegenden Gestalt ans Licht kommen. Der hier suchende Geist weiß den Geist *als* Geist. Dieser suchende Geist ist zugleich Selbstbewußtsein und Bewußtsein. Weil er aber immer noch durch Erfahrung auf dem Wege zu sich ist, ist seine Selbstthematisierung noch nicht vollendet. Diese Selbstthematisierung ist an dieser Stelle der natürlichen Religion deswegen problematisch, weil sie eine Entgegensetzung innerhalb des Bewußtseins dieses Geistes selbst aufweist. Diese Entgegensetzung markiert die Distanz zwischen dem jetzt entwickelten Status dieses Geistes und der „*Bestimmtheit* der Gestalt“, in der er sich nun in der natürlichen Religion wiedererkennen muß. (Vgl. PhG450) Und es handelt sich hier vor allem um die Selbstdistanz, welche die *Bestimmtheit* der hier ausgesuchten Gestalten aufweist. Das Ziel der Thematisierungsbewegung in dieser Gestalt ist es, diese Distanz zu schließen, so daß diesen Gestalten als Gegenständen des Bewußtseins des Geistes die Form des Selbstbewußtseins verliehen werden kann. Die Aufgabe ist dann die der Integration und der Verwandlung der eigenen Unebenheiten. Diese Spannung und Einheit des Bewußtseins und des Selbstbewußtseins im religiösen Geist ist in bezug auf die Thematisierungsaufgabe besonders wichtig, und zwar indem sie eine Korrespondenz zwischen dem religiösen Geist und der Art der Gestalt, in der er sich anschaut, erschließbar macht. „Die Wahrheit des Glaubens an eine Bestimung des religiösen Geistes zeigt sich darin, daß der *wirkliche* Geist so beschaffen ist wie die Gestalt, in der er sich in der Religion anschaut.“ (PhG452) Die Inkarnation Gottes in der orientalischen Religion z.B. hat keine Wahrheit, weil der wirkliche Geist dieser Religion die Struktur und den Charakter dieser Versöhnung in sich nicht enthält.

Diese Gestalt ist der anfänglichen Gestalt des Bewußtseins sehr ähnlich. Hier schaut sich der Geist in der Form des Seins an. Er enthält hier die Bestimmung

[6] Vgl. Flay 1984, S. 230: „They are not natural religions, but religions which represent the divine through some aspect of nature.“

der *sinnlichen Gewißheit* oder des unmittelbaren Bewußtseins. Dieses Sein hat die Gestalt der Gestaltlosigkeit. Als solche ist diese Gestalt „das reine alles enthaltende und erfüllende Lichtwesen des Aufgangs." (PhG453) Diese undifferenzierte und selbstlose Gestalt geht in die Religion der Wahrnehmung über. Hier herrschen verschiedene Geister. Dies ist die Religion des Pantheismus,[7] worin am Anfang die Geister stabil und ruhig bleiben. Die Unschuld dieser Gestalt geht dann „in das zerstörende Fürsichsein über." (PhG454) Hier ist das Prinzip der Einzelheit intensiv und negativ. Langsam vollzieht sich eine Überwindung der Natur. Interessanterweise bekommt genau dann das Bewußtsein sein erstmals entsprechendes Echo von der Natur zurück. Der Geist erscheint an dieser Stelle als *Werkmeister.* (Vgl. PhG455) Obwohl hier eine größere Differenziertheit auftritt, die in Richtung geistiger Vermittlung strebt, bleibt die Arbeit des Werkmeisters dennoch instinktiv: „wie die Bienen ihre Zellen bauen." (PhG455) Langsam beginnt das Kunstwerk, die Form der Innerlichkeit anzunehmen. Es läßt sich dann eine kumulative Selbstentwicklung des Geistigen in der Tätigkeit der Kunst zeigen. Mehr und mehr gewinnt sie die Form der selbstbewußten Tätigkeit. „Der Geist ist *Künstler.*" (PhG458)

12.2 Die Kunst-Religion

12.2.1 Das Individuum als Künstler

Der Werkmeister ist ein geistiger Arbeiter geworden. Damit ist der Schritt in die neue Gestalt der Kunstreligion vollzogen. Der sittliche oder der wahre Geist ist es, der in der Kunstreligion das Bewußtsein seines absoluten Wesens hat. Er ist das freie Volk, worin die Sitte die Substanz aller ausmacht. (Vgl. PhG490) Es ist eine organische Balance aller. Das Individuum hat jedoch in dieser sittlichen Einheit „den schrankenlosen Gedanken seines freien Selbsts noch nicht erfaßt." (PhG491) Sobald es sich in sich zurückzieht und dies tut, ist das Gewebe der Einheit zerstört. „In einer solchen Epoche tritt die absolute Kunst hervor." (PhG459) Das Individuum ist nun reif für die geistige Tätigkeit der Kunst, und zwar deswegen, weil es in dieser sittlichen Substanz jedes bewußtlose Dasein und alle fixierenden Bestimmungen abgearbeitet hat. Damit ist aber die Substanz verraten, weil durch ihre Disziplin das Individuum als reine Form heraustreten und sie damit zerstören kann, was sowohl für die Substanz als auch für das Individuum ein schmerzhaftes Erlebnis ist. Das Individuum ist nun zum Gefäß dieses Schmerzes des Geistes erwählt. Es ist in die Gestaltlosigkeit eingestiegen. Durch seine künstlerische Tätigkeit formiert es das schmerzhafte Pathos seines Leidens um, es „ringt mit dem ungestalteten Wesen." (PhG461) Wegen dieser kreativen Tiefe und Wahrheit wird in dem Kunstwerk „der allgemeine Geist individualisiert und vorgestellt." (PhG461)

[7] Für eine entschiedene Zurückweisung des Vorwurfes des Pantheismus in bezug auf Hegel vgl. Lauer 1982, S. 243–283.

Die schmerzhaft gewonnene Subjektivität ist hiermit der Erscheinung des Kunstwerks untergeordnet, womit der sich thematisierende Geist zu seiner nächsten Gestalt, nämlich der des Kunstwerks selbst, geführt wird.

12.2.2 Das abstrakte Kunstwerk: Der Kultus als Vermittler von Äußerlichkeit und Innerlichkeit

Das erste Kunstwerk erscheint in zwei extremen Formen: die Skulptur der griechischen Götter und die Hymnen. Beide Formen sind gleich abstrakt. In der Skulptur kommt der Geist im Elemente der Dingheit zur Gestalt. Dies ist für sich genommen abstrakt, und ferner deswegen, weil die Individualität des Künstlers in diesem seinem Werk kein Echo oder keine Gestaltung findet. Das dinghafte Werk absorbiert seine Individualität. Um entsprechend geistig sein zu können, muß das Kunstwerk die Individualität des Künstlers auch verkörpern. Dies vollzieht sich in der nächsten Gestalt, der Hymne. „Das Kunstwerk erfordert ein anderes Element seines Daseins." (PhG464) Dies ist die Sprache, „ein Dasein, das unmittelbar selbstbewußte Existenz ist." (PhG496) Das geistige Ungleichgewicht besteht hier darin, daß die Gegenständlichkeit, die der Geist erhalten soll, in der Innerlichkeit des Selbst eingeschlosssen bleibt, sie „kommt zu wenig zur Gestaltung, und ist, wie die Zeit, unmittelbar nicht mehr da, indem sie da ist." (PhG466) In den Hymnen ergibt sich dann der komplementäre Mangel zu der Äußerlichkeit der Skulptur.
Die Vermittlung dieser Äußerlichkeit mit dieser Innerlichkeit sollte im *Kultus* stattfinden. Dadurch, daß der Kultus eine wirkliche Handlung ist, erhebt sich das einzelne Bewußtsein in sein reines Bewußtsein. Als ein solches befreit es in sich das göttliche Wesen. Dieses Wesen steigt als rein jenseitiges Wesen „von seiner Allgemeinheit durch diese Vermittlung zur Einzelheit herunter und schließt sich so mit der Wirklichkeit zusammen." (PhG467) In bezug auf unser Thema zählt dies als eine höchst personale Vermittlung. Die Distanz zwischen dem Göttlichen und dem Menschlichen schließt sich immer mehr. „Die Wohnungen und Hallen des Gottes sind für den Gebrauch des Menschen, die Schätze, die in jenen aufbewahrt sind, im Notfalle die seinigen." (PhG470)

12.2.3 Das lebendige Kunstwerk: Das Mystische und das anarchische Sinnliche

Im Kultus ist das Selbst mit dem Wesen als Geist unmittelbar geeinigt.(Vgl. PhG470) Die Erscheinung diese Wesens ist dem Bewußtsein angenehm, weil es nun ein Selbst an sich hat. Wir sehen hier wieder, wie die Entwicklung der Gestalten in der Religion in bezug auf das Gleichgewicht der menschlichen Selbstheit und des Göttlichen beurteilt wird. Hier wird dann das *Mystische* erlebt. „Denn das Mystische … besteht darin, daß das Selbst sich mit dem Wesen eins weiß, und dieses also geoffenbart ist." (PhG471) Das Erlebnis des

Mystischen ist demnach die sich thematisierende Einheit des göttlichen Wesens und der menschlichen Selbstheit. Diese Thematisierung ist nicht zu erzwingen, sondern muß sich selbst offenbaren lassen. Und diese Offenbarung paßt genau zu der Natur des Selbst, weil es nämlich zur Einzigartigkeit der Reflexivität des Selbst gehört, daß es sich selbst offenbar ist: „Nur das Selbst ist sich offenbar." (PhG471)
Dennoch wird das Wesen vom Kultus sehr einfach und unmittelbar vorgestellt. Und gerade als ein solches sinnliches Dasein kommt es unter die Bedingungen der Begierde und wird zum Gegenstand der Begierde. Die Bewegung dieser Gestalt schwebt dann zwischen den wilden Riten der Ceres und des Bacchus und dem stillen Fest, worin der Mensch verehrt wird, nämlich in der Bildsäule, worin seine Schönheit dargestellt wird. Trotzdem ist die ausbalancierte Einheit des Selbstbewußseins und des geistigen Wesens in keiner dieser beiden Darstellungen zur Wirklichkeit geworden. Die eine bleibt zu äußerlich, die andere zu innerlich. Gerade dann findet ihre Ausbalancierung in der Sprache statt. „Das vollkommene Element, worin die Innerlichkeit ebenso äußerlich als die Äußerlichkeit innerlich ist, ist wieder die Sprache." (PhG473) Sie erscheint hier weder als Orakel, Hymne noch als bacchische Raserei, sondern als Logos.[8]

12.2.4 Das geistige Kunstwerk – Sprache: Die Tragödie und die Komödie als geistliche Formen

Das Göttliche findet nun seinen angemesseneren Ausdruck in der Sprache eines Volks, das sich inhaltlich zur Allgemeinheit erhoben hat. Sein Bewußtsein hat dementsprechend auch die Form dieser Allgemeinheit und kommt im Epos zum Ausdruck. Die Sprache als Epos macht das Dasein der Vorstellung – nicht des Begriffes – aus. Vorstellung wird als die „synthetische Verknüpfung des selbstbewußten und des äußern Daseins" bezeichnet. (PhG474) Die Einheit des Epos als Vorstellung wird zunehmend problematischer. Konflikte treten auf. Der Grundkonflikt in der Form des Epos ist der zwischen der Allgemeinheit der Götter und der Individualität der Menschen. Die Götter selbst werden in sich widersprüchlich. Damit zeigt sich, daß über Götter und Menschen ein anderes Prinzip herrscht, nämlich „die *begrifflose Leere der Notwendigkeit.*" (PhG510)
Mit der Erscheinung dieses Prinzips vollzieht sich der Schritt vom Epos zur Tragödie. Das Dasein der Charaktere in der Tragödie ist konkret und wirklich. In der Tragödie ist die zerstreute Sprache des Epos sich ihres Inhalts bewußt geworden. Hier repräsentiert der Chor die Weisheit des Volks. Die Gestalt der Tragödie nimmt die frühere Gestalt der sittlichen Substanz aufs neue auf. Dies ist aber keine Wiederholung. Zu beachten ist hier die besondere Perspektive des sich suchenden, sich thematisierenden Geistes. Es kann gar keine Wieder-

[8] Dazu vgl. Hyppolite S. 533.

holung stattfinden, weil dieser Geist auf einer völlig neuen Entwicklungs- und Integrationsebene steht. In der Tragödie besteht immer noch eine große Distanz zwischen dem Selbst, dem Schicksal und der Substanz. Wie läßt sich diese Distanz in die Vereinigung aller drei verwandeln? Den Schritt in eine größere Nähe vollzieht die *Komödie*. Sie stellt die endlichen und menschlichen Proportionen des sich übernehmenden Selbst wieder dar. „Das Aufspreizen der allgemeinen Wesenheit ist an das Selbst verraten; es zeigt sich in einer Wirklichkeit gefangen und läßt die Maske fallen, eben indem es etwas Rechtes sein will." (PhG485) Die Darstellung der nackten Gewöhnlichkeit dieses Selbst zeigt, daß das eigentliche Selbst, der Schauspieler und der Zuschauer auf der gleichen Ebene stehen. Das Volk gewinnt damit einen Sinn für Selbstironie.[9] Die Komödie hat eine reinigende Kraft. Sie demaskiert die Macht der Götter und stellt sie bloß. Dadurch gewinnt dieses Selbstbewußtsein eine absolute Gewißheit. In dieser Gewißheit finden alle bisherigen Entwicklungen der Welt der Kunst ihre Sammlung und ihren Ausdruck. Auch das frühere verborgene und anscheinend willkürliche Schicksal ist mit diesem Selbstbewußtsein vereint. Dieses Selbstbewutßsein erlebt „die Rückkehr alles Allgemeinen in die Gewißheit seiner selbst, die hiedurch diese vollkommene Furcht- und Wesenlosigkeit alles Fremden, und ein Wohlsein und Sichwohlseinlassen des Bewußtseins ist, wie sich außer dieser Komödie keines mehr findet." (PhG488)

12.3 Die offenbare Religion: Die spekulative Gleichzeitigkeit von Personwerden und von der Inkarnation als Personsein

Die Kunstreligion hat von vornherein die zunehmende Tendenz, die Menschwerdung des göttlichen Wesens immer angemessener zu repräsentieren. Die Bildsäule am Anfang hat nur die *äußere* Gestalt des Selbst an sich, nicht aber das Innere des Selbst. Dagegen sind im Kultus beide Seiten eins geworden. Diese Einheit vollendet sich in der Religion der Kunst. Sie spitzt sich zu und geht in das Extrem des Selbst über. Anders gesagt: „Durch die Religion der Kunst ist der Geist aus der Form der *Substanz* in die des *Subjekts* getreten." (PhG488) Damit sind wir an einer sehr entscheidenden Stelle angelangt, wo die zweidimensionale Bewegung der PhG in ihrem Verwobensein nuanciert zum Ausdruck kommt. Dieses komplizierte Geheimnis findet in dem Satz seinen Ausdruck: „*Das Selbst ist das absolute Wesen.*" (PhG481)[10]

Hegels Argumentation und Erklärung ist kryptisch und kompliziert. Zunächst macht er klar, auf welcher Interpretationsebene die kumulative Bedeutung dieses Satzes zu erleuchten sei. Es ist die Ebene des wirklichen Geistes. Seine

[9] Bei Hegel, der den Ruf eines seriösen Denkers und Menschen hat, rechnet man schwerlich damit, daß die Komödie und das Lachen in Vernunft eine so entscheidende Rolle in der Verwandlung des Tragischen und des Zerrissenen spielen.

[10] Vgl. dazu van Dooren S. 98: „Das absolute Wesen ist die Vereinigung der subjektiven und objektiven Seite der Religion."

Gestalt wird den Satz zum Ausdruck bringen. „Sie wird *zugleich* die *Bewegung* und die *Umkehrung* desselben enthalten.“ (PhG488) Der Satz ist kein statischer Satz, sondern die Bewegung seiner beiden Seiten und wiederum die Umkehrung dieser Bewegung selbst. Die Bewegung richtet sich zunächst nach unten: Das Selbst wird zum Prädikate; und ihre Umkehrung richtet sich nach oben: Substanz wird zum Subjekte erhoben. Die Bewegung ist als eine gleichzeitige Bewegung vorzustellen. Ein Nacheinander entspräche ihrer Einheit nicht. Auf dieser Ebene des Integriertseins findet keine Trennung statt. Darüber hinaus entspricht die bewegliche Struktur des Satzes genau der jetzigen Selbstpräsenz des Geistes, die sich im Ablauf der Religionsstufen immer weiter artikuliert hat. Konkret bedeutet das, daß der Satz keinen Rückfall auf eine frühere Entwicklungsebene zuläßt. Dabei wird das Selbstbewußtsein dieses Geistes, der jetzt seine angemessene Gestalt sucht, nicht zurück zum Anfang zu der natürlichen Religion geleitet. Anders gesagt: Es ist unmöglich, daß eine selbstlose getrennte Substanz in der Lage wäre, sich zum Subjekt zu erheben und dabei die Anstrengungen und das Mitwirken des geistigen Selbstbewußtseins völlig außer acht lassen könnte. Substanz und Subjekt müssen in ihrer Einheit miteinander gedacht werden. Die Extreme einer selbstlosen Substanz oder eines substanzlosen Selbst sind hiermit ausgeschlossen. Die Bewegung ist einheitlich, „so daß diese Umkehrung *für* und *durch* das *Selbstbewußtsein* selbst zustande gebracht wird.“ (PhG489)

Entscheidend ist hier auch die Art und Weise, nach der das Selbstbewußtsein sich entäußert.[11] Eine bewußtlose Entäußerung würde der Selbstheit des Selbstbewußtseins einen Abbruch tun. Aber indem das Selbstbewußtsein sich selbst mit voller Absicht entäußert, erhält es seine Subjekthaftigkeit und kann infolgedessen „das Subjekt der Substanz“ bleiben. (PhG489) Es verliert sich nicht in der Substanz. Vielmehr wird es zum Selbst der Substanz. Dieses Moment hat aber zugleich eine andere Seite. Indem das Selbstbewußtsein sich so völlig entäußert, sich in die Substanz hineingegeben und in seinem Entfremdetsein mit der Substanz eine intime Einheit geschlossen hat, und indem es sich ferner dieser Einheit ganz bewußt ist, legt es einen großen Wert auf diese Substanz; es überrascht dann nicht, wenn die Substanz nun für das eigene Selbst dieses Selbstbewußtseins gilt. (Vgl. PhG489)

Obwohl die Bewegung einheitlich und in der Tat ein positives Geschehen ist, hätte sie negative Auswirkungen auf jede ihrer beiden Seiten, wenn diese für sich isoliert genommen wäre. In einer Seite verschwindet die Substantialität des Subjekts, während in der anderen die Substanz nur Prädikat wäre. Dies ist aber hier nicht der Fall, und zwar deswegen nicht, weil in dieser Einheit nicht das für die eine Seite Negative durch die andere Seite ausgeglichen würde. Die Kraft dieser Einheit besteht nicht darin, daß sie eine sich überwindende Dualität ist, sondern an ihrer Selbsthaftigkeit als einer Bewegung. Die Bewegung selbst überwindet, was sonst zu einer gedoppelten getrennten Entfremdung

[11] Vgl. de Nys S. 50: „The unity of consciousness and self-consciousness determines the intentionality of religious consciousness.“

hätte führen können. Deswegen hält diese Bewegung das Wesentliche und das Vorübergehende in sich zusammen, so „daß die Vereinigung und Durchdringung beider Naturen hervorgeht, in der beide mit gleichem Werte ebenso *wesentlich*, als auch nur *Momente* sind; hiedurch ist also der Geist ebenso *Bewußtsein* seiner als seiner *gegenständlichen* Substanz, wie einfaches, in sich bleibendes *Selbstbewußtsein*." (PhG489) Das macht klar, daß der Geist kein Monolith ist, in dem die Substanz versinkt. Die Substanz behält ihren Gegenständlichkeitscharakter, aber nicht als fremdes, ungewußtes bzw. unerkanntes Gegenüber. Vielmehr hat sich in der Bewegung die Affinität beider erschlossen. Obwohl der Geist sich in der Bewegung entäußert hat, verliert er damit nicht seine Selbsthaftigkeit; vielmehr ist seine Selbsthaftigkeit nun, um auf einen früheren Ausdruck zurückzugreifen, ein Genuß. Störungen und Bedrohungen von einem fremden Gegenüber gibt es hier nicht.

Es wird nun dargelegt, wie der Ablauf der Gestalten zu einer solchen Artikulation bzw. Ausdruckssatz : „*Das Selbst ist das absolute Wesen*". (PhG481), führen konnte. Es handelt sich um die zunehmende Wirklichkeit des Selbst. Weil die Kunstreligion dem sittlichen Geist angehört, kann sie das Selbst nur als abstrakte Person liefern. Das entspricht dem Stadium im Rechtszustand, als die abstrakte Person das absolute Wesen war, und meint eine Spaltung zwischen dem Insich und dem Dasein des Bewußtseins. „Das Bewußtsein ist nur *in sich* das Wesen; sein eignes *Dasein*, das rechtliche Anerkanntsein der Person, ist die unerfüllte Abstraktion." (PhG489) Es ist unwirklich, ein geistloses Selbst. Daher ist es nur die stoische Selbständigkeit des Denkens. Das Bewußtsein sucht weiter seine Wahrheit in seinem Weg durch das skeptische Bewußtsein und findet sie in dem unglücklichen Selbstbewußtsein.

Das unglückliche Selbstbewußtsein ist sich klar über die Werte und das Gelten dieses abstrakten Personseins: „Es weiß ein solches Gelten vielmehr als den vollkommenen Verlust; es selbst ist dieser seiner bewußte Verlust und die Entäußerung seines Wissens von sich." (PhG490) Die sittliche Welt und ihre Religion versinken im komischen Bewußtsein. Es ist die vollkommene Entäußerung der Substanz. Der Schmerz des unglücklichen Bewußtseins besteht darin, daß es selbst gerade das Wissen dieses ganzen Verlusts *ist*. Es hat zwar ironischerweise eine Gewißheit seiner selbst, doch diese Gewißheit ist nur die des völlig Verlorenen: „es ist der Schmerz, der sich als das harte Wort ausspricht, daß *Gott gestorben ist*." (PhG490) Wir sehen hier wieder, daß das Verlieren des Selbst ein entsprechendes Verlieren Gottes und des Göttlichen impliziert. So ist die sittliche Welt zugrundegegangen, leer geworden. Trotzdem ist sie nicht ganz verschwunden. Sie behält durch die Kunstwerke, die damals entstanden sind, immer noch eine indirekte Präsenz in der Gegenwart. Durch den Geist des Schicksals überlebt sie auf eine andere Weise: „... denn er ist die *Er-Innerung* des in ihnen (sc. Volk und Wirklichkeit) noch *veräußerten* Geistes." (PhG491) Daraus kann infolgedessen der Geist als ein sich selbst bewußter Geist entstehen, was für die weitere Vertiefung seiner Anwesenheit entscheidend sein wird.

Hier begegnen wir der Kontinuität, die die Memoria ermöglicht und bewahrt. Ohne Memoria hätte hier der sich selbst bewußte Geist nicht in Erscheinung treten können. Weil der Rhythmus des geistigen Erfahrungsablaufs nicht nur linear zu denken ist, ist die Kontinuität als Bewahrung sehr wichtig. Obwohl eine Erfahrungsphase scheinbar in eine Sackgasse führen kann, kann dieser Irrweg vom Geist immer anders aufgenommen werden; aus der Ausweglosigkeit kann eine neue Gestalt entstehen, die einen neuen Erfahrungsweg eröffnet.

Es geht hier um die Geburt des Geistes als Selbstbewußtsein, (Vgl. PhG491), die sich vollzieht, sobald die Bedingungen dafür, zu denen sie in einem innerlichen Verhältnis steht, vorhanden sind. Die Bedingungen selbst als Totalität sind in sich das Werden des Geistes als Selbstbewußtsein. Durch ihre Entwicklung hat die Kunst die Entäußerung der Substanz auf eine solche Ebene gebracht, daß die Form ihrer Individualität als Ding zu einer Allgemeinheit gelangt ist, die ebenso als die reine Gewißheit ihrer selbst gilt. (Vgl. PhG492) Alle diesen Momente machen die Formen der Kunst aus. Auf der anderen Seite stehen aber zugleich die freigelassenen Elemente des Inhalts, vom Stoizismus bis zum unglücklichen Bewußtsein, welches durch Sehnsucht den Mittelpunkt dieser ganzen Gestalten ausmacht. Es befindet sich hier dann sowohl die Ansammlung der ersten Erfahrungen des Bewußtseins bis zur Religion als auch die Erfahrungen, die die Religion in ihrer neuen Richtung selbst gemacht hat. Sie alle „machen die Peripherie der Gestalten aus, welche erwartend und drängend um die Geburtstätte des als Selbstbewußtsein werdenden Geistes umherstehen.“ (PhG492)

Somit ist der Weg zu der Einheit beschrieben, die in dem Satz „*Das Selbst ist das absolute Wesen*“ (PhG481) artikuliert wurde. Der Geist hat an sich diese beiden Seiten. In seinem Werden handelt es sich dann um eine zweifache Entäußerung: die Entäußerung der Substanz, d.h. ihr Werden zum Selbstbewußtsein; das zeigt, „daß sie *an sich* Selbstbewußtsein ist.“ (PhG492) Gleichzeitig stellt es die Entäußerung des Selbstbewußtseins dar; dies drückt seinen Übergang ins Entgegengesetzte aus. Das drückt aus, daß Selbstbewußtsein *an sich* das allgemeine Wesen ist. (Vgl. PhG492) Anders gesagt: Selbstbewußtsein entdeckt in seiner Entäußerung, daß es sich nicht in einem anonymen Draußen verloren hat. Vielmehr sieht es nun seine Affinität mit dem Anderssein klarer. Selbstsein ist infolgedessen kein durch Bedrohung gefährdete Sache, welche sich vor dem Außen und vor der Tiefe ihres eigenen Inneren schützen muß. Es kann sich frei fallen lassen, weil es eine Grundaffinität gibt, die zwischen dem Selbst und den Anderen und zwischen dem Selbst und seiner eigenen Tiefe waltet. Sie ist latent vorhanden und kann immer wieder erweckt werden. Deswegen ist dem Selbst eine gedoppelte Anwesenheit möglich: eine Selbstpräsenz durch die eigene Innerlichkeit und durch die Anderen, weil, wie Hegel sagt: „... das Selbst das reine Fürsichsein ist, das in seinem Gegenteile bei sich bleibt.“ (PhG492) Dem eignen Anderssein befreundet, ist diesem Selbst auch nun eine Selbstpräsenz im unabhängigen Anderssein möglich. Anders ausgedrückt, indem die Substanz Selbstbewußtsein ist, ist sie Geist.

„Denn die *Wirklichkeit* oder das Selbstbewußtsein, und das *Ansich* als die Substanz sind seine (des Geistes) beiden Momente, durch deren gegenseitige Entäußerung, jedes zum andern werdend, er als diese ihre Einheit ins Dasein tritt." (PhG492) Wieso darf nun das Selbstbewußtsein Wirklichkeit genannt werden? Weil es sich hier nicht mehr um abstrakte Person oder um Individualität als ein Ding handelt, sondern um ein Selbstsein, welches *tatsächlich* bei sich und zugleich bei sich im Anderen ist.[12] Dadurch ist das Selbstbewußtsein zur Wirklichkeit gelangt, es ist verwirklicht worden. Das ist aber nur eine Seite dieser Bewegung. *Zugleich* ist das verborgene Ansich der Substanz in die Öffentlichkeit hinaufgestiegen. Das eine wird zum andern. Das eine tritt nicht vor dem andern ins Dasein. Ihr Eintritt ins Dasein ist nur in Gemeinsamkeit möglich.
Der Eintritt selbst ist wieder eine zweifache Bewegung. Oben wurde seine Struktur bzw. das, wodurch er ermöglicht worden ist, artikuliert. Aber seine Aufnahme aus der Perspektive des Daseins fordert ein entsprechendes Sehen und Empfangsvermögen. Dies ist ein sehr wichtiger Punkt. Es würde überhaupt nicht ausreichen, wenn das Selbstbewußtsein sich wieder einengte und sich in einseitiger Weise mit der Erfassung seiner eignen Entäußerung begnügen würde. Das Selbstbewußtsein könnte das wohl tun, weil es durch die Erfahrung seiner Selbstentäußerung die Selbsthaftigkeit des Seins aufgedeckt hat. Dann hätte es sich das Selbstbewußtsein jedoch mit der Tiefe seiner eignen Erfahrung zu leicht gemacht. Es hätte die andere Dimension der Bewegung verdrängt, nämlich die Tatsache, daß die Substanz selbst zugleich und in dieser selben Bewegung sich ebenfalls entäußert und zum Selbstbewußtsein wird. Ginge das Selbstbewußtsein so vor, wäre das der Rückfall in eine subjektivistische Perspektive: „Denn alsdann ist alles Dasein nur vom *Standpunkte des Bewußtseins aus* geistiges Wesen, nicht an sich selbst." (PhG493) Daß Hegel dies hier erwähnt, zeigt seinen Wunsch, den Status der jetzigen Entwicklungsstufe eingehender zu erklären. Es zeigt aber auch die Gefahr einer Tendenz des Bewußtseins, nämlich seine Kreativität so zu verstehen, daß sie allein auf seiner Individualität beruht.[13] Dabei erhält es bestimmt ein geistiges Echo für sich zurück, aber hier handelt es sich um etwas viel Tieferes, nämlich um die nicht rückgängig zu machende intime Einheit der Substanz als selbsthaft und des Selbst als substantiell. Das Dasein ist nicht deshalb geistig, weil die Perspektivität des Bewußtseins es so konstituiert oder so interpretieren will. Hegel betont hier die Eigenständigkeit des Daseins; und gerade in dieser seiner Eigenständigkeit ist es geistig. Wenn das Selbstbewußtsein dies nur einseitig subjektivistisch erfassen könnte, wäre der Geist nur eine Phantasie des Daseins. „Der Geist ist auf diese Weise dem Dasein nur *eingebildet*."

[12] Zu der Entwicklung der Einheit von Anthropologischem und Spekulativem bei Hegel vgl. Jaeschke S. 352: „... Hegel's transition from the anthropological to the speculative concept of religion occurs not as a total break with the earlier point of view, but as the completion of the anthropological dimension through posing the question on another deeper level."

[13] Dies zeigt das Bedürfnis nach Versöhnung auf; vgl. dazu Min 1974, S. 84: „Hegel's task, then, is this: to heal the split *within* both reality and consciousness as well as *between* reality and consciousness as such ..."

(PhG493) Danach hätte der Geist nur eine esoterische und relative Bedeutung. Hegel will aber die innere substantielle und selbsthafte Einheit von Geist und Dasein hervorheben. „Daß diese Bedeutung des Gegenständlichen also nicht bloße Einbildung sei, muß sie *an sich* sein, d.h. *einmal* dem Bewußtsein aus dem *Begriffe* entspringen und in ihrer Notwendigkeit hervorgehen." (PhG493) Daß dieser Eintritt des Geistes ins Dasein eine Bedeutung haben muß, die *gegenständlich* ist, kann uns nicht überraschen, weil das unmittelbar Gegenständliche in der PhG von vornherein, von der sinnlichen Gewißheit bis zur Kunstreligion hin, eine grundlegende Bedeutung gehabt und behalten hat. Die PhG war bisher nicht ein Monolog eines subjektivistischen, verschlossenen Bewußtseins mit sich gewesen. Vielmehr war es die kreative und gespannte Annäherung des Bewußtseins und des Gegenstandes aneinander, die den Fortgang durch die verschiedenen Phasen und Gestalten ermöglichte. Das In-Erscheinung-Treten dieser jetzigen Einheit wurde nicht sprunghaft möglich, sondern es entsteht aus dieser ganzen Entwicklungsstufe, die ihrerseits eine ereignishafte Kontinuität aufweist. Es besteht dementsprechend eine innerliche und wirkliche Kontinuität zwischen der sich entwickelnden Gegenständlichkeit und dem sich fortentfaltenden Bewußtsein bzw. Geist. Das Erkennen bzw. die Rekognition dessen durch das Bewußtsein ist nicht willkürlich, Hegel nennt sie eine „notwendige Bewegung." (PhG493)

Diese Unmittelbarkeit und die Mittelbarkeit, die sich in einer zweifachen Entäußerung ereignet, dürfen einander nicht entgegengesetzt werden. Sie gehören engstens zusammen. Die Unmittelbarkeit läßt sich im Fortgang der Gestalten zur Vermittlung immer wieder artikulieren, aber weil es im Grunde genommen darum geht, die Anwesenheit des Geistes zur Artikulation zu bringen, annulliert diese Vermittlung seine unmittelbare Anwesenheit nicht. In der Sprache des Begriffs bringt Hegel die Einheit dieses Unterschiedes klar zum Ausdruck: „ein Unterschied, der zugleich aber nicht außer dem Begriffe liegt, denn die *einfache Einheit* des Begriffs ist das *unmittelbare Sein* selbst; er ist ebenso das sich selbst entäußernde ..." (PhG493) Die Unmittelbarkeit des unmittelbaren Seins ist zunächst sie selbst, und gleichzeitig ist sie Ausdruck der Einheit des Begriffs. Entscheidend ist hier, daß die Selbstdifferenzierung bzw. die Selbstentäußerung des Begriffs diese Unmittelbarkeit nicht durchstreicht, obwohl sie sie zur Selbstentfaltung und Selbstthematisierung bringt. Um die Gleichzeitigkeit von Unmittelbarkeit und Vermittlungsprozeß zu erhellen, ist das Konzept der Anwesenheit hilfreich, das gleichzeitig die Selbsthaftigkeit des Geistes und des Personseins in ihrer einheitlichen Fortentfaltung vor Augen hält.

Das hat weitgehende Konsequenzen für die Einheit der Inkarnation als eines gleichzeitig göttlichen und menschlichen Ereignisses. „Dies, daß der absolute Geist sich die Gestalt des Selbstbewußtseins *an sich* und damit auch für sein *Bewußtsein* gegeben, erscheint nun so, daß es der *Glaube der Welt* ist, daß der Geist als ein Selbstbewußtsein, d.h. als ein wirklicher Mensch *da ist*, daß er für die unmittelbare Gewißheit ist, daß das glaubende Bewußtsein diese Göttlichkeit *sieht* und *fühlt* und *hört*." (PhG494) Das erleuchtet die Inkarnation von

zwei Seiten: aus der Sicht ihrer inneren Strukturiertheit und aus der Sicht des Empfangensvermögens, welches sie mitermöglicht hat.
Die Inkarnation ist kein anonymes gleichgültiges Ereignis. Ganz im Gegenteil; die Inkarnation ist das intimste Ereignis überhaupt, weil es sich darin um die tiefste Wurzel des Wesens und um den höchsten Entwicklungsstand des Personseins handelt. Nur in diesem innersten Kern ist sie anzusiedeln. Genau deswegen muß sie bei ihrem Eintritt eine tiefe Resonanz im Dasein finden. Der Hegelsche Personbegriff ermöglicht eine genaue Auslegung dieser Einheit der Inkarnation. Die Inkarnation stößt nicht wie ein Fremdkörper ins Dasein. Vielmehr ist ihr Eintritt zugleich die höchste Artikulation des Geheimnisses des Daseins selbst. Sie bringt mit sich die Erleuchtung des Daseins. Anders gesagt: Sie artikuliert die latente Präsenz und die höchsten Möglichkeiten des Daseins selbst.
Das Ereignis der Inkarnation ist dann eine zwei-dimensionale Einheit des Göttlichen und des Menschlichen. „Das Bewußtsein geht dann nicht aus *seinem* Innern von dem Gedanken aus, und schließt *in sich* den Gedanken des Gottes mit dem Dasein zusammen, sondern es geht von dem unmittelbaren gegenwärtigen Dasein aus, und *erkennt den Gott in ihm*." (PhG494) Die Inkarnation wird nicht vom Bewußtsein als eine metaphysische Verbindung konstituiert. Vielmehr *liegt* diese Einheit dem Bewußtsein *vor*. Es vollzieht die Rekognition, daß Gott im unmittelbaren Dasein anwesend ist. Diese Rekognition ist hier nicht erzwungen und keine Einbildung. Die Resonanz der Affinität ist stimmig und bringt die Rekognition mit sich. Die Unmittelbarkeit ist kein Hindernis zum richtigen Empfangen der Inkarnation. „Sondern dieser Gott wird unmittelbar als Selbst als ein wirklicher einzelner Mensch sinnlich angeschaut; so nur *ist* er Selbstbewußtsein." (PhG494) Die Selbstheit des Gottes und seine unmittelbare Präsenz im Dasein widersprechen sich nicht.[14]
Die Inkarnation ist weder die Einbildung bzw. die Phantasie eines subjektivistischen Bewußtseins noch ist sie nur Fokus oder Ausdruck einer vorübergehenden kulturellen Phase. Hegel ist deutlich darum bemüht, die Inkarnation als intimstes Wesen des absoluten Geistes und des Daseins zur Darstellung zu bringen. Anders gesagt: Die Inkarnation selbst ist die konkrete Darstellung ihrer differenzierten Einheit. Der ganze Erfahrungsweg der PhG ist darauf angelegt, diese tiefgreifende Affinität des Gegenständlichen und des Bewußtseins zu einer solchen Möglichkeit bzw. einem solchen Ereignis der Rekognition fortzuentwickeln. Nun ist die höchste Anwesenheit des Geistes in dieser persönlichen menschlichen Gestalt vorhanden.
Die absolute Religion hat die Inkarnation zum Inhalt. In ihr hat das absolute Wesen „wesentlich und unmittelbar" die Gestalt des Selbstbewußtseins; das absolute Wesen wird darin als Geist gewußt. „Denn der Geist ist das Wissen seiner selbst in seiner Entäußerung; das Wesen, das die Bestimmung ist, in seinem Anderssein die Gleichheit mit sich selbst zu behalten." (PhG494) Diesem

[14] Für eine eingehende Kritik der Alternativen, die Gott entweder auf einen Prozeß oder auf nackte Subjektivität reduzieren würden, vgl. Whittmore, bes. S. 146–7.

Geiste ist sein Anderssein nicht im geringsten fremd. Wir sind nun in der Lage, die Tiefe dieses Ausdrucks zu ahnen, nachdem wir den Erfahrungsweg des Personwerdens mitgemacht haben; auf diesem Wege wurde die weitere Entfaltung des Personseins auf immer wieder neuen Ebenen mit dem Gegensatz der Selbstheit-Andersheit konfrontiert. Natürlich schien mit dem Eintritt in die Geistgestalt ein größeres Licht auf die Bewegung zur Artikulation ihrer Einheit zu fallen; aber es wurde trotzdem nicht auf einmal zu Ende gebracht.

Daß das absolute Wesen seine Gleichheit mit sich im Anderssein behalten kann, bedeutet nach Hegel, daß es auch von Menschen gewußt und erkannt werden muß. Wenn die Menschen nichts von ihm wüßten, bliebe ihm sein Anderssein opak. Das wirft ein Licht auf den Begriff Offenbarung in diesem Zusammenhang. „Sein Offenbarsein besteht offenbar darin, daß gewußt wird, was es ist. Es wird aber gewußt, eben indem es als Geist gewußt wird, als Wesen, das wesentlich *Selbstbewußtsein* ist." (PhG495) Offenbarung ist geistiges Wissen. Sie ist das In-Erscheinung-Treten des absoluten Geistes und zugleich das Wissen um ihn. Die ganzen Entwicklungsstufen der PhG erreichen ihren Gipfel hier. An dieser Stelle ist ein Fremdsein dieses Gegenstandes für das Bewußtsein völlig ausgeschlossen.

Nie zuvor hat das Bewußtsein einen ihm so entsprechenden Gegenstand gehabt; das absolute Wesen als Geist ist hier in der Inkarnation sein intimster Gegenstand: „... jener sein Gegenstand ist das *Selbst*, das Selbst aber ist kein Fremdes, sondern die untrennbare Einheit mit sich, das unmittelbar Allgemeine." (PhG495) Das Bewußtsein ist sich in diesem Gegenstand offenbar. Die Offenbarung der Inkarnation offenbart dem Bewußtsein sich selbst. Fürsichsein und Sein-für-anderes gehören vor allem in diesem Fall zusammen. Hegel besteht ganz konsequent darauf, daß es der Geist selbst *als Subjekt* ist, der geoffenbart ist. Offenbarung ist wesentlich die Offenbarung der göttlichen Person bzw. Selbstheit. Sie soll nicht auf irgendwelche göttlichen Prädikate reduziert werden. Die Elemente des Göttlichen, worauf sie hinweist, schweben nicht frei umher noch stehen sie irgendwo anders zur Verfügung. Sie sind nicht zerstreut. Sie sind in dem göttlichen Personsein wirklich gesammelt; dies ist ihr lebendiger Ort.

„Das *Subjekt* selbst und damit auch dies reine Allgemeine ist aber offenbar als *Selbst*, denn dies ist eben dies in sich reflektierte Innre, das unmittelbar da, und die eigne Gewißheit desjenigen Selbsts ist, für welches es da ist." (PhG495) Die Innerlichkeit dieses göttlichen Selbst ist nicht opak, sondern unmittelbar vorhanden. Dies bezeichnet auch eine neue Wende in dem Gewißheitsbegriff. Weil das göttliche Selbst dem wissenden Selbst so tief entspricht, macht das Dasein des göttlichen Selbst die Gewißheit dieses Selbst aus: Die göttliche Natur ist dasselbe, was die menschliche ist, und diese Einheit ist es, die angeschaut wird." (PhG495) Die wahre Gestalt des absoluten Geistes ist also die Inkarnation. „Gott ist also hier *offenbar*, wie *er ist*; *er ist* so *da*, wie er *an sich* ist; er ist da, als Geist." (PhG496) Die Inkarnation zeigt in ihrer vermittelnden Eigentlichkeit die Entsprechung der göttlichen und der menschlichen Natur auf.

Das unmittelbare Dasein des absoluten Geistes ist von einem unmittelbaren Bewußtsein empfangen, welches zugleich ein religiöses Bewußtsein ist. Das führt zu einer Nuancierung der Unmittelbarkeit seines Daseins. Der absolute Geist ist hier ein Selbstbewußtsein und ebenso das absolute Wesen. Das Wissen behält hier, wie wir gesehen haben, die Einheit der Unmittelbarkeit und der Vermittlung. Spekulatives Wissen und das Wissen des religiösen Bewußtseins stimmen dann hier überein: „Jenes (sc. das spekulative Wissen) weiß ihn als *Denken* oder reines Wissen, und dies Denken als Sein und als Dasein, und das Dasein als die Negativität seiner selbst, hiemit als Selbst, *dieses* und allgemeines Selbst; eben dies weiß die offenbare Religion." (PhG497) Dieses Zitat verknüpft in sich die verschiedenen Hauptaspekte der PhG: Die vermittelte Einheit des Wesens und des Daseins, und die Einheit der Individualität und der Allgemeinheit als selbsthaftes Personsein. Das reine Wesen ist nun das existierende daseiende selbst-negative Selbst. Diese differenzierte und geoffenbarte Selbstheit des absoluten Geistes erkennt das spekulative Wissen. Das Denken selbst kommt nicht mehr um die Inkarnation herum. Um sich selbst treu zu bleiben, muß es die Inkarnationsdynamik in seinem Differenziertsein zum Ausdruck bringen. Die Welt kann sich selbst nun in der Inkarnation wiederfinden. „Diese Freude wird dem Selbstbewußtsein und ergreift die ganze Welt, im absoluten Wesen sich selbst zu *schauen*." (PhG497)

Das sinnliche unmittelbare Dasein des absoluten Geistes bedeutet nicht, daß die Arbeit der Vermittlung auf einmal redundant geworden ist: „... dies erste Offenbarsein ist selbst *unmittelbar*; aber die Unmittelbarkeit ist *ebenso* reine Vermittlung oder Denken; sie muß daher an ihr selbst als solcher dies *darstellen*." (PhG497) Wie wir im Ablauf der Gestalten gesehen haben, gehört es zur Natur der Unmittelbarkeit, sich thematisieren zu lassen. Deswegen ist die notwendig nachfolgende Vermittlung kein Umbau der Unmittelbarkeit. Vielmehr steht sie in intimer Kontinuität mit ihr. Sie artikuliert in verfeinerter Form den verborgenen Reichtum dieser Unmittelbarkeit. Durch die Vermittlung findet die Unmittelbarkeit zu sich. Dieses Zusammengehören hat noch eine weitere wichtige Folge. Es zeigt noch einmal, wie echt das Anderssein im Personwerden der PhG ist. In diesem Offenbarsein kommt es zweimal vor: für das absolute Wesen selbst ist seine Selbstentäußerung der Eintritt in sein Anderssein; für das anschauende bzw. glaubende Bewußtsein ist die Inkarnation eine Begegnung mit einem Andern und keine phantasievolle Selbsteinbildung.

„Er ist ein ausschließendes Eins, das für das Bewußtsein, *für welches* es da ist, die noch unaufgelöste Form eines *sinnlichen Andern* hat." (PhG497) Die Verfeinerung oder die Entwicklung dieser sinnlichen Dimension im Prozeß der Vermittlung wird dem anschauenden Bewußtsein seine intimste Affinität mit diesem inkarnierten absoluten Geist ans Licht bringen. Diese Affinität muß überall erschließbar werden. Die Unmittelbarkeit der Inkarnationsgestalt muß die in ihr enthaltene Vermittlungskraft durchstrahlen lassen, und gerade dadurch wird sie dem Vermittlungsvermögen des Menschen selbst in Richtung seiner Vollendung weiterhelfen. Wenn diese Unmittelbarkeit völlig auf sich geworfen wäre, wäre sie schutzlos gegen das Vergehen. Aber wie wir betont

haben, wird die Unmittelbarkeit im Hegelschen Weltbild nicht so gesehen. Durch das Zusammenwirken von Unmittelbarkeit und Vermittlung weist die Erfahrung eine Memoria-Struktur auf. Was erfahren wird, wird im Personsein aufbewahrt und integriert. Dies ist nicht als eine Überfüllung der Individualität zu verstehen, sondern als eine Fortentwicklung der Person und der Allgemeinheit. Hier wird dann bei der Sichvermittlung der Inkarnationsgestalt ein entscheidender Schritt dadurch vollzogen, daß dieser Gott die erste Nähe der Sinnlichkeit oder unmittelbaren Anwesenheit verläßt und in Geist übergeht: „Er ist der unmittelbar gegenwärtige Gott; dadurch geht sein *Sein* in *Gewesensein* über.“ (PhG497)
Hier begegnet das kreative negative Moment der Unmittelbarkeit, wo die Selbsthaftigkeit dieses Geistes überhaupt nicht verletzt ist. Er bleibt dennoch das Selbst der Wirklichkeit, die wirkliche und verwirklichte göttliche Person. Ein neues Moment aber, das nun hinzukommt, ist die Erfassung und Verbreitung dessen durch die Gemeinde. Die Anwesenheit der göttlichen Person bringt eine Gemeinde zusammen. Ihre Affinität mit ihren Mitgliedern wird nun so durch sie hindurchstrahlen, daß ihr allgemeines Selbstbewußtsein von diesem Personsein nicht mehr zu trennen ist. Dabei verliert ihr Personsein nichts an ihrer Substanz, aber ihre Affinität mit ihnen kommt klarer zum Vorschein. Selbstsein und Anderssein gehören schließlich zusammen.
Es folgen nun wichtige Aufschlüsse über die Differenz zwischen einem Anwesenheitsbegriff, der vom Subjektivismus ausgeht, und einem, der seinen Ausgangspunkt von einem Personbegriff als Vermittlung nimmt. „*Vergangenheit* und *Entfernung* sind aber nur die unvollkommene Form, wie die unmittelbare Weise vermittelt oder gesetzt ist.“ (PhG498) Weder Vergangenheit noch Entfernung sind dazu fähig, die Unmittelbarkeit angemessen zu vermitteln. Vermittlung läßt sich weder auf Entfernen noch auf Vergehen reduzieren. Die Unmittelbarkeit verlangt nach einer angemesseneren Entfaltung ihres Inhalts. Die geistige Anwesenheit in ihr geht weder durch Entfernung noch durch Vergehen verloren. Ginge man von einem Subjektivismus aus, wonach das Individuum in einer empiristischen Umwelt gesetzt wäre, schienen doch Vergehen und Entfernen die allentscheidende Macht über Erfahrung zu haben. Sie bringen die Erfahrung zum Verschwinden und machen ihre Kontinuität mit der Gegenwart indirekt und nebelig. Das Gewesene tritt dann in die Abwesenheit. Dagegen ist ein Personbegriff als Vermittlung in der Lage, die Anwesenheit des Geistes gerade in und durch die Entfernung und das Vergehen zu entfalten und zu thematisieren. Zu bemerken ist hier auch, daß eine „unvollkommene Form ... immer noch eine Form ist, die aber ihre eigentlichste Potenz noch nicht erreicht hat“.
Wo Entfernung und Vergangenheit naiv in sich für vermittlungsfähig genommen werden, da herrscht Vorstellung. Vorstellung vermag die sinnliche Unmittelbarkeit nur äußerlich, synthetisch mit ihrer Allgemeinheit zu verbinden. (Vgl. PhG498) Infolgedessen ist diese Differenz zwischen Vorstellung und spekulativem Wissen der springende Punkt dieses Kapitels. Dies ist darauf zurückzuführen, daß zum einen die Unmittelbarkeit und die Vermittlung zusam-

mengehören; und zum andern, daß das spekulative Wissen das Gewebe der Unmittelbarkeit zum Äußersten der Entfaltung und der Thematisierung führen möchte; alle ihre Widersprüche, Extreme usw. müssen klar herausgegriffen und ihre sich differenzierende Einheit dargestellt werden. Die Vorstellung würde sich leichter zufriedengeben. Die Vorstellung ist höchst wichtig und notwendig, weil sie die erste Weise ist, nach der die Unmittelbarkeit der Inkarnation aufgenommen wird. Sie entspricht in gewisser Weise dem Auftritt des absoluten Geistes selbst als unmittelbar. Aber das muß weiter fortentwickelt werden. Infolgedessen sind Vorstellung und spekulatives Wissen einander nicht entgegengesetzt, sondern sie stehen in einer dialektischer Kontinuität.

Die Schwäche der Vorstellung ist ihre Unfähigkeit, die Einheit der Phasen des göttlichen Personseins darzustellen; sie kann das göttliche Personsein als Grund, als Dasein und als verwandeltes Dasein nicht artikulieren. Die falschen Gegensätze von Diesseits-Jenseits, Zuvor-Nachher belasten immer wieder die Darstellungsweisen der Vorstellung.

Die Wahrheit des absoluten Geistes ist nach seinem Personsein herauszustellen. Obwohl sein Personsein die „Substanz der Gemeinde" ausmacht und als diese Substanz aus der Innerlichkeit in die Gegenständlichkeit heraustritt, genügt dies alles nicht als angemessene Darstellung seiner Selbständigkeit. Der absolute Geist will aber als Person verstanden und erlebt werden. „Aber seine Wahrheit ist ... wirkliches Selbst zu werden, sich in sich zu reflektieren und Subjekt zu sein." (PhG499) Das Personsein des absoluten Geistes ist nicht ein Datum, das die Gemeinde abstrakt betrachtet. Es vollzieht in der Gemeinde seine eigene Wahrheit. Das Personsein des absoluten Geistes muß dann schließlich spekulativ aufgenommen werden. Diese Bewegung wird zur Vollendung der Inkarnationsgestalt im Dasein führen. Sie ist nicht abstrakt zu vollziehen, indem die Inkarnation auf ein empirisches Fundament zurückzuführen wäre. Das wäre nur „geistlose Erinnerung." (PhG499) Dabei wäre alles nur darauf konzentriert, daß die Äußerlichkeit und die Einzelheit von ihrer Allgemeinheit abgesondert wären. Die geistlose Erinnerung spaltet das Personsein in ein empirisches Einzelnes ab. Das ist ganz anders als die bewahrende Memoria der Vermittlung. Sie ist eine geistvolle Memoria, die das Gewesene nicht nur enthält, sondern es auch weiterentfaltet.

Es läßt sich dann verstehen, daß die Bewegung der Vollendung der Inkarnationsgestalt vom Bewußtsein der Gemeinde selbst ausgehen muß, weil es den geistigen Inhalt zu seiner Substanz hat. (Vgl. PhG500) Wir haben hier eine tiefgreifende Einsicht in die theologische Bewegung, die den Jesus der Geschichte von dem Christus des Glaubens ablösen will, um ihn empirisch erfassen zu können. Eine solche Spaltung wäre der Hegelschen Theologie der Inkarnation zuwider. Diese Bewegung „verwechselt den *Ursprung* als das *unmittelbare Dasein* der ersten Erscheinung mit der *Einfachheit* des *Begriffs*." (PhG499) Hier wird die unendliche Einfachheit des Begriffs bzw. des Geistes gegen die empirische Verselbständigung seiner ersten Erscheinungsweise verteidigt. Nur wenn die Unmittelbarkeit völlig vermittelt wird, kann die umfassende Einheit des Begriffs in seiner ganzen Differenzierung ans Licht kommen.

„Es unterscheiden sich drei Momente des *Wesens*, des *Fürsichseins*, welches das Anderssein des Wesens ist und für welches das Wesen ist, und des *Fürsichseins* oder sich selbst Wissens im *Andern.*" (PhG501) Das einfache, sich selbst gleiche, ewige Wesen hat nicht die abstrakte Bedeutung des Wesens, sondern die Bedeutung des absoluten Geistes. Der Geist ist nicht *Bedeutung*. „Allein der Geist ist dies, nicht Bedeutung, nicht das Innre, sondern das Wirkliche zu sein." (PhG500) Hier knüpft Hegel an einen früheren Unterschied, den zwischen „Meinen" und „Sagen", an. Dort bestand eine Spaltung zwischen dem gemeinten Individuellen und der scheinhaften Allgemeinheit der sinnlichen Gewißheit. Hier aber, wo es um die *wirkliche* Anwesenheit des absoluten Geistes geht, darf diese nicht auf irgendeine Bedeutung reduziert werden.
„Das einfache Wesen ist ... der absolute *Unterschied* von sich, oder sein reines Anderswerden ... Aber in diesem Anderssein ist es ebenso unmittelbar in sich zurückgekehrt; denn der Unterschied ist der Unterschied *an sich*, d.h. er ist unmittelbar von sich selbst unterschieden, er ist also die in sich zurückgekehrte Einheit." (PhG501) Bedeutsam ist hier, wie die Unmittelbarkeit und die Vermittlung auf dieser höchsten Ebene zusammenlaufen. Das ist entscheidend, weil auf der einen Seite die Selbstheit des absoluten Geistes folglich kein subjektives, abgeschlossenen Individuum ist, vielmehr ihr Wesen darin besteht, sich solcherart zu vermitteln. Auf der andern Seite ist die Selbstheit des absoluten Geistes damit keineswegs preisgegeben. Sie behält ihre Unmittelbarkeit.
„... das Fürsichsein, das sich von dem Wesen ausschließt, ist das *Wissen des Wesens seiner selbst*; es ist das Wort, das ausgesprochen den Aussprechenden entäußert und ausgeleert zurückläßt, aber *ebenso unmittelbar vernommen ist*, und *nur dieses sich selbst Vernehmen ist das Dasein des Wortes.*" (PhG501) Das Sichaussprechen des absoluten Wesens ist kein partielles Aussprechen. Es spricht *sich selbst* so völlig aus, daß nichts in ihm zurückgeblieben ist. Deswegen kann es, in dem, was „außer" ihm bzw. was ausgesprochen ist, sein Wesen völlig erkennen. Das Ausgesprochene nimmt jedoch nicht die unabhängige Gestalt eines Gegen-Wesens an, welches dem absoluten Wesen gegenüberstünde. Daß das Wort im Akte seines Ausgesprochenwerdens sich selbst hört, macht das Dasein dieses Wortes aus. Das Wort hört sein Wesen. Es ist nicht echolos. Das Echo des sich aussprechenden absoluten Wesens bleibt in ihm. Hegel gibt sich große Mühe, die absolute und wirkliche Unterschiedenheit des absoluten Wesens auszudrücken, ohne dabei seine Einheit preiszugeben. Die Unterschiedenheit und ihre Auflösung machen nach ihm einen Kreis aus, „so daß die Unterschiede, die gemacht sind, ebenso unmittelbar aufgelöst als sie gemacht, und ebenso unmittelbar gemacht als sie aufgelöst sind, und das Wahre und Wirkliche eben diese in sich kreisende Bewegung ist." (PhG501) Es gibt hier weder Hypostasierung noch leere Auflösung. Die Wahrheit und die Wirklichkeit dieser Bewegung ist ihre gleichzeitig bestehende Differenziertheit und ihre selbsthafte Einfachheit. Hegel charakterisiert diese Bewegung zwischen den beiden Momenten als ein Ganzes. „Diese Bewegung in sich selbst spricht das absolute Wesen als *Geist* aus." (PhG501)

Das Vorstellen versteht diese Bewegung nach dem Verhältnis von Vater und Sohn, womit Hegel sich aber nicht zufrieden gibt. Der Grund dafür ist hoch interessant: daß nämlich die Vorstellung damit die innere Einheit der Bewegung nicht ausdrücken kann. Ihre Momente fallen teilweise auseinander und scheinen ihre sie verbindende Intimität zu verlieren. Ein weiterer Grund ist, daß dieses vorstellende Bewußtsein seine eigene Intimität mit der Bewegung selbst verliert: „teils tritt es von diesem *seinem reinen Gegenstand zurück*, bezieht sich nur *äußerlich* auf ihn; er ist ihm von *einem Fremden geoffenbart*, und in diesem Gedanken des Geistes *erkennt es nicht sich selbst*, nicht die Natur des reinen Selbstbewußtseins." (PhG502) Da die PhG sich in ihrem Fortgang durch die Phasen und Gestalten ausschließlich um den Abbau und die Verwandlung des äußerlichen Fremdseins bemüht hat, ist Hegels Einschätzung, daß die Vorstellung die Inkarnation nur unzulänglich erfassen kann, verständlich. Dieses Fremdsein muß außerdem enttäuschen, weil gerade hier in der Inkarnation das Bewußtsein den ihm am meisten entsprechenden Gegenstand überhaupt hat. Wichtig ist zu betonen, daß die Inkarnation nicht nur ein Denkereignis, sondern ein Ereignis der Versöhnung und der Verwirklichung ist. Das Vorherrschen des Fremdseins an dieser Stelle hat aber zur Folge, daß das Bewußtsein sich in diesem Gedanken überhaupt nicht erkennt. Damit ist die intimste Affinität, die die Inkarnation ermöglicht und *ist*, abgeschwächt. Die Inkarnation ist in der Hegelschen Weltsicht das unfremdeste Ereignis überhaupt.

Deswegen muß diese vorstellungsmäßige Aufnahme der Inkarnation in die angemessenere begriffliche verwandelt werden. Das ist nicht so zu erledigen, daß eine Änderung von draußen an die Vorstellung herangetragen werden darf, um sie gewalttätig zu erobern. Weil die Person eine Einheit ist und das Bewußtsein selbst seine Momente immer weiter entwickeln und integrieren will, ist ein „Drängen des Begriffs" in diesem vorstellenden Bewußtsein bereits aktiv. (PhG502) Das herrscht aber in diesem Bewußtsein nicht vor. Es ist instinktiv da, was zur Folge hat, daß diesem Bewußtsein, bevor ihm die Verwandlung gelingt, Irrwege unter Umständen nicht erspart bleiben. Es kann den Inhalt der Inkarnation zu einem äußerlichen „Erbstücke der Tradition" herabsetzen. (PhG502) Damit ist das *Innerliche* des Glaubens verloren und zu einem erkenntnislosen Toten gemacht worden.[15] Die Nähe und die Präsenz der Inkarnation findet noch nicht eine ihr entgegenkommende Rekognition. Unter der Voraussetzung, daß Vorstellung und Begriff dicht beieinander stehen, versucht Hegel nun eine dem gemäße doppelte Ausführung des Inhalts der Inkarnation. Theologisch gesagt: Die drei Trinitätsmomente werden in bezug auf Schöpfung, Inkarnation und Eschatologie nach Vorstellung und Begriff dargestellt.[16]

[15] Zu diesem Problem vgl. Crouter S. 38: „For Hegel an uncritical reliance on history or tradition to make the case for religion leads to an untenable historical relativism."

[16] Vgl. dazu Bradley S. 71: „It is Hegel's doctrine that the *Begriff* also preserves *Vorstellung*. The *Begriff* displays *Vorstellung* as a necessary moment in the itinerary of Spirit."

Im ersten Moment kommen infolgedessen Wesensgedanken und Geistesgedanken zusammen. Wenn der Geist im reinen Wesen vorgestellt wird, wird das abstrakte Wesen zum Momente im Geiste. Damit ist es zum *Elemente* herabgefallen. Dadurch gewinnt aber der Geist wenig, weil er nun an derselben Abstraktion leidet wie das Wesen selbst zuvor. Und wie zuvor das Wesen das Abstrakte und als das Negative seiner selbst zu einem Anderen geworden ist, so erlebt nun auch der Geist sein eignes Anderswerden. (Vgl. PhG502) Das Anderswerden aber bedeutet keine Spaltung. „In diesem *einfachen* Anschauen seiner selbst im andern ist also das *Anderssein* nicht als solches gesetzt; es ist der Unterschied, wie er im reinen Denken unmittelbar *kein Unterschied* ist; ein *Anerkennen der Liebe*, worin die beiden nicht ihrem Wesen nach sich *entgegensetzten*." (PhG502)
Das Element des reinen Denkens ist abstrakt und als solches das Andre seiner selbst, deswegen ist sein Übergang in das Element des Vorstellens kein ganz fremder Schritt. Der ewige abstrakte Geist wird sich *ein Anderes*. Er tritt ins Dasein. Nach der Formulierung der Vorstellung: „... er erschafft also eine Welt." (Vgl. PhG503) Aus der Perspektive des spekulativen Denkens wäre das als das Anderswerden des Begriffs in seiner absoluten Bewegung zu verstehen[17]. Diese gesetzte Unmittelbarkeit bzw. die Welt gilt als *Sein für anderes*. (PhG503) Ebenso aber behält der Geist seine Selbstheit darin: „... der *daseiende Geist*, der das einzelne Selbst ist, welches Bewußtsein hat, und sich als Andres oder als Welt von sich unterscheidet." (PhG503) Hier zeigt sich, wie eng die Entäußerung des absoluten Geistes und die Erschaffung des menschlichen Bewußtseins von Hegel zusammengedacht werden. In seinem Anderssein ist der absolute Geist bei sich. Vorstellungsgemäß ist die Erschaffung der Welt mit dem Anderswerden des absoluten Geistes verbunden. Das Selbstsein des endlichen Geistes ist infolgedessen nicht als ein Neben-Geist, der dem absoluten Geiste gegenüberstünde, zu verstehen. Der menschliche Geist enthält etwas von der Selbstheit des absoluten, weil er nicht von sich gesetzt wurde, sondern von dem absoluten Geist. Er hat im absoluten Geist seinen Ursprung. Beide Selbstheiten sind zwar zu differenzieren, aber keineswegs zu trennen. Hegel sagt hier nicht, daß der göttliche Geist der menschliche sei: „... sondern da er wesentlich das einfache Selbst ist, ist dieses an ihr (sc. der Welt) ebenso vorhanden ..." (PhG503) Anders gesagt: Der göttliche ist im menschlichen Geist anwesend. Hegel versucht ferner das Dasein dieses Geistes darzustellen.
Dieses einzelne Selbst hat seinerseits die Fähigkeit zum Anderswerden. Es ist, wie Hegel ausdrücklich sagt, „... in der Tat Selbst und Geist." (PhG503) Ebenso wie das ewige Wesen muß es sich selbst ein *Anderes* werden. Damit wird es sein Fürsichsein thematisieren. Es wird sich anders, gerade indem das Wissen in sich geht. Das Fürsichwerden ist damit mit der Erweckung der Inner-

[17] Vgl. dazu Schöndorf S. 552: „Gerade weil Gott ganz an sich ist, darum besteht diese Andersheit nicht in der Entgegensetzung zum denkenden Bewußtsein, sondern sie muß Andersheit an sich sein."

lichkeit verbunden. Das sinnliche Bewußtsein entwickelt sich zum denkenden Bewußtsein. Seine Gedanken haben somit das verlassene Anderssein an sich. Dies drückt sich demnach durch den sich selbst entgegengesetzten Gedanken des Guten und des Bösen aus. Nach der Vorstellung wird dies als Geschehen im Paradies verstanden, wodurch der Mensch die Form seiner Sichselbstgleichheit verlor. Zu beachten ist, wie Hegel die ganze Thematik im Rahmen der Selbst-Anderswerden-Dynamik abhandelt. Das Anderssein tritt ins menschliche Bewußtsein als Wissen des Guten und des Bösen ein.
Das Böse ist hier nicht moralisch, sondern metaphysisch gemeint. Es besteht darin, daß der unmittelbare Geist sich in seine Innerlichkeit zurückzieht und dadurch sich selbst ungleich wird. Als solches ist es ein böses Bewußtsein. Aber weil es dem Guten entgegengesetzt ist, befinden sich beide Seiten in ihrer Entgegensetzung zusammen. Da das Denken diese Entgegensetzung erzeugen konnte, bringt dies die Vorstellung dazu, einen gleichen doppelten Aspekt im ersten Reich des Denkens vorauszusetzen, nämlich den Abfall Luzifers. Die Vorstellung ist dem Medium des Denkens nicht angemessen, weil sie Unterschiede nicht als Anderswerden der *einen* Selbstheit begreifen kann, sondern sie als unabhängige Substanzen auslegt. Das Wesen ist aber nicht durch Zählen oder Zahl darzustellen. Das führt nur zur Absurdität. (Vgl. PhG505)
Die Vorstellung ist aber immer noch nicht dazu fähig, die bestimmten Unterschiede, das Gute und das Böse, in ihrem Gegensatz aufzulösen. Deswegen fährt sie einseitig weiter fort. Der Mensch ist ihr zufolge im Bösen versunken. Somit tritt das Gute als das Anderswerden des göttlichen Wesens in die Wirklichkeit ein. Das ist seine Selbsterniedrigung. Auf eine solche Weise gestaltet sich die Vorstellung die Auflösung jenes Gegensatzes.
„Die Entfremdung des göttlichen Wesens ist also auf ihre gedoppelte Weise gesetzt; das Selbst des Geistes und sein einfacher Gedanke sind die beiden Momente, deren absolute Einheit der Geist selbst ist." (PhG506) Seine Entfremdung ist das Heraustreten dieser beiden Momente auseinander. Darin hat auch das eine einen ungleichen Wert gegen das andere. Es entstehen zwei Verhältnisse: im einen ist das göttliche Wesen das Wesentliche, das natürliche Dasein und Selbst dagegen das Unwesentliche und Aufzugebende; im andern gilt das *Fürsichsein* als das Wesentliche und das Göttliche als das Unwesentliche. Hier sehen wir die Selbstheit des Menschen und das Selbst des Göttlichen einander entgegengesetzt. Die Vorstellung gestaltet es auf diese Weise, und gerade weil die Entgegensetzung in so starrer und einseitiger Weise vorgenommen wird, fehlt ihr eine echte Mitte. Ihre Mitte ist leer. Sie ist das bloße Dasein. (Vgl. PhG506) Das hat wichtige Konsequenzen für die Entwicklung und die Auflösung dieses Gegensatzes, was nicht von einer Mitte ausgehen kann. Beide Seiten sind, wie gesehen, selbständig. Genau deswegen muß jede für sich aus ihrer Perspektive ihren eignen Prozeß in Gang bringen. In jeder Seite, für sich genommen, liegt eine Vermischung des Gedankens und des selbständigen Daseins. Sobald diese Vermischung zu Ende kommt und die beiden Dimensionenen je einer Seite sich konfrontieren, beginnt der Konflikt. Mit dem Ende dieser Vermischung wird die Seite des Daseins verdrängt, und so konfrontie-

ren sich beide Dimensionen einer Seite als Gedanken. Beide können dadurch klar in einen Gegensatz eintreten.
Es muß daran festgehalten werden, daß die Entfremdung des göttlichen Wesens nach einer gedoppelten Weise zu denken ist, und daß hiermit die zweiseitige und gleichzeitige Entäußerung der Substanz und des Selbstbewußtseins, genauer im Prozeß konkretisiert, dargestellt wird. Am Anfang dieses Kapitels wurde diese Dynamik bereites erklärt. Hier ist die konkretisierte Auslegung des Prozesses allerdings komplizierter, und zwar deshalb, weil die Vorstellungsweisen und die Spekulationsweisen dicht beieinander liegen.
Die Vorstellung versteht das Anderswerden Gottes im Menschen Jesus Christus als Gegensatz zum Bösen. Genau dadurch werden diese zweifachen Entfremdungsweisen des göttlichen Wesens zur Gestaltung gebracht. Einerseits hat das göttliche Wesen seine Substanz in dieser Menschwerdung verloren, weil die Vorstellung solch einseitige Gegensätze inszeniert. Andrerseits ist Jesus ein einzelner Mensch; dies bedeutet, daß er eine Innerlichkeit hat, und in diesem Kontext gilt das Insichgehen als etwas Böses. Grob gesagt, finden Selbstsein und absolutes Wesen hier keinen Ausgleich, keine Balance. Beide sind von sich und ferner voneinander getrennt. Jesus ist dann als zweimal entfremdet zu verstehen, erstens vom göttlichen Wesen selbst und zweitens von seinem eigenen menschlichen Wesen. Es ist jedoch festzuhalten, daß auch auf der begrenzten Ebene der Vorstellung die Aufteilung der Inkarnation den Gott-Menschen *nie* auf nur eine Seite seines Personseins reduziert. Er wird nicht in ein getrenntes menschliches und göttliches Wesen gespalten. Eine Auflösung dieser Entfremdung kann, wie angedeutet wurde, erst in Jesus selbst stattfinden, und weil er sich dadurch als die Einheit des Göttlichen und des Menschlichen erweisen wird, wird das auch für das Selbstbewußtsein und das absolute Wesen eine versöhnende Wirkung haben.
Die Bewegung dieses Konfliktes stellt die Ausführung dieser Versöhnung dar. Weil der Christus das Ansich in ihm hat, geht diese Entfaltungsbewegung von der Seite des Ansich aus. Wie wir gesehen haben, muß jede Seite für sich eine Dimension vermitteln. Die beiden Seiten werden nicht dergestalt miteinander konfrontiert, daß sie einander bloß gegenübergestellt werden. Jesus eröffnet demnach die Bewegung. Sofort gerät nun die Dimension seines Ansichseins in Schwierigkeiten und enthüllt sich als kein „wahrhaftes Bestehen.“ (PhG507) Es enthält sein Bestehen allein dadurch, daß es in diesem Gegensatz zur Dimension seines Fürsichseins bzw. zum Bösen steht. Jesus ist zwar der Gott-Mensch, aber die beiden Dimensionen seines Personseins sind nicht einander einseitig und starr entgegengesetzt; sie brauchen keine solche extreme Negation, um zur Verwirklichung zu kommen.
Dieser Konflikt ließe sich auch als eine Aufteilung der Inkarnation in getrennte göttliche und menschliche Seiten verstehen, doch wäre das dieser Bewegung viel zu früh zugeschrieben. An dieser Stelle handelt es sich vielmehr darum, die Zugehörigkeit dieser beiden Dimensionen aufzuweisen. Es stellt sich die wichtige Frage: Wenn der mühselige Erfahrungsweg der PhG sich durch verschiedene Gestalten der Entfremdung fortentwickeln mußte, wie kann eine

Einzelperson nun als höchster Ausdruck dieser doppelten Entfremdung gelten? Wie ist die gleichzeitige Entfremdung des Geistig-Göttlichen und des Selbstbewußtseins bzw. Menschlichen als die intimste Eigentlichkeit einer Person zu verstehen? Oder: Wie kann das äußerste Anderswerden des Göttlichen und des Menschlichen zugleich das intimste *Innere* einer Person sein?

Diese Fragen verweisen alle auf die Entzweiungen des Göttlichen und des Menschlichen, wie sie verstandesgemäß aufgefaßt werden. Das Niveau der Verbundenheit beider aber liegt viel tiefer als es der Verstand zu erreichen vermag. Der Grundinstinkt des Personbegriffs als Vermittlung ist es, diese Entzweiungen nicht als dualistische fixierte Hypostasierungen anzuerkennen, sondern sie vielmehr als dialektische und vermittelnde Dimensionen der einen werdenden Realität zu verstehen.[18] Zwischen dem Personsein Jesu Christi und dem eigenen Personwerden besteht also eine spekulative Gleichzeitigkeit. Darauf werden wir im letzten Kapitel zurückkommen. In bezug auf die hier gestellten Fragen ist es sehr interessant, daß das Gewicht auf das Werden der Inkarnation im Ansich gelegt wird; dies kommt am Ende dieses Kapitels klar hervor. Das Verblüffende daran ist, daß es gerade dieses Ansich selbst ist, das sich der äußersten Entfremdung unterziehen will. Keine Entzweiung könnte größer sein: Das absolute Wesen läßt sich auf die absolute Entfremdung bzw. Entäußerung vollkommen ein. Faszinierend in Hegels Auslegung ist, daß dieses Ereignis sowohl ein Ereignis im tiefsten Wesen als auch im Dasein ist. In dieser Perspektive gewinnt der Tod Christi seine ungeheure Bedeutung. Er ist die absolute Negation. „Dasjenige also, dem nicht das Fürsichsein, sondern das Einfache als das Wesen gilt, ist es, das sich selbst entäußert, in den Tod geht, und dadurch das absolute Wesen mit sich selbst versöhnt.“ (PhG507)

Der Tod leitet die Versöhnung ein. Der Tod ist hier nicht das unausweichliche Zu-Ende-Kommen eines Einzelnen; dies wäre der Fall, wenn wir den Tod allein aus der Perspektive des Fürsichseins denken würden.[19] Vielmehr ist der Tod die Hingabe des Ansichseienden selbst. Dies ist der Grund, weswegen hier von der tiefsten Entfremdung die Rede sein darf. Das Ansichseiende galt bereits als Entfremdung des absoluten Wesens. Nun wird dies in der Entäußerung des Todes bis an seine äußerste Grenze getrieben. Anstatt eine völlige Vernichtung zu bedeuten, bringt jedoch gerade die zweite Entäußerung das Gegenteil mit sich, nämlich die Fülle der Versöhnung. Der Tod vollendet die Entäußerung, die die *Person* Jesus Christus ist. Damit beschreibt die Entäußerung des absoluten Wesens einen Kreis. Zuerst verläßt es seine Abstraktion und entäußert sich. Dabei gewinnt es natürliches Dasein und Wirklichkeit. Wie erläutert, gilt das als eine Entfremdung. Durch den Tod wird aber diese seine sinnliche Gegenwart nicht getilgt, sondern verwandelt: „... als aufgehobne, als *allgemeine* gesetzt.“ (PhG507) Wenn der Tod das natürliche Dasein des absoluten Wesens nur getilgt hätte, wäre anstatt Versöhnung nur eine Leere ent-

[18] Für die gleiche Meinung vgl. Zizoulas 1976, S. 479: „Dieu et le monde ne peuvent être ontologiquement juxtaposés l'un à l'autre comme deux entités qui se définissent par elles-mêmes.“
[19] Vgl. Schöndorf S. 562.

standen. Hegels Bestehen auf dem Wort „Entfremdung" in der Thematisierung der Versöhnung hat einen guten methodischen Sinn; es hält ständig vor Augen, daß es sich hier vor allem um die äußersten Grenzen des Negativen handelt; es zeigt auch auf, daß die Versöhnung sich in bezug auf die Gottheit, die Menschheit und den Gott-Menschen erfahrungsgemäß vollzieht; und schließlich betont es, daß Entfremdung *und* Versöhnung zur tiefsten Wirklichkeit des menschlichen und des göttlichen Personseins gehören. Das heißt, daß der Werdeweg der Person durch die äußerste Verkehrung der Entfremdung gehen muß. Die erste Art von Allgemeinheit war auf eine Weise abstrakt. Dennoch besaß sie ein Fürsichsein, nämlich als Entäußerung des absoluten Wesens in seinen Sohn. Es findet dann, im gleichen *Rhythmus* mit dieser Bewegung, die Entäußerung des Sohnes ins Dasein statt. Dies verleiht dem Sohn ein natürliches Dasein. Er aber entäußert sich noch weiter in den Tod und hebt dieses sinnliche Dasein auf, was bedeutet, daß es in verwandelter Form aufbewahrt wird. Die Sinnlichkeit ist hier keineswegs als Feind oder als Alternative zur Allgemeinheit zu verstehen, sondern als ein Verwandeltes „ist das Wesen in ihr sich *selbst* geworden." (PhG507) Die Sinnlichkeit hat stets eine gewisse Neigung, die Seite der Individualität überzubetonen. Es überrascht daher nicht, daß gerade darin das Wesen, verwandelt, seine Selbstheit finden kann. Das Wesen als Allgemeinheit hat eine unendliche Tiefe von Selbstheit. Dies liegt vor allem an seiner Fähigkeit, sich durch eine „dreistufige" Entäußerung zu entfalten.[20] Im Grunde genommen handelt es sich hier um die Artikulation des Personseins Christi als eine Bewegung. In ihm gehören die göttliche Allgemeinheit und die aufzuhebende bzw. die aufgehobene Individualität des Menschlichen engstens zusammen.

Nun, da die Auferstehung vom Tode das Personsein Christi als göttlich-verwandelte Individualität zum Vorschein bringt, setzt sie das Bewußtsein auf eine ganz neue Ebene. Die alten Gegensätze: überwiegend Göttliches – verdrängtes Menschliches *oder* überwiegend Menschliches – verdrängtes Göttliches sind nun miteinander vermittelt und dadurch völlig, und ohne jegliche Annullierung, ausgeglichen.

„Die aufgehobene unmittelbare Gegenwart des selbstbewußten Wesens ist es als allgemeines Selbstbewußtsein; dieser Begriff des aufgehobenen einzelnen Selbsts, das absolutes Wesen ist, drückt daher unmittelbar die Konstituierung einer Gemeinde aus, die bisher im Vorstellen verweilend jetzt in sich, als in das Selbst, zurückkehrt." (PhG507)

Wie früher ausdrücklich gesagt wurde, ist die Inkarnation, die Anwesenheit des Gott-Menschen, der intimste Gegenstand des Bewußtseins. Weil aber das vorstellende Bewußtsein in seiner Aufnahmeweise so völlig von Nebeneinander und Nacheinander bestimmt ist, wurde ihm die Inkarnation fremd. Die Inkarnation, die das Moratorium an alle Arten von Gleichgültigkeit bedeutet, fällt nun selbst in sie: „... das *Ansich* nimmt die Form des *gleichgültigen Seins*

[20] Vgl. Cornehl S. 136, wo er auf die unendliche Macht des göttlichen Geistes, sich in aller Entäußerung ungebrochen zu erhalten, verweist.

für es an.“ (PhG507) Nun wird aber das falsch gestellte Fremde zum intimsten Selbsthaften. Die Auferstehung bedeutet eine neue Anwesenheit dieser Person in ihrer verklärten Sinnlichkeit, deswegen heißt sie „eine unmittelbare Gegenwart“, die „aufgehoben“ bzw. verwandelt ist. Das Einzelne ist als „aufgehobenes“ nun *begrifflich* anwesend.

Wie immer bei Hegel steht das Begriffliche für die Fülle des Selbstseins im Andern; dies wird nun hier konkret verwirklicht. Das aufgehobene Einzelne als das absolute Wesen drückt *unmittelbar* die Konstituierung einer Gemeinde aus. Zentral ist die unmittelbare und direkte Kontinuität zwischen der unmittelbaren Anwesenheit dieser verklärten Person und der Entstehung ihrer Gemeinde. Im gleichen Vollzug sind beide zusammen vorhanden. Weil Person als Vermittlung und als Werden zu verstehen ist, bedeutet dieses höchste Werden des Gott-Menschen nicht sein Verschwinden, und zwar weder im Tod *noch in der Auferstehung*.

Die Auferstehung ist die Anwesenheit dieser Person; verklärt, besitzt nun sein Personsein eine ganz neue Vermittlungskraft. Sein Personsein verliert nicht seine Konkretheit. Jetzt wird es nach einer neuen Art operativ. Angenommen, Personsein ist als Vermittlung zu verstehen, dann ist die Wirkung dieses seines Personseins sofort effektvoll und kreativ. Dies zeigt sich vor allem in der Entstehung der Gemeinde; aber ebenso wichtig ist die Tatsache, daß seine Anwesenheit diese Gemeinde nicht abstrakt über irgendwelche Grenzen hinausziehen, sondern sie nur zu sich bringen will. Seine persönliche Anwesenheit ermöglicht es dieser Gemeinde, ihre eigene Selbstpräsenz zu erfahren: „... die bisher im Vorstellen verweilend itzt *in sich*, als *in das Selbst zurückkehrt*.“ (PhG507) Die Affinität, die im Vorstellen nicht erkannt wurde, ist hier auf intensivste Weise *erlebt*.

Dies ändert natürlich sofort die Betrachtungsweise des vorstellenden Bewußtseins und führt es in das spekulative Sehen über. Die verklärte Person ändert den Grundrhythmus des menschlichen Personseins: „... und der Geist geht somit aus dem zweiten Elemente seiner Bestimmung, dem Vorstellen, in das *dritte*, das Selbstbewußtsein als solches über.“ (PhG507) Auf dieser neuen Ebene werden nun die früheren Gegensätze zur Einheit gebracht. Die Tatsächlichkeit und versöhnende Wirkung der Inkarnation ist nun konkret in der Gemeinde weiter entfaltet und thematisiert. Die Inkarnation als differenzierte Anwesenheit des absoluten Geistes erweitert sich in die Verschiedenheit dieser Gemeinde.

Zuvor, in der noch nicht geistigen Vorstellung, wurde die menschliche Gestalt des göttlichen Wesens nur als eine besondere und noch nicht als eine allgemeine gewußt. Diese Ebene wird nun im Tod und in der Auferstehung erreicht. Dadurch ereignet sich die Versöhnung des göttlichen Wesens mit dem *Andern* überhaupt und mit dem Gedanken desselben, nämlich mit dem *Bösen*. (Vgl. PhG507) Das Böse ist, wie bereits ausgeführt, metaphysisch bestimmt. Es ist mit dem Insichgehen, mit dem Bestehen auf Innerlichkeit, oder im extremen Sinne mit der in sich verschlossenen Individualität gleichgesetzt. (Vgl. PhG508) Im Prozeß der Versöhnung wird in beiden ihre gegenseitige Wechselwirkung aktiviert oder in Bewegung gebracht. Auf der einen Seite sind das Böse und das Gute gleich, weil das „insichseiende Fürsichsein das einfache Wesen ist". (PhG508)[21] Auf der anderen Seite sind sie aber gleichzeitig schlechthin verschieden, weil jedes für sich genommen den absoluten Unterschied ausmacht. Deswegen hat nur ihre Bewegung Wahrheit. Nicht vergessen werden darf, daß dies eine geistige Einheit ist; darin sind die Unterschiede nur bewegende Momente und nicht feste, starre Substanzen. Dies ist nun erst für das vorstellende Bewußtsein explizit geworden, und damit hat die Vorstellung den Schritt zurück ins Selbstbewußtsein vollzogen.

Im direkten Bezug auf unser Thema stellt sich dabei heraus, daß es letztlich weder auf die beziehungslose Einseitigkeit eines verschlossenen Selbstseins noch auf die beziehungslose Einseitigkeit eines selbstlosen Wesens ankommt. Nur in der sich vermittelnden Einheit beider ereignet sich letzlich Wahrheit. Und gerade hier kommt die Grundsignifikanz der Inkarnation ans Licht. Die Inkarnation ist keine starre Einheit zweier getrennter Dimensionen, des Göttlichen und des Menschlichen. Die Inkarnation ist eine selbsthafte Einheit, und sie entfaltet und thematisiert sich gerade als eine solche. Es ist nicht möglich, in der Inkarnation das göttliche Wesen und die menschliche Natur einander verstandesgemäß entgegenzusetzen. Weil die Inkarnation eine lebende und erfahrende Selbstheit ist, drückt sich die eine Dimension durch die andere aus und umgekehrt. „Nicht das eine oder das andre hat Wahrheit, sondern eben ihre Bewegung, daß das einfache Dasselbe die Abstraktion und damit der absolute Unterschied, dieser aber als Unterschied an sich, von sich selbst unterschieden also die Sichselbstgleichheit ist." (PhG509) Die unio hypostatica ist eine sich differenzierende und sich ansammelnde persönliche Identität. Damit ist der innerste Kern des Unterschiedes als selbsthaft enthüllt. Das innere Geheimnis des Geistes ist ans Licht gekommen. Das „geistlose *Ist*, die Copula" wäre überhaupt nicht fähig, diese geistige Einheit und Identität wiederzugeben. (PhG509)

In bezug auf die Inkarnation ist es nun die Aufgabe der vorstellenden Gemeinde, das, „was *an sich* geworden ist," zu thematisieren. (PhG509) Sie erkennt nun diese Aufgabe und kann sie annehmen. Sie muß jetzt versuchen, das verklärte Personsein des göttlichen Menschen in seiner Anwesenheit und in seiner Wirkung zu begreifen. Das heißt genauer, daß sie über die Einseitigkeit ihres bisherigen vorstellenden Bewußtseins hinauskommen muß. Anders gesagt: Sie muß die Bewegung des Geistes *an ihr* zur Darstellung bringen.[22] Wie immer im Fortgang des Personwerdens muß die Substanz einer geistigen Entwicklung vollständig vollzogen und integriert werden.

Die erste Bewegung in diesem Prozeß ist, daß sich dieses Bewußtsein aus seinem natürlichen Dasein zurückzieht. Axiomatisch bringt dies eine ironische Schwierigkeit mit sich und zwar deswegen, weil der Grund dieses natürlichen Bewußtseins gerade das Insichgehen ist, welches zuvor als böse bezeichnet

[21] Zum theologischen Problem des Bösen bei Hegel vgl. Brito 1987, S. 276.

[22] Vgl. de Nys S. 57.

wurde. Diese Bewegung des Zurückziehens verschafft ihm wenig, weil sie nur als unmittelbar gelten kann. (Vgl. PhG510) Sie muß auf einer tieferen Ebene als der bloß subjektivistischen vollzogen werden. Darum muß auf die innere Bewegung der Entäußerung und auf die Versöhnung im Tode des göttlichen Menschens zurückgegriffen werden. Das Bewußtsein muß begreifen, „daß durch das *Geschehen* der eignen Entäußerung des göttlichen Wesens, durch seine geschehne Menschwerdung und seinen Tod das göttliche Wesen mit seinem Dasein versöhnt ist." (PhG511) Zentral ist hier die versöhnende Kraft seines Todes, welche als konkrete Allgemeinheit nun im Dasein *wirkend* ist.
„... der Tod wird von dem, was er unmittelbar bedeutet, von dem Nichtsein *dieses Einzelnen* verklärt zur *Allgemeinheit* des Geistes, der in seiner Gemeinde lebt, in ihr täglich stirbt und aufersteht." (PhG511) Um auf einen früheren Ausdruck zurückzugreifen: Dieses Geschehen ist nicht als irgendeine „Bedeutung" zu erfassen. Vielmehr ist es *die Bedeutung* überhaupt. Es betrifft den Kern des Personseins als Vermittlung. Deswegen ist dieses Geschehen so intim im Innern dieses Bewußtseins selbst zu orten. Es bewirkt und erschließt die große Affinität zwischen der Tiefe des Unendlichen und des Endlichen für dieses Bewußtsein: „... seine Besonderheit erstirbt in seiner Allgemeinheit, d.h. in seinem *Wissen*, welches das sich mit sich versöhnende Wesen ist." (PhG512) Das Bewußtsein kann deswegen nun alle seine Erfahrungsfragmente in einer Einheit sammeln: „... Die Rückkehr des Ganzen in sich ist eben dies, alle Momente in sich zu enthalten." (PhG512)[23]
„Der vom Selbst ergriffne Tod des Mittlers ist das Aufheben ... seines *besondern Fürsichseins* ... dies *besondre* Fürsichsein ist allgemeines Selbstbewußtsein geworden ..." (PhG512) Da nunmehr der Schritt über die Vorstellung hinaus vollzogen ist, muß die Neigung des Bewußtseins, sich in verschlossener Individualität zu hypostasieren, überwunden werden. In dieser Gemeinde hat die Vermittlungskraft des Personseins jetzt eine neue Qualität gewonnen. Immer wieder im Verlauf der Gestalten hat jene Neigung zur Hypostasierung das Bewußtsein auf Irrwege geführt und seine jeweilige Balance mit der Allgemeinheit schwer belastet, man denke etwa an Stoizismus, Skeptizismus usw. Nun ist diese Neigung geheilt, was seine Entsprechung auf der Seite der Allgemeinheit findet. „Es stirbt ... auch die *Abstraktion* des göttlichen Wesens." (PhG512) Es kann nun nicht mehr die Rede von einem selbstlosen Allgemeinen sein, wie zuvor in den Bereichen des Sinnlichen und der Vernunft;[24] vielmehr erwies sich das Allgemeine als selbsthaft.

[23] Vgl. dazu Theunissen 1982, S. 21: „Das Allgemeine selber besteht nach Hegel in der Unendlichkeit der Selbstbeziehung, einer Unendlichkeit, welche die Selbstbeziehung als Bewegung der Rückkehr an sich hat."

[24] Vgl. Hodgson S. 165: „Thus the religious standpoint finally does not follow from the finite world but is its truth, its foundation."

13. Das Absolute Wissen

13.1 Die Vollendung der Vermittlung als Integration und Thematisierung der angesammelten Memoria

Am Ende der Religionsgestalt hat sich die Einheit von Wesen und Selbst ereignet. (Vgl. PhG515) Sie ist für das Bewußtsein aber nur vorstellungsmäßig anwesend;[1] es ist also nicht fähig, sie entsprechend aufzunehmen. Das bedeutet, daß das Bewußtsein sich außerhalb dieser Einheit glaubt. Demnach kann es nur eine verringerte Versöhnung genießen. Obschon es ein objektives Geschehen ist, betrifft die Versöhnung sowohl die innerste Innerlichkeit des Bewußtseins als auch seine Einheit mit dem Wesen, der entfalteten Allgemeinheit. Der Geist dieser Religionsgestalt ist deswegen noch nicht in einer artikulierten Einheit mit sich selbst. „Sein wirkliches Selbstbewußtsein ist nicht der Gegenstand seines Bewußtseins.“ (PhG516) Die Momente dieses Geistes sind nicht irgendwelche Sammlungen von atomistischen Einzelmomenten; vielmehr sind sie die „sich-unterscheidenden Momente“, die dem angesammelten Entwickeltsein dieser Geistgestalt entsprechen. Genau deswegen ist die noch ausbleibende Einheit bzw. Entsprechung seines Bewußtseins und Selbstbewußtseins keineswegs als ein Rückfall in die anfängliche Bewußtseinsgestalt zu verstehen.

Dies läßt sich weiter dadurch bestätigen, daß der Inhalt dieses Bewußtseins der absolute Geist selbst ist. Die Entfaltung und Thematisierung dieses Bewußtseins wird entwicklungsgemäß aufrechterhalten. „Der *Inhalt* des Vorstellens ist der absolute Geist.“ (PhG516) Das Bewußtsein ist zur Reife eines solchen Inhalts gewachsen. Absoluter Geist hat sich in der Inkarnation explizit in höchster Affinität mit dem darin entwickelten Bewußtsein gezeigt. Tief in sich weiß das Bewußsein dies auch. Es ist trotzdem noch nicht fähig, diese Anwesenheit entsprechend zu entfalten und zu thematisieren. Wie wir auf dem Weg des Personwerdens gesehen haben, bedeutet Thematisieren eine Vertiefung der Selbstpräsenz und eine vollständigere Integration der Erfahrungsmomente. Es ist hier sehr interessant, daß bei der Integration seines höchsten Inhalts das Bewußtsein nur über die Form, die dieser Inhalt in der Religion hat, nämlich die Form der Vorstellung, hinauskommen muß. Das Bewußtsein ist fast zu Hause, fast eins geworden mit seinem tiefsten Grund und höchsten Ziel. Der Inhalt muß nicht geändert werden, er muß nur die entsprechende Form gewinnen. Diese Form wird dem Bewußtsein selbst nichts Fremdes sein, sondern wird

[1] Vgl. dazu Kainz, Hegel's PhG 2, S.178: „The final goal at which these phenomenal transitions will end will be the Absolute Concept, that ultimate unity-in-distinction of thought and being, self-consciousness and consciousness, at which all disparity between subjective certitude and objective truth will have finally disappeared, such that the object of consciousness will be thoroughly imbued with self-consciousness and the activity of self-consciousness will be thoroughly manifest to all consciousnesses.“

seinen jetzigen entfalteten Status zu seiner eigentlichen Vollendung bringen.[2] Genau zu beachten ist, daß die Form-Begrenzung nicht äußerlich überwunden werden kann. Sie wird vom Bewußtsein selbst vollbracht. Sie wird „aufgehoben". Das heißt, daß die Überwindung in innerlicher Kontinuität mit den bisherigen Erfahrungsmomenten dieses Bewußtseins selbst vollzogen wird.

Es darf nicht übersehen werden, daß die Vorstellung in ihrem eigentlichen Sinne auf dieser hoch entwickelten Ebene des absoluten Wissens der PhG tatsächlich vorkommt. Ihre Überwindung bedeutet deswegen nicht ihre Vertilgung, sondern ihre Verwandlung. Die höchste Einheit und Anwesenheit ist fast erreicht. Die Linse des Bewußtseins ist jedoch noch etwas unscharf. Ihre richtige Einstellung wird die geistige Anwesenheit und die eigene Selbstpräsenz in ihrer Fülle durchstrahlen lassen: „... und es ist allein noch um das Aufheben dieser bloßen Form zu tun, oder vielmehr weil sie dem *Bewußtsein als solchem* angehört, muß ihre *Wahrheit schon in den Gestalten desselben sich ergeben haben*". (PhG516) Um die Vorstellung zu verwandeln, müssen also die Erfahrungsmomente des Bewußtseins selbst genauer und tiefergreifend thematisiert und integriert werden. Der Schein des Fremdartigen in der Gegenständlichkeit oder Vorstellung muß verwandelt werden. Dies ist nicht abstrakt einzulösen, sondern es geht von dieser Ebene des absoluten Wissens selbst aus und bestimmt ihre Aktivität. Die Verwandlung wird auch nicht einseitig sein.

Die herausgestellte Affinität des Bewußtseins und seines Gegenstandes, die auf dem Weg immer weiter vertieft und erweitert wurde, wird hier in ihrem angesammelten Entfaltetsein explizit thematisiert.[3] Sowohl die Natur des Bewußtseins als auch die des Gegenstandes werden zu ihrem Recht kommen. Der Gegenstand hat „sich ihm (sc. Bewußtsein) als verschwindend" dargestellt. (PhG516) Das unterstreicht die Unabhängigkeit des Gegenstandes, aber zugleich verweist das Verschwinden als Verschwinden des Fremdseins auf die Affinität des Gegenstandes mit dem Bewußtsein. Das Selbstbewußtsein hat die Dingheit gesetzt. Setzen heißt hier Entäußern und meint nicht Setzen des Seins. Dieses Setzen ist ein Entäußern des Selbstbewußtseins. Aber dieses setzende Entäußern hat nicht nur eine negative Bedeutung für das Selbstbewußtsein. Das Negative an dem Gegenstand ist bei genauer Betrachtung seine Selbstaufhebung. Warum soll aus der jetzigen Sicht des Selbstbewußtseins diese Selbstaufhebung des Gegenstandes ausgerechnet negativ erscheinen? Das

[2] Vgl. Dupré 1984, S. 226: „But the participation of the finite mind in the knowledge of the Absolute Spirit implies at no point full identity in the manner of mystical insight. Nothing is further removed from Hegel's conception of the Absolute than *immediate* knowledge. Only through dialectical negation can the finite mind ever attain its knowledge of the Absolute."

[3] Vgl. zu der besonderen spiralhaften Form des absoluten Wissens und zu seiner Tatsächlichkeit als „Ansammlungsort" des ganzen Erfahrungswegs des Bewußtseins Ogilvy, bes. S.539: „The linearity of the argument can be rendered convincing only as a directionality whose ‚origin' presupposes its ‚end', namely a unification of the disjunctive differences such that the contents of consciousness are not left behind as illusion by a self-consciousness then left devoid of content, but taken up in a final identification between the object of consciousness and the object of self-consciousness."

läßt sich folgendermaßen erklären. Wenn der Gegenstand die Kraft hat, sich so aufzuheben, dann deutete das auf eine Unabhängigkeit oder sogar auf ein Fremdsein gegenüber dem Selbstbewußtsein hin. Das wäre noch weiter intensiviert, wenn das Selbstbewußtsein durch sein Entäußern sich mit dem Gegenstand bereits so intim identifiziert hätte. In einem solchen Falle liefe das schließlich auf eine Entfremdung des Selbstbewußtseins selbst hinaus.

Das Negative ergibt sich aber als ein Positives, und zwar in einem zweifachen Sinne. Erstens ereignet sich dieses Selbstaufheben des Gegenstandes nicht irgendwo außerhalb des Wissensbereiches des Selbstbewußtseins; vielmehr geschieht es in bezug auf das Selbstbewußtsein. Das Selbstbewußtsein „*weiß*" es, weil es sich genuin und völlig identifizierend entäußert hat: „... denn in dieser Entäußerung setzt es *sich* als Gegenstand, oder den Gegenstand um der untrennbaren Einheit des *Fürsichseins* willen als sich selbst." (PhG516) Hier wird angedeutet, daß die untrennbare Einheit des Fürsichseins eine gegenseitige Selbstversetzung zwischen Selbstbewußtsein und Gegenstand abdeckt. Die Selbstheit des Gegenstandes darf entweder der Gegenstand selbst oder das Selbstbewußtsein sein. Das Selbstbewußtsein darf der Gegenstand sein oder der Gegenstand darf das Selbstbewußtsein sein. Fürsichsein ist dann weder das Fürsichsein eines subjektivistischen Selbstbewußtseins noch das Fürsichsein eines isolierten Gegenstandes. Das Fürsichsein beider besteht in einer tiefen Affinität zueinander. Zweitens ist auch das andere Moment vorhanden. Das Selbstbewußtsein hat diese Entäußerung und Gegenständlichkeit ebensosehr aufgehoben und in sich zurückgenommen. Es ist in *seinem* Anderssein bei sich. (Vgl. PhG516) Das Anderssein ist ihm nicht fremd; es gilt als *sein* Anderssein. Es verliert sich darin nicht. Das Bewußtsein ist dann weder privat subjektivistisch noch monolithisch. Es enthält Selbstsein, Anderssein und gleichzeitig ihre intimste Vermittlung.

„Dies ist die Bewegung des *Bewußtseins*, und dieses ist darin die Totalität seiner Momente." (PhG516) Das Bewußtsein ist nicht auf ein Einzel-Moment zu beschränken. Es ist die Totalität seiner Momente, eine Totalität nicht bloß als monolithisches Ganzes, sondern als differenzierte, selbsthafte Bewegung. Die nachbarliche Andersheit des Gegenstandes wird nie aus den Augen verloren. Das Bewußtsein und das Anderssein sind immer zusammenzudenken. „Es muß sich ebenso zu dem Gegenstande nach der Totalität *seiner* Bestimmungen verhalten, und ihn nach *jeder derselben* so erfaßt haben." (PhG516) Jeder der angesammelten Erfahrungsmomente des Bewußtseins wird für sich genommen und ebenso die, die als Bestimmungen des Gegenstandes vorgekommen sind; jeder wird nach seiner eigenen Art betrachtet und integriert.[4] Die Totalität der Gegenstandsbestimmungen „macht *ihn an sich* zum geistigen Wesen." (PhG516) Warum bedarf es der Totalität seiner Bestimmungen, bevor der Gegenstand als geistiges Wesen gelten kann? Der Grund ist, daß die Bestimmungen dem Gegenstand weder zufällig noch äußerlich sind. Vielmehr

[4] Vgl. Solomon 1975, S. 707: „ ‚Absolute-truth' refers to a philosophical conception of truth, to a truth *about* truth, not to an absurd and pretentious claim to omniscience of truths."

wird der Gegenstand gerade in seinen Bestimmungen entfaltet und entwickelt. Wie wir sahen, stehen die schwer gewonnenen Bestimmungen in einer mittelbaren Kontinuität miteinander. Deswegen ist die Totalität der Bestimmungen, und zwar gerade als Artikulation und Angesammeltsein des Gegenstandes, das Geistige an dem Gegenstand. Der Gegenstand muß für das Bewußtsein ein geistiges Wesen in Wahrheit *werden*. Das geschieht dadurch, daß das Bewußtsein jede dieser Bestimmungen seinem Selbst entsprechend erfaßt. Es muß nun die Entsprechung zwischen der Totalität der Bewußtseinsmomente und der Totalität der Gegenstandsbestimmungen artikulieren. Damit wäre die Bewegung der subjekthaften Substanz, die zugleich die Bewegung des substantiellen Selbst ist, in ihrer gesammelten Fülle vollendet. Das wäre die höchste Anwesenheit des Geistes. Das Geistige liegt dann an dem vermittelnden Einheitlichen.

Auf dieser Ebene ist vom Inhalt her alles Nötige bereits vorhanden. Das Bewußtsein muß sich wegen seines Wunsches nach Entfaltung und Thematisierung auf verschiedene und unerwartete Erfahrungsebenen einlassen. Inhaltlich ist hier alles versammelt, aber das richtige Erkennen dessen, die richtige Form, steht noch aus. Sie ist nur durch eine tiefere Integration des angesammelten Gewesenen zu gewinnen. Es ist schon gesagt worden, daß die Form sich durch die Artikulation der Entsprechung der gesammelten Totalitäten selbst ergeben wird.[5] Die beiden Totalitäten sind in der Tat immer eine und dieselbe Bewegung. Die Absolutheit des Wissens ist hier die Herausstellung der verwobenen Präsenz der bisherigen Erfahrungen.[6] Tatsächlich ist das absolute Wissen keine zusätzliche Gestalt, sondern die umfassend thematisierte und integrierte Gestalt des Ganzen. Im absoluten Wissen hebt sich der Schleier, der über dem ganzen bisherigen Weg lag, auf. Es gibt keine Einzelperspektive mehr, sondern nur noch eine vermittelte Ganzheitsperspektive. In bezug auf den Vermittlungsweg des Bewußtseins bis zu diesem Ziel hin könnte man sagen, daß im absoluten Wissen nicht nur der Reisende, sondern auch die Reise selbst ankommt. Nichts ging auf dem Werdeweg verloren, nichts wurde vergessen.

Nun wird aus dieser Perspektive des höchsten Integriertseins und der angesammelten Memoria die Zusammengehörigkeit von Bewußtsein und Gegenstand und die Entwicklung in den Erfahrungsphasen und Gestalten dargestellt, um aufzuzeigen, daß Substanz und Subjekt endgültig versöhnt sind, und daß diese endgültige Versöhnung in diesem Bewußtsein selbst entfaltet und geleistet ist.

[5] Vgl. Labarrière 1984, S.41: „L'esprit absolu, c'est alors la réalité totale du monde ressaisie au niveau du principe logique de son engendrement spirituel, dans toutes les formes – logiquement comprises – de la Nature et de l'Esprit."

[6] Eine interessante Interpretation der Totalitäten findet sich bei Flay 1984, S. 265. Die eine Totalität steht für die Summe der Gestalten des eigenen Lebens und „... on the other hand, there is a non-experienced, yet felt totality ... within which all that is given for experience is given. It would seem to be a sort of receptacle totality; ... this totality is the referent for the continuity of givenness in experience. Neither of the totalities are intelligible as such, but are surdal: they seem to serve as a locus for the multiplicity of intelligibility frameworks as we participate in them."

Der Titel „absolutes Wissen" bezieht sich somit weder auf den absoluten Standpunkt eines unendlichen, aber abstrakt getrennt bleibenden absoluten Geistes noch auf den Standpunkt eines rein endlichen, aber sich zum absoluten Standpunkt erhebenden Subjekts.[7] Die ganze Bewegung der PhG besteht darin, diese verstandesmäßig getrennten Alternativen abzulehnen. Das Endliche und das Unendliche sind zusammenzudenken. Die Anwesenheit des Geistes und die Selbstpräsenz des Bewußtseins haben sich auf dem Vermittlungsweg der PhG gegenseitig gesteigert. Wir haben die Kontinuität des Entfaltungswegs, insbesondere in und durch die verschiedenen Richtungswechsel bei dem sich selbst gewissen Geist, zur Religion hin und dann wieder innerhalb der Religion selbst zur Inkarnation hin dargestellt.

Zunächst wird die Natur des Gegenstandes in der anfänglichen Bewußtseinsgestalt vorgeführt. Aus dieser Ganzheitsperspektive sind nun die Einheit der drei anfänglichen Gestalten, nämlich die sinnliche Gewißheit, die Wahrnehmung und der Verstand, als ein Schluß zu verstehen; dies konnte auf dem allmählichen Erfahrungsweg der Vermittlung nicht zusammen betrachtet werden; wie Hegel sagt, war es „Wissen ... in seinem Werden." (PhG517) In der sinnlichen Gewißheit entspricht das unmittelbare Sein des Gegenstandes dem unmittelbaren Bewußtsein. Dann wird er in der Wahrnehmung durch Anderswerden weiter ins Sein für anderes und Fürsichsein differenziert. Dementsprechend ist er im Verstand Wesen oder Allgemeines. Zunächst ist hier die Art zu beachten, nach der der Status des Gegenstandes dem Beziehungsvermögen des Bewußtseins entspricht, oder wie der Gegenstand sich dem Bewußtsein nach dem Stand seines Aufnahmevermögens erscheinen läßt.

Ferner ist zu beachten, daß die in Erscheinung tretenden Bestimmungen des Gegenstandes eine Totalität ausmachen, die entweder als eine Bewegung von der Allgemeinheit zur Einzelheit oder von der Einzelheit zur Allgemeinheit erscheinen. (Vgl. PhG517) Einmal ist die Bewegung der Bestimmung des Gegenstandes als Erfahrung für und mit dem Bewußtsein, das andere Mal handelt es sich um die Aufhebung oder sich ansammelnde Verwandlung dieser Erfahrungsmomente. Die Bewegung ist eine und diesselbe Bewegung. Der Gegenstand ist der gleiche, und das Bewußtsein auch. Ihr Zusammensein bzw. Werden ist als Prozeß die Verwirklichung des Gegenstandes von der Allgemeinheit zur Einzelheit und zugleich die Aufbewahrung der Erfahrung dieser Einzelheit bzw. Individualität als ein Allgemeines. In diesen Bestimmungen erkennt das Bewußtsein die Ähnlichkeit des Gegenstandes mit sich. Aber in dieser Gestalt ist noch keine Rede vom Wissen als Begreifen des Gegenstandes. Wir sehen nur das Wissen in seinem Werden, oder die Gestalt des Wissens, die „dem Bewußstein als solchem angehört." (PhG517) Weil der Gegenstand hier noch nicht als geistiges Wesen vorhanden ist, ist die Haltung des

[7] Vgl. Ogilvy S. 525: „If an interpretation of absolute knowledge finds within absolute knowledge an imperative to comprehend all contrary interpretations that have in fact arisen, then the ultimate model of definitive interpretation is quite different from the final judgement."

Bewußtseins zu ihm nicht nach seiner Totalität, sondern teilhaft bestimmt. Diese Totalität kommt nur als Einzelgestalt allmählich hervor.
Nun wird der momentane Gegenstand dieses vorstellenden Bewußtseins nach den drei schlußhaften Erfassungsarten des Bewußtseins überhaupt betrachtet.[8] Die drei Momente dieser Erfassungsart, unmittelbares Sein, Fürsichsein und Sein für anderes, gehören zusammen. Es handelt sich hier um eine Doppelperspektive, nämlich um die Art der Bewußtseinserfassung überhaupt als Ganzheit ihrer Gestalten und darum, wie diese Ganzheit sich in den jeweiligen getrennten Gestalten ergeben hat. Die Präsensform der Verben an dieser Stelle bestätigt dies. (Vgl. PhG517) Diese Doppelperspektive macht die Spannung des absoluten Wissens aus. Sie verweist darauf, wie die Allmählichkeit des Personwerdens in der Endphase ihrer Vollendung thematisiert werden kann. Absolutes Wissen ist demgemäß kein ruhiges, lebloses Plateau, auf dem der intensive Vermittlungsweg des Personwerdens seine Ernte sozusagen abliefern muß und zu einer plötzlichen Stille kommt. Nein. Das Absolute entspricht innerlich der Natur des Personwerdens. Es kann dem Personwerden nicht äußerlich entgegengestellt werden. Vielmehr ist es die höchste Intensität des Personwerdens, und zwar deswegen, weil es die höchste Integration des Personwerdens als ein Gesamtvollzug darstellt. Rückschauend und anschauend nimmt das gewordene Personsein den Reichtum seines Vermittlungsweges nun explizit in Besitz. Hier ereignet sich das feinste und das umfassendste Verweben der Verschiedenheit.[9]
Diese Doppelperspektive ermöglicht eine viel klarere Rekognition der Affinität des Bewußtseins und der Verschiedenheit, als dies auf dem Erfahrungsweg möglich war. Auch wenn der Gegenstand als indifferentes Sein vorkommt, könnte das Bewußtsein damals als beobachtende Vernunft sich darin dennoch *suchen* und *finden*. (Vgl. PhG517) Das hat zur Folge, daß es das Sein für ein

[8] Vgl. Flay 1984, S. 249: „The absolute standpoint has been shown to be within the natural attitude."

[9] Unsere Interpretation stellt sich damit der Behauptung entgegen, daß Hegels Denken den Charakter eines abgeschlossenen Systems hat. Eine solche Behauptung hat Kimmerle an den Tag gelegt. Kimmerle versteht die Abgeschlossenheit so: „Das Denken wird als in sich zurückgehender Kreis entwickelt, in dem von Anfang an vorauszusetzen ist, was werden soll, und in dem nichts anderes wird, als was in der Voraussetzung bereits enthalten ist".(S.287) Die spiralhafte Natur des Hegelschen Denkens übersieht Kimmerle. Dies hängt damit zusammen, daß er auf die besondere Anfangsart dieses Denkens nicht achtet. Das räsonnierende lineare Denken kann der sich steigernden Verwobenheit des Hegelschen Denkens einfach nicht gerecht werden. Bei Hegel findet sich weder der reine Anfang noch das klare, abgeschlossene Ende. Sein Denken enthält eher den Rhythmus der Bewegung zwischen Ursprung und Vollendung. Für sich betrachtet ist die Behauptung der Möglichkeit eines sich abschließenden Systems etwas naiv. Es war Gödels Entdeckung, daß kein axiomatisches System von sich Vollendung behaupten kann. Kein System kann seine eigene endgültige Kohärenz von sich aus beweisen; jedes System bleibt auf anderes hinweisend und demnach unvollendet und kann keineswegs Abgeschlossenheit von sich behaupten; zu Gödels negativem Beweis vgl. Nagel/Newman S. 58, 86, 98.

sinnliches, unmittelbares Ding hält. Jenes Urteil ist das Geistlose selbst und ironischerweise eben deshalb das Geistreiche. „*Das Ding ist Ich*" zeigt auf, daß das Ding nur Bedeutung durch das Ich und seine Beziehung auf das Ich gewinnt. „Dies Moment hat sich für das Bewußtsein in der reinen Einsicht und Aufklärung ergeben." (PhG518) Die Dinge sind schlechthin als nützlich zu betrachten. Das *gebildete* Selbstbewußtsein hat die Welt des sich entfremdeten Geistes durchlaufen und hat durch seine Entäußerung das Ding als sich selbst erzeugt. (Vgl. PhG518) Dabei hat es sich nicht verloren. Vielmehr hat es gesehen, daß das Ding kein Fremdes, sondern wesentlich *Sein für anderes* ist. Dies ist aber keineswegs als Reduktion der Gegenständlichkeit durch eine subjektivistische Perspektive zu verstehen. Das Selbstbewußtsein erkennt die Selbsthaftigkeit des Dinges durchaus an: „,... so gilt ihm das Ding als ein *fürsichseiendes*, es spricht die sinnliche Gewißheit als absolute Wahrheit aus. (PhG518) Aber dieses Fürsichsein geht in das Sein für anderes über. Fürsichsein und Sein für anderes des Dinges sind dem Selbstbewußtsein gegenüber noch nicht in ihrem Gleichgewicht. Das ist vorübergehend so, weil das Ding hier nur nach der Unmittelbarkeit des Seins oder nach der Bestimmtheit erkannt wird, was zwar eine notwendige Seite der Erfassung des Dinges ist, allein aber nicht ausreichend. „Dazu muß das Wissen des Dinges ... als *Wesen*, oder *Inneres*, als *Selbst*" hinzugefügt werden. (PhG518) „Dies ist in dem *moralischen Selbstbewußtsein* vorhanden." (PhG518) Es weiß das Sein schlechthin als den reinen Willen oder als das reine Wissen. Trotzdem verhalten sich hier Dasein und Selbst schwebend einander gegenüber: einmal ist das Dasein im Selbst, das andere Mal das Selbst im Dasein zu verstehen. Beim Eintritt in das Gewissen kommt das Schweben zur Ruhe, weil es sein *Dasein* als die reine Gewißheit seiner selbst weiß. (Vgl. PhG519) Damit haben Gegenständlichkeit und Selbstheit ihre kreisförmige Balance miteinander gefunden. Außerhalb des handelnden Selbst besteht keine fremde Gegenständlichkeit mehr.
„Dies sind die Momente, aus denen sich die Versöhnung des Geistes mit seinem eigentlichen Bewußtsein zusammensetzt; sie für sich sind einzeln, und ihre geistige Einheit allein ist es, welche die Kraft dieser Versöhnung ausmacht." (PhG519) Wichtig ist hier, daß beides zur Wirklichkeit der Versöhnung gehört, das einzelne Auftreten jedes Moments *und* ihre Einheit als Totalität. Das Moment des Gewissens ist diese Einheit selbst und verbindet deshalb alle Momente in sich. Der sich selbst gewisse Geist hat im Elemente des Daseins nichts anderes als dieses Wissen von sich. Nun sind wir in der Lage, das Werden dieses Wissens nach seinen verschiedenen Seiten zusammenzufassen. 1) Die Wirklichkeit als *unmittelbares Dasein* hat für das Selbstbewußtsein die Bedeutung des reinen Wissens. 2) Die Wirklichkeit als *bestimmtes Dasein* erhält die Bedeutung des Verhältnisses des einzelnen Selbst und des Allgemeinen. Das Wissen steht sich in diesem Falle selbst gegenüber; es ist zum Teil ein Wissen von diesem einzelnen Selbst und zum Teil ein Wissen als Allgemeines. 3) Im dritten Moment tritt das *Wesen* hervor. Es gilt als Wissen jeder der beiden gegenüberstehenden Seiten. Damit heben sie selbst den noch verbleibenden Gegensatz auf, weil er leer geworden ist. Nun sind sie das Eins-

sein des Ich = Ich; „dieses *einzelne* Selbst, das unmittelbar reines Wissen oder allgemeines ist." (PhG519)
Alle drei Momente sind in ihrer Einheit zu verstehen. Sie setzen zwar in der Entfaltung des Bewußtseins zunächst einzeln auf, erweisen sich aber schließlich als eine dynamische Einheit, worin kein Moment isoliert ist oder verlorengeht. Die Erschließung dieser geistigen Einheit ist nur durch das Aufbewahren der Momente zu leisten. Ohne die implizite, sich ansammelnde und integrierende Arbeit der Memoria wäre keine Versöhnung zustandezubringen. Die Versöhnung erschließt hier die geistige Einheit.
„Diese Versöhnung des Bewußtseins mit dem Selbstbewußtsein zeigt sich hiemit von der gedoppelten Seite zustande gebracht, das eine Mal im religiösen Geiste, das andere Mal im Bewußtsein selbst als solchem." (PhG519) Die Versöhnung des Bewußtseins mit dem Selbstbewußtsein geschieht nicht zweimal, sondern ein einziges Mal. Sie wird aber von einer Doppelperspektive her bewirkt. Die beiden Seiten zeigen die zwei Formen einer und derselben Versöhnung auf. Im religiösen Geiste ist sie in der Form des *Ansichseins*; im Bewußtsein ist sie in der Form des *Fürsichseins*. (Vgl. PhG519) In unserer Betrachtung fallen die beiden Formen zunächst auseinander. In der Ordnung der Gestalten ist das Bewußtsein längst teils zu den einzelnen Momenten der Gestalten, teils zu ihrer Vereinigung gekommen, „ehe auch die Religion *ihrem* Gegenstande die Gestalt des wirklichen Selbstbewußtseins gab." (PhG520) Dieses Auseinanderfallen könnte den Eindruck erwecken, daß wir es mit zwei verschiedenen Arten von Versöhnung zu tun haben. Dieser Eindruck trügt. Es ist die *eine* Versöhnung des Bewußtseins und des Selbstbewußtseins miteinander. Im Fortgang des Bewußtseins ist der absolute Inhalt zum Vorschein gekommen. Und in der Religion ist die Seite des Selbstbewußtseins zum Vorschein gekommen. Wenn die Vereinigung beider Seiten *aufgezeigt* wird, dann ist die Einheit des Wesens und des Daseins bzw. das An-und-Fürsichsein des Geistes vorhanden. Zu betonen ist wieder, daß es sich um die Artikulation der Vereinigung und nicht um ihre Erzeugung oder Erzwingung auf eine äußerliche oder chronologische Weise handelt.
Wir haben in unserer Interpretation die Kontinuität des Vermittlungswegs sehen können.[10] Ein Richtungswechsel ereignet sich beim Geist als Grundgestalt, indem die geistige Vertiefung zu einer weiteren Entfaltung und Thematisierung des Bewußtseins als sich selbst gewisser Geist führen konnte. Dieser sich selbst gewisse Geist ist dann in der Lage, seine gewesenen Erfahrungen aufs neue aufzunehmen. Dadurch greift er noch tiefer in seine Substanz. Es bietet sich damit die offenbare Religion und insbesondere die Inkarnation als Schlüssel zum Geheimnis des Personwerdens überhaupt. Darin erlebt das Bewußt-

[10] Wenn die kumulative Aktivität der Vermittlung aus den Augen verloren wird, dann fallen die Thematisierung und die Entfaltung in der Dynamik der Erfahrung auseinander; damit findet der Rückfall in einen subjektivistischen Standpunkt statt. Aus jener Perspektive erhält absolutes Wissen zwingend den Charakter von einseitigem Totalitätsdenken. Ein Beispiel dieser Reduktion findet sich bei Grimmlinger S. 296–297.

sein die Einheit, die zwischen dem Ursprung und seiner Vollendung besteht. Sein Werden vollzieht sich auf diesem Weg zwischen dem Ursprung und seiner Vollendung. Nun findet hier im absoluten Wissen ein explizites Aufzeigen der inneren Zugehörigkeit der Erfahrungsinhalte dieser beiden Richtungswechsel statt.

Diese Vereinigung ist aber *an sich* in der Religion geschehen, und zwar in der Rückkehr der Vorstellung in das Selbstbewußtsein. Die innere Verbindung der Religion mit dem bisherigen Fortgang der Bewußtseinsgestalten bringt dies ans Licht. Die Vorstellung ist weder reiner neuer Bewußtseinsanfang noch ein Rückfall in eine frühere Ebene. Vielmehr steht sie in vermittelter Kontinuität mit dem Entwicklungsstand von allem Bisherigen bzw. Gewesenen. Deswegen ist ihre Rückkehr in das Selbstbewußtsein implizite Vereinigung, aber noch nicht die entfaltete und thematisierte Vereinigung beider Seiten. Unschwer ist zu erkennen, daß die Form dieser Rückkehr noch nicht ausreicht, und zwar deswegen, weil die religiöse Seite, die Seite des *Ansich* oder der Inhalt, noch vorherrscht und daher der Bewegung des Selbstbewußtseins gegenübersteht. (Vgl. PhG520)

Die Vollendung der Vereinigung geschieht demnach nicht auf der noch gegensätzlichen Ebene der Religion, sondern auf der Ebene der Reflexion in sich, wo dieser Gegensatz aufgehoben oder als verwandelt artikuliert werden kann. Sie reflektiert den Gegensatz in sich hinein, und zwar konkret als einen entwickelten und unterschiedenen Gegensatz. Diese Reflexion des geistigen Selbstbewußtseins ist deswegen dazu fähig, diese Versöhnung zu vollenden, weil das Selbstbewußtsein weder äußerlich an die Vorstellung herankommt noch sie als Fremdkörper in sich aufnimmt.[11] Vielmehr steht es durch den Verwandlungsweg der PhG immer bereits in innerer Verbundenheit mit ihr. Es ist die Eigentümlichkeit des Selbstbewußtseins, die seine innere Andersheit und eigene Selbsthaftigkeit immer vermittelnd zu vollziehen vermag; gerade das macht es für diesen letzten Vollzugsakt höchst geeignet. Er ist dann nicht erzwungen, sondern eher ein Aufgehen-Lassen dessen, was das Selbstbewußtsein erlebt und *ist*.

Der Begriff ist in der Form einer besonderen Gestalt des Bewußtseins an der Seite des Selbstbewußtseins auch bereits vorgekommen. Der Begriff darf nicht mit einer äußerlichen Plötzlichkeit in den Entfaltungsweg einbrechen.[12] Gemäß der Einheit des Prozesses mußte er schon gestaltmäßig vorkommen, und zwar war dies in der schönen Seele der Fall. Diese Gestalt gilt auf dieser Ebene der Fortentfaltung als begriffsmäßig, weil sie in ihrer Bewegung eine reine Innerlichkeit mit einer erfüllten Entäußerung zusammen auszudrücken vermag. Sie ist zunächst das Selbstbewußtsein als Wissen von sich selbst in seiner reinen

[11] Die Anerkennung, daß absolutes Wissen nicht mit der Tyrannei eines zum absoluten Standpunkt hochgestiegenen empirischen Subjekts gleichzusetzen ist, findet sich bei Coreth S. 391.

[12] Zur inneren Kontinuität des absoluten Wissens mit den bisherigen Gestalten der PhG vgl. Lamb S. 175: „The absolute is to be found in a presentation of the shapes of consciousness and not in any superior dimension of thought."

durchsichtigen Einheit. Das Selbstbewußtsein weiß diese reine Innerlichkeit als den Geist, die Anschauung und Selbstanschauung des Göttlichen. Diese Gestalt bleibt aber fixiert; sie lehnt ihre Realisierung ab und verschwindet im leeren Dunst. Zugleich entäußert sie sich und bewegt sich fort. Dadurch verliert dieses gegenstandslose Selbstbewußtsein die Fixierung auf die Bestimmtheit des Begriffs entgegen seiner Erfüllung. Dieses Selbstbewußtsein gewinnt dadurch die Form der Allgemeinheit. Es ist der Begriff in seiner Wahrheit. Begriffliche Wahrheit meint hier, daß dieses Selbstbewußtsein in einer Einheit mit seiner Entäußerung steht. (Vgl. PhG521) Es ist das Wissen vom reinen Wissen als Wesen. Dieses Wissen ist *dieses* reine Selbstbewußtsein *und* zugleich wahrhafter Gegenstand: „...denn er (sc.der Begriff) ist das fürsichseiende Selbst." (PhG521) Im Begriff befinden sich die reinste, konkrete Innerlichkeit und die Fülle der Gegenständlichkeit in einem. Damit ist die Verwirklichung des Begriffs erfahrungsgemäß vollzogen.

In der Religion gewinnt der Begriff den absoluten Inhalt als Inhalt in der Form des Andersseins für das Bewußtsein, das heißt in der Form der Vorstellung.[13] Die Erfüllung des Begriffs wird von der Seite des Inhalts und von der Seite des Selbst durchgeführt. Im Handeln des sich selbst gewissen Geistes erhält er die Form des Selbst: „... das Selbst führt das Leben des absoluten Geistes durch." (PhG521) Hegel wird sich nun auf das Selbst konzentrieren, welches im Handeln des sich selbst gewissen Geistes entfaltet worden ist. Dies meint keine Reduktion des absoluten Inhalts der Religion. Ganz im Gegenteil dient die Artikulation dieser Selbsthaftigkeit in der Erfüllung des Begriffs dazu, den Reichtum des absoluten Inhalts zu beleuchten.

Es darf nicht vergessen werden, daß dieser sich selbst gewisse Geist sich auf die Suche nach seiner Entsprechung bzw. seiner Vollendung in den verschiedenen Gestalten der Religion gemacht hat: „Der sich selbst wissende Geist ist in der Religion unmittelbar sein eignes reines *Selbstbewußtsein*." (PhG444) Die offenbare Religion hat diese Vollendungsmöglichkeit aufgezeigt. Nun stellt sich hier im absoluten Wissen eine Artikulation des Ineinanderseins beider dar. Dabei wird das Handeln betont, womit dem Eindruck der Abstraktion vorgebeugt ist. Das tätige geistige Selbst begegnet in dem absoluten Inhalt der Religion, in der Inkarnation, seinem intimsten Gegenstand. Dort vollzieht er die Rekognition der intimsten Affinität. Beide sind voneinander nicht zu trennen. In diesem Fall fällt die Verantwortung der Artikulation dem seiner selbst gewissen Geist zu. Es darf nicht der Eindruck entstehen, daß der absolute Inhalt im absoluten Wissen auf den sich selbst gewissen Geist reduziert wird. Es muß in Erinnerung behalten werden, daß wir *nicht* mehr auf der Ebene des seiner selbst gewissen Geistes sind. Das absolute Wissen darf nicht anachronistisch gedacht werden. Wir sind auf dem Niveau des absoluten Wissens, wo die Versöhnung des Bewußtseins und des Selbstbewußtseins integrativ artiku-

[13] Vgl. Scheier S.665: „Das absolute Wissen hat nicht mehr eine besondere Gestalt des erscheinenden zu entwickeln, sondern allein noch die Form des Vorstellens aufzuheben, die Sphäre des Bewußtseins überhaupt."

liert werden muß,[14] was nun möglich ist, gerade weil sich der absolute Inhalt und das geistige Selbst in einer solch tiefen, inneren Zugehörigkeit und Affinität zueinander befinden.

Nun wird die Versöhnung durch die vereinigende Entfaltungsperspektive des Begriffs vorgeführt. In der Gestalt des seiner selbst gewissen Geistes hat der Begriff sein ewiges Wesen aufgegeben und ist handelnd in das Dasein eingetreten. Das ist dem Begriff möglich, gerade weil er die Negativität ist. Ebenso hat er das Element seiner Wirklichkeit in ihm, an dem reinen Wissen. Das reine Wissen ist die einfache Unmittelbarkeit. Als eine solche ist sie ebenso *Sein* und *Dasein* als *Wesen*. (Vgl. PhG521) Der Begriff ist dann in seiner innerlichen Verbundenheit zum Dasein höchst geeignet, sich durch einen Gegensatz zu entfalten. „Dies sein Auftreten in diesem Gegenstand aber ist die Teilnahme daran." (PhG521) Der Gegensatz stellt sich als der Gegensatz zwischen Böse und Gut heraus. Seine Entzweiung gilt als das Böse, wenn sie vom Gesichtspunkt des Fürsichwerdens gesehen wird; vom Gesichtspunkt des Ansichs aber gilt sie als das Gutbleibende.

„Was nun zuerst *an sich* geschieht, ist zugleich *für das Bewußtsein*, und ebenso selbst gedoppelt, sowohl *für es* als sein *Fürsichsein* oder sein eignes Tun." (PhG521) Der Gegensatz ist als ein doppeltes Geschehen zu verstehen. Dieses Geschehen ist für sich und ebensowohl für das Bewußtsein. Die Begriffs- und Bewußtseinsaktivitäten stimmen überein. Keiner der beiden besteht auf einer einseitigen Bestimmtheit seines Tuns. Am Anfang hat der Begriff in seinem Entzweien auf seine Einseitigkeit Verzicht getan. Das Verzichttun ist nunmehr das des Bewußtseins – in seinem Verzichttun auf seinen Begriff. Das zeigt nun den Anfang in einem gedoppelten Licht auf. Es ist weder reiner Anfang noch eine Leistung oder ein Erzwingen des Bewußtseins. Vielmehr sind beide zugleich zu denken. Der Anfang setzt sich nun, wie er in Wahrheit ist. „Jenes *Ansich* des Anfangs ist als Negativität in Wahrheit ebensosehr das *vermittelte*, so wie es in Wahrheit ist, *setzt* es sich also itzt, und das *Negative* ist als *Bestimmtheit* eines jeden für das andere und an sich das sich selbst aufhebende." (PhG532) Das Negative ist auch doppelt zu lesen, einmal als die Bestimmtheit des Begriffs und des Bewußtseins für das andere *und* auch als an sich. Nun kann das Negative als das, was beide bestimmt, sich selbst umfassend aufheben. Hier haben wir kurz Hegels Behandlungsart vom Ursprung gefaßt. Der unmittelbare Anfang enthüllt seine Vermitteltheit auf dem Wege der Erfahrung. Das Bewußtsein deckt immer mehr den verborgenen Reichtum des Begriffes auf, der wiederum Voraussetzung, Impuls und Ziel des eigenen Wer-

[14] Vgl. zu der Vermittlung, die diese Verbundenheit mit dem Absoluten bedeutet, Bubner, „Strukturprobleme dialektischer Logik", in: Ders., Zur Sache der Dialektik, S.22: „Hegel hat jedoch gegen den Glauben, des Absoluten unmittelbar habhaft zu werden, seit seinen kristischen Frühschriften Stellung bezogen. Der begrifflosen und anschauungsseligen Versenkung ins Absolute à la Schelling hat er das Konzept einer Spekulation entgegengestellt, die das Absolute nur auszusprechen gestattet, indem sie die unzulänglichen Formen seiner Erfassung destruiert. Die Spekulation überwindet die Entzweiung der Reflexion und schafft der Vernunft durch Zerstörung der Formen des Verstandes erst Raum."

dens des Bewußtseins ist. Wenn man den Gegensatz als doppelt liest, ergibt sich folgendes: auf der einen Seite steht das In-sich-in-seiner-Einzelheit-Sein des Begriffs gegen die Allgemeinheit; auf der anderen Seite steht die abstrakte Allgemeinheit des Begriffs gegen das Selbst. Wir haben es hier dann mit einem zweifachen Ungleichgewicht des Personseins zu tun. Einmal steht abstrakte Individualität der Allgemeinheit gegenüber. Das andere Mal steht abstrakte Allgemeinheit dem konkreten Selbst gegenüber. Wenn der Gegensatz so bliebe, stünde ein isoliertes, von der Allgemeinheit zurückgezogenes Fürsichsein einem unlebendigen Selbst und seiner unbewegten Allgemeinheit gegenüber. Der Gegensatz ist aber durch die Bewegung des Handelns als ein lebendiger Gegensatz enthüllt worden. Jeder Seite stirbt ihrem Fürsichsein ab und entäußert sich; diese Seite entsagt ihrer abstrakten Allgemeinheit und stirbt damit ihrem unlebendigen Selbst und seiner unbewegten Allgemeinheit ab: „... so daß also jenes durch das Moment der Allgemeinheit, die Wesen ist, und dieses durch die Allgemeinheit, die selbst ist, sich ergänzt hat." (PhG522)
Das Wesen und das Selbst befinden sich in einem. Durch diese handelnde Bewegung ist der Natur des Geistes völlig entsprochen, und er tritt sonach hervor. Der Geist tritt hier auf als seine Allgemeinheit des Wissens, welches Selbstbewußtsein ist *und* als Selbstbewußtsein die einfache Einheit des Wissens ist.[15] Das Selbstbewußtsein enthüllt sich damit als reine Allgemeinheit *und* als einfache Einheit des Wissens. Entscheidend in diesem Hervortreten des Geistes ist die Vielfalt der Erfahrung, wodurch der sich selbst gewisse Geist seinen besonderen Inhalt in der offenbaren Religion entdeckt. Es artikulieren sich zugleich Bewußtsein und Begriff in dieser Bewegung, und schließlich wird dieser gedoppelte Gegensatz bis zu äußersten Extremen fortentwikkelt. Damit wird eine gegenseitige und ergänzende Selbstaufhebung beider erlangt.
Dadurch ist dem absoluten Inhalt der Religion seine angemessene Form gegeben. Der Rest von Anderssein, der nur scheinhaft war, ist damit verwandelt worden. Der absolute Inhalt und das Tun des Selbst sind zur intimsten erfahrungsgemäßen Einheit erfahrungsgemäß gekommen. Das entspräche auch der Grundtendenz des Begriffs selbst: „... denn dieser Begriff ist, wie wir sehen, das Wissen des Tuns des Selbst in sich als aller Wesenheit und alles Dasein, das Wissen von *diesem Subjekte* als *der Substanz*, und von der Substanz als diesem Wissen seines Tuns." (PhG522) Die Ursprungshaftigkeit des Begriffs zeigt sich in der vermittelnden Einheit der Wesenheit und des Daseins, der Substanz und des Subjekts auf dem handelnden Erfahrungsweg.
„Diese letzte Gestalt des Geistes, der Geist, der seinem vollständigen und wahren Inhalt zugleich die Form des Selbsts gibt, und dadurch seinen Begriff ebenso realisiert, als er in dieser Realisierung in seinem Begriffe bleibt, ist das absolute Wissen; es ist der sich in Geistgestalt wissende Geist oder das *begreifende Wissen*." (PhG523) In der Religion fehlte der Wahrheit des Inhalts die entsprechende Form der Gewißheit. Im absoluten Wissen ist die Wahrheit der

[15] Zum absoluten Geist vgl. Geraets S. 5.

Gewißheit gleich und hat ferner die *Gestalt* der Gewißheit seiner selbst. Das Spannungsverhältnis der Wahrheit und der Gewißheit, welches den Vermittlungsweg gesteuert hat, findet hier seine Vollendung. Weder in der Gestalt noch am Inhalt besteht nunmehr die Distanz zwischen Wahrheit und Gewißheit: Weil es das höchste Umfassen und die vermittelte Integration genießt, deswegen heißt es auch absolutes Wissen. Die neu artikulierte Einheit der Wahrheit und der Gewißheit bedeutet, daß das Wesen selbst oder der Begriff zur *Form der Gegenständlichkeit* für das Bewußtsein geworden ist. Dies ist vor allem als eine Bewegung zu verstehen. Es ist kein abstrakter Sprung, sondern allein durch eine lange und schwierige Entfaltung und Thematisierung hervorgebracht. Nun kann das Wesen selbst, ohne sich reduzieren zu müssen, für das Bewußtsein in einer angemessenen Form der Gegenständlichkeit anwesend sein. Beide Seiten entsprechen einander nun, so daß es keinen Unterschied mehr zwischen der Erscheinung des Geistes im Bewußtsein und dem Hervorbringen des Geistes selbst gibt. So nennt Hegel das Erscheinen oder Hervorbringen des Geistes im Bewußtsein Wissenschaft. (Vgl. PhG523)[16]
Dieses Wissen erweist sich nach seinen Momenten und seiner Bewegung als die Versöhnung des Selbstbewußtseins und des Bewußtseins. Darin befinden sich das reine Fürsichsein und das Anderssein in intimer Einheit. Dieses Wissen ist das reine Fürsichsein des Selbstbewußtseins; es ist Ich. Es ist *dieses* Ich, das ebenso unmittelbar *vermittelt* oder aufgehobenes *allgemeines* Ich ist. (Vgl. PhG523) Individualität und Allgemeinheit sind in einem, aber nicht nach einer abstrakten Art, weil dieses Wissen auch einen Inhalt hat. Weil es seinen Inhalt von sich unterscheiden kann, ist es *Bewußtsein* (PhG523), welches reine Negativität oder das sich Entzweien ist. Dieser Inhalt ist nichts anders als das Ich selbst. Auch in seinem sich Unterscheiden bleibt der Inhalt immer noch Ich. Das darf er, weil er selbst die Bewegung des sich selbst Aufhebens ist: „Ich ist in ihm als unterschiedenes in sich reflektiert, der Inhalt ist allein dadurch *begriffen*, daß Ich in seinem Anderssein bei sich selbst ist.“ (PhG523)
Wichtig ist hier zu beachten, daß dies kein bloß dialogisches Moment ist. Es ist keine momenthafte Begegnung. Vielmehr ist es eine Bewegung, die ganz konkret und *inhaltlich* die innere Differenziertheit des Ich, sein Anderssein und seine sich entfaltenden Beziehungen zusammen vollzieht und ausdrückt. Der Inhalt der Erfahrung ist die geistige Bewegung oder die Bewegung des Geistes.
Bevor der Geist zu diesem Bewußtsein über sich gekommen ist, tritt die Wissenschaft noch nicht in der Zeit auf. Der Geist will seinem Bewußtsein die Gestalt seines Wesens verschaffen. Somit gleicht er sein *Selbstbewußtsein* mit seinem *Bewußtsein* aus. (Vgl. PhG524) Als an und für sich seiend ist der Geist das Begreifen überhaupt. Im Vergleich damit ist die *Substanz* aber nicht auf diesem Niveau des absoluten Wissens angelangt. Der Auftritt der Wissenschaft

[16] Vgl. Scheier S. 680: „Die Wissenschaft, die gesammelte Gestalt des Wissens, ist, als die absolute Einheit des Begriffs und der Realität, erst da oder hat ihr äußeres Dasein „in der Zeit und Wirklichkeit“ – das sie doch zugleich in sich aufgehoben oder begriffen hat ...“

in der Zeit muß diese Vollendung abwarten. Hier ist eine entscheidende Stelle, wo die PhG an ihre eigene historische Zeit anzuknüpfen versucht.
Wir haben von vornherein darauf aufmerksam machen wollen, daß die PhG eine doppelte Bewegung enthält, worin Substanz zum Subjekt und Subjekt zur Substanz wird. Die Entfaltung des Bewußtseins in den Gestalten war nie als eine bloß lineare Darstellung zu verstehen. Die Entfaltung zeigt eine vermittelnde Kontinuität auf, wodurch eine Selbstthematisierung immer möglich gewesen ist. Hier im absoluten Wissen kann die doppelte Perspektive dieser ganzen Bewegung explizit dargestellt werden.[17]
Nun wird auf die Art der Präsenz der Substanz im Bewußtsein, das heißt als Ansich eingegangen. Die wissende Substanz ist das noch unentwickelte Ansich. Sie ist der Grund in seiner noch unbewegten Einfachheit. Sie ist die *Innerlichkeit* oder das Selbst des Geistes, das noch nicht in Erscheinung getreten ist. Der Geist ist noch nicht *da*. Das meint aber nicht, daß alles deswegen leer ist. Nein. Ein einfaches und unmittelbares Dasein besteht, gilt aber als Gegenstand des vorstellenden Bewußtseins.[18] Die Tiefe und Reichweite des Erkennens läßt sich daran zeigen, daß Hegel es hier als geistiges Bewußtsein bezeichnet. Erkennen als geistiges Bewußtsein ist ein selbsthaftes Wissen, welches zugleich auf die Auslegung der Selbsthaftigkeit der Verschiedenheit gerichtet ist: „... dem, was *an sich* ist, nur insofern ist, als es *Sein für* das *Selbst*, und Sein des *Selbsts* oder Begriff ist.“ (PhG524)
Diese Substanz gilt dennoch als sehr arm und kann dem Erkennen noch keinen Gegenstand bieten, der ihm entsprechen würde. Daß die Substanz diese geistige Ebene noch nicht erreicht hat, bedeutet nicht, daß die Substanz völlig unerkannt bleiben muß. Sie hat ja einen Reichtum und zugleich ein Bewußtsein davon. Die Substanz hat in diesem Bewußtsein eine „Offenbarkeit“. Dieses Wort heben wir deswegen hervor, weil es auf die Neigung der Substanz, sich zu enthüllen, hinweist. Verborgen ist die Substanz, weil sie durch die Linse dieses Bewußtseins noch für *selbstloses* Sein gehalten wird. (Vgl. PhG524) Das geistige Erkennen hat noch keinen Zugang zu ihr. Ironischerweise ist es gerade die Abstraktheit dieses ersten Moments, die die Selbstbewegung der Substanz zum Erkanntwerden vom Selbstbewußtsein fortbewegt. Diese Momente treiben als reine Bewegungen sich selbst spontan immer weiter fort. Dadurch bereichert sich das Selbstbewußtsein. Es absorbiert aus dem Bewußtsein die ganze Struktur der Wesenheiten der Substanz. Vom Selbstbewußtsein aus betrachtet, ist diese zunächst anscheinend negative Absorbierung ebenso positiv, weil sie zugleich ein Setzen der Wesenheiten ist. In diesem Setzen hat das

[17] Vgl. Simon 1966, S. 160: Die Darstellung dieser doppelten Perspektive besagt hier nun, daß „die Voraussetzung des Hegelschen Systems die absolute Voraussetzungslosigkeit“ ist.
[18] Die Erfahrungstreue der PhG darf beim absoluten Wissen nicht auf das rein Logische reduziert werden; vgl. dazu Röd S.172: „Nicht die Dialektik als Logik ist ursprünglich, sondern die erfahrungstheoretische Dialektik, die als Modell jeder anderen Art von Dialektik aufzufasssen ist. Die ihr eigentümlichen Begriffe der Totalität und des Moments, der Macht des Negativen und der Aufhebung liegen auch der Dialektik als Logik zugrunde, die mit dem reinen Wissen beginnt, das am Ende des Weges der Phänomenologie als Resultat steht.“

Selbstbewußtsein dem Bewußtsein auch etwas gegeben, indem es die Wesenheiten aus sich erzeugt und für das Bewußtsein wiederhergestellt hat. Das spricht sehr für die Flexibilität und Identität der Substanz und des Selbstbewußtseins. Beide können aus sich herausreichen, ineinander eintreten, ohne sich dabei verlieren zu müssen. Das Werden des Ganzen ist die Bewegung dieser Momente, und sie treten früher als das erfüllte Ganze selbst auf. (Vgl. PhG524)

„In dem Bewußtsein dagegen ist das Ganze, aber unbegriffne, früher als die Momente." (PhG524) Das Bewußtsein entfaltet und thematisiert sich gestalthaft, deswegen kann es das Ganze erst am Ende begreifen. Die Ansammlung seiner Momente zeigt, daß das Ganze in der Tat früher als *seine* Momente ist. Hier handelt es sich um die dreifache Beziehung zwischen Geist, Zeit und Begriff. Die Zeit wird hier weder als eine subjektivistische Haltung noch als ein leeres Kontinuum oder Medium betrachtet. Vielmehr wird Zeit als der Prozeß charakterisiert, wodurch der Geist zur Erfassung seines reinen Begriffs kommt. Zeit gehört dann zum inneren Prozeß des Geistes selbst. Die Zeit wird sogar als das Da-Sein des Begriffs, nämlich als die Art, nach der der Begriff sich dem Bewußtsein vorstellt, geschildert. Wichtig zu beachten ist, daß der Ausgangspunkt der Begriff ist. Die Zeit ist dann keine Erzeugung des Bewußtseins selbst. Vielmehr wird sie sich dem Bewußtsein zunächst als leere Anschauung anbieten. „Die *Zeit* ist der *Begriff* selbst, der *da ist*, und als leere Anschauung sich dem Bewußtsein vorstellt." (PhG524) Die Gleichsetzung von Zeit und Begriff als Anschauung entspricht hier der früheren Beziehung der Substanz als selbstlos. In beiden Fällen handelt es sich um die anfängliche Unmittelbarkeit, nach der der Geist sich dem Bewußtsein zunächst vorstellt.

Die Zeit gehört zum Vollendungsprozeß des Geistes, „deswegen erscheint der Geist notwendig in der Zeit ..." (PhG524) Sie entspricht dann der Allmählichkeit der geistigen Vollendung, die sich in und durch das Bewußtsein ereignet. Gleichzeitig ist zu betonen, daß die Zeit hier engstens mit der Anschauung verbunden ist. Warum? Der Grund ist, daß es sich in der Zeit um die Selbstentfaltung und Selbstansammlung des Geistes handelt. Darin erfaßt der Geist, und zwar allmählich durch die Gestalten des Bewußtseins, seinen reinen Begriff. Einfacher gesagt: Es geht darum, dem Geiste das Erfassen seiner Selbsthaftigkeit im Anderssein zu ermöglichen. Deswegen überrascht es nicht, wenn der Zeit auch eine Selbsthaftigkeit zugesprochen wird: „Sie ist das *äußere* angeschaute vom Selbst *nicht erfaßte* reine Selbst, der nur angeschaute Begriff; indem dieser sich selbst erfaßt, hebt er seine Zeitform auf, begreift das Anschauen, und ist begriffnes und begreifendes Anschauen." (PhG525) Hochinteressant ist hier, daß Begreifen und Anschauung einander nicht widersprechen. Anschauung verweist auf Selbsthaftigkeit und Unmittelbarkeit; weil die Selbsthaftigkeit des Geistes zusammen mit dem Anderssein zu denken ist, d.h. begreifend ist, gehören beide zusammen. Die Unmittelbarkeit, die die Anschauung impliziert, geht im vermittelnden Begreifen deswegen nicht verloren.

Im Prozeß ihrer Entfaltung und Thematisierung erscheint die Zeit als das Schicksal und die Notwendigkeit des Geistes. Zeit bereichert den Anteil, welchen das Selbstbewußtsein am Bewußtsein hat. Weil die Substanz als das Ansich im Bewußtsein latent ist, ist die Zeit notwendig, um sie in Bewegung zu setzen. „Die Zeit erscheint daher als das Schicksal, die Notwendigkeit, den Anteil, den das Selbstbewußtsein an dem Bewußtsein hat, zu bereichern, die *Unmittelbarkeit des Ansich* – die Form, in der die Substanz im Bewußtsein ist, – in Bewegung zu setzen oder umgekehrt das Ansich als das *Innerliche* genommen, … zu realisieren und zu offenbaren." (PhG525) Ohne die Zeit könnte der Geist nicht in Erscheinung treten. Das Geheimnis der Hegelschen Vermittlung findet ihre Wurzel schließlich in der Gleichzeitigkeit von Zeit und Ewigkeit, und zwar als Bewegung.

Weil Zeit zum Innersten des geistigen Prozesses des Sichentfaltens, Sichthematisierens und Sichansammelns gehört, begründet sie damit notwendigerweise die Kontinuität seiner Erfahrung, seine Memoria. Weil Zeit nach dieser Weise zum Geiste gehört, ist sie ausdrucksfähig und bleibt in Kontinuität mit sich. Die Zeit fällt nicht zerstreut auseinander, so daß die ganzen Erfahrungsphasen oder Gestalten für immer verloren gehen. Bei der Betrachtung der Notwendigkeit der Zeit stellt Hegel die Zentralität der Erfahrung darin heraus. „Es muß aus diesem Grunde gesagt werden, daß nichts *gewußt* wird, was nicht in der *Erfahrung* ist … Denn die Erfahrung ist eben dies, daß der Inhalt – und er ist der Geist – an sich, Substanz und also *Gegenstand* des *Bewußtseins* ist." (PhG525)

Es ist unmöglich, von Geist zu reden, ohne Erfahrung mit einzubeziehen. Die Erfahrung *ist an sich*, nämlich die Entfaltung und die Thematisierung der Substanz. Erfahrung erweist sich dann als keineswegs zufällig. Sie ist auf Geist und Bewußtsein hin entfaltungs- und thematisierungsfähig. Diese Erfahrungsubstanz ist der Prozeß, wodurch der Geist zu dem wird, was er an sich ist. Erfahrung fordert und ermöglicht das Erkennen. Sie ist „die *Verwandlung* jenes *Ansichs* in das *Fürsich*, der *Substanz* in das *Subjekt*,[19] des Gegenstandes des *Bewußtseins* in Gegenstand des *Selbstbewußtseins*, … in den *Begriff*." (PhG525) Nur durch Erfahrung ist diese *Verwandlung* zu vollziehen. Erfahrung ist dann die *Verwandlung*, die alle Phasen und Gestalten fortführt bis zu dieser differenzierten und endgültigen Versöhnung hin.

Wir haben während dieser Arbeit auf die Grundaffinität zwischen dem Bewußtsein und der Verschiedenheit aufmerksam gemacht. Dies läßt den Erfahrungsweg als einen Weg der dauernden *Verwandlung* verstehen. Und gerade hier kommt Hegel selbst wörtlich darauf zu sprechen. *Verwandlung* besagt, daß Zeit gütig und Erfahrung kreativ ist. Die Erfahrung in der Zeit bietet eine

[19] Unsere Arbeit versteht sich als die Thematisierung des Personbegriffs in der PhG. Nur der Personbegriff als Vermittlung hat eine zureichende Tiefe, um die innere und wechselwirkende Verwandlung von Subjekt und Substanz zur Sprache zu bringen. Dies wird auch von Dieter Henrich, „Hegels Logik der Reflexion", in: Ders., Hegel im Kontext, S.96–97 ausdrücklich anerkannt: „Substanz ist Suisuffizienz im Dasein, – aber bestimmte … Darum impliziert die Gleichung, die Substanz durch Subjektivität definiert, auch das Postulat, daß der Subjektbegriff über den formaler Selbstbeziehung hinaus entwickelt werde."

Tiefe und Breite des Werdens bzw. eine Intensität der Vermittlung. Dieses Grundvertrauen auf Erfahrung läßt es zu, daß Erfahrungskonstellationen sich ereignen, ohne mit festen Rahmen oder verstandesmäßigen Grenzen arbeiten zu müssen. Die Verwandlung enthüllt eine Erfahrungstreue, wodurch die Erfahrung weder in Verdinglichung noch in hypostasierte fremde identitätslose Metamorphosen zusammenbrechen muß. Verwandlung schließt sowohl die einfache Identität als auch das identitätslose Fremde aus. Dies ist im absoluten Wissen besonders ausgeprägt, weil die intensive und extensive Integration und Ansammlung von Erfahrungen dem Personsein eine konkrete Freiheit verleiht,[20] und zwar eine inhaltvolle Freiheit, die ihm durch keine Fremdbestimmung oder entfremdende Bestimmung mehr zu nehmen ist.[21]
Diese Kraft der Erfahrungsintegration ist vor allem in der Aktivität der Memoria zu sehen. „Dies Werden stellt eine träge Bewegung und Aufeinanderfolge von Geistern dar, eine Galerie von Bildern, deren jedes, mit dem vollständigen Reichtume des Geistes ausgestattet ..." ist. (PhG530) Die Tätigkeit des Personwerdens und der Geschichte als Vermittlung dieser Gestalten der geistigen Substanz geschieht nur allmählich. Wenn eine Gestalt vermittelt, geht diese Vermittlung nicht verloren: „Aber die *Er-Innerung* hat sie aufbewahrt und ist das Innre und die in der Tat höhere Form der Substanz." (PhG530) Erinnerung ist das Wort, welches Hegel hier verwendet, sie entspricht aber genau der Kontinuität und der Integration, die wir unter Memoria verstehen. Durch diese Aufgabe der Vermittlung kommt sowohl die Person als auch der Geist zu sich selbst.

13.2 Das absolute Wissen: Die Freisetzung und Integration von Grundmöglichkeiten des christologischen Wissens?

Ist das absolute Wissen der Erzfeind des Glaubens? Die theologische Rezeption Hegels hat sich mit dieser Frage sehr schwer getan. Beansprucht das absolute Wissen nicht die unendliche Sicht Gottes für sich, und erhebt es sich damit nicht über die mühsame Kontingenz und Endlichkeit des Glaubens? Unsere Interpretation der PhG hat gezeigt, daß die Mühsal der Selbstentfaltung und Selbstthematisierung des Personseins alles andere ist als ein plötzlicher Sprung ins Unendliche. Eine sorgfältige Lesung der PhG ergibt, daß das absolute Wissen eine Gesamtgestalt ist, in der alle bisherigen Werdegestalten versammelt und vollendet sind. Es ist wichtig, sich vor Augen zu halten, daß das absolute Wissen aus der Gestalt der geoffenbarten Religion entstanden ist; es steht also in innerer dialektischer Kontinuität zu ihr.

[20] Zu Freiheit bei Hegel gerade im Sinne des geistigen Werdens vgl. Lucas S. 120–121.

[21] Für die Idee, daß Freiheit nicht rein subjektiv bzw. „privat", sondern immer als Vermittlungsvollzug zwischen der Individualität und der Allgemeinheit zu bestimmen ist, vgl. Peter Hünermann, „Erlöste Freiheit" 1989, S.194–196.

Wir möchten klarstellen, daß christologisch gesehen die Inkarnation im absoluten Wissen nicht reduziert wird. Die Einmaligkeit und Allgemeinheit der Inkarnation wird nicht in eine abstrakte Wissensform aufgelöst. Eher im Gegenteil: Die Inkarnation als Personsein und das Personsein überhaupt ermöglichen in ihrer spekulativ sich entfaltenden und sich thematisierenden Gleichzeitigkeit eine ganze neue Gesamtgestalt als Vollendung des Personwerdens. Absolut ist diese Gesamtgestalt als Vollendung genau dadurch, daß sie alle bisherigen Gestalten in sich ansammelt und integriert. Hier kommt die verwobene Vermittlung aller Gestalten in sich und ineinander ans Licht. Das absolute Wissen ist also weder die äußerliche Summe noch die Wiederholung der gewesenen Gestalten. Vielmehr ist das absolute Wissen eine ganz *neu entstandene Wissensform*. Dabei ist es von entscheidender Bedeutung, daß sie in einer inneren Kontinuität mit allen bisherigen Gestalten des Personseins steht. Ohne die Anstrengungen und die Selbstentfaltung jeder einzelnen Gestalt hätte kein absolutes Wissen entstehen können. Ferner besteht die Absolutheit dieser neuen Form nicht in der Tyrannei einer absolut gesetzten Einzelbehauptung. Die Subjekt-Objekt-Spaltung ist auf dieser Integrationsebene nicht mehr wirksam. Die Kluft zwischen Gewißheit und Wahrheit ist geschlossen. Es wird außerdem hier nichts behauptet, was sich nicht durch seinen Weg und seine Entwicklung in und durch die Anstrengung der Gestalten legitimiert hätte. Die Absolutheit ist in diesem Sinne konkret und inhaltsbezogen.

Das absolute Wissen ist also der Versuch, die Entfaltung und Thematisierung der inneren Einheit des Personwerdens und der Inkarnation als Personsein darzustellen. Sonach ist es die konkrete Darstellung des Absolutheitsanspruchs der Inkarnation selbst. Wir erinnern daran, daß die angemessene Entfaltung und Thematisierung dieser Einheit als geistige Präsenz in der Religion nicht möglich war, und zwar wegen der Äußerlichkeit der Vorstellung. Glaube im Bereich des absoluten Wissens soll an keiner Äußerlichkeit mehr leiden. In der integrierten Verschiedenheit des absoluten Wissens soll der Glaube zu sich gefunden haben. Der Kernpunkt unserer Interpretation des Personwerdens als Vermittlung bezieht sich auf die Grundaffinität zwischen Person und Verschiedenheit. Die Artikulation dieser Grundaffinität in allen Bereichen der Erfahrung kennzeichnet der Werdeweg des Personseins. Der Grund dieser Grundaffinität ist die Einsicht in den Ursprung, den selbsthaften Ursprung als Quelle aller Verschiedenheit. Das absolute Wissen ist also Wissen vom Ursprung, der auf dem Werdeweg des Personseins immer mehr in Erscheinung getreten ist, bis zur Inkarnationsgestalt in der geoffenbarten Religion. Wie verhält sich dann der Glaube zum Ursprung?

Der Glaube ist selbst ursprüngliches Wissen bzw. Wissen vom Ursprung. Glaube kann aber kein reines Wissen vom Urspung sein, und zwar zunächst deswegen, weil es zur Natur des Ursprungs gehört, sich dem direkten Wissenszugriff zu entziehen. Zweitens ist Glaube indirektes Wissen vom Ursprung, weil auch Glaube endliches Wissen ist und zur Schwerkraft der Endlichkeit gehört. Mit dem Auftreten und der Offenbarung des Ursprungs in der Zeit ereignet sich eine Art Strahlenbrechung.[22] Eine reine und unmittelbar absolute Erscheinung des Ursprungs in der Zeit ist nicht möglich. Der Ursprung kann nur gestalthaft auftreten, weil alles Sein in der Zeit nur in der Gestalt des Werdens erscheinen kann. Deswegen ist die Inkarnation keine absolute Epiphanie. Die Inkarnation ist eine Person, ein Mensch, der auf seinem Werdeweg das Wesen des Ursprungs in seinem differenzierten Rhythmus darstellt.

Wenn das thematisierende, affinitätsaktivierende Wissen bzw. der Glaube sich auf die Inkarnation richtet, kann er nicht so tun, als ob er auf eine absolute Epiphanie gerichtet wäre. Eine solche Wissensart bliebe von vornherein dem Rhythmus der Inkarnation selbst äußerlich. Das Wissen hat sich infolgedessen nach der Gestalthaftigkeit der Inkarnation zu richten. Die Gefahr dabei ist natürlich, daß der Glaube der Schwerkraft seiner eigenen Endlichkeit verfallen bleibt und daher versucht, das Wesen der Inkarnation aus der Zusammenstellung der fragmentierten Gestalten oder Phasen des Lebens Jesu Christi zu erreichen. Die Phasen dieser einmaligen Inkarnationsgestalt können nicht durch die Bruchstückhaftigkeit der fragmentierten Chronologie rekonstruiert werden. Ein erster Schritt ist damit möglicherweise getan, aber der Sinn des Seins bzw. des Personseins Jesu Christi gewinnt seine eigentliche Bedeutung erst, wenn die Gestalten seines Lebens als Entfaltung und Thematisierung *dieser* einmaligen Inkarnationsgestalt von innen her gesehen werden, und zwar von Jesus selbst dargestellt. Jesus *ist* seine eigene Darstellung[23].

Der Glaube an die Inkarnation ist eine besondere Wissensart, die sich vom Werderhythmus der Inkarnation selbst bestimmen lassen muß. Der Glaube ist dann eine Wissensart sui generis; er ist ein ursprüngliches Wissen oder ein Wissen als Artikulation des Ursprungs. Der Glaube genießt also eine besondere Eigenständigkeit. Er hat eine lebendige Person, einen Mensch-Gott zum eigensten Impuls und Gegenstand. Glaube ist dann im intensivsten Sinne persönliches Wissen. Es ist nicht Wissen um, sondern Wissen *von* – intimes Wissen – von einem einmaligen Individuum, einem Gottmenschen. Weil Glaube an die Inkarnation Wissen vom persönlichen Ursprung ist, ist es ein Wissen, das die wissende Person im Innersten betrifft. Wissen von der Inkarnation als Personsein erleuchtet das menschliche Personsein, und zwar bis auf seine tiefste Wurzel, sein tiefstes Wesen hin. Diese Art von Glauben ist demgemäß weder in einem Satz noch in einem System festzulegen. Der Glaube an die Inkarnation, wenn er dem Werderhythmus der Inkarnation treu bleibt und kritisch gerecht werden will, muß diese dynamische Gestalthaftigkeit verkörpern bzw. inkarnieren. Wie ist dieser Anspruch weiter zu bestimmen und zu begründen?

[22] Die Inkarnation verändert die Zeit grundsätzlich. Sie enthüllt die Nostalgie der empirisch gedachten Zeit, ihre sich verschließende Immanenz aufrechtzuerhalten. Somit kann die Inkarnation als die Wunde in der empirisch gedachten Zeit gesehen werden, die aber gleichzeitig die absolute Heilung und sich vollendende Aufhebung aller Zeit ist.

[23] Hier liegt eine ganz neue Möglichkeit, die Geschichte der Christologie zu gestalten, und zwar nach den Gestalten des Bewußtseins in der PhG. Diese Gestalten als ursprüngliche Gestalten des Denkens eröffnen einen neuen Einblick in die Gestalten des christologischen Denkens.

Zunächst ist klar, daß eine reine transzendentale Wissensart, die sich mit den möglichen Bedingungen der Inkarnation befaßt, der Inkarnation als konkretem Ereignis oder Vollzug nicht gerecht werden kann. Glaube an die Inkarnation, der eine thematisierende, affinitatserschließende Wissensart sein muß, kann nicht anders als dialektisch sein. Wie unsere Arbeit zu zeigen versucht, ist Dialektik kein Begriffsapparat, der von außen her an einen Inhalt herangetragen werden kann. Dialektik ist auch nicht ein Umgang mit dem Inhalt, der immer wieder die triadische Struktur Thesis-Antithesis-Synthesis liefert. Vielmehr artikuliert die Dialektik inhaltlich und innerlich den ontologischen Rhythmus der werdenden Wirklichkeit. Die Dialektik ergibt sich, und zwar vor allem dann, wenn der Versuch unternommen wird, die Wirklichkeit im Sinne einer geistigen Phänomenologie zu artikulieren.

Das Personsein des Menschen-Gottes Jesu Christi ist nicht statisch, sondern die lebendige, sich entfaltende und sich thematisierende Einheit von Gottsein und Menschsein. Diese zwei Realitäten bestehen weder nebeneinander noch übereinander, sondern durch- und ineinander. Das Personsein Jesu Christi vollzieht sich im dialektischen Rhythmus seines Menschseins und seines Gottseins. Es wäre falsch zu vermuten, daß sein Personsein sein Gleichgewicht verlieren könnte, so daß er zu einem Zeitpunkt reiner Gott und zu einem anderen Zeitpunkt bloßer Mensch wäre. Das Gleichgewicht bzw. der dialektische Rhythmus seines Personseins hält sich in jeder Gestalt seines Lebens durch. Christologisches Wissen, wenn es Wissen von seiner Person sein möchte, kann nichts anders als dialektisches Wissen sein. Nur ein solch dialektisches Wissen gibt die lebendige, straffe Einheit seines Personseins wieder.

Wie verträgt sich christologisches Wissen als dialektisches Wissen damit, daß Christologie auch ein ursprüngliches Wissen oder Wissen vom Ursprung ist? Diese Frage soll die Beziehung zwischen Dialektik und Ursprung klären. Wir haben sie im Keim schon angesprochen, und zwar hinsichtlich des Unterschieds zwischen Anfangs- und Ursprungsfragen. Der Anfang ist nicht der Ursprung. Der Ursprung ist gegeben; er wird nicht gesetzt. Im Gegensatz dazu ist der Anfang nicht gegeben. Er wird gesetzt. Der Ursprung entzieht sich dem direkten Zugriff. Wir haben angedeutet, daß diese Spannung zwischen Anfangsfragen und Ursprungsfragen die Struktur der PhG kennzeichnet. Die PhG macht keinen reinen Anfang, vielmehr hebt sie die Spannung zwischen Anfang und Ende auf, indem sie sich als Einstieg in einen sich bereits vollziehenden Bewußtseinsablauf darstellt. Der Fortlauf dieser Bewußtseingestalten in ihrem dialektischen Rhythmus eröffnet einen immer tieferen Einblick in den Ursprung. Der Anfang der PhG ist eine bewußte, aber indirekte Rückbindung an einen noch nicht in Erscheinung getretenen Ursprung. In ähnlicher Weise ist das Ende der PhG eine ebenso bewußte „Vorausbindung“ an eine noch nicht eingetretenen Vollendung. Die Wissensart der PhG als ursprüngliches Wissen bzw. implizit christologisches Wissen muß auf eine solche Gesamtgestalt wie das absolute Wissen hinauslaufen. Auf der anderen Seite muß gesagt werden, daß ursprüngliches Wissen nur in bezug auf das absolute Wissen möglich ist, und zwar deswegen, weil die Erkenntnis, daß der Ursprung doch in

Erscheinung getreten war, nicht zu gewinnen wäre, wenn sich die Absolutheit der Vollendung als einer sich bereits vollziehenden Realität nicht offenbarte.
Wenn die PhG einen reinen Anfang machen würde und ein festes Ende hätte, liefe ihre Dialektik Gefahr, entweder in die gezwungene Äußerlichkeit eines Begriffsapparats oder in die Starrheit einer triadischen Struktur zu geraten. Dies tut sie aber nicht, und zwar weil die Dialektik in der Werdespannung zwischen Ursprung und Vollendung wurzelt und von dort her immer neu angestoßen und rhythmisiert wird. Die Dialektik steht also im Dienste der Werdegestalten zwischen Ursprung und Vollendung: sie ist weder ihre eigene Quelle noch setzt sie ihr eigenes Ziel. Damit enthält die Dialektik eine doppelte Offenheit; sie ist gleichzeitig auf Ursprung und auf Vollendung hin offen.
Christologisches Wissen ist dialektisches Wissen vom konkreten Selbstvollzug des dialektischen Personseins Jesu Christi. Christologisches Wissen muß sich immer von der Gesamtgestalt seines Personseins bestimmen lassen. Dies schließt die Einseitigkeit der Alternativen einer Christologie von oben oder von unten aus. Die Entscheidung der Priorität des Anfangs, sei es von oben oder von unten, bestimmt die jeweilige Christologie völlig. Die Voraussetzung einer solchen Prioritätsentscheidung ergibt sich aus der allgemeinen Vorentscheidung für Transzendenz oder für Immanenz bzw. Geschichte. Wenn sich aber die Christologie von der Gesamtgestalt des Personseins Jesu Christi bestimmen läßt, steht das konkrete Ereignis seines Personseins im Vordergrund. Es wird damit im voraus verhindert, daß die Inkarnation entweder als Instanz der höchsten Tranzendierensfähigkeit des menschlichen Geistes oder als Selbstkonkretisierung der Transzendenz Gottes oder als der Zusammenschluß beider verstanden wird. Diese Alternativen verfehlen die Einmaligkeit der Inkarnation, indem sie ihre Einzigartigkeit in einen bereits bestehenden Systementwurf einholen.
Die Inkarnation relativiert jeden Anfang und jedes System. Sie beansprucht eine eigene Metaphysik, die die Konkretheit des Lebens eines Individuums – Jesus von Nazaret – in seinem Vollzug bzw. in seiner Selbstentfaltung und Selbstthematisierung als das sich inkarnierende Leben der zweiten trinitarischen Person darzustellen vermag. Dies wäre die Darstellung eines Lebens, das in seinem Vollzug zwischen seinem irdischen Anfang und seinem irdischen Ende die Werdespannung zwischen dem absoluten Ursprung und der endgültigen Vollendung darstellt. Der Anfang des Lebens Jesu erwies sich als kein reiner Anfang; vielmehr war er auf seine Präexistenz hin geöffnet und ist somit als einmalige Offenbarung und Inkarnation des Ursprungs zu denken. Das Ende seines Lebens war kein reines Ende, sondern erwies sich als offen auf die eschatologische und trinitarische Vollendung der ganzen Wirklichkeit hin; diese Vollendung führt sein Leben ein. In bezug auf christologische Methoden gesehen, ist die Inkarnation die Quelle, die sich als Horizont erweist, und gerade als Horizont erweist sie sich immer wieder als neue Quelle.
Entscheidend in bezug auf die Christologie als eine Wissensart ist, daß die absolute Individualität des Lebens Jesu von Nazaret den Ursprung und die Vollendung der ganzen Allgemeinheit darstellt. Die Grundspannung der Christolo-

gie ist, daß diese ganze Bewegung sich im und als Personsein vollzieht. Weil aber Personsein gerade die Vermittlung der Individualität und der Allgemeinheit ist, kann eine Christologie, die mit diesem Begriff arbeitet, den entsprechenden dialektischen Rhythmus der Inkarnation verkörpern und wiedergeben.
Christologie beansprucht Absolutheit des Wissens. Zunächst ist anzuerkennen, daß in der gestalthaften Verschiedenheit die Inkarnation den einmaligen Status einer absoluten Gestalt hat, die auf nie zuvor erfahrene Weise ein Leben im Vollzug zwischen seinem Anfang und Ende mit dem Ursprung und der Vollendung aller Wirklichkeit als innerlich verbunden erschließt; sowohl die Distanz vom Anfang zurück zum Ursprung als auch die vom Ende in Richtung der Vollendung sind von der Entfremdung der Anonymität befreit.
Zweitens, die Absolutheit des christologischen Wissens ist nicht die plötzliche Absolutheit einer erfundenen und überheblichen Theorie, die subjektivistisch konstituiert ist und dann nachträglich ideologisch und äußerlich auf die Wirklichkeit herangetragen werden muß. Christologie ist im eigentlichen Sinne keine Theorie. Christologie ist vielmehr die Artikulation eines einmaligen Ereignisses, das selbst die absolute Verbundenheit aller Verschiedenheit und Differenz darstellt. Das Ereignis der Inkarntion hebt damit alle Arten vom Dualismus auf. Nicht mehr muß Subjekt gegen Objekt, das Selbst gegen das Andere, Innerlichkeit gegen Äußerlichkeit, Gewesenes gegen Zukünftiges, Tod gegen Leben gesetzt werden. Die Inkarnation offenbart die intime Einheit aller Differenz, sie öffnet uns für die Gnade der Rekognition und sie ermöglicht es uns, die Grundaffinität aller Verschiedenheit, ganz gleich wie sehr sie in die Entfremdung der Positivität und der Entgegensetzung geraten sei, in Erfahrung zu bringen. Christologisches Wissen hat also die allmähliche Absolutheit der Rekognition, durch die die Grundaffinität aller Erfahrungsdimensionen nach und nach in Erscheinung treten kann. Keine Erfahrungsdimension ist ausgeschlossen. Dies ist der Weg des Personwerdens als Vermittlung, der im absoluten Wissen als der Vollendung und Integration aller Lebensgestalten seinen Höhepunkt erreicht. Daß diese Absolutheit immer allmählich und umfassend am Werke ist, zeigt die untrennbare Einheit vom „Begriff“ und Erfahrung in der PhG. Hegels absolutes Wissen besagt, daß Philosophie nicht mehr so tun kann, als sei die Inkarnation nicht geschehen. Philosophie ist in ihrer tiefsten Bestimmung vom Rhythmus der Inkarnation bestimmt. Philosophie ist demnach weder prä-inkarnatorisches noch post-inkarnatorisches Wissen von der Wirklichkeit, sonder mit-inkarnatorisches Wissen.
Drittens, die Absolutheit des christologischen Wissens bedeutet keineswegs eine Abgeschlossenheit des Wissens, in der die Entfaltung und das Zu-Ende-Führen eines gewissen Systementwurfs als überzeitlich, allumfassend und allgemein gültig postuliert wird. Hegel selbst bindet die Absolutheit des absoluten Wissens fest an den Fortgang der Geschichte und der Offenheit zur Geschichte und ihren Möglichkeiten. Die Absolutheit des christologischen Wissens will das bereits Erschienene nicht hypostasieren, sondern vielmehr das Neue und Unerwartete zur Gestaltung bringen; dies gründet vor allem in der absoluten selbsthaften Kreativität des Ursprungs, aus dem alle Verschieden-

heit entsprungen ist. Die Ur-Sehnsucht der Kreativität hat ihre Wurzel in diesem leidenschaftlichen Ursprung. Die Absolutheit des christologischen Wissens erweist sich demnach als eine Absolutheit der Kreativität.
Vollendung ist also keineswegs das ideologische Abbrechen des Werdens, um das bisher Erreichte als allgemein gültig zu hypostasieren, sondern Vollendung ist die Intensivierung und Ausdehnung der Kreativität, und zwar einer Kreativität, die alle so entstandenen Hypostasierungen verflüssigt, um sie aus der Entfremdung der Einseitigkeit in die Zueinandergehörigkeit zu bringen. Dies bedeutet, daß christologisches Wissen auch in seiner Absolutheit völlig dialektisch bleiben muß. Das Werden kann sich in der Zeit nur gestalthaft vollziehen. Die Absolutheit des christologischen Wissens nimmt also keinen Abschied von Gestalten, sondern eröffnet einen neuen Modus, mit Gestalten umzugehen. Keine Gestalt darf für sich Absolutheit beanspruchen. Jede Gestalt ist eine Darstellung des Werdens, die in sich bereits dialektisch konstruiert ist oder einen dialektischen Rhythmus hat. Die Kontinuität der Gestalten miteinander ergibt sich auch als eine dialektische Kontinuität. Der dialektische Rhythmus versichert, daß die jeweilige Gestalt bzw. Gestaltskonstellation ihre Werdeintensität aufrechterhält. Die Absolutheit des christologischen Wissens bedeutet in bezug auf die Gestalten des Personwerdens vor allem die Ansammlung und Integration der Gestalten auf eine solche Weise, daß die höchste mögliche Entsprechung zwischen der eigenen Selbstpräsenz und der Anwesenheit des inkarnierten absoluten Geistes zustandekommen kann.

Fazit

Diese Arbeit ging von einer historischen Erkenntnis aus, nämlich von derjenigen, daß die Tradition der Personphilosophie durch zwei Strömungen ausgezeichnet ist: die der Individualität und die der Allgemeinheit bzw. Relationalität. Diese beiden Strömungen haben sich seit dem klassischen Zeitalter durch die ganze Tradition hindurch geltend gemacht; sie charakterisieren nicht zuletzt den Problemhorizont der Personphilosophie. Uns schien die Kontroverse der Subjektphilosophie durch eine einseitige Reduktion der Individualität und der Allgemeinheit aufeinander festgefahren. Die sich durchhaltende Existenz der Individualität und der Allgemeinheit zeigen klar auf, daß sie als Grunddimensionen der Subjektphilosophie einzuordnen sind; sie verweist aber ebenso sehr auf das Bedürfnis nach einer Vermittlung beider. Wir meinten eine solche Vermittlung in der PhG sehen zu können. Unsere Arbeit hat es sich zur Aufgabe gemacht, den Personbegriff als Vermittlung der Individualität und der Allgemeinheit durch- und ineinander zu thematisieren. Durch eine Betrachtung der heutigen Frage nach der Person wollten wir sowohl auf die brennende Relevanz dieser Frage als auch auf die unüberwundenen Aporien in der unvermittelten Einseitigkeit ihrer Behandlung aufmerksam machen.
Unser nächster Schritt war es, Lösungen dieser Aporien in der Hegelforschung zu suchen. Obwohl sich Spuren einer solchen Interpretationsmöglichkeit erge-

ben hatten, war keine direkte Anerkennung einer Möglichkeit auszumachen, die PhG als Entfaltung des Personbegriffs als Vermittlung zu lesen. Angesichts dessen haben wir dann in Teil 2 versucht, die implizite Begriffsfamilie herauszuarbeiten. Dadurch kam ans Licht, daß der Personbegriff als ein Grundkonzept gilt. Das Personsein ergibt sich als Personwerden. Es zeigt eine Entfaltungs- und Thematisierungsdynamik auf, die sich auf dem Erfahrungsweg vollzieht. Entscheidend ist hier vor allem die nicht trennbare Einheit von Allgemeinheit und Individualität, welche das Personsein ausmacht.
Durch den Unterschied zwischen Anfangs- und Ursprungsfragen haben wir die Besonderheit des Selbst weiter hervorgehoben; wir haben unterstrichen, wie es sich dem direkten Zugriff entzieht und sich allein auf dem spiralhaften Weg der Erfahrung entfaltet und thematisiert. Dies hat weiter ergeben, daß die Identität der Person durch Vermittlung in dem Sinne ausgezeichnet ist, daß sie eine gegenseitige Wechselwirkung zwischen Identität und Affinität aufweist. Identität verweist auf die Selbst-Selbst-Beziehung und Affinität charakterisiert die Selbst-Verschiedenheit-Beziehung. Das Personwerden vollzieht sich dann immer innerhalb dieser umfassenden und sich differenzierenden ontologischen Perspektiven. Das Personwerden weist eine Strukturiertheit auf; es vollzieht sich in verschiedenen Gestalten. Diese Gestalten des Personwerdens umfassen alle möglichen Dimensionen der Erfahrung: Anderssein, Negativität, das Negative, Rekognition-Anerkennung, Memoria, Integration, Wiederholung und Gewohnheit. Unsere „buchstabierende" Interpretation der PhG ist der Entfaltung und der Thematisierung dieser verwobenen Dimensionen in einzelnen Phasen nachgegangen. Der spekulative Umriß des Personbegriffs in Teil 2 wurde dadurch konkret und im Text bestätigt.
Die Bedürfnisse der Subjektivitätsphilosophie, worauf die Aporien in Teil 1 hingewiesen hatten, sollten dadurch Lösungen gefunden haben; oder es sollen sich zumindest durch das alternative Kategoriengefüge, in dem wir den Personbegriff erörtert haben, neue Wege zur Behandlung dieser Fragen eröffnet haben. Nun wollen wir im letzten Teil dieser Arbeit die theologischen Konsequenzen dieses Personbegriffs herausarbeiten. Ein solches spekulatives theologisches Vorhaben läßt sich sehr treffend mit unserer bisherigen Analyse harmonisieren, und zwar aus verschiedenen Gründen. Wir nennen drei. Erstens ist der Personbegriff *die* Entdeckung des Christentums selbst, und wie keine andere Denkwelt hat sie ihm Inhalt und Form verliehen. Zweitens hat der Personbegriff als Vermittlung die dialektische Dynamik der eigenen Selbstpräsenz und der Anwesenheit des Geistes aufgezeigt. Die Wurzel aller Vermittlung ist im Geist als Quelle, Impuls und Grundkontur aller Verschiedenheit. Daran läßt sich eine theologische Analyse der Konsequenzen des Personbegriffs als Vermittlung sehr gut anschließen. Drittens wird Theologie erst richtig interessant, wenn sie spekulativ wird. Wie bei keiner anderen Frage kommt die Theologie an ihre Grenzen und an ihre tiefsten Möglichkeiten, wenn sie sich mit der Personfrage befaßt. Die Lehre von Trinität, Inkarnation und Menschsein drehen sich alle um die Frage nach der Person.

Teil IV

Die Möglichkeit einer neuen Selbstrekognition im Personbegrifff als Vermittlung für die Theologie

14. Die theologischen Konsequenzen des Personbegriffs als Vermittlung

14.1 Der Personbegriff als Vermittlung und die theologische Hermeneutik

Der Personbegriff ist eine der entscheidendsten Entdeckungen des Christentums. Die lange Tradition seiner Begriffsbildung ist durch die zwei Strömungen der Individualität und der Relationalität ausgezeichnet. Hegel nimmt in dieser Tradition eine einzigartige Stelle ein, denn er hat eine einmalige Begrifflichkeit entfaltet, um die zwei Strömungen in ihrer inneren Vermitteltheit darzustellen. Die PhG ist der Ort, an dem der Personbegriff als diese Vermittlung entfaltet und thematisiert wird. Dennoch bleibt die theologische Bedeutung des Hegelschen Denkens umstritten. Von seiten der institutionellen Theologie wird die Orthodoxie Hegels angezweifelt. Immerhin ist festzustellen, daß die Inkarnation das Grundereignis ist, welches das ganze Denken Hegels zutiefst prägt. Sie ist die Achse, um die die Hegelsche Ontologie sich bewegt.
Welche Bedeutung hat Hegel für die Theologie? Die Hegelsche Denkform kann von der Theologie – das ist die eine Möglichkeit – in veränderter oder ergänzter Weise in die Bewegung der theologischen Thematisierung aufgenommen werden. Man möchte bis zu einem bestimmten Punkt mit Hegel in der Absicht mitreisen, schließlich über ihn hinauszukommen. Die großartigen Entwürfe Rahners, Pannenbergs und Moltmanns haben das Hegelsche Denken in dieser Weise gebraucht. Eine andere Möglichkeit ist eine theologische Exegese der Hegelschen Werke. Sie unternimmt den Versuch, das explizit Theologische an Hegel herauszustellen. Hans Küng, Walter Kern, L. Oeing-Hahnhoff, A. Chappele, F. Wagner und Emilio Brito haben diesen Weg gewählt. Die Schwierigkeit hier ist allerdings die, daß man sich letztendlich weigert, den genuinen Hegelschen Erfahrungsweg mitzugehen. Die von Hegel konsequent überwundene Gefahr der einseitigen Äußerlichkeit feiert damit erneut ihre Triumphe. Das Denken Hegels wird fast immer äußerlich, im Hinblick auf eine vorausgesetzte theologische Orthodoxie betrachtet. Dies führt zwangsläufig zu einer Häufung der sattsam bekannten Einwände: Pantheismus, Zweieinigkeit, Aufhebung der Versöhnung, der Inkarnation, des Existentiellen in das transparente einseitige Begriffliche.
Unsere Arbeit schlägt einen anderen Weg ein. Sie versucht sowohl dem *Rhythmus* des Hegelschen Denkens als auch dem Allgemeinheitsanspruch der Inkarnation gerecht zu werden. Nach unserer Überzeugung verlangt die Inkarnation eine eigene Ontologie. Die Inkarnation ist die objektive und personale Einheit von Mensch und Gott. Gerade im *Personsein* Jesu Christi ereignet sich die Inkarnation. Das Konzil von Chalkedon hat in dieser dogmatischen Entscheidung das Personsein Jesu Christi zum Ausgangspunkt aller theologischen Thematisierung des Inhalts der Inkarnation gemacht. Diese Entscheidung besteht auf einer einheitlichen Betrachtungsperspektive. Und genau innerhalb dieser

Perspektive kann der Allgemeinheitsanspruch der Inkarnation angemessen erleuchtet werden. Die Inkarnation ist die definitive Einheit von Gottsein und Menschsein; sie ist einmalig und nicht zu überbieten. Die Inkarnation schließt nichts aus. Sie umfaßt alles und schließt alles in sich ein. Deswegen gibt es für sie keine Äußerlichkeit. Der Inkarnation steht kein entgegengesetzter Bereich gegenüber, der sie relativieren könnte. Dennoch ist die Inkarnation kein statisches, verborgenes ontologisches Prinzip. Sie ist ein Ereignis; als Ereignis vollzieht sie sich in der Trinität und in der Schöpfung, und zwar gleichzeitig. Die Inkarnation ist demnach Ereignis als Person. Als eine solche einmalige ereignishaft werdende Realität verlangt die Inkarnation eine Ontologie, welche das Personsein als eine einschließende, sich fortentfaltende Vermittlung artikulieren könnte.
Am Anfang dieser Arbeit wurden die Aporien einiger heutiger Subjektmodelle herauskristallisiert. Explizit theologisch gedacht, läßt es sich leicht verstehen, daß solche Subjektbegriffe der Tiefe und Breite der Inkarnation nie Rechnung tragen können.[1] Es läßt sich vermuten, daß das derzeitige Fehlen einer Christologie, die explizit vom Personbegriff ausgeht und die Inkarnation danach auszulegen versucht, auf die Aporien der Subjektmodelle zurückzuführen ist. Ein Subjektbegriff, der von der Subjekt-Objekt-Spaltung belastet ist, kann wegen seiner dualistischen Perspektive der sich differenzierenden und sich entfaltenden Einheit der Inkarnation keine Rechnung tragen.[2] Die Inkarnation verlangt darum nicht einen Subjektbegriff als Einzelkonzept,[3] der sich transzendental begründen und dauernd um seine Verknüpfung mit der Wirklichkeit kämpfen muß, sondern einen Personbegriff als Grundkonzept. Unsere Interpretation der PhG hat ergeben, daß ein solcher Personbegriff als Vermittlung genau das Grundkonzept der PhG ist. Als Grundkonzept entfaltet und thematisiert sich der Personbegriff als Vermittlung, indem er seinen Erfahrungsweg durch die verschiedenen Gestalten beschreitet. Dieser Personbegriff vereinigt in sich die beiden Strömungen, die immer wieder in der theologischen Tradition vorgekommen sind: Person als Individualität oder Person als Relationalität. Sie zeigen die unermüdliche Bestrebung der theologischen Tradition, das Geheimnis der Inkarnation immer tiefgreifender und angemessener zum Ausdruck zu bringen. Gerade aber, weil es diese beiden getrennten Strömungen gegeben hat, blieb die Artikulation der Inkarnation immer entweder auf einen

[1] Die anthropologische Wende des neuzeitlichen Denkens verlangt eine Thematisierung des *Subjekts* innerhalb der Horizonte der Transzendentalität und der Geschichte. Zu den Schwierigkeiten dieser Einschränkung für die Christologie vgl. Kasper, bes. S. 206, 211.

[2] In starker Anlehnung an Hegel hat Karl Rahner versucht, diesen Dualismus zu vermeiden; vgl. dazu Corduan, S.358: „Thus we see Hegelian themes in Rahner at two levels. First, we have the use of subjectivity where the knower and the known become identical. This paved the way for the second level: Man, the knower, is united with God, the known, by way of mediation through the incarnation."

[3] Vgl. dazu Westphal 1971, S.286: „Hegel is ... critical of the split between fact and meaning, of the union of a positivist theory of knowledge with a subjektivist theory of value and meaning."

Personbegriff als Individualität oder auf einen Personbegriff als Relationalität angewiesen. Es muß folglich einleuchten, daß ein Personbegriff, der selbst keine Synthese ist, der vielmehr auf eine innere und sich in der Erfahrung vollziehende Weise die Individualität und die Relationalität miteinander vermittelt, auf eine neue und radikale Weise der Tiefe und Breite der Inkarnation als Personsein gerecht werden kann. Heißt dies zusammengefaßt nicht, daß der Personbegriff in der PhG den Allgemeinheitsanspruch bzw. das Verlangen der Inkarnation nach einer eigenen Ontologie zufriedenstellen könnte?

Zwischen dem Verlangen der Inkarnation nach einer eigenen Ontologie und dem Personbegriff als Vermittlung in der PhG läßt sich eine verblüffende Kongruenz herauskristallisieren. Konkreter ausgedrückt: Der Allgemeinheitsanspruch der Inkarnation und der Absolutheitsanspruch der PhG weisen eine große spekulative Ähnlichkeit auf. Das Personwerden in der PhG ist durch eine einschließende kreisförmige Bewegung strukturiert. Hier hat weder Fremdsein noch Äußerlichkeit Bestand. Der Entfaltungs- und Thematisierungsweg des Personwerdens erschließt immer wieder eine intime Affinität zwischen dem Personsein und dem ihm entgegengesetzten Anderssein bzw. Fremdsein. Das Personwerden als Vermittlung schließt keinen Erfahrungsbereich aus; es stellt das Negative, das Widersprüchliche oder das Fremde nicht ins Abseits des Dualismus. Die Vermittlung umfaßt und verwandelt alles. Genau die gleiche Vermittlungsaktivität und Vermittlungskraft ist Kennzeichen der Allgemeinheit der Inkarnation. Die intimste Einheit des Göttlichen und des Menschlichen im Personsein Jesu umfaßt das Göttliche und das Menschliche in seiner jeweiligen Totalität.[4]

Läuft aber nun unsere Betrachtungsweise bei der Verwendung der Begriffe „Kongruenz" oder „spekulative Ähnlichkeit" nicht Gefahr, den Fehler der Äußerlichkeit zu begehen? Er liegt sicherlich nahe. Dieser Einwand der Äußerlichkeit spitzt die methodische Frage nach der genauen Beziehung zwischen der Inkarnation und dem Personwerden in der PhG zu. Wir müssen in diesem Zusammenhang kurz konkreter auf die PhG eingehen. Das Personwerden ereignet sich als ein Erfahrungsweg in und durch die verschiedenen Gestalten des Bewußtseins. Gerade weil diese ursprünglichen Gestalten des Denkens und des Personwerdens in sich steigernder Kontinuität und Intensität ihrer Fortentfaltung den Fortgang der PhG bestimmen, entsteht nirgends eine leere Stelle, an der entschieden werden müßte, welche Gestalt nun als nächste aufzunehmen wäre. Die Kontinuität gestaltet sich von innen, deswegen ist eine äußerliche Wahl zwischen alternativen Gestalten ausgeschlossen. Wie wir gesehen haben, kommt die Fortentwicklung der Gestalten in der Geistgestalt auf ihren Grund; dies führt zu einem Richtungswechsel, nämlich zu einer tiefer

[4] Für eine Anerkennung aus der thomistischen Tradition, daß das Prinzip der strengen, einseitigen Identität der Wirklichkeit Gottes nicht gerecht werden kann, und für die Empfehlung eines Rückgriffs auf die differenzierte Identität bei Hegel vgl. Donceel, S.367: „To me it looks like one of Hegel's most profound intuitions to have understood that the Incarnation was needed to help man grasp who God really is."

greifenden Thematisierung dessen, was die Geistgestalt an die Oberfläche gebracht hat. Sonach bietet die Religion den angemessensten weiteren Erfahrungsweg, und innerhalb der Religion die geoffenbarte Religion. In ihr findet die Entfaltung und Thematisierung des Personseins ihren Höhepunkt und eigensten Grund, und zwar deswegen, weil sie die Gestaltung der Inkarnation enthält. Die Gestalt der Inkarnation enthüllt sich als die ursprünglichste aller Gestalten; sie ist die Grundgestalt des Personwerdens. Aus dieser Perspektive wird bereits klar, daß viele Ängste in bezug auf Hegels Philosophie gegenstandslos sind. Wenn man den Personbegriff als Vermittlung interpretiert, läßt sich verstehen, daß Verschiedenheit und Differenz bei Hegel einen grundlegenden Stellenwert haben. Die ganze Mühe des Erfahrungswegs des Bewußtseins in der PhG zeigt, daß jede Gestalt sich in einer Spannung zwischen eigener Verwirklichung und eigener Begrenztheit bewegt. Diese kreative Spannung wird nie billig aufgelöst, sondern grundsätzlich durchgehalten. Und das Personwerden wird immer intensiver, weil alle Erfahrung gesammelt und immer weiter integriert wird. Schließlich haben wir im absoluten Wissen die feine und verwobene Arbeit dieser Integration sehen können. Dies ist die Gesamtgestalt, in der alle bisherigen Erfahrungen in ihrer Zusammengehörigkeit aufs Neue artikuliert werden. Nichts von der schwer gewonnenen Differenzierung geht verloren.

Das Personwerden als Vermittlung von Allgemeinheit und Individualität ist keine subjektivistische Erfahrungsreise. Es ereignet sich immer in der Anwesenheit des Geistes, einer Anwesenheit, die am Anfang kaum spürbar ist, sich aber während der Reise immer konkreter vertieft und verwirklicht.[5] Nun wird in der Gestalt der Inkarnation die nicht annullierbare und konkret daseiende Einheit des Geistes und des Menschen als ein Ereignis und als eine Bewegung ans Licht gebracht. Die Inkarnation ist demnach der intimste Gegenstand des werdenden Bewußtseins überhaupt. Sie erweckt im Bewußtsein die innerlichste und tiefstgreifend Affinität. Entscheidend ist, daß die PhG *nicht* den Versuch unternimmt, das Personwerden im Rückblick auf die historische Inkarnation chronologisch zu denken. Damit verkäme die Inkarnation zu einem Protomodell des authentischen Personwerdens; sie bliebe modellhaft, äußerlich und relativ. Die Einmaligkeit Jesu wäre damit vom geistigen Gewebe der Verschiedenheit abgelöst, sie wäre auf die abstrakte Einmaligkeit des Exemplars reduziert.[6] Hegel begrenzt die Inkarnation nicht auf eine einmalig damalige äußerliche Gestalt mit exemplarischer Funktion. Das Personsein Christi als Grund,

[5] Vgl. zu dieser Thematik Schoonenberg, S. 58: „Eine Person, die einer anderen Person gegenwärtig ist, ist jedoch nicht einfach da und vorhanden, sondern sie gibt sich selbst, ist immer auf überraschende Weise am Kommen. Deshalb ist Gottes Gegenwärtigkeit nicht bloß Immanenz, sondern auch Kondeszendenz ..."

[6] Vgl. dazu Shepherd, S. 595: „For Hegel, therefore, Christ is no mere fortunate paradigm, the point in history where we actually are able to comprehend the unity of God and man. No, rather, Christ both makes possible the reconciliation of God's self-posited opposition and at the same time furnishes man with the information that this reconciliation occurs in the being of every individual."

aktive Präsenz und Ziel aller Verschiedenheit wäre preisgegeben. Anstatt diese übliche Häresie zu begehen, denkt Hegel die Inkarnation konkret und kreativ innerhalb der Gestalten des Personwerdens selbst. Die Inkarnation wird konkret und erfahrungsgemäß als Gestalt vollzogen. Sie ist kein punkthaftes Ereignis; sondern Ereignis als Person, und sie kann sich nur durch Vermittlung artikulieren und zu sich finden. Sie enthüllt sich damit als Grund aller bisherigen Anstrengungen, weil sie zum Innersten des Geistes gehört und die intensivste Differenziertheit der Selbstheit des Geistes konkret und daseiend zum Ausdruck bringt. Als solche ist sie auch das innerliche Ziel des Personwerdens selbst. Zusammengefaßt kann man sagen, daß Hegel das Werden der Person und die Inkarnation als Person in ihrer inneren spekulativen Zusammengehörigkeit und Gleichzeitigkeit denkt. Der Gegensatz Inkarnation/Werden-der-Person ist in der PhG selbst konkret und differenziert aufgehoben.

Das Konzil von Chalkedon hat die dogmatische Entscheidung getroffen, daß das einheitliche Personsein Jesu Christi der Ausgangspunkt aller theologischen Thematisierungen des Inhalts der Inkarnation sein muß. Dieses Dogma ist implizit von dem Wunsch nach einem Personbegriff bestimmt, der die Zusammengehörigkeit des Göttlichen und des Menschlichen entfaltet und thematisiert. Dies leistet der Personbegriff als Vermittlung. Er ist weder ein regulatives Prinzip, das funktional aus einer Einzelperspektive bzw. -position an die Inkarnation herangetragen werden müßte, noch ist er eine konstruierte Synthese aus Allgemeinheit und Individualität, die sich vergeblich nur um eine Wiederspiegelung der Einheit des Göttlichen und des Menschlichen in der Inkarnation selbst in einer abstrakten Einheit bemüht. Die Inkarnation ist kein Zusammenkommen von abstraktem Gottsein und konkretem Menschsein.[7] Wenn aber die Idee des Werdens als Vermittlung einer selbsthaften differenzierten Einheit in diesem Personbegriff enthalten ist, ist er höchst geeignet, die Zusammengehörigkeit des Göttlichen und des Menschlichen zu artikulieren, und zwar deswegen, weil diese Zusammengehörigkeit nicht statisch, fixiert, sondern eine wachsende intime Einheit ist. Sie ist eine Einheit, die sich in und durch Erfahrung als Vollzug ereignet, ohne sich dabei zu verlieren.

Die Anwendung des üblichen Subjektbegriffs auf das Personsein der Inkarnation lenkt die Aufmerksamkeit einseitig auf das Personsein bzw. in diesem Fall auf das Subjektsein als einer Art Attributionssäule, an der verschiedene Attribute aufzuhängen sind. Die Kompatibilität der Attributionen untereinander wäre dann durch die Logik der äußerlichen dogmatischen Regel zu entscheiden. Die Gefahr bei einer solchen „Attributsaufhängung" ist, daß der Gegen-

[7] Daß Hegels konkrete Thematisierung der Inkarnation den abstrakten und falschen Alternativen einer Christologie von oben oder von unten entgeht, wird ausdrücklich von Lash, S. 42–43, gezeigt. Zu dieser Thematik vgl. auch Johnson, S. 247: „In a strange way, both a narrow Christolgy from below and the classical Incarnation Christology from above share a common weakness: for both, the idea of God remains extrinsic to the person and history of Jesus."

stand der Attribute fixiert oder hypostasiert wird. Obwohl eine derartige Hypostasierung der Inkarnation das Dogma, zumindest äußerlich, nicht gefährdet, läuft sie doch auf eine soteriologische Häresie hinaus. Dagegen kann der Personbegriff als Vermittlung die unio hypostatica als eine Einheit bewahren und gleichzeitig ihrer von sich her innerlich benötigten Selbstentfaltung und Selbstthematisierung gerecht werden.[8] Anstatt Attributionen äußerlich an sie herantragen zu müssen, enthüllt sie selbst in ihrer Fortentwicklung die innere und konkrete Zusammengehörigkeit aller sich differenzierenden und differenzierten Dimensionen des Göttlichen und des Menschlichen.[9] Ein solch einheitliches und sich entfaltendes inkarniertes Personsein demaskiert die Alternativen einer Christologie von oben oder von unten als unangemessen.

Im Blick auf die theologische Hermeneutik, die der Personbegriff als Vermittlung verlangt, müßte es bereits klar sein, daß nicht von einer engen konfessionellen Glaubensperspektive ausgegangen werden kann. Wenn zugegeben wird, daß die Inkarnation ihre eigene Ontologie verlangt, muß das eine erweiterte Glaubensperspektive mit sich bringen. Ein Glaube, der sich dualistisch oder subjektivistisch setzt, würde dem Allgemeinheitsanspruch der Inkarnation nicht gerecht werden können. Weil die Inkarnation die umfassende einheitliche Perspektive bereitstellt, muß der Glaube an die Inkarnation ebenso umfassend, differenziert, sich entfaltend und sich thematisierend sein. Während die Rekognition der Inkarnation ein waches und geistiges Bewußtsein voraussetzt, darf diese Rekognition, wenn sie eine echte Rekognition der Inkarnation bleiben will, nicht in der Privatheit des Subjektivistischen verlorengehen. Die Inkarnation darf nicht zum privaten Besitz einer Ideologie, einer bestimmten gesellschaftlichen oder kulturellen Gestalt oder einer Institution gemacht werden. Die Inkarnation betrifft alle, gehört allen und wirkt in allen. Ihr Allgemeinheitsanspruch ist auch dann nicht eingebüßt, wenn soziologische Spaltungen zwischen Glauben und Wirklichkeit, zwischen dem Säkularen und dem Geistigen, zwischen dem Psychologisch-Inneren und dem Äußerlich-Verdinglichten konstatierbar sind. Die Inkarnation als die endgültig *gewordene* Einheit des Göttlichen und des Menschlichen bleibt irreversibel. Die Artikulation und die Zugangsweise zu dieser umgreifenden Einheit hängt natürlich sehr von der Art der Denkformen einer bestimmten Epoche ab.

Der große methodische Vorteil des Personbegriffs als Vermittlung läßt sich daran erkennen, daß die Einheit von Allgemeinheit und Individualität in ihm

[8] Vgl. Macquarrie, S.279: „By the transcendence of God, we have understood primarily his otherness and distance from the created order. But what if the transcendence of God is also dynamic, the energy of the divine love thrusting out beyond, God's *exitus* into the world of the finite?"

[9] Vor der Gefahr des Herantragens von äußerlichen Kategorien an das Personsein gewarnt hat Puntel, S. 208: „Wird eine Struktur unabhängig von der Eigenursprünglichkeit der Person aufgezeigt, so muß gefragt werden, ob damit diese Struktur nicht *von außen* an die Person „angewendet" oder „herangetragen" wird: kommt damit die Person in ihrer Eigenursprünglichkeit, aus sich heraus, zur Sprache?"

nicht zu trennen ist, obwohl sein Erfahrungsweg in der PhG sich durch alle Arten von Denkformen hindurchzieht. Widerspruch, Entfremdung und das äußerste Negative wurden gerade in und durch diesen Personbegriff vermittelt; sie wurden verwandelt und von ihm als Stoff seines eigenen Werdens aufgenommen. Weil die Inkarnation als Person den Grund, den Impuls und das Ziel des eigenen menschlichen Personwerdens überhaupt ausmacht, kann das Personwerden sich auf alle Andersheit und sogar auf das äußerste Fremdsein einlassen und dennoch darin eine Affinität und Verbundenheit aufdecken. Von einem solchen Personbegriff ausgehend, sollte die theologische Artikulation der Inkarnation vor dem Anderssein, dem Widersprüchlichen, dem Entgegengesetzten nicht zurückschrecken.[10] Sie ist natürlich zur höchst differenzierten Kunst der Artikulation und zum äußersten Wahrheitsstandard berufen. Sie muß immer genauso streng wie die PhG selbst die Distanz zwischen ihrer jeweiligen Gewißheit und ihrem Werden in der Wahrheit prüfen lassen. Diese erweiterte Glaubensperspektive, die von Person als Vermittlung ausgeht, muß weder die Wirklichkeit fragmentieren noch auf der Bahn von Erfahrungen bleiben, die nur positiv und narzißtisch bestätigend sind.

14.2 Der Personbegriff als Vermittlung in der Entfaltung und Thematisierung der Inkarnation

Die PhG setzt sich die Aufgabe, die Selbstentfaltung und -thematisierung des Personseins in der Sequenz seiner Gestalten, von der Sinnlichkeit bis zum absoluten Wissen hin, zur Darstellung zu bringen. Wir haben darauf aufmerksam gemacht, wie die Inkarnation als Personsein auf spekulative Weise innerlich in diese Sequenz als ihr Grund, Impuls und Ziel gehört. Dennoch ist es ganz offenbar, daß der Akzent der PhG auf das Personwerden selbst gelegt ist. Der Höhepunkt ihres Werdens ist ihre Selbstrekognition in der konkreten Gestalt der Inkarnation als Vollzug und Werdeprozeß. Weil aber das Werden der Person in der PhG diesen Akzent trägt, wird nur ganz kurz auf die Inkarnation selbst als Personsein bzw. Personwerden eingangen. Wir wollen Hegel nicht äußerlich nach der Orthodoxie seiner Inkarnationslehre prüfen; vielmehr wollen wir die Inkarnation durch seinen Personbegriff als Vermittlung auslegen. Damit begehen wir nicht den Fehler der Äußerlichkeit, weil Hegel in der PhG die spekulative Einheit des Personwerdens und der Inkarnation als Personwerden gerade in und durch den Personbegriff als Vermittlung zur Darstellung bringt. Weil auch das Konzil von Chalkedon das Personsein als Prinzip der Einheit der göttlichen und der menschlichen Natur Jesu Christi gesetzt hat, muß es, wenn es die Inkarnation als Personsein nicht hypostasieren will, einen Personbegriff als Vermittlung implizieren und verlangen.

[10] Vor der Gefahr des Dualismus warnt Gunton, indem er die Freiheit Gottes in der Verschiedenheit hervorhebt. „It is this freedom of the eternal to identify himself with us that is at the heart of the matter of Christology."(S. 101)

Der Kernpunkt einer Auslegung der Inkarnation durch die Linse des Personbegriffs als Vermittlung ist es, die unio hypostatica dynamisch als Werdeprozeß zu denken. Besteht aber damit nicht die Gefahr, daß die besondere Selbstheit Jesu Christi in der Kontingenz der Geschichtlichkeit aufgelöst wird? Ist nicht damit der dogmatische Boden völlig verlassen, weil die wichtigen Unterscheidungen zwischen Substanz und Person nicht eingehalten werden? Zunächst ist klar, daß Hegel die Inkarnation nicht durch diese klassischen christologischen Linsen betrachtet. Bedeutet dies dann, daß Hegel das Personsein völlig auf einen beliebigen Bewußtseinsstrom reduziert? Verflüssigt er den Substanzbegriff in einen Bewußtseinsbegriff? Diese Frage kann entschieden verneint werden. Hegel legt großen Wert auf den Substanzbegriff, und er spielt eine zentrale Rolle in seiner Darstellung des Personwerdens. Christologisch gesehen zwingt uns Hegel nicht in die empirische Dichotomie, zu einer Entscheidung zwischen den Alternativen Substanz oder Person. Beide gehören nach ihm intim zusammen.

Wir haben bereits festgestellt, daß es heute keine Christologie gibt, die explizit vom Personsein der Inkarnation ausgeht und sich um eine Christologie nach dem Personbegriff bemüht. Es gibt dafür viele verschiedenen Gründe; ein Grund dafür ist sicherlich die Beschränkung des Personbegriffs auf den Subjektbegriff. Und es ist gerade der Subjektbegriff, der den Substanzbegriff entleert und für sich selbst alle Substanz beansprucht. Wenn die heutige Christologie auf den Substanzbegriff zu sprechen kommt, wird er als ein bloß heuristisches Instrument erklärt.[11] Alle metaphysische Artikulationskraft wird dem Substanzbegriff abgesprochen:[12] er wird vollständig funktionalisiert.[13] Die Sprachphilosophie hat bestimmt dazu beigetragen, daß die Wirkung des Substanzbegriffs in die Distanz des Funktionalen abgeschoben wurde. Die Transzendentalphilosophie kann dem Substanzbegriff nicht Rechnung tragen, denn schließlich gehört er dem unzugänglichen Bereich des Kantischen Ding-an-sich an. Infolgedessen ist er, wenn überhaupt, allein als regulatives Prinzip zu gebrauchen.

Für Hegel gilt Substanz nicht als ein verborgenes Substrat, sondern als innerlich relational und kreativ. In der Vorrede hat er gesagt: „Es kommt ... alles darauf an, das Wahre nicht als Substanz, sondern *eben so sehr* als Subjekt aufzufassen und auszudrücken.“ (PhG19)[14] Kurz gesagt: Substanz ist personal und Person ist substantiell. Die Zusammengehörigkeit von Substanz und Person wäre allerdings ohne die Aktivität der Vermittlung nicht zum Ausdruck zu bringen. Die Idee der dynamischen Selbstdifferenzierung der Substanz bildete Hegel in seiner kritischen Rezeption des spinozistischen Begriffs der Substanz

[11] Vgl. MacKinnion. Ihm zufolge ist Substanz nur ein „second order proposition“. „It is not about Christ but about statements about Christ.“ (S. 289)

[12] Vgl. Butterworth, S.114–115: „The metaphysical phrases of the creed constitute a language rule for the expressions used in the interpretation of Jesus.“

[13] Vgl. Stead, S. 273: „Its principal function is to claim that God is not limited or prescribed by our experience of him.“

[14] Vgl. unsere Diskussion dieser Thematik in Teil 2 dieser Arbeit.

aus.[15] Für Spinoza ist Gott die Substanz als die Totalität aller existierenden Dinge.[16] Gott als diese unpersönliche Totalität ist Wahrheit und Wirklichkeit. Die Attribute dieses unpersönlichen Gottes reflektieren das Ganze, sind aber selbst nicht das Ganze[17]. Dagegen ist für Hegel durch das Christentum das Dynamische, Individuelle, Personale, Relationale an der Substanz erschienen. Der Substanzbegriff Spinozas ist nicht vital; er ist passiv, unbeweglich, eine leblose, inhaltlose Einheit[18]. Aus welchem Grund aber mußte Spinozas Substanzbegriff Individualität, Subjektivität, Selbstbewußtsein und Personsein ausschliesen?[19] Dies ist auf das Grundaxiom der spinozistischen Philosophie zurückzuführen; sie lautet: omnis determinatio est negatio. Spinoza versteht alle Negation nach den formalen Prinzipien einer geometrischen Logik. Demnach muß alle Differenzierung rein konzeptual bleiben; Differenzierung ist dann weder konkret noch substantiell wirklich.[20] Spinoza versteht Negation einseitig und negativ. Hegel dagegen versteht Negation sehr positiv. Für ihn gilt: omnis negatio est determinatio.[21] Gerade in und durch Negation differenziert und bestimmt sich Substanz konkret.[22] Substanz enthüllt sich dann als der Grund aller Erfahrung; sie ist kein versunkener Grund, sondern ein Grund, der sich in und durch Erfahrung artikuliert und entfaltet.[23]

Welche neuen Entfaltungsmöglichkeiten stellt dieser lebendige Substanzbegriff für die Christologie bereit? Zunächst ist klar, daß Personsein und Substanz voneinander nicht zu trennen sind. Sie sind auch nicht aufeinander zu reduzieren; dies würde nur zu einer leblosen undifferenzierten Substanz, wie bei Spinoza, oder zu einem inhaltlosen abgehobenen Subjektsein führen. Das Kreative an dem Hegelschen Personbegriff ist es, daß er die innere Vermittlung und Zusammengehörigkeit beider zur Sprache bringt. Die Beweglichkeit, Innerlichkeit und Selbsthaftigkeit der Substanz verleiht der personalen Erfahrung in ihrer Verwandlung Bestand, Eigenheit und Kontinuität. Wiederum entfaltet und artikuliert die Erfahrung die Tiefe und Breite der Substanz. Damit

[15] Zu Hegels Kritik vgl. G.W.F. Hegel, Werke 3, S.368–411. Hegels Rezeption der spinozistischen Subjektbegriffs ist sehr nuanciert und läßt sich nicht im Rahmen des bloß Monistisch-Pantheistischen verstehen. Einen solchen Fehler begeht Foss.

[16] Baruch Spinoza, Ethics, def.3, N.Y. 1955, S. 41–46.

[17] Vgl. dazu MacMinn S. 299, 305.

[18] Vgl. G.W.F. Hegel, Werke, 3, S. 368f.

[19] Vgl. dazu in dem sehr interessanten Aufsatz von Reck S.115.

[20] Vgl. dazu Shumeli S. 181.

[21] Vgl. dazu Reck S.130.

[22] Für eine Interpretation, die die dynamische Natur der Substanz bei Aristoteles betont, vgl. O'Flynn Brennan S.27, 47.

[23] Vgl. McIntyre S. 103: „The subject-predicate form, allied so closely as it is with the primary substance-secondary substance ontological distinction, while it may not stand in a relation of one-one correspondence to the latter, is nevertheless rightly understood as one of the ways in which we may legitimately talk about reality.“ Hinsichtlich dieser Assoziation von Subjekt-Prädikat und Substanz läßt sich die Signifanz der substantiellen Verwandlung, welche Hegels spekulativer Satz verkörpert, verstehen.

leuchtet ein, daß Personsein vor allem als substantielles Werden zu denken ist. Hegels Personbegriff ermöglicht es dann, die Tiefe der ontologischen Kategorien von φύσις und ὑπόστασις beizubehalten, sie aber gleichzeitig dynamisch auszulegen, so daß die unio hypostatica erfahrungsgemäß sich als Vollzug ereignen kann, ohne sich in Erfahrung auflösen oder sich allein auf eine Erfahrungsgestalt reduzieren zu müssen. Damit kann sowohl die ungeheure Affinität und Intimität der unio hypostatica mit dem Personwerden überhaupt als auch ihre einmalige Differenz uns gegenüber ans Licht kommen.

Diese dynamische Natur der Substanz ist mit der Natur der Selbstheit völlig kongruent. Wir haben in der Interpretation der PhG feststellen können, daß die reflexive Natur der persönlichen Selbstheit sich immer im Vollzug gegenseitiger Vermittlung von Individualität und Allgemeinheit ereignet. Selbstheit gründet sich ontologisch und vollzieht sich in und durch die Erfahrung. Dies bedeutet dann als Antwort auf eine frühere Frage, daß die besondere Selbstheit Jesu Christi sich nicht in der Kontingenz der Geschichtlichkeit auflöst. Allein dadurch, daß er sein Selbst in und durch Erfahrung entfaltet und thematisiert, ist er Person, d.h. allein dadurch ist die Inkarnation personales Ereignis. Die Identität Jesu Christi als Person stellt eine sehr vielfältige und nuancierte Realität dar. Sein Personsein ist weder einseitig mit der empirischen Individualität Jesu von Nazaret zu identifizieren, noch ist sein Personsein ein reines göttliches Ich, eine simple Selbstidentität, die im Innersten Gottes verborgen bleibt. Der Personbegriff als Vermittlung läßt solche abstrakten Gegensätze nicht aufkommen. Unsere Interpretation hat herauskristallisieren können, daß die Identität der Person sich nicht in einem privaten, verschlossen einseitigen Reflex des Ich auf sich selbst niederschlägt, sondern daß im Personwerden die Identität der Person mit sich selbst und ihre Affinität zu der Verschiedenheit eine gegenseitige Wirkung aufeinander haben. Weil der Verstand die Tendenz hat, einen Dualismus herzustellen, weil er also in diesem Fall die Identität von der Affinität trennt, kann der Natur der personalen Identität nicht Rechnung getragen werden.[24] Die PhG aber stellt dar, wie der Personbegriff als Vermittlung diese Spaltungen und Hypostasierungen in sich aufnehmen und sie von innen her verwandeln kann.

Die Identität der Person ist weder ein privater Reflex des Ich auf sich selbst noch das spezifische Bezogensein des Ich auf die Welt. Vielmehr ist sie eine werdende Identität, die sich in einer Wechselwirkung mit der Affinität auf dem Wege der Erfahrung vollzieht. Die Identität Jesu Christi als Person ist dann weder ein tertium quid, welches sich aus dem Zusammenkommen der zwei Naturen ergibt, noch ist sie das Resultat einer Synthese beider. Seine Identität *ist* die Vermittlung beider Naturen; darin und dadurch entfaltet und thematisiert sie sich und stellt sich dar. Der große theologische Vorteil des Personbegriffs in dieser Hinsicht ist, daß er die gesamte Sequenz der Phasen des Per-

[24] Verstandeskategorien werden immer wieder an das Hegelsche Denken angelegt, um es theologisch zu beurteilen; ein Beispiel dafür findet sich bei Chapelle.

sonseins Jesu – seinen präexistenten Ursprung, sein Leben, seine Kreuzigung und Auferstehung – als Entfaltung und Thematisierung einer und derselben Identität darstellen kann. Eine neue Lebensphase vertieft, integriert und intensiviert alle vorherigen Phasen in sich, anstatt seine Identität abzubrechen. Dies zeigt, wie die Inkarnation ein dauernder Werde- und Verwandlungsprozeß ist, der in der ungeheuren Intensität des Kreuzes und der Auferstehung seinen Höhepunkt erreicht.

Insofern der Personbegriff als Vermittlung die Inkarnation als einen konkreten ontologisch-existentiellen Werdeprozeß auslegen will, erinnert er daran, daß die Inkarnation vor allem eine Erfahrung für die Person Jesu von Nazaret selbst ist.[25] Er darf nicht bloß als Ort einer Erscheinung des Göttlichen verstanden werden. Die Inkarnation ist nicht etwas, das ihn nur beiläufig oder äußerlich betrifft.[26] Vielmehr *ist* Inkarnation sein ganzes Selbst, seine ganze Identität. In Jesus geht es *allein* um die Inkarnation. Die Inkarnation ist nicht eine Idee, die er vertritt, oder eine Lebensart, die er empfehlen möchte. Schlicht gesagt: Wenn die Inkarnation nicht eine Erfahrung für Jesus wäre, gäbe es keine Inkarnation.[27] Die Inkarnation ereignet sich als das Personwerden Jesu Christi. Daraus läßt sich schließen, daß die Inkarnation sich weder in einem Sprung noch in einer Epiphanie vollzieht. Vielmehr führt die Selbstentfaltung Jesu, sein Sich-Einlassen auf Erfahrung, zu seiner Selbstthematisierung als den Sohn Gottes, der zweiten Person der Trinität. Dies konnte sich natürlich nicht in einem Vakuum vollziehen. Die Konkretheit und Spezifität der Inkarnation zeich-

[25] Vgl. Dunn S. 92: „It is the transcendent otherness of Jesus'experience of God which roots the claims of christology in history."

[26] Obwohl die soteriologische Erfahrung der Erlösung in und durch Jesus Christus für die Rekognition der Grundaffinität zwischen ihm und uns grundlegend ist, darf dennoch keine Reduktion der Christologie auf Soteriologie stattfinden. Eine solche Reduktionstendenz findet sich sehr ausgeprägt bei Ohlig S. 16, 27. Man hat hier den Eindruck, daß Soteriologie nur deswegen zum Interpretationsschlüssel gemacht wird, weil sie sich in kulturelle Gegenständlichkeit und Wirkung leicht identifizieren läßt. Hinter dieser Priorität der Soteriologie scheint ein gewisser Agnostisizmus in bezug auf die Identität und Person Jesu Christi selbst zu stehen.

[27] In unserer Interpretation der Inkarnation durch die Linse des Personbegriffs als Vermittlung bestehen wir sehr auf der Selbstheit Jesu. Die Eigenheit seiner Identität ist für die Inkarnation grundlegend. Die Prozeßphilosophie reduziert dagegen die Selbstheit auf ihr Werden. Vgl. Whitehead 1979 S.350: „An enduring personality in the temporal world is a route of occasions in which the successors with some peculiar completeness sum up their predecessors." Whitehead hat zugestanden, daß die Prozeßphilosophie große Schwierigkeiten mit dem Personbegriff hat; vgl. Whitehead 1976 S.186–187: „In our account of human experience we have attenuated human personaltiy into a genetic relation between occasions of human experience. Yet personal unity is an inescapable fact. But the problem remains for ... the Philosophy of organism, to provide an adequate account of this undoubted personal unit, maintaining itself amidst the welter of circumstance." Die Frucht dieser Denkart spiegelt sich in der Prozeßchristologie wieder; vgl. Ogden S.60–61: „Because the subject of the christological assertion is Jesus in his meaning for us, not Jesus in his being in himself, whether he did or did not imply a claim for the decisive significance of his own person has no bearing whatever on the appropriateness of this assertion." Für eine weitergehende Darstellung und scharfe Kritik der Prozeßperspektive Blaikie, bes. S. 134–138.

net sich auch in dieser Hinsicht dadurch aus, daß der Jude Jesus, der sich ganz konkret in der Lebenswelt des Judentums befindet und dessen gesamte Identitäts- und Geistesgestalten kennt, durch sie nur gerade einen Hinweis auf seine Identität bekommt. In den Gestalten seiner jüdischen Lebenswelt konnte er keine Selbstrekognition, keine Widerspiegelung seiner Identität finden. Die Einsamkeit seines Lebens besteht darin, daß er über alle aktuellen Gestalten hinausgehen muß, um das Spezifikum seiner Identität als innerlichster Teil der Selbstintimität Gottes zu thematisieren; darin trifft er seinen Ursprung. Seine Werdensaufgabe enthüllt sich als die Inkarnation. Um die Termini des herausgearbeiteten Personbegriffs weiter zu verwenden, enthüllen sich die erscheinende Anwesenheit des Geistes und die sich fortentwickelnde und sich ansammelnde Selbstpräsenz Jesu als ein und dieselbe Sache.

Vom Dogma von Chalkedon und vom Hegelschen Personbegriff als Vermittlung ausgehend, haben wir versucht zu zeigen, daß wir mit einer subjektivistischen Perspektive und einem reinen Subjektbegriff der Inkarnation nicht gerecht werden können. Nun müssen wir uns aber mit einem Einwand auseinandersetzen, der in sich die schärfsten theologischen Einwände gegen Hegels Denken bündelt. Versinkt nicht die Einmaligkeit, Differenz und Nicht-Identität Jesu Christi in der Einheit des absoluten Systems? Hinter diesem Einwand steckt die Vermutung, daß ganz gleich, wie fragmentiert eine subjektivistische Perspektive sein mag, sie dennoch die Einmaligkeit Jesu Christi bewahren kann. Zunächst muß zugestanden werden, daß bei Denkformen, die eine umfassende Einheit aufstellen, die ständige Gefahr besteht, das Individuum in das glatte Einssein homogenisieren zu wollen. Muß dies aber immer eine unvermeidliche Konsequenz einer solchen Denkform sein? Wir meinen nicht. Wir haben im Laufe dieser Arbeit ständig auf die Verschiedenheit, die im Herzen des Hegelschen Denkens waltet, hingewiesen. Wir haben das Anderssein als eine gesteigerte Form der Verschiedenheit herausgearbeitet und versucht, die naive Form des Andersseins in bezug auf die Subjekt-Objekt-Spaltung, die der Subjektbegriff verursacht, klarzustellen. Damit wollten wir die komplizierte spekulative Natur des Andersseins ans Licht bringen und den Mythos demaskieren, daß das Anderssein im bloß unmittelbaren äußerlichen Anderssein aufgeht. Der Personbegriff als Vermittlung zeigt durch seinen Erfahrungsweg, daß das Anderssein und sogar das Fremdsein in der Vermittlung eine tiefgreifende Affinität mit der eigenen Identität des Personseins aufweisen. Für die Erschließung dieser Affinität muß gelitten, geduldig gekämpft und mutig auf fremde Erfahrungen eingegangen werden. Die Erschließung dieser Affinität geschieht allmählich; sie ist ein Werdeprozeß. Der Weg des Personwerdens zeigt dies klar auf. Infolgedessen darf diese Grundaffinität, die die Verschiedenheit in der PhG aufweist, keineswegs mit einer einseitigen oder homogenisierenden Totalität gleichgesetzt werden. Obwohl es eine umfassende Einheit gibt, verletzt sie die Individualität in keiner Weise. Die Individualität ist keineswegs bloß Instanz einer Allgemeinheit. Das Gegenteil ist der Fall. Sie braucht und benötigt die eigene Differenz der Individualität gerade *als* spezifische eigene Differenz.

Wir haben im Gang der Interpretation, wie sie hier vorgelegt wurde, auch sehen können, daß der Geist als differenzierte Selbstheit den Grund aller Verschiedenheit ausmacht. Obwohl Verschiedenheit mit Kontingenz verwoben ist und obwohl sie unter die Schwerkraft der Endlichkeit fällt, ist sie dennoch Ausdruck einer ursprünglichen Fülle und Stoff des Personwerdens selbst. Sie ist keineswegs als der Abfall von einer ursprünglich perfekten Einheit zu verstehen. Das Werden des Personseins erlebt intensiv die Breite und Tiefe der Verschiedenheit. Das Personwerden stößt in der Geistgestalt auf die Grundkontur aller Verschiedenheit und begegnet in dem Inkarnierten der äußersten Selbstentäußerung bzw. Selbstdifferenzierung dieses Geistes als intimstem Gegenstand des eigenen Werdens. Wenn die PhG als Werden des Personseins ernstgenommen wird, wird sehr deutlich, daß die Einmaligkeit Jesu Christi sich in keiner sichereren und respektvolleren begrifflichen Perspektive befinden könnte.
Wenn das Verwobensein der geistigen Verschiedenheit in der PhG aber abstrakt und nicht in seinem konkreten Werden verstanden wird, dann könnte fälschlicherweise der Eindruck der Totalität, des Identitätsdenkens entstehen. Konkret läßt sich zeigen, daß die bestimmte Negation in der Entfaltung und in der Thematisierung des Personseins sich nie ins Differenzlose, leer Strukturlose fortentwickelt. Die ständige Aufhebung bzw. Verwandlung bewahrt die Erfahrung; die implizite Arbeit der Integration und der Memoria vertieft und intensiviert ihre Verschiedenheit. Es ist eine Überzeugung dieser Arbeit, daß die einmalige Differenz bzw. Andersheit Jesu Christi allein in einer solchen Perspektivität der Verschiedenheit gewährleistet werden kann. Die entscheidende Frage hier ist: Wie ist die Einmaligkeit Jesu Christi überhaupt zu denken? Wie ist diese grundchristologische Differenz angemessen auszulegen? Die Identifikation und Behauptung von Andersheit bzw. Differenz taucht immer etwas später auf. Immer geht ihr die Selbstheit und die Selbigkeit voraus. Der Differenzbegriff ist also ein Kontrastbegriff, was der Sprachgebrauch aufzeigt: Differenz besagt immer different *von;* Andersheit ist immer anders *als*. Diese begriffliche Überlegung verschärft noch die christologische Differenzfrage. Wogegen läßt sich die einmalige Differenz Jesu Christi kontrastieren? Gibt es überhaupt eine Differenz oder ein Differenzschema, das dazu fähig wäre, der einmaligen Differenz Jesu Christi einen angemessenen Kontrast zu bieten? Wenn es ein solches gäbe, wäre seine einmalige Differenz nicht damit auf es begrenzt oder sogar preisgegeben?
Während es sehr leicht ist, dogmatisch auf der einmaligen Differenz Jesu Christi zu bestehen und sie damit nur äußerlich und abstrakt anzudeuten, fällt es viel schwerer, diese Differenz positiv zu bestimmen. Diese Aufgabe reicht bis ins spekulative Herz aller Verschiedenheit hinein. Unsere Meinung ist, daß diese Differenz allein innerhalb einer selbsthaften geistigen Verschiedenheits-Perspektivität entsprechend zu bestimmen ist. Nur dann kann der Kontrast, der im Differenzbegriff impliziert ist, positiv thematisiert werden. In einer solchen Perspektivität ergibt sich, daß Kontrast keine subjektivistische, einseitig ontologische Konkurrenz bedeutet. Kontrast ist deswegen positiv, weil jeder der zu

Kontrastierenden seinen eigenen, von keinem anderen zu besetzenden Ort in dieser Perspektivität bewohnt. Jeder ist auch durch die Spezifität seiner personalen Individualität und seiner Vermittlungsaufgabe ausgezeichnet. Keiner ist durch einen anderen zu ersetzen.

Jesus Christus erhält von vornherein seine Differenz in dieser Verschiedenheitsperspektive. Aber dies ist nur eine anfängliche Bestimmung seiner Differenz.[28] Die Entfaltung und Thematisierung seines Personseins im Leben, im Kreuz und in der Auferstehung läßt die Intensität seiner Differenz ans Licht kommen. Und die spekulative Thematisierung dessen ergibt, daß er als Person die *Ur-Differenz* ist. Als Person ist er die erste Differenz, die Selbstdifferenzierung Gottes selbst. Die Selbstdifferenzierung Gottes ist allein weder Akt noch Eigenschaft noch Phase, sondern eine *andere Person*. Diese Differenz als Personsein zeigt die unendliche Intensität der Differenz in Gott selbst auf. Dieser Differenz-Nexus in Gott enthält im Keim alle weiteren Differenz-Möglichkeiten: Die Schöpfung als expressive Verschiedenheit und die Inkarnation als Vollendung der Schöpfung. Die Inkarnation ist nicht der Versuch, die Schöpfung auf einen eindimensionalen Werdeweg zu lenken oder sie von einer zu weit gegangenen Verschiedenheit zu einer Ur-Einfachheit zurückzuorientieren. Nach der Trinitäts-Erschließung der Inkarnation gab es keinerlei differenzlose Ur-Einfachheit. Differenz ist von vornherein Ausdruck einer selbsthaftigen Fülle, die nur durch Vermittlung zu sich findet; sowohl die Trinität als auch die Schöpfung zeigen dies auf.

Die Einmaligkeit der Differenz Jesu Christi besteht darin, daß er die konkrete *personale Einheit* der Ur-Selbstdifferenzierung Gottes und der von Gott hervorgebrachten Verschiedenheit der Wirklichkeit ist. Diese Einmaligkeit ist nicht so sehr eine besondere ontologische Tatsache, die sich spekulativ betrachten ließe, als eine Einmaligkeit, die Jesus Christus selbst in sich als Person konkret und daseiend vollzieht und vermittelt. Das Personwerden Jesu Christi ist die konkrete Entfaltung und Thematisierung dieser Einmaligkeit. Seine Einmaligkeit ist weder ein unenträtselbares Opaksein noch eine einsame verknüpfungslose Differenz. Jesus erhält seine Differenz als Mensch, aber als sich entfaltender Mensch thematisiert er sich als der Sohn Gottes. Diese Thematisierung intensiviert auf ungeheure Weise seine Differenz innerhalb der Verschiedenheits-Perspektive.

Die Selbstrekognition seiner Differenz den anderen gegenüber veranlaßt ihn nicht, sich in die Privatheit seiner Innerlichkeit zurückzuziehen. Er grenzt sich nicht von anderen ab. Das Gegenteil geschieht. Diese Selbstrekognition führt ihn zum intimsten Zusammensein mit anderen. Er löst in ihnen die Rekognition der Grundaffinität aus. Sie erkennen in ihm ihre Zugehörigkeit zum Geist als der selbsthaften Quelle aller Verschiedenheit. Sie nehmen seine Herausforderung zum eigenen Personwerden, zur Vollendung der eigenen Vermittlungsaufgabe als den wahren Werdeweg an. Die zeigt, daß die grundchristologische

[28] Vgl. Schutte S. 204: „... a union of being between God and man establishes rather than obliterates distinction.“

Differenz keine sich distanzierende Differenz ist, sondern eine entgegenkommende, intime Differenz; es zeigt ferner, daß diese Differenz konkret von Jesus Christus selbst vollzogen wird. Jesus Christus ist Quelle, begleitende Präsenz und Ziel aller Verschiedenheit. Die Vollendung seiner Differenz als Person ist es, sich auf das Ereignis frei einzulassen, welches die höchste Steigerung der personalen Differenz verkörpert, nämlich den Tod.

Der Tod ist nicht nur ein empirisches Faktum, sondern ein Ereignis, in dem die Differenz der eigenen Selbstheit und die Verschiedenheit der Wirklichkeit bis zu den äußersten Grenzen des Fremdseins intensiviert werden. Der Tod ist das Fremde, das Ende, das unvermeidlich erzwungene Ausscheiden aus dem Vertrauten. Jesus Christus läßt sich freiwillig darauf ein. Sein Personsein wagt sich ins zerstörende Fremde. Wenn der Tod als das äußerste Fremde eine Differenz in sich enthielte, die größer und tiefer als seine Differenz als Person wäre, wäre er der Macht des Todes verhaftet geblieben. Es wäre nichts mehr von ihm zu hören. Er wäre nicht mehr zu sehen; man könnte ihm nicht mehr begegnen. Er kam aber nach dem Tode verwandelt zurück. Damit zeigt er klar, daß die Ur-Differenz seines Personseins in ihrem Vollzug unendlich tiefer und breiter ist als das zerstörende Fremdsein des Todes je sein kann. Die Grundaffinität der Verschiedenheit ist tiefer als das tiefste Fremde. Weil aber sein Personsein sich nur durch Entfaltung und Thematisierung darstellt, ist die Verwandlung und die Verwandelbarkeit des Todes weder sprunghaft noch äußerlich zu vollziehen, sondern allein innerlich durch das Sich-Einlassen darauf.[29] Diese ungeheure Verwandlung verleiht der ganzen sich verwebenden Verschiedenheit eine neue Kraft der Verwandlung und der Versöhnung.

Weil das zerstörende Fremdsein des Todes zugleich die Entfremdung der eigenen Selbstheit und die Zerstörung des individuellen, eigenen Personseins darstellt, ist die Verwandlung des Todes eine unendliche Bestätigung und Bejahung der Individualität gerade als different und eigen. Das individuelle Personsein wird durch den Tod nicht in einer fremden Allgemeinheit aufgelöst. Die Inkarnation ist dann eine ungeheure Bestätigung der Individualität des Personseins. Die Inkarnation ist nicht funktional moralisch oder didaktisch zu betrachten. Die Inkarnation bleibt sie selbst. Sie hält die kreative Spannung des Göttlichen und des Menschlichen als eine einmalige intime Einheit durch. Sie läßt nie zu, daß ihre straffen gegensätzlichen Dimensionen auf eine naive Einseitigkeit reduzierbar werden. Deswegen darf das konkrete Personsein Jesu Christi, die daseiende, sich vollziehende Ur-Differenz, nicht auf ein abstraktes didaktisches Vollendungsexemplar reduziert werden. Ebensowenig besteht die Aufgabe des Individuums bezüglich der eigenen Personwerdung darin, sich zur abstrakten Kopie des Personseins Jesu Christi machen zu lassen. Das Personsein Jesu Christi ist die Heilung, Freisetzung und implizite Vollendung der Verschiedenheit, nicht ihre ungeduldige Reduktion auf eine kopierbare Eindi-

[29] Vgl. dazu Bracken S.55: „... Jesus at the moment of his death on the cross experienced a transformation of his human nature in virtue of a new sense of self-identity with the Son."

mensionalität.[30] Sein Personsein ist die radikalste Herausforderung zum eigenen Werden. Die Selbstverfehlung geschieht dort, wo die jeweilige Gestalt des Personseins sich fixiert und zum Käfig wird.[31] Damit hört der Werdeprozeß auf, und das Personsein läßt sich im Kreise der Wiederholung verfangen.
Im Geheimnis der Trinität handelt es sich darum, daß der Selbstausdruck, die Selbstheit Gottes in seinem Werden, seine Selbstdifferenzierung, eine solche Intensität der Differenz als Fülle enthält, daß es nicht mehr als Tat, Eigenschaft oder Gegenstand auszudrücken ist, sondern allein als Personsein. Die Intensität der Differenz in Gott ist die gleichzeitige, gegenseitige Vermittlung der drei Personen. Die Schöpfung als Verschiedenheit hat ihren Ursprung in dieser personalen Differenziertheit der Trinität. Wegen ihrer verwobenen Differenziertheit ist die Verschiedenheit frei. Sie enthält immer eine Vielzahl von Werdensmöglichkeiten. Weil sie aber auch mit Kontingenz, Zufälligkeit und mit dem Negativen belastet ist, kann die Einheit der Kreativität und die Vielfalt der Differenz sehr schnell aus dem Blick geraten. Die Verschiedenheit kann in Atomismus auseinanderfallen. Damit verschließt sich jede eigene Differenz in sich. Die Kontinuität zu den anderen wird abgebrochen. Die Balance der Allgemeinheit und der Individualität in Vermittlung wird stillgelegt. Hegel hat interessanterweise dieses Moment als das *Böse* beschrieben. Mit dem Verlust dieser Kontinuität klafft eine Leere zwischen den Differenzen bzw. den Individuen auf. Zusammengehörigkeit und Affinität werden verdrängt. Die Differenzen werden distanziert und verdinglicht. Dies alles führt zur Entfremdung. Gegen diese Perspektive tritt die kreative und heilende Wirkung der Inkarnation für das Personwerden ans Licht.
Erstens offenbart die Inkarnation auf endgültige und irreversible Weise die Grundaffinität aller Verschiedenheit und ihre Zugehörigkeit zum Geist. Das Göttliche als das Selbstdifferenzierende und die Schöpfung als Verschiedenheit sind eine untrennbare Einheit. In der Inkarnation begegnet die Schöpfung dem Geheimnis ihres eigenen Ursprungs, als solches geoffenbart. Diese Offenbarung ist weder eine Vision noch eine Epiphanie. Sie ist eine Offenbarung des Ursprungs der Verschiedenheit, die sich daseiend *innerhalb* der Verschiedenheit konkret vollzieht. Als eine solche Offenbarung ist sie nicht partiell. Die Inkarnation offenbart die völlig selbsthafte Natur dieses Ursprungs innerhalb und in und durch die ihm entsprungene selbständige Verschiedenheit. Damit wird die ganze Werdestruktur der Verschiedenheit von ihrem Ursprung her erleuchtet. Diese Offenbarung besitzt deswegen eine solche Ganzheit, weil weder von seiten des Göttlichen noch von seiten der Schöpfung etwas ausgeschlossen oder vorenthalten bleibt. Eine solche umfassende Offenbarung ist allein deshalb möglich, weil sie sich als Personwerden vollzieht. Dies ist ein Per-

[30] Vgl. dazu Kodalle S.26: „Die Menschwerdung ist nicht Mittel zu einem Zweck, die Menschlichkeit des Gottes nicht nur Hülle, um etwas zu ent- oder zu verbergen. Das ist gegen alle Verrechnungskapazitäten auf (Erb-)Sünde feszuhalten.“

[31] Zu dieser Thematik vgl. Hünermann 1989, S. 112: „Die Verweigerung solcher Freigabe in die Zeit führt unausweichlich zur *Selbst*verfehlung.“ (Hervorgehoben von mir, J.O'D.)

sonwerden, das gleichzeitig die Selbsthaftigkeit des göttlichen Ursprungs und die Fortentfaltung der ihm entspringenden Verschiedenheit in ihrem sich verwebenden Werden thematisiert.

Zweitens ist die Inkarnation nicht nur ein Erschließungs-Ereignis, sondern zugleich ein Ereignis der tiefstmöglichen *Versöhnung*. Wir haben festgestellt, wie die Verschiedenheit zum Atomismus und zur Selbstentfremdung neigt. Die Schwerkraft der Endlichkeit ist eine Kraft der Distanzierung, der Entzweiung und des Vergessens. Eine Heilung dieser Entzweiung muß, um ausreichend und allgemein sein zu können, vom Ursprung her gestaltet werden. Die Schwerkraft der Endlichkeit ist nicht von der Endlichkeit selbst zu verwandeln. Diese Heilung muß aber in der konkreten Dichtheit und Ganzheit der Endlichkeit selbst vollzogen werden, sonst bliebe sie äußerlich und nebensächlich. Sie muß dann das ganze Gewebe der Endlichkeit, den Tod verwandeln. Gerade dies ereignet sich in der Inkarnation als Leben, Tod und Auferstehung der Person Jesu Christi. Damit wird die zerbrochene Zugehörigkeit des Göttlichen und des Menschlichen explizit und irreversibel in der Ganzheit ihrer Dimensionen geheilt.

Drittens ist die Inkarnation nicht allein Offenbarung und Versöhnung, sondern auch *Ermöglichung*. Die Inkarnation ist keine phasenhafte oder vorübergehende Erscheinung, die eine Weile dauert und sich dann ins Nichts auflöst. Weil sie das intimste Ereignis überhaupt in der Verschiedenheit ist, in dem Sinne, daß sie die Intimität des Ursprungs und das äußerste Fremde und Entfremdende, den Tod, miteinander vermittelt, ist sie nicht mehr rückgängig zu machen.[32] Die Inkarnation ist nicht abzubauen. Von keiner möglichen Richtung ist ihre Einheit angreifbar. Welche Differenz macht dies für das Personwerden aus? Wegen der Offenbarung der Zusammengehörigkeit aller und seiner Zugehörigkeit zum Geist und wegen der Heilung der tiefgreifenden Entzweiungen erhält das Personwerden eine neue *ermöglichende* Kraft. Weil das Personwerden zwischen der Dunkelheit seines eigenen Ursprungs und der Dunkelheit seines Endes sich als Werdensweg vollziehen muß und ferner, weil beide Dunkelheiten konkret und daseiend in einer spezifischen Person miteinander vermittelt und verwandelt sind, enthält das Personwerden eine neue Kraft der Rekognition, der Verwandlung und der Vollendung. Die irreversible unendliche Bejahung der Verschiedenheit durch die Inkarnation fordert zum neuen Werden, zur neuen Vermittlung heraus. Der Grundimpuls zur Vermittlung ist aufgedeckt und ruft zu einer neuen Kreativität auf, die sich vor keiner Entfremdung zu scheuen braucht. Das Personwerden ist kein subjektivistischer pelagianischer Aufstieg zu einem fremden entfernten Ziel. Vielmehr ist es das Zu-

[32] Zu der Einmaligkeit Jesu als einem Ereignis, welches nicht auf die generelle Einheit zwischen der menschlichen Seele und Gott reduziert werden kann vgl. Mackey S. 162: „... then the incarnational economy is adventitious, then a timeless relationship between the God and the ‚inner' soul supersedes those relationships to God constructed in time and attributed to God's mighty acts ... and the Trinity is no longer a christological doctrine; it is rather a doctrine of God ..."

Sich-Kommen der Verschiedenheit. Die Vermittlung der Verschiedenheit ist in jeder individuellen Person als Vermittlung ergänzend vollzogen. Jedes individuelle Personsein bringt die Verschiedenheit auf eine neue Weise zur Sprache und zur Vermittlung. Was die Inkarnation *ermöglicht*, ist dann nicht ein Sprung zum Vollendetsein. Sie erschließt auch keine transparente Offenbarung, die als Wissens-Depositum unmittelbar zur Verfügung stünde. Erst im konkreten und kontinuierlichen Vollzug des eigenen Werdens läßt sich allmählich die ermöglichende Kraft der Inkarnation sehen. Die Inkarnation heilt die Verschiedenheit, nicht indem sie sie vereinfacht, sondern indem sie sie noch intensiviert. Die Inkarnation ist die Leidenschaft zur äußersten Verwirklichung.

Ein Grundproblem der heutigen Christologie besteht darin, die Einheit Jesu Christi angemessen zu denken. Wenn man aber in der Christologie spekulativ konsequent bleiben will, muß das als Problem des Personseins Jesu Christi gedacht werden. Angesichts der Aporien in der Subjektphilosophie und des Fehlens eines Personbegriffs als Vermittlung, sollte die Zerstreutheit der heutigen Christologie nicht überraschen. Die Inkarnation verlangt eine eigene Ontologie. Daß in der heutigen Christologie Einzelperspektiven vorherrschen, die diesem Verlangen nicht gerecht werden können, hängt damit zusammen, daß wir uns in dem „nachmetaphysischen" Zeitalter befinden. Nachmetaphysisches Denken hat schon lange seinen Abschied von den Entwürfen der Allgemeinheit, die im Idealismus stattgefunden haben sollen, genommen. Dennoch hat dieser Abschied die Spannung zwischen Individualität und anderen Formen von Allgemeinheit keineswegs gelöst. Es läßt sich vermuten, daß diese Spannung noch härter geworden ist. Unter dem Allgemeinheitszwang des postmodernen Dekonstruktivismus wird das Subjekt zugrundegerichtet. Trotzdem stirbt das Subjekt immer noch nicht ab. Es hält sich, wenn auch auf extreme oder äußerliche Weise, immer noch am Leben. Dieter Henrich versucht, der Subjektivität gerecht zu werden, indem er sie umdefiniert zu einem sich erhaltenden, bewußten Leben, welches notwendigerweise auf Metaphysik angewiesen ist, um Rechenschaft über sich abzulegen.[33] Die Allgemeinheit bleibt in der Form von Theorieperspektiven und Theoriesynthesen hier erhalten. Jürgen Habermas versucht andrerseits, das überwundene Paradigma der Bewußtseinsphilosophie in eine Intersubjektivitätstheorie des kommunikativen Handelns umzuwandeln.[34]

Beide Theorien wollen das gebrochene Verhältnis von Individualität und Allgemeinheit kritisch wiederherstellen. Bleibt aber dieses rekonstruierte Verhältnis nicht rein äußerlich? Ist es nicht eher eine Synthese als die Artikulation

[33] Dazu vgl. Henrich, „Was ist Metaphysik – Was Moderne? Zwölf Thesen gegen Jürgen Habermas", S.15–22. Entscheidend dazu auch Henrich, Fluchtlinien, 1982.

[34] Vgl. dazu Jürgen Habermas, Theorie des kommunikativen Handelns, und Habermas 1988, S. 11–60; hier nimmt er Stellung zu Henrichs Thesen und gibt eine hervorragende Zusammenfassung der heutigen philosophischen Strömungen.

einer Einheit? [35] Henrich und Habermas würden darauf bestimmt erwidern, daß in der Postmoderne kein anderes Verhältnis von Allgemeinheit und Individualität aufgestellt werden kann. Die selbsthafte Allgemeinheit des Idealismus ist schon lange aufgelöst. Wenn man sich aber mit einem leichtfertigen Abschied von der Art der Allgemeinheit im Hegelschen Denken nicht zufriedengeben will und deswegen tiefer nach dem Grund der Notwendigkeit eines solchen Abschieds fragt, läßt sich feststellen, daß dahinter der Vorwurf der Reduktion der Verschiedenheit und der Erfahrung auf das transparente Begriffliche steckt. Die Notwendigkeit eines solchen Abschiedes aber hat nur den Status einer Behauptung und kann trotz des Zwangs der kulturellen Mode nicht ohne weiteres bestehen bleiben. Diese Arbeit versucht zu zeigen, daß das Urmotiv der PhG die kreative Vermittlung von Allgemeinheit und Individualität *ist*. Personsein ist diese Vermittlung. Es darf weder auf die eine noch auf die andere Seite reduziert werden. Die Rekognition ist der Wissensvollzug, worin die Wechselwirkung der eigenen Identität und der Affinität mit der Verschiedenheit allmählich und progressiv ans Licht tritt. Gerade weil der Geist selbsthaft die Quelle, der Impuls und die Grundkontur aller Verschiedenheit ist, kann nicht die geringste Reduktion der Erfahrung auf das bloß Gedachte stattfinden. Alle existentiellen und geistigen Sackgassen der Postmoderne können in der Intensität ihrer Widersprüchlichkeit und Andersheit auf genuine und fruchtbare Weise innerhalb dieser Perspektive des Personbegriffs als Vermittlung artikuliert, intensiviert und in neue Gestaltungsmöglichkeiten verwandelt werden. Infolgedessen meinen wir, daß dieser Personbegriff als Vermittlung sowohl zur Lösung verschiedener Bedürfnisse der Postmoderne als auch der Christologie beitragen könnte. Wir stellen deswegen ein sehr offenes, aber in sich straffes Konzept der Inkarnation als Ereignis des Personseins auf. Wenn das Verstandesnetz des Nacheinander bzw. der Chronologie durch den Personbegriff als Vermittlung durchbrochen wird, ergibt sich, daß der Rhythmus der Inkarnation dem äußersten Rhythmus des Leidens und der Ekstase des Personseins entspricht. Ferner läßt sich eine Grundaffinität zwischen dem Rhythmus des eigenen Personwerdens und dem des Gott-Menschen feststellen. Das Geheimnis der eigenen Selbstheit findet in ihm das Echo der höchsten Affinität. Als Ur-Differenz erschließt er das Geheimnis der eigenen Differenz als diese Individualität. Diese Grundaffinität hängt mit der Eigenart und der Allgemeinheit Jesu Christi zusammen, ist aber im Fall jedes einzelnen Individuums anders präsent und gestaltet.

Wir möchten behaupten, daß gerade dieser Persongriff, der von der Einheit der Inkarnation und der Wirklichkeit ausgeht, auf besondere Weise in der Lage ist, die Verschiedenheit zu entfalten und zu thematisieren. Die der Inkarnation ei-

[35] Zur grundeliegenden Schwierigkeit der Postmoderne, ein Gleichgewicht zwischen Individualität und Allgemeinheit zu finden, vgl. Frank 1986, bes. S. 13ff: „Es scheint demnach so, als seien weder die (System-) Rationalität noch Hypostasierungen wie *das* Sein, *die* Struktur, *die* Macht oder *die* Intersubjektivität geeignete Kandidaten, um die subjektphilosophische Erbmasse in geeigneten Umdispositionen zu verwalten."

gene Ontologie wäre weder schlechter Idealismus noch eine Einzelperspektive oder -ideologie. Die Einheit der Inkarnation ist allumfassend, einnmalig, eigenartig und individuell, und zwar gerade als Personsein, welches sich in der Intensität von Differenz und Gegensatz artikuliert.[36] Das einheitliche Personsein Jesu Christi soll nach Chalkedon der Ausgangspunkt aller theologischen Thematisierung des Inhalts der Inkarnation sein. Die Einheit der Inkarnation ist dann keine nachkommende Einigung, sondern eine ins äußerste sich entfaltende und sich thematisierende Einheit und Identität. Nur ein Personbegriff als Vermittlung der Individualität und der Allgemeinheit durch- und ineinander kann dem orthodoxen und dem spekulativen Bedürfnis der Inkarnation nach ihrer eigenen Ontologie entsprechen und es einlösen.

14.3 Der Personbegriff als Vermittlung in der Entfaltung und Thematisierung der Trinität

Der Personbegriff als Vermittlung sollte es ermöglichen, die Inkarnation, die Trinität und das Personwerden zusammenzudenken. Seit der Cartesianischen Wende zur Subjektivitätsphilosophie ist die Frage nach dem trinitarischen Personbegriff äußerst schwierig geworden. Die klassische Unterscheidung zwischen einem Wesen und drei Hypostasen genießt nicht mehr ihre ursprüngliche Geltung. Der Versuch allerdings, die Trinität durch die Linse des modernen Subjektbegriffs auszulegen, führt, wie es scheint, unausweichlich zum Tritheismus. Genau diese Gefahr hat Karl Rahner und Karl Barth veranlaßt, den Personbegriff in bezug auf die Trinität aufzugeben. Sie wollen ihn durch den Begriff der „Subsistenz" bzw. der „Seinsweisen" ersetzen. Damit scheint aber die Intimität und das entgegenkommend Personale an Gott in Anonymität verlorenzugehen. Hinsichtlich dessen und im Rückblick auf die ganze Tradition läßt es sich fragen, ob die Trinitätslehre nicht im Grunde aporetisch ist. Muß die Auslegung der Trinität immer zwischen den Begriffe der Substanz und des Subjektseins schweben? Die Überbetonung der Substanz annulliert das Differenziertsein der Subjekte, und Monotheismus ist das Resultat; die Überbetonung des Subjektseins spaltet die Einheit der Substanz, und Tritheismus ist das Ergebnis.
Welche neuen Möglichkeiten zur Überwindung dieser Aporie könnte der Personbegriff als Vermittlung bieten? Oder bietet er eine Entfaltung und Thema-

[36] Trotz der zahlreichen neuen christologischen Entwürfe bleibt die Christologie Karl Rahners dieser inneren und kreativen Spannung im Personsein Jesu am treusten. Er versteht die Eigenschaften von Gottheit und Menschheit, die Chalkedon voneinander durch die Regel von Ungemischtheit usw. thematisiert, nicht als verstandesmäßige, nebeneinanderliegende Attributionen, sondern als das sich ereignende, spannende Personsein Jesu Christi. Das Personsein Jesu Christi besteht in der lebendigen Gegensatzeinheit dieser Dimensionen. Eine besonders klare und berührende Artikulation dessen findet sich bei Rahner an einer ungewöhnlichen Stelle, nämlich dort, wo er sich „Zur Theologie der Weihnachtsfeier" äußert; vgl. Rahner 1967, bes. S. 40–41.

tisierung der Trinität, welche diese Aporie von vornherein nicht aufkommen ließe? Wir glauben ja. Wir haben während dieser Arbeit ständig darauf hingewiesen, daß der Personbegriff als Vermittlung nicht auf den Subjektbegriff zu reduzieren ist. Die unkritische Annahme dieser Reduktion im Fall Rahner und Barth führt zu der Verbannung des Personbegriffs aus der Trinitätsdiskussion. Wenn dagegen der Personbegriff als Vermittlung angewendet wäre, müßte kein Tritheismus aufkommen. Auf der anderen Seite hat die Interpretation der PhG die intime Verbundenheit von Substanz und Personsein aufgezeigt. Die positiven Konsequenzen dessen für die Auslegung der Inkarnation haben wir oben herausgestellt; dies gilt um so mehr für die Trinität selbst. Die selbsthafte Natur der Substanz und die Vermittlung des Personseins gehören in der einheitlichen Bewegung der Trinität engstens zusammen. Es läßt sich dann verstehen, daß die Aporie des Tritheismus-Monotheismus in der Auslegung der Trinität auf eine verborgene Voraussetzung zurückzuführen ist, nämlich auf die verstandesmäßige Trennung von Substanz und Personsein.

Die moderne Reduktion des Personbegriffs auf den Subjektbegriff hat auch nicht zu einem befriedigenden Subjektbegriff führen können. Wir haben am Anfang dieser Arbeit in bezug auf Theunissens Husserlauslegung sehen können, unter welchem extremen Konstitutionszwang der transzendentalphilosophische Subjektbegriff steht. Das Subjekt muß leer anfangen und alles selbst konstituieren. Dieter Henrich hat sich bemüht, der Vitiosität des Reflexionzirkels zu entgehen, indem er versucht hat, den Ursprung des Selbst direkt und unmittelbar mit dem Anfang der Reflexion in Entsprechung zu bringen. Wieder von Reflexionskategorien ausgehend, hat Johannes Heinrichs eine Gleichursprünglichkeit von Subjekt und Anderem geltend zu machen versucht. Bei der Würdigung dieser Subjekt-Modelle wurde uns klar, wie schwierig und unglücklich das Setzen des Subjektbegriffs ist, sei es, daß wir von der Transzendental-Phänomenologie oder von der Reflexion ausgehen. Dagegen scheint uns Hegels Entfaltung und Thematisierung des Personbegriffs als Vermittlung verheißungsvoller.

Die PhG zeigt, daß die Selbstreflexivität des Ich nicht in den Termini des Subjekt-Objekt-Modells zu fassen ist. Die Subjekt-Objekt-Spaltung hat ein fixiertes Selbst und eine verdinglichte Wirklichkeit zur Folge. Die Selbstreflexivität des Ich ist dagegen immer in ihrer vermittelnden Verbundenheit mit der Allgemeinheit zu denken. Das sichentfaltende und sichthematisierende Selbst ist bei sich nur mittels der Erfahrung. Das Selbst ist dann kein neutrales Ursprungsmoment. Es verfügt aber auch nicht unmittelbar über seinen Ursprung.[37] Es kann nur durch seine Selbstentfaltung und Selbstthematisierung zu sich finden und was es auch sei zur Artikulation bringen. Entscheidend ist, daß der Ausgangspunkt bzw. der Anfang dieser Entwicklung kein reiner Ansatz sein kann. Das Selbst befindet sich von vornherein mitten in der Dichtheit

[37] Vgl. dazu Welte S. 10: „Daß der innerste Ursprung und Quell dessen, was der Mensch ist, als solcher nie Objekt werden kann, dieser Satz gilt nicht bloß für das Denken ... er gilt auch für alle anderen Objektivierungsformen des menschlichen Daseins."

von Erfahrungskonstellationen. Infolgedessen ist der Anfang der PhG der Einstieg in einen sich bereits vollziehenden Bewußtseinsablauf. Dies bedeutet, daß es bei dem Personbegriff nicht um das Setzen von Attributionen, wie es bei dem Subjektbegriff der Fall ist, gehen kann. Vielmehr geht es um die *Artikulation* des Personseins selbst, seine eigene Entfaltung und Thematisierung auf dem Erfahrungsweg. Die Tiefe und Breite dieser erfahrenden und sich erfahrenden Selbstheit läßt sich durch die Sequenz ihrer verschiedenen Gestalten zeigen. Gerade durch diesen Werdeprozeß kann das Selbst seinen Ursprung immer weiter zur Artikulation bringen und immer intimer in Besitz nehmen. Das Werden und der Ursprung stehen in einer wechselwirkenden Gegenseitigkeit zueinander.

Die Frage nach dem Ursprung der Selbstheit hat uns dazu veranlaßt, Fragen nach dem Ursprung von Fragen nach dem Anfang zu unterscheiden. Der Anfang ist nicht der Ursprung. Der Ursprung ist gegeben, während ein Anfang immer wieder gemacht werden kann. Das Ende entspricht dem Anfang, hingegen die Vollendung dem Ursprung. Die Frage, wo und wie das Denken anfangen soll, ist die hermeneutische Frage. Sie nimmt die sich entfaltende Tradition des Denkens konkret und kontexthaft ernst. Sie ergibt sich als ein Thematisierungsversuch auf dem Werdeweg zwischen dem Ursprung und seiner Vollendung. Die Frage nach dem Ursprung selbst ist die ontologische Frage. Die ontologische Frage stellt sich immer mitten auf dem Erfahrungswege, sie kann daher nicht abstrakt gestellt werden. Sie muß das Bisherige in sich aufnehmen, und deswegen kann sie nicht auf den Ursprung selbst direkt gerichtet werden. Ferner scheint es in der Natur des Ursprungs selbst zu liegen, daß er sich dem direkten Zugriff immer entzieht. Dennoch ergibt sich, daß die Anfangsfrage nicht selbst zu einer distanzierten Metafrage über die transzendentalen Bedingungen der Möglichkeiten von Denken und Verstehen überhaupt gemacht wird, sondern sich konkret als Einstieg in den jetzigen, sich vollziehenden Bewußtseinsablauf versteht und sich bemüht, diesen Erfahrungsweg zu *artikulieren*, damit sich eine Sequenz von Bewußtseinsgestalten enthüllt, welche gerade in ihrer Fortentfaltung einen immer tieferen Einblick in den Ursprung selbst ermöglichen. Die PhG ist gerade die Darstellung einer solchen Artikulation. Der Werdeweg des Personseins enthüllt immer mehr die Natur des Ursprungs seiner Selbstheit. Das ursprüngliche Wer-Sein der Person stellt sich erst in seinem Werden dar. Die Identität der Person ist in ihrem sich entfaltenden und sich thematisierenden Vollzug zu suchen. Der Ursprung artikuliert und enthüllt sich auf dem Werdeweg zu seiner Vollendung. Nur im Personwerden als Vermittlung kommt die Ursprünglichkeit der Selbstheit ans Licht.

Hinsichtlich der unglücklichen Reduktion des Personbegriffs auf den Subjektbegriff und der Herausstellung der Besonderheit der Ursprungsfrage in bezug auf die Selbstheit der Person wollen wir nun die Eigenheit jeder der trinitarischen Personen in bezug auf ihren Ursprung herauskristallisieren. Es ist bereits in der Tradition ein Kernstück der trinitarischen Spekulation, daß die besondere Differenziertheit jeder trinitarischen Person in ihrem jeweiligen Ursprungsverhältnis zu suchen ist. Der Vater ist der schlechthin Ursprungslose. Der Sohn hat seinen Ursprung im Vater. Der Heilige Geist hat seinen Ursprung im gemeinsamen Liebesakt des Vaters und des Sohnes.

Wie läßt sich die Ursprungslosigkeit des Vaters denken? Ist sie eine rein negative Bestimmung, um die unendliche Transzendenz Gottes zu bewahren? Wie könnte ein Wesen, das selbst ursprungslos ist, der Ursprung von allem sein? Muß dann das ihm Entsprungene ihm nicht in gewisser Weise äußerlich oder gleichgültig bleiben, weil es selbst nie wissen kann, wie es ist, einen Ursprung zu haben und in einem Ursprungsverhältnis stehen zu müssen? Um einer Antwort auf diese Fragen näherkommen zu können, ist zunächst klarzustellen, daß die Ursprungslosigkeit des Vaters keine negative Bestimmung ist. Der Personbegriff ist die Vermittlung der Allgemeinheit und der Individualität durch- und ineinander. Die Besonderheit des Vaters als Person, die zunächst in seiner Ursprungslosigkeit liegt, besagt dann, daß die Allgemeinheit ihm nicht vorausgeht. Er ist selbst die Allgemeinheit. Daß diese Allgemeinheit keine anonyme oder fremdartige Allgemeinheit ist, läßt sich an der vorstellungsmäßigen Tatsache erkennen, daß diese Allgemeinheit den Namen *Vater* trägt. Sie ist keine sterile, sondern eine fruchtbare Allgemeinheit. Sie ist eine selbsthafte und intime Allgemeinheit. Die Ursprungslosigkeit des Vaters verweist auf die allumfassende Natur dieser Allgemeinheit. Sie ist die unendliche Fülle. Gerade aus diesem Grund ist sie der unendliche Ursprung aller Verschiedenheit.

In der Tradition wird keine Distanz zwischen dem ursprungslosen Sein des Vaters und der „Entstehung“ der Trinität gesehen. Der Vater bleibt nicht erst in seiner Ursprungslosigkeit selbstgenügsam und entscheidet sich dann später für eine Trinität. Es geht hier nicht um die eigene Umkehrung Gottes vom Monotheismus zur Trinität. Wir haben früher auf die Gefahr der Hereinnahme der subjektivistischen Kategorie der Entscheidung in das Leben Gottes hingewiesen. Die Ursprungslosigkeit des Vaters als die allumfassende und intime Allgemeinheit ist immer schon die spezifische Einzigartigkeit seines trinitarischen Personseins. Gerade weil der Vater als Person immer die ursprungslose Fülle ist, kann er allein dadurch er selbst sein, daß er seine Allgemeinheit vermittelt. Die Intensität der väterlichen Fülle zeigt sich darin, daß sie sich weder als Tat noch als Eigenschaft noch als Phase ausdrücken läßt, sondern nur als Person. Diese andere Person ist der Sohn. Die Vermittlung des Vaters ist eine absolute Vermittlung; er hält nichts für sich zurück. Er entäußert sich völlig. Diese Vermittlung des Vaters ist die Entfaltung und Thematisierung seines Personseins. Die Fülle seiner Allgemeinheit zeichnet sich dadurch aus, daß er eine sich selbst ebenbürtige Person erzeugt. Diese andere Person empfängt die Fülle des Vaters. Dennoch ist diese Person ein Anderer. Er ist keine leere repetitio des Vaters, worin der Vater seine eigene Herrlichkeit narzißtisch widergespiegelt bekommt. Vielmehr besteht die Herrlichkeit des Vaters darin, daß diese Person seine ganze Fülle geschenkt bekommt und sich diese völlig zu eigen machen kann. Die erzeugte Person ist ein selbständiger Anderer und darf die Fülle seiner eigenen Differenz genießen, entfalten und thematisieren. In der Intimität der Trinität ist Kontrast keineswegs Konkurrenz.

Wichtig ist an dieser Stelle zu betonen, daß die Personen in der Trinität keine getrennten Einzelsubjekte sind. Es handelt sich daher hier nicht um die Verteilung eines darunterliegenden Substanz-Substrats. Es ist nicht die quantitative Verteilung eines gemeinsamen Substrats, wobei ein bestimmter Teil jedem Subjekt gezielt zugeschrieben wird, wodurch es dann als der Ort und als positionierter Empfangspunkt dieses bestimmten Substanzteils verstanden wird. Der Gegensatz und die Trennung zwischen Subjekt und Substanz bestehen hier nicht. Jede Person vollzieht ihre Selbstheit, indem sie die selbsthafte göttliche Substanz bzw. Allgemeinheit auf eine differente, individuelle und unvergleichbare Weise vermittelt. Nur in dieser absoluten Vermittlung vollzieht sich die Trinität. Der Sohn ist die erste Differenz. Er ist die Ur-Differenz, und zwar als Person. Als Ur-Differenz entfaltet und thematisiert er die väterliche Fülle.
Der Personbegriff als Vermittlung der Allgemeinheit und der Individualität durch- und ineinander ermöglicht es uns, das Personsein des Vaters weiter zu untersuchen. Warum muß die Vermittlung seines Personseins eine ebenbürtige Person hervorbringen? Um diese intimste Ähnlichkeit von Vater und Sohn klarzustellen, hat die Tradition die Termini ὁμοούσιος und Erzeugung entwikkelt. Liegt es etwa in der Natur dieser intimen und allumfassenden Allgemeinheit des väterlichen Personseins, daß er eine ihm ebenbürtige Person erzeugen muß? Die göttliche Allgemeinheit ist allumfassend; außerhalb ihrer gibt es nichts, oder anders gesagt, für die göttliche Allgemeinheit gibt es überhaupt kein „Außerhalb". In sich ist diese Allgemeinheit keineswegs zerstreut oder vage. Sie ist in sich verwoben, eine feste Einheit. Es läßt sich erahnen, daß die Vermittlung dieser Allgemeinheit ihre gesammelte Intensität ins Werk setzt oder aktiviert. Diese Vermittlung kann weder etwas Äußerliches noch etwas Geringeres als sich selbst hervorbringen. Es wird verständlich, warum diese Vermittlung nur eine ebenbürtige Person hervorbringen konnte.
Die Vermittlung dieser Allgemeinheit ist demzufolge die vorbehaltlose Entfaltung und Thematisierung der Tiefe und Breite dieser Allgemeinheit in und durch die Individualität des Vaters. Im Personsein des Vaters besteht eine unendliche Entsprechung und Balance zwischen seiner Individualität und seiner Allgemeinheit, die es beim menschlichen Personsein wegen der Züge der Endlichkeit in der menschlichen Individualität nicht geben kann. Die Selbstvermittlung des Vaters als Erzeugung einer ebenbürtigen Person so zu verstehen, bedeutet, daß die ganze Intensität dieser Allgemeinheit nun dem Personsein des Sohnes selbst aufs neue als Vermittlungsmöglichkeit gegeben ist. Er empfängt diese Allgemeinheit keineswegs passiv. Auch er als Individualität vermittelt sich, und gerade darin vollzieht er sein Personsein. Wie das Personsein des Vaters weder allein in seiner Allgemeinheit noch allein in seiner Individualität zu orten ist, sondern in der Vermittlung beider als Vollzug, so ist auch das Personsein des Sohnes weder in der Allgemeinheit noch in der Individualität exklusiv zu orten, sondern in der Vermittlung beider als Vollzug. Das Personsein in der Trinität hat einen konkreten Ereignischarakter.
Wird aber die Differenz des Sohnes wegen seiner intimen Ähnlichkeit mit dem Vater nicht relativiert? Ein kurzer Vergleich zwischen der Art der Differenz

im göttlichen und im menschlichen Personwerden hilft hier weiter. Wie früher erläutert wurde, ist Differenz im menschlichen Bereich immer ein Kontrastbegriff, dem grundsätzlich eine Selbstheit und Selbigkeit vorausgeht. Zunächst wird etwas als different erkannt, und dann erst vollzieht sich eine Rekognition der Affinität damit. Der Werdeweg der PhG vollzieht eine solche Rekognition der Affinität in dem, was sich zunächst als völlig anders und fremd ergibt. Es läßt sich eine umgekehrte Bewegung im göttlichen Erkennen von Differenz vermuten. Die selbsthafte Allgemeinheit Gottes kennt kein „Außerhalb“. Deswegen ist das Erkennen Gottes immer zunächst ein Erkennen der Affinität und Ähnlichkeit seiner Allgemeinheit mit sich. Erst dann hebt sich ihre Differenziertheit und Verschiedenheit hervor. Der Vater hat *sich selbst* im Sohn völlig und ohne jeden Vorbehalt entäußert. Im Sohn begegnet er allen Geheimnissen seines eigenen Personseins *dargestellt*. Aber die Darstellung seiner intimsten Selbstheit ist nicht er selbst, sondern eine andere, *differente*, selbständige Person. Die Entfaltung und Thematisierung seiner innersten Selbstheit vollzieht sich in einer anderen freien Person. Ferner ist dies nicht zurückzunehmen, es ist für ewig und immer gegeben. Trotz seiner Ursprungslosigkeit und der damit gemeinten ewigen Unabhängigkeit erlebt der Vater doch sehr wohl das Ausgeliefertsein. In seinem Erzeugen des Sohnes riskiert und nimmt er ein Ausgeliefertsein auf sich, das sich die äußersten Grenzen der menschlichen Angst nicht einmal vorstellen könnten.

Weil der Sohn seine eigene Person ist, muß er nicht allein aus der Perspektive des Personseins des Vaters betrachtet werden, sondern aus der Perspektive seines eigenen Personseins. Wie ist dann das Personsein des Sohnes als Ur-Differenz zu verstehen? Zunächst ist klarzustellen, daß seine Unterschiedenheit nicht allein darin besteht, eine andere Person in der Trinität zu sein. Es liegt auch nicht daran, daß er die göttliche Allgemeinheit auf eine andere Weise vertritt oder verkörpert. Die Besonderheit seines Personseins ist auch nicht abstrakt durch seine Stellung in einer oppositio relationalis zu den anderen Personen zu erklären. Vielmehr ist sie inhaltlich und selbsthaft in seinem Ursprungsverhältnis zum Ursprungslosen zu suchen.

Im Sohn als Person kommt die Ganzheit der göttlichen Allgemeinheit zur Entfaltung und zur Thematisierung. Als der erste Andere überhaupt ist er die Artikulation der göttlichen Fülle auf eine solche Weise, daß ihre ganze Verschiedenheit aktiv und konkret zum Ausdruck kommt. Die selbsthafte faltenlose göttliche Allgemeinheit gewinnt im Personsein des Sohnes die äußerste Differenzierung. Er empfängt die göttliche Allgemeinheit nicht so, wie man sozusagen einen Gegenstand annimmt, sondern weil er Person als Vermittlung ist, vollzieht er diese Allgemeinheit in sich auf eine andere neue Weise. Dies gehört innerlich zum Personsein als Vermittlung. Während dieser Arbeit haben wir immer wieder gesehen, daß die eigene Selbstheit nicht bloß gegeben ist, sondern vermittelt werden muß, und gerade diese Vermittlung ist die werdende Einheit des Selbstbezugs *und* des Bezugs der Allgemeinheit. Gerade diese andere Vermittlungsart, die der Sohn konkret und selbsthaft vollzieht, macht seinen Unterschied zum Vater aus. Der Sohn ist die Selbstdifferenzie-

rung Gottes und gleichzeitig als eigene Person der konkrete Vollzug dieser Differenzierung. Der Sohn ist dann die Ur-Differenz und der Ursprung der Artikulation aller Differenzierung überhaupt.
In dieser Perspektive kommt die spezifische Tätigkeit des Sohnes in der Erschaffung der Welt und in der Inkarnation klarer ans Licht. Die Eigenart dieser Tätigkeit ist in der Spezifität seines Personseins als Ur-Differenz zu suchen. Gerade im Werden seines Personseins als Vermittlung entfaltet und thematisiert er sich als Quelle, begleitende Präsenz und Ziel aller Verschiedenheit. Das metaphysisch-mystische Gedicht des Paulus (Kol 1,15–17) drückt dies aus:[38]

„Er ist das Ebenbild des unsichtbaren Gottes,
der Erstgeborne der ganzen Schöpfung.
in ihm wurde *alles* erschaffen
im Himmel und auf Erden,
das Sichtbare und *das Unsichtbare.*
Throne und Herrschaften, Mächte und Gewalten
alles ist durch ihn und auf ihn hin geschaffen.
Er ist vor aller Schöpfung
in ihm hat alles Bestand."

Das Personsein des Sohnes ist das vermittelnde Prisma aller Verschiedenheit. Es gehört innerlich zu seinem Personsein, in der Schöpfung aktiv beteiligt zu sein. Interessant in diesem Paulinischen Gedicht ist die Rekognition, daß es nicht der Vater allein ist, der alles erschafft. Das Personsein des Sohnes als Entfaltung und Thematisierung bzw. als Selbstvermittlung des Vaters ist im Vollzug seines eigenen Personseins als Vermittlung der alle Erschaffung Wirkende. Paulus sagt nicht, daß der Sohn allein der Ursprung der ganzen Schöpfung sei. Vielmehr betont die Beschreibungsweise *in ihm*, *durch ihn*, und *auf ihn hin* die differenzierte Kontinuität dieser Vermittlung gerade im Personsein des Vaters *und* in dem des Sohnes. Das *in ihm* verweist zunächst auf die Schöpfung als Ausdehnung der Selbstvermittlung des Vaters in dem Personsein des Sohnes. Das *durch ihn* weist auf den Vollzug der eigenen Vermittlung im Personsein des Sohnes hin; seine aktive Selbstbeziehung als Ur-Differenz ist gerade das, wodurch die Schöpfung bzw. die Verschiedenheit erschaffen wurde. Das *auf ihn hin* verweist auf die Inkarnation des Sohnes, die Vermittlung seines Personseins als die Vollendung der Verschiedenheit. Die Inkarnation ist weder der Einbruch eines Fremdkörpers in die Schöpfung noch die Ausdehnung der privaten Innerlichkeit der Person Jesu in ein fremdes Draußen. Anstatt daß Jesus der fremde Außenseiter ist, gilt die Inkarnation vielmehr als das Auftreten des intimsten ontologischen „Insider". So läßt sich die Einmaligkeit der Person Jesu aus der Perspektive der Trinität artikulieren.

[38] Wir sind uns der exegetischen Problematik dieser Stelle bewußt; wir wollen uns aber auf die implizite individuelle und kosmologische Christologie in diesem Gedicht konzentrieren.

Als Personen stehen Sohn und Vater gleichzeitig in der intimsten Identität und in der äußersten Unterschiedenheit zueinander. Wie läßt sich diese Gleichzeitigkeit von Identität und Differenz denken? Zunächst ist festzuhalten, daß diese Gleichzeitigkeit nicht etwa durch die Reduktion der Differenz auf die Identität noch durch die Reduktion der Identität auf die Differenz zu bewahren ist. Hier kommt weder eine auseinanderstrebende Divergenz noch eine zusammenfallende Konvergenz beider zustande. Gerade weil das Personsein beider eine ereignishafte, sich vermittelnde Bewegung ist, begünstigen sich die Differenz und die Identität gegenseitig. Es läßt sich dann erahnen, daß diese Gleichzeitigkeit von Identität und Differenz dieser beiden sich vermittelnden Personen selbst auch als eine Vermittlung zu denken ist. Gerade als eine Vermittlung, welche die allumfassende Intensität Gottes in ihrer Entfaltung und Thematisierung ausdrückt, kann diese Vermittlung selbst nicht anders als auch ein Personsein sein. Infolgedessen ist diese Vermittlung als Personsein nicht weniger Person als Vater und Sohn. Diese Vermittlung der Gleichzeitigkeit der Differenz und der Identität des Sohnes und des Vaters heißt der Heilige Geist, die dritte göttliche Person.

Der Heilige Geist ist keine Synthese von Vater und Sohn. In Gott gibt es kein Nacheinander. Gott ist actus purus, und deswegen ist es ontologisch angemessen, von der Gleichzeitigkeit in bezug auf das Personsein des Geistes zu reden. Diese Redeweise läßt sich weiter dadurch bestätigen, daß die Vermittlung des Personseins in der Trinität eine absolute Vermittlung ist. Die Personen haben ihren Ursprung genau in der Absolutheit der Vermittlung. Die Vermittlung ist dann nicht partiell oder segmentiert. Es ereignet sich nicht so, daß zunächst einiges und dann später mehr vermittelt wird. Es ist eine totale und gleichzeitige Vermittlung. Wir haben bereits herauskristallisieren können, daß die Ursprungsvermittlung des Vaters in der Erzeugung des Sohnes als freie Person vom Sohn selbst vollzogen wird. Als Person vermittelt er seine eigene Selbstheit. Das wird vom Vater auch vollzogen; er ist nicht bloß Person, sondern auch eine sich vermittelnde Person. Festzuhalten ist, daß es die eine Gottheit ist, die absolut vermittelt wird. Dennoch ist ebenso festzuhalten, daß das Ursprungsverhältnis und die miteingeschlossenen Selbstvollzüge die Differenz der beiden Personen ausmachen. Die trinitarische Eigentümlichkeit des Personseins des Heiligen Geistes besteht darin, daß er die Vermittlung dieser verschiedenen Selbstvollzüge der Gottheit ist. Würde er damit nicht eine höhere Stelle als beide Personen beanspruchen können? Nein, und zwar weil seine Vermittlung nicht eine Vermittlung in dem Sinne ist, daß sie von außen her die Spezifität dieser beiden Selbstvollzüge miteinander in einer Einheit zusammenschließt. Die Bewegung ist hier gerade die umgekehrte. Es ist die Ursprungsvermittlung und die eigene Selbstvermittlung beider, welche sich von innen her vermitteln lassen, und daraus entsteht der Heilige Geist.

Der Heilige Geist ist dann nicht die äußerlich erzwungene Vermittlung zweier verschlossener Personen, so daß sich nur dadurch ihr opakes Personsein einander erschlösse. Die Vermittlung ist eine innerliche, von ihnen selbst ausgehende und von ihnen gewollte Vermittlung. Gerade weil es dennoch eine

Vermittlung ist, macht es das Personsein beider auch nicht transparent. Es bewahrt ihre Differenz voneinander, aber drückt auch die innere Offenheit Gottes aus. Diese Vermittlung ist dann der Ursprung des Heiligen Geistes. Die Tradition nennt sie spiratio activa. Der Heilige Geist geht vom Vater und Sohn ex uno principio hervor. Er ist weder der exklusive Geist des Vaters noch der exklusive Geist des Sohnes, sondern der eine Geist beider. Wenn das Personsein in der Trinität getrenntes Subjektsein wäre, wäre von zwei Geist-Gestalten oder von einem abwechselnden Modus des Geistes des einen oder des anderen die Rede. Weil Person Vermittlung ist, enthüllt sich der Heilige Geist als die tiefste Intimität der Identität und der Differenz beider Personen. Er ist die aktive differenzierte Vermittlung beider als Darstellung. In ihm verfügen Sohn und Vater über ihre eigenste Selbstheit und Unterschiedenheit.

Aber der Heilige Geist als Person ist nicht allein passiv aus seinem Ursprungsverhältnis zu beiden zu denken. Er ist nicht die bloß funktionale oder instrumentale Darstellung beider. Sein Personsein ist nicht der Ort, wo sich beide neutral und objektiv anschauen können. Obwohl sich keine Trinität ohne den Heiligen Geist denken ließe, muß dennoch zugegeben werden, daß der Heilige Geist die trinitarische Person ist, die am wenigsten bedacht wurde. Er wurde als das ichlose und antlitzlose Wesen beschrieben. Sein Personsein wurde immer wieder auf seine Wirkung reduziert; er wurde mit dem Wind und dem Feuer verglichen. Auch die charismatische Bewegung, die den Heiligen Geist wieder ins aktive Feld des kirchlichen Lebens gerückt hat, hat sich fast ausschließlich auf die Du-hafte Unmittelbarkeit seiner Wirkung konzentriert; sie hat zu keiner tiefgreifenden Deutung seiner Eigenheit in der Trinität geführt. Welche verborgene Voraussetzung liegt dieser vernachlässigenden Behandlung des Heiligen Geistes zugrunde? Welche Gefahr könnte in einer tiefgreifenden Pneumatologie liegen? Diese Frage ist äußerst schwierig. Zunächst läßt sich die Schwierigkeit einer angemessenen Behandlung seines Personseins darauf zurückführen, daß er immer als ein Zwischen-Wesen betrachtet wurde. Der Vater bleibt der verborgene Ursprung, der Sohn die hervorgetretene, sichtbar gewordene Person. Der Heilige Geist bleibt zwischen dem Sichtbaren und dem Unsichtbaren. Mit dem ὁμοούσιος-Begriff wurde der einfache Monotheismus ausgeschlossen und die begriffliche Ausbildung der inneren Differenziertheit Gottes begonnen, aber im Zuge dieser Begriffsbildung tat man sich sehr schwer, den Heiligen Geist in seiner trinitarischen Eigenheit zu thematisieren. Die Inkarnation verlangt das ὁμοούσιος. Aber dieses Attribut muß vom Heiligen Geist ferngehalten werden, sonst wäre die Absolutheit der Inkarnation relativiert. Man müßte eigentlich meinen, daß eine aufblühende Pneumatologie den Weg in den Tritheismus bereiten würde. Es genügt, den einfachen Monotheismus zu vermeiden und die Vater-Sohn-Beziehung in der Weise zu thematisieren, daß sich eine Trinität ergibt. Aber damit wird der Heilige Geist funktionalisiert als ein sich zurückhaltender Mitträger der Möglichkeit einer Trinität überhaupt. Damit hängt auch die Tatsache zusammen, daß der Heilige Geist in den Menschen *unmittelbar anwesend* ist. Unmittelbar leistet er die erwünschte Funktion, daß die Distanz und Verbindung zwischen

Schöpfung und Trinität vollbracht werde. Die Vernachlässigung des Heiligen Geistes hängt somit mit seinem Zwischen-Status im Bereich der Offenbarung, der trinitarischen Begrifflichkeit und der Erlösung zusammen.
Es sei an dieser Stelle noch daran erinnert, daß unsere Überlegungen hier nicht um die Vernachlässigung der Wirkung des Heiligen Geistes in der Tradition gehen, sondern um die spekulative Vernachlässigung der Eigenheit seines Personseins. Angenommen, der Heilige Geist wurde als ein Zwischen-Wesen betrachtet. Die weitere Frage muß nun aber eingehender an die Natur des Heiligen Geistes selbst gerichtet werden. Woran liegt es in der trinitarischen Stellung des Heiligen Geistes, daß ihm ein solcher Zwischen-Status immer wieder zugeschrieben wird? Es läßt sich vermuten, daß die spekulative Schutzlosigkeit des Heiligen Geistes auf das Fehlen einer Ursprungsrolle zurückzuführen sei. Der Vater ist der ursprungslose Ursprung des Sohnes; und der Sohn ist zusammen mit dem Vater der Ursprung des Heiligen Geistes. Der Heilige Geist aber ist der Ursprung von nichts.[39] Zwischen dem verborgenen Ursprung und der sichtbar gewordenen Ur-Differenz muß er, so scheint es, ichlos und antlitzlos bleiben. Er darf zwar wirksam sein, aber die Wirkung ist immer nur von den beiden anderen stärkeren Personen durch ihn ausgeübt.
Läßt sich aber der Sachverhalt, daß der Heilige Geist in der Trinität keine Ursprungsrolle hat, nicht auch auf eine kreativere Weise denken? Wie könnte es trotzdem möglich sein, das Personsein des Heiligen Geistes spekulativ aufblühen zu lassen? Wäre sein voll entfaltetes Personsein mit der Trinitätslehre überhaupt zu vereinbaren? Es muß aber im Grunde gelten, daß, wenn die Trinität die echte Gottesgestalt ist, sie ohne das volle Personsein des Heiligen Geistes nicht wahrhaft sein kann. Die Trinitätslehre verlangt grundsätzlich das intensive und selbsthafte Personsein des Heiligen Geistes. In unserer Thematisierung des Ursprungs des Heiligen Geistes haben wir versucht zu zeigen, daß die innere Logik der differenzierenden Vermittlung des Sohnes und des Vaters auf das Entstehen einer dritten Person hinauslaufen muß. Er ist die Vermittlung ihrer Differenz und Identität von- und miteinander. Er ist als Person die Gleichzeitigkeit dieser intensiven Verbundenheit. Wir haben auch versucht zu zeigen, daß dabei die Differenz beider in der Besonderheit ihrer eigenen Selbstvollzüge nicht verloren geht, sondern vermittelt wird. Gerade weil die Vermittlung eine absolute Vermittlung ist, sind Vater und Sohn auf das Personsein des Heiligen Geistes angewiesen. Ohne ihn wäre ihre absolute Vermittlung nicht möglich. Ihre Differenz und Identität würde entweder zusammenfallen oder auseinanderklaffen. Von seiten des Heiligen Geistes betrachtet, bedeutet das, daß sein Personsein es selbst sein muß und keine schwächere Position einnehmen darf.
Es gehört zum Wesen des Personseins, daß die eigene Selbstheit vom eigenen Selbst vollzogen werden muß. Der Heilige Geist als Person vollzieht dann in seiner Weise sein eigenes Personsein. Daß er dieses Personsein geschenkt be-

[39] Vgl. zu dieser Thematik McDonnel S. 207: „When a subordinationist pneumatology dominates, one arrives at a new Monophysitism of the humanity of Christ ...".

kommt oder selbst *als* Geschenk ist, verringert in keiner Weise die Aufgabe und das Abenteuer des eigenen Selbstvollzuges. Der Sohn hat ebenso sein Personsein als Geschenk bekommen. Der Unterschied im Fall des Heiligen Geistes ist, daß er einen doppelten Ursprung hat. Er empfängt sich gleichzeitig von beiden. Seine Selbstvermittlung ist nicht einfach die Vermittlung der göttlichen Allgemeinheit nach der Weise, wie der Sohn als Person dies tut, nämlich als Ur-Differenz und als Quelle der Artikulation aller Differenzierung überhaupt. Das Aufregende am eigenen Personsein des Heiligen Geistes ist, daß diese ganze Entfaltung und Thematisierung der göttlichen Allgemeinheit ihm „vorausgeht" und in ihm konkret und aktiv enthalten ist. Obwohl sein Personsein nichts Zusätzliches zu der göttlichen Allgemeinheit hinzufügt, *ist* es dennoch die höchste Steigerung der göttlichen Intensität, weil er dies in seinem Personsein vollzieht. Als Person ist der Heilige Geist das äußerste Sichdifferenzieren und das intimste Mit-sich identisch-Bleiben Gottes, und zwar gleichzeitig. Als sein eigenes Selbst *ist* er das. Er vollzieht als eigenes Selbst die Vermittlung des Ursprungs und der Ur-Differenz. In ihm findet das sichdifferenzierende Werden Gottes seine immer sich-ereignende Vollendung.
Muß nun aber nicht trotz dieser Überlegungen zugestanden werden, daß die eigene Selbstheit des Heiligen Geistes doch begrenzt ist, weil sie immer auf die beiden anderen Personen gerichtet bleibt und sich nicht in eine andere neue Richtung fortentwickeln und thematisieren kann, durch das, was sie empfängt? Dies aber wirft die Frage auf, welche andere Entfaltungsrichtung zur Verfügung stünde, die größere oder kreativere Entfaltungsmöglichkeiten bieten könnte. Die Antwort darauf muß unausweichlich lauten: Keine. Die größten und kreativsten Entfaltungsmöglichkeiten bietet die allumfassende Fülle der göttlichen Allgemeinheit in der werdenden Einheit ihrer sichentfaltenden Identität und Differenz. Und der Heilige Geist steht nicht neben oder außerhalb dieser Einheit, sondern erlebt sich selbst als ihre Darstellung und höchste Steigerung. Die Entfaltung und Thematisierung seines Personseins enthält darum immer diese ungeheure Spannung der Differenz und der Identität. Das Bedürfnis einer Selbstentfaltung im Sinne eines Emanationsvorgangs wäre in der Tat eine Selbstreduktion des Heiligen Geistes; ferner widerspräche es der absoluten personalen Vermittlung der Trinität, indem es sie auf das räumlich Lineare reduzieren würde.
Wegen der unendlichen Fülle der göttlichen Allgemeinheit sind alle drei Personen in ihrer Vermittlungsart eigenständig und frei. Keine ist durch eine andere zu ersetzen. Keine wird durch die Vermittlungsart der anderen ihrer eigenen Vollzugsaufgabe enthoben werden.[40] Keine ist in der eigenen Vermittlungsart den anderen transparent. Aufgrund der Fülle in der jeweiligen Vermittlungsart jeder Person hat jede den anderen immer etwas Neues zu vermitteln, zu zeigen und zu sagen. Die Vermittlung jeder Person ist immer zugleich die Intensivierung ihrer Differenz von den anderen und das Schenken dieser Differenz an die anderen. Hier gibt es keine Wiederholung. Die Fülle und un-

[40] Vgl. dazu Hendry S. 240.

erschöpfliche Tiefe der Gottheit läßt sich dann sowohl im allumfassenden Verwobensein der göttlichen Allgemeinheit als auch in der Eigenheit und Selbsthaftigkeit der personalen göttlichen Selbstvollzüge zeigen. Jede Person ist ereignishaft. Es handelt sich dann im Werden der trinitarischen Personen nicht um das Hervorbringen von vollendeten Subjekten, die endgültigen Abschied von ihrem Ursprung zu nehmen hätten oder die aus der Kontur dieses Ursprungs herausfallen könnten. Damit sind wir explizit bei der Verbundenheit von Ursprung und Werden im Personsein als Vermittlung angekommen.
In der Trinität geht es sowohl um die ontologische Ursprungsfrage überhaupt als auch um die Ursprungsfrage spezifisch in bezug auf jede der göttlichen Personen gedacht. Unsere Überlegungen bisher haben sich implizit mit einer Auslegung der Trinität durch die Linse der Ursprungsfrage befaßt. Nun möchten wir dies explizit auf den Begriff bringen. Wichtig ist hier zu sagen, daß unsere Betrachtungsart sich nicht als ein transzendental-philosophisches Aufzählen von abstrakten Bedingungen der Möglichkeiten der trinitarischen Hervorgänge versteht. Das klassische Axiom für Trinitätssprache lautet: „Omnia sunt unum, ubi non obviat relationis oppositio." (D703) Die oppositio relationalis läßt sich von der Differenz der Urspungsverhältnisse der Personen ableiten. Wir haben diese oppositio relationalis nicht abstrakt transzendental thematisieren wollen. Vielmehr versuchten wir sie konkret und inhaltvoll zu thematisieren. Deswegen könnte der Eindruck entstehen, daß wir die freien Hervorgänge der göttlichen Liebe mit einer Notwendigkeit belasten. Abstrakte Theologie pflegt immer wieder auf der Freiheit Gottes zu beharren. Die einzige Bestimmung, die sie liefern will, bleibt damit fest innerhalb eines monologischen Glaubenskreises stehen, welcher im Geheimnis der göttlichen Liebe eine so absolute und tröstende Grenze verstehen will, daß sie überhaupt zu keiner eingehenden durchdachten Thematisierung oder Entfaltung dieser Freiheit und Liebe kommt. Nach unserer Meinung ist die Thematisierung des Geheimnisses des Ursprungs nicht äußerlich oder räumlich dualistisch in Termini der Grenze zu verstehen. Vielmehr stehen wir und unser Denken immer bereits innerhalb des Geheimnisses des Ursprungs und des ihm Entsprungenen. Im Thematisierungsversuch des Ursprungs-Geheimnisses dringt das Denken in seine reichste und eigentlichste Quelle ein. Das Denken ist das Freisetzen der Quelle. Im Gegensatz zu der Äußerlichkeit der Attributionsbildung lebt die Artikulation vom eigensten Impuls des Ursprungs selbst. Unsere Betrachtungsweise gilt, in bezug auf die Trinität, weder als das Herantragen von allgemeinen Begriffen noch von äußerlichen Notwendigkeiten auf die Einzigartigkeit der Trinität.
Wir haben versucht, die Ursprungslosigkeit des Vaters als eine allumfassende, intensive Fülle auszulegen. Gerade darin besteht seine Kraft und Kreativität als der Ursprung von allen. Wir haben dann die Eigentümlichkeit des Vaters durch die Besonderheit des ihm Entsprungenen, des Sohnes und des Heiligen Geistes, auszulegen versucht. Diese indirekte Art, uns an den ursprungslosen Ursprung anzunähern, läßt sich sowohl durch die Transzendenzbehauptung der Offenbarung als auch durch die Eigentümlichkeit von Ursprungsfragen be-

stätigen. Der Ursprung entzieht sich immer dem direkten Zugriff. Dennoch ist der Ursprung hier kein opaker Anfangspunkt, sondern das Ur-Selbst, die Ur-Person. Personsein als Vermittlung läßt ferner zeigen, daß die unendliche Tiefe und Breite dieses Ur-Personseins in und durch Selbstentfaltung und Selbstthematisierung zur Darstellung kommt. Das ursprüngliche Wer-Sein der Person stellt sich erst in ihrem Werden dar. Das Entfalten und Thematisieren der göttlichen Allgemeinheit stellt sich erst im Vermitteltsein und in den eigenen Vermittlungen der göttlichen Personen dar. Gerade aufgrund seiner Fülle setzt der Ursprung die Differenz der Personen.

Wir haben gesehen, daß Ursprungs- und Anfangsfragen voneinander zu unterscheiden sind. Das Ende entspricht dem Anfang, während die Vollendung dem Ursprung entspricht. Das besagt, daß die Fülle des Ursprungs immer schon seine Vollendung in und durch das Werden erzielt. Das ist nur deswegen möglich, weil der Ursprung kein bloßer Ansatz- bzw. Anfangspunkt ist. Vielmehr hält der Ursprung sich in intimster Kontinuität mit dem ihm Entsprungenen und entfaltet und thematisiert sich dadurch. Die personale göttliche Allgemeinheit bzw. der Vater entfaltet und thematisiert sich in den Hervorgängen des Sohnes und des Heiligen Geistes. Als Ursprung des Sohnes und als „Mit-Ursprung“ des Heiligen Geistes hält er überhaupt nichts für sich zurück. Als großzügig und frei sich völlig hingebender Ursprung ermöglicht er und erwartet er von ihnen ein ebenso freies und volles In-Besitz-Nehmen ihres frei geschenkten Personseins. Er wagt sich als Person in das äußerste Differenziertsein und in das äußerste Ausgeliefertsein hinein. In bezug auf den Ursprung und sein Werden ist es an dieser Stelle angebracht, wieder zu betonen, daß es in der Trinität kein Nacheinander gibt, obwohl wir die Trinität im unvermeidbaren Nacheinander der Begrifflichkeit auslegen müssen. Dennoch ist für die zwei anderen Personen ihre ungeheure Ursprungsnähe kein Hindernis zur eigenen Vermittlung. Die unerschöpfliche Fülle des Ursprungs setzt die Ursprünglichkeit des eigenen Personseins frei.

Interessanterweise lassen sich bezüglich der Ursprungsfrage gewisse „Kontrast-Ähnlichkeiten“ zwischen dem Vater und dem Heiligen Geist aufweisen. Ebensowenig wie der Vater einen Ursprung *hat*, *ist* der Heilige Geist selbst ein Ursprung. Ebenso wie der Vater alles *schenkt*, *empfängt* der Heilige Geist alles. Wenn das Personsein des Sohnes einen Augenblick außer Betracht bliebe, ließe sich ein interessanter Schluß aus dem Werdenskreis vom Vater zum Heiligen Geist ziehen, nämlich daß die Vollendung der Fülle des sich völlig hingebenden Ursprungslosen auf ein Personsein hinausläuft, das keinen Ursprung leistet und das reine Empfangen ist. Das Entfalten des Ursprungs zeigt seine vorbehaltlose Selbsthingabe in der Erzeugung der genau umgekehrten Person-Eigentümlichkeiten, und zwar gerade als seine eigene Vollendung. Der Weg dorthin geht aber mit und durch den Sohn, der diese besonderen Eigentümlichkeiten beider Personen in sich vermittelt. Er ist die Person in der Mitte. Er *hat* in dem Vater seinen Ursprung. Er *ist* aber zusammen mit dem Vater auch der Ursprung des Heiligen Geistes. Er *empfängt*, wie der Heilige Geist, sein Personsein, aber er *schenkt*, wie der Vater zusammen mit dem Vater, Personsein an den Heiligen Geist. Es ist dann gerade die eigene Selbstvermittlung des Sohnes und seine Mitvermittlung zusammen mit dem Vater, welche die volle Umkehrung der besonderen göttlichen Eigentümlichkeiten als ihre Vollendung im Heiligen Geist vollzieht bzw. mitvollzieht. Diese Vollendung bzw. Umkehr ereignet sich im Heiligen Geist. Der Heilige Geist als die Gleichzeitigkeit der Differenz und der Identität von Vater und Sohn stellt in seinem Personsein das sich differenzierende Werden und das differenzierte Gewordensein des Ursprungs dar. Weil die ewigen Hervorgänge in der Trinität ewige Ursprungsverhältnisse sind, ist das Werden Gottes immer zugleich ein Gewordensein. Der Heilige Geist als Gleichzeitigkeit stellt die Vermittlung bzw. Vermitteltheit beider in seinem Personsein dar. Man könnte es eine Ironie nennen, daß trotz aller modernen Versuche, den Gottesbegriff neu zu denken, die radikalste Umkehrung der Gottesrealität inhaltlich und personal in der Trinität selbst vollzogen wird.[41]

Bezüglich der Ursprungsfrage haben wir des weiteren angedeutet, daß es in der Trinität sich auch um die Ursprungsfrage überhaupt, nämlich den Ursprung von allem handelt. Die Trinität ist der Ursprung der Schöpfung. Weil der Personbegriff als Vermittlung den Ursprung und sein auf Vollendung zielendes Werden zusammendenken läßt, sollte es möglich sein, die innere Kontinuität zwischen der Trinität und der Schöpfung zu artikulieren. Wir haben in der Thematisierung des Personbegriffs in der PhG herauszustellen versucht, wie das Personsein als Vermittlung auf seinem Erfahrungsweg durch die Verschiedenheit eine sich immer steigernde Grundaffinität zwischen dem Bewußtsein und dem Anderssein bzw. Fremdsein ans Tageslicht bringt. Wir haben betont, daß diese Grundaffinität keine Absorbierung des einen in dem anderen bedeutet. Beim Erläutern des trinitarischen Personseins sind wir auf den Ursprung der Vermittlung überhaupt gestoßen. Die Vermittlung des eigenen Personseins ist entweder der Ursprung anderer Personen oder ihrer Darstellung. Die äußerste Differenzierung und die innerste Intimität sind hier in eins.[42] Wir haben auch versucht anzudeuten, daß das göttliche Erkennen immer zunächst ein Erkennen der Affinität und Ähnlichkeit seiner Allgemeinheit mit sich ist. Erst dann hebt sich seine Differenziertheit und Verschiedenheit hervor. Das menschliche Erkennen dagegen erkennt zunächst die Andersheit, und dann erst vollzieht es die Rekognition ihrer Affinität mit ihm. Wegen der allumfassenden Intensität der göttlichen Allgemeinheit ist das Personsein in der Trinität

[41] In unserer Erläuterung der Trinität brauchen wir uns nicht auf die Kategorien der Unmittelbarkeit des Dialogismus zu stützen. Diese Tendenz ist sehr stark bei Mühlen zu finden. Der verdrängte Subjektivismus in Mühlens Theorie vom Personsein läßt sich vor allem darin erkennen, daß sein Personbegriff nicht in der Lage ist, die verschiedenen Phasen des Personwerdens zur Sprache zu bringen. Ein Zeichen dessen ist, daß die Auferstehung kaum eine Rolle in dieser Auslegung spielt.

[42] Vgl. Ratzinger S. 169–170: „In Christus, dem Menschen, der ganz bei Gott ist, wird das Menschensein nicht aufgehoben, sondern kommt zu seiner höchsten Möglichkeit, die im Sichüberschreiten ins Absolute hinein und im Eingeholtwerden der eigenen Relativität in die Absolutheit der göttlichen Liebe besteht."

immer eine absolute Vermittlung. Dazu gehört auch die unendliche Ursprungsnähe der trinitarischen Personen zueinander.

Das menschliche Personwerden ist keine absolute Vermittlung. Das menschliche Personsein leidet an seiner Ursprungsferne. Es genießt keine unmittelbare Ursprungsnähe. Erst die Einlösung seiner Werdensaufgabe als Vermittlung läßt seine Zugehörigkeit zum Ursprung ans Licht kommen. Die Erschließung dieser Zugehörigkeit zum Ursprung vollzieht sich allmählich und erschließt zugleich die Zusammengehörigkeit der ganzen Verschiedenheit mit. Diese Werdensaufgabe ist hart und schmerzhaft. Die Ursprungsferne des Personseins ist zum Teil eine gesetzte Ferne, vom Ursprung selbst gesetzt, aber sie ist zugleich eine unvermeidbare Folge der trennenden Schwerkraft der Endlichkeit. Die ontologische Unsicherheit, welche die frei gesetzte Individualität des Personseins mit sich bringt, veranlaßt diese Individualität, sich ständig selbst zum eigenen Ursprung machen zu wollen. Ihre vermeintliche ontologische Einsamkeit führt sie dazu, sich in sich verwurzeln zu wollen. Damit aber wird die Kontinuität mit dem eigentlichen Ursprung nur verdeckt, verdrängt und vergessen.

Subjektivismus zeigt in seinem Konstitutions- und Attributionszwang im höchsten Maß diese gebrochene Kontinuität bzw. diese Diskontinuität auf. Vor allem dies hat Hegel ganz klar gesehen, und er hat versucht, in der Darstellung des Personwerdens als Vermittlung die Kontinuität mit dem Ursprung phänomenologisch wiederherzustellen. Der Ansatzpunkt dieser Darstellung muß zunächst der Einstieg in dem sich bereits vollziehenden Bewußtseinsablauf sein. Weil der Ursprung sich immer dem direkten Zugriff entzieht, muß der Ansatz indirekt sein und sich mit der allmählichen Thematisierung des Ursprungs geduldig abfinden. Dann zeigt sich auf dem Weg eine immer intensivere Affinität und Ähnlichkeit zwischen dem Personsein als Vermittlung und seinem Ursprung, dem trinitarischen Personsein als absoluter Vermittlung. Die verschiedenen Anfänge und Enden bzw. die verschiedenen Gestalten des menschlichen Personwerdens vollziehen sich, auch wenn sie unter der Schwerkraft der Endlichkeit stehen, dennoch immer in der Kreisbahn zwischen dem trinitarischen Ursprung und seiner eigenen Vollendung.

Diese Ursprungskontinuität zwischen Trinität und Schöpfung ermöglicht dann eine Thematisierung der Gleichzeitigkeit von Trinität und Inkarnation. Die Inkarnation und die Trinität sind nicht als neben-, nach- oder übergeordnet zu verstehen. Die trinitarischen Personen sind während der Inkarnation in ihrer Beziehung zueinander keineswegs redundant geworden. Vielmehr ist es die Aktivität der trinitarischen Personen, welche die Inkarnation des Sohnes in Jesus ermöglicht bzw. mitermöglicht. Die Zeitlichkeit der Inkarnation ist nicht vom ewigen Hervorgang des Sohnes aus dem Vater zu trennen. Die Selbstentäußerung des Sohnes in der Inkarnation läuft in die gleiche Vermittlungsrichtung wie die ewige Selbstentäußerung des Vaters im Sohn. Die Inkarnation bietet dann nicht bloß ein Fenster in die Trinität, sondern die Trinität ist in der Inkarnation anwesend und wirkend. Die Inkarnation ist die Selbstmitteilung der Trinität an die Schöpfung.

Es geht nicht hauptsächlich darum, daß Gott eine Beziehung zu einer Welt hat, die er einmal erschuf, sondern daß gerade die Schöpfung selbst das Bezogensein Gottes zu ihr *ist*. Das Ereignis der Inkarnation ist dann das Auftreten des trinitarischen Ursprungs der Schöpfung selbst in der Gestalt des Personseins. Die Inkarnation ist weder ein besonders klares, aber schließlich äußerliches Fenster in einen sich verbergenden Schöpfungsursprung, noch ist sie eine Epiphanie des Ursprungs im Modus Jesu. Ein solcher Modalismus findet keine Bestätigung in einem Ursprung, der sich vermittelt, entfaltet und thematisiert gerade in und durch Differenzierung. Daß der Sohn dann auf einmalige und irreversible Weise in Jesus inkarniert wird, entspricht dem Vermittlungsantrieb und Vermittlungsrhythmus der göttlichen Fülle und Freiheit. Daß es der Sohn ist, der inkarniert wird, entspricht wieder in besonderer Weise dem Personsein des Sohnes. Wir haben ihn als die Ur-Differenz thematisiert, er ist der erste Andere überhaupt. Das Personsein des Sohnes ist dann das vermittelnde Prisma aller Verschiedenheit überhaupt. In differenzierter Vermittlungskontinuität mit dem Vater ist er die Vermittlung aller Verschiedenheit. Er tritt nicht in einer ihm fremden Verschiedenheit auf. Auf der einen Seite entspricht seine Inkarnation seiner trinitarischen Stellung als Ur-Differenz. Auf der anderen Seite entspricht sie den höchsten Vermittlungsmöglichkeiten des in der Verschiedenheit werdenden Personseins.

Wenn das Personsein als Vermittlung zu denken ist und wenn, wie wir oben herausgestellt haben, die Inkarnation die Freisetzung, Heilung und Vollendung des menschlichen Personwerdens ist, dann muß die Inkarnation, existentiell gedacht, eine innere Wirkung auf die Trinität haben, oder, ontologisch gedacht, eine ungeheure Ausdehnung der Vermittlungsmöglichkeiten der Trinität darstellen. Das Personwerden Jesu als Sohn des Vaters ist eine weitere Entfaltung und Thematisierung der absoluten Selbstvermittlung des Vaters im Personsein seines Sohnes. Je mehr Jesus sich entfaltet, desto mehr thematisiert er sich als einziger Sohn des Vaters. Im Personwerden Jesu mitten in der Verschiedenheit beginnt die Verschiedenheit, ihren Ursprung anzuerkennen. Die Rekognition dieser Affinität und Ursprungszugehörigkeit thematisiert die Großzügigkeit, das Gute und die Sein-wollende, Sein-setzende und Sein-lassende Liebe des personalen Ursprungs, der das höchste Werden erwünscht und ermöglicht. Die Rekognition seiner Liebe und die damit verbundene zurückkehrende Liebe muß dem Vater eine große Freude bereiten.

Für den Sohn als Ur-Differenz muß die Inkarnation das Abenteuer in den äußersten Möglichkeiten seines empfangenden Personseins sein. Es läßt sich vermuten, daß kein Moment der menschlichen Geschichte einem Vergleich mit dem unberichteten Moment standhalten könnte, in dem Jesus klar wurde, daß er der ewige Sohn Gottes sei. Es ist ein großes Wunder, daß die Aktivierung des Lichtes des trinitarischen Ursprungs in ihm sein menschliches Bewußtsein nicht ausgelöscht hat. Diese Selbstrekognition führt nicht zu einer Absorbierung des Menschlichen im Göttlichen. Dies zeigt nicht nur ihre Verwandtschaft, sondern ihr ursprungsmäßiges Einander-Zugehören im sich vermittelnden Werden.

Die Kreuzigung des Sohnes muß den Höhepunkt und das äußerste Extrem der väterlichen Entäußerung und des Ausgeliefertseins ausmachen. Die Logik der Schwerkraft in der von ihm selbst hervorgebrachten Endlichkeit ergreift seinen geliebten Sohn, dem er sich völlig hingibt, und tötet ihn. In diesem Moment muß es für den Vater um die Infragestellung des Ganzen gehen. Das freie Sein-Lassen des ihm Entsprungenen bereitet dem Vater die tiefste Trauer. Das Sein-Lassen der Vermittlung ist hier die Ohnmacht des Vaters. Für den Sohn Jesus ist das Kreuz das Ereignis, worin er an die äußerste Grenze des Göttlichen und des Menschlichen gebracht wird; gerade an dieser Grenze streben das Menschliche und das Göttliche auseinander. Die Dunkelheit des menschlichen Abgrundes droht das Göttliche auszulöschen und scheint es am Karfreitag und Samstag ausgelöscht zu haben. Die Auferstehung ist dann die versöhnte Einheit Gottes mit sich durch die Verwandlung der Kreuzigung. Nach der Himmelfahrt ist die zweite Person der Trinität nunmehr der auferstandene Sohn.
Welche Rolle spielt der Heilige Geist in der Ausführung der Inkarnation? Wenn er als Personsein seine eigene Vermittlung vollziehen soll, dann muß auch für ihn die Inkarnation eine gewaltige Erfahrung sein. Wir haben die Eigentümlichkeit seines Personseins als die werdende personale Darstellung der Gleichzeitigkeit von Differenz und Identität des Vaters und des Sohnes betrachtet. Gerade aufgrund dieser Eigentümlichkeit ist die Inkarnation eine weitere Intensivierung, Entfaltung und Thematisierung seines Personseins. In der Inkarnation wird vor allem die Differenz des Vaters und des Sohnes voneinander aufs äußerste intensiviert. Dies geschieht zunächst dadurch, daß der Sohn sein Personsein so entfaltet, daß er im Bereich der Endlichkeit als die Person Jesus geboren wird. Gemäß dem Rhythmus der Endlichkeit und in bezug auf die Echtheit der Inkarnation selbst ist es klar, daß er sich erst später als der Sohn Gottes thematisieren wird. Diese Thematisierung ist dann nicht das plötzliche Verlassen des endlichen Lebens Jesu. Das ist nicht möglich, weil der Sohn nun kein anderer als Jesus selbst ist. Die Entfaltung und Thematisierung des Personseins des Sohnes als die Person Jesus ist zugleich die Entfaltung, Thematisierung und Vollendung des menschlichen Personseins überhaupt. Die zweite trinitarische Person ist Jesus von Nazaret. Die naturgemäße Allmählichkeit seiner Selbstentfaltung und Selbstthematisierung *ist* nun die Art und Weise, wie die zweite trinitarische Person *ist*. Die Inkarnation und die Trinität dürfen nicht in eine falsche Parallelität gezogen werden, als ob während der Inkarnation die Trinität unangetastet irgendwo anders subsistiert.
Die Differenz des Vaters und des Sohnes erreicht am Kreuz ihre äußerste Grenze. Obwohl der Vater sich im Sohn völlig entäußert, ist dies nicht die Auflösung des Personseins des Vaters. Der Vater bleibt Person, ursprungsloser Ursprung. Die Leistung des Heiligen Geistes ist es, diese intensivierte und sogar innerhalb ihrer in Distanz strebende Differenz mit der Identität beider noch in Vermittlung zu halten. Genauer gesagt: Der Geist ist nun als Gleichzeitigkeit der Identität und der Differenz von Vater und Sohn die Vermittlung der Ewigkeit und der Zeitlichkeit. Durch ihren Geist bleiben Vater und Sohn in einem in der Entfaltung und Thematisierung der Trinität in der Inkarnation.

Die Inkarnation ist aber nicht allein ein Ereignis für die Trinität, sie ist auch das Hauptereignis der Menschheit. Daß die Menschen eine Rekognition der intimsten Affinität mit dem Personsein Jesu als die Erschließung, die Vollendung und die Ermöglichung des eigenen Personwerdens vollziehen können, dafür sorgt der Heilige Geist. Durch die Eigentümlichkeit seines eigenen Person-Vollzuges vollzieht sich die Inkarnation als ein gleichzeitig trinitarisches und menschliches Ereignis.

Die Inkarnation ist nicht die reine exklusive Inkarnation der Subjektheit des Sohnes, sondern die trinitarische Inkarnation des vermittelten und sich vermittelnden Personseins des Sohnes. Weil der Heilige Geist als Person die Gleichzeitigkeit der Differenz und Identität von Vater und Sohn ist, findet die intensive Vermittlung ihrer jeweiligen Erfahrungen in der Inkarnation ihre Sammlung und Einigung im Heiligen Geist. Er vermittelt die daseienden Gestalten des Personwerdens des Sohn-Jesu mit der unsichtbaren, aber nichtsdestoweniger intensiven Entfaltung des Vaters. Der trinitarische Inhalt der Inkarnation als ein ewig-endlicher Werdeprozeß findet seine Artikulation und Darstellung im Vollzug des eigenen Personseins des Heiligen Geistes. Er sammelt diesen Inhalt in sich, und zwar gleichzeitig aus beiden Perspektiven. Deswegen ist es höchst angebracht, daß die Vollendung der Inkarnation und die Sendung des Heiligen Geistes zusammenfallen. Zuvor haben wir in spezifischem Bezug auf die trinitarischen Personen gesehen, wie die innere entfaltende Vollendung der göttlichen Eigentümlichkeiten auf ihre Umkehrung im Heiligen Geist hinausläuft. Die eigene Selbstvermittlung und Mit-Vermittlung des Sohnes mit dem Vater war es, die dies vollzieht bzw. mitvollzieht. Nun wird in der trinitarischen Inkarnation durch das werdende Personsein des Sohn-Jesus die Fülle der ursprungslosen göttlichen Allgemeinheit mit der ganzen, an Ursprungsferne leidenden Verschiedenheit vermittelt. Die Vollendung dieser Werdebewegung erreicht ihren Abschluß im Heiligen Geist.

Der Geist, der dann gesendet wird, enthält die Fülle dieser trinitarisch-inkarnatorischen Vermittlung. Seine Aufgabe ist es nun, dies weiter zu vermitteln. Sein Kommen ist kein Ersatz einer vergessenen oder entfernten Inkarnation, sondern die konkrete Vermittlung ihrer „gewordenen" trinitarischen Fülle. Die Eigentümlichkeit des Personseins des Heiligen Geistes als die Gleichzeitigkeit der Identität und Differenz des Vaters und des Sohnes und seiner „nach-inkarnatorischen" unmittelbaren Anwesenheit *in* uns und *mit* uns als die Vermittlung dieser „gewordenen" Fülle stimmen völlig überein. Als die jedem Menschen am nächsten stehende Person verwandelt der Heilige Geist die Verdrängung, die Vergessenheit und die Verhüllung der Ursprungs-Nähe in Präsenz, Memoria und Offenbarung.

Wir haben versucht, mittels des Personbegriffs als Vermittlung das trinitarische Personwerden, das Personwerden in der Inkarnation und das menschliche Personwerden überhaupt zusammenzudenken. Der Personbegriff als Vermittlung und der damit eingeschlossene Ursprungsbegriff ermöglichen es, das Personwerden in seinen zusammengehörenden drei Dimensionen der Trinität, der Inkarnation und der Schöpfung zusammen zu artikulieren. Keine Dimension muß auf die andere reduziert werden; die Differenziertheit des Personbegriffs als Vermittlung bewahrt eine jede und verhindert eine solch spannungslose Einseitigkeit. Die Natur des sich entfaltenden und des sich thematisierenden Ursprungs bzw. Ur-Selbst, der seine Vollendung erzielt, bewahrt die Differenz zwischen Trinität und Schöpfung, erschließt aber ihre nicht annullierbare Kontinuität; die Begriffe der Ursprungs-Nähe und der Ursprungs-Ferne verweisen darauf.

Eine Folge dieser Betrachtungsweise ist, daß die Unterscheidung zwischen immanenter und ökonomischer Trinität präzisiert werden kann, und zwar ohne jede Verletzung der Eigenheit und Ursprungs-Fülle der Gottheit. Der Nachteil dieser Unterscheidung scheint in der verstandesmäßigen Spaltung zu liegen, welche sie an die Anwesenheit Gottes heranträgt. Das Grundaxiom der Offenbarung, daß Gott sich offenbart, wie er ist, wird gefährdet, und eine künstliche Parallelität von zwei Trinitäten besteht, eine verborgen bleibende und eine sichtbare Trinität. Es läßt sich wirklich fragen, inwiefern diese Unterscheidung nur eine transzendentalphilosophische Konstruktion ist, die aus der Reduktion des Personbegriffs auf den transzendentalen Subjektbegriff entstanden ist. Diese Frage gewinnt an Ernsthaftigkeit, wenn man bedenkt, daß es gerade jene Theologen sind, die diese Reduktion völlig unkritisch annehmen und deswegen die Anwendung des Personbegriffs auf die Trinität aufgegeben haben, aber gleichzeitig am drängendsten auf die Unterscheidung zwischen einer immanenten und einer ökonomischen Trinität insistieren.

Aus der Perspektive des Personbegriffs als Vermittlung wäre diese Unterscheidung so heftig zu kritisieren, gerade weil sie den Eindruck einer dualistischen Äußerlichkeit weckt. Somit gälte diese Unterscheidung als ein treffendes Beispiel der Arbeit des Verstandes. Die Unterscheidung wäre danach eine Hypostasierung bzw. Fixierung von göttlichen Dimensionen, die zunächst voneinander getrennt und dann einander künstlich gegenübergestellt werden. Hinsichtlich dessen läßt es sich fragen, ob diese Unterscheidung nicht doch aus dem Schatten des Verstandes zu retten wäre. Kann diese Unterscheidung prozeßhaft aufgenommen werden? Die Möglichkeit läßt sich denken, und zwar insbesondere im Anschluß an eine Stelle aus der Offenbaren Religion aus der PhG, wo Hegel von der Einheit der Identität und der Nicht-Identität spricht. Er beklagt sich, daß beide manchmal zu „abstrakten Formen" reduziert werden. „Nicht das eine oder das andre hat Wahrheit, sondern eben ihre Bewegung." (PhG509) Hegel fährt weiter fort, die Identität und Nicht- Identität in bezug auf die Einheit von Gott und Menschen zu denken. Das Setzen beider Seiten kann „nicht durch das Urteil, und das Geistlose *ist*, die copula desselben, ausgedrückt" werden. (PhG509)

Diese Überlegung läßt sich sehr fruchtbar auf die ökonomische und immanente Trinität anwenden. Man sagt: „Die immanente Trinität *ist* die ökonomische Trinität." Allentscheidend ist der epistemologische und ontologische Status dieses *ist*. Wenn das „ist" von einem bloß subjektiven Urteil gesetzt wird, bleibt es eine äußerliche Verknüpfung zweier andersartiger Elemente. „Die Schwierigkeit ist das Festhalten am *ist* und das Vergessen des Denkens, worin die Momente ... die Bewegung sind". (PhG509) Das Vergessen des begreifenden Denkens impliziert das Vorherrschen des äußerlichen Verstandes. Wenn das „ist" aber im Sinne des spekulativen Satzes zu verstehen wäre, gälte es als inhaltvolle, geistvolle Artikulation der dauernden Vermittlung und Verwandlung. Damit enthielte das „ist" das Gewesene, das Jetzige in sich und riefe das Noch-Nicht hervor, und zwar nicht im Sinne des bloßen Nacheinander, sondern im Sinne der geistigen Vermittlung.

Ein derartiges spekulatives Verstehen des „ist" in der Einheit der ökonomischen und der immanenten Trinität wäre alles andere als eine abstrakte Reduktion der lebendigen Trinität; vielmehr entspräche es genau der Tatsächlichkeit der Trinität als Ereignis und artikulierte sie als Ereignis der personalen und persönlichen Vermittlung. Die Barrieren des Verstandes zu durchbrechen heißt das ereignishafte Personsein Gottes sowohl in der Intensität seiner Individualität als auch in der allumfassenden Natur seiner Allgemeinheit vor Augen zu halten. Eine dualistische Trennung zwischen immanenter und ökonomischer Trinität würde die Einheit und die Allgemeinheit Gottes spalten;[43] Gott als ökonomische Trinität träte in eine ihm vorausgehende andere Allgemeinheit ein. Wenn dagegen am Personsein als Vermittlung festgehalten wird, kommt die allumfassende ursprungslose Allgemeinheit Gottes, der sich entfaltende und sich thematisierende Ursprung von allem klarer ans Licht. Die Anwesenheit Gottes kennt keine Spaltung oder Barriere, sie ist Ursprung und Vollendung zugleich, ohne Anfang und ohne Ende.

[43] Ein Denker, der sehr einleuchtend auf diese Problematik eingegangen ist, ist Eberhard Jüngel. Er verweist mit Nachdruck auf das falsche Konzept von der Verborgenheit Gottes, welches diese Problematik erzeugen könnte: Jüngel 1980, S. 249. Vgl. auch seinen Aufsatz zu diesem Thema „Das Verhältnis von ‚ökonomischer' und ‚immanenter' Trinität", in: Entsprechungen, bes. S.275. „Die Einheit von ‚immanenter' und ‚ökonomischer' Trinität zu behaupten ist theologisch nur dann legitim, wenn diese Einheit nicht in dem Sinne *tautologisch* verkannt wird, daß die *Freiheit* und ungeschuldete *Gnade* der Selbstmitteilung Gottes und also deren *Ereignishaftigkeit* undenkbar wird. Es sollte deshalb, gerade um die *reale* Identität von ‚immanenter' und ‚ökonomischer' Trinität als *Geheimnis aussagen* zu können, die *distinctio rationis* von ‚ökonomischer' und ‚immanenter' Trinität theologisch beibehalten werden."

Bibliographie

Adorno, Th.W.: Negative Dialektik, Frankfurt/M. 1982

Ahlers, R.: Hegel's Theological Atheism. In: Heythrop Journal 25 (1984), S. 158–177

Aschenberg, R.: Der Wahrheitsbegriff in Hegels ‚Phänomenologie des Geistes'. In: Hartmann, K. (Hg.); Die ontologische Option. Studien zu Hegels Propädeutik, Schellings Hegelkritik und Hegels ‚Phänomenologie des Geistes', Berlin–New York 1976, S. 211–304

Becker, W.: Ein Beitrag zu Hegels Begriff der Zeit: Die Dialektik im Terminus ‚Jetzt'. In: Ders.; Hegels Begriff der Dialektik und das Prinzip des Idealismus, Stuttgart–Berlin–Köln–Mainz 1969

Ders.: Hegels ‚Phänomenologie des Geistes'. Eine Interpretation, Stuttgart–Berlin–Köln–Mainz 1971

Beierwaltes, W.: Identität und Differenz, Frankfurt/M 1980

Blaikie, R.J.: Being, Process, and Action in modern Philosophy and Theology. In: Scottish Journal of Religion 25 (1972)

Bloch, E.: Hegel und die Anamnesis. In: HS 1 (1964), S. 167–180

Ders.: Subjekt – Objekt. Erläuterungen zu Hegel, Frankfurt/M. 1985

Bonsiepen, W.: Phänomenologie des Geistes. In: Pöggeler, Otto (Hg.); Hegel, Freiburg–München 1977, S. 59–75

Ders.: Der Begriff der Negativität in den Jenaer Schriften Hegels, Bonn 1977

Ders.: Rezension von L. Siep, Anerkennung als Prinzip der praktischen Philosophie. In: Clio 12/4 (1983), S. 367–376

Booth, E.: Hegel's Conception of Self-Knowledge Seen in Conjunction with Augustine's. In: Augustinia 1980, S. 220–250

Ders.: A Confrontation between the Neoplatonism of Thomas Aquinas and Hegel. In: Angelicum 63 (1986), S. 56–90

Bracken, J.A.: The triune Symbol, London, New York 1985

Bradley, D.J.M.: Thomistic Theology and the Hegelian Critique of Religious Imagination. In: New Scholasticism 59 (1985), S. 60–79

Brinkley, A.: Time in Hegel's Phenomenology. In: Tulane Studies in Philosophy, 1: Studies in Hegel, The Hague 1960, S. 3–15

Brito, E.: Hegel und die heutigen Christologien. In: Internationale Katholische Zeitschrift 6 (1977), S. 46–58

Ders.; La christologie de Hegel: Verbum crucis, Paris 1983

Ders.: Hegel et la tâche actuelle de la christologie, Paris 1985

Ders.: La Création chez Hegel et Schelling. In: Revue Thomist (Avril) (1987)

Brown, G.G.: Personal and Spiritual Identity. In: International Journal For Philosophy of Religion 4 (1980), S. 239–248

Bubner, R. u.a. (Hgg.): Hermeneutik und Dialektik. Tübingen 1970

Ders.: Kant, Transcendental Arguments and the Problem of Deduction. In: Rev Met 28 (1975), S. 453–468

Ders.: Dialog und Dialektik. In: Ders., Zur Sache der Dialektik, Stuttgart 1980, S. 124–160
Ders.: Modern German Philosophy, Cambridge 1981
Ders.: Ist eine transzendentale Begründung der Gesellschaft möglich?. In: Henrich, D. (Hg.); Kant oder Hegel?, Stuttgart 1983, S. 489–506
Ders.: Dialektik als Topik, Frankfurt/M. 1990
Ders.: Die ‚Sache selbst' in Hegels System. In: Ders.; Zur Sache der Dialektik, Stuttgart 1980, S. 40–69
Ders.: Strukturprobleme dialektischer Logik. In: Ders.; Zur Sache der Dialektik, Stuttgart 1980, S. 7–39
Buck–Moss, S.: The Origin of Negative Dialectics, Sussex 1977
Butterworth, R.: Has Chalcedon a Future? In: The Month 4 (1977), S. 111–117
Casey, E.S.: Keeping the Past in Mind. In: Rev Met 37 (1983), S. 77–95
Ders.: Remembering. A Phenomenological Study, Indiana 1987
Casper, B.: Rezension von M. Theunissen, Der Andere. In: PhJb 73 (1966), S. 392–394
Ders.: Das dialogische Denken. Eine Untersuchung der religionsphilosophischen Bedeutung Franz Rosenzweigs, Ferdinand Ebners und Martin Bubers, Freiburg–Basel–Wien 1967
Ders.: Illéité. Zu einem Schlüssel‚begriff' im Werk von Emmanuel Levinas. In: PhJb 91 (1984), S. 273–288
Chapelle S.J., A.: Pour une christologie post-hégélienne. A propos d'un ouvrage récent. In: Nouvelle Revue Theologique Louvain 107 (1985), S. 561–574
Claesges, U.: Darstellung des Erscheinenden Wissens, Bonn 1981
Clatterbaugh, K.C.: Individuation in the Ontology of Duns Scotus. In: Franciscan Studies 32 (1972), S. 65–73
Collins, A.B.: Hegel's Redefinition of the Critical Project. In: Westphal, M. (Hg.); Method and Speculation in Hegel's ‚Phänomenologie des Geistes', New Jersey/Sussex 1982, S. 1–13
Connell, D.: Substance and the Interiority of Being. In: Neue Zeitschrift für Systematische Theologie und Religionsphilosophie 1 (1983), S. 68–85
Corduan, W.: Hegelian Themes in Contemporary Theology. In: Journal of the Evangelical Theological Society 21 (1979), S. 351–361
Coreth , E.: Das absolute Wissen bei Hegel. In: ZtKath 4 (1983), S. 389–405
Cornehl, P.: Die Zukunft der Versöhnung. Eschatologie und Emanzipation in der Aufklärung, bei Hegel und in der Hegelschen Schule, Göttingen 1971
Cramer, K.: Erlebnis. In: HS 11 (1974), S. 537–603
Ders.: Kant oder Hegel – Entwurf einer Alternative. In: Henrich, D. (Hg.); Kant oder Hegel?, Stuttgart 1983, S. 140–149
Crites, St.: The Narrative Quality of Experience. In: Journal of the American Academy of Religion 39 (1971), S. 290–311
Crouter, R.: Hegel and Schleiermacher at Berlin: A Many-Sided Debate. In: JAAR 48 (1980), S. 19–43

Curran, R.T.: Whitehead's Notion of the Person and the Saving of the Past. In: Scottish Journal of Theology 36 (1983), S. 363–385

Dahlstrom, D.O.: Mutual Need and Frustration: Hegel's Conception of Religion and Philosophy in the Modern Era. In: The Thomist 47/3.4 (1983), S. 339–364

Darcus, R.: Hegel's Philosophy of Religion and the Problem of Order. In: Studies in Religion 14/2 (1985), S. 137–149

Debrock, G.: The Silence of Language in Hegel's Dialectic. In: Cultural Hermeneutics 1 (1973/74), S. 285–304

Desmond, W.: Desire, Dialectic and Otherness. An Essay on Origins, Yale 1987

Dörrie, H.: Hypostasis – Wort und Bedeutungsgeschichte, Göttingen 1955

Donceel, J.: Second Thoughts on the Nature of God. In: Thought 46 (1971), S. 346–370

van Dooren, W.: Die Bedeutung der Religion in der ‚Phänomenologie des Geistes'. In: HS 4 (1969), S. 93–101

Dove, K.R.: Hegel's Phenomenological Method. In: Rev Met 24 (1970), S. 615–641

Ders.: Die Epoché der Phänomenologie des Geistes. In: HS 11 (1974), S. 605–621

Duesburg, H.: Person und Gemeinschaft. Philosophisch-systematische Untersuchungen des Sinnzusammenhangs von personaler Selbständigkeit und interpersonaler Beziehung an Texten von J.G. Fichte und M. Buber, Bonn 1970

Düsing, E.: Intersubjektivität und Selbstbewußtsein. Behaviouristische, phänomenologische und idealistische Begründungstheorien bei Mead, Schütz, Fichte und Hegel, Köln 1986

Dunn, J.G.: Jesus and the Spirit, London 1975

Dupré, L.: Dialectical Philosophy before and after Marx. In: New Scholasticism 46 (1972), S. 488–511

Ders.: The Absolute Spirit and the Religious Legitimation of Modernity. In: Henrich, D.; R.P. Horstmann (Hgg.); Hegels Logik der Philosophie. Religion und Philosophie in der Theorie des absoluten Geistes, Stuttgart 1984, S. 224–233

Dupré, W.: Artikel ‚Zeit'. In: HPG

Ehmann, R.R.: Subjectivity and Solipsism. In: Rev Met 20 (1966), S. 3–24

Fackenheim, E.L.: The Religious Dimension in Hegel's Thought, Bloomington–London 1967

Fetscher, I. (Hg.): Hegel in der Sicht der neueren Forschung, Darmstadt 1973

de Finance, J.: Being and Subjectivity. In: Cross Currents 6 (1956), S. 163–178

Findlay, J.N.: Hegel's use of Teleology. In: The Monist 48 (1964), S. 1–17

Ders.: Hegel. A Re-Examination, Oxford 1976

Fink, E.: Hegel. Phänomenologische Interpretation der ‚Phänomenologie des Geistes', Frankfurt/M. 1977

Flay, J.C.: Hegel's Inverted World. In: Rev Met 24 (1970), S. 662–678
Ders.: Pragmatic Presuppositions and the Dialectics of Hegel's Phenomenology. In: Westphal, M. (ed.); Method and Speculation in Hegel's Phenonemology, New Jersey/Sussex 1982, S. 15–26
Ders.: Hegel's Quest for Certainty, New York 1984
Foss, L.: Hegel, Spinoza and a Theory of Experience as Closed. In: The Thomist 35 (1971), S. 435–446
Frank, M.: Die Unhintergehbarkeit von Individualität, Frankfurt/M. 1986
Ders.: Subjekt, Person, Individuum. In: Frank, M. u.a. (Hgg.): Die Frage nach dem Subjekt, Frankfurt/M. 1988, S. 7–28
Ders.: Die Grenzen der Verständigung. Ein Geistergespräch zwischen Lyotard und Habermas, Frankfurt/M. 1988
Ders.: Zeitbewußtsein, Pfullingen 1990
Friedman, M.: Martin Buber and Franz Rosenzweig: The Road to I and Thou. In: Philosophy Today 30 (1981), S. 210–220
von Friedeburg, L: A. Haverkampf (Hgg.): Adorno-Konferenz, Frankfurt/M. 1983
Fulda, F. u.a.: Artikel ‚Geist'. In: Historisches Wörterbuch der Philosophie, Band 3, Darmstadt 1974, Sp. 154–204
Fulda, F.; D. Henrich (Hgg.): Materialien zu Hegels ‚Phänomenologie des Geistes', Frankfurt/M. 1973
Funke, G.: Artikel ‚Gewohnheit'. In: Historisches Wörterbuch der Philosophie, Band 3, Darmstadt 1974, Sp. 597–616
Gadamer, H.G.: Wahrheit und Methode, Tübingen 1972
Ders.: Wahrheit und Methode, Tübingen 1965
Ders.: Die verkehrte Welt. In: Materialien (1973)
Ders.: Hegels Dialektik des Selbstbewußtseins. In: Materialien (1973), S. 106–130
Gauvin, J.: La Critique du Salut Chrétien par L'Aufklärung selon la Phénoménologie de Hegel. In: Recherches de Science Religieuse 68 (1980)
Geraets, Th.F.: Hegel: L'Esprit Absolu comme ouverture du Système. In: Laval Théologique et Philosophique 42 (1986), S. 1–11
Girndt, H.: Die Differenz des Fichteschen und Hegelschen Systems in der Hegelschen Differenzschrift, Bonn 1965
Geyer, C.F.: Kritische Theorie. Max Horkheimer und Th.W. Adorno, Freiburg–München 1982
Gmünder, U.: Kritische Theorie, Stuttgart 1985
Görtz, H.-J.: Tod und Erfahrung. Rosenzweigs ‚erfahrende Philosophie und Hegels ‚Wissenschaft der Erfahrung des Bewußtseins', Düsseldorf 1984
Graeser, A.: Kommentar zur ‚Einleitung' der ‚Phänomenologie des Geistes'. In: Hegel, G.W.F.; Die Phänomenologie des Geistes, Stuttgart 1988
Graf, F.W.: Der Untergang des Individuums. Ein Vorschlag zur historisch-systematischen Rekonstruktion der theologischen Hegel-Kritik. In: Graf, F.; F. Wagner (Hgg.); Die Flucht in den Begriff. Materialien zu Hegels Religionsphilosophie, Stuttgart 1981, S. 274–307

Graham, J.: Some Notes on Silence. In: Dow, Ph. (ed.); 19 New American Poets Of The Golden Gate, New York 1984, S. 407–414
Grimmlinger, F.: Zum Begriff des absoluten Wissens. In: Klein, H.D.; E. Oeser (Hgg.); Geschichte und System, Wien–München 1972
Gumppenberg, R.: Zum Verhältnis von Widerspruch und Identitätsbegründung. Über die Logik von Ich- und Systemprozessen. In: Zeitschrift für philosophische Forschung 35 (1981)
Gunton, C.E.: Yesterday and Today. A Study of Continuities in Christology, London 1983
Guzzoni, U.: Zur Geschichte der Bestimmungsproblematik. In: Guzzoni, U. u.a. (Hgg.); Der Idealismus und seine Gegenwart, Hamburg 1976, S. 193–208
Habermas, J.: Technik und Wissenschaft als ‚Ideologie', Frankfurt/M. 1968
Ders.: Theorie des kommunikativen Handelns, Bd. 1 und 2, Frankfurt/M. 1987
Ders.: Nachmetaphysisches Denken, Frankfurt/M. 1988
Habermas, J.; D. Henrich: Zwei Reden, Frankfurt/M. 1974
Haering, Th.: Die Entstehungsgeschichte der ‚Phänomenologie des Geistes'. In: Wigersma, G. (Hg.); Verhandlungen des 3. Hegelkongresses, Tübingen–Harlam 1934, S. 118–138
Harris, H.S.: Hegels Development Towards The Sunlight. 1770–1801, Oxford 1972
Ders.: The Conception of Recognition in Hegel's Jena Manuscripts. In: HS 20 (1983), S. 229–248
Ders.: Comment on Phenomenology as Systematic Philosophy. In: Westphal, M. (ed.); Method and Speculation in Hegel's Phenomenology, New Jersey/Sussex 1982, S. 41–46
Hartmann, Kl.: Grundzüge der Ontologie Sartres in ihrem Verhältnis zu Hegels Logik. Eine Untersuchung zu ‚L'être et le néant', Berlin 1963
Ders.: On Taking the Transcendental Turn. In: Rev Met 20 (1966), S. 223–249
Ders.: Hegel: A Non-Metaphysical View. In: MacIntyre, A. (ed.); Hegel. A Collection of Critical Essays, New York 1972, S. 101–124
Ders.: Analytische und kategoriale Transzendentalphilosophie. In: Schmidt, G.; G. Wolandt (Hgg.); Die Aktualität der Transzendentalphilosophie, Bonn 1977, S. 45–57
Hartmann, N.: Die Philosophie des deutschen Idealismus, Berlin 1960
Heidegger, M.: Identität und Differenz, Pfullingen 1986
Ders.: Sein und Zeit, Tübingen 1986
Ders.: Was ist Metaphysik?, Frankfurt/M. 1986
Heinrichs, J.: Sinn und Intersubjektivität. Zur Vermittlung von transzendentalphilosophischem und dialogischem Denken in einer transzendentalen Logik. In: ThPh 45 (1970), S. 161–191
Ders.: Fichte, Hegel und der Dialog: Ein Bericht in systematischer Absicht. In: ThPh 47 (1972), S. 90–131
Ders.: Die Logik der ‚Phänomenologie des Geistes', Bonn 1974
Ders.: Reflexion – Intersubjektivität – Zeit. In: ThPh 4 (1976), S. 571–583

Ders.: Reflexion und Soziales System. In: ThPh 4 (1976), S. 538–558
Ders.: Persönliche Beziehung zu Jesus Christus . In: ThPh 1 (1979), S. 50–79
Ders.: Dialektik und Dialogik. Aktualität und Grenzen Hegels für systematische Philosophie heute. In: Zeitschrift für philosophische Forschung 35 (1981), S. 425–445
Hendry, G.S.: The Freedom of God in the Theology of Karl Barth. In: Scottish Journal of Theology 31 (1978), S. 229–244
Henrich, D.: Fichtes ursprüngliche Einsicht, Frankfurt/M. 1967
Ders.: Selbstbewußtsein. Kritische Einleitung in eine Theorie. In: Bubner, R. u.a. (Hgg.); Hermeneutik und Dialektik, Tübingen 1970, S. 257–284
Ders.: Zwei Theorien zur Verteidigung des Selbstbewußtseins. In: Grazer Philosophische Studien 7/8 (1979), S. 77–99
Ders.: Fichtes ‚Ich'. In: Henrich, Dieter; Selbstverhältnisse, Stuttgart 1982, S. 57–83
Ders.: Fluchtlinien, Frankfurt/M. 1982
Ders.: Konzepte, Frankfurt/M. 1987
Ders.: Was ist Metaphysik – Was Moderne? Zwölf Thesen gegen Jürgen Habermas. In: Henrich, D.; Konzepte, Frankfurt/M. 1987
Ders.: Dimensionen und Defizite einer Theorie der Subjektivität. In: PhRu 36 (1989), S. 1–24
Ders.: ‚Identität' – Begriffe, Grenzen, Probleme. In: Marquart, O.; K.-H. Stierle (Hgg.); Identität, München 1979 (Poetik und Hermeneutik 8), S. 133–186
Ders.: Hegels Theorie über den Zufall. In: Henrich, Dieter; Hegel im Kontext, Frankfurt/M. 1981, S. 157–186
Ders.: Hegels Logik der Reflexion. In: Henrich, D.; Hegel im Kontext, S. 95–156
Ders.: Absoluter Geist und Logik des Endlichen. In: HS 20 (1983)
Henrici, P.: Hegel und die Theologie. Ein kritischer Bericht. In: Gregorianum 48 (1967), S. 706–746
Hirsch, E.: Die Beisetzung der Romantiker in Hegels ‚Phänomenologie des Geistes'. In: Materialien (1973), S. 245–275
Hodgson, P.C.: Hegel's Approach to Religion: The Dialectic of Speculation and Phenomenology. In: JR 64.2 (1984), S. 158–173
Hörisch, J.: Das doppelte Subjekt. Die Kontroverse zwischen Hegel und Schelling im Lichte des Neostrukturalismus. In: Frank, M. u.a. (Hgg.); Die Frage nach dem Subjekt, Frankfurt/M. 1988, S. 144–164
Hösle, V.: Begründungsfragen des objektiven Idealismus. In: Philosophie und Begründung. Hrsg. Forum für Philosophie, Bad Homburg 1987, S. 212–268
Hofmann, P.: Analogie und Person. Zur Trinitätsspekulation Richards von St. Viktor. In: ThPh 59 (1984), S. 191–234
Horkheimer, M.: Kritische Theorie, 2 Bde, Frankfurt/M. 1981
Ders./Th.W. Adorno: Dialektik der Aufklärung. Philosophische Fragmente, Frankfurt/M. 1989

Hünermann, P.: Erlöste Freiheit. Dogmatische Reflexionen im Ausgang von den Menschenrechten. In: Ders.; Offenbarung Gottes in der Zeit. Prolegomena zur Christologie, Münster 1989, S. 169–182
Ders.: Offenbarung Gottes in der Zeit. Prolegomena zur Christologie, Münster 1989
Hyppolite, J.: Genèse et Structure de la Phénoménologie de l'Esprit, Paris 1946
Iljin, I.: Die Philosophie Hegels als kontemplative Gotteslehre, Bern 1946
Innis, R.E.: Reading Hegel Rightly. In: New Scholasticism 52 (1978), S. 102–129
Jaeschke, W.: Speculative and Anthropological Criticism of Religion. A Theological Orientation to Hegel and Feuerbach. In: JAAR XLVIII.3 (1980), S. 345–363
Janke, W.: Herrschaft und Knechtschaft und der absolute Herr. In: Philosophische Perspektiven 4 (1972), S. 211–231
Johann, R.O.: Subjectivity. In: Rev Met 12 (1958), S. 206–234
Johnson, E.: The Ongoing Christology of Wolfhart Pannenberg. In: Horizons 2 (1982), S. 237–250
Joos, E.: Remarques critiques sur „Hegel's Dialectic and its Criticism" par Michael Rosen. In: Laval Theologique et Philosophie 42 (1986), S. 105–109
Jung, C.G.: Die Beziehung zwischen dem Ich und dem Unbewußten, München 1990
Jüngel, E.: Quae supra nos, nihil ad nos. In: Jüngel, Eberhard; Entsprechungen. Gott – Wahrheit – Mensch. Theologische Erörterungen, München 1980
Ders.: Gott als Geheimnis der Welt, Tübingen 1986
Kainz, H.P.: Hegel's Phenomenology, Part 1: Analysis and Commentary, Alabama 1976
Ders.: Hegel's Phenomenology, Part 2: The Evolution of Ethical and Religious Consciousness to the Absolute Standpoint, Alabama 1983
Kasper, W.: Christologie und Anthropologie. In: ThQ 162 (1982), S. 202–221
Kelly, G.A.: Bemerkungen zu Hegels ‚Herrschaft und Knechtschaft'. In: Materialien (1973), S. 189–217
Kern, W.: Das Verhältnis von Erkenntnis und Liebe als philosophisches Grundproblem bei Hegel und Thomas von Aquin. In: Scholastik 34 (1959), S. 394–427
Ders.: Eine Wirklinie Hegels in deutscher Theologie: Christusereignis und Gesamtmenschheit. In: ZtKath 93 (1971), S.1–28
Ders.: Hegel Bücher 1961–1971. Ein Auswahlbericht (7. Teil). In: ThPh 49 (1974), S. 72–92
Ders.: Menschwerdung Gottes im Spannungsfeld der Interpretationen von Hegel und Kierkegaard. In: Ziegenaus, A. (Hg.); Wegmarken der Christologie, Donauwörth 1979, S. 81–110
Ders.: Philosophische Pneumatologie. Zur theologischen Aktualität Hegels. In: Kasper, Walter (Hg.); Gegenwart des Geistes, Freiburg–Basel–Wien 1979

Ders.: Dialektik und Trinität in der Religionsphilosophie Hegels. In: ZtKath 102 (1980), S. 129–155

Ders.: Fragen an Hegels Religionsphilosophie. In: ZtKath 107 3/4 (1985), S. 271–286

Kimmerle, H.: Das Problem der Abgeschlossenheit des Denkens. Hegels ‚System der Philosophie' in den Jahren 1800–1804, Bonn 1970

Kodalle, Kl.-M.: Einleitung: Nach Hegel und Kierkegaard. Christologie im Bewußtsein der Endlichkeit und Vorläufigkeit des Begriffs. In: Ders. (Hg.); Gegenwart des Absoluten. Philosophisch-theologische Diskurse zur Christologie, Gütersloh 1984, S. 11–36

Kojève, A.: Hegel. Eine Vergegenwärtigung seines Denkens, Frankfurt/M. 1975

Kowasczyk, S.: Ontological Principles of Hegel's Dialectic. In: Divus Thomas 82 (1979), S. 374–396

Kripke, S.: Naming and Necessity, Oxford (2. Aufl.) 1988

Küchenhoff, J.: Der Leib als Statthalter des Individuums? In: Frank, M.; A. Haverkamp (Hgg.); Individualität (Poetik und Hermeneutik 13), München 1988, S. 167–203

Labarrière, P.J.: Structures et Mouvement Dialectique dans la Phénoménologie de l'Esprit de Hegel, Paris 1968

Ders.: Introduction à une lecture de la ‚Phénoménologie de l'Esprit', Paris 1979

Ders.: L'esprit absolu n'est pas l'absolu de l'esprit. De l'ontologique au logique. In: Henrich, D.; P. Horstmann (Hgg.); Hegels Logik der Philosophie. Religion und Philosophie in der Theorie des absoluten Geistes, Stuttgart 1984, S. 35–41

Lamb, D.: Hegel. From Foundation to System, The Hague 1980

Lash, N.: Up and Down in Christology. In: New Studies in Theology 1 (1980), S. 31–46

Lauer, Q.: Phenomenology: Its Genesis and Prospect, New York 1965

Ders.: A Reading of Hegel's Phenomenology of Spirit, New York 1976

Ders.: Essays in Hegelian Dialectic, New York 1977

Ders.: Hegel's Concept of God, New York 1982

Levinas, E.: Le temps et l'autre, Paris 1979

Ders.: Gott und die Philosophie. In: Casper, B. (Hg.); Gott Nennen, Freiburg–München 1981, S. 81–123

Ders.: Totalité et Infini. Essai sur L'Extériorité, The Hague–Boston–Lancaster 1984

de Levita, D.J.: Der Begriff der Identität, Frankfurt/M. 1971

Litt, Th.: Hegels Begriff des ‚Geistes' und das Problem der Tradition. In: Studium Generale 4 (1951), S. 311–321

Locke, J.: Essay Concerning Human Understanding, ed. by P. Nidditch, Oxford 1975

Loewenberg, J.: Hegel's Phenomenology. Dialogues on the Life of Mind, La Salle 1965

Löwith, K.: Mediation and Immediacy in Hegel and Feuerbach. In: Streinkraus, W. (ed.), New Studies in Hegel's Philosophy, New York 1971, S. 119–141
Lorenz, K.: Artikel ‚Identität'. In: Historisches Wörterbuch der Philosophie, Band 4, Darmstadt 1976, Sp. 144–148
Lotz , J.B.: Hegel und Thomas von Aquin. Eine Begegnung. In: Gregorianum XLVIII (1967), S. 449–480
Lucas, G.R.: Two Views of Freedom in Process Thought. A Study of Hegel and Whitehead, Montana 1979
Lutz-Bachmann, M.: ‚Natur' und ‚Person' in den ‚Opuscula Sacra' des A.M.S. Boethius. In: ThPh 58 (1983) 48–70
MacIntyre, A.: Hegel on faces and skulls. In: MacIntyre, A. (ed.); Hegel. A Collection of critical Essays, Notre Dame–London 1972, S. 219–236
Mackey, J.P.: The Christian Experience of God as Trinity, London–New York 1982
MacKinnion, D.: Substance in Christology: A Cross-bench View. In: Sykes, S.W.; J.P. Clayton (ed.); Christ, Faith and History, Cambridge 1972, S. 279–300
MacMinn, J.B.: A Critique of Hegel's Criticism of Spinoza's God. In: Kant-Studien 51 (1959), S. 293–314
Macquarrie, J.: The anthropological Approach to Theology. In: Heythrop Journal 25 (1984), S. 272–287
Markus, R.A.: Augustine. A Collection of Critical Essays, New York 1972
Marquard, O.: Hegel und das Sollen. In: PhJb 72 (1964), S. 103–119
Martin, C.B.; M. Deutscher: Remembering. In: The Philosophical Review (1966), S. 161–196
Marx, Werner.: Das Bedürfnis der Philosophie. Eine historische Reflexion. In: Kohlenberger, H.; W. Literfelds (Hgg.); Von der Notwendigkeit der Philosophie in der Gegenwart, München 1976, S. 102–111
Ders.: Die Phänomenologie Edmund Husserls, München 1987
Marx, Wolfgang: Idealität als dialektisch konstruierbare Totalität. In: HS 11 (1974), S. 515–537
‚Materialien (1973)' siehe Fulda, F.
McDonnel OSB, K.: A Trinitarian Theology of the Holy Spirit. In: Theological Studies 46 (1985), 191–227
McIntyre, J.: The Shape of Christology, London 1966
McWilliams, W.: Hegel and Transcendence: The Riddle of the Phenomenology (unpublished Ph. D. Thesis), Vanderbilt University 1974
Merleau-Ponty, M.: Phénoménologie de la Perception, Paris 1945
Metz, J.B.: Artikel ‚Erinnerung'. In: HPG, Bd. 2, S. 386–396
van der Meulen, J.: Hegel. Die gebrochene Mitte, Hamburg 1958
Min, A.K.: Hegel on the Foundation of Religion. In: International Philosophical Quarterly 14 (1974), S. 79–99
Ders.: Hegels Absolute: Transcendent or Immanent? In: JR 56 (1976), S. 61–87

Ders.: Hegels Retention of Mystery as a Theological Category. In: Clio 12/4 (1983), S. 333–353
Ders.: The Trinity and the Incarnation: Hegel and Classical Approaches. In: JR 66/2 (1986), S. 173–193
Mohr, G.: Vom Ich zur Person. Die Identität des Subjekts bei Peter F. Strawson. In: Frank, M. u.a. (Hgg.): Die Frage nach dem Subjekt, Frankfurt/M. 1988, S. 29–84
Mühlen, H.: Sein und Person nach Johannes Duns Scotus. Beitrag zur Grundlegung einer Metaphysik der Person, Werl 1954
Ders.: Der Heilige Geist als Person, Münster 1966
Müller, G.E.: The Hegel Legend of Thesis, Antithesis, and Synthesis. In: Journal of the History of Philosophy 19/2 (1958), S. 411–414
Müller, M.: ‚Person' und ‚Funktion'. In: PhJb LXIX (1962), S. 371–404
Ders.; W. Vossenkuhl: Artikel ‚Person'. In: HPG,
Munitz, M.K.: Contemporary Analytic Philosophy, London, New York 1981
Murdoch, I.: The Sovereignty of Good, London 1973
Murray, M.: Time in Hegel's ‚Phenomenology of Spirit'. In: Rev Met 35 (1981), S. 682–705
Nagel, E.; J.R. Newman: Gödel's Proof, New York 1958
Nagel, Th.: Das objektive Selbst. In: Siep, L. (Hg.); Identität der Person, Basel 1983, S. 46–67
Ders.: The View form Nowhere, Oxford 1986
Navickas, J.L.: Consciousness and Reality: Hegel's Philosophy of Subjectivity, The Hague 1976
Norman, R.: Hegel's Phenomenology. A Philosophical Introduction, Sussex 1976
Nowotny, H.: Eigenzeit. Entstehung und Strukturierung eines Zeitgefühls, Frankfurt/M. 1989
de Nys, M.J.: Mediation and Negativity in Hegel's Phenomenology of Christian Consciousness. In: JR 1 (1986), S. 46–67
O'Donoghue, N.D.: Pathos and Significance. In: Ders., Heaven in Ordinarie, Edinburgh 1979
Ders.: Horizons of Pathos. In: Ders., Heaven in Ordinarie, Edinburgh 1979
O'Flynn Brennan, Sh.: Substance and Definition: Metaphysics ZH In: New Scholasticism 59 (1985), S. 21–59
Oeing-Hanhoff, L.: Artikel ‚Anamnesis'. In: Historisches Wörterbuch der Philosophie, Band 1, Darmstadt 1971, Sp. 263–266
Ders.: Hegels Trinitätslehre. Zur Aufgabe ihrer Kritik und Rezeption. In: ThPh 52 (1977), S. 378–407
Ders.: Die Krise des Gottesbegriffs. In: Theologisches Jahrbuch 21 (1982), S. 92–112
Ders.: Das Christentum als ‚Religion der Freiheit'. Hegels Rechtsphilosophie und die gegenwärtige Theologie. In: ThQ 164 (1984), S. 16–34
Ogden, S.M.: The point of Christology, San Francisco 1982
Ogilvy, J.: Reflections on the Absolute. In: Rev Met 28 (1974), S. 520–544

Ohlig, K.-H.: Fundamentalchristologie im Spannungsfeld von Christentum und Kultur, München 1986
Ottmann, H.: Individuum und Gemeinschaft bei Hegel, Bd. 1: Hegel im Spiegel der Interpretation, Berlin–New York 1977
Pannenberg, W.: Glaube und Wirklichkeit, München 1975
Ders.: Der Gott der Geschichte. Der trinitarische Gott und die Wahrheit der Geschichte. In: KuD 23 (1977), S. 76–92
Ders.: Die Subjektivität Gottes und die Trinitätslehre. Ein Beitrag zur Beziehung zwischen Karl Barth und der Philosophie Hegels. In: KuD 23 (1977), S. 25–40
Ders.: Gottes Gedanke und menschliche Freiheit, Göttingen 1978
Ders.: Person und Subjekt. In: Marquart, O.; K.-H. Stierle (Hgg.); Identität, München 1979 (Poetik und Hermeneutik 8), S. 1–26
Ders.: Anthropologie in theologischer Perspektive, Göttingen 1983
Ders.: Bewußtsein und Geist. In: Zeitschrift für Theologie und Kirche 4 (1983), S. 333–351
Ders.: Metaphysik und Gottesgedanke, Göttingen 1988
Ders.: Bewußtsein und Subjektivität. In: Ders., Metaphysik und Gottesgedanke, Göttingen 1988, S. 34–52
Parfit, D.: Personal Identity. In: Perry, J. (ed.); Personal Identity, Berkley–Los Angeles–London 1975, S. 199–223
Perry, J.: The Problem of Personal Identity. In: Perry, J. (ed.); Personal Identity, Berkley–Los Angeles–London 1975, S. 3–30
Pöggeler, O.: Zur Deutung der ‚Phänomenologie des Geistes'. In: Ders.; Hegels Idee einer Phänomenologie des Geistes, Freiburg–München 1973
Ders.: Die Komposition der ‚Phänomenologie des Geistes'. In: Materialien (1973), S. 329-391
Ders.: Hegels Jenaer Systemkonzeption. In: Ders.; Hegels Idee einer ‚Phänomenologie des Geistes', Freiburg–München 1973
Ders.: Hegels Idee einer Phänomenologie des Geistes, Freiburg, München 1973
Polanyi, M.: Personal Knowledge. Towards a Post-Critical Philosophy, New York 1964
Popper, K.; J.C. Eccles: The Self and its Brain, Berlin 1977
Potepa, M.: Die Frage nach dem Subjekt in der Hermeneutik Schleiermachers. In: Frank, M. u.a. (Hgg.); Die Frage nach dem Subjekt, Frankfurt/M. 1988, S. 128–143
Puntel, L.P.: Philosophie der Offenbarung. In: PhJb 76 (1968), S. 203–211
Ders.: Darstellung, Methode und Struktur, Bonn 1981
Ders.: Wahrheit als Geschichte. Philosophische Reflexionen im Hinblick auf die Christologie. In: Kodalle, Kl.-M. (Hg.); Gegenwart des Absoluten. Philosophisch-theologische Diskurse zur Christologie, Gütersloh 1984, S. 70–89
Rahner, K.: Zur Theologie der Weihnachtsfeier. In: Ders., Schriften zur Theologie, Zürich–Köln 1967

Ratzinger, J.: Zum Personverständnis in der Dogmatik. In: Speck, J. (Hg.); Das Personverständnis in der Pädagogik, Münster 1966, S. 159–170
Ravven, H.M.: Unmasking the True Hegel: A Critique of Emil Fackenheim's Hegelianism. In: JRS 13/1 (1982), S. 25–40
Reck, A.J.: Substance, Subject and Dialectic. In: New Scholasticism 46 (1979), S. 109–133
Remier, L.: Die Wiederholung als Problem der Erlösung bei Kierkegaard. In: Theunissen, M.; W. Grene (Hgg.); Materialien zur Philosophie Sören Kierkegaards, Frankfurt/M. 1979, S. 302–346
Ritter, J.: Moralität und Sittlichkeit. Zu Hegels Auseinandersetzung mit der kantischen Ethik. In: Fetscher, I. (Hg.); Hegel in der Sicht der neueren Forschung, Darmstadt 1973, S. 322–352
Röd, W.: Dialektische Philosophie der Neuzeit, München 1986
Rogozinski, J.: Der Aufruf des Fremden. Kant und die Frage nach dem Subjekt. In: Frank, M. u.a. (Hgg.): Die Frage nach dem Subjekt, Frankfurt/M. 1988, S. 192–229
Rombach, H.: Phänomenologie des Gegenwärtigen Bewußtseins, Freiburg, München 1980
Ders.: Strukturanthropologie. Der menschliche Mensch, Freiburg, München 1987
Rosen, M.: Hegel's Dialectic and its Criticism, Cambridge 1982
Rosen, St.: G.W.F. Hegel. An Introduction to the Science of Wisdom, Yale 1974
Rotenstreich, N.: Hegels Concept of Mind. In: Revue Internationale de Philosophie 6 (1952), S. 27–34
Ders.: From Substance to Subject. Studies in Hegel, The Hague 1974
Royce, J.: Lectures on Modern Idealism, New Haven–London–New York 1967
Sarlemijn, A.: Hegelsche Dialektik, Berlin–New York 1971
Schafer, J.: Persons and their Bodies. In: The Philosophical Review 1966, S. 59–77
Scheier, Cl.-A.: Analytischer Kommentar zu Hegels Phänomenologie des Geistes, Freiburg–München 1986
Schmitz, H.: Der Gestaltberiff in Hegels ‚Phänomenologie des Geistes' und seine geistesgeschichtliche Bedeutung. In: Alewyn, R. u.a. (Hgg.); Gestaltprobleme der Dichtung, Bonn 1957, S. 315–334
Ders.: Hegels Begriff der Erinnerung. In: Archiv für Begriffsgeschichte 9 (1964), S. 37–44
Ders.: System der Philosophie, 4: Die Person, Bonn 1980
Schmitz, K.L.: Transcendental and Empirical Pressures in Human Subjectivity. In: Thought 56/222 (1981), S. 272–286
Schnädelbach, H.: Zum Verhältnis von Logik und Gesellschaftstheorie bei Hegel. In: Negt, O. (Hg.); Aktualität und Folgen der Philosophie Hegels, Frankfurt/M. 1970, S. 58–81
Ders.: Dialektik als Vernunftkritik. Zur Konstruktion des Rationalen bei Ador-

no. In: Friedburg, L.v.; J. Habermas (Hgg.); Adorno-Konferenz 1983, Frankfurt/M. 1983, S. 66–93
Ders.: Über Rationalität und Begründung. In: Forum für Philosophie Bad Homburg (Hg.); Die Aktualität der Transzendentalphilosophie, Frankfurt/M. 1987, S. 67–83
Schöndorf S.J., H.: Anderswerden und Versöhnung in Hegels ‚Phänomenologie des Geistes', ThPh 4 (1982), S. 550–567
Schoonenberg, P.: Auf Gott hin denken. In: Theologisches Jahrbuch 21 (1982), S. 53–63
Schöpf, A.: Zwischen Intersubjektivität und Dialogik (M. Theunissen). In: PhRu 15 (1968), S. 26–27
Schulz, W.: In: Pongratz, L.J. (Hg.), Philosophie in Selbstdarstellungen 11, Hamburg 1975
Ders.: Ich und Welt. Philosophie der Subjektivität, Pfullingen 1979
Ders.: Das Problem des Selbstbewußtseins in Hegels System. In: PhJb 91 (1984), S. 1–16
Schutte, A.: Indwelling, Intersubjectivity and God. In: Scottish Journal of Theology 32, S. 201–216
Scott, Ch.E.: Consciousness and the Conditions of Consciousness. In: Rev Met 26 (1972), S. 625–636
Schafer, J.: Persons and their Bodies. In: Philosophical Review (1966), S. 59–77
Shepherd, W.: Hegel as Theologian. In: Harvard Theological Review 61 (1968), S. 583–602
Shoemaker, S.: Identity, Cause, and Mind. Philosophical Essays, Cambridge 1984
Ders.: Self-Reference and Self-Awareness. In: The Journal of Philosophy LXV 19 (1968), S. 555–567
Shumeli, E.: Hegel's Interpretation of Spinoza's Concept of Substance. In: International Journal of Philosophy and Religion 3 (1970), S. 176–191
Siep, L.: Anerkennung als Prinzip der praktischen Philosophie, Freiburg, München 1979
Simon, J.: Die Bewegung des Begriffs in Hegels Logik. In: HS 18 (1981), S. 63–73
Ders.: Differenz. In: HPG, Bd. 2, S. 309–320
Ders.: Das Problem der Sprache bei Hegel, Stuttgart–Berlin–Köln–Mainz 1966
Smith, J.E.: Being, Immediacy and Articulation. In: Rev Met 25 (1971), S. 593–613
Ders.: Hegel's Critique of Kant. In: Rev Met 27 (1973), S. 438–460
Söhngen, G.: Die Einheit in der Theologie, München 1952
Soldati, G.: Selbstbewußtsein und unmittelbares Wissen bei Tugendhat. In: Frank, M. u.a. (Hgg.); Die Frage nach dem Subjekt, Frankfurt/M. 1988, S. 85–100
Solomon, R.C.: Hegel's Concept of Geist. In: Rev Met 24 (1970), S. 642–661

Ders.: Hegel's Epistemology. In: American Philosophy Quarterly 11 (1974), S. 277–289
Ders.: Truth and Self-satisfaction. In: Rev Met 28 (1975), S. 698–724
Ders.: In the Spirit of Hegel: A Study of Hegels ‚Phänomenologie des Geistes', Oxford 1983
Spinoza, B.: Ethics, New York 1955
Stead, Chr.: Divine Substance, Oxford 1977
Studer, B.: Der Person-Begriff in der frühen kirchenamtlichen Trinitätslehre. In: ThPh 57 (1982), S. 161–177
Strawson, P.F.: Individuals. An Essay in Descriptive Metaphysics, London 1959
Ders.: The Bounds of Sense, London 1966
Taylor, Ch.: The opening Arguments of the Phenomenology. In: MacIntyre, A. (ed.); Hegel. A Collection of Critical Essays, New York 1972, S. 151–187
Ders.: Hegel, Cambridge 1975
Ders.: Hegel and modern Society, Cambridge–New York–London–Melbourne 1979
Taylor, M.C.: Journey to Selfhood. Hegel and Kierkegaard, Berkley–Los Angeles–London 1980
Teske, R.J.: Platonic Reminiscence and Memory of the Present in St. Augustine. In: New Scholasticism 58 (1984), S. 220–231
Theunissen, M.: Bubers negative Ontologie des Zwischen. In: PhJB 71 (1964), S. 319–330
Ders.: Die Dialektik der Offenbarung. Zur Auseinandersetzung Schellings und Kierkegaards mit der Religionsphilosophie Hegels. In: PhJb 72/1 (1964), S. 134–160
Ders.: Hegels Lehre vom absoluten Geist als theologisch-politischer Traktat, Berlin 1970
Ders.: Der Andere, Berlin 1977
Ders.: Begriff und Realität. Hegels Aufhebung des metaphysischen Wahrheitsbegriffs. In: Horstmann, R.-P. (Hg.); Seminar: Dialektik in der Philosophie Hegels, Frankfurt/M. 1978, S. 324–359
Ders.: Was ist das – Innerlichkeit? Beitrag zum Thema der Römerberggespräche 1981: ‚Innerlichkeit – Flucht oder Rettung?'. In: Psychosozial 4, 1981, S. 66–77
Ders.: Selbstverwirklichung und Allgemeinheit, Berlin–New York 1982
Thyen, A.: Negative Dialektik und Erfahrung. Zur Rationalität des Nichtidentischen bei Adorno, Frankfurt/M. 1989
Tugendhat, E.: Selbstbewußtsein und Selbstbestimmung, Frankfurt/M 1979
Vollrath, E.: Platons Lehre von der Zeit im Timaeus. In: PhJb 76 (1968), S. 257–263
Wagner, F.: Der Gedanke der Persönlichkeit Gottes bei Fichte und Hegel, Gütersloh 1971
Ders.: Selbstbestimmung und Person. In: Concilium 3 (1977), S. 135–141

Ders.: Religiöser Inhalt und logische Form. Zum Verhältnis von Religionsphilosophie und ,Wissenschaft der Logik' am Beispiel der Trinitätslehre. In: Graf, F.; F. Wagner (Hgg.); Die Flucht in den Begriff. Materialien zu Hegels Religionsphilosophie, Stuttgart 1981, S. 196–227

Waldenfels, B.: Das Zwischenreich des Dialogs. Sozialphilosophische Untersuchungen im Anschluß an Edmund Husserl, The Hague 1971

Wandschneider, D.: Selbstbewußtsein als sich selbst erfüllender Entwurf. In: Zeitschrift für philosophische Forschung 33 (1979), S. 479–520

Welte, B.: Eine philosophische Meditation über den Personbegriff. In: Speck, J. (Hg.); Das Personverständnis in der Pädagogik, Münster 1966, S. 9–19

Werkmeister, W.H.: Hegel's Phenomenology of Mind as a Development of Kant's Basic Ontology. In: Christensen, D.E. (Ed.); Hegel and the Philosophy of Religion. The Wofford Symposium, The Hague 1970, S. 93–124

Werner, J.: Darstellung als Kritik. Hegels Frage nach dem Anfang der Wissenschaft, Bonn 1986

Westphal, M.: Hegel, Pannenberg, and Hermeneutics. In: Man and World 4 (1971), S. 276–293

Ders.: Hegels Phänomenologie der Wahrnehmung. In: Materialien (1973), S. 83–105

Whitehead, A.N.: Adventures of Ideas, New York 1976

Ders.: Process and Reality. Corrected Edition, New York 1979

Whittmore, R. C.: Hegel als Panentheist. In: Tulane Studies in Philosophy 9 (1960), S. 134–164

Wiehl, R.: Über den Sinn der sinnlichen Gewißheit. In: HS 3 (1966)

Ders.: Phänomenologie und Dialektik. In: HS 11 (1974), S. 623–634

Ders.: Seele und Bewußtsein. Zum Zusammenhang von Hegels ,Anthropologie' und ,Phänomenologie des Geistes'. In: Guzzoni, U. u.a. (Hgg.); Der Idealismus und seine Gegenwart, Hamburg 1976, S. 425–451

Ders.: Die Komplementarität von Selbstsein und Bewußtsein. In: Cramer, K. u.a. (Hgg.); Theorie der Subjektivität, Frankfurt/M. 1987, S. 44–75

Wieland, W.: Hegels Dialektik der sinnlichen Gewißheit. In: Materialien (1973), S. 67–82

Wilde, O.: The Complete Works, London 1988

Williams, B.: Personidentität und Individuation. In: Ders., Probleme des Selbst, Stuttgart 1978

Williams, D.C.: The Myth of Passage. In: The Journal of Philosophy 48 (1951), S. 457–472

Wolff, M.: Der Begriff des Widerspruchs. Eine Studie zur Dialektik Kants und Hegels, Hain 1981

Yerkes, J.: The Christology of Hegel, Missoula/Montana 1978

Ders.: Hegel and ,The End of Days': Philosophy, Religion and Hope. In: Thought 56/222 (1981)

Zizioulas, J.D.: Human Capacity and Incapacity: A Theological Exploration of Personhood. In: Scottish Journal of Theology 28 (1975), S. 401–448

Ders.: Vérité et Communion. In: Irenikon 50 (1976), S. 451–510

Ders.: Being as Communion. Studies in Personhood and the Church, New York 1985

Abkürzungen

Enz	G.W.F. Hegel: Enzyklopädie
HPG	Krings, H.; H.M. Baumgartner; Chr. Wild (Hgg.): Handbuch Philosophischer Grundbegriffe, München, 1974.
HS	Hegel-Studien
HWP	Ritter, J. u.a. (Hgg.); Historisches Wörterbuch der Philosophie, Darmstadt 1971 ff
JR	Journal of Religion
JAAR	Journal of American Academy of Religion
KuD	Kirche und Dogma
PhG	Hegel, G.W.F.: Phänomenologie des Geistes. Neu hrsg. von H.-Fr. Wessels und H. Clairmont, Hamburg 1988
PhJb	Philosophisches Jahrbuch
PhRu	Philosophische Rundschau
Rev Met	The Review of Metaphysics
ThPh	Theologie und Philosophie
ThQ	Theologische Quartalschaft
VPR	G.W.F. Hegel: Vorlesungen über die Philosophie der Religion
WL	Hegel, G.W.F.: Die Wissenschaft der Logik
ZKath	Zeitschrift für Katholische Theologie

Bisher in der Reihe „Tübinger Studien zur Theologie und Philosophie" erschienen:

Peter Walter
Theologie aus dem Geist der Rhetorik
Zur Schriftauslegung des Erasmus von Rotterdam
1991. 316 Seiten. Kartoniert

Alfred Habichler
Reich Gottes als Thema des Denkens bei Kant
Entwicklungsgeschichtliche und systematische Studie zur kantischen Reich-Gottes-Idee
1991. 302 Seiten. Kartoniert

Giuseppe Zorzi
Auf der Suche nach der verlorenen Katholizität
Die Briefe Friedrich von Hügels an Giovanni Semeria
1991. 618 Seiten. 2 Bände. Kartoniert

Guido Bausenhart
„In allem uns gleich außer der Sünde"
Studien zum Beitrag Maximos' des Bekenners zur altkirchlichen Christologie. Mit einer kommentierten Übersetzung der „Disputatio cum Pyrrho"
1992. 368 Seiten. Kartoniert

Leonhard Hell
Reich Gottes als Systemidee der Theologie
Historisch-systematische Untersuchungen zum theologischen Werk B. Galuras und F. Brenners
1993. VIII + 244 Seiten. Kartoniert

Elke Kruttschnitt
Ernst Bloch und das Christentum
Der geschichtliche Prozeß und der philosophische Begriff der „Religion des Exodus und des Reiches"
1993. Ca. 536 Seiten. Kartoniert

Matthias-Grünewald-Verlag · Mainz